U0905551

沈阳市哲学社会科学专项资金资助项目

# 沈阳城市发展史

## 现代卷

顾奎相　主编

丁海斌　著

沈阳出版发行集团
沈 阳 出 版 社

图书在版编目（CIP）数据

沈阳城市发展史. 现代卷 / 顾奎相主编；丁海斌著. -- 沈阳：沈阳出版社，2015.11

ISBN 978-7-5441-7126-7

Ⅰ. ①沈… Ⅱ. ①顾… ②丁… Ⅲ. ①城市史－沈阳市－现代 Ⅳ. ①K293.11

中国版本图书馆CIP数据核字（2015）第286404号

出版发行：沈阳出版发行集团 | 沈阳出版社
（地址：沈阳市沈河区南翰林路 10 号 邮编：110011）
网　　址：http://www.sycbs.com
印　　刷：辽宁泰阳广告彩色印刷有限公司
幅面尺寸：185mm × 260mm
插　　页：6
印　　张：33
字　　数：590千字
出版时间：2018 年 7 月第 1 版
印刷时间：2018 年 7 月第 1 次印刷
责任编辑：籍　莉　姚德军　耿作军　滕建民
封面设计：刘冰宇
版式设计：冰宇设计工作室
责任校对：李　赫
责任监印：杨　旭

书　　号：ISBN 978-7-5441-7126-7
定　　价：160.00元

联系电话：024-24112447
E-mail：sy24112447@163.com

沈阳经济区分布图

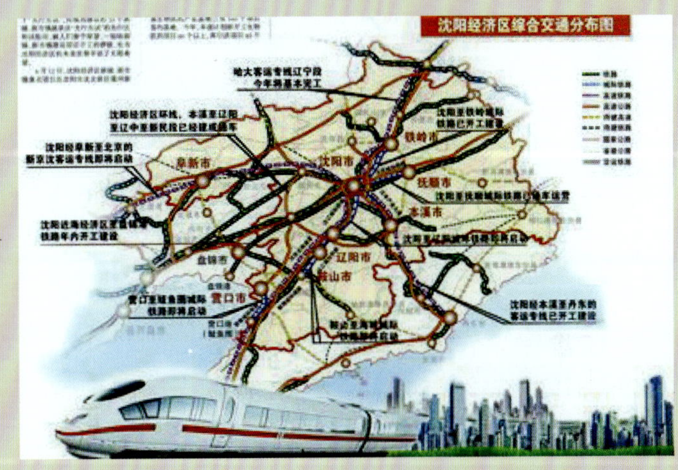


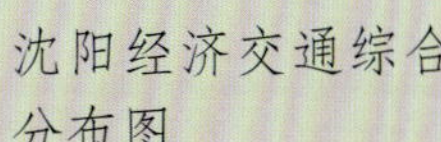
沈阳经济交通综合分布图

沈阳经济区公路交通分布图

沈阳桃仙国际机场

营口港一角

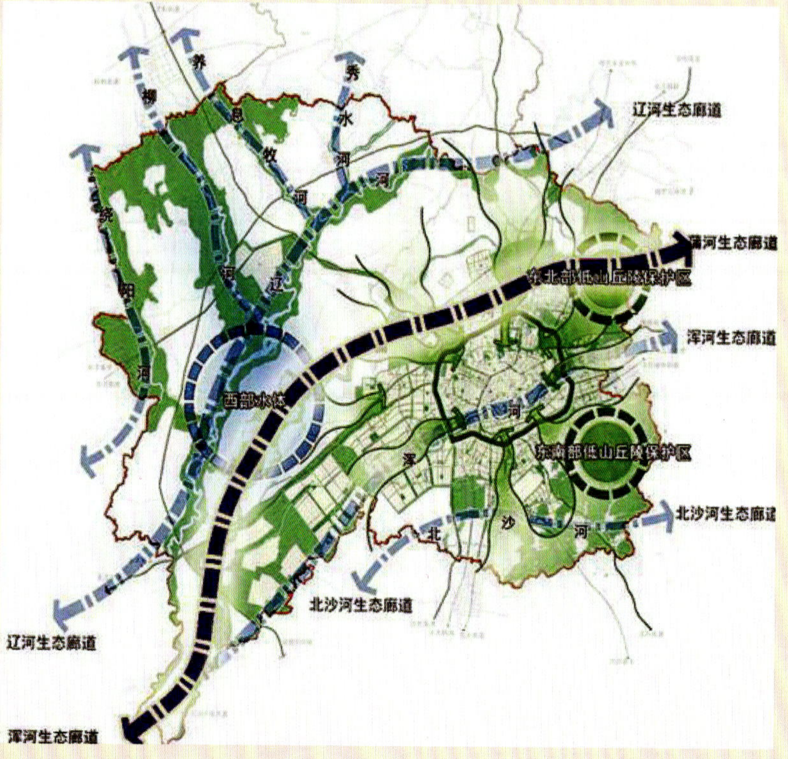


沈阳城市生态廊道示意图

沈阳金廊

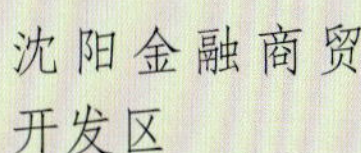

沈阳金融商贸
开发区

沈阳机床集团

沈河区风雨坛街道文华社区的居民正在填报第六次全国人口普查表

民警对沈阳市的外来人口登记备案

沈阳八旗满族民间艺术团建团九周年

沈阳朝鲜族民族风情表演

沈阳助剂厂下岗女工创办的丽华姐妹手工编织合作社

沈阳市总工会设立公益性岗位，选拔接纳下岗的“4050”人员再就业

2009届大中专技校毕业生就业服务周人才招聘会现场

沈阳劳动力市场外景

沈阳市档案馆

五里河体育场（1988-2007）

铁西体育馆

沈阳奥体中心

沈阳皇朝万豪饭店

皇朝万鑫酒店

沈阳动物园一景

市民在南湖公园湖面泛舟

青年公园俯瞰效果图

鲁迅儿童公园情人岛流淌“花瀑布”

蒲河生态廊道

沈阳装备制造业一瞥

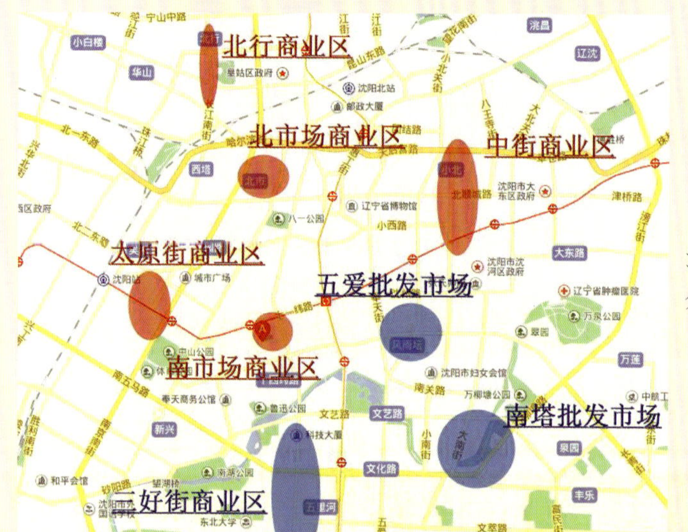


沈阳主要商业区分布情况

中街商业区

沈阳军区司令部幼儿园教学楼

岐山一校

辽宁省实验中学

东北大学

中国医科大学

辽宁大学

辽宁彩电塔

辽宁省博物馆

沈阳故宫

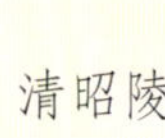

清昭陵

张氏帅府

# 总 序

顾奎相

中国是举世公认的世界城市发源地之一，城市发展有着数千年的漫长历史。中国古代城市数量之众多、规模之宏大、历史之悠久、内涵之丰厚，世所罕见。详审城市发展的轨迹，不难发现，一部城市的历史，就是一部人类文明的进步史，是中华文化不断积淀、不断绽放的历史。

在中国城市之林中，作为国家历史文化名城的沈阳，历史悠久，特征鲜明。早在7000年前的新石器时代，沈阳先民就在沈北台地上建起了原始村落，开始了定居的农业生活和手工创造。到公元前300年左右，战国的燕国在沈阳建立了侯城，这是沈阳见载文献的最早城市，也是东北地区最早跨入城市文明的古城之一。之后，沈阳经过州城、路城、卫城的漫漫曲折道路，至1625年一跃成为后金（清）的都城，取代有悠久文明史的辽阳而成为东北地区政治、经济和文化中心。清入关后，沈阳在政治上成为仅次于京师北京的“陪都”。由于都城和“陪都”的特殊地位，沈阳城市建筑、经济及文化诸方面得到空前发展。

鸦片战争后，西方列强纷至沓来，中国历史发生巨大变化，由传统社会向现代社会过渡，从封建国家变成了半殖民地半封建国家。清王朝在强大的内外压力下，为维护万世勿替的统治地位，被迫实行一些改革，使包括沈阳在内的大批城市在城市性质、规模、功能、结构上发生了一些质变，成为具有一定近代色彩的城市，开始了早期现代化。中华民国虽国祚短暂，但中国一批传统城市受现代化影响发生了一定质变，无论是城市政治，还是城市经济、文化，明显不同于农业时代的传统城市。其中沈阳城市面貌也发生一定改变，城市经济、建设、人口都有新的发展，至1919年，沈阳（时称奉天）城人口达209757人（不含“南满铁路附属地”）。足见，沈阳城当时已达相当规模！

从鸦片战争至中华人民共和国成立，这百余年间，古老的沈阳城靠着内驱力推动发展的过程中，外国势力接踵而至，使其陷入长期的巨大灾难之中。特别是连续受到沙俄和日本两个帝国主义国家的侵略，沈阳城自身发展轨迹遭到严重扭曲和破坏，在殖民经济的摧残下，沈阳城经济蒙受耻辱和辛酸，走向殖民化的畸形之路。

历史进入20世纪中叶，随着中华人民共和国的建立，沈阳大踏步地迈向工业化、现代化的征程，尽管前进路程也有起伏，但城市发展的大趋势始终没有逆转。到20世纪末，伴随全球城市急速发展的浪潮，沈阳城以异乎寻常的吸引力凝聚四面八方人口，使城市规模和城市内涵得到奇迹般的升腾。迄今，沈阳市辖9区和4县（市），南北长205公里，东西宽115公里，总面积12980平方公里，城区面积452平方公里，常住人口825.7万。沈阳发展基础雄厚，工业门类达165个，是以装备制造业为主的全国工业重镇，已形成装备制造、汽车及零部件、现代建筑、农产品深加工、通用航空等优势产业，为国家级信息化与工业化融合试验区；金融业发展迅速，分行分公司以上金融机构达133家，已成为东北区域金融中心，科研力量和人才资源丰富，现有44所普通高校、28个国家级工程技术研究中心和重点实验室。

沈阳城区位优势明显，高速铁路、高速公路和城际铁路网密集，航空线路繁忙，拥有东北地区最大的铁路编组站和航空港。与周边鞍山、抚顺、本溪、营口、辽阳、铁岭、阜新七个城市构成的沈阳经济区，资源丰富，经济互补，是国家新型工业化综合配套改革试验区。沈阳是有巨大影响力的国际化大都市，已同182个国家和地区实现经济往来，与21个国家的63个城市结为友好合作城市，美国通用、德国宝马、法国米其林等87家世界500强企业已在沈阳设立企业152家。今日的沈阳，以她特大恢宏的气派跻身世界名城之列！

沈阳城的飞速发展，是造福社会、造福市民的空前壮举。但城市的发展，还面临许多新的挑战，如环境问题、交通问题、住房问题、就业问题、安全问题、犯罪问题。这些新课题，给政府给市民带来了不可小觑的烦恼，否则会成为影响城市持续发展的桎梏。

《沈阳城市发展史》就是在沈阳城快速发展，而又面临种种挑战的大背景下倾力编撰的。沈阳城市的发展经历了曲折复杂的过程，有繁荣昌盛的高峰期，也有低迷消沉的低谷期，有可资借鉴的成功经验，也有引以为戒的失败教训。无论经验，还是教训，都是宝贵的财富。今天，我们以高度的历史责任感审视沈阳城市的发展，以史为鉴，科学认识城市本质、特征和发展规律，科学揭示人与自然、人与社会及城市的发展规律。正确认识过去的历史，可以清醒认识现在，而正确认识现在，才能科学地规划未来，才能探讨出一条具有中国特色的城市发展道路。我们就是秉持这一宗旨进行撰述的。

本书按着中国古代、近代、现代传统划分法，辟为古代、近代、现代三卷。全书以沈阳城市发展的来龙去脉为主线，兼及城市建筑、历史、经济、文化、地理、环境以及哲学、宗教诸方面进行综合系统的阐释。在阐释过程中，力求把城市、历史和文化紧密结合起来，避免就历史讲历史、就城市说城市地孤立叙述。对此，我们做了一定的尝试，成效如何，请读者评判。沈阳城所经历的中国古代、近代、现代三大历史时期，是社会性质截然不同的时期，致使沈城在三大时期的规模、性质、功能、风貌等方面都大相径庭。这些，在古代卷、近代卷、现代卷上各有翔实的诠释，故此不赘述。

在编撰本书的过程中，我们深深感到，要写好《沈阳城市发展史》，必须具备两个本事，一要精通历史，二要熟谙城市。由于时间仓促，“两个本事”的功课我们还没有做到位，虽付出许多心血，仍有这样那样的不尽如人意之处，敬请读者批评指正。

2015年1月8日

于北陵寓所

# 目 录

## 第七章 城市交通通信

# 绪 论

一个城市的历史应该怎样写？特别是现代城市的历史应该怎样写？这是每一个城市史的撰写者首先要回答的问题。要回答这个问题，应首先回答以下几个问题：城市是什么？城市的本质是什么？城市包含哪些基本要素？现代城市有什么特点或突出问题？等等。在解决了相关认识问题之后，本书的写作内容就呼之欲出了。

一

城市是什么？给城市下定义从来就是一件困难的事情，不同学科以及不同学科内部有不同解释：

在中国的《辞源》一书中，城市被解释为人口密集、工商业发达的地方。

《不列颠百科全书》对“City”的解释为：“一个相对永久性、高度组织起来的人口集中的地方。比城镇和村庄规模大，也更为重要。”

在城市规划学科，《城市规划基本术语标准》的解释是：城市是以非农业产业和非农业人口集聚为主要特征的居民点。在中国，包括按国家行政建制设立的市、镇。

在经济学家那里，Hirsh解释为：“城市是具有相当面积、经济活动和住户集中，以致在私人企业和公共部门产生规模经济的连片地理区域”；Button解释为：“城市是一个坐落在有限空间地区内的各种经济市场——住房、劳动力、土地、运输等等——相互交织在一起的网络系统。”

从地理学角度，Ratzel：“地理学上的城市，是指地处交通方便环境的、且覆盖有一定面积的人群和房屋的密集结合体。”

著名的城市研究学者路易斯·芒福德（Lewis Mumnford）在1938年所著《城市文化》一书中写道：“城市作为历史的产物之一，是社会权利与文化的最大限度的集中。人类生活的方方面面，包括社会效能与其重要性，都在城市中交汇。城市是社会关系交融杂合的形态与表征，是庙宇、市场、执法厅及学术场所的载体。在城市中，文明的产物不断发展、衍化；人类的经验逐渐演变成真实可行的符号。城市是行为的象征，是秩序构成的系统。”

关于城市的本质以及组成与发展要素，人们的认识同样是丰富多彩的，但其核心都是“人”。如：

马克思说：“城市本身表明人口、生产工具、资本、享受和需求的集中。”

列宁也说过：“城市是经济、政治和人民的精神生活的中心，是前进的主要动力。”

城市设计学家凯文·林奇认为城市包含6个方面的意义：1.城市是历史发展的必由之路；2.城市是各种社会人群的共同体；3.城市是物质资料生产和分配的地方；4.城市是一种社会力的场；5.城市是各种社会力量决策的产物；6.城市是社会矛盾冲突的地方。

路易斯·芒福德也比较重视城市的人文意义，他说道："城市实质上是人类的化身——城市从无到有，从简单到复杂，从低级到高级的发展历史，反映着人类社会、人类自身的同样发展过程。""城市的主要功能的化力为形，化能力为文化，化死物为活灵的艺术形象，化生物繁衍为社会创新。""城市乃是人类之爱的一个器官，因而最优化的城市经济模式应是关怀人、陶冶人。"芒福德在1966年前后发表的《城市的形式与功能》一文中总结了对城市原理的认识，他的主要思想是：城市的贡献和作用在于它能保存、流传和发展社会文化。他说："如果说在过去的许多世纪中，一些名都大邑……成功地支配了各自国家的历史的话，那只是因为这些城市始终能够代表他们的民族的文化，并把其绝大部分流传给后代。"

钱学森对城市概括为："以人为主体，以空间和自然环境的合理利用为前提，以集聚经济效益和社会效益为目的，集约人口、经济、科技、文化的空间地域大系统。"

建筑学家吴良墉指出："城市最本质的特征是它积聚了人类的两大文明——物质文明和精神文明。"城市学者朱铁臻同样认为城市的本质是文化，他说："我认为城市的本质是文化，这里所说的文化，是广义的概念，既有物质文化，又有精神文化，它是人类社会的独特创造，是城市之所以为城市，人之所以为人的根本特征……城市本身就是一件杰出的文化产品，是文化的最高境界。"

## 二

以上认识是撰写城市史的重要依据。城市是人群与环境的一种特定的空间组合，而历史无非是时间延续。所以，城市史具有明显的空间与时间的特征。同时，它们还有宏观与微观的区别。因此，不论是时间还是空间，我们本着先宏观、后微观的原则展开。

具体地说，我们在本书的前两章首先从宏观角度展开时间和空间上叙事。

第一章表现的是时间上的宏观性，叙述了"沈阳现代城市发展的基本进程"，根据沈阳现代发展的历史特点，主要分为"改革开放前的沈阳（1948–1977）""改革开放后的沈阳（1978–1999）""沈阳城市发展的新时期（2000-2010）”三个部分。

第二章表现的是空间上的宏观性，叙述的是“沈阳经济区”。城市的经济功能已不再是在一个孤立的城市体现，而是由以一个中心城市为核心，同与其保持着密切经济联系的一系列中小城市共同组成的城市群来体现了。如美国大西洋沿岸的波士华城市带，日本的东京、大阪、名古屋三大城市圈，英国的伦敦-利物浦城市带等。上海所在的长江三角洲地区也形成一个经济关系密切的长江三角洲城市群，其整体的经济功能已在日益凸现。辽宁中部城市群（即沈阳经济区）早在工业经济发展时期已初见端倪，而随着改革开放和振兴东北老工业经济的深入进行，沈阳经济区的意义更加凸显，沈阳的中心城市的地位也日趋重要。

本书的第三、第四、第六、第十、第十一等章，我们突出了城市人本精神，分别叙述了“城市人口与就业”“行政区划、党政机构与社会组织”“人化生态环境”“科教文卫事业”“旅游事业”等。其中，“人化生态环境”一章突出了人与自然的和谐，具有明显的现代特征；“人口与就业”部分也充分体现了城市的人性关怀；“行政区划、党政机构与社会组织”表现了城市的社会组织形态；“科教文卫事业”“旅游事业”两章体现了城市的文化与休闲等。

本书的第五章（城市建设）、第七章（城市交通通信）、第八章（城市经济发展）、第九章（商业与金融设施）叙述的是城市的物质环境和经济发展，主要是一个城市硬件部分，但我们也注意了其中的人化意义。

总之，我们从宏观到微观，从人性到环境、从软件到硬件，较全面地介绍了现代沈阳的城市发展史。它是一种历史的展示，也是对未来的一种期许与启迪。希望它的出版对我们的母亲城——沈阳有所裨益。

# 第一章
# 沈阳现代城市发展的基本进程

沈阳位于辽宁省中部，是辽宁省省会所在地。沈阳文化底蕴深厚，是闻名遐迩的历史文化名城，素有“一朝发祥地，两代帝王城”之称，同时也是以装备制造业为主的全国工业重镇，有“东方鲁尔”的美誉。

作为中国东北地区政治、经济、文化、军事、工业、科技、金融商贸中心，沈阳市政治、军事、金融、外交机构林立，连续多年进入全国百强城市前十名，并跻身国内十大最具竞争力城市行列，成为中国最具吸引力的投资地区之一。综观沈阳现代城市发展的基本进程，我们不难发现沈阳如今的繁荣昌盛并不是一天形成的，而是经历了几代人的不懈努力与辛勤耕耘。

## 第一节 改革开放前的沈阳（1948—1977）

### 一、新中国成立初期（1948—1957）

1948年11月2日，沈阳解放，这时的沈阳是一片满目疮痍的局面，新中国成立后，沈阳地区恢复建设的步伐开始加快。但是1950年10月开始的抗美援朝、保家卫国又使沈阳处于前沿。在这种十分艰难又复杂的条件下，沈阳市委根据中共中央对东北地区确立的“以经济建设、恢复和发展工农业生产，支持解放战争”为中心工作的指示精神，立即把工作重心转移到经济建设上来，在艰苦的环境下率先开展了国民经济恢复和建设工作。

1953年1月1日《人民日报》以“迎接1953年的伟大任务”为题发表元旦社论，向全国人民宣告我国开始执行发展国民经济的第一个五年计划。这个计划的基本任务是建立社会主义工业化的初步基础，而沈阳的城市发展也参照着“一五”计划有条不紊地进行着。

“一五”计划的基本任务是：集中主要力量进行以苏联帮助中国设计的156个建设单位为中心的、由限额以上694个建设单位组成的工业建设，建立中国社会主义工业化的初步基础”①。而当时苏联援建的156个大项目有6个建在沈阳，包括：

**1. 沈阳第一机床厂（原沈阳市机械修理厂）**

沈阳第一机床厂是国家机械工业部重点骨干企业之一，是全国最大的车床

① 张伟：《“一五”计划前苏联帮了不少忙》，《党的建设》2006年第3期，第41页。

制造厂，当时企业管理水平、技术水平和产品质量均居全国领先地位。生产工艺全都采用苏联的工艺流程，拥有当时新式高效设备。在国民经济恢复和大规模经济建设时期，为国家机械工业的恢复和发展做出了巨大贡献。

**2. 沈阳黎明发动机制造公司（原名410厂）**

沈阳黎明发动机制造公司，其前身是国营410厂，是1954年3月31日开始组建的航空喷气发动机制造厂。组建完成后的国营410厂，根据国家的指示和部、局的生产方针，制订批生产的总进度计划，于1956年完成全台式发动机零件的试制，提前一年完成了五年计划的第一个任务。

**3. 沈阳风动工具厂**

1952年7月，对沈阳风动工具厂的扩建正式破土动工，9月成立了建厂委员会，并确定了两条线，一条抓生产，一条抓基建，实现了生产和基建两不误。在援建中，苏联提供了先进的气动工具样机和整套技术资料，以及相关实验检测仪器等。在苏联专家及广大职工的共同努力下，沈阳风动工具厂成为当时中国第一个凿岩机械气动工具的大型专业厂。

**4. 沈阳电缆厂**

沈阳电缆厂从1956年5月中旬开始分阶段、有步骤、点面结合地进行整顿工作。第一步以学习和掌握设备为重点，积极解决设备上存在的问题；第二步以学习和消化工艺文件为重点，对工艺文件做了必要的调整，并制定工艺纪律；第三步以建立制度为重点，强调按规章制度组织正规生产。通过学习和整顿，较好提高了职工的技术水平，生产上取得了一定的成绩，较好完成了各项经济技术指标。

**5. 沈阳飞机制造公司（原名112厂）**

沈阳飞机制造公司是中国航空工业总公司大型骨干企业之一，1951年6月29日，担负飞机修理任务的112厂在抗美援朝的烽火中诞生，从1953年开始扩建，历经3年零9个月的奋斗，建立了一座崭新的飞机城。“在第一个五年计划期间，沈阳飞机制造公司不负党和国家的重托，提前一年完成了国家五年计划规定的任务，以出人意料的速度建成了现代化喷气式歼击机制造厂，令世人震惊。”其间，完成工业总产值2.8亿元，完成商品总产值1.9亿元，修理和制造歼击机600余架，为建设强大的人民空军巩固国防做出了重要贡献。

**6. 中捷友谊厂（沈阳第二机床厂）**

根据苏联专家为工厂制定的组织、技术措施计划，自1955年5月在综合工作组的协助下，沈阳第二机床厂以技术改造为中心，改造与改建相结合，在全面整顿生产秩序、改进技术管理的同时结合总体改建项目，开始第一期改建工程，包括工具车间、齿轮车间、理化室等20多个项目。“沈阳第一个五年计划期间，沈阳第二机床厂通过仿制苏联产品，广大工程技术人员边干边学，做到仿中有改，仿中有创，开始走向自行设计变形产品的道路。”①

第一个五年计划的实施给沈阳大地带来了一片繁荣的景象，沈阳的广大人民群众用自己的智慧和汗水描绘了沈阳城市发展史上的灿烂画卷。

## 二、困难与调整时期（1958—1976）

### 1. 国民经济调整时期（1958—1965）

这一时期由于经济工作中存在“左”的错误，加上当时的自然灾害和苏联政府背信弃义地撕毁合同，撤走专家，沈阳国民经济的发展在1959年到1961年遇到了严重的困难。“农业方面，粮食大幅度减产，人民生活口粮大大减少，出现了灾荒”②；工业方面，自1958年起，沈阳经济工作中开始出现“左”的错误，结果造成国民经济比例关系严重失调。

虽然在这一阶段初期沈阳的多项事业建设遭遇了种种阻碍，但是在后期由于中共中央和国务院以及省委、市委及时调整方针政策，在经济建设中也取得了一定的成绩。1961年初，中共中央和国务院提出“调整、巩固、充实、提高”的方针，为贯彻执行这一方针政策，沈阳市委集中力量抓国民经济调整工作。沈阳市的经济调整工作首先从工业开始，关、停、并、转了一批企业，精简职工和压缩城市人口，收缩重工业，加强轻工业，拉长农业战线，有计划有步骤地调整国民经济各部门之间、各行业之间、企业内部的比例关系。此外，沈阳企业贯彻“工业七十条”并开展技术革新、技术革命运动，从而提高了管理水平。不仅开创了新工艺、新技术，而且生产出一批新产品。其中有些产品达到了当时世界先进水平，有些产品大量出口。

在农业方面，1961年至1965年，国家大力组织农业建设，沈阳市响应国家号召，政府加强领导，全市各行各业积极支援农业，广大农民群众也本着“自力更生，艰苦奋斗”的精神，学大寨，发展农业。

在科教文卫事业方面也取得了阶段性的成就，由于经济发展、科技进步，人民生活水平有了一定的提高，新建和改造了一批科普单位，清理了一批文

---

① 高峰：《历史，永远铭记创业的辉煌——“一五”时期辽宁重点工程建设始末》，沈阳：辽宁人民出版社，1995年版，第418页。

②“沈阳十年”编写小组：《沈阳十年》，沈阳：辽宁人民出版社，1959年版，第137页。

物，新建了一批农业学校，涌现了一批打破世界纪录的优秀运动员，百姓的精神文明生活更加丰富了。

此外，这一时期沈阳城市建设稳步推进，党和政府加大城市建设的资金投入，本着“先维修、后建设、先重点、后一般，由内向外，分片分段”的原则，以路桥建设和加强环卫为重点，结合城市总体规划和环境保护进行了一系列的调整，使得城市建设逐步走向健康的轨道。

**2. 十年“文化大革命”（1966—1976）**

这一时期正好处于我国第三和第四个五年计划时期，它是在1963—1965年的国家经济调整、国民经济得到恢复和发展、主要比例关系趋于协调的基础上进行的。但由于遭受到了林彪、江青两个反革命集团的干扰和破坏，加之经济建设中出现的过于突出建设重工业、提高指标等倾向，使我国国民经济遭受到了严重的破坏和损失，错过了良好的发展时期。沈阳作为当时全国最重要的重工业基地，也成为林彪、江青两个反革命集团破坏的重灾区之一，受到的破坏和损失也尤为严重。

1968年1月30日，按照中共中央、国务院、中央军委、中央“文革”领导小组联合发出的《关于实行革命大联合的通知》，沈阳市“辽宁无产阶级革命派联络站”“辽宁革命造反派大联合委员会”“八三一革命造反总司令部”三派群众组织实现革命大联合。5月10日，辽宁省暨沈阳市革命委员会成立大会在市人民广场召开，革命委员会正式成立，也成为这一历史时期沈阳市政治、经济、科教文卫等各个方面工作开展的权威机构。可以说这一时期沈阳市各方面建设在革命委员会的统一领导下，紧随全国的革命浪潮，并且沈阳市本身重工业城市的地位，也使得它成为这一时期全国较为活跃的一个地区，这既为沈阳的各项工作的展开赢得了机会，但从更长远的历史长河来看，更为沈阳各项工作的不良发展埋下了必然基因。

1966—1976年的沈阳如同当时的中国一样正在经历一场艰苦的蜕变，十年的浩劫也让这座城市错失了太多的机会和成功，但是金子在任何地方都会闪闪发光的，发现真理、谋求发展是无论如何不会被历史的迷雾所阻挡的。

## 三、拨乱反正时期（1976—1978）

1976年10月6日，华国锋、叶剑英等代表中央政治局，执行党和人民的意志，对“四人帮”实行隔离审查，一举粉碎江青反革命集团，在危难中挽救了党，挽救了国家，挽救了中国的社会主义事业。沈阳在经历了“文革”后也迎来了新的发展机遇，但是十年内乱累积下许多严重的政治问题和社会问题，使沈阳市委和全市各级党组织所面临的任务极其艰巨。

粉碎江青反革命集团后，党中央即重申要在20世纪末实现四个现代化的宏伟目标，号召全国人民和科技工作者向科学进军，促进国民经济的大跃进。在这之后的两年里，沈阳市政府和人民始终坚持将揭批“四人帮”与重新发展生产紧密结合起来，使全市人民坚定了信心，更加大了干劲。在工业、农业和商业领域掀起了第二次学大寨学大庆运动，社会主义建设逐步开展起来。在最初的两年里，开始恢复被“文化大革命”破坏的国民经济，工农业生产得到了恢复和发展。

据统计，到1977年，沈阳市工业总产值是1949年的42.8倍，主要工业产品产量也至少翻了17倍，最多达1030倍。但在经济工作指导上，仍然存在急于求成和追求高指标的“左”的倾向，因此，生产增长不快，处于徘徊状态。1976年至1978年，全市工业总产值每年增长3.1%。

## 第二节　改革前期的沈阳（1978—1999）

“文化大革命”的结束，为党和国家进入新的历史时期创造了条件。从这时开始到党的十一届三中全会之前的两年中，中共沈阳市委带领各级党组织和广大干部群众，积极投入揭批“四人帮”的斗争中，在全市各个领域开始了艰难的拨乱反正工作，使遭到严重破坏的经济和社会事业逐步恢复和发展。但是，“文化大革命”所造成的政治上和思想上的混乱很难在短期内消除，同时由于“两个凡是”错误方针的影响，当时沈阳市的很多工作不可避免地带有历史的局限，出现了在徘徊中前进的局面。直到1978年12月，中国共产党召开具有重大历史意义的十一届三中全会，开启了改革开放新的历史时期。在党中央、国务院和省委、省政府的领导下，沈阳市委、市政府带领全市人民，励精图治，开拓进取，书写了改革开放的时代华章，开创了沈阳经济社会发展的新纪元。

这一时期的沈阳，努力实现从传统工业大市向综合实力强市的跨越、从高度集中的计划体制向充满活力的市场体制的跨越、从相对封闭向全面开放的跨越、从重度污染城市向生态文明城市的跨越、从注重城市外延建设向着力提升城市内涵的跨越以及从基本温饱向总体小康的跨越。总之，改革开放后的沈阳社会发展有了显著成果，城乡面貌有了翻天覆地的变化，人民群众也得到了更多实惠。

## 一、改革开放初期（1978.12—1984.7）

党的十一届三中全会以后，虽然党和国家开始把工作重点转移到社会主义现代化建设上来，国民经济停滞、倒退的局面也已经得到扭转，但其重大比例关系失调的状况仍相当严重。为了使我国国民经济的发展在实现工作重点转移后能有一个良好的新开端，1979年4月召开的中央工作会议制定了用3年时间对国民经济进行“调整、巩固、整顿、提高”的方针。

在贯彻中央“调整、巩固、整顿、提高”八字方针的过程中，沈阳市委、市政府从沈阳的实际情况出发，提出了具体的调整目标：在生产领域，重点恢复农副业生产，加大投资，并接长轻纺工业的“短板”，加快电子、建材、原材料发展；在流通及社会事业领域，多渠道发展商业、教育、文化、卫生及公用事业；在所有制结构调整方面，广开门路组建劳动服务公司，充分安排返城知识青年就业。

为了调整“骨肉”关系，扭转全市经济发展不协调的局面，市委、市政府批准了市计划委员会提出的《沈阳市1979—1981年国民经济计划调整意见》。《意见》提出，要重点调整资金投向，集中力量建设农副产品生产基地，市里的机动财力用于农业和副食品生产建设的比重，由过去的27%提高到60%；调整加工：正业，压缩长线产品100个厂点，转产60—70个厂点；“截长补短”，加快电子、建材和原料、动力工业的发展；采取坚决措施，把轻纺工业搞上去；广开门路，统筹安排城镇待业人员40万人；抓好以住宅建设为重点的城镇公用事业，计划安排每年新建住宅80万平方米，重点改造一批棚户区，三年新建商业网点200—300处。

经过三年的调整，清理了经济工作中长期存在的“左”的影响，沈阳市国民经济的重大比例关系逐步趋向协调。在新的计划工作框架运行后，全市工业生产速度大大加快，开始步入良性循环的轨道，农副产品供应紧张的状况有了明显改善，全市人民的生活水平得到很大提高。

### 1. 工业生产的恢复与结构的调整

在整个调整的过程中，沈阳市工业生产的速度曾一度有所下降，但趋于更加合理的新结构发挥效能后，全市工业生产的强劲发展势头便很快显现出来，使沈阳市轻重工业的比例（按1980年不变价格计算）由1978年的29.4：70.6，调整为1986年的36.6：63.4。至此，沈阳市国民经济中存在多年的轻工业比例偏低的局面得到较大改善。

沈阳市还通过改变重工业服务方向和调整产品结构，使全市的工业生产增长了后劲。至1985年，全市工业总产值为181.9亿元。为拉长原材料产品的“短线”，沈阳市大力组织以冶金产品为主的原材料生产，在钢产量中，优质钢材增长20.7%，大大超过普通中小型钢材增长11.3%的速度。原煤发电量、硫酸、盐酸、水泥、平板玻璃、薄钢板、硅钢片等产品也增长6.1%。

通过调整和改革，加快了工业技术改造的步伐，沈阳市机械工业的优势得到进一步发挥。“六五”期间，沈阳市工业部门技术改造投资共18.8亿元，比“五五”时期工业部门全部固定投资总和还多5.8亿元。通过技术改造，扩大了生产能力，提高了技术水平。1985年，沈阳市机械工业产值达77.3亿元，比1980年增长72.0%，平均每年增长11.5%，不仅快于全市工业的增长速度，也大大高于“五五”时期机械工业每年增长3.2%的速度。机械工业占全市工业总产值的比重也从1980年的46.3%上升到50%。从1981年到1985年，沈阳市机械工业共试制成功新产品2083种，其中达到国内先进水平的有967种，达到国际先进水平的有348种。通过技术改造，沈阳市产品质量进一步提高，竞争能力增强。“六五”期间，沈阳市共有1653种产品获市以上优质奖，其中国家金牌17种，银牌74种，部优366种，省优534种。“五五”期间还比较落后的汽车工业，现已成为我国轻型汽车的生产基地之一。

**2. 农业生产的恢复与结构的调整**

通过三年的调整，沈阳的农业在市委、市政府实施的建设农副产品基地战略中取得长足进步，农副产品的生产得以较快发展。1983年全市粮豆总产量达207.5万吨，超额15%完成“六五”计划指标并第一次真正实现了粮食自给。1984年沈阳市的粮豆产量达到232.4万吨的空前纪录。在大力发展粮食生产的同时，沈阳市的蔬菜以及水果生产也得到迅速发展。1984年，全市的商品蔬菜总产量达89万吨，超额14.8%，提前一年完成“六五”计划。

“六五”期间，农村产业结构发生了可喜变化，1985年乡镇工业产值达到19.5亿元（现价），比1980年增长4倍，占农村社会总产值的比重从30%上升到52.8%。在农业内部，林、牧、副、渔业的比重从25.5%上升到34.2%，种植业则从74.5%下降到65.8%。在粮食作物中，水稻面积逐年增加，1985年比1980年增加43.7万亩，水稻产量占全市粮食总产量的比重从1980年的32.4%上升到1985年的50%。

几年来，由于落实党在农村的各项政策，各类专业户和经济联合体不断发展壮大，大大促进了农村经济的专业化和商品化进程，商品率迅速提高。1985年底，沈阳市农村共有各种专业户13019户，经济联合体1254个，全市粮食商品量比1980年增长1.1倍，比1978年粮食总产量还多6.5万吨，粮食的商品率由1980年的41.4%提高到58.3%。其他农产品的商品量增长也很快，商品率也有很大提高。1984年和1980年比较，生猪的商品量增长2倍多，商品率达67.5%；鲜蛋的商品量增长近10倍，商品率达70%；蔬菜的商品量增长54.8%，商品率达66.4%；牛奶的商品量增长82.3%，商品率达94%。沈阳市农村综合商品率达69.1%，比1980年提高12%。

农村改革取得的突破包括：从统一经营、集体劳动到“包产到组”、家庭联产承包责任制的全面铺开、全国率先出现养殖业的“专业户”“重点户”以及人民公社体制的改革。

**3. 流通及社会职业领域的调整**

在调整中，按照国民经济的总体计划，沈阳市还以住宅建设为重点，进行了大规模的城市建设。1979年至1986年，沈阳市共完成城市建设投资45.5亿元，占新中国成立后沈阳全部城市建设投资的73.6%，其中完成住宅建设投资35.4亿元，建成住宅1382.7万平方米。在城市建设中，沈阳市的供水、供气和公共交通等与人民生活密切相关的社会公共事业也得到较大发展。与此同时，随着国民经济计划中对社会事业投入比例的逐步加大和沈阳市财政情况的好转，全市的教育、文化、卫生等事业也得到较快发展。

在基础设施和城市绿化方面，沈阳市新建、扩建了一批排水干渠，增设了管线，现已形成中、西、南、北四个污水排水系统和中、西、南三个雨水排水系统，日排污水总量110万吨左右。1985年，沈阳市共有公园16个，面积663公顷。五年来，先后清理和恢复碧塘、百鸟、万柳塘等5座公园，修建了市动物园，充实完善了南湖、青年公园，特别是在1984年修建了跨市区南部长14.5公里的南运河带状公园，为美化沈阳起了“画龙点睛”的作用。另外还新建绿化广场18处，街心小游园景点102处，三角绿地14处，植树60万株，植草坪138万平方米，城市的绿化覆盖率由1980年的11.1%提高到15%。一个美丽的沈阳正在形成和发展中。

城市公用事业不断发展。五年内沈阳市新辟公共交通线路37条，1985年营运的公共电、汽车1124台，比1980年增加210台。基本建成了沈北加压气化厂，从辽中引进了天然气，建成了10万立方米的油制气，煤气的生产能力从1980年的52.3万立方米增加到56.4万立方米。1985年末煤气用户达41.5万户，煤气普及率由1980年的46.4%提高到52.3%。五年来，供水投资达5830万元，先后改造和新建了李官堡和尹家水源地，并增建了管网。全市自来水日供水能力达到110万吨，比1980年增加了24.8万吨。自来水的普及率已达到98%。

城市住宅建设发展很快。“六五”期间，沈阳市用于住宅建设的投资共

21.4亿元，比1980年以前的31年投资的总和还多7.8亿元。新建住宅878.5万平方米，相当于前31年新建住宅总和的84%。1985年，人均住宅居住面积可达4.4平方米，超过“六五”计划规定的4.2平方米的指标。

1984年，党的十二届三中全会发布《中共中央关于经济体制改革的决定》，沈阳市决定提前着手，走在时代的前列，沈阳市组织全市各部门、各单位和广大干部、群众进行了认真的学习和讨论，并在国家体改委和省有关部门的帮助下，就如何贯彻落实国务院的批复精神，搞好沈阳市经济体制综合改革的试点，研究提出了一个初步设想，最后形成了《沈阳市经济体制综合改革试点方案》。由此开始，沈阳的城市发展进入了新的阶段。

## 二、改革开放的全面展开（1984.8—1992.1）

1984年以后，改革在城镇全面展开，主要是以搞活国有大中型企业为中心环节，沈阳市委、市政府根据国务院的改革部署，并结合沈阳市的实际情况，提出了当时沈阳城市经济体制改革的10项任务：做好利改税第二步改革的准备工作；扩大国营企业的自主权，把企业搞活；完善企业内部的经济承包责任制；按经济合理和专业化协作原则改革工业组织机构；改革建筑业和基建管理体制；加快流通体制改革的步伐；进一步改革和发展集体经济；搞好科研体制的改革；改革劳动人事制度；广开财源，把财政搞活。

在城市经济体制综合改革中，为了搞活城市、搞活经济，市委、市政府以理顺计划与市场的关系为目标，加快培育市场机制，不断完善市场体系，积极发展各类市场，为企业创造了平等竞争的条件。对以高度集中为特征的计划管理体制的改革不仅在经济领域迅速推进，而且逐步向科技、教育、文化、卫生等领域扩展和延伸。

在全市的社会主义精神文明建设中，市委、市政府在继续加强以坚持四项基本原则为主要内容的思想建设的同时，还不断加大在文化建设方面的投入，促进了社会的协调发展。市政府先后投资7000多万元新建和改造了市图书馆、市少儿图书馆、杂技团排练馆、朝鲜族文化馆等文化设施，并对部分电影院、剧场等进行整体改造和功能配套建设，在全市农村实现村村有电影放映员，丰富了城乡群众的文化生活。

在此期间，在“治理经济环境、整顿经济秩序、全面深化改革”方针[①]指

① 文达：《正确理解全面深化改革的方针》，《中国工商》1989年第2期，第16-17页。

导下，沈阳人民开拓进取、奋力拼搏，克服诸多困难，完成了“七五”计划任务，国民经济和社会事业取得显著成就，城乡人民生活水平有了明显提高，经济实力进一步增强。1988年全市实现国民生产总值170.4亿元，比1980年增长1.1倍，提前两年实现国民生产总值翻一番的目标。1990年，全市实现社会总产值479.6亿元，国民生产总值202亿元，国民收入164.2亿元，按可比价格计算，分别比1985年增长52.3%、36.9%和40.9%，年平均增长分别为8.8%、6.5%和7.1%。1990年人均国民生产总值3541元，比1985年增长98.2%，平均每年增长14.7%。

**1. 工、农业生产稳步增长**

1990年，全市完成工业总产值255.1亿元（含村及村以下工业，按1980年不变价格计算），达到并超过了“七五”计划规定的250亿元目标，年平均增长8.7%，比“七五”计划规定的8.1%的增长速度高出0.6个百分点。“七五”时期，市政府采取了一系列政策和措施，加速结构调整，逐步理顺各种关系，轻重工业渐渐呈现出协调稳定发展的趋势。1990年乡及乡以上轻工业产值为70.8亿元，比1985年增长35.9%，平均每年增长6.3%；重工业产值133.4亿元，比1985年增长30.7%，年平均增长5.5%。轻、重工业的比例也由“六五”末期的33.8：66.2调整到34.7：65.3。产品结构调整有新进展，主要能源、原材料产品、支农产品以及适销对路的产品产值均有较大幅度的增长，大大增强消费者的选择性。“农村经济全面发展、结构进一步完善。由于全市各级政府加强了对农村工作的领导，增加农业投入，大力开展水利基本建设，农业生产取得了较好的收成。”①1990年，全市粮食总产量达到211万吨，比1985年增产64.8万吨，增长44.3%；平均亩产399公斤，比1985年增长44%。林、牧、副、渔各业也得到了较大发展，副食品基地建设初具规模，“菜篮子”工程建设进展迅速，成效显著。同1985年相比，蔬菜增长54.5%、猪牛羊肉增长81.9%、禽蛋增长1.8倍、牛奶增长80.6%、水产品增长2.2倍、水果增长1.5倍。1990年，全市农业总产值达13亿元，按可比价格计算，比1985年增长54.6%，年平均增长9.1%，与“六五”时期相比，提高了5.6个百分点，是新中国成立以来七个五年计划中增长幅度最高的一个时期。

全市农村经济结构进一步调整。在“以城带乡、以城促乡”的政策导向下，全市农村工业异军突起，商、饮、服务业和运输、建筑业等也蓬勃发展，

---

① 丁列：《沈阳城乡经济一体化发展新路子的探索》，《农业经济》1987年第4期，第26页。

城乡经济一体化进程明显加快。1990年，农村社会总产值115亿元，按可比价格计算，比1985年增长1.6倍，年平均增长21.1%。农村劳动生产率大幅度提高。1985年，农村人均劳动创造产值4601元，仅相当于城市劳动者的一半，到1990年，已高达14650元，仅略低于城市劳动者所创产值1.5万元的水平。农村二、三产业的迅速发展，基本摆脱了过去单一农业经济的落后被动局面，逐渐向农工商综合性现代化经济发展，使城乡差别逐年缩小。

**2. 投资大幅度增长，城市面貌显著变化**

“七五”时期，沈阳市固定资产投资大于之前的任何一个时期。全市5年共完成固定资产投资204.6亿元，比“六五”时期增长2倍，比新中国成立到“六五”末期投资总和还多59.6亿元。“七五”期间，不断调整投资结构，提高生产性投资比重，压缩非生产性投资。生产性投资比重由“六五”时期的50.9%提高到54.2%；非生产性投资比重由49.1%降到45.8%。1990年，全市完成生产性投资22亿元，非生产性投资17.6亿元，投资比重分别为55.5%和44.5%。

重点项目建设速度加快。“七五”期间，全市建成投产项目3937个，其中，国家基本建设大中型项目9个，3000万元以上限上技术改造项目8个。这些投资成果为增强沈阳经济发展后劲奠定了新的物质基础。

城市基础设施建设加快，居民生活条件得到改善。“七五”时期，全市累计用于交通、能源、邮电通信、水、电、气、暖等城市基础建设的投资达104.9亿元，比“六五”时期增长1.7倍。沈阳北新客站、桃仙机场、文化路立交桥、沈海立交桥等20多个重点工程相继建成投入使用。公用事业设施明显改善，平均日供水量由1985年的97.4万吨提高到118.6万吨，居民生活用气由41.5万户发展到70万户，气化普及率由52.3%提高到65.14%，城市道路由1048公里增加到1707公里。市内电话装机容量由5.1万门扩大到13万门，电话机总数由10.6万部增加到19.9万部，长途电话电路由1089路增加到3949路，民用航空线路由18条增加到29条，直接通航的城市由16个扩大到32个。

**3. 居民生活水平明显提高**

城乡居民的生活水平不断提高。1990年，全市职工工资总额48.9亿元，比1989年增长10.2%，职工人均工资2310元，比1989年的2107元增长9.6%，扣除物价上涨因素，增长6.7%。城市居民人均生活费收入达到1534元，消费支出1482元，均比1985年增长1.1倍，扣除物价因素，年平均增长15.7%和15.9%。消费结构变化突出，同1980年相比，居民家庭中耐用消费品拥有量成倍增长。每百户城市居民家庭拥有彩色电视机由8台增加到80.3台，电冰箱由2台增加到

62台，收录机由45台增加至187.7台，电风扇由25台增加到42.3台，照相机由17架增加到42架，录放像机、组合音响、钢琴、电子游戏机等也相继进入了居民家庭。

农民生活水平显著提高。1990年农民人均纯收入达到1005元，人均生活费支出763元，分别比1985年增长82.6%和62.4%，年平均增长12.8%和10.4%，超过了"七五"计划规定的人均纯收入900元、年平均增长10.3%的目标。每百户农民家庭中的耐用消费品拥有量同1985年相比，收录机由13.4台增加到33.1台，黑白电视机由64.9台增加到66.2台，洗衣机由19.6台增加到45.4台，就连过去在农村中鲜见的彩色电视机和电冰箱也都陆续进入了农民家庭。

城乡居民收入的增多，使居民储蓄成倍增长。1990年末全市城乡居民储蓄存款余额首次突破百亿大关，达到104.3亿元，比年初增加29.6亿元，增长39.6%。同1985年相比，增长3.8倍。

**4. 城乡市场繁荣兴旺**

"七五"期间，沈阳市先后建成了一批规模较大、设施先进的现代化商业企业，形成了一个比较完善的商业流通网络。仅"七五"前四年，全市用于商业建设的投资就达6.9亿元，比"六五"增长1.6倍。北方贸易大厦、中兴商业大厦、中山大厦、铁西商业大厦、五交化联营公司等一批大中型商业企业相继建成。同时，改造扩建了一批重点商业区和商场。大批商业企业的建成，扩大了商品经营能力，改善了沈城居民的购物环境。

"经济发展推动了城乡市场的繁荣兴旺。商品货源充裕，市场购销两旺，社会购买力不断扩大，人民群众对生活必需品的需求逐渐获得满足。"①尽管1988年一度出现超常消费和1989年转而出现市场结构性疲软，但随着稳定市场、稳定物价和启动市场的各项措施的陆续出台，商品销售又逐渐趋于正常。1990年，经济建设和各项社会事业发展筹措资金，对国民经济的发展起到了积极的促进作用。"七五"时期，累计完成财政收入140.5亿元，比"六五"时期完成的77.6亿元增长81.1%，平均每年增长7.4%。虽然1990年因生产任务不足、产品销售不畅、资金紧缺等困难造成财政短收，但综观"七五"期间，财政收入仍保持了稳定增长。从财政支出看，5年中累计财政支出86.1亿元，比"六五"增长2倍，年平均增长16.2%。为支援国家经济建设，"七五"期间，沈阳市累计上解中央财政近80亿元，比"六五"增加18.2亿元。

---

① 徐倜：《坚持改革 振兴沈阳——经济体制改革问答》，沈阳：辽宁大学出版社，1987年版，第175页。

随着沈阳市经济的发展和人民收入的增长，金融部门积极采取有力措施，大力组织存款，各项存款余额持续增长。1990年来，全市金融机构各项存款余额达178.1亿元，比年初增加41.3亿元，增长30.2%，同1985年相比，增长2.1倍，年平均增长25.2%，贷款余额238.9亿元，比年初增加50亿元，增长26.5%。同1985年相比，增长2倍，年平均增长24.7%。由于银行存贷规模的扩大，加之信贷结构的调整，对启动经济起了积极的作用。

**5. 科技、教育、卫生、文化和体育事业蓬勃发展**

沈阳市科学技术发展以提高经济效益为中心，把科研重点放在应用技术的研究开发上，紧紧围绕新兴产业和传统产业中的关键课题，大力组织科技攻关和成果应用，并取得了显著效果。5年中，全市共取得科研成果6927项，比“六五”时期增长了2.1倍，其中，达到国际水平的有1337项，比“六五”增长了6倍，还有220项科研成果获得了国家发明奖和国家技术进步奖。在这些科研成果中已有64.5%得到推广应用，创造了近30亿元的经济效益。“七五”期间，沈阳市承担的88项国家攻关项目，已经有97%完成了任务。从1986年起在沈投资兴建的机器人示范工程、无纺布技术开发中心、传感技术、大规模集成电路和感光材料中心等五大新技术基地，已有3个全部建成。“七五”期间，全市技术贸易额达21亿元，比“六五”时期增长了3倍多。

教育事业日臻完善，办学规模不断扩大。“七五”期间，全市教育经费累计投入9.53亿元，比“六五”时期增长了1.3倍，平均每年增长17.8%，大大超过了地方财政收入平均增长7.4%的速度，办学条件得到了明显改善，小学二部制已控制在3%以内。1990年末，全市拥有高等学校21所，在校生5.8万人，毕业生1.6万人。在校生和毕业生分别比1985年增长38.8%和1.2倍；中等专业学校46所，在校生2.4万人，毕业生0.8万人，比1985年分别增长42.9%和1倍；职业高中49所，在校生达2.7万人；普通中学291所，在校生24.6万人，比1989年增加0.9万人；小学1413所，在校生56.9万人，比1989年增加1.8万人。

卫生事业在整顿中得到提高。1990年末，全市拥有医疗卫生机构1679个，医疗床位3.6万张，分别比1985年增加131个和1.1万张床位，平均每千人拥有的床位和卫生技术人员由1985年的4.7张和7.9人增加到6.3张和9人。医疗卫生事业的主要指标均已达到或超过了“七五”计划规定的目标。

文化和体育事业也取得了新的成果。先后涌现出一批优秀剧目、演员和优秀运动员在全国性的大赛中获奖。特别是在1990年，全市共有58个剧（节）目和178人次在全国和全省评比中获奖；还圆满地举办了沈阳市第七届运动会，3人破3项全国少年儿童纪录，11人3个队破13项省少年儿童纪录。尤其是在第十一届亚运会上，沈阳市运动员一举夺得8枚金牌、1枚银牌和1枚铜牌。群众性体育活动蓬勃展开。

## 三、改革开放的新阶段（1992.2—1999）

20世纪80年代末90年代初，党和国家的发展处于一个紧要关头。随着苏联的解体和东欧社会主义国家的剧变，国际共产主义运动陷入低潮；1989年政治风波的发生，经济体制改革中凸显出深层次矛盾，改革和发展也遇到一些暂时的困难。这种复杂的形势使相当一部分干部和群众的思想产生困惑。一些人对社会主义的前途缺乏信心，一些人对改革开放提出姓“资”姓“社”的疑问。在此关键时刻，88岁高龄的邓小平于1992年1月18日至2月2日到南方视察，在武昌、深圳、珠海、上海等地发表重要谈话，对改革开放以来困扰和束缚人们思想的重大理论问题做出明确回答，坚定了广大干部群众对改革开放和社会主义现代化建设的信心。

为加快沈阳市改革开放和社会主义现代化建设步伐，市委、市政府在1992年5月7日作出了《关于进一步深化改革扩大开放的决定》。《决定》提出了“一高两大两化”的奋斗目标以及未来十年的经济发展目标。同时，《决定》从五个方面提出了推进改革开放的总体原则：坚持以开放为先导，实施以开放促改革、促改造、促改组、促发展的方针；坚持以提高经济效益为目标，以市场为取向，进一步把企业推向市场；坚持以发展为目的，正确处理改革、发展与稳定的关系，充分发挥工人阶级在改革开放中的主力军作用，在保持总体稳定的基础上，推进改革开放和经济发展；坚持科教兴市，加速高新技术和人才智力资源开发，把经济技术转移到依靠科技进步和提高劳动者素质的轨道上来；坚持“两手抓”的方针，形成良好的社会主义文化、社会环境。

《决定》还指出，加速经济机制转换，力争在“八五”期间初步建立起竞争、高效、灵活、有序的开放性经济体系和经济运行机制，形成新体制的基本框架；按照“自主经营、自负盈亏、自我发展、自我约束”的要求，基本完成企业经营机制的转换，充分发挥金融、贸易、科技和信息中心的作用，初步建立依托东北、面向国内外的开放型市场体系；加强宏观调控体系建设，逐步实现政府对经济的间接管理；促进社会成员就业和收入的公平竞争与按有效劳动分配，逐步建立全覆盖的社会保障体系。

### 1. 深化各项改革

为了实现“一高两大两化”的目标，市委、市政府作出“重点突破，沿线展开，全面推进”的战略谋划，“实行大开放，建设大沈阳”。重点突破，就是以沈阳开发区、南湖科技开发区、北站商贸金融开发区、铁西工业改造区和辉山风景旅游区为开放的重点区域，在利用外资、开发科技、加速改造和改善服务功能上率先突破，带动全市对内对外开放。沿线展开，就是以沈大公路和与之相衔接的绕城公路及其他主要公路为依托，建设沿路招商带，展开新的开放空间。全面推进，就是全市范围内的所有企业，都要积极创造条件，用各自优势，加速利用外资、引进技术、增加出口和参与其他各种形式的国际合作，全面推进对外开放。市委、市政府要求，全市各级党政组织都要根据市里的总体谋划，研究、调整和完善本地区、本单位的开放战略，特别是先行突破的“五区”，更要适应带动全市扩大开放、实现跳跃发展的需要，用大开放的思想，“急行军”的速度，发扬敢闯敢“冒”的精神，进一步描绘和加紧实现各自的宏伟蓝图。到2000年，力争形成“点”“线”“面”相互衔接、有机组合、具有沈阳大都市特点的开放地带。

市委、市政府按照“特区”模式加速上述“五区”的建设，充分发挥其对全市改革开放和经济建设的超前示范作用和带动作用。沈阳开发区引进高技术、大财团、大客商、大项目，实行全方位招商，建立保税区，管理模式和运行机制符合国际惯例。南湖科技开发区的目标是在开放程度、政策环境和发展速度上成为“北方深圳”，成为全市经济发展的重要增长点和老工业基地改造的“火车头”。在区内开设外商投资专用区、出口企业保税区，在沈阳开发区和南湖科技开发区内注册的三资企业，都有外贸经营权，允许对外经营地产品出口业务。北站商贸金融开发区着重建设新兴第二产业，发展金融、信息、咨询、代理、中介服务和商贸、房地产业等，增强沈阳中心城市的辐射力度和服务功能。铁西工业改造区利用沈阳开发区和南湖科技开发区引进的技术和管理方式，进行“嫁接”改造，支撑沈阳振兴。辉山风景区形成旅游度假区，以适应对内对外开放的要求。对沈大公路和绕城高速公路沿线的招商小区给予相当于沈阳开发区的政策。

为建设外向型经济，沈阳市全方位扩大对外经济交流与合作，鼓励全市有条件的企业采取合资、合作等不同方式推进对外开放，以期在全市形成一个以外贸“窗口”为龙头、以大中型企业为主体、以城乡集体企业为两翼的对外经贸网络。[①]为此，市委、市政府制定了一些宽松的政策，全力支持有条件的企业同国际公司合作。如给更多的企业外贸经营权，扩大代理制；放开对外经

---

① 蔡光宇：《90年代沈阳要加快发展外向型经济》，《社会科学辑刊》1992年第4期，第19页。

营限制；连续三年出口值占工业总产值三分之一以上的大中型企业，可享受三资企业的有关政策；允许国营、集体、私营企业和个体工商户到海外建立生产经营网点；允许驻外人员按国际惯例进行经贸活动，并在政策上给予支持和保护；在严格实行经济责任制的前提下，驻外人员的收入可与企业效益挂钩；对到海外艰苦地区开辟市场成绩突出的，允许带配偶；除特长人员和国家控制的人员外，放宽因私出国人员的限制，扩大民间交流渠道。

市委、市政府还坚持以搞好大中型企业为重点，不断深化企业改革，加速转换企业经营机制。允许国营企业参照乡镇企业和三资企业的做法和国际惯例，继续探索性的改革，促进了大中型企业逐步进入良性循环的轨道。在企业组织结构的调整中，对产品无销路、改造无方向的企业予以改组和兼并，实行多种形式的产权转让，鼓励组建在国内外市场有竞争力的企业集团。

为了进一步推进农村改革，市委、市政府要求继续完善统分结合的双层经营体制，不断壮大集体经济实力，充分发挥集体统一经营的优越性，大力发展农村社会化服务体系，依靠科技加快农业机械化、农村工业化和城乡一体化，提高农业优质、高产、高效水平。

**2. 加快国企改革**

党的十五大明确提出：要用三年左右的时间，使国有大中型企业基本上摆脱困境。沈阳市委、市政府按照这个要求，紧密结合沈阳的实际情况，提出了“头年起好步，三年树形象，五年上台阶”的目标①。经过长期积累和发展，沈阳这个老工业基地和东北区域中心城市，逐步形成了不可多得的三大优势。

一是地理和区位优势。沟通世界各大港口的大连港、正在开发建设的营口新港和锦州港，距沈阳均不过400公里，决定了沈阳在环渤海经济圈中的重要地位；在以沈阳为中心、半径150公里的范围内，集中了以基础工业和加工工业为主的八大城市，构成了资源丰富、结构互补性强、技术关联度高、驰名世界的辽宁中部工业城市群；沈阳有东北地区最大的民用航空港、最大的铁路枢纽和全国最高等级的公路网络，是东北地区不可替代的交通枢纽；作为区域性中心大市场，沈阳对周边城市乃至全国具有较强的吸纳力、辐射力和带动力。优越的地理位置，完备的铁路、公路网络及众多的国家级和区域性市场，使沈阳成为人流、物流和资金流的集散地，并正逐步成为区域性的商贸、科技、交通、旅游、信息和金融中心。

---

① 徐文才：《贯彻十五大精神——创造性地做好办公厅工作》，《秘书工作》1998年第4期，第5-6页。

二是存量和规模优势。沈阳拥有雄厚的资产存量，形成了较大的城市规模。作为工业大市，沈阳不仅形成了门类齐全、配套能力强、技术水平较高的工业体系，而且有一批在全国举足轻重的大企业，如东北输变电集团、东药集团、机床集团和沈阳化工股份公司等都是国家重点扶持的企业。巨大的资产存量、较完整的工业门类和城市规模是沈阳振兴的基础条件。

三是科技和人才优势。沈阳科研机构和大专院校数量较多、层次较高，人才济济，实力雄厚，并初步形成了以电子信息、自动化、生物技术、新材料、节能与环保为主导的高新技术产业群体，涌现出和光集团、东软集团等一批高新技术企业。科技和人才优势也为沈阳的振兴提供了关键性条件。以上基本市情为沈阳市“头年起好步，三年树形象，五年上台阶”目标的实现打下了基础。

国企改革分为以下几个方面：

首先，实施“抓大放小”战略。加快资产流动重组。实现国有资本重新组合，生产要素的优化配置，形成新的经济增长点和新的竞争优势。对企业集团进行重组，1996年沈阳市又新组建企业集团25个，使各类企业集团累计达到98个，1999年，沈阳市126户国有大中型企业实现产值325亿元、利税21.6亿元，同比分别增长了12.5%和5.8%；重点企业集团实现产值和利税占沈阳市规模以上工业的比重分别达到57.4%和60.2%；市属国有大中型企业初步建立现代企业制度的覆盖面达到62.4%；沈阳市搞好和基本搞好的（一、二类）国有大中型企业的比重已达到46%，企业亏损面降低到28.8%。沈阳市国企改革与脱困工作取得明显进展。2000年，沈阳市又在加强集团体制建设方面采取了两项主要措施：一是对现有企业集团进行重新登记。二是完善对企业集团的管理办法。通过采取以上两项标本兼治的规范措施，有效地推进了沈阳市企业集团的健康发展。

放开放活小企业。1996年初，按照市委、市政府的部署，市体改委会同有关部门对沈阳市小企业进行了为期两个月的调查，摸清了现状和问题，在此基础上，由市体改委、经贸委结合小企业改革实际，起草了《沈阳市出售国有小型企业产权暂行办法》，经市政府同意正式颁发。1997年，沈阳市在放开放活小企业方面进一步加大了力度，小企业产权制度改革迈出了实质性步伐，取得了积极的进展。

其次，围绕“增资、改造、分流、破产”这个主题，积极推进资本结构的优化和调整企业破产工作，坚持积极、审慎的原则，在确保稳定的前提下，加快了步伐。1997年，以破产、兼并、产权转让为主的存量资产优化重组取得了阶段性成果。沈阳市累计破产企业73户，涉及债务总额58亿元，职工11.4万人，盘活资产24.8亿元，有65户企业兼并了72户企业，盘活存量资产25亿元。1997年沈阳市总计核呆108099万元，已超过国家核呆计划。

第三，企业股份制改革不断深化。1997年，沈阳市以探索多样化的公有制实现形式和调整完善所有制结构为重点，强力推进股份制改革，并取得显著成效：股份制试点面有新的扩发，上市公司家数又有新的增加，上市公司资产重组工作取得显著成效，股份制企业初步建立起适应市场经济需要的现代化企业制度。

最后，国企改革创新工作逐步深入这方面主要体现在建立了现代企业制度，1997年，沈阳市以探索多样化的公有制实现形式和调整完善所有制结构为重点，强力推进股份制改革。围绕国企改革的诸多综合配套措施日趋完善，推动合资合作，加强技术改造和技术创新，强化企业管理，加强领导班子建设，加强再就业工作，改善企业外部环境，企业经营者分配制度改革。国有大中型企业主辅分离全面展开，国有大中型企业主辅分离工作由市经贸委会同市国资局、体改委、工商局、财政局、劳动局、教委、卫生局及税务等有关部门组织实施，并对国有大中型企业的主辅分离工作实施目标管理，形成企业主管部门和企业两级责任体系。

### 3. 加快农村经济与民营经济的发展

在“九五”初期，沈阳农业同全国一样，农产品结构性矛盾突出，粮食卖出难，农民收入增长缓慢，农业生产与市场对接难。针对这样的情况，市委、市政府初步确定了“以项目定产业、以产业定龙头、以龙头带动农村经济腾飞”的调整思路。首先，合理安排财政支农资金；其次，实施“一带四区”工程；再次，培育农业龙头企业；最后，完善社会化服务网络。①

这期间，农村经济发展势头良好。到2000年，农村经济占沈阳市GDP份额达到47.3%，比1995年提高了4.3%；农村三次产业比例由1995年的16：70：14调整为9：70：21以乡镇企业为代表的非农产业发展继续保持双位数增长，农村工业占沈阳市工业GDP比重达到50.1%。农业GDP达到71亿元（2000年价），年均递增6.3%，其中农林牧渔各业构成比例由1995年的61：1：33：5调整为55：1：37：7，初步形成了粮食、蔬菜、肉类、鲜奶、林果、花卉等六大主导产业；种植业结构调整步伐加快，粮经作物比例达到6：4。农民人均纯收入达到3135元，比1995年增加1323元，年均递增11.6%。

“一带四区”的建设也初显成效。“一带四区”以外三环绕城高速公路

---

① 王世伟、王海鹰：《加速城市经济发展的创新之举——谈沈阳“一带四区”农业现代化建设》，《农业经济问题》1999年第2期，第52-54页。

为轴线，向内至大二环，向外延伸1—2.5公里，在纵向长81公里的范围内所形成的农业产业带，以此辐射到于洪农业现代化示范区、东陵农业高新技术示范区和新城子农业综合开发示范区等。“一带四区”区域面积3300平方公里，辖58个乡镇，148万人口，16万公顷耕地，分别占沈阳市总数的25.4%、41%、43%和28%左右。其中“一带”为400 平方公里，18个乡镇，24万人口，耕地1.6万公顷。形成的农业产业带，直接辐射于洪、苏家屯、新城子、东陵等4个区。由于规划合理，产业政策科学，“一带四区”很快崛起，成为城乡接合部的黄金地带，越来越多的资金涌入这里。

另外，城乡企业的快速发展与农村“二次创业”的稳步进行。改革开放以来，沈阳市乡镇企业从小到大、由弱到强，发展迅速，在经济总量、社会贡献、增加农民收入、转移农村富余劳动力和农产品转化增值等方面都起到了支柱作用，已经成为国民经济的重要组成部分和农村经济的主体。乡镇企业的前身是社队企业，即农村人民公社和生产大队办的集体所有制企业。调整布局，重点发展，形成城乡一体的农村工业格局；深化改革，扩大开放，推进乡镇企业改组、转制，从而保护乡镇企业的合法权益，规范乡镇企业行为，促进乡镇企业健康发展。

**4. 科技发展与高新技术的产业化**

“九五”期间，沈阳市通过深化科技体制改革，转换科技运行机制，建立科技发展的支撑与服务体系，加强技术开发与创新，大力发展高新技术产业，促进传统产业改造，初步形成了适应经济与社会发展需要的新型科技发展格局。沈阳市科技综合实力得到很大提高，高新技术产业实现快速增长，传统产业改造取得显著成效。

1995年国家科技部在全国首次开展“科教兴市先进城市考核评比”活动以来，沈阳市连续3次获得先进城市的荣誉，并名列前茅。“九五”以来，沈阳市高新技术产业以年均27.6%的速度增长，2000年沈阳市高新技术产业产值达到461亿元，占同期沈阳市工业总产值的25.2%。同时，高新技术产业的国际竞争力不断提高，2000年沈阳市高新技术产品出口占沈阳市出口总额的40%以上。“沈阳市着力推进高新技术产业国际化，加大技术和智力引进力度，推动高新技术产品出口，推进企业进入国际市场。”[①]在对外开放中，始终把推进的重点放在高新技术产业国际化上，围绕沈阳市信息、自动化、新材料、生

① 韩笑：《开拓IT产业发展佳境——沈阳高新技术产业开发区实施科技商城改造，构建中国电脑软件城》，《软件工程师》1998年第4 期，第67页。

物与制药、节能与环保、现代农业以及航空航天等高新技术领域，按照重大、重点、重要三个层次，开发一批国际化大项目，并在招商引资、企业管理、市场开发、产业发展等方面全方位实现国际化，真正成为牵动沈阳市科技和科技发展的新增长点，从而使高新技术形成产业化，并且运用高新技术改造传统产业，强化科技与产业的结合，大力扶持企业技改，进一步明确未来工作重点，即加速工业科技进步，提高行业技术水平；开展重大装备关键技术攻关，提高成套配套能力；加强技术创新能力建设，加快高新技术产品开发。进展顺利，呈现出稳步实施、成效显著的良好势头。

另外，沈阳市的科技体制改革在“九五”期间也取得重大进展。主要体现在以下几个方面：“科技体制改革配套措施不断强化；沈阳科技发展法规的不断完善；科技资金投入体系的改善；较为完整的科技服务体系的初步建立。并且积极制定未来深化科技体制改革方向，开展科技创新体系建设工程、高新技术产业化基地建设工程等。”①

**5. 大力发展第三产业**

改革开放以来，沈阳市十分重视发展第三产业，早在1992年，沈阳市就专门召开了沈阳市第三产业工作会议，武迪生在大会上作了《加快发展第三产业促进沈阳经济再上一个新台阶》的报告。在沈阳的经济发展格局中，从“九五”以来，第三产业发生了一个根本性的变化，1993年，沈阳国内生产总值中三个产业的比例依次是8.2%、47%和44.8%，但自1995年开始，第三产业一举超过工业，到1999年，第二产业和第三产业在GDP中的比例分别是43.8%和49.3%，第三产业的固定投资更是占到七成以上。

第三产业发展主要围绕构建沈阳区域性商贸、金融、交通、旅游和信息中心，努力培育和完善大市场体系，拓展和强化中心城市功能。“九五”时期沈阳的第三产业得到了长足的发展，随着居民货币收入的增加，市场商品货源充裕，供应水平显著提高，商品购销规模进一步扩大，中心城市对内聚集和对外辐射的能力进一步增强。这一时期，先后建成了中兴商业大厦、商业城、东亚商场、中山大厦等几十个设施先进、功能齐全的大型商业设施，其中一批较大的流通企业集团正向规范化、集约化的综合商社发展，家乐福、客来多、银泰等中外合资的超市相继涌现，商业连锁、物资配送等新的流通形式逐步拓展。同时，沈阳市重点改造了太原街、中街、北站和北行等商业区，使零售商业

① 刘铁生：《可持续发展 全新的发展观：沈阳市可持续发展研究》，北京：中国环境科学出版社，1999年版，第121页。

的经营设施、购物环境发生了历史性的变化，也使沈阳的景观得到了改善，到1998年，社会商品零售总额已达473.3亿元。

面对新世纪沈阳市经济结构加快升级、人民生活质量全面提高的趋势，第三产业要紧紧围绕为产业结构升级和为消费结构升级开展工作，并不断加强和完善对这两方面的服务。要继续拓宽服务领域，增加服务种类，着重增加非商品的服务供给。①“十五”期间，在全面推进第三产业的同时，选择最具潜力、市场最大、最有可能加快发展的产业作为发展重点，即大力拓展信息服务、商贸服务、金融服务、房地产服务、教育服务、社区服务、中介服务和旅游服务，要在这八大行业取得较大发展与重大突破。由此可以看出沈阳对进一步发展第三产业的思路日渐清晰。

## 第三节　沈阳城市发展的新时期（2000—2010）

进入崭新的21世纪，改革开放的深入发展正式开始，沈阳也进入了全新的发展阶段。党的十五大以后，作为老工业基地的沈阳率先打响了国企改革的攻坚战，并不断推进农业和农业经济的发展，取得重要成果。同时，沈阳市还加快发展高新技术产品，推动民营经济和第三产业的大发展、快发展，初步实现了全市经济和社会的协调进步。

2000年是沈阳国有企业三年改革与脱困的决战之年，也是沈阳市“三年树形象”的达标之年和“五年上台阶”的奠基之年。沈阳市委、市政府以振兴沈阳老工业基地为主线，坚持改革开放和工业立市方略，国有经济战略性调整步伐加快，外资和民营经济迅速成长壮大；城市发展空间和产业布局得到拓展优化；汽车及零部件装备制造、电子信息、化工医药等产业初具规模，已成为全市经济快速发展的重要支撑；科技创新能力和企业研发能力不断提高，形成了一批具有较强竞争力的产品和企业；城市基础设施建设明显加快，软环境建设得到了进一步改善。沈阳经济和社会长足发展，人民生活水平快速提升，沈阳经济和社会步入了快速发展的新时期。与此同时，沈阳先后获得“国家环境保护模范城市”、“国家森林城市”的称号，连续两年进入全国百强城市前十

---

① 《沈阳老工业基地改造与振兴》，《经济研究参考》1992年第4期，第45页。

名，并跻身国内十大最具竞争力城市行列。

## 一、小康社会的建设蓝图（2000—2002）

为深入贯彻落实党的十六大和市委十届六次全会精神，紧紧抓住重要战略机遇，推动沈阳经济快速发展和社会全面进步，市有关部门结合沈阳市实际，选择了经济发展、科教文化、人民生活、城市建设与环境保护四大类20个指标，作为沈阳市全面建设小康社会的指标体系。其中确定了小康社会人均GDP达到3000美元以上的最重要的衡量标准。按照沈阳市近几年经济发展水平，预计2002年沈阳市人均GDP可达到2342美元，到2005年沈阳市人均GDP即可达到3000美元以上。2002年12月26日，中共沈阳市委召开十届六次全体会议。市委书记张行湘作《贯彻党的十六大精神，为实现沈阳全面建设小康社会目标而奋斗》工作报告。全会提出，从现在起用8年时间，到2010年全面建成惠及沈阳市人民的更高水平的小康社会，再经过10年的努力，到2020年在全省率先基本实现现代化。围绕沈阳全面建设小康社会的奋斗目标，分别提出了工作思路和实施意见。

### 1. 全面建设小康社会的总体构想

**指导思想** 以党的十六大精神为指针，以发展为主题、结构调整为主线、改革和科技进步为动力、提高人民生活水平为根本出发点，实施开放牵动、科技兴市、中心城市功能拓展和可持续发展战略，推进物质文明、精神文明与政治文明建设，力争将沈阳初步建成现代化国际大都市。

**形象目标** 小康社会是实现现代化建设第三步战略目标必经的、承上启下的发展阶段，在全面建设小康社会这个发展阶段，沈阳必须瞄准一个总体目标，立足于两个扇面、壮大三个中心、形成三个基地、塑造四种特征。瞄准一个总体目标，即到2010年，力争初步建成物质文明、精神文明和政治文明比较发达的现代化国际大都市。立足于两个扇面，即在立足于东北经济区和环渤海经济圈的基础上，将经济腹地逐步拓展到东北亚。壮大三个中心，即不断壮大沈阳市作为区域的商贸中心、金融中心、信息中心。形成三个基地，即凭借产业优势、科技优势、地缘优势，形成全国的先进装备制造基地、高新技术产业化基地和都市型现代化农业示范基地。塑造四种特征，即力争创建文化名城、汽车名城、数字化名城和生态名城。

### 2. 全面建设小康社会的主要定量目标

2010年实现国内生产总值3477亿元，其中到2006年将比2000年翻一番，达到2238亿元。2010年人均国内生产总值达到5870美元。2020年实现国内生产总值9870亿元，其中到2013年将比2000年翻两番，达到4476亿元。2020年人均国内生产总值超过1.19万美元。

**经济发展指标** 经分析测算，新世纪的前十年间，沈阳市国内生产总值预计年均增长12%，第二个十年间国内生产总值年均增长11%。2010年和2020年沈阳市人均国内生产总值分别高于小康社会和近似于基本实现现代化的标准。

**科教文化发展指标** 科教指标中，高中普及率和大学入学率非常重要。预测这两个目标，到2010年将实现倍增，分别达到90%和65%。另外，描述人口素质情况的大专以上文化程度人口的比重，也将由2001年的12%提高到20%，标志着人口素质的大幅度提高。

**人民生活及社会发展指标** 在人民生活及社会发展指标中，人均预期寿命将由2001年的73.9岁提高到2010年的76岁，超过全国小康社会水平。

**城市建设与生态环境发展指标** 到2010年沈阳市的城市绿化水平达到70%，大大高于国家小康社会60%的标准。

**3. 全面建设小康社会的重点**

第一，振兴产业，推进结构升级，以发展为主题，积极调整产业结构，形成以现代农业为基础、高新技术产业为先导、先进装备制造业为核心、服务业为主体的小康社会产业结构。

**农业** 形成都市型现代农业生产体系，实现农业生产结构优化和农村经济的可持续发展。优化农业生产结构。推进农业产业化、现代化。加快农业对外开放。

**工业** 坚持工业立市，打造工业强市。以装备制造业为支撑，以高新技术产业为先导，壮大研发力量，走新型工业化道路，全面提高工业竞争力。以装备制造业为主导，加快先进装备制造基地建设。发展优势产业，增强工业发展的牵动力量。积极发展都市型加工制造业，挖掘工业发展潜力。

**服务业** 改造提升传统服务业，大力发展现代服务业和新兴服务业态，积极培育公益性服务业，增强中心城市综合服务功能。重点发展现代物流业、金融保险业、旅游业、房地产业、会展业、教育文化业和社区服务业等新兴产业。

第二，以项目为纲大力培育新的经济增长点，以重大项目开发为龙头，创造新兴产业。依托沈阳地铁建设，策划一批与地铁项目建设相配套的新兴产业；抓住国家“西气东输”和引进俄罗斯天然气契机，开发燃压机组及燃气轮机生产项目、化工产品生产项目、汽车加气站项目；围绕发展环保产业，开发一批污水处理、城市生活垃圾处理设备产业化项目；依托生物工程、新材料、IT等高技术，加速形成规模化的高技术产业。

第三，培育“名品、名企、名家”，从建立现代企业制度、完善企业外部环境入手，做大知名企业。从重视研发，狠抓科技进步、适应市场需求入手，塑造工业名品。从完善用人机制入手，吸引、培养、造就一批知名企业家。在产品、企业、企业家三者之中，注重企业家的发掘、吸引和培养，创造适合知名企业家充分发挥经营才能的环境和空间，努力造就一支懂经营、善管理的企业家队伍。

第四，加快浑南新区和铁西工业带的建设，浑南新区要集中发展高技术产业。

第五，加强城市建设，促进可持续发展，科学规划，合理布局，增强功能，充分体现历史文化名城、生态城市和森林城市的内涵，构筑现代化、国际化大都市的物质承载体系。

第六，搞好城市规划，完善城市发展空间布局规划、城市交通网络规划、生态环境规划和村镇建设规划，完成城市建设发展功能分区规划、控制性详细规划、重点地区专项规划。建设生态名城。构建与城市建设体系相平衡的自然生态体系。打造数字化名城。拓展信息网络、信息咨询业服务领域，加速发展信息业。建立综合交通体系。

第七，以扩大就业为重点，努力提高人民生活水平，拓宽就业渠道。积极发展高新技术产业、巩固扩大传统产业和服务业，特别要发展就业容量大的服务业，创造更多的就业岗位。加快发展非公有制经济，提倡多样化和个性化就业。大力开展国际劳务合作，扩大境外就业。增强社会保障能力。构建以养老、失业、工伤、生育、医疗五大社会保险为基础，社会福利、社会救济、优抚安置为配套，社会互助、社会优待、商业保险为补充，独立于企事业单位之外，资金来源多样化、保障制度规范化、管理服务社会化的社会保障体系。努力提高居民收入。建立健全分配激励和约束机制，促进市民收入来源多样化，确保居民收入不断提高。

**4. 保障措施**

首先，推进体制创新，不断为经济发展注入活力。要继续深化以国有企业改革为重点的各项改革，加快建立完善的社会主义市场经济体制。

其次，全面参与国际分工，加速融入经济全球化。坚持把“引进来”和“走出去”结合起来，提高对外开放水平。鼓励外资特别是跨国公司参与沈阳市经济结构调整、国有企业的改组改造、高新技术产业。积极推进金融、保险、电信等服务领域的开放。

第三，推进科技创新，促进经济增长。推进高新技术产业发展。到2010年沈阳市高新技术产业增加值达到同期工业增加值的45%以上。到2010年高新技术产品的出口额占沈阳市出口总额的55%。构建技术创新体系。建设以企业为主体，由知识创新基地、重点实验室、工程技术中心、技术开发中心、成果转化与促进中心构成的技术创新体系。提高科技竞争能力。重点要在信息领域的数字化技术、先进制造领域的控制技术、新材料领域的纳米技术等方面有所突破，达到国际先进水平。实施“双创新”工程。推动已经进行“双创新”的企业与国内科研院所、大专院校的对接和与国外知名公司、科研机构的对接。提高民营和中小科技企业创新能力。着力培育风险投资类中介机构。重点扶持风险投资机构。

第四，调整资源结构，优化资源配置。要以实现沈阳市人口、资源、环境与经济协调发展和可持续发展为目标，合理开发、利用和保护现有资源，积极吸纳和利用外部资源，实现资源的优化配置，促进沈阳市及区域经济的持续发展。[①]资金配置。加强预算外资金管理，合理运用政府职能支配资金，着重发挥其引导社会资金流向的作用，盘活全社会资金存量和沉淀资金。拓宽社会筹资渠道，扩大利用外资，大力吸引内资。加强区域金融中心建设，积极为国内外金融机构来沈阳市开展业务创造条件。继续争取国家对沈阳市股票、债券规模和政策性银行贷款的支持。人才资源配置。加快制度改革和机制创新，增加人才总量，盘活人才存量，提升人才档次，促进人才结构的优化升级。完善人才培养和评价、选拔和使用、激励和保障、配置和调控机制，努力营造尊重知识、尊重人才，有利于优秀人才脱颖而出的社会氛围，按照经济生活规则化的要求，努力建设一支高素质的公务员队伍。努力造就一批通晓国际惯例和运行规则、懂技术、善经营、会管理的企业家。土地资源配置。重点是处理好保护和发展的关系，坚持按产业布局配置土地资源，严格实行土地有偿使用制度，加强基本农田保护和土地开发复垦管理，最大限度发挥土地潜力，合理使用土地，确保土地增值。

最后，转变政府职能，建立有效的宏观经济调控机制。要在充分发挥市场配置资源基础性作用的基础上，充分发挥政府的宏观调控作用。要加快政府职能转变，提高服务效率和质量，创造优良的投资环境和社会氛围，使沈阳成为最适于中外投资者生活和工作的投资热土。提高各级党政组织的领导水平和执政水平，真正担负起领导人民全面建设小康社会的历史重任。

---

① 吴琳：《改善环境规划管理 促进沈阳的可持续发展》，《环境保护科学》2006年第6期，第69页。

## 二、老工业基地的加快振兴（2003—2005）

2003年10月29日，沈阳市召开“东北振兴，沈阳先行”动员誓师大会。要求沈阳市各级党政组织，要把振兴沈阳老工业基地作为今后一个历史时期的中心任务来抓，进一步增强使命感、责任感和紧迫感，团结带领沈阳市广大干部群众，以只争朝夕的精神，以志在必得的勇气，以背水一战、置之死地而后生的决心，坚决打赢振兴东北老工业基地的新的“辽沈战役”。

### 1. 贯彻老工业基地振兴战略

2003年8月温家宝总理在东北三省明确提出：“用新思路、新体制、新机制、新方式，走出加快东北老工业基地调整、改造和振兴的新路子。”2003年10月底，中共中央、国务院出台了实施东北地区等老工业基地振兴战略的若干意见。振兴东北的有关优惠政策在中共中央、国务院的文件当中已有明确的规定。十六届三中全会审议通过的《中共中央关于完善社会主义市场经济体制若干问题的决定》；发改委首批东北老工业基地的100个项目，总投资额约610亿元（辽宁获准建设的项目达52项）；东北八行业税制改革的试点；2004年2月13日国资委公布的《关于加快东北地区中央企业调整改造的指导意见》，“坚持五项原则，实现一个目标”的调整改造思路等等，老工业基地振兴的大幕已拉开。为加快贯彻落实东北地区等老工业基地振兴战略，国家发展改革委日前批准启动了第一批共60个振兴东北老工业基地高技术产业发展专项，总投资56亿元。首批专项，沈阳市共拿到7个，总投资约5亿元。党中央、国务院把振兴东北作为一项重要战略任务纳入了国家发展的重点议事日程，也为沈阳振兴老工业基地指明了方向。“这个文件的发表，极大地振奋了东北地区等老工业基地人民加快振兴的热情，沈阳各个部门也积极行动起来，为贯彻这个文件做了大量的工作。有关组织落实、行动落实等各项工作都在紧锣密鼓地进行。”①

2003年10月14日，市政府召开贯彻中央实施东北老工业基地振兴战略座谈会。政府组成人员集体学习中央关于实施东北地区等老工业基地振兴战略的有关文件。市长陈政高提出，要抓住重大战略机遇，全面推进沈阳的振兴与发展。2003年11月27日，中共沈阳市委十届八次全会正式召开，明确了振兴沈阳老工业基地的基本思路和完善社会主义市场经济体制的目标任务。

“接下来的2004年，沈阳市坚持以老工业基地振兴为主题，解放思想，抢

---

① 中共辽宁省委办公厅：《为实现辽宁老工业基地全面振兴不懈奋斗》，沈阳：辽宁人民出版社，2006年版。

抓机遇，开拓创新，奋力拼搏，实现了振兴起步之年的良好开局，老工业基地调整改造工作取得了突破性进展。”①2004年9月13日至15日，中国科协“振兴东北地区等老工业基地”专家论坛暨首届沈阳科学学术年会在沈阳隆重举行。沈阳市同期举行了首届沈阳科学学术年会。

**2.《沈阳老工业基地振兴规划纲要》**

2003年6月，沈阳市启动了《沈阳老工业基地调整改造振兴规划》的编制工作。2003年11月27日，中共沈阳市委十届八次全会正式召开，明确了振兴沈阳老工业基地的基本思路和完善社会主义市场经济体制的目标任务。全会讨论审议《沈阳老工业基地振兴规划纲要》，明确了沈阳振兴的目标、基本思路和近期主要工作。

明确了振兴老工业基地的总体目标，总体目标是要用七年时间，完成沈阳老工业基地调整改造的主要任务。集中做强汽车及零部件、装备制造、电子信息、化工医药、农产品加工五大产业；加快构筑新型工业、先进文化、模范生态、法治诚信“四位一体”城市；努力形成全国装备制造、东北地区商贸物流和金融三大中心，成为辽宁乃至东北地区全面振兴的重要增长极。到2010年，沈阳市国内生产总值实现3500亿元，人均国内生产总值达到6000美元；财政收入实现350亿元；城市居民人均可支配收入达到18000元，农民人均纯收入达到8000元。

**3.“四位一体”的城市发展战略**

“四位一体”是以胡锦涛为总书记的党中央提出的中国特色社会主义事业总体布局。按“四位一体”布局的要求，推进我国社会主义现代化建设，就要坚持以经济建设为中心，全面推进政治建设、文化建设、社会建设，促进生产力与生产关系、经济基础与上层建筑相互协调，促进社会主义物质文明、政治文明、精神文明建设与和谐社会建设共同发展。2004年2月13日，市委、市政府召开开展“环境年”活动动员大会。会议确定沈阳市“环境年”活动的主要任务，即全面贯彻落实党的十六届三中全会精神，紧紧围绕东北老工业基地的振兴，进一步加强软、硬环境建设，努力构建“四位一体”城市，推动沈阳市经济社会全面、协调、可持续发展。2005年7月，沈阳市提出了“加快建设新型工业城市、法治诚信城市、先进文化城市、模范生态城市‘四位一体’的和谐沈阳”的目标，“要按照开发与节约并重、利用与保护结合的要求建设和谐

---

① 秦文军：《沈阳经济区发展战略研究》，《城市规划》2004年第1期，第55页。

沈阳，坚持把节约放在首位，综合开发利用资源，限制高能耗行业的发展，提高资源产出率，打造一座空气质量清新、生态建设一流、人居环境优良且基础设施完善的现代化和谐城市”[①]。

**4. 振兴战略取得的阶段性成果**

实施东北老工业基地振兴战略取得了丰硕成果。发展成果主要体现在以下十个方面：

第一，工业规模迅速扩张。2008年，沈阳市规模以上工业预计实现产值6400亿元，增长35%，是2002年的7.7倍，是1978年的72.8倍；预计完成工业增加值1709亿元，增长23%，是2008年的7.8倍，是1978年的68.3倍；规模以上企业总数达到4607个，是2002年的4.1倍；规模以上工业增加值在15个副省级城市排名由2000年的第13位，2004年递增至第12位，2005年递进至第10位，2006年递进至第7位，2007年递进至第6位。

第二，铁西老工业基地改造取得历史性成功。2002年6月18日，沈阳市委、市政府做出两区合署办公的重大决策，通过统筹管理、整合两区资源以及新区工业与老区服务业的互补性发展，聚集沈阳市70%以上的工业固定资产，70%以上的大中型企业，65%的产值，70%的利润，形成新区“工业航母”和老区的现代服务业体系。

第三，以市场化为主要目标的工业战绩综合改革基本完成。2003年以来，在各级政府、主管部门的艰苦努力下，沈阳市近1400户国有企业改革任务接近完成，5户大型骨干企业改革正在进行，中小企业改制已基本完成。“传统国有企业等、靠、要等顽症得到彻底根除，与其他非公有制经济企业一样，国有企业积极应对市场风云，在市场经济的大潮中求生存、求发展，成为推动沈阳工业发展的重要力量。”[②]

第四，工业经济增长方式实现历史性转变。从2006年开始，沈阳规模以上工业开始出现营业收入增幅高于产值增幅、利税增幅高于收入增幅、利润增幅高于利税增幅，速度结构实现了历史性转变，并持续保持这种良性运行态势。这标志着经过持续不断的产业结构调整，沈阳工业经济逐步摒弃粗放式经营的传统模式，本质上开始步入良性发展的轨道。

---

① 孙铁珩：《创新与发展：自主创新振兴东北高层论坛暨第二届沈阳科学学术年论文集》，沈阳：沈阳出版社，2005年版，第389页。

② 阎质杰：《发展经济是构建和谐沈阳的首要任务》，《老干部学刊》2006年第4期，第94页。

第五，历史遗留问题基本处理完毕。按照市委、市政府以人为本、关注民生、不回避矛盾的工作原则，各地区、各部门解决了大量工业战线历史积累遗留问题，为工业深化发展、保持社会稳定、创造优良的投资环境做出了突出贡献。此外，沈阳市已经开始分阶段解决厂办大集体问题。

第六，新型产业体系框架基本形成。沈阳具有雄厚的工业基础，但也存在着产业过于分散的问题。2003年以来，市委、市政府果断决策，集中发展装备、汽车、IT、农产品深加工、医药化工、冶金深加工、有色金属深加工、航空等八大优势产业。2008年1—11月份，八大优势产业规模以上产值占沈阳市79.8%。其中，装备占沈阳市41.1%；IT与IC占3.6%；医药化工占7.7%；食品占16.0%；冶金占7.2%；航空占2.0%。

第七，工业发展空间全面铺开。2003年以来，沈阳市按照“东汽、西重、南高、北农”四大工业发展空间布局，突出产业特色，提高产业集中度，全面优化发展空间。新的工业发展空间蓄势待发，成为承载沈阳未来几十年工业发展的重要空间载体。

第八，县郊工业发展全面起步。为了从根本上促进县郊工业发展，解决农村剩余劳动力就业问题，加速推进四郊、四县工业化、城市化步伐，2003年以来，沈阳市提出通过招商引资的方式，在沈阳市建设20个产出可达百亿的产业集群。工业经济正在成为县郊经济的主导力量。

第九，新型产业体系正在形成。几年来，通过区域规划、产业指导、重点产业招商、政府资金引导等一系列措施，新型产业体系开始形成，这些产业体系是支撑沈阳工业的基本框架。

第十，新一轮技术进步全面启动。立足提升沈阳工业特别是装备制造业的国际竞争力，掌握竞争的主动权和制高点，从2004年10月，沈阳市开始实施技术高峰培育计划，重点培育产出规模、市场占有率居国内同类产品领先；技术水平国内领先、达到国际同类产品水平；拥有自主知识产权、具有较强核心竞争能力；国内独家、填补国内空白或具有品牌潜力的产品，沈阳市在工业经济发展过程中，始终把新型工业体系、新兴城市建设作为重要的发展标准，决不允许用环境代价换取经济发展。

## 三、经济社会的协调发展（2006—2010）

2006年，我国的经济社会发展开始进入第十一个五年规划时期。“十一五”时期，沈阳面临一个全新的国际国内发展环境。经济全球化趋势深入发展，国际产业结构调整和产业升级不断加快，产业转移将进一步呈现出制造、研发、服务联动转移的新特点，为沈阳发挥主导产业优势，大规模地承接国际产业和资本转移提供了难得机遇。我国经济社会发展进入新阶段，消费结构与产业结构加快升级，经济市场化程度进一步提高，城市化进程明显加快，尤其是工业化进程进入重化工业阶段，将引发对装备制造业的巨大需求，给沈阳带来了巨大的经济增长空间。随着振兴东北地区等老工业基地重大战略和建设辽宁中部城市群（沈阳经济区）重要举措的深入实施，加之沈阳的劳动力资源丰富和能源供给相对充裕，国内外投资者的目光将进一步聚焦沈阳，国际产业、资本和技术将加速向沈阳转移，南资北上的势头也将更为强劲，这无疑会为沈阳实现跨越式发展创造极为有利的条件。

2006年2月，沈阳市第十三届人大四次会议做出了批准中共沈阳市委提出的《沈阳市国民经济和社会发展第十一个五年规划纲要》的决议。《沈阳市国民经济和社会发展第十一个五年规划纲要》提出了“十一五”时期全市经济社会发展的指导思想、发展目标和重点任务。

“十一五”时期全市经济社会发展的指导思想是：高举邓小平理论和“三个代表”重要思想伟大旗帜，全面贯彻落实科学发展观，紧紧抓住发展第一要务，以振兴老工业基地和构建和谐沈阳为主题，以提高人民生活水平为根本出发点和落脚点，以改革开放和科技进步为动力，整合发展空间，拓展城市功能，做强主导产业，促进经济快速发展和社会全面进步，逐步把沈阳建设成为新型工业城市、法治诚信城市、先进文化城市、模范生态城市“四位一体”的和谐沈阳，成为全国先进装备制造中心、区域性商贸物流和金融中心，实现老工业基地全面振兴，全面建成小康社会，加快建设东北地区中心城市，经济总量力争进入全国副省级城市“第一集团”，成为带动辽宁乃至东北振兴的重要增长极。

1.“三大目标”和“两个不低于”

2006年6月27日至30日，中国共产党沈阳市第十一次代表大会召开。大会回顾总结过去五年的工作，研究确定今后五年的奋斗目标和主要任务，选举产生新的一届市委和市纪委领导班子。大会审议并通过了陈政高代表第十届市委所作的《团结一心 开拓进取 为实现“三大目标”而努力奋斗》的工作报告和刘雅琴所作的市纪律检查委员会工作报告。

大会提出沈阳未来五年发展的宏伟蓝图，就是今后五年，我们要努力实现“三大目标”：一是实现老工业基地全面振兴；二是加快建设东北地区中心城市；三是力争经济总量进入全国副省级城市“第一集团”。“三大目标”用简练的、通俗易懂的语言，概括了沈阳今后五年的发展思路，描绘了沈阳全面振兴的宏伟蓝图。

实现“三大目标”，必须采取强有力的措施。首先，必须连续五年实现经济增长“两个不低于”。这就是在五年内，年年都要实现经济增长速度不低于沿海开放城市的平均发展水平、不低于上年自身的发展水平，不断扩大经济总量，不断提高发展质量。其次，必须不断完善发展空间。要深度开发南北“金廊”和东西“银带”，加速推进沈西工业走廊、沈北新区、大浑南地区和东部旅游度假区等四大空间建设，不断完善功能，使之成为在国内外具有吸引力的投资平台，成为沈阳经济快速增长的重要支撑。第三，必须努力拓展中心城市功能。要加快城市基础设施、公共设施建设，切实提高城市综合服务水平。大力发展服务业特别是现代服务业，加快建设区域性物流中心和金融中心。健全完善各类商品市场和要素市场体系，进一步增强中心城市的集聚力和辐射力。加速推进沈阳经济区建设。第四，必须进一步深化改革。要坚持社会主义市场经济的改革方向，加快体制机制创新的步伐，深化国有企业改革，大力发展非公有制经济，建立起更加完善的市场经济体制，不断提高市场化程度，更好地发挥市场在资源配置中的基础性作用。第五，必须全力推进对内对外开放。要继续加强国际交往，加大招商引资力度，强力推进重大项目和产业集群的引进工作，吸引更多的生产要素向沈阳集聚，切实把沈阳建设成为对外开放高地。

**2. 加快国家创新型城市建设**

创新型城市是指自主创新能力强，科技支撑、引领作用突出，经济社会可持续发展水平高，区域辐射带动作用显著的城市。沈阳作为国家重要的装备制造基地和东北振兴中负有先行使命的重要城市，积累了丰厚的科技创新资源和坚实的产业基础，责无旁贷地要为建设创新型国家做出突出贡献。在沈阳全面振兴的关键时期，要紧紧把握面临的难得发展机遇，把科技创新作为城市发展的主导战略，加快推进由老工业基地结构调整向科技创新转变，努力建设国家创新型城市。这是转变城市发展模式的内在要求，是提升城市核心竞争力的必然选择，也是实现沈阳“十一五”时期“三大目标”的迫切需要。按照中央和省委的总体要求，沈阳市加快科技创新工作。2006年5月，市委、市政府做出《关于提高自主创新能力建设国家创新型城市的决定》。

“自2006年提出建设国家创新型城市开始，沈阳加快科技创新步伐，取得了令人鼓舞的变化，建设国家创新型城市的优势和条件不断完善。”[①]主要体现

---

① 梁启东：《沈阳经济区一体化的战略定位、目标模式与路径选择》，《社会科学辑刊》2008年第6期，第34页。

在经济发展优势、创新资源优势、体制环境优势以及区位条件优势几个方面。

为加快建设国家创新型城市，全面提升城市自主创新能力，转变经济发展方式，促进经济社会又好又快发展，按照国家关于推进国家创新型城市试点工作的有关部署和要求，2010年7月，沈阳市发布了创建国家创新型城市总体规划。

2010年9月15日，沈阳市召开创建国家创新型城市工作动员大会，明确提出到2015年基本建成国家创新型城市。市长陈海波在会上讲话，要求各级政府把创建国家创新型城市作为贯彻落实科学发展观的重要任务来抓，加强领导、完善机制、加大投入、优化环境，确保创建创新型城市工作早日取得实效，推动沈阳老工业基地全面振兴。陈海波指出，各级政府和有关部门要从沈阳老工业基地全面振兴的战略高度出发，把国家创新型城市建设作为当前和今后一个时期的中心工作摆上重要日程，进一步统一思想，提高认识，切实增强紧迫感和责任感，加强组织领导，完善政策措施，落实工作任务，营造良好环境，确保创建工作早日取得实效。陈海波强调，要全面提高自主创新能力，把创建工作同沈阳经济区新型工业化综合配套改革有机结合起来，大胆探索，先行先试，力争在提高创新能力、完善创新机制等方面率先取得突破，把国家创新型城市建设不断引向深入。要着力提升产业创新能力，加快建设现代产业体系。要促进创新要素优化集聚，努力提高企业、高校和科研院所的自主创新能力。要充分发挥中心城市的辐射带动作用，加强区域创新合作，促进创新资源在经济区内部实现优化配置。

**3. 推进社会主义新农村建设**

沈阳市域包括一市三县即新民市、辽中县、法库县、康平县，四个郊区即苏家屯区、东陵区、沈北新区、于洪区等8个涉农区、县（市）。县域面积1.28万平方公里，占全市面积的98.7%；总人口357万人，占全市总人口的50.4%。其中，一市三县面积9485平方公里，占全市73.6%；人口203.7万人，占全市28.9%。

建设社会主义新农村，是党的十六届五中全会提出的我国社会主义现代化建设的一项重大历史任务。加快建设社会主义新农村，是沈阳市全面落实科学发展观、全面建设小康社会的必然要求，是加快全面振兴老工业基地、构建和谐沈阳的重要内容，也是深化农村改革、推进“三农”工作的重大举措。农业、农村和农民问题，始终是带有全局性和根本性的问题。没有农村的小康就没有沈阳的全面小康，没有农村的振兴就没有沈阳的全面振兴，没有农村的和谐就没有沈阳的和谐。通过采取多种有效的政策和措施，努力把沈阳市传统农业改造成为具有持久市场竞争力和能持续致富农民的现代农业，把传统农村改造成为社会秩序稳定，村容村貌整洁的现代农村，把传统农民改造成为能适应市场经济发展要求的有文化、懂技术、会经营的现代农民，形成相互促进、共同繁荣的城乡一体化发展新格局。

2008年7月11日，市委、市政府发布《关于大力发展县域经济的若干意见》（沈委发〔2008〕6号）。文件共七大方面38条意见，明确了发展县域经济的总体要求、发展目标、发展重点和保障措施。同时，有关部门按照市委、市政府的要求，出台了《沈阳市加快县域经济发展规划纲要》（2008—2012年）。《意见》和《纲要》描绘了沈阳县域经济大发展、快发展的蓝图。提出了沈阳大力发展县域经济的总体要求、发展目标，提出沈阳大力发展县域经济要着力加快构建县域经济发展的投入保障机制，要切实做大做强县域工业，要积极发展现代化农业，要进一步加快城镇化进程，要重点发挥区县（市）在发展县域经济中的主体作用，要大力营造全社会支持县域发展的环境。

**4. 推进以改善民生为重点的社会建设**

推进以民生为重点的社会建设模式，构建社会主义和谐社会的主要内容，也是贯彻落实科学发展观的内在要求。“十一五”期间，沈阳市委、市政府坚持以人为本，把实现好、维护好、发展好最广大人民群众根本利益作为工作的出发点和落脚点，把解决群众关心的热点难点问题、提高老百姓的生活质量列入重要日程，把推进民生工作摆在更加突出的位置，积极推进社会建设，切实为城乡居民排忧解难，做到每年办20件实事。同时，下决心解决了一大批事关群众切身利益的历史遗留问题，切实维护了人民群众的合法权益。这五年，是沈阳市出台惠民政策最多、财政投入最大、群众得到实惠最多的时期，也是全市各项社会事业发展最快的时期。2007年，沈阳当选“中国十大最具幸福感城市”，是全国人民对沈阳全面振兴的高度认同，也是全市人民享有振兴成果、感受幸福的共同心声。

2006年12月30日，中共沈阳市委召开十一届二次全体会议，通过《关于贯彻〈中共中央关于构建社会主义和谐社会若干重大问题的决定〉的实施意见》。

《意见》提出了沈阳构建和谐社会的指导思想。高举邓小平理论和“三个代表”重要思想伟大旗帜，全面贯彻落实科学发展观，按照民主法治、公平正义、诚信友爱、充满活力、安定有序、人与自然和谐相处的总要求，以振兴老工业基地为主题，以解决人民群众最关心、最直接、最现实的利益问题为重点，扎实推进富裕沈阳、公平沈阳、文明沈阳、法治沈阳、平安沈阳、生态沈阳建设，促进社会全面进步和人的全面发展。

《意见》还提出沈阳构建和谐社会的目标和主要任务。与实现“十一五”时期的“三大目标”相适应，到2010年，全面建成惠及全市人民的更高水平的小康社会，努力使沈阳的和谐社会建设走在全国副省级城市前列，成为和谐程度较高的城市。

就业是民生之本。促进就业是保障和改善民生的头等大事，它关系广大人民群众的切身利益，关系改革发展稳定大局，对推进科学发展、促进社会和谐具有十分重要的意义。进入“十一五”时期以来，沈阳的就业压力增大，总量矛盾没有缓解，结构性矛盾和区域性问题突出。为了解决上述问题，沈阳市委、市政府从建设社会主义和谐社会的战略目标出发，坚持执政为民，始终把解决就业问题作为改善民生的重中之重，出台扎扎实实的措施，在解决就业和再就业工作中取得显著成效。

建立和完善社会保障体系，是关系千家万户和整个社会成员的民生问题。这项工作既是解决“老有所养”和“病有所医”的“民生工程”，也是稳定社会、构建和谐的“民心工程”。“按照党中央、国务院和省委、省政府的要求，沈阳市委、市政府始终把建立和完善社会保障体系放在突出位置，抓紧、抓实、抓好。经过几年努力，一个独立于企事业队伍之外、保障制度规范化、资金筹集多元化、管理服务社会化的社会保障体系在沈阳建立起来。沈阳的社会保障工作，在全省乃至全国已经走在前列。”①

教育是衡量一个城市文明和进步程度的重要标志之一。沈阳市“十一五”规划纲要，提出了沈阳的经济总量在“十一五”末期力争进入全国副省级城市“第一集团”。按照国家有关“优先发展教育”的要求，沈阳市提出了全面发展教育，加快建设教育强市的战略思路，要做强教育，使教育的综合实力适度超前，与经济同步进入“第一集团”。为了实现教育强市的目标，沈阳市提出，以构建现代国民教育体系和终身教育体系、建设学习型社会为目标，全面推进素质教育，在普及九年义务教育的基础上，加速普及高中阶段教育，大力发展高等教育和职业教育，形成与老工业基地全面振兴相适应的教育体制。

文化是民族的血脉和灵魂，是国家繁荣振兴的力量源泉。当今世界，文化越来越与经济、政治相互融合，成为反映一个国家核心竞争力的重要因素，成为代表一个社会文明程度的显著标志，成为衡量一个地区人民生活质量的主

---

① 姜作勇：《2010年辽宁省国民经济和社会发展报告》，沈阳：辽宁人民出版社，2010年版，第245页。

要内容。党的十七大作出的兴起社会主义文化建设新高潮、推动社会主义文化大发展大繁荣的重大战略部署，反映了我们党对时代发展趋势和我国文化发展方位的科学把握，是科学发展观在文化领域的生动体现，也是全面建设小康社会的题中应有之义，为当前和今后一个时期文化建设指明了方向。沈阳作为国家历史文化名城，文化积淀深厚，文化资源丰富，文化门类齐全，文化环境优良。随着老工业基地振兴战略的深入推进，沈阳已进入人民群众精神文化需求迅速增长的新阶段，推动沈阳文化大发展大繁荣、建设文化强市面临着前所未有的历史机遇。

“十一五”期间，沈阳市体育工作以科学发展观为指导，认真贯彻落实《中华人民共和国体育法》和《全民健身条例》，以举办2008年奥运会足球赛为契机，全面推进全民健身运动，努力提升竞技体育水平，大力发展体育产业，为促进我市发展做出了积极贡献。沈阳市“十一五”体育事业发展规划提出，沈阳市的体育发展，要以增强人民体质、提高市民整体素质为根本目标，努力提升竞技体育水平，大力发展体育产业，积极筹备场馆改造和建设，深化体育改革，推进体育运行机制转变，促进体育事业健康发展，努力开拓进取，务实创新，打造体育强市，使沈阳体育事业不断向前发展。

发展卫生事业是人民生活质量改善的重要标志，是实现经济和社会可持续发展的重要保障。“十一五”时期，是沈阳市卫生事业发展史上发展最快、成就最多的五年。全市卫生事业取得了长足进步，人均期望寿命由2006年的74.98岁提高到76.91岁，高于国家和辽宁省平均水平；全市法定报告甲、乙类传染病年平均发病率为201.7/10万，与“十五”相比下降了22.2%。城乡医疗服务体系日益健全，沈阳市先后荣获全国无偿献血先进城市、全国卫生系统抗震救灾先进集体、全国奥运反恐先进单位、全国卫生医药系统先进单位以及辽宁省新型农村合作医疗、卫生监督、中医等工作先进集体称号。

**5. 城市建设新跨越与经济区一体化**

城市建设是城市经济运转和人民群众生活的重要载体，是城市经济和社会发展的一项基础性工作。进入新世纪以来特别是“十一五”以来，沈阳的城市建设突飞猛进，城市面貌发生巨大变化，城市形象有了巨大改善，城市知名度有了巨大提高。在实施“十一五”规划进程中，沈阳市委、市政府围绕城市总体规划，遵循以人为本的建设宗旨和环境也是生产力的全新理念，不断解放思想，加大投资力度，相继完成了园林绿化、道桥改造、水系建设、污染治理等一系列重大城市基础设施建设项目，使城市建设水平越来越提升，城市功能越来越完善。这里包括：金廊工程开发建设的不断进展、沈阳地铁的正式通车、世界园艺博览会的成功举办、实施四大空间发展计划。

“另外经济区一体化的进程也在有条不紊地进行中，沈阳经济区是以沈阳为中心，由沈阳及半径150公里范围内鞍山、抚顺、本溪、营口、阜新、辽阳和铁岭8个城市构成的区域经济联合体。沈阳经济区范围包括一个副省级城市沈阳和鞍山、抚顺、本溪、营口、阜新、辽阳、铁岭等7个地级市，下辖7个县级市、16个县。”[①]区域面积7.5万平方公里，占全省的50.8%；人口2354万人，占全省的55.6%。

沈阳经济区是关于辽宁中部城市群和大沈阳都市圈区域合作的理念、政策的延续和深化。多年来，辽沈地区的学界和经济界一直就以沈阳为中心的辽宁中部城市集中区的区域合作和一体化问题进行研究，关于合作的理念和设想自20世纪80年代就已成型，在90年代曾在政策层面进行设计。但关于合作形式，曾有不同的称谓。20世纪80年代阐述较多的是“辽中南经济区”。90年代初，随着沈大高速公路的建成通车，“沈大高速公路经济带”概念脱颖而出。90年代中期以后，在论述全省对外开放的“三点一面”整体格局时，政府官员和学者们更多地使用“辽宁中部城市群”或“辽宁中部城市经济区”的概念。进入新世纪又产生了“大沈阳都市圈”的构想，研究者们跳出行政区划限制，开始借鉴国外大都市经济圈的模式研究中部城市群，最终形成了“沈阳经济区”的概念，并在省委、省政府的文件中得到了认可。

沈阳经济区建设2003年启动到2010年，大致经历了四个阶段：第一阶段，从2003年到2005年4月，是酝酿和准备阶段。2005年4月辽宁中部城市群第一次书记、市长峰会开始到2008年7月，是第二阶段，是“市级战略”阶段。2008年7月省政府召开沈阳经济区工作会议，决定辽宁中部城市群正式定名为“沈阳经济区”；阜新正式加入沈阳经济区；省政府成立沈阳经济区工作领导小组办公室；决定以沈阳经济区八城市的名义，向国家申报综合配套改革试验区。这标志着整个沈阳经济区进入第三个发展阶段，即“省级战略”阶段。2010年4月，沈阳经济区获批国家综合配套改革试验区，沈阳经济区进入“国家战略”阶段。沈阳经济区加快推进新型工业化和新型城市化建设，实施区域发展的双轮驱动战略。正在着力打造沈阳为核心的沈铁、沈抚、沈本、沈辽鞍营、沈阜五条城际连接带，形成八城市集群发展的新格局。

---

① 徐茂盛：《构建和完善沈阳产业集群公共服务平台对策研究》，《科技创新与产业发展（B卷）——第七届沈阳科学学术年会暨浑南高新技术产业发展论坛文集》，沈阳：辽宁科学技术出版社，2010年版，第215页。

2010年4月6日，国家发改委批准设立沈阳经济区国家新型工业化综合配套改革试验区。这是继上海浦东、天津滨海、成渝、武汉、长株潭和深圳之后，我国的第八个国家级综合配套改革试验区。这也是继辽宁沿海经济带开放开发上升为国家战略之后，辽宁区域经济发展进程中的又一件大事，具有重大意义和深远影响。

# 第二章
# 沈阳经济区

第一节　沈阳经济区总体概况

第二节　沈阳经济区空间联系的综合要素和特征

第三节　辽宁中部城市群核心——沈阳

由于历史形成的产业优势、区位优势以及省会城市的特点，沈阳切实担负起牵动和引领沈阳经济区发展的作用，正在向实现八个城市的优势互补、资源共享、携手并进、共同发展而大步前进着。沈阳，作为辽宁中部城市群的核心，正逐渐将自身做大、做强、做优、做美，发挥辐射辽宁中部城市群的作用。

## 第一节 沈阳经济区总体概况

### 一、沈阳经济区范围与规模

沈阳经济区是辽宁省委、省政府提出的区域发展战略。沈阳经济区以沈阳为中心，辐射八个城市，形成联系紧密的“区域经济共同体”。对加强区域协调发展，认真落实科学发展观，加速推进区域经济一体化进程，促进辽宁老工业基地的全面振兴具有重大意义。沈阳经济区将本着一个核心、多个副中心的都市圈战略建设，沈阳经济区以沈阳为中心、半径100公里范围内涵盖了沈阳、鞍山、抚顺、本溪、营口、阜新、辽阳、铁岭8个省辖市，是东北经济区和环渤海都市圈的重要组成部分。下辖7个县级市、16个县，目前已是全国城市化率最高的地区之一。经济总量比较大，占全省的65%和东北的1/3左右。工业经济基础雄厚，装备制造、冶金、石化、煤炭等产业在全国占有重要地位，主要工业品钢、煤、汽车等产量分别占全省的91.3%、66.4%和92%。区域内城市群特征明显，城际间资源与产业具有优势互补性；交通运输网络密集，以沈阳为中心基本形成了一环六射的现代化运输通道，将八个城市连为一体。从地理版图上看，沈阳经济区地处环渤海地区的北翼、东北经济区的南部枢纽地带，兼具环渤海、东北两大经济区的优势，是国家老工业基地的核心区域，拥有东北地区最大的国际航空港、最完善的交通路网、全国一类开放口岸，是世界上特别是东北亚地区少有的都市密集区。目前区域面积7.5万平方公里，总人口2359万人。经济区内拥有全国闻名的重化工业基地城市、国家一类对外开放口岸、东北地区最大的航空港、全国密度较高的一小时城际交通网络，是国内乃至东北亚地区发展条件较优越的工业型城市密集区①。2009年，实现地区生产总值

---

① 张莉莉、杨忠厚：《沈阳经济区上升为国家战略》，《辽宁日报》2010年4月7日，第1版。

9984.7亿元，占东北三省32.7%，规模以上工业增加值4611亿元，占东北三省33.9%。城市化率达到65%，是我国城市化水平最高的地区之一。

## 二、沈阳经济区的形成过程

沈阳经济区的形成追溯于2003年辽宁省响应国家“振兴东北等老工业基地的经济发展战略”的举措而提出的省级区域性战略构想。2004年，辽宁省委正式提出“推进辽宁中部城市一体化，构建大沈阳经济体”设想。2005年4月7日，抚顺、鞍山、营口、本溪、辽阳、铁岭6市的市长与沈阳市市长正式签署了辽宁中部城市群合作协议。2008年，省委、省政府正式明确提出沈阳经济区一体化发展，实施了以沈阳为核心，以五条城际连接的交通网络为纽带，通过产业优化组合构筑国际化十大产业集群，建设东北亚地区重要的中心城市的总体战略。2008年6月，省委、省政府批准成立了辽宁省沈阳经济区工作领导小组办公室，正式启动了沈阳经济区申报全国综合配套改革试验区工作。2008年7月21日，辽宁省政府召开了沈阳经济区工作会议，会议明确将辽宁中部城市群更名为沈阳经济区，将阜新市正式纳入沈阳经济区。2009年11月3日，省政府正式向国务院上报《辽宁省人民政府关于将沈阳经济区列为国家新型工业化综合配套改革试验区的请示》。自2010年1月1日起，沈阳经济区综合配套改革试验区八城市已放宽户口迁移限制，实施“一元化”户口管理制度。2010年4月6日，经国务院同意，国家发改委正式批复沈阳经济区为国家新型工业化综合配套改革试验区，这标志着沈阳经济区成为继上海浦东、天津滨海新区、成都、重庆、武汉城市圈、长株潭城市群和深圳等七个地区后，我国设立的第八个国家综合配套改革试验区，而且是唯一一个以新型工业化为主要内容的实验区[①]，从而为东北振兴战略增添了强大的动力。这是到目前为止我国唯一的以新型工业化为改革主题的国家级综合配套改革试验区，标志着沈阳经济区上升为国家战略。

## 三、沈阳经济区的总体发展思路和发展目标

**指导思想** 全面贯彻落实党的十七大精神，高举中国特色社会主义伟大旗帜，以邓小平理论和“三个代表”重要思想为指导，深入贯彻落实科学发展观，提高区域自主创新能力，优化空间布局，提升城市功能，改善人居环境，加

① 《国家发改委关于批准设立沈阳经济区为国家新型工业化综合配套改革试验区的通知》，发改经体〔2010〕660号，2010年4月7日。

速人口和产业集聚，建设生态文明，增强竞争力、辐射力和区域综合承载力，推进区域经济一体化，实现经济社会与资源环境全面、协调和可持续发展。

**基本原则** 一是互惠共享原则。明确各城市功能定位，以产业分工协作为核心，促进产业结构的调整和空间重组，实现“双赢”、“多赢”及利益共享。二是创新优先原则。促进观念创新和制度创新，转换体制和机制，营造良好的创业与投资环境，推动区域创新体系建设，提高自主创新能力，增强区域经济的整体素质和国际竞争力。三是可持续发展原则。建设资源节约型和环境友好型社会，转变经济发展方式，强化生态建设与环境保护，发展循环经济和绿色产业，健全社会保障机制，统筹城乡发展，实现共同富裕。城市之间的城际关系，城市和农村之间的城乡关系，要如实地被看做是一种结构有序、功能互补、具有统一基础的复杂系统。将区域发展战略和城市化战略有机结合起来，把各个区域的城市群作为支点，全面带动区域经济的增长和城市化的推进①。

**发展定位** 逐步将辽宁中部城市群经济区打造成世界级先进装备制造业基地，全国重要精品钢材基地、石油化工基地、农副产品生产加工基地和高新技术产业化示范区，东北亚商贸物流金融服务中心②。逐步使这一地区成为经济发展方式向集约型转变的先导区、区域经济一体化发展的综合试验区、生态文明建设示范区，全国具有发展活力，形成新的经济增长极。沈阳市将实现八大跨越战略，达到东北亚枢纽、辽宁中部城市群的核心地位。届时，南北金廊、区域中枢，将形成南北中央都市走廊，集金融保险、商贸流通、信息文化于一体的、南北贯通的区域性中心③。

**发展目标** 以2005年为基期，地区生产总值到2010年，年均增长15%，到2015年年均增长14%，到2020年年均增长13%。地方财政一般预算收入到2010年年均增长15%，到2015年年均增长15%，到2020年年均增长20%。实际利用外商直接投资到2010年年均增长22%，到2015年年均增长20%，到2020年年均增长20%。城镇居民人均可支配收入到2010年年均实际增长12%，到2015年年均实际增长10%，到2020年年均实际增长10%；农村居民人均纯收入到2010年年均实际增长10%，到2015年年均实际增长12%，到2020年年均

---

① 李克强：《推进沈抚同城化增强城市带动力》，《辽宁日报》2007年6月21日，第1版。

② 辽宁省建设厅：《辽宁中部城市群整体规划》，2008年，第87-90页。

③ 王昆：《试论沈阳经济区进行生态化建设的战略意义和途径》，《商场现代化》2007年1月下旬刊，第236页。

实际增长13%。城镇化率到2010年达到70%，到2015年达到80%，到2020年达到85%。

**发展六大优势产业集群** 装备制造业产业集群是以沈阳装备制造业为中心，打造区域装备制造业研发集成总部，零部件加工向周边城市辐射转移。辽宁中部城市群一体化是一个复杂的系统工程，七城市联系的紧密程度和发展重点各不相同①。鞍山建设成冶金成套设备生产基地，增强抚顺、本溪的装备制造业配套能力，辽阳建设成专用设备生产基地，营口建设成船舶生产基地。石油化工产业集群主要是以抚顺为核心，发展炼油、乙烯、催化剂及精细化工产业。建设北方重要炼化一体化基地，以辽阳为核心，开发炼油、乙烯和芳烃三大产业链，建设全国重要芳烃及化纤原料基地②。沈阳重点发展精细化工和氯碱化工等产业，鞍山和本溪利用焦化副产资源，铁岭利用煤炭资源重点发展煤化工产业。钢铁工业产业集群主要是以鞍钢、本钢为核心企业，营口新鞍钢、抚顺特钢等为辅助支撑，建设钢铁产业及钢铁产品精深加工产业集群，拉长钢铁产业链。新材料产业集群是以沈阳新纳米技术为核心构建产业链，鞍山、本溪新型钢铁材料产业链，以及抚顺、辽阳、营口等新型材料集群。高新技术产业集群是重点发展集成电路装备、软件等核心产业，以及打造国家生物工程、通信电子、民用航空高技术产业基地。制药产业集群是以构建国家级新药研发为平台，参与国际中药生产经营标准制定为主攻方向，在化学制药和生物制药领域，培育创新型网络式医药产业发展集群。

**大力发展现代服务业** 构建“一轴、三区、六带”的物流网络体系主框架。沿沈阳—营口交通线构建辽宁中部城市群物流主轴通道；发展沈阳、鞍山、营口三个物流业聚集区；建设以沈阳为中心的装备制造业物流产业带，以沈阳南部、鞍山为核心的高新技术物流产业带，以抚顺、辽阳为重点的石油化工物流产业带，以本溪、鞍山为重点的钢铁物流产业带，以沈阳、辽阳、海城、营口为重点的轻工业物流产业带，以沈阳北部地区、铁岭、抚顺西部、辽阳、鞍山为重点的农业及农产品加工业等六大物流产业带。推进区域旅游业发展，以沈阳为中心，加速整合旅游资源，优化旅游产业结构。加强旅游服务体系建设，促进旅游产业与交通、农业等相关产业相协调。完善旅游景区基础设施建设，开辟新的国际航线，全面开通与国内省会城市、热点旅游城市的直飞航线。加快金融、信息、会展和中介服务业发展，建设沈阳区域性金融中心，

---

① 邢铭：《沈抚同城化建设的若干思考》，《城市规划》2007年第10期。

② 林木西：《辽宁中部城市群的启示》，《决策》2007年第9期。

培育金融市场、优化金融环境。加强信息基础设施建设，完善服务功能。大力发展中介服务业，形成一批规模化和专业化水平较高、在全国同行业中具有竞争力的中介服务机构。

构建“一核、五带、十群”的区域产业空间发展新格局①。“一核”即建设沈阳经济核心区。充分发挥沈阳的核心带动和辐射作用，整合发展空间，拓展城市功能，打造世界级先进装备制造业研发基地，建设区域性商贸物流、科教文服务中心，打造区域金融中心，做大做强经济总量，提升沈阳区域中心城市地位，逐步发展成为东北亚国际性中心城市。“五带”即开发建设5条城际连接带。在连接带上完善城市功能，加快基础设施、生态环境建设，布局产业发展新空间。形成若干经济新区、新城镇，以点连线，以线带面，推进一体化建设。四带即一是沈阳—抚顺城际连接带。大力发展先进装备制造业、新材料产业和现代服务业，加速推进沈阳与抚顺同城化发展。二是沈阳—本溪城际连接带。重点发展电子信息、航空制造和生物医药产业，大力发展新型旅游休闲服务业，开发建设本溪生态新城。三是沈阳—阜新城际连接带。大力发展林产品加工、新型能源、农产品深加工和装备制造配套产业，规划建设沈彰新城，形成沈阳、阜新、吉林三角区域的重要交通物流节点。四是沈阳—辽阳—鞍山—营口城际连接带。发挥已有产业基地和营口港的双重优势，重点发展装备制造、钢铁深加工、石化产业、开发建设鞍海经济带，辽阳河东新城。五是沈阳—铁岭城际连接带。加快城市功能延伸，重点建设专用车改装产业，发展光电信息、农产品深加工和现代物流服务业。“十群”即以5条城际连接带为载体，打造10个主业突出、优势明显的重点产业集群，建设一批新城新市镇。沈阳经济区一体化发展的重要切入点就是要把沈阳和其他七城市之间连接上，开发和建设一批中小城市，实现零距离的紧密型城市群，构建产业依托和城乡资源双向流动的重要支撑。重要节点新城包括：铁岭新城、沈抚新城、沈溪新城、灯塔新城、蒲河新城、永安新城、铁西产业新城、浑河新城、近海新城、河东新城、首山新城、达道湾新城、海西新城、新民新城、沈彰新城、航空新城；连接带新城包括：新台子新城、腰堡新城、新城子新城、佟沟新城、沙河新城、细河新城、汤岗新城、腾鳌新城、胡台新城；连接带新市镇包括：清水台新市镇、姚千户新市镇、古城新市镇、望水新市镇、刘二堡新市镇、牛庄新市镇、大民屯新市镇、兴隆堡新市镇。按照分工有序、结构优化、整体发展的

① 蒋晨：《辽宁中部城市群规划获批》，《沈阳晚报》2008年2月27日，第2版。

原则，完善城市功能、增强辐射能力，统筹城乡发展，优化资源配置，拓宽产业空间，发展产业集群。立足于发挥“哈大”城市绵延带中心枢纽的作用，沿“哈大”发展轴形成各具特色的产业集聚区，构筑“一核、五带、十群”的区域产业空间发展新格局。

第一，建设沈阳特大经济核心区，充分发挥带动和辐射作用，整合发展空间，拓展城市功能，打造世界级先进装备制造业基地和技术研发与创新基地，建设区域性商贸物流和金融中心、科教文服务中心、高新技术产业中心，建成超强的区域中心城市，逐步发展成为东北亚国际性中心城市。

第二，打造四大经济发展带。通海产业大道经济带是以沈西工业走廊为基础，共同建设一条沈阳经辽阳、鞍山至营口的通海产业大道，这条大道包括沈西工业走廊、沈阳近海经济区、沈辽工业走廊、鞍海经济带和营口沿海产业基地，与四城市的产业空间布局和主导产业发展形成良好衔接，推进辽宁腹地和沿海良性互动发展，成为带动辽宁中部城市群快速发展的经济大动脉和重要增长极，形成北起沈阳，南至营口的经济隆起带。沈铁工业经济带是以102国道为轴心，南起蒲河新城，北至毛家店镇。建设成为以高新技术为先导，以大型工业项目为支柱的现代化工业基地，成为铁岭承接沈阳和国内外其他地区产业转移的主要载体和工业集中区，成为区域经济的重要增长极。沈本工业经济带是北起沈阳浑南高新技术开发区，向南延伸到本溪经济技术开发区、本溪工业加工区、南芬循环经济区。在空间发展方向上，以钢铁深加工制品、现代中药、旅游业发展为突破口，打造精品板材生产基地、沈阳装备制造业的配套加工基地、现代中成药制造基地、旅游休闲服务业基地，最终实现以沈阳对接为主，向辽阳、鞍山和丹东延伸发展。沈抚产业经济带是按照沈阳“东优”和抚顺“西联”战略，实现资源共享、生态共建、发展共谋、功能共升。打造以沈抚两市共同母亲河为主轴线的沈抚产业生态环境景观带，构建沈抚两市高新技术产业聚集区，现代服务业发达区，国际化人居、休闲、生态旅游度假区。

## 四、沈阳经济区的区域建设

**区域城镇建设与布局** 按照《东北地区振兴规划》关于加快哈大发展轴沿线城镇建设的总体布局，将辽宁中部城市群划分为三大都市区和四条城镇发展带。三大都市区：大沈阳都市区是以沈阳为中心，结合抚顺、本溪、铁岭城市发展空间调整的战略机遇，发挥辽宁中部城市群通海产业大道经济带、沈抚产业经济带、沈本工业经济带和沈铁工业经济带的带动作用。沈阳经济区作为辽宁省经济增长主体部分，创新能力具备一定优势，特别是沈阳经济区城市密集程度高，产业互补性好，产业基础和研发力量重合度高，优势领域和特色产业明显，在环境资源、新材料、设备等领域有较强优势①。鞍辽都市区是结合鞍山和辽阳地缘相近、产业互补优势，拓展区域发展空间。通过建设鞍海经济带、沈辽工业走廊，实现鞍山和辽阳城区南扩、海城北靠，推进鞍辽一体化发展。营口都市区是结合我省沿海经济带的开发建设，加快营口港建设，推进营口地区城市化进程，提高城镇规模，发展大营口都市区。四条城镇发展带：铁岭—营口城镇发展带，是东北地区哈大城镇发展轴的重要组成部分，是辽宁中部城市群发展的核心轴线。沈阳—抚顺城镇发展带，是推进沈抚同城化和带动抚顺东部地区发展的主轴线。完善交通、通信等基础设施，增强轴线的凝聚力和辐射力。沈阳—本溪城镇发展带，是沈阳辐射丹东经济发展的重要轴线。优化发展环境，促进生产要素合理配置。沈阳—阜新城镇发展带，是带动辽西地区发展的重要轴线。加强中心城镇建设，提高城镇经济规模，增强城镇服务功能。近年来，辽宁中部城市群从民间启动，以政府为主导，通过区域协作形成经济区，不断加快综合配套改革步伐，探索基础设施、环境保护、市场、产业等一体化的途径，并取得了快速发展，其经济实力不断增强，对周边地区的带动和示范作用日益明显②。

**区域基础设施保障建设** 加快区域交通网络建设，充分发挥各种运输方式的优势，扩大规模、优化结构、完善网络。建立功能齐全、运输便捷、内外衔接、管理科学等多方式、多层次的立体交通体系。一是区域公路网建设。重点规划实施沈阳至康平、抚顺（南杂木）至草市（辽吉界）、丹东至海城、桓仁至永陵、丹东至通化等高速公路，使之与沈阳绕城、辽宁中部环线、沈阳至铁岭、沈阳至抚顺、沈阳至大连、沈阳至丹东、沈阳至彰武等已建和在建高速公路构成区域公路主骨架。配套建设沈西工业走廊相关道路设施。二是区域铁路交通建设。以连接铁岭、沈阳、辽阳、鞍山、营口五市的哈大铁路客运专线建设为重点，配套实施沈阳枢纽东部环线、沈阳集装箱物流中心工程和本溪枢纽。通过建设沈西工业走廊铁路、沈丹客运专线和高新线、沈吉线、沙鲅线扩能提速改造工程，实现通道供给能力的提升和运行效率的改善。同时，以沈阳

① 刘易、黄楷楠：《沈阳经济区区域创新能力研究》，《国家与城市竞争》2010年第6期，第31页。

② 梁启东：《沈阳经济区一体化的战略定位、目标模式与路径选择》，《社会科学辑刊》2008年第6期，第120页。

地铁为中心枢纽，推进区域城际铁路建设，向外辐射至抚顺、本溪、铁岭、辽阳、鞍山等城市，形成放射状的城际铁路交通网络。三是区域机场建设。加快沈阳桃仙国际机场升级改造，拓展新的航空运输通道。扩建沈阳至桃仙机场高速公路、沈阳地铁南延工程、新建机场西出口道路，全面改善机场旅客集疏运条件，强化机场枢纽地位。四是区域港口建设。营口港重点推进鲅鱼圈港区四期工程及A港池的建设，启动仙人岛新港区的开发，加快集装箱、铁矿石、钢铁、油品等大型化、专业化、集约化运输设施建设。五是城市供排水设施建设。继续推进大伙房水库输水一、二期工程及相关配套设施建设。建设沈阳石佛寺水库供水工程、本溪观音阁水库输水工程。加快推进中部城市老旧供水管网改造工程、中水回用工程等。

**区域能源保障体系建设** 遵循“节能优先，供给多元，改善结构，协调发展”的能源保障原则，统筹规划区域能源开发利用，科学有序引导和加强能源基础设施建设，努力增强区域能源保障能力和区外能源的稳定供应能力。一是保障区域煤炭产业发展。实施沈煤集团西马矿改扩建、抚矿集团东露天矿能源综合开发工程、铁煤集团长城窝堡煤矿新建改扩建工程建设。加快煤炭深加工和综合利用进程，发展煤炭生产加工、煤电联营、煤化工等项目，延伸煤炭产业链。二是保障区域电力发展。重点推进铁岭电厂二期、清河电厂“以大代小”、调兵山煤矸石发电，抚顺发电厂供热分厂，沈阳金山、沈阳浑南、沈阳西部、沈阳北部，国电鞍山，本溪热电，辽阳煤矸石热电，营口华能等热电联产工程。三是开发区域可再生能源。推进桓仁抽水蓄能电站和抚顺地区小水电工程建设。加快法库、开原、昌图、调兵山等县（市）风力发电项目建设。四是加快域外能源输送。加快建设省际间原煤运输通道，完善东北骨干电网系统，建设蒙东呼伦贝尔到鞍山500千伏直流输变电、辽吉间500千伏输变电、引俄入辽等输电通道，增强受入域外电力的能力。支持陕京二线、俄罗斯油气、中海油油气田开发、大连液化天然气等天然气输入工程建设，确保油气稳定供应。

**区域资源开发与利用** 一是统筹开发利用土地资源。多渠道挖掘未利用土地、空闲地、废弃地、低效利用土地的潜力，盘活土地存量。实行严格的耕地保护制度，建立和实行土地资源利用效益评价制度，建立和完善土地收购储备金制度，健全土地交易市场，促进土地资源合理流转，加强土地产权与资产管理。二是合理开发利用水资源。加强水资源统一调度，建设跨流域调水和城市水源工程，有计划地限制开采和补充地下水，缩小地下水位下降区域面积，推进污水资源化。限制发展高耗水、重污染的建设项目，加强节水技术改造，加大工业用水回收处理设施投入，扩大再生水使用范围。建立节水和用水的价格新机制，建立水资源补偿机制。三是优化开发矿产资源。统筹开发矿产资源，重点推进抚顺、铁岭煤层气、油母页岩，鞍山、营口菱镁矿及煤系共伴生矿的综合利用。开展矿产废渣、废水、废气的综合利用，培育循环经济型矿山企业。

**区域环境治理与保护** 一是改善区域大气环境质量。加强对电力、冶金、建材、石化等行业的污染治理力度，有计划地搬迁改造中心城区的重污染企业，建设城市周边防护林带。二是强化区域水污染治理。以辽河污染治理为主线，以城市生活污水和工业点源治理为重点，实施环境污染共防共治。省级开发区和县（市）及重点镇城市污水处理率达到要求的目标。三是大力发展循环经济。加强资源开采、产品制造、产品消费、资源回收和无害化处置全过程管理，建立企业内部的小循环、企业间或产业间的中循环、社会生产和消费领域的大循环三个循环层面，形成内部较为完整的产业链与资源综合利用链。四是加大节能减排力度。落实区域内节能减排任务和责任，严格控制产生二氧化硫排放项目的市场准入条件，加强项目节能评估审查和环境影响评价制度，有效遏制高耗能、高污染行业的过快增长，淘汰钢铁、铁合金、电力、煤炭、建材等行业的落后生产能力。

**区域技术创新与对外开放** 一是构建自主创新平台。坚持产业化、聚集化、国际化和自主创新发展方向，不断提升产业的集群创新能力。健全人才培养机制，实现人才无障碍流动。二是全面提升对外开放水平。打破行政壁垒，建立区域共同的市场。构建内外统一的市场体系，实现要素资源的开放式循环，并依据比较优势和竞争优势有机地参与国际、国内分工。三是建立区域互动机制。深化辽宁中部城市群与“五点一线”沿海经济带的互动与合作，以沈营出海大通道为基础，形成沿海、近海与腹地优势互补、互为支撑、良性互动的全面开放新格局。加强与东北其他区域的经济合作，搞好跨区域重大基础设施建设，促进东北老工业基地全面振兴。

## 第二节 沈阳经济区空间联系的综合要素和特征

### 一、沈阳经济区发展的综合要素

#### 1.自然环境要素

**地貌与气候** 从辽宁中部城市群区域地势来看，总体上呈自北向南、由东向西倾斜的特征。东部为辽东山地丘陵区，多为中低山和丘陵，桓仁境内的老秃顶子山为最高，海拔在1300米以上；中西部为辽河冲积平原区。沈阳南部、鞍山和辽阳地区以及营口大部分地区属温带半湿润大陆性气候，全年日照充足，雨热同季，年降水量 500毫米—800毫米，寒冷期长，春秋季短，平原风大，具有中纬度西风带天气特色。全年平均无霜期为160天—190天，是辽宁省作物生长最长的地区，是冬小麦、水果、稻谷和蔬菜主产区。本溪、抚顺及铁岭东部地区属于中温带湿润气候，年降雨量在800毫米以上，局部地区可超过1000毫米，具有多雨、潮湿、冷凉的地方气候特点，加之本区主要为低山、丘陵地貌，既是辽中城市群的主要森林分布区，也是东部河流水源涵养之地。沈阳北部和铁岭西部地区属于中温带亚湿润气候，年降水量500毫米—700毫米，夏季温热多雨，冬季干燥寒冷，具有典型温带大陆性气候特色，是主要杂粮产区，调兵山市、康平县等与内蒙古科尔沁沙地毗邻，春季多风沙及干旱危害，是“三北”防护林重点营造地区之一。

**土地资源** 辽宁中部城市群区域土地总面积6.51万平方千米，土地利用类型复杂多样。东部山地资源广阔，由长白山支脉和千山山脉构成，土层较厚，水源充沛，森林覆盖良好，平均覆盖率在50%以上。西部辽河平原，耕地资源丰富，是辽宁省主要粮食产地，尤其营口、海城和开原等地区属高产区，铁岭、抚顺及本溪为中产区，康平和调兵山部分地区，由于沙漠化、盐渍化及旱涝等自然灾害严重，引起风沙侵蚀，水土流失，耕地面积逐年减少，属低产区。

**水文情况** 辽宁中部群区域有大小河流200余条，主要为辽河、鸭绿江水系。水资源总量约170亿立方米，人均水量只有434立方米，是辽宁省缺水地区之一。尤其中部、西部、南部地区水资源较贫乏，沈阳、鞍山在全国水资源最短缺城市行列。

**矿产资源** 辽宁中部城市群区域是我国矿藏资源最丰富的地区，铁、菱镁石、滑石、玉石、大理石等矿产资源储量均居全国重要地位，其中铁矿、菱镁矿资源储量居全国首位。全区已探明储量的能源矿产有煤、石油、天然气、油页岩、铀和地热等六种，其中煤炭、石油、天然气为主要能源。本区的水力能源也较为丰富，现已建成大中小水电站20余座，其中较大的有桓仁、回龙山、大伙房等①。

**旅游资源** 辽宁中部城市群区域旅游资源较为丰富，正逐步发展为中外闻名的旅游热点地区。本区历史悠久，文物古迹众多，沈阳、辽阳是历史文化名

---

① 赵莹：《产业集群化发展的个案研究——以沈阳经济区为例》，《经济纵横》2010年第7期，第101-106页。

城，“三京”、“三陵”、“一宫”等清前史遗迹著称全国，满族风俗旅游极具地方特色。本区山川秀丽，地貌类型多样，千山、辉山、药山、本溪水洞、桓仁五女山、龙山以及萨尔浒风景区、观音阁水库、汤河风景区、汤岗子温泉等远近驰名，且分布集中，已经形成了以一座名城（沈阳），两大景区（水洞、千山），一条主线（清前史遗迹）为核心的综合性旅游开发区。

2. 人文环境要素

**区位与行政区划** 辽中城市群，地处东经122° 11′ —125° 46′ ，北纬40° 01′ —43° 29′ 之间。位于环渤海经济圈的北缘，在由俄罗斯、韩国、朝鲜和中国构成的东北亚经济圈中占有重要地位。从地理空间上分析，东可达韩国、朝鲜和日本；北可到俄罗斯、蒙古国。经济地理区位十分优越，具有较强的发展潜力。实践表明，以区域经济取代行政区经济进行更大范围的空间规划和布局，即构建城市群，有利于区域创新活动及创新在区域内的扩散[①]。辽宁中部城市群包括 1个副省级城市（沈阳）、7个地级市［鞍山、抚顺、本溪、营口、辽阳、铁岭、阜新（2008年7月24日加入辽宁中部城市群）］、7个县级市（新民、海城、盖州、大石桥、灯塔、调兵山、开原），特大、大城市居多，中小城市数量少，小城镇星罗棋布，是以沈阳为中心，以哈大铁路沿线的鞍山、辽阳、铁岭、本溪、抚顺、营口等城市为主体构成的城镇密集区（见表1）。

**表1 辽宁中部城市群行政区划[②]**

| 城市 | 市辖区 | 辖县（县级市） |
|---|---|---|
| 沈阳 | 和平、沈河、大东、皇姑、铁西、东陵、苏家屯、新城子、于洪 | 新民市、康平县、法库县、辽中县 |
| 鞍山 | 铁西、铁东、立山、千山 | 台安县、岫岩满族自治县、海城市 |
| 抚顺 | 新抚、东洲、望花、顺城 | 清原县、新宾县、抚顺县 |
| 本溪 | 平山、溪湖、明山、南芬 | 本溪满族自治县、桓仁满族自治县 |

① 李青：《区域创新下区域发展观念及政策的变化》，《数量经济技术经济研究》2003年第12期，第12页。

② 沈阳市统计局：《沈阳统计年鉴》，沈阳：中国统计出版社，2006年版，第546-554页。

续表

| 城市 | 市辖区 | 辖县（县级市） |
| --- | --- | --- |
| 营口 | 站前、西市、老边、鲅鱼圈 | 盖州市、大石桥市 |
| 辽阳 | 白塔、文圣、宏伟、弓长岭、太子河 | 辽阳县、灯塔市 |
| 铁岭 | 银州、清河 | 调兵山市、开原市、铁岭县、昌图县、西丰县 |

**人口、民族与历史文化**　辽宁中部城市群土地总面积为6.51万平方千米，2005年总人口为 2142.09万人，其中非农业人口为 1157.42万人，城市化水平为54.03%（见表2），是我国城市化水平最高的城市群之一。到2010年辽宁中部城市群人文历史悠久，资源丰富，主要有距今近30万年的营口金牛山遗址、与北京故宫齐名的沈阳故宫和清初“三陵”（永陵、福陵、昭陵），现有文物古迹1.13万处，其中国家级重点文物保护单位19处，省级重点文物保护单位159处，国家级风景名胜区7处，省级风景名胜区7处，这些文物古迹明显提升了辽宁中部城市群的文化底蕴和在国内外的知名度。辽宁中部城市群是多民族聚居地区，除汉族外，还有满、蒙古、回、朝鲜、锡伯等44个少数民族，人口占全省的 16%，其中超过万人的少数民族有满、蒙古、回、朝鲜、锡伯等5个民族，壮、苗、土家、达斡尔、彝族等人数也较多，这些少数民族对辽宁中部城市群的形成、发展具有一定影响，特别是受满族文化的影响尤为深远。

**表2　辽宁中部城市群各市基本情况一览表**[①]

|  | 土地面积（万平方米） | 年末总人口（万人） | 非农业人口（万人） | 城市化水平（%） |
| --- | --- | --- | --- | --- |
| 沈阳 | 1.3 | 698.57 | 450.37 | 64.47 |
| 鞍山 | 0.93 | 347.64 | 175.96 | 50.62 |
| 抚顺 | 1.13 | 224.39 | 148.73 | 66.28 |
| 本溪 | 0.84 | 156.4 | 104.9 | 67.07 |
| 营口 | 0.54 | 230.53 | 102.85 | 44.61 |

① 沈阳市统计局：《沈阳统计年鉴》，沈阳：中国统计出版社，2006年版，第546-554页。

续表

| | 土地面积（万平方米） | 年末总人口（万人） | 非农业人口（万人） | 城市化水平（%） |
|---|---|---|---|---|
| 辽阳 | 0.47 | 182.01 | 79.09 | 43.45 |
| 铁岭 | 1.3 | 302.55 | 95.52 | 31.57 |
| 辽宁中部城市群 | 6.51 | 2142.09 | 1157.42 | 54.03 |
| 辽宁省 | 14.75 | 4189.21 | 2029.74 | 48.45 |
| 辽中/辽宁省 | 44.14 | 51.13 | 57.02 | - |

3. 经济环境要素

**经济综合实力** 辽宁中部城市群经济发展水平较高，是辽宁省乃至东北区的核心。2005年，辽宁中部城市群实现GDP4809.55亿元，占同期辽宁省GDP的 60.05%，占东北区的28.06%。沈阳、鞍山始终占居辽宁中部城市群的主导地位，特别是沈阳一直保持较快的经济增长态势（见表3）。辽宁中部城市群的人均 GDP为22452.6元，是全省人均GDP的1.18倍，是东北区的1.41倍。辽宁中部城市群经济密度为每平方公里738.79万元，是全省的1.36 倍，是东北区的2.96倍，土地利用程度很高，单位土地的经济贡献巨人（见表3）。而2009年和2010年，沈阳经济区各地区GDP和人均GDP都稳定增长。（见表4）

**资本实力** 辽宁中部城市群资本实力雄厚，金融机构存贷款的能力强、数量大。2005年辽宁中部城市群年末金融机构存款余额6517.46亿元，占辽宁省的53.5%，占东北区的25.21%。辽宁中部城市群的企业和居民的收入较为丰富，年末金融机构贷款余额3976.62亿元，占辽宁省的50.74%，占东北区的27.2%。

**表3 辽宁中部城市群各城市GDP总量增长及比较**

单位：亿

| | 2005年 | 2006年 | 2007年 | 2008年 | 2009年 | 2010年 |
|---|---|---|---|---|---|---|
| 沈阳 | 2084 | 2468 | 3055 | 3855 | 4269 | 5018 |
| 鞍山 | 1018 | 1160 | 1350 | 1608 | 1730 | 2125 |
| 抚顺 | 390 | 457 | 547 | 662 | 699 | 895 |
| 本溪 | 343 | 386 | 475 | 585 | 688 | 860 |
| 营口 | 318 | 457 | 556 | 703 | 799 | 1002 |
| 辽阳 | 330 | 394 | 470 | 585 | 608 | 735 |
| 铁岭 | 264 | 320 | 405 | 500 | 606 | 722 |
| 阜新 | 143 | 158 | 193 | 238 | 288 | 379 |

表4　沈阳经济区各城市GDP及人均GDP

| | GDP（亿元） | | 人均GDP（元） | | GDP增速（%） | |
|---|---|---|---|---|---|---|
| | 2010年 | 2009年 | 2010年 | 2009年 | 2010年 | 2009年 |
| 全省 | 18457 | 15212 | 43410 | 35742 | 14.2 | 13.1 |
| 沈阳 | 5018 | 4269 | 62357 | 54654 | 14.1 | 14.1 |
| 鞍山 | 2125 | 1730 | 58426 | 49301 | 16.0 | 17.2 |
| 抚顺 | 895 | 699 | 41810 | 31343 | 17.0 | 14.1 |
| 本溪 | 860 | 688 | 50612 | 44251 | 16.0 | 18.3 |
| 营口 | 1002 | 799 | 41452 | 34104 | 17.8 | 20.3 |
| 阜新 | 379 | 288 | 20819 | 14967 | 17.5 | 16.2 |
| 辽阳 | 735 | 608 | 39686 | 33151 | 16.0 | 16.2 |
| 铁岭 | 722 | 606 | 26556 | 19795 | 16.0 | 18.0 |

**固定资产投资**　辽宁中部城市群固定资产投资总额2406.01亿元，占辽宁省的56.83%，占东北区的32.79%；辽宁中部城市群固定资产投资总额与地区GDP之比为0.5，即固定资产投资率为50%，东北区为42.8%。

**购买力**　从市场购买力看，辽宁中部城市群的购买力旺盛。2005年社会消费品零售总额为1696.27亿元，占全省的56.56%，占东北区的28.01%；辽宁中部城市群人均社会消费品零售收入7918.76元，是辽宁省的1.11倍，是东北区的1.36倍。

**经济外向度**　从经济外向度看，辽宁中部城市群2005年实际利用外资24亿美元，占全省实际利用外资总额的66.85%，占东北区的42.12%；辽宁中部城市群实际利用外资与GDP之比为0.00499，辽宁省之比为0.00448，东北区之比为0.00333，前者是后两者的1.11倍和1.5倍。

4. 交通基础设施要素

辽宁中部城市群基础设施完善，承载水平高，通达性强，铁路、公路、航空、港口等交通基础设施纵横交错，各种交通设施建设步伐加快，特别是高速公路和快速轨道交通发展最为迅速，初步形成了立体化的交通运输网络，一方面扩大了城市群区域交通规模，提高了城市群区域交通的等级和分布密度，另一方面还促进了区际交通路网的连通，从而导致了城市群内部各城市之间以及城市群与群外区域之间的空间相互作用频繁，经济联系日益紧密。

**铁路**　辽宁中部城市群铁路系统以沈阳为枢纽，向各个方向辐射，形成6条放射状铁路运输轴线：向北的“长大线”，连接铁岭、四平、长春，至哈尔滨；向南的“沈大线”，为长大线南段，连接辽阳、鞍山、营口，至大连；向西南的“沈山线”，连接辽中、盘锦、锦州、葫芦岛、秦皇岛，至北京；向东南的“沈丹线”，连接本溪、凤城、丹东，至朝鲜；向东北的“沈抚线”，为沈吉线西段，连接抚顺、清原，至吉林；向西北的“沈阜线”，连接新民、阜新、义县，至锦州。

**公路** 辽宁中部城市群公路总里程为23905公里，占全省公路总里程的47.7%，高速公路总里程为 766公里，占全省公路总里程的46.8%，一级公路总里程为493公里，占全省公路总里程的44.8%，公路密度为36.8 公里/百平方公里，每万人拥有公路11.2 公里。沈阳与各城市全部以高速公路相连，已初步形成了现代化区域公路网格局。可见，公路在城市群交通基础设施网络中占有重要位置，具有举足轻重的作用。

**航空** 沈阳桃仙国际机场是国家六大“区域性枢纽机场”之一。目前，已开通至国际国内航线共80余条，其中，国内航线64条，国际及地区航线16条；通航城市64座，其中，国内城市44座，国际、地区城市20座，航线网络覆盖国内各主要城市。2005年机场旅客吞吐量、货邮吞吐量分别达到456.02万人次和11.27 万吨，分别是1995年的2.5倍和3.6倍。航空运输网络在与群外区域的空间联系中发挥着越来越重要的作用。

**港口** 营口港是我国东北地区第二大贸易出海口岸，是国家沿海主枢纽港和国际集装箱支线港之一，港口水域面积11302万平方米，港区水深浪小，不淤不冻，四季通航，是我国北方深水良港之一。目前与世界50多个国家和地区的140多个港口建立了运输业务联系，开辟国内外集装箱班轮航线13条，承担着东北及蒙东地区内外贸物资的运输任务，营口港是辽宁中部城市群七城市的共同出海口，是粮食、矿石、化肥以及成品油的重要出海通道。2005年完成货物吞吐量7537万吨，其中集装箱完成78万TEU，2008年港口货物吞吐量将突破1亿吨。营口港在城市群中起到沟通群内与群外的经济联系的作用，尤其是在沟通与群外的物流联系中发挥了重要作用。

**5. 生态环境要素**

生态环境要素主要由基质、廊道、板块、节点、生态网络五大要素构成。根据辽中城市群区域内地形地貌特征和植被分布特征，可划分为东南部山地丘陵区和西北部平原区两种基质。辽中城市群廊道主要由植被、水体等生态性结构要素构成，按照廊道的性质和功能可以分为河流廊道、生物保护廊道和交通廊道。东南部生态功能区主要的板块类型是森林，西北部城镇聚集区主要的板块类型是农田和城乡聚居点。节点是两条或者两条以上廊道的交汇处，即作为廊道的交接区和流动能量物质的源或汇以及作为中继站。生态网络一般包括由廊道相互连接形成的廊道网络和由同质性或异质性景观斑块通过廊道的空间联系形成的板块网络。在辽宁中部城市群生态格局中，网络主要表现为不同等级和不同功能的河流廊道、交通走廊、生物保护廊道网络以及保护生物多样性构建的板块网络，它们是区域能量和物质流动的主要物质载体。

## 二、沈阳经济区空间联系的主要特征

### 1. 区位上的中枢性

辽宁中部城市群地处东北亚地区的中心区位，海陆兼备，腹地广阔，是联系东北经济区和环渤海经济区的中心，同时又是联结日本、朝鲜半岛与俄罗斯的结合部。这种贯通南北、承接东西的区位优势，对促进辽宁中部城市群与群外区域的空间联系提供了重要的支撑，随着经济全球化进程的加速推进，辽宁中部城市群与群外区域的经济联系、社会联系、人口移动联系等方面必将日益频繁和活跃，中枢的区域优势对未来辽宁中部城市群与群外区域之间的联系必将产生积极的影响。

### 2. 地理空间上的邻近性

辽宁中部城市群各市在地理上相互邻近，相互依存，自然形成了联系紧密的同一区域，为各市开展区域交流与合作提供了有利的空间基础。群内两大城市沈阳和抚顺的公路距离仅46公里，是我国距离最近的两个特大城市。目前，沈阳和抚顺两市建成区相向发展，沈抚同城化趋势非常明显，在不远的将来，两城市很有可能合二为一，成为高度一体化的区域。以沈阳为中心，以200公里为半径，涵盖了辽宁中部城市群的所有城市，其中距离沈阳最远的城市营口，其与沈阳的公路距离也仅为179公里，沈阳到群内其他地级城市的公路距离均不超过100公里，也就是说，沈阳到其他地级城市的时间基本上都能控制在1个小时以内。城市群内任意两个地级城市的公路距离都在250公里以内，其中铁岭—营口是群内相距最远的两个地级城市，其公路距离为249公里，鞍山—辽阳是群内相距最近的两个城市，其公路距离仅为26公里，多数地级城市之间的公路距离都在200公里以内。这种地理空间上的邻近性客观上促进了群内城市之间的经济社会联系，是构成城市群空间联系的基础。

### 3. 资源禀赋上的互补性

辽宁中部城市群几个城市之间在资源禀赋上存在着很强的互补关系[①]。20

---

① 刘志虹、彭翀、顾朝林：《辽中城市群空间协调规划》，《城市规划》2007年第31卷第10期。

世纪80年代以前，抚顺每年调出焦煤180万吨供应鞍山和本溪，沈阳市的民用煤和工业用煤大部分来自抚顺、本溪和铁法煤矿。辽阳的弓长岭铁矿是鞍钢的主要矿点之一，本溪每年也向鞍山输出一部分铁矿和生铁。鞍钢每年调给辽宁省70万吨钢坯轧材使用，其中50%以上用于中部城市群产业空间体系。沈阳所需钢材大部分来自鞍山和抚顺，而沈阳每年提供的30万—40万吨废钢铁，则又大部分送往鞍钢。本钢使用的矿冶设备和煤矿的矿井设备，分别有60%—70%和一半左右是本省供给的，而其中绝大部分产于沈阳和抚顺。沈阳、本溪、铁岭所需的成品油和燃料油，几乎全部由抚顺供应。此外，沈阳的副食品市外调入量中，几乎全部禽类、50%的生猪、20%的蛋类，都来自铁岭地区。可见，资源禀赋的互补性为辽宁中部城市群各城市间的产业联系提供了极大的可能。

4. 交通网络上的通达性

沈阳市城市空间发展形态在分析城市内部的潜力及发展需求的同时，超越了在市域范围内考虑问题的传统思路，树立“大沈阳”的观念，按照国际上大都市发展的空间规律将其放在区域的宏观层面上，综合考虑其与沈阳经济区、辽中南大都市带、环渤海经济圈、整个东北地区城市间的作用力与反作用力，形成与城市发展相协调的空间形态与布局结构①。辽宁中部城市群区域交通网络发达，初步形成了服务东北地区的交通枢纽体系，构建了由航空港、水运港口、公路网、铁路网共同组成的“两港、两网”水陆空综合运输网络。辽宁中部城市群铁路网以沈阳为枢纽，向各个方向形成六条放射状铁路系统，铁路联系十分便捷；辽宁中部城市群公路网也最为稠密，居全国前列。沈阳与辽宁中部地区各城市之间全部以高速公路连接，形成“一环五射”现代化区域公路网络格局；沈阳桃仙国际机场是国家六大区域性枢纽机场之一，目前已开通多条国际国内航线，覆盖国内外广大地区，营口港是我国东北地区第二大港，目前已与世界多个国家和地区实现了通航，开辟国内外集装箱班轮航线 13 条，承担着东北三省内外贸物资的运输任务，是我国东北及内蒙古东部地区最近的对外贸易出海口岸。由此可见，辽宁中部城市群交通网络非常发达，通达性强，对促进群内各城市之间以及与群外区域之间的经济社会联系提供了重要的支撑。

5. 产业上的关联与协作性

产业发展应积极实施向主导产业和优势产品倾斜的新战略②。辽宁中部城

① 秦文军、余英、张雪松：《沈阳经济区发展战略研究》，《城市规划》2004年第1期。

② 李靖宇、周克坚：《东北优化开发主体功能区经略论》，北京：人民出版社，2009年，第483页。

市群各城市初步形成了职能各异、分工有序的产业发展格局：沈阳在装备制造业、高新技术产业、商贸、物流、金融、信息服务业等方面具有比较优势；鞍山是我国最大的钢铁工业基地之一，素有钢都之称，冶金工业是其最具特色的主导产业部门；抚顺在石化工业上具有一定优势；本溪在钢铁工业方面特色较为突出；营口是辽宁中部城市群的海上物流门户，是辽宁沿海经济带“五点一线”的中心节点；辽阳是我国历史文化名城和重要的石化工业基地；铁岭是农产品基地和能源基地。辽宁中部七城市由于产业相互关联，从而导致产业间协作性较强，比如鞍钢、本钢已实行强强联合，然后又与新抚钢、北台钢、营口中板等实现整合发展，进而迈进全球钢铁企业的前列；沈阳依托装备制造业和大型钢铁、石化企业，通过上下游产业的配合，与鞍山冶金成套设备制造业、抚顺石油炼化设备制造业和本溪、营口、辽阳等相关产业实现了协作发展，从而促进了城市群区域装备制造业的多样化发展和整体竞争力的提升；沈阳汽车及汽车零部件企业也具有一定比较优势和规模，与沈阳周边的其他城市存在着密切的协作关系。

**6. 历史、文化上的趋同性**

辽宁中部城市群城市历史悠久、文化厚重，彼此之间水相系、山相连、人相亲，很早就形成了较为完整的经济地理单元。该地区处于整个东北区域历史、文化的大背景下，其历史演进过程存在着极其相似的趋同性。辽宁中部地区和整个东北区发展阶段一样，都经历了漫长的自然经济、相对短暂的殖民地经济、计划经济以及正在建立和完善的市场经济的曲折历史发展过程。相近的历史，地域的邻近凝缩了共同的文化，满族文化、民俗文化、宗教文化等，这些文化的融合造就了共同的语言、民俗风情、价值取向和生活方式，文化的流动与传递，对促进辽宁中部城市群区域经济社会联系提供了必要支撑。

## 第三节 辽宁中部城市群核心——沈阳

沈阳市位于浑河北岸，浑河古称沈水，因古代以水北为阳，故称沈阳。沈阳历史悠久，孕育了辽河流域的早期文化，是中华民族的发祥地之一。自清朝开始，沈阳的经济、政治、文化飞速发展，这为沈阳日后成为我国东北地区交通枢纽和经济、文化中心奠定了雄厚的基础。19世纪中后期开始，沈阳与关内外交往规模日益密切，沈阳城市名声在全国日趋响亮，逐步成为我国重要的关外交通要塞、商贸中心。新中国成立之后，由于具备发展重化工业的种种条件，沈阳优先进入社会主义建设阶段，取得了巨大的成就，发挥了较大的作用，成为中国重工业基地。进入21世纪后，凭借振兴东北老工业基地政策的实施，沈阳市经济取得了更大的突破，城市综合竞争力排名由2000年全国第14位跃升到2004年第8位，综合经济实力排名由第23位跃升到第10位。“做强做大中部城市群，沈阳的发展至关重要。必须建设大沈阳，充分发挥中心城市的带动作用和城市群的支撑作用，形成互融共进、协调发展的新格局。”

## 一、沈阳作为辽宁中部城市群核心城市的综合优势

沈阳位于中国东北地区南部，地处东北亚经济圈和环渤海经济圈的中心，背倚长白山麓，面向渤海之滨，是辽东半岛的腹地、中国的工业重镇和历史文化名城。在以沈阳为中心的150公里半径内，有著名的钢都鞍山、煤都抚顺、煤铁之城本溪、煤电之城阜新、化纤之城辽阳和粮食煤炭基地铁岭等辽宁中部工业城市；同时，大连港和正在开发的营口新港，距沈阳也不超过400公里。这些有利的区位资源将促进沈阳的发展。沈阳市交通运输发达，是东北经济区通向世界的进出口门户。沈阳拥有东北地区最大的民用航空港以及连接东北地区与日本、韩国等周边国家和地区的国际航线，初步形成我国东北地区主要的航运中心之一。沈阳铁路也是东北地区最大的铁路枢纽，是全国最大的铁路编组站。沈阳还拥有四通八达的全国最高等级的“一环五射”高速公路网。密如蛛网的航空、铁路、公路运输网络，使沈阳逐步成为中国东北地区最大的经济中心城市和通往中国长城以南地区的必经之路。

沈阳地区四周分布着丰富的黑色金属、能源、冶金材料等矿产资源；沈阳的农、林、牧、副、渔业资源也较丰富。同时，沈阳市土地面积广阔，与大连等城市土地开发价格相比，其土地价格极具优势，将成为吸引投资者的亮点和最大资本。沈阳市不仅聚集了大量的各类科技人员，还有充足的产业工人群体，可为企业提供充足的人力资源。

值得一提的是，东北老工业基地振兴战略和“沈北新区”的成立，给沈阳的发展带来了更大机遇。随着国家一系列政策的逐步落实，南资北上、外资涌入势头强劲，沈阳已成为国内外投资者瞩目的焦点，经济发展步入快车道。

## 二、沈阳作为辽宁中部城市群核心城市的目标定位

作为中心城市，沈阳的发展最根本取决于城市所依托的产业和自身发展功能定位，同时也是辽宁中部城市群的“群龙之首”，沈阳市以其独特的发展优

势、经济实力与巨大的发展潜力，在辽宁中部城市群建设中责无旁贷地站在了核心位置。取决于这个城市的整体条件和支柱产业是否具有竞争力。2002年2月，国务院在《沈阳城市总体规划（1996—2010）》中作出明确批复："沈阳市是辽宁省省会，东北地区的中心城市，全国重要的工业基地[①]，做强做大中部城市群，沈阳的发展至关重要。必须建设大沈阳，充分发挥中心城市的带动作用和城市群的支撑作用，形成互融共进、协调发展的新格局。"《辽宁中部城市群经济区发展总体规划纲要》提出，建设一个特大经济核心，充分发挥沈阳的核心带动和辐射作用，整合发展空间，拓展城市功能，打造世界级先进装备制造业研发基地，建设区域性商贸物流和金融中心、科教文服务中心、高新技术产业中心，建成超强的区域中心城市，逐步发展成为东北亚国际性中心城市。

沈阳围绕辽宁中部城市群与"五点一线"建设先进装备制造业基地的发展目标，积极探索发展装备制造业的新思路、新体制、新举措，形成了一批具有国际竞争力的大型装备制造企业集团，并初步形成了现代化装备制造业聚集区。沈阳在自身加速调整和优化结构的同时，不断突破行政区分割的体制壁垒障碍，构建区域合作平台，积极主动同各市打造中部城市群一体化品牌，大大增强了沈阳对中部城市群其他各市的亲和力、凝聚力，有力促进了中部城市群一体化进程。

**1. 创建我国东北地区区域性中心城市**

随着国务院"振兴东北老工业基地"政策的出台，沈阳及时为自己确立了全面建设东北区域中心城市的奋斗目标。因此，"拓展城市功能，加快建设东北地区中心城市，使沈阳成为带动辽宁乃至东北振兴的重要增长极"成为沈阳的首要任务。目前，沈阳市正在着手实施"东汽、西重、南高、北农"的空间拓展计划，即东部汽车及零部件加工基地和现代旅游休闲度假区、沈西工业走廊、大浑南地区和沈北新区；同时，在沈阳还建立了南北"金廊"和东西"银带"。这些空间拓展计划突破了行政区划，打破了城乡分割，整合了空间资源，优化了产业布局，形成沈阳市东西南北各具特色的空间发展格局。

与此同时，发展壮大沈阳市的支柱产业。毋庸置疑，只有不断强化政府引导职能；不断培育优势产业、特色产业和新兴产业，增强市场竞争力和产业扩张力；不断形成优势产业集群，才能使主导产业、优势产业、相关产业和互补产业相连，建立完备的产业发展格局，使沈阳成为振兴辽宁和东北的中流砥柱。

---

① 顾春明：《跨入21世纪的沈阳》，沈阳：沈阳出版社，2001年版，第125页。

**2. 铸就全国先进技术装备制造业基地**

《国务院关于加快振兴装备制造业的若干意见》中明确提出了装备制造业的结构调整目标，即“到2010年，逐渐形成重大技术装备、高新技术产业装备、基础装备、一般机械装备等专业化、合理分工、相互促进、协调发展的产业格局”。

沈阳素有“装备制造业基地”“共和国装备部”的美誉，工业基础雄厚，产业门类齐全，在全国165个工业门类中沈阳占142个[①]。如何促进装备制造业升级，构建世界顶尖的装备制造业技术础。根据沈阳市装备制造业的比较优势，首先，必须提升机床制造业、输变电制造业、石油装备制造业、冶矿装备制造业这四大传统产业，提高传统装备制造业生产水平；依靠现代技术培育和发展自动化成套设备制造业、数字化装备制造业、燃气轮机动力装备制造业和电子信息装备制造业；不断拓展现代装备制造业延伸的新型服务业、成套公司、信息中介平台和现代物流配送等现代服务业。其次，加强沈阳市汽车装备制造业的发展：通过利用国际汽车产业调整、重组、转移和扩张的有利契机，遵循国际化、规模化、品牌化的产业路线，与世界先进汽车制造商合作，延伸汽车相关产业链条，扩大汽车整车制造规模，形成汽车产业的集群效应，建立相互带动、协同发展的循环动力和整体产业核心区。最后，通过提供优惠政策、创新制度、加大资金投入吸引全国及海外的各类技术人才等措施，加快沈阳市高新技术的发展，进一步提高高新产业的产业集聚能力，加快沈阳整体装备制造业的发展，建成全国先进技术装备制造业基地。

**3. 促成东北地区商贸物流和金融中心**

现代物流业由于具有产业关联度高、带动效应强等特点，一直是引导生产、促进消费的先导产业。“以建设区域性商贸物流和金融中心为目标，大力发展现代服务业，改造提升传统服务业，加快发展新兴服务业，打造功能各异的特色空间，提升城市综合服务水平。”“物流、金融、会展等服务业规模不断扩大。全市物流企业达3100家，引进了日本邮船、德国TDS等国际知名第三方物流企业。金融机构本外币存款余额4000亿元，贷款余额2600亿元，分别增长8.2%和10.4%。新加坡大华银行、日本北海道银行和香港东亚银行相继落户。全年举办各类会展活动146项，交易额908亿元。”现代物流业和金融业的发展，将增强可持续发展动力，推进经济社会全面发展，促使沈阳成为东北乃

① 顾春明：《沈阳方略》，沈阳：沈阳出版社，2003年版，第103页。

至国家的新经济增长极。通过建立沈阳区域性现代物流中心带动促成中部城市群物流圈，逐步推进辽宁老工业基地的全面振兴。

因此，沈阳要根据自身条件，采取有力的措施来逐步推动和扶持，增强构建区域商贸物流中心的紧迫感，加强与国外金融界的广泛联系，加快沈阳市银行增资扩股进度，完善企业法人治理结构，通过吸引国内外金融资本，壮大银行融资能力；不断培育和完善证券市场，加快沈阳市规模以上企业的上市步伐；发挥信贷的导向作用，积极发展对科技含量高、市场前景好的重点行业和优势企业的融资。

## 三、沈阳作为辽宁中部城市群核心城市的发展对策

优化和提升中心城市的整体服务功能，既是沈阳自身振兴和发展的迫切需要，也是辽宁中部城市群和东北地区振兴和发展的迫切需要。因此，必须采取以下措施，加快沈阳发展：依托各行业内的重点企业，逐步发展和完善每个产业，进一步提高市场竞争力，建成国际知名的大型企业；依托现有优势企业，逐步培育各类产业园区，壮大产业集群，提升产业整体技术水平和市场核心竞争力。坚持以信息化带动工业化、以工业化促进信息化，围绕装备制造、汽车及零部件等主导产业发展，改造传统产业，加强企业技术创新，大力推进品牌和标准化战略。通过以优势产业和新兴产业为中心的集成创新，提高沈阳工业的国际整体竞争力。

通过发展服务业、扩大规模、调整结构、提高水平等手段，拓展沈阳市第三产业发展的崭新空间。重点发展物流、金融等产业，不断壮大现代第三产业；不断发展商贸、餐饮、交通运输、社区服务等传统服务业，扩大社会再就业的程度。发展竞争力强的集团服务企业，提高第三产业整体层次；紧密结合第一、二产业的发展，大力发展生产型服务业，努力提高为工农业生产、经营、技术开发服务的能力。

发展分部经济，是发挥沈阳中心城市比较优势，提升城际之间产业关联度，提升沈阳中心城市功能，推动沈阳经济区一体化的战略选择，是推动沈阳经济区一体化的桥梁和纽带。辽宁中部城市群七城市山水相连，风俗相近，经济相系，在空间上有集聚性、产业上有互补性，在历史上有密切合作的经验，特别是七城市合作协议的签订，对整合中部城市群区域资源，实现优势互补，是一个很好的契机。在辽宁中部城市群经济区的建设过程中，要充分发挥沈阳中心城市的带动作用，通过实施区域经济一体化战略，带动区域经济协调发展，实现区域的共同发展。

## 四、打造世界级装备制造业研发基地

建设世界级装备制造业基地，是实现辽宁中部城市群崛起的重要引擎。辽宁中部城市群的崛起，希望和潜力都在装备制造业。《辽宁中部城市群经济区发展总体规划纲要》提出，建设装备制造业研发集成总部，强化装备制造企业大型成套设备生产研发能力，加大科技攻关力度，推进自主创新和引进消化再创新，在关键技术领域实现突破和创新。优化产业空间布局，装备制造业向沈西工业走廊集聚，配套加工业向周边梯度转移。

装备制造业是沈阳工业的重要支撑，也是沈阳工业核心竞争力所在。铁西新区作为装备制造业发展核心区，集聚效应明显增强，成为我省发展装备制造业的最大亮点，被国家发改委和国务院振兴东北办授予"老工业基地调整改造暨装备制造业发展示范区"。目前，沈阳基本形成了以重大装备为主的相对完整的工业体系，有90大类1000余个系列近万个品种，为国家电力、冶金、石化等国民经济各部门和国防建设提供了大量装备。2007年沈阳市规模以上装备制造业完成产值2458.5亿元，占全市规模以上工业51.3%，同比增长46%。沈阳装备制造业撑起全市规模以上工业的半壁江山。2008年，沈阳装备制造业保持着又快又好的发展态势，一季度，全市规模以上装备制造业完成产值627.5亿元，占全市规模以上工业49.6%，同比增长33.3%。

沈阳装备制造业初步形成具有比较优势的产业格局。在沈阳区划内，以西部、东部和南部地域为主体，统筹规划装备制造业布局。西部重点建设铁西先进装备制造业聚集区，东部重点建设汽车产业集群，南部重点建设航空经济区和IC装备产业基地。目前初步形成了具有特色和比较优势的产业格局，成为沈阳工业经济全面振兴发展的坚实基础和强大引擎①。据了解，沈阳正在加快建设以铁西装备制造业聚集区为核心的世界级装备制造业基地，呈现主导产业聚集发展、配套产业集群发展的良好局面。2007年，铁西装备制造业产值达到700亿元，同比增长51%。以机床、重矿、石化通用、输变电等六大优势产业和轨道交通、新能源等三大新兴产业为发展重点的产业格局正在形成；以机床、远大、北方重工、沈鼓、特变电工沈变集团等为代表的一批行业领军企业不断发展壮大；五轴联动数控机床、全断面掘进机、百万吨级乙烯装置用压缩机组等一批重大技术装备研制取得重大进展。

---

① 张岩：《打造具有国际竞争力的装备制造业基地，加速东北老工业基地振兴》，《沈阳日报》2008年9月2日，第5版。

据介绍，建设世界级装备制造业基地，沈阳将重点围绕铁西装备制造业聚集区建设，以产业结构优化调整为主线，以优势产业为依托，以短缺产品为切入点，做到抓两头（重大成套装备和重要基础装备），促延伸（延伸发展现代制造服务业），促循环（循环经济、环境友好），促融合（融合信息技术和高新技术）。到2012年，初步建成单体规模大、产业集中度较高、产业体系相对完整、产品技术水平领先、公共服务体系比较健全的世界级装备制造业基地，形成国内“南有上海、北有沈阳”的装备制造业格局①。

未来五年内，沈阳将重点发展一批优势产业、高成长性产业和短缺支撑性产业，培育一批世界级装备制造业企业，建设一批国家级重大装备研制基地，组建一批世界知名工程成套公司，建设一批配套设施完备的基础产业集群，培育一批具有自主知识产权的世界级产品，搭建一批集制造、研发、检测、物流、人才为一体的公共平台②。

## 五、建设区域性金融和商贸服务中心

2008年3月1日，香港华富嘉洛证券有限公司在沈阳金融商贸开发区设立的代表处举行了开业典礼，这是东北第一家外资证券公司代表处，填补了东北地区没有外资证券公司的空白。此前，香港东亚银行和新加坡大华银行等已相继开业③。

目前，入驻沈阳金融商贸开发区的1400家各类中外服务类企业中，金融机构达47家。区域内各类金融机构数量占沈阳市的80%以上，8家进驻沈阳的外资银行全部集中在开发区，以银行、保险为代表的金融产业集群得到进一步巩固，区域金融调控和监管体系基本建立，集中、高效的东北金融中心轮廓清晰显现。随着区域性金融中心地位及重要性和社会认同感的不断加强，沈阳金融商贸开发区提出以上海陆家嘴金融贸易区为参照，加速东北区域性金融中心建设步伐。

金融是市场经济的核心与命脉，是振兴东北老工业基地的重要决定力量。“十一五”期间，沈阳将以构筑东北区域性金融中心为目标，全面推进金融业发展，并出台赋予市级经济管理权限、设立专项资金等涉及资源、信息等多方

① 朱博：《沈阳装备制造业初步形成具有比较优势的产业格局》，《辽宁日报》2008年5月15日，第4版。

②《国务院关于印发工业转型升级规划（2011—2015年）的通知》，《国务院公报》2011年12月30日，国发〔2011〕47号。

③ 韩冰：《沈阳金融商贸开发区振翅腾飞》，《沈阳日报》2008年3月5日，第4版。

面扶持政策，加速东北金融中心建设进程，把沈阳金融商贸开发区打造成东北金融中心的核心区和金融产业的聚集区。

《辽宁中部城市群经济区发展总体规划纲要》提出，推进服务业信息化、集成化、标准化，加快物流基地建设。鼓励大型现代化物流企业跨区域发展，培育具有国际竞争力的综合性核心企业。加强金融体系建设，吸引国际金融机构设立分支机构，发展壮大盛京银行，加速推进与周边城市商业银行实行股份制合作。积极推动各类资本市场建设，完善沈阳联合产权交易所，筹建区域性产权交易市场。

对于如何建设区域金融商贸中心，省委政研室处长赵治山提出，应以全力争取地处东北地区中心城市沈阳核心位置的沈阳金融商贸开发区晋升为国家级金融商贸开发区为重要突破口，着力构建沈大、辽宁及东北地区布局合理、分工明确、相互促进的区域金融发展新格局，加快建设“企业总部聚集、金融机构集中、金融市场发达、金融信息灵敏、金融设施先进、金融运行高效、金融秩序规范、金融政策有力”的金融聚集核心区；同时构建中部城市群多层次商贸体系。

赵治山建议强化沈阳的商贸中心地位，扩展和提升沈阳商贸业的优势，提高沈阳市场的集聚力和辐射力。以集聚式的商贸街和覆盖面广的连锁体系为重点，积极发展新型流通业态，优化商贸布局，初步建立起消费便捷、功能完善、环境优良的大都市商贸中心格局，满足本地居民多层次的消费需求，满足周边城市城乡居民高层次的消费需求[①]。

改变中部城市群市场结构不平衡的状况，与沈阳商贸中心相呼应，合理构建商贸市场的区域布局，积极支持鞍山、营口、铁岭、本溪、抚顺、辽阳建设中部城市群的商贸次中心。重点培育富有活力和竞争力的市场主体。吸引沈阳及区外大城市的大型连锁企业及本地的市场主体大力发展商贸产业和相关服务，通过大型流通企业内部系统和城市群发达的物流系统，加强同沈阳市场的“连锁”互动，使中心城市的商品资源和运营优势更充分地延伸到周边地区，与本地企业和产业特色相结合，形成本区域独特的价格、营销、环境优势，缩小与中心城市购物的差距，使消费力在本地实现。

## 六、形成区域性高新技术产业中心

高新技术产业技术含量高、产业带动性强，对提高综合国力具有重要作

---

① 高慧斌：《展望辽宁中部城市群 沈阳领航城市群经济发展》，东北新闻网，http://news.nen.com.cn，2008年5月15日。

用，各发达国家都把它作为长期发展的战略选择。

《辽宁中部城市群经济区发展总体规划纲要》提出，将沈阳建设成为重点领域产业技术达到国际先进水平、部分优势技术领域进入国际前沿、重点产业具有国际竞争力的制造中心和产业技术研发中心。为此，应加快建设高新技术产业带，进一步拓展高新技术产业发展空间。积极推进浑南新区高新技术产业加快发展，充分发挥对全市高新技术产业的示范带动作用。以先进制造技术、电子信息、生物技术、新材料、软件等领域为重点，大力培育有竞争力的骨干企业和产业集群。继续加大高档数控机床、IC装备等重大科技专项的推进力度，努力在数控系统、重型装备制造等关键技术领域实现跨越和赶超。

2008年2月29日，沈阳被国家发改委授牌，成为我国第三个国家级航空高技术产业基地，目前，基地建设已全面启动。据了解，沈阳国家航空高技术产业基地空间布局有飞机发动机整机制造组团，主要安排发动机制造和装配项目；沈飞民机组团主要安排中高档公务机、低档公务机、通用飞机整机、大部件和零部件制造项目；民机维修、客改货及部件制造组团主要安排航空发动机深度维修、客改货、辅助动力维修等项目；保税物流组团主要为民机制造和维修进行原材料配套和运输民机大部件。今后新建航空研发和生产企业全部布局在产业基地内，原有航空企业逐步从城区迁入基地，到2010年产业集聚程度达到60%，2015年培育和发展2至3个产值超百亿元的民用航空企业，形成产业链完整的民用航空企业集群。

沈阳国家级航空产业基地建设也只是沈阳高技术产业基地发展的一个侧面。沈阳高新技术开发区发挥辽沈地区知识密集和装备制造业的明显比较优势，占领装备制造业制高点，以IC装备制造业为突破口培植新的生长点，建立国内唯一的沈阳IC装备国家产业发展基地，大力开展国际合作，从基础做起，从零部件加工起步，从中端产品切入，不断拓展产业链并形成辐射效应，以产业群为目标，以产业带动为目的，实现整个装备制造业的技术升级和技术进步，走出一条依靠科技带动和振兴的新路。

据沈阳市科技局相关部门负责人介绍，2007年沈阳市14家高新技术产品出口创新基地出口额达到12.4亿美元，同比增长81.5%；沈阳机床集团成为辽宁省首家国家级科技兴贸创新基地。全市规模以上高新技术产品产值实现2048亿元，同比增长54%；科技领航型企业达到20家；高新技术企业达到835家，同比增长20%；科技企业孵化器面积达到212万平方米，同比增长136%；发明专利申请达到2279件，同比增长36%；技术交易额达到50.5亿元，同比增长25.6%。

今年，沈阳市规模以上高新技术产品产值将实现2900亿元，同比增长42%；高新技术企业达到1200家，科技型中小企业达到1万家，同比分别增长44%和23%；科技企业孵化器面积达到270万平方米，同比增长27%。围绕解决全市装备制造业发展中“小产品制约大行业”的突出问题，加快攻克密封、液压、仪器仪表、模具等技术难题，开展清洁真空制造、超高压变压器绝缘、盾构机刀具破岩等40项关键技术攻关，提升产业配套能力，为沈阳特大经济区建设助力。

# 第三章
# 城市人口与就业

人口和就业很大程度上影响着一个城市的建设与发展，对沈阳这样的大型城市而言，二者发展的协调性更直接关系到社会的稳定与和谐。解放后，特别是改革开放后的三十余年，沈阳在实现经济建设、政治建设、文化建设和社会建设跨越性发展的同时，人口再生产也实现了向现代型再生产方式的转变，就业总量稳步增长，就业结构逐步优化，呈现出人口增长与劳动就业协调发展的态势。

## 第一节 城市人口

在经济社会的发展过程中，人口因素始终扮演着一个基础性、战略性的重要角色。人口总数、人口分布和人口文化素质问题正逐渐成为影响经济社会协调和可持续发展的主要因素。

### 一、人口总数

沈阳解放时市区人口总数为160.3万，到1960年增加到334万人，增长了108.4%，平均每年增加6.9%，是历史上市区人口增长最快的时期。1960年之后人口增长速度趋于缓慢，1961年至1964年人口增长5.3%，平均每年只增加1.7%；而1965年至2010年这四十余年间增长速度降至每年1.2%左右。截止到2010年，第六次全国人口普查数据统计显示全市总人口为810万人，同第五次全国人口普查相比，十年共增加90万人，增长12.53%，年平均增长率为1.19%。

#### 1. 人口总数的变化

沈阳城区人口总数的变化可以主要分为四个阶段。

第一阶段人口高增长阶段（1949—1960年）新中国成立之前，战乱频繁，社会动荡不安，经济得不到发展，人口发展缓慢，明显呈现出高出生、高死亡、低增长的特征。新中国成立后，社会安定，经济发展，人民的生活水平及医疗卫生条件不断得到改善，人口的发展也出现了新的特征，死亡率大幅度下降，而出生率维持在高水平，50年代城区人口出生率一直在40%左右，每年自然增长率在32%左右，最高的一年是1954年，达到45.8%；另一方面在于三年经济恢复和“一五”计划时期，沈阳是全国重点建设的重工业基地之一，由于各项建设事业发展的需要，从农村、外省、市招收了大量职工，城市规模迅速扩大，城市人口也随之不断增加。[①]到1960年年末，人口总数已达259.5万人，与1949年比较，11年间增加了153.5万人，平均每年就增加14万人。这一时期城市人口的增长主要是机械迁入人口多，机械增长高达90.5万人，平均每年机械增加8.2万人。

第二阶段稳定下降阶段（1961—1977年）连续三年的自然灾害，使经济发展出现了波折，人民生活水平也因此受到影响，人口死亡率突增，出生率锐减。自然增长人口只有19.2万人，平均每年增加6.5万人。又由于对国民经济进行了调整，又清退了一批“大跃进”时期盲目流入城市的人口，并精简了部分职工，3年机械减少人口41.2万人。到1963年末 ，城区人口已减少到237.9万人。从1963年到“文化大革命”初期（1967年）城市人口一直稳定在230万人—240万人之间。从1968年开始，开始动员大批知识青年下乡、干部插队以及疏散部分城市人口，到1970年末城区人口已减少到201.5万人，3年机械减少46.5万人。1970年后计划生育广泛推广，人口出生率逐渐下降，人口的自然增长率控制在15%以下，城区人口一直稳定在201.5万人—213.8万人之间。到1977年，城区人口只有205.5万人。这是城区人口第二个较大的变化。

第三阶段恢复回升阶段（1978—1985年）经济发展状况逐渐好转，人口发展的不正常状态也迅速得到改变，人口死亡率开始大幅度下降，强烈的补偿性生育使人口出生率迅速回升，人口增长进入了新中国成立以来前所未有的高峰期。粉碎“四人帮”之后，经过拨乱反正，党的各项政策得到了很好地落实，大批下乡的知识青年、插队干部以及落实政策人员回到城市。特别是党的十一届三中全会以来，党的工作重点转移到四化建设上来，科研、教育等事业有了较快的恢复与发展。这一期间，人口自然增长21万人，机械增长高达56.2万人。8年来城区人口共增加77.2万人，平均每年增加7.9万人。这是大批机械变动人口恢复回城，自然变动人口加速回升阶段。

第四阶段平稳增长阶段（1986—2010年）国家把实行计划生育、控制人口增长提高到了战略高度，计划生育被确定为一项基本国策，控制人口增长的措施更加严格。进入20世纪90年代后，随着计划生育工作的不断加强和完善，20世纪80年代人口的高出生率得到控制，并持续稳步下降。近十多年来，由于计划生育政策的持续性及民众观念的不断变化，全市人口的自然增长率始终保持在一个稳定的低增长水平上，一直稳定在1.2%左右，有些年份还呈现出负增

① “沈阳十年”编写小组：《沈阳十年》，沈阳：辽宁人民出版社，1959年版，第2页。

长，市辖区人口的自然增长率更是自1997年来以负增长为主。

在沈阳市人口总数增长速度减缓的同时，市郊人口的发展则由慢转快。1949年市郊人口总数为54.3万人，1985年增加到137.4万人，36年间共增加了83.1万人，其中前十年增长14万人，平均每年增加1.4万人，后26年总共增加69.1万人，平均每年增加2.7万人。郊区人口后期增长快速的原因是自然增长率较高，除了个别年份外，都要高于城区的增长率。同时，后期郊区人口的机械增长也显著上升，如1964年到1982年间，郊区人口机械增长为13.1万人，其中半数以上的人口是1978年后增加的人口，1964年到1977年平均每年机械增长5473人，而1978年至1982年平均每年机械增长13580人。究其原因，一部分是属于政策性的有组织的迁入，例如新城子区为开发西北辽河沿岸的石佛寺、兴隆台、尹家等乡的水田，从1974年到1978年从外地迁入6000余名朝鲜族农民，其中仅在1978一年中就迁入2000多人，大多数是从黑龙江省、吉林省和省内的宽甸、清源等地迁入的。又如苏家屯区的红阳矿、新城子区虎石台的加压气化厂，也都从外地招收和迁入了一批员工。除此之外，大部分是由于郊区输入水平高于一般农村，而由外地分散迁入的。这不仅加速了郊区的人口增长速度，也加快了全市总人口的上升，加重了城、乡负担。

**2. 人口的自然变动**

沈阳人口的自然变动（即出生和死亡）是人口增长的主要因素。

第一个高峰期（1954—1958年），是沈阳社会经济发生重大变革后的迅速发展时期，这一阶段人们生活不但有了可靠保障，而且随着生产力的迅速发展，人们的物质文化生活水平逐步提高，为高出生率提供了条件。再由于当时对人口生产和物质生产相互关系的认识片面，认为人多是好事。[①]从1954年开始，沈阳进入第一个生育高峰期。

第一个低谷期（1959—1962年），由于国民经济严重困难，人民体质严重下降，人口出生率明显下降，其中1961年是这个低潮的最低年份。

第二个高峰期（1963—1965年）是3年暂时困难以后出现的一个补偿性的生育高峰。这三年共出生46.1万人，平均每年出生15.4万人。

第二个低谷期（1974—1977年）是由于普遍推行计划生育政策的结果。这期间，每年出生人口都在5.8万人以下，年均出生率为13%左右，是解放以来出生人口最少、自然增长速度最低的时期。

---

① 达姆鲍夫斯基：《沈阳》，木林阳天译，沈阳：辽宁人民出版社，1955年版，第28页。

第三个高峰期（1978—1990年）是由于50年代和60年代初的高出生转嫁成为70年代和80年代的结婚多、生育多等，从1978年开始，出生率和自然增长率都明显回升，成为受前两个生育高峰影响的第三个高峰期。但在这期间，由于计划生育工作取得明显效果，因此，出生人口的数量比前两个高峰期平缓很多，取得了“生育高峰、低速增长”的好成果。

第三个低谷期（1991—2010年）计划生育工作的顺利进行，又由于人们思想观念的转变，人口自然变动持续低水平，特别是市区人口，从1997年以来持续保持负增长趋势，有力地带动了全市人口自然增长处于低水平的发展态势。

**3.人口的迁移变动**

沈阳人口迁移的规模、流向在不同时期有不同的变化情况，从1948年沈阳解放以来，人口迁移可大致分为3个时期，迁入期、迁出期和再迁入期。

迁入期（1949—1960年）是沈阳人口机械增长期。当时，沈阳处于经济恢复和“一五”“二五”计划时期，基础建设投资规模大，为适应建设的需要，有大量的外省专门人员、工人及其家属迁入沈阳。

迁出期（1961—1977年）是沈阳人口机械减少时期。这17年中，共迁出147.6万人。这段时期正处于“二五”计划的后期、三年困难时期和“十年动乱”时期，大量人口外迁是这个时期的特点。其中1961年由于自然灾害的影响，对国民经济实行调整，精简和清退部分职工等就迁出17.8万人；1969年和1970年，“文化大革命”进入“斗、批、改”阶段，动员知识青年上山下乡，大批干部知识分子被迫迁出。这两次大规模的人口迁出是伴随着经济困难和政治运动出现的。

再迁入期（1978—2010年）是沈阳人口再一次机械增长时期。1978年，中共中央召开十一届三中全会，把全国工作的重点转移到四化建设上，落实党的各项政策，特别是把“文化大革命”时期下放的干部、知识分子迁回到沈阳，为了适应四化建设需要一批专家也源源进入沈阳。改革开放后，沈阳作为区域中心大市场，对周边城市、整个东北地区乃至全国都具有较强的吸纳力和辐射力，吸引了大量外来流动人口到沈阳市居住、投资、务工、经商，这些外来人口成为沈阳市城市建设中不可忽视的中坚力量。[①]第六次全国人口普查结果显示，2010年沈阳市外来流动人口数量达到111.0万人，其中短期外来流动人口（非沈阳户籍，在沈阳市居住不到半年）为20.3万，常住外来流动人

---

① 韩常森：《浅谈沈阳市的流动人口》，《辽宁大学学报（哲学社会科学版）》1988年第5期，第3页。

口（非沈阳户籍，在沈阳市居住半年以上）为90.7万人，占全市常住人口总量的11.2%，比2000年“五普”时增加38.7万人，增长42.7%，年平均增长率为5.7%，是沈阳市常住人口年平均增长率的4.8倍。

**沈阳市外来人口基本结构** 年龄结构上，以青壮年为主。外来人口中，14岁及以下人口7.0万人，占全部外来人口的7.7%，15—45岁年龄段人口69.9万人，占77.1%，46—59岁年龄段人口10.2万人，占11.2%，60岁及以上人口3.6万人，占4.0%。沈阳市外来人口以青壮年劳动力为主。性别结构上，男女数量基本持平。外来人口中，男性人口49.2万，占54.2%，女性人口41.4万，占45.8%。男女性别比例为118.8：100，外来人口中男性比女性稍多，但没有非常明显的性别差异。教育结构上，以初中受教育程度为主。外来人口中，拥有初中学历的有38.9万人，占全部外来人口的44.0%，拥有高中学历的有11.8万人，占13.0%，拥有大专及以上学历的有25.7万人，占28.3%。

**沈阳市外来人口特点** 从外来人口输出地看，来源区域广而集中。从来源地看，沈阳市外来人口具有以下三个特征：来源地广。沈阳市外来人口来自全国31个省、市、自治区和全省各地，来源地区大多经济不够发达；省内多于省外。全部外来人口中有47.4万人来自于我省其他城市，占全部外来人口的52.3%，是沈阳市外来人口的主力军；输出地相对比较集中。来自黑龙江、吉林、内蒙古、山东、安徽、河南、河北等省份的外来人口在沈阳市的规模均在2万人以上，四川、江苏、浙江、湖北的外来人口均在1万人以上，其中输出地为黑龙江、吉林、内蒙古等三个近邻省份的外来人口共有21.6万人，占全部外来人口的23.8%，占全部外省在沈人口的49.8%。

从外来人口居住地看，空间分布集中。沈阳市外来人口居住地分布比较集中，市辖区内居住了85.9万外来人口，占全部外来人口的94.7%。和平、沈河、皇姑和于洪四个区的外来人口都达到了10万人以上，其中居住在沈河区的外来人口达11万人，是全市外来人口最多的一个区。

从外来人口流入原因看，目的性强且集中。外来人口中，因“务工经商”进入沈阳市的占48.4%，因“学习培训”进入沈阳市的占22.4%，另有11.5%的人属于“随迁家属”。以上三种原因是沈阳市外来人口的三大主要流入原因，这三部分人占全部外来人口的82.3%。

从外来人口的就业情况看，从事行业相对集中。沈阳市外来就业人口主要集中在第二产业中的制造业、建筑业和第三产业中的批零、住宿餐饮业，这四个行业中的外来就业人口占全部外来就业人口的72.0%。

**4. 人口再生产类型**

沈阳人口再生产已实现了向现代型转变。人口再生产分为三种类型，即高出生率、高死亡率、低自然增长率的原始再生产类型；高出生率、低死亡率、高自然增长率的传统再生产类型；低出生率、低死亡率、低自然增长率的现代再生产类型。当低出生率、低死亡率、低自然增长率的人口再生产状态出现并稳定一段时间后，一般认为人口再生产类型的转变已经完成，这一转变也是社会经济发展的必然结果。①

解放后，随着社会环境的稳定，经济建设的发展和医疗保健水平的逐步提高，人口总量以年均8.8万人的较高增量累积，人口再生产以传统类型稳定至20世纪80年代初期。改革开放后，是沈阳人口转变进程中的关键时期。在这30年里，随着社会经济的发展和制度的变革，多生多育的传统观念得到很大改变，特别是计划生育工作的持续、深入开展，大幅降低了妇女生育率，极大地加快了人口转变的进程。

改革开放初期的1978年，沈阳人口出生率17.7‰、死亡率5.3‰、自然增长率为12.4‰，人口再生产处于高出生率、低死亡率、高自然增长率的传统类型。从死亡率来看，此时的人口死亡率已经降到较低的水平，随后在6.0‰上下小幅波动，而人口出生率仍然维持较高的水平，这也意味着之后的人口转变主要围绕着人口出生率的下降展开。

1978年后的人口转变，大致可分为三个阶段。第一阶段（1978—1990年）：人口增长减速阶段。人口出生率从17.7‰下降到12.4‰。人口自然增长率从期初的12.4‰大幅下降到1990年的6.5‰。平均出生率、死亡率、自然增长率分别为15.2‰、5.5‰、8.6‰，传统类型特征比较明显。第二阶段（1991—2000年）：人口增长转型阶段。这一时期，人口自然增长率基本稳定在较低水平，但出生率和死亡率还相对较高，平均出生率、死亡率、自然增长率分别为8.1‰、6.3‰、1.8‰。人口再生产处于现代型转变阶段。第三阶段（2001—2007年）：人口增长稳定阶段。在这一时期，平均出生率、死亡率、自然增长率分别为6.78‰、6.04‰、0.74‰，低出生率、低死亡率、低自然增长率的人口再生产形态明显，可以认为，沈阳人口转变已经完成。

---

① 桑秋、张平宇、苏飞：《20世纪90年代以来沈阳市人口、经济、空间与环境的协调度分析》，《中国人口、资源与环境》2008年第2期，第58页。

## 二、人口的分布

沈阳是一个市区大、人口多、城区人口密集的城市。目前，沈阳市共有9个市辖区、1个县级市、3个县。人口的地区分布与解放前比较，有一定的变化，但分布仍很不平衡，各区、县间的差别很大。①

根据1984年统计的数据，全市总人口有526.2万人。全市人口密度为618人/平方公里，比全省每平方公里251人多367人，比全国平均每平方公里108人多510人。城区中，大东区人口较稀，为10763人/平方公里；沈河区是老城区，人口相当密集，达29425人/平方公里，将近大东区的3倍。4个郊区面积占全市的39.1%，人口占全市的25.9%，人口密度为409人/平方公里，其中苏家屯区较高，为495人/平方公里；新城子区较低，为336人/平方公里。两县面积占全市的59%，人口占全市的21.4%，人口密度225人/平方公里，其中，辽中县287人/平方公里，新民县193人/平方公里。

2008年，全市人口密度为549人/平方公里，其中市辖区人口密度为1467人/平方公里，市辖县（市）人口密度为217人/平方公里。市内中心区人口密度都超过万人，其中，沈河区人口密度为37764人/平方公里，高居首位。其次依次为和平区32194人/平方公里，铁西区23194人/平方公里，皇姑区22784人/平方公里，大东区13941人/平方公里；其余区、县（市）人口密度均不超过千人，人口分布不平衡。

根据第六次人口普查数据公报，2010年沈阳市人口密度为625人/平方公里，比2000年增加75人，是全国平均水平的4.5倍。从沈阳各区、县（市）看，人口主要集中在市内五区，均在70万人以上。其中铁西区、皇姑区超过90万人，铁西区（不含沈阳经济技术开发区）以97.8万人口成为人口最多的行政区。市内五区中，人口最少的是和平区，有70万人。而从全市范围来看，人口最少的是棋盘山国际风景旅游开发区，只有5.4万人；其次是沈阳经济技术开发区，有13.6万人。与2000年相比，沈河区、皇姑区、铁西区人口都增加了20万以上，分别增长41.3%、30.7%和30.5%。由于行政区划调整、郊区居民向市区迁移等原因，部分郊区人口在减少，②如东陵区与2000年相比减少了23.8万人。

---

① 张年国、谭许伟、王娜、张霄兵：《户籍制度改革影响下的沈阳人口空间分异研究》，《转型与重构——2011中国城市规划年会论文集》，南京：东南大学出版社，2011年版，第35页。

② 殷健、李晓、白鹏：《沈阳市中心城区人口密度变动的空间特征及成因分析》，《多元与包容——2012中国城市规划年会论文集》，昆明：云南科技出版社，2012年版，第64页。

郊县除新民市基本与2000年持平，辽中县、康平县、法库县人口都在减少。

## 三、人口的民族构成

沈阳在长期的历史发展中，逐渐形成了以汉族为主的由多民族组成的居住地区。各民族共同开拓了这个富饶的地区，发展了繁荣的经济，创造了灿烂的文化。如今，沈阳成为除汉族外，满族、朝鲜族、蒙古族、回族、锡伯族为最多的少数民族大分散小聚居的城市。全市有2个回族、5个朝鲜族聚居的街道，有10个民族乡（镇）及300个民族村，是全国民族工作重点城市之一。

### 1.少数民族概况

全市共有52个少数民族，少数民族人口76.6万，占全市总人口的近9.5%。其中，满族人口43.05万，占少数民族人口的56.2%；蒙古族人口10.84万，占少数民族人口的14.15%；朝鲜族人口9.21万，占少数民族人口的12.02%；回族人口7.14万，占少数民族人口的9.32%；锡伯族人口5.57万，占少数民族人口的7.27%。满族、蒙古族、朝鲜族、回族和锡伯族等五个主体少数民族人口75.8万，占全市少数民族人口的99%。除了阿昌族、乌孜别克族、德昂族，其他52个少数民族在沈阳均有常住人口，与第五次人口普查相比，增加了近10个民族。其中，人数最多的5个少数民族为满族、蒙古族、朝鲜族、回族和锡伯族，这五大少数民族的人数占到了少数民族在沈常住总人口的99%。与第五次人口普查相比，五大少数民族的人数有增有减，其中，朝鲜族和回族的常住人口都减少了，满族、蒙古族和锡伯族的常住人口有所增加，其中，满族常住人口增加了4.7万。

在中华人民共和国成立之后，各民族在政治上取得了平等的地位。尤其在粉碎“四人帮”后特别是党的十一届三中全会以后，中共沈阳市委积极贯彻党的民族政策，促进了各民族的团结，推动了民族进步。①1952年以来，全市少数民族人口增长率高于汉族人口的增长率。1982年全国第三次人口普查，与1964年全国第二次人口普查相比，汉族的增长率为24.3%，满族增长31.6%，朝鲜族增长45%，回族增长29.5%，锡伯族增长190.4%，蒙古族增长67.8%。2000年全国第五次人口普查与1990年全国第四次人口普查相比，汉族增长8.47%，少数民族增长17.18%，其中满族增长19.63%，朝鲜族增长12.57%，

① 侯德才：《民族团结进步 事业蓬勃发展——沈阳市少数民族地区情况调查》，《辽宁经济》1997年第4期，第26页。

蒙古族增长26.21%，回族增长2.13%，锡伯族增长11.17%，其他少数民族增长177.87%。少数民族人口增长较快，除了在计划生育政策上有所照顾外，也包括由于落实了党的民族政策，使一部分过去没如实填报自己民族的人口恢复了原有的民族成分。

从聚集地来看，满族主要分布在东陵区；蒙古族主要分布在康平县、法库县；朝鲜族主要分布在苏家屯区、和平区；回族主要分布在沈河区、皇姑区；锡伯族主要分布在沈北新区。

**少数民族人口的地区分布**[①]

单位：人、%

| 地区 | 少数民族人口数 | 占全市少数民族比重 |
|---|---|---|
| 和平 | 46093 | 6.53 |
| 沈河 | 44158 | 6.26 |
| 大东 | 40559 | 5.75 |
| 皇姑 | 55141 | 7.82 |
| 铁西 | 39222 | 5.56 |
| 苏家屯 | 53446 | 7.58 |
| 东陵 | 105774 | 15.00 |
| 新城子 | 62006 | 8.79 |
| 于洪 | 76394 | 10.84 |
| 辽中 | 34499 | 4.89 |
| 康平 | 57787 | 8.20 |
| 法库 | 41263 | 5.85 |
| 新民 | 48736 | 6.91 |

**2. 主要少数民族简介**

在沈阳众多的少数民族中，人口最多、所占比重最大的分别是满族、朝鲜族、蒙古族、回族和锡伯族。

**沈阳的满族**　满族是一个勤劳勇敢的民族，其文化悠久，有自己的语言和

---

① 沈阳市民族事务委员会：《沈阳少数民族》，沈阳：辽宁民族出版社，2004年版，第4页。

文字，对中华民族的发展有过重大的贡献，在沈阳的历史发展中也占有重要的地位。据2000年全国第五次人口普查统计，在全市7203717人中，少数民族有705044人，其中满族有383376人，占少数民族人口的54.38%，是沈阳市少数民族人口最多的民族。

**沈阳满族历年人口统计表**①

单位：人

| 年代 | 普查或统计 | 市内 | 郊区 | 县（市） | 合计 |
|---|---|---|---|---|---|
| 1953年 | 全国第一次人口普查 | 6914 | 49698 | | 56652 |
| 1964年 | 全国第二次人口普查 | 51526 | 61083 | | 112609 |
| 1971年 | 沈阳市人口统计 | 53576 | 76603 | 35732 | 165911 |
| 1982年 | 全国第三次人口普查 | 67144 | 102149 | 49373 | 157693 |
| 1986年 | 沈阳市人口统计 | 64731 | 109280 | 46469 | 220480 |
| 1990年 | 全国第四次人口普查 | 93886 | 134044 | 54567 | 320459 |
| 2000年 | 全国第五次人口普查 | 117922 | 168912 | 96542 | 383376 |

沈阳满族主要分布在东陵区，其次是新民市、辽中县。②满族人口在0.4万人以上的乡镇主要有往家、高坎、祝家、深井子。0.2万人以上的乡镇有冷子堡、古城子、沙河、英达、满堂、五三、白塔堡、新城子、虎石台、蒲河、公主岭、胡台、法哈牛、乌伯牛、养土堡、潘家堡。另外，辉山畜牧场、东陵街道满族人口也在0.2万人以上。

沈阳满族的来源大致包括六个方面：沈阳女真人的坐地老户，即作为明朝臣民的女真人；后金迁都沈阳城，随之而来，后迁都北京留下驻防和守护陵寝的八旗官员及其家属；奉旨移居沈阳的驻防的“新满洲”官兵及其家属；清朝为解决日益严重的八旗升级问题，从雍正年间开始，有部分闲散宗室移居沈阳；进驻北京后又拨还到沈阳来当差的官兵及家属；近代各地移居沈阳的满族人。

**沈阳的朝鲜族** 朝鲜族是一个勤劳、勇敢、具有悠久历史与光荣革命传统

① 沈阳市民族事务委员会：《沈阳少数民族》，沈阳：辽宁民族出版社，2004年版，第13页。

② 辽宁省委员会文史资料委员会：《辽宁少数民族》，沈阳：辽宁人民出版社，1987年版，第31页。

的民族。根据2000年全国人口普查统计，沈阳市朝鲜族人口共有94000人，在沈阳市少数民族人口中居第二位。朝鲜族有灿烂的文化，使用本民族的语言文字。目前，沈阳市设立朝鲜族文化馆，还有朝鲜族中学。

**朝鲜族历年人口统计表**[①]

单位：人

| 年代 | 普查或统计 | 市内 | 郊区 | 县（市） | 合计 |
|---|---|---|---|---|---|
| 1953年 | 全国第一次人口普查 | 13919 | 13660 | | 27579 |
| 1964年 | 全国第二次人口普查 | 15629 | 32709 | 1394 | 49732 |
| 1971年 | 沈阳市人口统计 | 15081 | 37335 | 2843 | 55259 |
| 1982年 | 全国第三次人口普查 | 21100 | 48500 | 2491 | 72096 |
| 1986年 | 沈阳市公安局统计 | 21850 | 51113 | 2671 | 75634 |
| 1990年 | 全国第四次人口普查 | 26198 | 53989 | 3142 | 83329 |
| 2000年 | 全国第五次人口普查 | 32693 | 58709 | 3198 | 94600 |

沈阳的朝鲜族主要居住在苏家屯区、于洪、东陵三个郊区以及市内的和平区。朝鲜族人口较多的乡和街道有：浑河站朝鲜族乡、大兴朝鲜族乡、西塔街道、大淑乡、明廉街道、临湖街道、五三乡、石佛寺乡、兴隆台锡伯族镇、尹家乡、胡台乡、官立堡乡等。

沈阳市的朝鲜族是从19世纪七八十年代开始从朝鲜迁入的，但是人口并不多，直到1948年沈阳解放后，朝鲜族人口开始逐年增加。三年困难时期又有所减少。党的十一届三中全会之后，东北三省的各市、县的朝鲜族人民又陆续迁入沈阳，使沈阳市的朝鲜族人口又有所增加。

**沈阳的蒙古族**　蒙古族是祖国大家庭中的一个历史悠久、勤劳勇敢的民族。蒙古族人民精骑善射，有“马背民族”之称。曾对中华民族的统一做出了贡献。古代的蒙古族信仰萨满教，后信仰喇嘛教。蒙古族有自己的语言文字。如今与满、汉族长期杂居的蒙古族，除了一些婚丧嫁娶的细节之外，风俗习惯已与当地满、汉族无较大的区别。据2000年全国第五次人口普查的统计数据，

① 沈阳市民族事务委员会：《沈阳少数民族》，沈阳：辽宁民族出版社，2004年版，第23页。

沈阳的蒙古族人口共有94530人，在沈阳市少数民族人口中占第三位。

**蒙古族历年人口统计表**①

单位：人

| 年代 | 普查或统计 | 市内 | 郊区 | 县（市） | 合计 |
|---|---|---|---|---|---|
| 1953年 | 全国第一次人口普查 | 5532 | | 4450 | 9217 |
| 1964年 | 全国第二次人口普查 | 3367 | 5654 | 4611 | 13632 |
| 1982年 | 全国第三次人口普查 | 5587 | 9695 | 6747 | 15282 |
| 1990年 | 全国第四次人口普查 | 11447 | 9064 | 54519 | 75030 |
| 2000年 | 全国第五次人口普查 | 13868 | 19302 | 61360 | 94530 |

沈阳蒙古族大多数分布在农村。主要居住在康平县、法库县、新民县和于洪区。主要居住的乡有：法库县四家子蒙古族乡、卧牛石乡，康平县沙金台蒙古族满族乡、柳树屯蒙古族满族乡、西关屯蒙古族满族乡、东升满族蒙古族乡，新民市法哈牛乡、大柳屯乡、胡台乡。

沈阳的蒙古族人口来源于以下方面：蒙古汗国推向辽西一带，进驻沈阳地区的蒙古族主要是以军屯、民屯的形式和军官、僚佐、侍卫以及工商、交通等事业繁荣的管理与参与者的身份留下的；在努尔哈赤进攻辽沈之前，蒙古部落为逃避饥荒来到辽沈一带；在满族对蒙古族采取结盟、联姻、优待等特殊政策的前提下，蒙古王公等上层人士迁居沈阳城；新中国成立后，从外省、市、县因工作调动而迁居沈阳的蒙古族人民。

**沈阳的回族** 回族是回回民族的简称，在我国少数民族中人口较多，分布较广，是具有伊斯兰教宗教信仰的外来先民同中国土著民族长期融合的过程中在独特的社会条件下形成的独特的民族。解放以来，在回族聚居的地方，都设有回民饭店、回民食品供应点和专柜，回族职工较多的单位都建立回民食堂，城镇回民还增加了食用油的供应量。根据2000年全国第五次人口普查的数据，沈阳回族人口共有72811人，占少数民族人口的10.33%，在沈阳市少数民族中，除满族、朝鲜族、蒙古族外，人口数量位居第四位，是沈阳市少数民族人口众多的民族之一。

① 沈阳市民族事务委员会：《沈阳蒙古族志》，沈阳：辽宁民族出版社，2006年版，第28页。

**回族人口历年统计表**①

单位：人

| 年代 | 普查或统计 | 市内 | 郊区 | 县（市） | 合计 |
|---|---|---|---|---|---|
| 1953年 | 全国第一次人口普查 | 29380 | 2406 | 5011 | 36797 |
| 1964年 | 全国第二次人口普查 | 35235 | 5888 | 5895 | 47018 |
| 1971年 | 沈阳市人口统计 | 30223 | 6900 | 7801 | 44924 |
| 1982年 | 全国第三次人口普查 | 44287 | 8663 | 7932 | 60882 |
| 1986年 | 沈阳市人口统计 | 43267 | 8097 | 7183 | 59357 |
| 1990年 | 全国第四次人口普查 | 48071 | 11548 | 7855 | 67474 |
| 2000年 | 全国第五次人口普查 | 48389 | 13443 | 10979 | 72811 |

回族聚居的街道、乡镇有：沈河区小西街道、朱剪炉街道，于洪区平罗镇，新民市新民镇，辽中县老达房乡。其中法库县的回族人口最多，总数共达7900人，占全县少数民族人口总数的19%。

沈阳回族的形成，是在元末明初之后，陆续从我国关内各地迁徙而来，构成沈阳地区始有回族到逐渐增多而繁衍生息。由于回族信仰伊斯兰教，往往以清真寺为中心居住，这样回族在农村则自成村落，在城市则自成回回营，形成大分散小聚居的特点。

**沈阳的锡伯族**　锡伯族也是我国一个勇敢并善于骑射的民族，有自己的语言，但自己的文字已经失传，借用满文来书写其自身的语言。沈阳地区是我国锡伯族人口最聚集的地方。据史料记载，康熙三十八年、三十九年、四十年清政府分三批抽调齐齐哈尔、乌拉的锡伯兵移驻盛京，这是沈阳地区锡伯族的主要来源。中华人民共和国成立之后，由于落实了党的民族政策，锡伯族人口也随之逐年发展。加之锡伯族“归本还原”恢复族籍，使得锡伯族人口大增。

**锡伯族人口历史统计表**②

单位：人

| 年代 | 普查或统计 | 市内 | 郊区 | 县（市） | 合计 |
|---|---|---|---|---|---|
| 1953年 | 全国第一次人口普查 | 58 | 3330 |  | 3388 |

① 沈阳市民族事务委员会：《沈阳少数民族》，沈阳：辽宁民族出版社，2004年版，第92页。

② 沈阳市民族事务委员会：《沈阳少数民族》，沈阳：辽宁民族出版社，2004年版，第104页。

续表

| 年代 | 普查或统计 | 市内 | 郊区 | 县（市） | 合计 |
| --- | --- | --- | --- | --- | --- |
| 1964年 | 全国第二次人口普查 | 366 | 8458 | 810 | 9634 |
| 1971年 | 沈阳市人口统计 | 525 | 12273 | 1110 | 13908 |
| 1982年 | 全国第三次人口普查 | 3254 | 22733 | 1933 | 27920 |
| 1986年 | 沈阳市人口统计 | 4542 | 27034 | 3110 | 34686 |
| 1990年 | 全国第四次人口普查 | 7070 | 33177 | 4458 | 44705 |
| 2000年 | 全国第五次人口普查 | 9395 | 35629 | 9604 | 54628 |

锡伯族主要聚集在市内、郊区和新民市。郊区中沈北新区为最多。市内的锡伯族大部分都是从郊区迁入的。锡伯族聚集的乡有沈北新区的黄家锡伯族乡、兴隆台锡伯族镇、新城子乡、财落乡、石佛寺乡；于洪区的平罗镇、马三家子镇；苏家屯区的大淑乡、城郊乡；东陵区的前进乡；新民市的柳河沟乡、大红旗乡。

## 四、人口的性别与年龄

性别结构与年龄结构是人口最重要的自然标志。

### 1. 人口的性别结构

“人口的性别构成是否平衡，对于人口再生产和社会经济文化的发展有着重要影响。”①从1949年到1961年这13年间，除了1958年之外，沈阳男性人口比重都在52.4%以上，性别比例都在100以上。1953年是男性人口比重最高的年份，占总人口的54.3%。这一年的人口性别比高达118.7，比同年全国人口的性别比107.6和全省人口性别比108.5分别高出11.1和10.2。从20世纪50年代之后，人口性别比有逐渐下降的趋势，从110以上，在60年代中期降到105.4，在70年代降至103.4，到80、90年代降到103。1982年第三次人口普查数据显示，沈阳地区总人口中的男性为259.6万人，占50.75%；女性为259.1万人，占49.25%。性别比为103，比1964年第二次人口普查时的105.6下降了2.6。到了2010年，全市人口中，男性人口为409.5万人，占50.52%；女性人口为401万人，占49.48%。总人口性别比（以女性为100，男性对女性的比例）由2000年第五次

---

① 李庆杨、曹一萍：《沈阳的人口环境与可持续发展》，《辽宁经济》2001年第9期，第37页。

全国人口普查的104.06下降到102.10。具体的总人口性别比变化见下表。

**沈阳历次人口普查性别比变化表**[①]

单位：人

| 普查年份 | 总人口 | 男 | 女 | 性别比 |
|---|---|---|---|---|
| 一普（1953年） | 3541470 | 1909310 | 1632160 | 116.98 |
| 二普（1964年） | 4635316 | 2384581 | 2250735 | 105.95 |
| 三普（1982年） | 5849485 | 2973627 | 2875858 | 103.40 |
| 四普（1990年） | 6592813 | 3360581 | 3232232 | 103.97 |
| 五普（2000年） | 7203717 | 3673572 | 3530145 | 104.06 |
| 六普（2010年） | 8106171 | 4095172 | 4010999 | 102.10 |

据历次普查数据，全市人口性别比有逐渐下降的趋势。由第一次普查116.98偏高，下降到第三次普查的103.40、第四次普查的103.97和第五次普查的104.06的正常状态，第六次人口普查继续下降至102.10，说明沈阳市人口结构逐渐趋于合理。

**2010年分县区性别比表**[②]

| 地区 | 性别比 | 地区 | 性别比 |
|---|---|---|---|
| 合计 | 102.10 | 沈北新区 | 104.87 |
| 和平区 | 100.59 | 于洪区 | 105.33 |
| 沈河区 | 97.51 | 辽中县 | 103.23 |
| 大东区 | 99.21 | 康平县 | 103.16 |
| 皇姑区 | 99.39 | 法库县 | 105.32 |
| 铁西区 | 100.23 | 新民市 | 102.92 |
| 苏家屯区 | 104.16 | 沈阳经济技术开发区 | 118.03 |
| 东陵区 | 110.88 | 棋盘山国际风景旅游开发区 | 101.26 |

从区、县（市）分布来看，除和平、沈河、大东、皇姑、铁西和棋盘山的性别比低于全市性别比，其余各县（区）均高于全市性别比，沈阳经济技术开发区和东陵区的性别比分别为118.03和110.88，位于全市的前两位。

---

① 沈阳历次人口普查数据公报。

② 沈阳市统计局：《沈阳市劳动力资源分析报告》。

不同年龄的人口性别比也存在差异，因为男女的死亡率不同，通常是男性的死亡率相对较高。一般低龄组人口通常是男性人口比例较高，但高年龄组人口则恰恰相反。[①]此外，人口迁移和出生婴儿性别都与人口的性别结构有一定的关系。沈阳市人口性别比是随着年龄的上升而逐渐下降。

**2. 人口的年龄结构**

根据沈阳解放以来的六次人口普查资料，沈阳人口的年龄构成状况是年龄高峰在逐渐后移，人口年龄类型已进入老年型。

1953年第一次人口普查时，年龄构成中最大的高峰年龄不满1岁的0岁组，占人口总数的4.11%，沈阳开始出现第一个人口生育高峰期。各年龄比重从4岁组开始，随着年龄增大，比重缓慢下降。1964年第二次人口普查，年龄构成比重最大的高峰年龄是1岁组，占总人口的5.02%。各年龄组比重从15岁开始，随着年龄增大，比重缓慢下降。1982年第三次人口普查，比重最大的高峰年龄组移到19岁，占总人口的3.65%，年龄组缓慢下降从35岁开始。截止到2010年，全市人口中，0—14岁人口为791982人，占9.77%；15—59岁人口为6074327人，占74.93%；60岁及以上人口为1239862人，占15.30%，其中65岁及以上人口为840446人，占10.37%。同2000年第五次全国人口普查相比，0—14岁人口的比重下降5.43个百分点，15—59岁人口的比重上升2.67个百分点，60岁及以上人口的比重上升2.77个百分点，65岁及以上人口的比重上升1.72个百分点。沈阳市人口老少比发生质的变化，年龄中位数大幅度后移。

以国际上通用的年轻型、成年型和老年型来衡量一个国家或地区的人口年龄构成特征，目前沈阳市人口年龄构成呈现如下特征。

**人口年龄结构类型表**[②]

单位：%

| | 国际通用标准 | | | 沈阳市 | |
|---|---|---|---|---|---|
| | 年轻型 | 成年型 | 老年型 | 2000年 | 2010年 |
| 少儿人口系数（0—14岁） | 40以上 | 30—40 | 30以下 | 15.20 | 9.78 |
| 老年人口系数（65岁及以上） | 4以下 | 4—7 | 7以上 | 8.65 | 10.37 |
| 老少比（65岁及以上/0—14岁） | 15以下 | 15—30 | 30以上 | 56.88 | 106.12 |

① 刘安华：《沈阳市人口、资源、环境与可持续发展研究》，沈阳：辽宁科学技术出版社，1996年版，第243—244页。

② 沈阳市统计局：《沈阳市劳动力资源分析报告》。

从上表中可以看出，沈阳市少年儿童人口比重由2000年的15.20%，下降到2010年的9.78%；65岁以上老年人口比重由2000年的8.65%，提高到2010年的10.37%。这说明沈阳市人口总量有老年人口增加，少儿人口减少的趋势，人口年龄结构类型进入老年型。

根据普查数据统计，1982年沈阳老年人仅为39万人，2010年为123万人。沈阳老龄人口从1982年占总人口的7.63%上升到2010年占总人口的15.30%，二十多年的时间增长了近两倍，足以说明沈阳人口老龄化发展的速度十分迅猛。目前，沈阳市现有60岁及以上的老年人口为1239862人，占总人口的15.30%。按国际标准，60岁以上老年人比例占总人口在10%以上的就是老龄社会，这意味着沈阳已成为我国率先进入老龄化社会的城市之一。如按照60岁以上人口的口径算，占15.30%，相当于每5个沈阳人中就有一个老人，老龄人口的规模十分庞大。“老龄化社会已经向我们走来，按照高龄化社会标准，80岁为高龄老人，高龄老人超过老年人口总数的10%即高龄化社会，沈阳于2007年便进入了高龄化社会。”[①]截至2009年底，沈阳市60岁以上老年人口达122.9万人，占全市人口总数的16.77%；80岁以上人口达18.35万人，占全市老年人口总数的14.9%。沈阳市的人口老龄化、高龄化程度已大大超过全国、全省的平均水平。2000年沈阳市65岁及以上人口为62.3万人，占总人口比重8.65%，该比重在15个副省级城市中居第5位；到2010年第六次全国人口普查时沈阳市65岁及以上人口已高达84.0万人，占总人口比重10.37%，在15个副省级城市中高居第2位（仅低于大连的10.71%）。10年间，沈阳市老龄人口增加21.7万人，增长34.90%，年平均增长速度高达3.04%，是沈阳市常住人口年平均增长速度的2.4倍，是户籍人口年均增速的5.7倍。

## 五、人口的科学文化素质

人口的科学文化素质是反映人口状况的重要方面。

新中国成立后，国家把沈阳列为首批重点建设地区，大批知识分子和专家学者从四面八方云集沈阳，科技专业人才占总人口的比重不断提高。据1983年统计，科技人员总数达200609人，按人口平均，每千人口中就有科技人员38.5人；按职工平均，每千职工中有科技人员106人。其中属于自然科学方面的有

---

① 于红：《沈阳人口老龄化问题及对策研究》，《科学发展与社会责任（B卷）——第五届沈阳科学学术年会文集》，沈阳：辽宁科学技术出版社，2008年版，第62页。

131193人，占65.4%，属于社会科学方面的有69416人，占34.6%。根据1964年全国第二次人口普查与1983年第三次人口普查的数据，全市初中以上文化程度的人口增长较快，这是由于1964年到1982年间，全市高等院校、各类中等专业学校及普通中学数量增加。

“进入21世纪后，沈阳市各级各类的文化教育机构迅速发展，使总人口的文化素质普遍提高，各种文化水平的人口结构发生了显著变化。”①

2005年全国1%人口抽样调查显示，“十五”期末我市6岁及以上人口中，具有大专文化程度的人口占总人口的13.7%，具有高中文化程度的人口占17.3%，具有初中文化程度的人口占41.5%，这些指标比“九五”期末分别提高了2.7、0.2和1.1个百分点，具有小学文化程度的人口比重19.5%，比“九五”期末降低了3.5个百分点。

2008年4月份人口抽样调查资料显示，文盲率大幅度下降，全市文盲人口为14.7万人,占同年龄人口的比重（文盲率）为2.0%。文盲人口比1982年第三次人口普查时减少44.6万人,文盲率下降10.8个百分点；比1990年第四次人口普查时减少42.8万人,文盲率下降7.6个百分点；比2000年第五次人口普查时减少51.4万人,文盲率下降2.4个百分点。高学历人口比重上升。沈阳市具有小学以上文化程度的人口占总人口的94.9%。其中，具有大专以上文化程度的占总人口的17.5%；具有高中文化程度的占18.9%；具有初中文化程度的占44.1%；具有小学文化程度的占17.5%。各层次受教育人口与1982年相比，大专及以上提高了9.2倍；高中提高了1.5倍；初中提高了0.77倍；小学降低了12.8%。与2000年相比，大专及以上增长了63.4%；高中（中专）增长了14.2%；初中增长了12.1%；小学下降了20.9%。人均受教育年限提高。调查资料显示，全市人均受教育年限达到10.1年，比1982年提高了2.7年。人均受教育年限的提高表明，经过30年的发展，沈阳市在大力发展教育和提高人口文化素质方面取得了丰硕成果。“人口文化程度的整体上升，在一定程度上反映出沈阳市普及九年义务教育，扩大高中、高等教育规模，教育事业迅速发展所取得的成果。”②

---

① 陈丽华：《关于沈阳人口素质现状的思考》，《科技创新与产业发展（B卷）——第七届沈阳科学学术年会暨浑南高新技术产业发展论坛文集》，沈阳：辽宁科学技术出版社，2010年版，第79页。

② 陈丽华：《沈阳市人口素质的横向对比分析》，《沈阳干部学刊》2011年第4期，第31页。

**主要年份6周岁以上人口受教育程度及构成①**

单位：万人

| 年份 | 大专及以上 | | 高中（中专） | | 初 中 | | 小 学 | |
|---|---|---|---|---|---|---|---|---|
| | 人数 | 构成 | 人数 | 构成 | 人数 | 构成 | 人数 | 构成 |
| 2008年4月末 | 129.9 | 17.5% | 140.6 | 18.9% | 327.1 | 44.1% | 130.0 | 17.5% |
| 2000年 | 79.5 | 11.5% | 123.1 | 17.9% | 291.7 | 42.4% | 164.2 | 23.8% |
| 1990年 | 33.5 | 5.6% | 88.0 | 14.6% | 207.3 | 34.4% | 154.2 | 25.6% |
| 1982年 | 12.7 | 2.7% | 55.7 | 12.1% | 185.2 | 40.1% | 149.0 | 32.3% |

2010年全国第六次人口普查统计数据显示，全市人口中，具有大学（指大专以上）文化程度的人口为1652900人；具有高中（含中专）文化程度的人口为1465719人；具有初中文化程度的人口为3343252人；具有小学文化程度的人口为1213643人（以上各种受教育程度的人包括各类学校的毕业生、肄业生和在校生）。与2000年相比，2010年沈阳市每10万人中拥有各种受教育程度的人数有如下变化：具有初中文化程度的人数由40365人上升到41243人；具有高中文化程度的由17076人上升到18082人；具有大学文化程度的人数由11027人上升到20391人。其中，沈阳市每10万人中拥有大学文化程度人口在十年中增长了84.92%，在15个副省级城市中仅低于南京（26119）、武汉（25191）和西安（22005），排在第4位。②同2000年第五次全国人口普查相比，每10万人中具有大学文化程度的人口由11027人上升为20391人；具有高中文化程度的人口由17076人上升为18082人；具有初中文化程度的人口由40365人上升为41243人；具有小学文化程度的人口由22942人下降为14972人。全市人口中，文盲人口（15岁及以上不识字的人）为97672人，同2000年第五次全国人口普查相比，文盲人口减少173058人，文盲率由3.76%下降为1.20%，下降2.56个百分点。

## 六、计划生育工作

沈阳市的计划生育工作是1954年开始宣传，1956年在城区起步，1958年在农村全面铺开的。50多年来的曲折工作历程大致可以概括为四个阶段。

---

① 沈阳市统计局：《协调发展的人口与就业事业——沈阳解放60年暨改革开放30年系列分析之十》。

② 陈丽华：《沈阳市人口素质现状分析》，《辽宁广播电视大学学报》2010年第4期，第19页。

第一阶段（1954—1962年）：节制生育阶段。根据国家卫生部《关于避孕及人工流产方法的通知》，在1954年秋，沈阳市卫生部门开始着手抓节制生育工作。但由于当时错误地认为“出生率高、人口增长速度快是好事”“是民族繁荣、兴旺的象征”“是社会主义制度无比优越的表现”，而把节制生育单纯地看作是为了保护妇婴身体健康和减轻妇女经济、家务负担，因而宣传工作做得并不妥善。避孕工作只是在市妇婴医院、中国医科大学附属一院、铁路医院、陆军医院等几个大医疗单位进行部署，没有在全市开展，而行政管理部门也很少过问。由于宣传力度不够，各医院设置的节育门诊登门者不多。不久之后，这项工作也就以不了了之收场。

1955年以来，国家和辽宁省卫生部门多次强调要开展避孕工作，1956年节育工作便又在沈阳城区开展起来。从当年8月到年末，仅市卫生教育馆便举办各种讲座642次，听众达35083人，还举办了历时21天的避孕节育展览会，有31620人次参观。下半年，市卫生局为各县、区举办避孕专题讲座19次，听众多达11680人。各县、区为基层卫生人员组织的节育讲座次数更多，仅市内4区便组织讲座583次。中国医科大学附属第一、第二医院，铁路医院，陆军医院，铁西工人医院，商业职工医院，市妇女医院和妇婴保健院以及第一、二、三、四、五、六医院等，都全面开展了避孕常识宣传和节育指导工作，设立了节育门诊，准备了避孕药品和代销避孕器具等。这一系列工作使沈阳的节育活动从1957年到1959年间出现了高潮，人口自然增长速度有所下降。沈阳农村的节育工作，也从1958年初开始全面展开，并在半年内普及了节育指示，一年内把生育纳入计划，要求在3年内将人口自然增长率控制在10%以内。早期节育工作还施用人工流产和绝育手术。

沈阳早期的节育工作中，避孕手段比较简单，一般是服用中药或使用避孕套等。1958年日本医学代表访华，介绍使用避孕环的经验，同年9月沈阳市妇婴医院开始临床试验。到1959年6月末，施用了168例，成功率达97.2%，从而在全市推广。1958年前，多用钳刮器械手术，但成功率不高。从1957年初到1959年6月，要求做输卵管结扎手术的妇女增多，以市妇婴医院为例，便结扎了466人。当时最突出的问题是妇产科的床位不足。在早期的节育工作中，对要求节育的妇女限定的条件过多，如要有4个以上孩子、家庭生活困难、夫妇双方自愿并联名申请、当事人所在机关或居委会批准等等，严重影响了节育工作的开展。

在1959年以后，出现了全国性的经济困难，物资严重匮乏，人民的健康状况下降，也影响了育龄妇女的生育能力，1961年，沈阳市（不包括新民、辽中）仅出生婴儿64045人，自然增长率只有4.8%。三年经济困难时期人们的体质受到严重影响，妇女的生育能力也随之减退。在这三年中，特别是1961年和1962年，因要求避孕或人工流产的妇女锐减到几乎为零，避孕宣传与技术指导工作也自然陷入停顿状态。

第二阶段（1963—1973年）：计划生育阶段。经过三年的自然灾害，全国都出现了补偿性生育高峰。1962年，全国人口自然增长率达27.1%，而沈阳人口的自然增长率超过全国平均水平，达到30.89%。在1963年沈阳市区人口已达历史上的最高峰。若任其发展，沈阳市必将面临严重的粮食、驻防、教育、就业等社会问题。子女过多，也必将严重影响父母的生产（工作）、学习、生活和健康。1962年12月，中共中央、国务院要求“适当控制人口自然增长，使生育问题由毫无计划状态逐渐走向有计划的状态”。1963年3月，沈阳市计划生育委员会建立，各县、区也相应成立了计划生育委员会，决定从1963年到1972年，市、区城镇人口平均出生率，前5年控制在30%左右，后5年控制在20%左右。

在加强领导、开展宣传、提倡晚婚和深入节育技术指导的同时，为鼓励广大群众节育积极性，还规定凡避孕、人工流产、结扎手术者，在药费、休假和粮食、物资供应方面给予照顾。在市、区、县的综合医院、厂矿医院、妇产医院等处，设立节育门诊49个，配备专兼职医护人员146人（医生71人、医士14人、助产士37人、护士24人）。调整了病床，增添了设备。在基层保健医疗机构中，还建立了避孕指导室220多个。1963年，据市内5个区统计，人工流产者17044人，结扎输卵管者1960人，结扎输精管者520人，上环者 10043人。育龄妇女避孕者一般地区达到55%，另据市医药公司当年第四季度报告，共售出避孕套170多万个，且销量日增，工作开展较好的地区达到60%以上。这样，市内各区育龄妇女的受孕明显下降，据铁西区的卫工街道抽样调查，1962年1月—11月怀孕的妇女为2507人。到1963年同期怀孕人数只有1340人，下降48%。到1965年，市区和郊区的人口出生率进一步下降，1963年为51.9%，1964年为33.2%，1965年为26.5%。市内5个区的下降幅度更大。

为深入开展节育工作，1966年3月，还成立了沈阳市计划生育技术指导小组，负责监督检查全市的节育技术工作，参与疑难手术的会诊和鉴定，拟定节育手术质量的规定，审定培训节育人员教材和学术论文，不定期进行指导活动等，并出刊《计划生育工作简报》29期来反映情况。同时，修改了对节育妇女要求苛刻的规定。这一系列工作，促使沈阳市计划生育工作逐步走向正规化、经常化，出现了第二次节育高潮。不过工作开展很不平衡，有的单位负责人仍怀偏见，强调生产忙而不抓，甚至推而不动，一般宣传号召多，做细致思想工作少。特别是比较落后的地区，多胎生育的情况严重。

“文化大革命”时期沈阳的计划生育工作再受冲击，污蔑计划生育工作是马尔萨斯人口论的黑产物，是摧残人体，危害健康的暴行，领导此项工作的同志遭到批判，机构被撤销，队伍被赶到农村插队落户或进“五七”干校。1969年9月，国务院和省革委会再次强调要做好计划生育工作。1971年，过去元还明确要求在第四个五年计划期间，自然增长率城市要降到10%左右，农村要降到15%以下。因此，沈阳市的计划生育工作从1969年冬开始恢复起来。在半年多的时间内，各县、区召开宣传会、座谈会1900多次，召集群众309600多人进行宣讲，并收到了一定效果。从1966年到1969年一度失控的人口增长趋势再度下降。1971年人口出生率为19.68%，1972年降到17.64%，1973年降到15.76%；合理出生率（二胎出生率）、晚婚率逐年提高，合理出生率1971年为63.3%，1972年为63.85%，1973年为65.3%，晚婚率在1972年和1973年分别提升到75.68%、82.6%。

第三阶段（1974—1979年）：提倡“晚、稀、少”阶段。

根据省革委会下达给沈阳市的人口发展规划，要求1973年到1975年沈阳市的人口自然增长率逐年分别控制在10.58%、9.4%和8.4%以内。为此，从1974年开始，沈阳市提出了“一对夫妻生两孩，两孩间隔四五年”的口号，要求各级党委、革委会和宣传、教育、卫生、工会、妇联、共青团、民政、公安、民兵等有关部门以及县团级以上的企事业单位把计划生育工作列入议事日程，建立相应机构或设置专职干部，抓好这项工作。同时，把计划生育工作列入国民经济计划，在每年3月份之前，把人口发展规划落实好，本着“生得晚一点、稀一点、少一点”的精神，使计划符合合理生育的要求。在技术指导、技术实施、技术力量方面也加强了，凡综合医院和具备条件的医院，要设立节育门诊，建立方便群众的就诊制度、配备足够技术力量、提高节育技术、备足避孕药品和器具免费供应或送货上门，力争做到“上环不出大队，四项节育手术不出公社”。特别是从1974年6月开始，把从前靠人们自觉避孕节育改为有计划发放生育指标，指标由上级计划生育部门下达，由城乡人民公社的专职干部管理，再由居委会（或生产大队）按照本地区人口实际状况把指标发放到允许当年生育的夫妇手中。凡无生育指标而怀孕者就动员她们采取措施推迟生育。

“文化大革命”之前，沈阳市的计划生育工作的重点在城镇，1974年以后，沈阳农村各社队也普遍开展计划生育工作。当年初，市卫生局便从医院抽调医护人员分赴4个郊区2个县做结扎手术。在农村计划生育中抓紧了晚婚晚育这一环，保证了各年度人口规划的落实和完成。粉碎“四人帮”后，沈阳的计划生育工作别开生面。1978年元旦到春节期间举办的“计划生育宣传月”活动，是沈阳开展节育工作以来的第一次活动，声势浩大。全市共出宣传车45台，召开大小宣传会议16700多次，贴挂各种标语横幅40000多条，举办各种类型的学习班2580多期、节育知识讲座380多场以及大型展览会，开设宣传橱窗，广播信息，放映有关计划生育的电影，演出有关计划生育的文艺节目。这对推动计划生育工作作用显著。但当时沈阳面临的问题仍然是计划生育率低，而早婚早育、多生密生情况较为严重。

第四阶段（1980—2010年）：“实行一对夫妻只生一个孩”阶段。

从1980年起，沈阳开展了以提高一胎率为中心，狠抓思想落实、组织落实、政策落实、规划落实、措施落实为内容的活动。不过，全市多胎妇女数量仍可观，绝大多数在农村，主要是农村妇女对“一对夫妻只生一个孩”想不通。从计划生育技术来看，上环的失败率很高，有很多公社不能做人流手术。据此，市委、市政府要求各级党委、政府切实抓好计划生育工作，并制定了考核计划生育生育率、一胎率和多胎率的标准，使各地区有所遵循。沈阳市进一步端正了计划生育的业务指导思想，同时，还先后建立了计划生育宣传教育中心、计划生育工作者协会、计划生育药具管理站等，加上市计划生育科学研究所和人口学会，全市基本上形成了行政管理、宣传教育、技术服务三方面比较完整的工作体系，[①]进一步促进了全市计划生育工作的开展。

近年来，沈阳的计生工作又有新的突破，全市人口计生系统的干部职工全面推进人口计生工作综合改革，努力实现安全的计生、健康的计生、诚信的计生、法制计生，为市委、市政府提出的工业建设创造安全的人口环境。在全省首创流动人口计划生育管理服务新模式，稳步推进了农村部分计划生育家庭奖励扶助制度，改革计划生育药具供应机制。[②]为适应当代社会发展的需求，建立了沈阳市人口计生委工作网站——沈阳人口网，通过沈阳人口网，育龄群众就可以便捷地了解到计生部门的办事程序，获得生殖健康和人口计生法律、法规方面的知识，也可以实现计生部门与社会各界之间的资讯互通。从1986年末至今，沈阳的计划生育工作成效显著。

---

① 朱勤：《沈阳以保障机制稳定低生育水平》，《辽宁日报》2007年2月11日，第1版。

② 林晓红：《营造人口计生“大文化”格局——专访沈阳市人口计生委主任徐爱秋》，《人口与计划生育》2013年第3期，第8页。

计划生育率表①

单位：%

| 年代 / 生育率 | 1985 | 1990 | 1995 | 2000 | 2005 | 2008 | 2009 |
|---|---|---|---|---|---|---|---|
| 计划生育率 | 98.9 | 99.27 | 99.6 | 99.1 | 99.31 | 97.8 | 99.07 |
| 市区 | 99.7 | 99.79 | 99.89 | 98.1 | 99.70 | 97.91 | 99.23 |
| 新民 | 95.8 | 99.25 | 99.24 | 99.35 | 99.25 | 99.11 | 98.49 |
| 辽中 | 95.7 | 99.26 | 99.65 | 99.68 | 98.85 | 98.31 | 98.7 |
| 康平 | 100 | 97.85 | 99.35 | 99.21 | 98.38 | 97.93 | 98.24 |
| 法库 | 99.9 | 97.07 | 98.27 | 98.05 | 98.10 | 96.05 | 99.07 |

## 第二节 就业

就业是安国之策，是收入之源，是民生之本。促进就业是保障和改善民生的头等大事，它关系到广大人民群众的切身利益，关系改革发展稳定大局，对推进科学发展、促进社会和谐具有十分重要的意义。

### 一、就业概况

自从沈阳解放以后，市委和市人民政府十分重视群众的就业安排，根据不同历史时期的情况采用针对性的措施来鼓励、增加就业。尤其是进入20世纪90年代以后，就业环境面临着更多的挑战，沈阳市的就业工作便以人为中心，实行更加积极的就业再就业政策，实施“就业优先”战略。积极为下岗职工和失业人员寻求就业机会，大力开展社区服务业及灵活就业，积极扶持私营企业，鼓励个体经营，有效吸纳劳动力就业。劳动者自主择业、市场调节就业和政府促进就业的机制已基本形成，就业结构进一步优化。

#### 1. 第一阶段就业情况概述（1948—1990年）

沈阳解放后，中国共产党和人民政府十分重视劳动就业工作，在努力解决

① 沈阳统计局：《沈阳统计年鉴》，北京：中国统计出版社，2010年版，第577页。

失业人员生活救济的同时，采取行之有效的措施，在不断开展劳动力资源登记普查的基础上，加强就业安置，并取得了巨大的成绩。

**失业救济工作**　沈阳解放后，面临旧社会遗留下大批失业人员的生活困难救济问题。为保障失业人员的基本生活，1948年11月9日，成立了沈阳市救济委员会，对失业人员迅速开展救济工作。当年12月市人民政府拨款45亿万东北币（合人民币4.7万元）救济失业人员。

主要采用以工代赈的方法，组织失业人员参加劳动。1949年到1951年，市人民政府组织17.8万失业人员参加修筑公路、清理城市环境卫生、整顿市容等市政建设。1952年，先后动员2000名失业人员修建市郊公路；动员1000名失业人员清扫垃圾，开展防疫工作；将流浪街头的1099名失业人员送建设局挖水道修水库；组织动员10509名失业、半失业人员去治理市区南部臭水泡子和改造运河工程；组织5000名失业人员到辽东地区参加国防工程建设。同年10月至12月，市政府再次拨款救济失业工人，并重点解决失业人员中148户特困户的生活问题，救济人数570人。1953年至1956年，沈阳市执行“生产自救，群众互助，政府辅助”的基本救济方针，对原有失业人员除继续进行救济和安置外，又增添了新的救济对象：私营工商业中因抗拒改造或非法经营而造成厂、店关闭的失业人员；因建工部门减少转为临时工的工人；因资金少收入不正常的小商小贩。除进行正常救济外，1953年至1954年组织11000多名失业人员以工代赈，参加挖运河和修建沈北大堤工程等。据不完全统计，1953年至1955年救济失业工人4957户、19770人，救济金55580万元（不包括民政部门社会救济和以工代赈所发报酬）。通过救济和以工代赈的办法，基本解决了失业人员的暂时生活困难问题，稳定了社会秩序。1986年10月，为适应劳动制度改革需要，保障国有企业职工在待业期间的基本生活，沈阳市根据国务院关于《国营企业职工待业保险暂行规定》，对被宣告破产企业员工、濒临破产企业在法定整顿期被精简的职工、企业终止和解除劳动合同的工人及企业辞退的职工，在暂时待业期间实行救济。

**劳动力资源管理**　为弄清旧中国遗留的事业和无正常职业人员的状况，沈阳市1950年组织了有1000余名户口员和300名学生参加的普查队伍，历时一个月，对市内8个区的失业、无业及无固定职业的6类人（小工、蹬三轮、赶马车、摊贩、小贩、卖破烂）进行普查登记，初步掌握了这些人员的基本情况，为解决失业人员就业和经济恢复时期的劳动力供求关系创造条件。

1952年市政府劳动就业委员会具体规定了失业人员的普查登记范围和条件，并从9月开始，对曾在工商企业、交通运输业、手工业作坊及机关、团体、学校中从事体力或脑力劳动的工人、职员以及无固定职业的；从事季节性行业的工人，其行业已经衰落到无法找到工作的具有初中以上文化程度的失业知识分子及尚无职业的旧军官、旧官吏、生活困难要求就业的；已停工歇业的独立生产者、行商摊贩、资方代理人及小工商业主；确无其他收入，生活困难要求就业的其他失业人员，进行了突击性的普查登记。

1956年1月上旬至3月底，在全市范围内进行了一次有条件的社会劳动力资源普查登记工作。登记对象与条件是：徒工（包括现在学员和练习生）年龄在16至25岁的高中、初中、高小生，适合厂矿企业做徒工工作者；壮工年龄在18至45周岁的男性，适合基本建设部门和厂矿企业从事壮工工作者；技工年龄在18至50周岁，具有轻重工业、基建、手工业和其他技能的技术工人；其他年龄在18至45周岁的具有初中以上文化程度的知识分子。

1958年4月1日，市人民委员会下发《关于社会劳动力调查工作方案》，要求各区对社会劳动力资源进行一次调查，其对象是拥有本市常住户口，身体健康，有劳动能力，暂不要求工作的人员。

1981年2月27日，市劳动局在《关于做好待业人员管理教育和介绍就业、就学工作几个问题的通知》中规定，城镇待业人员的范围是应届中学毕业生、往届回城子女；因落实政策回城带回的青年子女；家居城镇男45岁、女35岁以下的有劳动能力的社会闲散劳动力。盲、聋哑、残疾、智障人员，由社会福利部门安置，不属于城镇待业人员。

从1983年起，沈阳市规定城镇待业人员必须持有关证件，到当地劳动服务公司或劳动部门办理登记手续。凡有城镇正式户口的非农业户口待业人员，年龄在16—25岁，具有劳动能力，要求就业的初、高中毕业生和其他待业青年；以及男26至50岁，女26至48岁，具有劳动能力并要求就业的人员均属于登记范围。经普查登记，截至1983年5月，全市共有待业人员13.4万人。其中大中专毕业生、技校毕业生和复员退伍军人2.4万人，中学毕业生5.2万人，社会闲散人员0.5万人，上年没有安置的待业人员5.3万人。

1984年规定，城镇待业人员普查登记范围是年龄在19周岁以上的（男50周岁以下，女45周岁以下的）具有正常劳动能力并有就业要求的城镇待业人员（包括农村非农户待业人员）。市劳动服务公司于1984至1987年共进行了四次城镇社会劳动力资源普查，1984年普查结果是，全市共有待业人员66532人，其中待业青年58976人，社会闲散人员7556人。1985年全市待业劳动力资源总数7.6万人，待业率为1.7%。1986年全市待业劳动力资源总数有5.8万人，待业率为1.5%。1987年全市共有待业人员90230人，其中城镇人口有74373人，非农业人口15857人，需安置就业的主要是初、高中和技校毕业生。

**就业安置** 沈阳解放后至1957年底，主要解决旧中国遗留下来失业人员的就业安置问题。1958年后，重点转入统筹安排城镇劳动力就业。其就业方针就是解放初期，对旧中国遗留下来的失业职工采取“包下来”安置就业办法；实行计划经济体制后，对新成长起来的城镇劳动力长期实行“统包统配”的就业制度，中共十一届三中全会后，在国家统筹规划和指导之下，实行“劳动部门介绍就业、自愿组织起来就业和自谋职业相结合”的就业方针安置就业。

**安置失业人员** 沈阳解放初期市委、市政府采取边接管、边恢复生产、边安置的办法，使大批失业工人回厂复工。1948年12月3日设立沈阳市职工职业介绍所，到年底共登记失业员工1152人，其中有967人介绍到各厂工作。1948年12月至1949年10月，先后介绍4320人到市内工厂及本溪煤铁公司、鞍山钢铁公司和弓长岭铁矿就业。为有组织、有计划地使用劳动力，市劳动局1950年1月1日规定各公营、私营企业录用员工都要向劳动局申报，劳动介绍所统一介绍，全年介绍到各国有厂矿和机关事业单位就业的失业人员12549人，至1953年底，全市共介绍76930失业人员就业。

为扭转建筑修缮单位私自招工问题，市政府1951年发布《关于对土建工人暂作统一招工的规定》，严禁私自招工，全年统一招收与调配建筑工人48737人，至1953年底，全市共调配建筑工人199167人。从1953年开始，沈阳市各企业事业单位招收新工人逐渐纳入计划管理轨道。在统一调配建筑工人方面，全市各施工单位逐步建立健全劳动力平衡计划，新招工人逐步纳入计划调配。

1953年5月后根据中央提出的“介绍就业与自主就业相结合”的方针，后又被称为“两扇门”就业方针，沈阳市相对缩小了统一调配的范围，适当拓宽了就业门路，转向多渠道就业，失业人员自谋生活出路增多。根据中央提出的劳动就业新方针，市劳动局于1954年7月23日制发《关于执行中央劳动就业新方针的几项规定的通知》，进一步放宽录用职工条件，允许机关、团体、部队（后勤生产部门不包括在内）、学校、医院招用长期工或临时工人及员工，可不到市劳动局办理增聘职工手续，自行招用。10月26日和11月1日经市政府批准，市劳动局又先后发布《沈阳市国营企业增聘职工的几项规定》和《沈阳市私营企业增聘职工的暂行办法》，进一步缩小了劳动力统一调配的范围，改变无所不包的统一调配办法，扩大就业面，促进了劳动就业工作。

针对劳动力需求相对缓和的状况，根据中央和省的指示精神，市劳动局在1955年通过申报劳动力平衡计划，按月召开劳动力平衡会议，进一步加强对使用劳动力的控制管理工作。在基本建设劳动力调配方面，加强对零修碎补工程的调配工作，主动联系筑路修建工程，全年统一调配建筑工人59958人次，在企业劳动力调配方面，全年共调配劳动力26081人次，基本满足厂矿企业的用工需求，对多余人员进行整编，全市155个单位24427名编余人员，其中安置了12189人，并从10月份开始，动员剩余劳动力参加农业生产，到年底有86588人还乡或下乡参加农业生产。1956年，厂矿企业和基建单位生产、建设任务激增，需要补充大量劳动力，为满足用工需要，加强对全市劳动力的登记与管理工作，成立沈阳市统一招工委员会，制定有关招工规定，健全原有的调配手续制度，采取“先当地后外地，先城市后农村”的办法，从外地调入一部分劳动力，支援本市建设，同时加强对统一招工法令的宣传、教育，检查处理了私自招工和乱拉农民工的问题。全年登记社会求职人员94118人，临时建筑工人18973人，共调配各类人员160868人次，其中由市内调配117534人次，由外地调配39415人次，单位之间调配3919人次。1957年初，根据国务院《关于控制企业、事业单位人员增加，制止盲目招收工人的现象的通知》精神，制定《沈阳市处理私自招工暂行办法》。5月，在检查168个地方国营、公私合营和合作社营工厂企业招工情况时，发现有121个单位私自招收工人3228人，分别根据不同情况进行了处理。1948年11月至1957年，由于人民政府对旧中国遗留下来的失业人员采取“包下来”的政策安置就业，同时严格控制私营企业辞退、解雇工人，防止增加新的失业人员，9年间共安置失业人员25.42万人，安置新成长劳动力4.85万人，基本解决了失业问题，顺利地度过了第一次就业高峰。

**劳动力大进大出** 1958年，人为地扩大对劳动力的需求，全年为基建工程等单位（包括红砖生产）调配41000人次，其中从外地调入11653人次；为公交等部门调配合同工人130252人，其中从商业、粮食系统和机关、学校等单位“以女顶男”，调换男职工10588人，从社办企业调出14921人，由社会调配73255人。从7月起，在全市开展了以解放妇女为主的社会劳动力调配工作，到年末，全市各工业、基建、交通运输、商业等部门共吸收妇女劳动力9万多人，人民公社吸收近19万人，全市共招收28万多名家庭妇女参加生产建设岗位工作，其中一大部分属于文化低、年龄大、家庭负担重的妇女，给以后精简职工造成极大压力。

1959年开始，由于“大跃进”和自然灾害影响，从农村盲目流入城市的农民大量增加。从年初开始，市委、市政府尽量采取多种形式劝阻农民进城，但从5月份以后，由于企业用工量大，对“确属经劝阻不归”有劳动能力的外地流入人员都安排了工作。截至年底，全市共安置外地流入人员67158人。其中基本建设部门23993人，工业部门15665人，交通运输部门10269人，农业部门

8223人，城市建设部门5124人，商业部门1633人，其他部门2191人。此外还接受和安置山东支边青年2437人。1960年，企业盲目增加人员和安置外流人员有增无减。1月11日至3月5日，安置外流人员63690人。其中安排在集体所有制单位34815人，安排在国有单位为劳动部门代管的13650人，安排在省批准的外地单位15225人。上半年，还安置山东移民2280户11517人。全年共收容与安置外流人员14万人，大部分是来自关内的农民。由于“大跃进”期间盲目大量增人，导致了从1960年开始连续三年大规模精简职工和压缩城市人口，全市有60多万名职工被精简，形成了劳动力“大进”和“大出”的结局。在这期间，沈阳市除统一分配复转军人、大中专毕业生和重点工程增加少量人员外，基本未从社会招收新职工，因而出现了既要安置被精简留城职工，又要解决新生劳动力就业的复杂情况。当时，沈阳市需要安置的高达50余万人，形成了第二次就业高峰。为保证社会稳定，妥善安置精简职工，沈阳市采取国有转集体、退休、下乡或转外地和街道企业安置、自谋职业等多种办法，安置了30多万人。精简职工后，就业安置的重点转为城镇新成长的劳动力。1964年各区成立了劳动介绍所，各街道配备专职调配员，负责属地待业人员管理、教育和安置工作。当年全市共安置城镇待业人员66529人（包括长期工、合同工、临时工），其中下乡参加农业生产4128人，国有、集体单位招工20041人，招收代培人员3070人，半耕半读学校招工7059人，街道生产组安置5707人，组织职工家属生产自救10000人，安排临时工16524人。此外，全市还组织1713个劳动学习小组，有26087人参加，数量占需要就业人数的27%以上，使就业难问题得到缓解。1965年，根据中央提出的“多用临时工，少用固定工”的原则，沈阳市组织了万人常备临时工队伍，试行新的用工制度。在调配工作上，按照“先中央、后地方，先重点、后一般，先国有、后集体，城市不得与农村争劳动力并支援农业生产需要”的原则，统一管理劳动力资源，统一调配劳动力。

**“文化大革命”期间的就业安置** 1966年到1969年，由于“文化大革命”的发动，国民经济遭到破坏，全市基本没有从社会招收职工。在此期间，全市有14万余名城镇知识青年上山下乡。从1971年开始，沈阳市从下乡满两年的知识青年中招收新职工，但因招工指标有限，截止到1976年底仅招收13万人。每年的招收人数尚不足当年中学毕业生半数。到1976年底，沈阳下乡、留城青年和其他待业人数高达50多万人，形成第三次就业高峰。在此期间，招收新职工实施“统包统配”的政策。

**劳动力安置大包干** 1977年至1980年，沈阳市的劳动就业工作，主要解决“文化大革命”遗留下来的大批知识青年回城就业和城镇新成长劳动力的就业安置问题。为了维护安定团结，扭转劳动就业工作的被动局面，市委、市政府采取“统筹规划、归口安置、条块结合、两条腿走路”的就业安置办法，组织各单位以子女顶替和补充自然减员，创办厂办集体企业及采取“归口安置”等办法安置就业。经过4年，全市共安置56.4万人，使多年积累下来的待业问题基本得到解决。各年度安置情况是：1977年从下乡知识青年和留城独生子女待业人员中招收0.6万名国有单位工人，从留城、回城青年中招收1.1万名集体工人，招收矿山、井下职工子女419人，安排因功、因病死亡和特殊困难职工子女600人，安排技校毕业生2100人，招收新生2900人，全年总计安排2.3万人。1978年安置12.8万人就业，其中社会招工3.44万人，子女顶替8.95万人，技工学校毕业生分配2210人。1979年通过各种渠道安排就业23.4万人。1980年，发挥区、街道和单位作用，安置就业18万人。

**统筹安置就业** 1981年，贯彻执行中共中央、国务院提出的“三结合”就业方针，不断改革安置办法，开辟多种就业渠道，并把“归口安置”改为“条块结合，共同负责”，就业工作取得重大进展，平稳地度过了第三次就业高峰。1981年，待业青年由“归口安排”“单位包干”转向“条块结合、共同负责”的安置办法，并相应调整有关政策，规定不论区、县以上单位办的集体企业还是街道办的集体企业或事业单位，都视为社会主义市场经济，不再搞“大集体”“小集体”之分，拓宽了就业渠道，全年共安置12.5万人就业。为克服就业工作中“统包统配”的缺陷，1982年进行了如下的改革：实行多渠道就业，主要是发展各种类型的集体经济，适当发展个体经济，在全年安置就业的9万人中，各类集体经济安置4.1万人，占45.9%，自谋职业0.3万人，占3.2%；改变单一招收固定工为多用临时工和实行合同工的用工制度，全年共招收合同工0.3万人；开始贯彻执行从经过培训的待业青年中择优录用新工人的原则，全市安置就业人员中有1.5万人经过就业前培训；招收退休、退职职工子女，改变过去“哪退哪顶”的办法，实行由主管部门统一招收、统一考试、统一分配的招收办法，全年顶替1.7万名退休职工子女绝大部分是按照“三统一”的办法招收的。

1983年，发展集体经济、个体经济成为解决就业和安置待业人员的主要途径，全年共安置就业人员6.5万人，其中国有单位招工补员仅为1.6万人，县区以上集体单位招工补员2.1万人，其他各类集体经济单位安置2.2万人，从事个体经营的0.7万人。

1985年之后，国务院颁发关于劳动制度改革四项暂行规定，其重点是用工、招工制度改革，即国有企业招收新工人，除国家另有特殊待遇规定外，一律实行劳动合同制，同时取消退休工人“子女顶替”和内部招收职工子女的办法，实行面向社会，公开招工，全面考核，择优录用的原则。结合实际情况，沈阳市政府颁发了关于贯彻执行国务院劳动制度与改革四个暂行规定的实施细则，进一步改革招工、用工制度，分别包括：在不改变职工个人所有制身份的前提下，允许不同所有制性质的企业之间劳动力合理流动；对特区、特厂给予特殊政策，东陵特区在招工、招聘、合同制工人转移、子女顶替、外埠城乡劳动力签证等劳动力调配方面享有自主权，凡特区劳动部门可独立行使的权利，均放权给特区，特厂因生产工作需要招收新工人、招聘技术工人、使用城乡劳动力等，可自行决定用工形式，随用随招，到劳动部门办理签证手续；拓宽劳动力市场服务领域，建立劳务信息网络，探索劳务输出的渠道，充分发挥劳务市场调节机制作用。

**2. 第二阶段就业情况概述（1990—2010年）**

1990年以后，伴随着产业结构的大调整、国有企业经营机制的大转换、产品的更新换代、资本有机构成的提高等多方面因素的影响，沈阳市劳动就业工作面临的社会热点和难点问题明显增多，突出表现为两个方面，一是由于亏损、停产半停产企业不断增加，下岗人员数量激增；二是由于高校扩招，致使应届大学毕业生就业难。为解决下岗职工的出路以及新劳动力的就业问题，市政府加大了帮扶困难群体再就业的工作力度，出台了一系列促进下岗失业人员再就业的扶持政策，通过大力开发公益性岗位，全面推进小额担保贷款，加强就业实名制管理，使就业渠道不断拓宽，就业面不断扩大，城镇登记失业率得到有效控制。[①]近5年来，城镇登记失业率均低于全省和全国的平均水平，始终维持在3.0和3.1之间，保持了就业形势的基本稳定。

**就业趋势与特征**　沈阳市的劳动力资源配置状况发生了很大变化，这种变化既带有体制转轨、产业升级、结构调整和国企改革的深化所带来的就业结构变动的一般性特征，同时也表现出老工业基地城市就业问题不同于国内其他城市的个性特征。

第一，就业人数止降回升，呈稳步增长趋势。

从社会从业人员情况看，1995年末，全部从业人员总数为378.5万人，但自1998年以来，从业人员总量呈下降趋势，2002年与1998年至2001年相比，从

---

① 徐敏捷、张锦华：《沈阳老工业基地就业再就业问题研究》，《沈阳干部学刊》2004年第1期，第17页。

业人员每年依次分别减少12.5万人、10.3万人、11.2万人、7.8万人。但这种下降趋势在市委、市政府的努力下得到遏制，针对不同时期就业工作的难点和特点，制定和实施积极的就业政策，扩大就业。一是结合调整所有制结构，大力发展非公有经济和个体私营经济，吸纳大量劳动力就业；二是结合产业结构调整，大力发展第三产业扩大就业；三是坚持市场化的改革方向，通过市场有效配置劳动力资源，使劳动力市场成为劳动力实现就业的主要渠道。2007年全市就业人员已增加到390万人，就业人口比重上升到51.2%。2005年至2009年，沈阳市年末从业人员总数逐步增加，分别是377.1万人、384.2万人、390.0万人、396.5万人和400.0万人。

从在岗职工期末人数情况看，东北老工业基地政策实施的起步初期是2002年到2004年，在岗职工的人数呈负增长，其间面临国企转制，职工大量下岗，在岗职工从2002年的105.7万人下降到2004年的94.3万人，减少了11.4万人。2005年末，全市城镇单位从业人员(在岗职工与其他从业人员之和，不含私营和个体)为100.17万人，比2000年末减少27.64万人，减少21.62%。随着振兴步伐的加快，2005—2007年在岗职工人数呈波动增加状态，稳定在95.5万人左右；2008年克服国际金融危机的影响，在岗职工数量开始稳步增加，到2010年重新恢复到100万人以上。

第二，就业格局日益优化，第三产业成为就业的主导行业。

第二产业就业人员比重大于第三产业，占据着主体地位，这是沈阳市作为重型老工业基地劳动就业产业分布的突出特点，①这种状况一直持续到20世纪90年代初中期。20世纪90年代中后期以来，沈阳从业人员产业构成发生了根本性变化，随着改革的深化，第三产业发展速度加快，从业人员比重稳步增加，自1997年，第三产业从业人员首次超过第二产业，并进一步加速发展。2002年第一产业从业人数为82.7万人，第二产业从业人数为113.5万人，第三产业从业人数为170.8万人，与1995年相比，第一产业从业人员比重上升4.3个百分点，第二产业从业人员比重下降13.5 个百分点，而第三产业从业人员比重上升9.1个百分点。2007年，第三产业从业人员已达190万人，占全部从业人员的50.3%，截止到2009年末，第三产业的从业人员数已达到210.0万人，远远高于第二产业的114.0万人。

第三，就业渠道不断拓宽，非公有制经济吸纳就业人数大幅增加。

---

① 一衡：《沈阳“再就业工程”获显效》，《现代技能开发》1994年第4期，第45页。

公有制经济就业比重远远大于非公有制经济就业比重，这也是传统体制下，沈阳市从业人员的所有制分布的突出特点。但近年来，沈阳市从业人员的所有制分布发生了深刻变化，国有、集体经济类型从业人员数量逐年下降；私营、个体、其他经济类型从业人员数量逐年上升。2002年，国有经济从业人员83.1万人、集体经济从业人员125.4万人、私营经济从业人员48.5万人、个体经济从业人员7.2万人、其他经济类型从业人员32.8万人。国有经济从业人员仅占从业人员总量的22.6%，与1995年相比，减少了58.1万人，比重下降了近15个百分点，年平均下降2.1个百分点。而私营、个体及其他经济类型从业人员则增加了92. 8万人，比重增长了25.8个百分点，年均增长3.7个百分点。与从业人员所有制变化相呼应，从业职工人数大幅度减少，城乡私营、个体从业人员数量大幅度上升。

随着其他经济的快速发展，沈阳市其他经济吸纳的从业人员出现了大幅增加。到2005年末，有限责任公司、股份有限公司以及外商和港澳台商投资企业等其他经济类型单位从业人员34.4万人，所占比重达到34.35%，超过了1/3，比2000年增加了11.58万人，增长了50.74%，而国有、城镇集体单位呈现相反的变化趋势。到2005年底，国有、城镇集体单位从业者分别缩减了28.07万人、11.15万人，所占比重比2000年下降9.45个和7.04个百分点。“十五”期间，企业改革得到深化，国有经济布局战略性调整和国有企业战略性改组取得新进展。全市国有企业实施了资产重组，一批劣势企业平稳退出市场，一些国有企业实施了依法破产，另一些国有企业转制为其他类型企业，国有企业从业人数锐减。2005年末，国有企业从业人数25.17万人，比2000年末减少27.02万人，减少51.77%。

第四，从业人员的行业分布变化较大。

传统制造业就业比重大是沈阳老工业基地劳动就业的突出特点。目前，制造业虽然仍是沈阳市从业人员比重最高的行业，但在结构调整过程中有明显的衰退迹象。2001年，制造业从业人员占从业人员总量的27%，但制造业从业人员数量在90年代中期以后，一直呈现下降趋势。2001年与1995年相比，制造业从业人员数量减少了37万人，比重下降了约9个百分点。2001年减幅最大，当年减少10万人，传统制造业吸纳劳动力能力明显下降。

从业人员数量排序前三位的依次为：制造业、农林牧渔业、批发和零售贸易餐饮业。三个行业共占从业人员总量的70 %，其比重分别为27%、22.1%、20.9%。其中，农林牧渔业、批发和零售贸易餐饮业从业人员均呈增长趋势。

从业人员呈增长趋势的行业有农林牧渔业、批发和零售贸易餐饮业、社会服务业、科学研究和综合技术服务业。按从业人员增长绝对数排序依次为：批发和零售贸易、餐饮业，增加16万人；农林牧渔业，增加了13.3万人，；科学研究和综合技术服务业，增加了7万人；社会服务业，增加4万人。按从业人员增长幅度排序依次为：科学研究和综合技术服务业，增长10%；社会服务业，增长30%；批发和零售贸易餐饮业，增加25%；农林牧渔业，增长19%。

从业人员呈下降趋势的行业有制造业、采掘业、建筑业、地质勘察业、水利管理业、运输仓储及邮电通信业。按从业人员减少绝对数排序依次为：制造业，减少37万人；建筑业，减少7万人；采掘业，减少2万人；交通运输仓储及邮电通信业，减少1.5万人。按从业人员下降幅度排序依次为：采掘业，下降40%；地质勘察业，下降30%；建筑业，下降21%；制造业，下降9%；交通运输仓储及邮电通信业，下降6%。

第五，企业下岗职工累计增多。

由于转轨、经济结构、产业结构的调整变化，下岗职工数量不断增加，1998年至2001年，下岗职工数占全市从业人员的比重都是两位数以上，依次为12.9%、13%、14%、12.5%。2002年末，沈阳市下岗职工人数36.5万人，约占从业人员总数的10%。据沈阳市劳动部门对全市下岗职工基本情况调查显示，下岗职工失业有如下特点：

其一，下岗职工中公有制企业特别是国有企业比重最大。调查显示国有企业、集体企业、三资企业分别占下岗职工总数的56.3%、40.5%和3.2%。

其二，下岗职工大部分集中在工业企业。调查情况表明，轻工局、纺织局、石化局和农机总公司下岗职工分别占本行业职工总数的51.9%、43.8%、31.9%和5.9%。仅此四个行业的下岗职工就占全市下岗职工的28.8%。

其三，下岗职工中女性职工比例略高。下岗女职工占下岗职工总数的52.7%。

其四，下岗职工素质偏低。下岗职工中，文化程度在初中及初中以下的占下岗职工总数的7.2%，文化程度在大专以上的仅占下岗职工总数的4.2%，且大部分职工劳动技能单一又极少参加转岗培训，虽有求职愿望，却很难适应竞争上岗的需要。

其五，下岗职工中“4050”现象突出。下岗职工中，女职工40岁以上、男职工50岁以上的占下岗职工总数的比重很大，由于他们年龄偏大、技能单一，很难找到适宜的再就业岗位。

其六，自谋职业已成为下岗职工再就业的主渠道。在已重新就业的下岗职工中，自谋职业者占40 %以上，其余为离岗休息、提前退休、企业内部分流安置以及其他渠道就业。另据对全市75个劳动密集型企业的抽样调查，从业人员中下岗和失业职工占42 %，表明劳动密集型企业已成为吸纳下岗人员再就业的渠道。

**就业和再就业工作** 就业一直是沈阳市面对的一个重大的社会经济问题。从20世纪90年代以来，随着国有企业改革和经济结构调整的不断深化，为了企业的重生和沈阳的发展，几十万职工在减员增效和并轨转制中离开了工作岗位。“下岗再就业”是沈阳十分重要而紧迫的任务。“对于这些曾经为沈阳老工业基地的形成和发展做出过巨大贡献的下岗职工，党和政府始终没有忘记他们。在当时劳动力市场发育不充分、就业服务不完善、劳动保障体系不健全的背景下，沈阳市委、市政府积极探索，通过在企业中普遍建立再就业服务中心，以及实行下岗职工基本生活保障、失业保险和城市低保等三条保障线的办法，竭尽全力确保下岗职工基本生活”。[①]实施老工业基地振兴战略以来，市委、市政府立足于解决下岗失业人员的就业再就业问题，着眼于建立市场导向的就业机制，实施积极的就业再就业政策。这些政策包括开发就业岗位、增加资金投入、实施小额贷款、减免税费、提供社会保险补贴、开展再就业援助、加强培训服务等。这些扶助就业再就业的优惠政策，为进一步解决下岗失业人员的再就业问题，逐步建立市场经济条件下促进就业的长效机制奠定了重要基础。

进入“十一五”时期以来，沈阳的就业压力增大，总量矛盾没有缓解，结构性矛盾和区域性问题突出。金融危机爆发以后，全球经济进入衰退期，对沈阳的引资、出口造成了巨大影响，导致经济增长速度下降，新增就业规模缩小。多种调整因素交汇，急剧增加了就业压力。在就业总量矛盾与结构性矛盾交织状态下，就业弱势群体有所扩大。这个群体包括“4050”人员，长期下岗、失业者，无技能和低技能劳动者，女性下岗职工群体。

为了解决上述问题，沈阳市委、市政府从建设社会主义和谐社会的战略目标出发，坚持执政为民，始终把解决就业问题作为改善民生的重中之重，出台扎扎实实的措施，在解决就业和再就业工作中取得显著成效。首先是沈阳市形成科学发展观指导下的新的“民生观”，把解决就业再就业问题作为重大民生工程，把就业再就业和老工业基地全面振兴结合起来。市委提出，沈阳的就业

---

① 郭允冲：《优化就业环境，建设和谐沈阳》，《中国劳动保障》2005年第3期，第9页。

容量是不是扩大了，就业机会是不是增加了，失业问题是不是有效解决了，完善的社会保障体系是不是建立了，是衡量沈阳老工业基地全面振兴的重要成果之一。在此基础上，沈阳市委、市政府提出了发展经济与扩大就业紧密结合、解决历史遗留问题与建立促进就业长效机制紧密结合、促进就业与职业培训紧密结合的工作思路，不断加大工作力度，增加各级财政投入，千方百计增加就业岗位，扩大就业规模，取得了明显效果。

在措施上，沈阳市委、市政府多次召开就业再就业工作会议，要求全市统一思想，坚定信心，克服困难，把就业再就业作为每年的“实事”工程。2006年6月，在中国共产党沈阳市第十一次代表大会上的报告中，市委提出：努力扩大就业和再就业。不断拓展就业空间，扩大就业规模。逐步增加公益性就业岗位，促进下岗失业人员稳定就业和大龄就业困难群体再就业，确保给有就业需求的“零就业家庭”至少提供一个就业岗位。每年要实现就业再就业20万人次以上，城镇登记失业率控制在5%以内，要努力做到，让每一个有劳动能力、有就业愿望的城市居民都能得到就业机会。2006年12月，在中共沈阳市委召开十一届二次全体会议通过的《关于贯彻〈中共中央关于构建社会主义和谐社会若干重大问题的决定〉的实施意见》中，市委提出进一步扩大就业和再就业的任务。全面贯彻落实各项就业扶持政策，多渠道、多方式增加就业岗位。健全再就业援助制度，加大公益性岗位开发力度，加强就业培训和创业培训，促进下岗失业人员稳定就业和“4050”人员及就业困难群体就业，确保“零就业家庭”至少一人实现稳定就业。每年实名制就业要达到15万人以上，城镇登记失业率控制在5%以内。

“在全市上下努力下，就业安置力度逐年加大，财政扶持逐年增多，城镇登记失业率逐年下降，就业再就业的效果越来越明显。”[①]2006年，沈阳市对就业再就业的财政支持为6.18亿元，占财政一般预算支出的2.3%。当年新增就业岗位10万个，全市实名制就业25万人，零就业家庭全部实现至少一人稳定就业，城镇登记失业率控制在5.1%。

2007年城镇登记失业率为3.35%，是近7年来最低点，首次低于全国和全省的平均水平。由于实施了积极就业政策，就业再就业工作成效显著。2007年全市实名制就业27万人。开发公益性岗位安置就业困难群体6176人，扶持创业

① 陈岩、何宝廉、唐一力：《关于沈阳就业问题的对策研究》，《创新沈阳文集》，沈阳：辽宁科学技术出版社，2009年版，第69页。

带头人1372人，带动就业8680人。从2003年开始以来的五年间，共开发就业岗位56.5万个，积极稳妥地解决了国有企业27.6万“并轨”职工再就业问题，零就业家庭至少一人稳定就业，基本实现经济发展与扩大就业的良性互动。

2008年继续全面推进就业和再就业。城镇登记失业率为3.1%，继续低于全国和全省平均水平。新开发就业岗位12.3万个、公益性岗位3104个，实名制就业23.3万人。出台鼓励创业带动就业的12条政策措施，1.9万人自主创业、自谋职业。对零就业家庭、“4050”人员、残疾人等困难群体实施就业援助，18.1万困难群体人员实现稳定就业。普惠制就业培训9万人。新增农村劳动力转移输出7.6万人。落实集体合同制，积极发展和谐劳动关系。

2009年千方百计稳定和扩大就业。出台促进就业创业“70条”，推动以创业带动就业，加大就业援助力度，全市实名制就业25.1万人，城镇登记失业率控制在3.2%。10万名高校毕业生实现就业，困难家庭大学生全部安置工作。扩大集体合同覆盖面，加强农民工工资清欠和困难职工帮扶，促进了劳动关系和谐发展。

2010年就业形势保持总体稳定。全市实名制就业20.7万人，以创业带动就业工作体系不断完善，就业困难家庭至少一人实现稳定就业，困难家庭大学生就业率达到100%，城镇登记失业率控制在3.2%。上调最低工资标准，稳步推进工资集体协商，劳动关系进一步和谐稳定①。

与此同时，“十一五”期间，市场导向的就业再就业机制不断完善。通过进一步深化户籍、劳动就业、统筹城乡等配套改革，通过沈阳经济区同城化、一体化，通过整合市场资源，加快建立统一、开放、竞争有序的市场机制，市场在劳动力资源配置中的基础性作用得到充分发挥，市场的体制性障碍不断得到清理，进城务工人员的身份歧视得到消除。

2010年，沈阳市委《关于制定全市国民经济和社会发展第十二个五年规划的建议》中，进一步提出积极促进就业和构建和谐劳动关系的问题。《建议》指出，就业是民生之本，构建和谐劳动关系是促进社会和谐的基石。完善并落实促进就业和鼓励创业的政策措施，积极开发就业岗位，充分挖掘就业潜力，大力支持自主创业和自谋职业，建立健全失业预警监测体系，努力形成城乡就业援助长效机制，营造更加有利于城乡居民发展的就业创业环境。努力改进就业服务，加强劳动监察执法，完善争议仲裁处理机制，保障劳动者权益。发挥政府、工会和

---

① 2006—2010年数据，引自2006—2010年沈阳市政府工作报告。

企业作用，努力形成企业和职工利益共享机制，建立和谐劳动关系。

## 二、就业管理机构

沈阳解放后，人民政府根据不同时期劳动就业情况，设立了相应的就业管理机构，进行统筹规划与组织安排劳动就业工作。

### 1. 失业职工职业介绍所

沈阳解放后，为尽快恢复生产，稳定生产秩序，解决失业人员的就业问题，1948年12月3日，市职工总会筹备委员会设立失业职工职业介绍所，其主要任务是登记和介绍失业工人就业。1948年12月至1949年10月，介绍所根据等级情况和不同工作性质分别介绍部分失业工人到市各厂及本溪煤铁公司、鞍山钢铁公司、弓长岭铁矿就业。1949年7月，介绍所还配合军需三局、炮兵装备等工厂进行定编定员工作和人员调剂，对定员多余的工人，按工作性质及本人志愿经该所介绍适当工作。

### 2. 劳动介绍所

为统一掌握全市劳动力资源情况，统筹解决失业工人就业问题，1949年12月13日，市劳动局正式组建劳动介绍所，编制为11人。同年12月18日，发布了市劳动介绍所《条例》，规定凡本市失业劳动力自己找不到工作者，都可到劳动介绍所登记，根据各处需要设法介绍就业。1950年5月，中央劳动部发布《市劳动介绍所组织通则》，沈阳市劳动介绍所的业务范围相应充实了新内容，在全市进行在职工人和失业工人分布情况的调查，登记、介绍失业工人，动员流散工人回厂矿参加生产，为各厂矿招聘职工等。

### 3. 建筑工人调配处

为有组织、有计划统一掌握与调配建筑工人，为防止封建把头活动，保证完成国家基本建设任务，1952年6月24日，市政府颁布《沈阳市建筑工人统一调配暂行办法》，并宣布成立沈阳市建筑工人调配处。规定凡在本市修建工程者，均由沈阳市建筑工人调配处统一调配。市建筑工人调配处是市劳动局的直属机构，其经费由事业费中解决。调配处设处长1人、副处长2人，由专职副处长负责日常工作。调配处下设组织包括调配科和秘书组，有工作人员24人，1954年 2月增加到58人，并下设计划统计科、调配科，市内各区原专职调配接受调配科领导。1956年5月5日，市建筑工人调配处与市劳动介绍所合并，改为市劳动局劳动力管理调配处。

### 4. 劳动就业委员会

根据中央人民政府“为统一解决劳动就业问题，进而逐步做到统一调配劳动力”的指示精神，沈阳市人民政府于1952年8月29日成立沈阳市劳动就业委员会，副市长何侠任主任委员，陈鹤轩、安濮、张凯、马利克任副主任委员。劳动就业委员会的任务是，登记、审查、处理和介绍失业工人就业，负责救济和以工代赈，执行统一招工计划，防止农民盲目流入城市，动员还乡生产，指导全市就业工作。同年9月10日，市劳动就业委员会召开第一次会议，讨论通过《沈阳市劳动就业委员会暂行组织规则》《关于失业人员统一登记办法实施细则》和《沈阳市失业人员统一登记工作初步计划》等草案。会议决定在市劳动就业委员会下设失业人员登记处，领导全市登记工作，各区设立登记分处，街道设立登记站。9月16日，市劳动就业委员会调专职干部15人，并从民政、人事、劳动、公安、妇联、团市委等有关部门抽调临时干部13人，组成市劳动就业委员会办公室，对全市失业人员进行突击登记工作，然后介绍到有关单位就业。市劳动就业委员会还对一些失业人员进行救济。1953年8月后，劳动局就业委员会撤销，其具体工作任务由劳动部门负责管理。

**5. 劳服企业管理**

根据国务院提出的在大中城市要建立劳动服务公司，有条件的厂矿企业和机关、团体等事业单位，也可以根据需要举办劳动服务公司，把待业人员管理组织起来，发展集体经济，统筹劳动就业的原则精神，1979年9月成立了沈阳市劳动服务公司（隶属于市劳动局领导），各县区、街道（乡镇）和一些机关、事业单位、部队、群众团体也相应建立起劳动服务公司，截至1994年底全市共建立劳动服务公司630个。这些劳动服务公司陆续创办了一大批劳服企业，为缓解沈阳市就业难问题发挥了作用。1994年，全市共有劳服企业5765个，职工245194人，拥有固定资产净值13亿元。实现总收入53.38亿元，利润8428万元，上缴税金1.6亿元。年内共安置企业富余员工和失业人员14250人。截至1994年末，全市有120户劳服企业进行股份合作制试点，入股职工有28668人，入股金额7665万元。已有84户劳服企业实行员工劳动合同制，涉及职工69560人。1996年，沈阳市先后将区、县（市）劳服公司更名为劳动力市场管理委员会办公室，街道劳服公司更名为劳动管理服务所，乡镇劳服公司更名为劳动管理服务站，市劳动局制发了《关于明确街道劳动管理服务所职责范围的通知》和《关于明确乡镇劳动管理服务站职责范围的通知》，是区街、乡镇劳动服务管理工作实现了规范化管理。年底，全市已有248个街、乡镇成立劳动管理服务所、站，有劳服企业3865户，职工143481人。全年共安置富余职工和失业人员13783人，我中县区劳动力市场管委会办公室通过实施再就业工程，新办劳服企业753户，安置失业人员和富余员工11243人。

6. **劳动力市场**

为适应社会主义市场经济的发展和经济体制改革的需要，根据市委、市政府要开辟多种形式的劳动力市场的指示精神，沈阳市从1985年9月开始建立劳动力市场。截至1994年底，市、区县、街道（乡镇）共建立劳动力市场303个，为165万多名求职者办理了登记手续，其中推荐就业107.25万人次。按照市政府完善市场体系的总体规划要求，市劳动局1993年以来扩大劳动力市场职业介绍大厅的规模，设置就业服务部、招工与临时用工服务部、“三资”企业服务部、职工交流服务部、劳动合同签订服务部、待业职工管理服务部、劳动开发服务部等10余个洽谈窗口，基本形成全方位、多功能、一体化的服务能力。求职者和用工单位在职业介绍大厅可直接面谈，相互提出各自条件、要求，双方满意后当场报名，企业可以直接看到求职者的外貌、气质，了解其特长、爱好，求职者通过洽谈可以了解企业概况、生产产品、工作条件以及工资待遇等。这种洽谈形式深受招工单位和失业人员的欢迎。截至1994年底，共接待用工单位3640次，失业人员6000余人次。劳动力市场在运作过程中，重点抓好劳动力资源和用工信息的收集、整理、储存和发布，组建了由500余个大中型企业、综合部门人事调配员参加的信息网络。为广泛传播用工信息，劳动力市场在辽宁电视台、电台、沈阳人民广播电台开辟了“求职之友”专题节目。沈阳市除了利用劳动力市场调节劳动力供需关系外，还从1986年开始，每年不定期召开一次全市性的劳动力调剂交流洽谈会，取得了较好的效果。1994年8月20日，在青年公园召开全市停产企业职工、富余职工、失业人员的调剂交流大会，有28个企业主管局及9个区职业介绍部门组织了19869个用工岗位，当场发布招工信息，现场报名。有11270名求职者与用工单位达成意向协议，其中4508人当场办理用工手续，找到了工作。沈阳各级劳动力市场的开办，初步形成了企业自由用人，个人竞争就业，市场调节需求的新就业格局。

7. **中国沈阳劳动力市场**

组建于1995年10月，中国沈阳劳动力市场是经国家劳动部批准，并在其指导下组建，由沈阳市劳动局主办的全国首家区域性劳动力市场。中国沈阳劳动力市场以开发利用和合理配置劳动力资源，以经济建设和社会发展为服务宗旨，以“立足沈阳、服务东北、辐射全国、与国际劳动力市场接轨”为指导思想，以供需见面、双向选择、公平竞争、互惠互利为原则，以会员制、代理制及周边城市实行理事会制为基本运作模式。中国沈阳劳动力市场有型建筑面积可达2000多平方米，市场设施先进、功能齐全，可同时容纳千人进行交流互动。中国沈阳劳动力市场自1995年10月15日成立以来，近两个月就接待求职者

4万余次，发布用工信息1380条，办理求职登记2500余人，推荐介绍1594人，并为停产企业调剂交流富余职工50072人。

**8. 沈阳市就业和人才服务局**

成立于2010年4月，由原市人事局的人才中心和原市劳动和社会保障局的就业服务局重新组建而成，是市人力资源和社会保障局下属参照公务员管理事业单位。机构级别为副局级，内设17个处室。市就业和人才服务局的主要职责是：负责人力资源市场的日常管理工作，依法开展审批和从业培训、执法管理；负责就业和人力资源市场建设的宏观研究、规划布局和发展战略；负责开展公共就业服务，对就业困难群体进行就业援助；负责合理配置和有效开发各级各类人才，开展人才高地建设；负责归国留学人员的就业服务工作；负责开展人力资源科研、中高级经营管理技术人才评价推荐；负责高校毕业生就业指导工作；负责农村人力资源配置、开发和培训工作；负责职业培训工作；负责统筹建设人力资源市场信息管理体系；负责开展人力资源区域性合作，并指导基层就业服务工作；负责包括自主创业在内的灵活就业服务体系建设；负责档案、户籍等就业代理为主要内容的人力资源社会保障服务。

# 第四章
# 行政区划、党政机构与社会组织

沈阳是新中国成立初期国家重点投资建设的重要工业基地，是中国东北地区的经济、文化、交通、金融和商贸中心城市。新中国成立后，沈阳作为拥有241万人口的全国重工业城市之一，中共中央东北局、东北行政委员会（东北人民政府）所在地及中央直辖市，其行政区划、党政机构与其他社会组织的形成及发展，在城市管理及建设中起着尤为重要的作用。

## 第一节 行政区划

### 一、改革开放以前沈阳行政区划

一个国家根据行政管理需要，将领土划分成有层次的区域，这一过程叫做行政区划，这些区域称为行政区域。沈阳在解放后，行政区划变动频繁，其行政区划与现在有较大区别。

1948年11月2日，中国人民解放军解放沈阳。11月3日，沈阳特别市政府成立，隶属东北行政委员会。当时，沿用1947年的行政区划。

1948年11月20日，沈阳特别市政府颁布命令，将市内实际划定的22个区合并为8个区，并决定沈阳市实行市、区、街三级制。具体情况如下表：

**1948年沈阳市行政区划表①**

| 原区名 | 合并后 | 管辖的街公所数 |
| --- | --- | --- |
| 小西、北市、惠工 | 北市 | 25 |
| 城内、南关、浑河 | 沈河 | 19 |
| 东关、大东、东陵 | 大东 | 11 |
| 大西、南市 | 南市 | 18 |
| 和平、胜利 | 和平 | 18 |
| 铁西、永信、于洪、建设 | 铁西 | 19 |
| 皇姑、塔湾、北陵 | 皇姑 | 20 |

① 沈阳市人民政府地方志办公室：《沈阳市志》，沈阳：沈阳出版社，1987年版，第405页。

同时，在沈河区设浑河分区，大东区设东陵分区，铁西区设永信分区，皇姑区设北陵分区。

1948年11月20日，东北行政委员会决定，将沈阳县划归沈阳市，11月22日，沈阳特别市政府决定撤销沈阳县，成立市郊办事处，领导原沈阳县所辖4个区。

到1949年11月，经土改建政，为加强对市郊各区的领导，逐步将原4个区改划为12个区，即新城子区、苏家屯区、深井子区、马三家子区、陈相屯区、白塔铺区、祝家屯区、蒲河区、官立堡区、旧站区、沙岭堡区、财落堡区。各区均建立人民政府。当时，沈阳市区、郊区的方位图如图1。

1949年5月1日，沈阳特别市政府改为沈阳人民市政府；同年8月，沈阳市隶属东北人民政府领导。1949年11月29日，东北人民政府决定改市辖区政府为区公所，作为市政府的派出机关；到1950年11月，又将区公所改为区政府。

1951年2月，市人民政府决定撤销在铁西、沈河、皇姑、大东区内设立的永信、浑河、北陵、东陵四个分区。1951年12月1日，市人民政府发布重新划分市郊行政区划的通知，决定建立四个中心区、21个分区和苏家屯镇。各区分布见图2。

1952年8月1日，市人民政府决定撤销4个中心区，成立20个区1个镇。

1953年2月17日，经东北行政委员会批准，苏家屯镇改为苏家屯区，归市直辖。这时，沈阳市共辖和平、铁西、沈河、皇姑、大东、南市、北市、北关、苏家屯9个市内区。1953年3月12日，沈阳市改为中央直辖市。

1954年3月16日，市人民政府决定，撤销市郊办事处，成立东、南、西、北4个郊区人民政府，分辖原20个分区。原苏家屯区保留，1955年并入南郊区。各郊区方位如图3。

1954年8月11日，沈阳市改为辽宁省辖市。新民县也改为由辽宁省管辖。

1955年1月21日，沈阳市人民政府改称沈阳市人民委员会。

1955年2月28日，市人民委员会决定将各郊区人民政府统一改为办事处；4月19日，又决定撤销苏家屯建制，将其辖区并入南郊区。这时，4个郊区共辖22个办事处，如下表：

| 郊区 | 所辖办事处 |
|---|---|
| 东郊 | 深井子、祝家屯、旧站、李石寨 |
| 南郊 | 姚千户屯、陈相屯、白塔堡、十里河、官立堡、王纲堡、苏家屯 |

续表

| 西郊 | 杨士屯、潘建台、沙岭、马三家子、平罗堡 |
|---|---|
| 北郊 | 新城子、清水台、蒲河、虎石台、财落堡、石佛寺 |

1956年3月14日，市人民委员会决定撤销郊区办事处，改为乡的建制。同年3月底，各郊区共建乡103个，即东郊区19个乡，南郊区32个乡，西郊区23个乡，北郊区29个乡。

1956年7月25日，市人民委员会决定成立沈阳县，撤销东西南北四个郊区建制。除将原东郊区旧站分区和北郊区蒲河分区的一部分划入大东区，将原蒲河分区的另一部分划入北关区外，其余部分全部划给沈阳县（8月9日正式办公）。同时，成立苏家屯区，列为市内区。这时，沈阳共辖北市、沈河、北关、大东、南市、和平、铁西、皇姑、苏家屯9个区。同年11月，沈阳县划归辽阳地区管辖。

1958年9月，在农村人民公社化的“左”倾思想影响下，全国开始实行政社合一的人民公社体制。[①]人民公社体制于1958年在中央政治局北戴河扩大会议上通过。[②]市内各区纷纷成立街道人民公社，到11月底，基本上实现了人民公社化。街道人民公社具有政社合一的性质，不是一级政权。

1959年1月1日，辽宁省人民委员会决定，将原铁岭专区的铁岭、法库、康平、开原、昌图、西丰和原辽阳专区的沈阳、辽中、新民、台安10县划归沈阳市领导。这时，沈阳市共辖9个市区10个县。

1959年2月24日，市人民委员会决定撤销北市、南市、北关三个区的建制，并入和平、沈河、大东等区。这时，沈阳市只辖和平、沈河、大东、铁西、皇姑、苏家屯6个区和10个县。

1959年12月31日，市人民委员会决定撤销沈阳县建制，其所辖地区分别划入市内邻近的各区，并设立新城子区（1960年1月1日开始办公）。沈阳市的辖境成了7区9县。

1964年3月16日，中共辽宁省委决定设立沈阳专区，将沈阳市所辖的铁岭、昌图、法库、康平、开原、西丰、新民、辽中、台安9个县划归沈阳专区领导。

1964年3月24日，市人民委员会决定设立东陵、于洪两个郊区。这时沈

---

① 贺曲夫：《县下辖市与推进自治：我国县辖区域的发展与改革研究》，北京：中国经济出版社，2012年版，第137-138页。

② 张锋：《当代中国百科大辞典》，北京：档案出版社，1991年版，第163页。

阳市共辖和平、沈河、大东、铁西、皇姑、苏家屯、新城子、东陵、于洪9个区。

1966年8月10日，市人民委员会决定从新城子、东陵、苏家屯3个区各划出部分地区，分别成立辉山区和祝家屯区。

1966年9月21日，在“文化大革命”影响下，各区都改变了名称：皇姑区改为红卫区，铁西区改为红工区，和平区改为红旗区，沈河区改为红星区，大东区改为卫东区，东陵区改为东风区，苏家屯区改为八一区，新城子区改为永红区，于洪区改为向阳区，辉山区改为红山区，祝家屯区改为红峰区。1968年5月10日，沈阳市革命委员会成立，各区相继成立区革命委员会，并恢复各区原名称。同年6月24日，市革命委员会决定撤销辉山、祝家屯两区的建制，其所辖地区分别划归新城子、东陵、苏家屯3个区。

1969年12月26日，辽宁省革命委员会决定将辽中县划归沈阳市管辖；1970年1月1日，又决定将新民县划归沈阳市管辖。

## 二、改革开放后沈阳行政区划

1978年11月，市革命委员会决定，市内各区所辖的人民公社改为街道办事处。

1980年4月19日，沈阳市革命委员会改为沈阳市人民政府。各县区相继成立人民政府。

1983年，中共中央、国务院发出通知指出：“当前的首要任务是把政社分开，建立乡政府。”[①]全市共建103个乡政府。1985年1月29日，经省人民政府批准，全市先后有32个乡改为镇的建制。到1985年底，辽中、新民两县和4个郊区，共辖74个乡。如下表：

**1985年沈阳市行政区划表[②]**

| 县区 | 所辖乡数 | 乡名 |
|---|---|---|
| 辽中县 | 13 | 长滩、大黑岗、牛心坨、老大房、潘家堡、四方台、杨士岗子、乌伯牛、老观坨、六间房、养士堡、肖寨门、城郊 |

① 贺曲夫：《县下辖市与推进自治：我国县辖区域的发展与改革研究》，北京：中国经济出版社，2012年版，第137-140页。

② 沈阳市人民政府地方志办公室：《沈阳市志》，沈阳：沈阳出版社，1987年版，第497页。

续表

| 县区 | 所辖乡数 | 乡名 |
| --- | --- | --- |
| 新民县 | 20 | 高台子、柳河沟、金五台子、红旗、芦家屯、姚堡、周坨子、大柳屯、新农村、胡台、兴隆堡、法哈牛、大喇叭、张家屯、东蛇山子、三道岗子、陶家屯、罗家房、于家窝堡、城郊 |
| 苏家屯区 | 10 | 沙河堡、王纲堡、佟沟、大淑堡、白清寨、大沟、陈相屯、官立堡、永乐、城郊 |
| 新城子区 | 8 | 石佛寺、道义、财落堡、尹家、锡伯族、黄家、马刚、望滨 |
| 于洪区 | 12 | 造化、翟家、高花、于洪、解放、杨士、陵东、北陵、彰驿、老边、大兴（朝鲜族）、大青（中朝友谊） |
| 东陵区 | 11 | 李相、古城子、浑河站、王滨沟、五三、长白、桃仙、汪家、前进、英达、满堂（满族） |

1985年底沈阳市的行政区划如图1.6。

1986年12月24日，市人民政府决定，苏家屯、新城子、东陵、于洪4个郊区，按城市区管理既管市区又管农村，以适应有计划的商品经济和城市建设的迅速发展，促进城乡一体化，发挥城市多功能作用。这个决定从1987年1月1日起执行。

截至1986年底，沈阳市辖和平、沈河、大东、皇姑、铁西和苏家屯、东陵、新城子、于洪9个区，以及新民、辽中两个县。区、县辖行政街108个，其中，市内5个城区辖行政街92个，4个郊区辖行政街16个、镇35个、乡71个。

1986年3月21日，经省政府批准，辽中县肖寨门、杨士岗子、长滩撤乡建镇。1987年11月7日，苏家屯区沙河堡乡、官立堡乡撤乡建镇，官立堡乡撤乡建镇后更名为八一镇。1989年3月21日，沈阳市有乡、镇、街214个和村委会3695个。同年4月21日，组建东陵区丰乐街道办事处。5月4日，批准撤销铁西区光明、笃工、马壮、七路街道办事处，重新组建笃工、七路街道办事处。1991年11月23日，新城子区石佛寺街道改设为石佛寺朝鲜族锡伯族乡。

1992年12月12日，经省政府批准，将铁岭市管辖的康平县、法库县，从1993年1月1日起，整建制划归沈阳市管辖。康平县辖16个乡镇（12个乡、4个镇），法库县辖20个乡镇（13个乡、7个镇）。至此，沈阳市辖和平、沈河、大东、皇姑、铁西和苏家屯、东陵、新城子、于洪9个区，辽中、新民、康平、法库4个县，共109个街道办事处、48个镇、83个乡、10个民族乡。

1993年7月7日，撤销新民县，设立新民市（县级）。同时，撤销新民镇，市区设立东城、西城、辽滨、新柳4个街道办事处。截至1993年底，全市13个区县（市）共设行政街113个、镇47个、乡93个。如下表：

**1993年沈阳市行政区划表①**

| 区县 | 所辖行政街（镇）数 | 街（镇）名 |
|---|---|---|
| 和平区 | 20 | 砂山、胜利、民主、新兴、集贤、吴淞、园路、遂川、八经、南湖、南站、新华、北市、十四纬路、云集、中华路、马路湾、北站、北道口、西塔 |
| 沈河区 | 16 | 中街、正阳、文化路、团结路、惠工、万莲、滨河、大南、小南、大西、小西、二经、一经、朱剪炉、风雨坛、山东庙 |
| 大东区 | 15 | 小津桥、小东、大北、小北、珠林、新东、东塔、东站、万泉、管城、长安、辽沈、洮昌、二台子、文官 |
| 皇姑区 | 20 | 崇山、华山、昆山、泰山、长江、怒江、黄河、辽河、黑龙江、三洞桥、塔湾、太平、陵北、新乐、三台子、寿泉、亚明、明廉、克俭、向工 |
| 铁西区 | 20 | 工人村、卫工、启工、重工、保工、轻工、笃工、兴华、兴顺、兴齐、兴工、十二路、七路、霁虹、艳粉、云峰、贵和、齐贤、路官、光明 |
| 苏家屯区 | 6（行政街） | 解放、铁友、民主、临湖、中兴、湖西 |
|  | 7（镇） | 陈相屯、林盛堡、姚千户、红菱、八一、沙河堡、十里河 |

① 沈阳市人民政府地方志办公室：《沈阳市志》，沈阳：沈阳出版社，2006年版，第411页。

续表

| 区县 | 所辖行政街（镇）数 | 街（镇）名 |
| --- | --- | --- |
| 新城子区 | 2（行政街） | 清水台、新城子 |
|  | 4（镇） | 虎石台、清水台锡伯族、兴隆台、蒲河 |
| 于洪区 | 4（行政街） | 杨士、于洪、陵东、北陵 |
|  | 4（镇） | 马三家、沙岭、平罗、大潘 |
| 新民市 | 4（行政街） | 东城、西城、新柳、辽滨 |
|  | 6（镇） | 大民屯、公主屯、当前堡、兴隆、大红旗、梁山 |
| 辽中县 | 11 | 辽中、茨榆坨、满都户、于家坊、新民屯、刘二堡、冷子堡、朱家房、肖寨门、长滩、杨士岗子 |
| 康平县 | 4 | 康平、小城子、张强、方家屯 |
| 法库县 | 7 | 法库、柏家沟、大孤家子、三面船、秀水河子、叶茂台、登仕堡子 |

1994年5月21日，撤销新民市兴隆堡乡、法哈牛乡、大柳屯乡，设立兴隆堡镇、法哈牛镇、大柳屯镇；撤销康平县东关屯乡，设立东关屯镇；同年6月12日，撤销新民市胡台乡，设立胡台镇；11月29日，撤销东陵区桃仙乡、英达乡，设立桃仙镇、英达镇；撤销新城子区道义乡，设立道义镇。1996年6月11日，撤销东陵区李相乡、汪家乡、古城子乡，设立李相镇、汪家镇、古城子镇。1997年9月22日，撤销新民市柳河沟乡，设立柳河沟镇。①1998年4月29日，撤销新城子区财落堡乡，设立财落堡镇。1999年5月5日，撤销于洪区翟家乡、造化乡、彰驿站乡，设立翟家镇、造化镇、彰驿站镇；撤销辽中县四方台乡，设立四方台镇。同年6月22日，撤销康平县好官屯乡，设立好官屯镇。2000年12月12日，撤销康平县二牛所口乡，设立二牛所口镇；撤销法库县丁家房乡，设立丁家房镇。2001年6月4日，撤销于洪区高花乡，设立高花镇。

2002年12月13日，撤销苏家屯区城郊乡、大淑堡乡，合并设立城郊街道

① 辽宁省民政厅：《辽宁省行政区划简册》，沈阳：辽宁省民政厅，1997年内部出版，第1—3页。

办事处。撤销东陵区东陵乡，设立东陵街道办事处。将原汪家镇所辖的三家子、汪家南、汪家北、干河子、下伯官、上伯官、大深井子、小深井子、大甸子、小甸子、丰乐11个村，划入街道办事处。撤销汪家镇、古城子镇，合并设立东湖街道办事处。将原汪家镇所辖的杨官、万家、李巴彦、王家湾、东港子、刘付屯、石庙子、养竹8个村，与原古城子镇所辖的水家、牛相、罗官、古城子、麦子屯5个村，合并设立东湖街道办事处。将原古城子镇所辖的高力堡子、施家寨、王宝石寨、王起寨、南井收兵台6个村，划入深井子镇。将原古城子镇所辖的永安、保和、孙家寨、上水泉、下水泉、元科、南岭7个村，划入李相镇。将原五三乡所辖的张沙布、南大甸子、后桑林子、前桑林子、营城子5个村，划入南塔街道办事处。撤销五三乡，设立五三街道办事处。调整后的行政区域为原五三乡所辖的浑河堡、五里台、糖场子、营盘、孤家子、朝鲜、张官、营盘朝鲜、铁匠屯、东黄泥坎、西黄泥坎、校场12个村，西合、煤工、505、机修、区精神病院、83泵站、浑河堡、糖场子、营盘一、营盘二、东黄泥坎、孤家子、铁匠、区农机实验厂14个社区居委会。撤销英达镇、前进乡、长白乡，分别改设为街道办事处。撤销新城子区望滨乡，调整马刚乡、蒲河镇行政区域。将原望滨乡所辖的曾子沟、章子沟、黑林子、合心、房身沟、山城子6个村，划入马刚乡。将原望滨乡所辖的望滨、南三家子、东四家子、闫家、古砬子、湾沟6个村，划入蒲河镇。撤销于洪区于洪乡、杨士乡、北岭乡、陵东乡、沙岭镇，设立沙岭街道办事处。合并解放乡、老边乡，设立光辉乡。合并新民市大喇嘛乡。兴隆堡镇，设立兴隆堡镇。合并辽中县乌伯牛乡、辽中镇，设立辽中镇。合并康平县胜利乡、康平镇，设立康平镇。合并法库县红五月乡、法库镇，设立法库镇。

2003年11月11日，撤销东陵区浑河站朝鲜族乡，分别设立浑河站东、浑河站西两个街道办事处。浑河站东街道办事处辖原浑河站朝鲜族乡的前榆树台、后榆树台、金家湾、金家湾朝鲜族、王士6个村和7个社区委员会，区域面积13平方公里，街道办事处驻地前进村；浑河站西街道办事处辖原浑河站朝鲜族乡的前竞赛、后竞赛、上河湾、前进、前进朝鲜族、下河湾、曹仲、满融、新立屯、下河湾朝鲜族10个村和前进、新村2个社区居委会，区域面积23.43平方公里，街道办事处驻地东陵区族兴路7号；浑河站东、浑河站西2个街道办事处均实行街道管村体制，行政工作参照《民族乡行政工作条例》执行。

2004年，沈阳市下设和平区、沈河区、大东区、皇姑区、铁西区、苏家屯区、东陵区、新城子区、于洪区9个市区，辽中县、康平县、法库县、新民市4个县（市），区、县（市）下设街道办事处127个，乡政府55个，镇政府64个。

2004年，民政部区划地名司司长戴均良，提出中国行政区划改革总体思路，即所谓“缩省并县，省县直辖，创新市志，乡镇自治”[①]。2004年4月12日，将东陵区长白街道办事处划归和平区；5月25日，撤销新民市城郊乡，将其所辖的原北山、巨流河、北张3个村，划入东城街道办事处；将其所辖的原民屯、后营子、前营子3个村，划入新柳街道办事处；将其所辖的原范屯、柴屯、梁家烧锅3个村，划入西城街道办事处；将其所辖的原新建、瓦房、东岗3个村，划入辽滨街道办事处；将其所辖的原苏家岗、茶棚奄、顿家窝堡、刑家甸、门家网、前长新、魏林子、李子沟、后长沟沿、前长沟沿10个村，组建新城街道办事处。

2005年，沈阳市下设和平区、沈河区、大东区、皇姑区、铁西区、苏家屯区、东陵区、新城子区、于洪区9个市区，辽中县、康平县、法库县、新民市4个县（市），区、县（市）下设街道办事处121个，乡政府55个，镇政府64个。

2005年1月17日，将沈河区原16个街道办事处调整为10个街道办事处：撤销惠工街街道办事处，调整新北站街道办事处行政管辖区域。将原惠工街街道办事处、原朱剪炉街道办事处部分区域划入新北站街道办事处。调整后，新北站街道办事处区域面积为1.93平方公里。撤销小西街街道办事处，调整朱剪炉街道办事处，原一经街街道办事处部分区域合并为朱剪炉街道办事处。调整后，朱剪炉街道办事处区域面积为1.96平方公里。撤销中街街道办事处、正阳街道办事处，合并设立皇城街道办事处。调整后，皇城街道办事处区域面积为1.54平方公里。撤销二经街道办事处，调整山东庙街道办事处行政管辖区域。将原二经街道办事处、原山东庙街道办事处、原一经街道办事处、原文化路街道办事处部分区域合并为山东庙街道办事处，调整后区域面积为1.57平方公里。调整大西街道办事处行政管辖区域。将原大西街道办事处、原一经街道办事处、原二经街道办事处、原小西街道办事处部分区域合并为大西街道办事处。调整后，大西街道办事处区域面积1.18平方公里。撤销小南街道办事处，调整滨河街道办事处行政管辖区域。将原滨河街道办事处大部分、原小南街道办事处全部合并为滨河街道办事处。调整后，滨河街道办事处区域面积为1.77平方公里。调整风雨坛街道办事处行政管辖区域。将原二经街道办事处、原大

① 范今朝：《仁政必自经界始：中国当代城市化进程中的行政区划改革若干问题研究》，杭州：浙江大学出版社，2001年版，第2页。

西街道办事处、原文化路街道办事处部分区域划入风雨坛街道办事处。调整后，风雨坛街道办事处区域面积为1.45平方公里。调整大南街道办事处行政管辖区域。将原滨河街道办事处、原大南街道办事处部分区域合并为大南街道办事处。调整后，大南街道办事处区域面积为1.60平方公里。撤销文化路街道办事处，设立五里河街道办事处。将原文化路街道办事处、原大南街道办事处部分区域合并，设立五里河街道办事处。调整后，五里河街道办事处区域面积为4.74平方公里。万莲街道办事处原行政管辖区域不变、名称不变，区域面积为2.00平方公里。7月5日，将辽中县养士堡乡小帮牛村、城郊乡敖司牛村、孙家万子村划入辽中镇。行政区划如下表：

**2005年沈阳市行政区划表①**

| 区县 | 所辖行政街（镇）数 | 街（镇）名 |
| --- | --- | --- |
| 和平区 | 21 | 砂山、胜利、民主、新兴、集贤、吴淞、园路、遂川、八经、南湖、南站、新华、北市、十四纬路、云集、中华路、马路湾、北站、北道口、西塔、长白 |
| 沈河区 | 10 | 万莲、滨河、大南、大西、朱剪炉、风雨坛、山东庙、皇城、五里河、新北站 |
| 大东区 | 15 | 小津桥、小东、大北、小北、珠林、新东、东塔、东站、万泉、管城、长安、辽沈、洮昌、二台子、文官 |
| 皇姑区 | 20 | 崇山、华山、昆山、泰山、长江、怒江、黄河、辽河、黑龙江、三洞桥、塔湾、太平、陵北、新乐、三台子、寿泉、亚明、明廉、克俭、向工 |
| 铁西区 | 20 | 工人村、卫工、启工、重工、保工、轻工、笃工、兴华、兴顺、兴齐、兴工、十二路、七路、霁虹、艳粉、云峰、贵和、齐贤、路官、凌空 |

① 沈阳市人民政府地方志办公室编：《沈阳市志》，沈阳：沈阳出版社，2006年版，第412页。

续表

| 区县 | 所辖行政街（镇）数 | 街（镇）名 |
|---|---|---|
| 苏家屯区 | 7（行政街） | 解放、铁友、民主、临湖、中兴、湖西、城郊 |
| | 7（镇） | 陈相屯、林盛堡、姚千户、红菱、八一、沙河堡、十里河 |
| 东陵区 | 12（行政街） | 南塔、泉园、马关桥、丰乐、辉山、东陵、英达、前进、东湖、五三、浑河站东、浑河站西 |
| | 6（镇） | 桃仙、高坎、祝家屯、深井子、李相、白塔堡 |
| 新城子区 | 2（行政街） | 清水台、新城子 |
| | 6（镇） | 虎石台、清水台、兴隆台锡伯族、蒲河、道义、财落 |
| 于洪区 | 9（行政街） | 杨士、于洪、陵东、北陵、迎宾路、沈辽路、陵西、北塔、沙岭 |
| | 7（镇） | 马三家、平罗、大潘、翟家、造化屯、彰驿站、高花 |
| 新民市 | 5（行政街） | 东城、西城、新柳、辽滨、新城 |
| | 11（镇） | 大民屯、公主屯、当前堡、兴隆、大红旗、梁山、大柳屯、兴隆堡、胡台、法哈牛、柳河沟 |
| 辽中县 | 12 | 辽中、茨榆坨、满都户、于家坊、新民屯、刘二堡、冷子堡、朱家房、肖寨门、长滩、杨士岗子、四方台 |
| 康平县 | 7 | 康平、小城子、张强、方家屯、东关屯、郝官屯、二牛所口 |
| 法库县 | 8 | 法库、柏家沟、大孤家子、三面船、秀水河子、叶茂台、登仕堡子、丁家房 |

2006年，沈阳市下设和平区、沈河区、大东区、皇姑区、铁西区、苏家屯区、东陵区、沈北新区、于洪区9个市区，辽中县、康平县、法库县、新民市4个县（市）。区、县（市）下设街道办事处117个，乡政府54个，镇政府63个。

截至2009年年底，沈阳市辖和平区、沈河区、大东区、皇姑区、铁西区、苏家屯区、东陵区、沈北新区、于洪区9个市区，辽中县、康平县、法库县、新民市4个县（市）。区、县（市）下设街道办事处112个，社区887个，乡46个，镇54个，村1451个。

2010年，市委、市政府在认真调研的基础上，广泛征求意见和充分论证，形成了本次行政区划调整方案，经国家民政部和省民政厅原则同意后，对市区内9个行政区进行区划调整。

行政区划调整本着与区域发展战略相协调、与城市总体规划相衔接、与重点产业发展相适应的原则，打破原于洪区、东陵区郊区包围城区的局面，加快郊区全域城市化的发展进程；位于市中心区的和平、沈河、大东、皇姑四区增加面积130多平方公里，扩容近一倍，各空间发展定位更加清晰，发展潜能得到充分释放；将浑南、东陵、航高三区实行合署办公，掀起了建设大浑南、迎接全运会的新热潮，为沈阳振兴发展增添了新的动力。

本次行政区划调整维持市辖区建制总数不变，进行局部调整，此外保留棋盘山风景区，具体调整为：沈河区由20平方公里调整为约58平方公里，重点发展金融、商贸等现代服务业。和平区由36平方公里调整为约60平方公里，重点发展现代服务业。铁西区辖区范围不变，面积为约484平方公里（包括辽中、新民200平方公里），重点发展先进装备制造业、现代建筑产业、化工产业以及为工业服务的第三产业。皇姑区由40平方公里调整为约66平方公里，重点发展教育培训业、现代服务业及都市产业。大东区由57平方公里调整为约100平方公里，重点发展汽车产业。于洪区由520平方公里调整为约499平方公里，重点发展为装备制造业配套的新兴产业及工业物流产业。东陵区（不包括棋盘山部分）由709平方公里调整为约600平方公里，重点发展高新技术产业、创意产业以及现代服务业等产业。沈北新区（不包括棋盘山部分）由820平方公里调整为约819平方公里，重点发展农产品深加工及生物制药、光电信息等新兴产业。苏家屯辖区总面积不变，总面积约为782平方公里，重点发展商务会展、现代物流、新型制造业等新兴产业。棋盘山开发区辖区面积不变，总面积约为203平方公里，重点发展文化创意、旅游度假等产业。

到2010年末，沈阳市辖和平区、沈河区、大东区、皇姑区、铁西区、苏家屯区、东陵区、沈北新区、于洪区9个区，新民市1个市，辽中县、康平县、法库县3个县。区、县（市）下设街道办事处134个，乡政府28个，镇政府52个。

# 第二节 党政机构

## 一、中共沈阳市委员会

### 1. 概述

沈阳是中国共产党人在东北从事建党活动和建立中国共产党组织较早的城市之一。1948年沈阳解放后，中共沈阳市组织成为接收沈阳、建设沈阳的核心力量。1948年11月2日沈阳解放当天，中国共产党沈阳特别市工作委员会（1949年1月14日改为中国共产党沈阳市委员会）成立。市委组建以后，认真贯彻中共七届二中全会精神，把工作重心由乡村转移到城市，以生产建设为中心，按照“继续巩固社会治安，准备进入大生产”的总方针，积极配合市军管会组织接收工作。先后接管了国民党的军、政、警、经济、后勤等机关单位和铁路、银行、工厂等企事业单位，并完成了处理俘虏、旧警察及疏散武器弹药等工作。面对沈阳当时物价飞涨、人民生活极端困难的情况，为了稳定人心，避免大的波动，市委一方面广泛开展群众工作，宣传党接收城市的政策，使人民群众端正对党的认识，消除疑虑。另一方面，积极安排群众生活，恢复电力、交通、自来水供应和电话通信；管理金融，稳定物价，解决粮食紧缺问题，从而迅速建立起新秩序，使人心安定，博得了人民的拥护。

改革开放以后，中国共产党认真贯彻执行十一届三中全会精神，团结全党和全市各族人民，奋发向上，振兴沈阳，繁荣辽宁，服务全国，走向世界，为实现党的总任务、总目标而奋斗。深入进行经济体制、科技体制和教育体制方面的改革，大力推进社会主义物质文明和精神文明建设，继续健全社会主义民主和法制，全面完成整党任务，实现财政经济状况、社会风气的根本好转。不断提高人民群众的物质文化生活水平，不断加强城市的综合实力，开创沈阳社会主义现代化建设的新局面。

### 2. 发展历程

1948年11月2日沈阳解放，中共沈阳特别市工作委员会即宣告成立。陶铸任书记，黄欧东任副书记。隶属中共中央东北局领导。

1949年1月14日，中共中央东北局决定将中共沈阳特别市工作委员会改为中共沈阳特别市委员会。李富春任市委书记，黄欧东任副书记。6月，黄欧东任市委书记，高扬任市委第一副书记，李力果任市委第二副书记。1950年9月，凯丰任市委书记，黄欧东任第二书记。

1950年4月10日至14日，召开中共沈阳市首次代表会议，出席会议代表246人。会上，市委书记黄欧东作《为贯彻东北党代表会议的决议而奋斗》的报告，总结了沈阳解放以后的主要工作，明确了今后要更好地面向生产，搞好经济建设的具体任务。会议对在各项工作中做出突出成绩的“五三”工厂党总支和33名党员予以表扬。[①]

1953年6月11日—18日，召开中共沈阳市第一次代表大会，成立第一届委员会。大会选举产生了中共沈阳市第一届委员会委员。自此以后，成功召开历届会议。

1956年6月4日至14日，召开中共沈阳市第二次代表大会，出席会议的代表516人，列席45人。会上，市委第一书记焦若愚作《加强党的领导，调动一切力量，为提前和超额完成国家第一个五年计划而奋斗》的报告；市委监委书记王伯谨作《关于党的检察工作的报告》；通过了为实现今后两年任务的决议。提出要加强党的建设，提高党的领导作用，调动一切积极因素，全面贯彻多快好省的方针，努力完成各项工作任务。会议确定设立中共沈阳市委书记处。选举产生了中共沈阳市第二届委员会，委员36人，候补委员10人。候选了市监察委员会委员，选举出席省首届党代会代表76人。中共中央副主席朱德出席大会，并讲了话。二届一次全委会议，选举常务委员13人，第一书记焦若愚，书记处书记：王伯谨、胡亦汉、朱维仁、徐少甫。

1957年9月7日至15日，召开中共沈阳市第二次代表大会第二次会议，出席会议代表478人，列席143人。会议听取了市委第一书记焦若愚作的《深入反右派斗争，逐步开展全民性整风运动》的报告。集中讨论并研究全市的整风和社会主义教育问题。

1960年3月中共辽宁省委发出关于开展大抓原料材料增产节约运动的指示[②]，要求立即在全省范围内开展一个以增产原料材料为中心的全面大动员的工业“抗旱”运动。

1966年5月8日，中共沈阳市委机关报——《沈阳晚报》转载了由江青主持写作的化名“高炬”的文章《向反党反社会主义的黑线开火》和关锋化名“何明”

---

① 李培生，李国鸿：《中国共产党沈阳地方组织志》，沈阳：白山出版社，1998年版，第83页。

② 参见《沈阳日报》，1960年3月13日，第1版。

的文章《擦亮眼睛，辨别真伪》。这两篇文章给“三家村”（指吴晗、邓拓、廖沫沙）定下了“反党反社会主义黑线”的基调。随之，沈阳市各界也纷纷对《燕山夜话》《三家村札记》进行了错误的批判。5月13日下午和14日上午，市委召开紧急会议和常委会议，传达了中共中央东北局、中共辽宁省委关于开展“文化大革命”的指示和部署。会议确定，把领导好这场“文化大革命”放在市委领导工作的首位，由常委会和书记处亲自领导，并成立领导小组。

1970年4月4日，经辽宁省革命委员会党的核心小组批准，沈阳市革命委员会党的核心小组成立。从此，中断3年零2个月领导权的沈阳市委从组织上得到了恢复。同年8月11日，中共沈阳市革命委员会核心小组召开会议，决定召开中共沈阳市第五次代表大会，并组成筹备小组。12月12日至16日，中共沈阳市第五次代表大会选举产生了由59人组成的中共沈阳市第五届委员会。在59名五届市委委员中，有军队干部27人，占45.8%；群众代表15人，占25.4%；地方干部代表17人，占28.8%。在第五次代表大会的工作报告中，全盘否定“文化大革命”前17年东北局、辽宁省委和沈阳市委的工作，把很多党的领导干部污蔑为“叛徒”“特务”“走资派”，又错整了大批党政干部和群众①。

1985年4月，中共沈阳市第七次代表大会召开，确定要认真贯彻执行党的十二大精神和十二届三中全会的决定，团结全党全市各族人民，振兴沈阳、繁荣辽宁，为实现党的总任务、总目标而奋斗的主要任务，做出深入进行经济体制、科技体制、教育体制等方面的改革。

1987年12月，市委七届七次会议召开，根据党的十三大精神和中共辽宁省委总的要求，市委确定沈阳市经济建设的发展也要分三步走：第一步，实现国民经济生产总值比1980年翻一番，基本解决人民的温饱问题；第二步，到本世纪末，国民经济生产总值再增长一倍，使人民生活达到小康水平，并力争提前实现；第三步，到21世纪中叶，人均国民生产总值达到中等发达国家水平，人民过上富裕生活，基本实现现代化。

1989年7月，市委七届十次会议召开，坚决贯彻党的十三届四中全会精神，确定继续坚决执行党的十一届三中全会以来的路线、方针、政策和十三大确定的“一个中心，两个基本点”的基本路线，把十三届四中全会提出的四件大事真正落到实处，大力加强党的建设，把沈阳市现代化建设和改革开放继续

---

① 沈阳市人民政府地方志办公室编：《沈阳市志》（第十五卷），沈阳：沈阳出版社，1998年版，第159页。

推向前进的主要任务。

1992年，市委深入学习贯彻邓小平南方谈话精神，在沈阳市迅速兴起改革开放和现代化建设的新高潮。1月，市委八届三次全会召开，提出深入贯彻中央会议和党的十三届八中全会精神。为深入贯彻党的十四大精神，1992年12月，市委八届五次会议明确提出，从现在起，在今后的18年中，沈阳市的经济发展要实现三次大的跳跃，到2010年把沈阳市建设成为高科技、大生产、大流通的现代化、国际化城市。

1997年10月，召开全市领导干部会议，把搞好国有企业与搞活国有经济、国有资本和城市经济结合起来，大力推动战略性改组和战略性调整，力争用三年时间使大多数国有大中型企业的经营状况明显改善，地区经济活力明显增强。

1998年，市委提出“壮三活一，完善载体”的工作思路，不仅增强经济工作的整体协调性，且促进经济结构的调整，有力地促进全市经济快速健康的发展。

党的十六大以后，市委进一步深化对市情的认识，围绕全面建设小康社会进行思想发动和战略谋划。2002年12月，市委十六届六次全会召开，确定从现在起用八年时间，到2010年全面建成惠及全市人民的更高水平的小康社会，再经过十年时间，到2020年，全省率先基本实现现代化的奋斗目标。围绕上述奋斗目标，市委提出，必须按照“发展要有新思路，改革要有新突破，开放要有新局面，各项工作要有新举措”的要求，着力抓好经济建设、政治建设、文化建设和党的建设。

2008年1月，召开市委十一届四次全会，会议的主要任务是，深入学习贯彻落实党的十七大、中央经济工作会议和省委十五届五次会议暨经济工作会议精神，按照科学发展观的要求，总结上年工作，明确未来五年全面振兴沈阳老工业基地的新要求，部署2008年的任务。中共沈阳市委十一届六次会议于2008年12月22日举行，会议的主要任务是，深入贯彻党的十七大、十七届三中全会、中央经济工作会议精神和中共中央总书记胡锦涛考察辽宁的重要讲话精神及省委关于2009年工作的总体要求。会议提出，2009年工作的总体要求是，全面贯彻党的十七大和十七届三中全会精神，以邓小平理论和“三个代表”重要思想为指导，以胡锦涛讲话为指针，深入贯彻科学发展观，突出做好“保增长、促和谐、抓党建”三项重点工作，继续保持经济又好又快持续发展。

2010年，市委按照“立足新起点，谋求新发展，实现新跨越”的要求，紧紧咬住“双五千亿”的目标，扎实推进调结构、优环境、惠民生和加强党的建设等重点工作，经济社会继续保持又好又快发展的良好势头，圆满完成“十一五”时期各项任务。与此同时，全市经济建设、政治建设、文化建设、社会建设以及生态文明建设和党的建设全面加强，沈阳老工业基地在科学发展道路上迈出了新步伐。

**3. 重大决策和重大活动**

1948年沈阳解放以后，中共党委做出了一系列重大决策和重大活动，包括保护沈阳迎接解放，接收沈阳建立党政群机构，在郊区农村实行土地改革，实行城市民主改革，恢复和发展生产，稳定物价，调整私营工商业，支援抗美援朝战争，组织镇压反革命，清理“中层”“内层”，开展建党和整党整风，揭发和批判高饶反党集团，贯彻过渡时期的总路线，开展肃反运动，开展整风和反右倾斗争，领导执行“一五”计划，学习宣传建设社会主义总路线，组织“大跃进”，领导制定“二五”经济建设和社会发展计划，组织开展增产节约运动，领导人民公社化运动，开展“反右倾”整风，改造农村“落后”地区，领导抗灾斗争和安排人民生活，组织支援农业生产，开展整风整社，开展精简工作，组织压缩基建规模，缩短工业战线，进行甄别工作，开展社会主义教育运动，组织学大庆和学习人民解放军，贯彻执行“五·一六通知”，学习贯彻《关于开展无产阶级文化大革命的决定》，中共沈阳市被夺权与恢复重建，进行“斗、批、改”，组织知识青年上山下乡，组织清理“阶级队伍”，组织干部插队落户，落实干部政策，开展“一打三反”，清查“五·一六案”，开展“教育革命”，恢复和整顿党组织，贯彻“批陈整风”“批林整风”指示，开展“批林批孔”运动，实行全面整顿和开展“反击右倾翻案风”，开展“揭批查”活动，组织工农业生产，开展关于真理标准问题的讨论，平反冤假错案，学习贯彻中共十一届三中全会精神，农村实行家庭联产承包责任制，扶持农村专业户和重点户，改革农村人民公社体制，调整农村产业结构，实行城市综合体制改革，实行改革开放，拓展商贸市场和加快财税改革，城市建设“对内搞活、对外开放”，建立现代企业制度，加强农业商品化建设，建构新产业，发展交通邮电业，反腐倡廉教育，加快城市基础设施建设等。

## 二、人民代表大会

**1. 基本职能**

人民政权的建立，开辟了中国历史上人民当家做主、管理国家大事的新纪元。中国人民代表大会制度到现在经历了 58 年的发展历程，召开了十一届全国人民代表大会，共 46 次会议，在立法、监督、自身建设方面都取得了长足的发展，不断推进我国的民主法制建设，尤其在改革开放以后，更是显示出了强大的生命力。[①]中华人民共和国宪法规定："中华人民共和国一切权力属于人民，人民行使国家权力的机关是全国人民代表大会和地级人民代表大会。"人民代表大会制度是中国人民在中国共产党领导下，随着革命斗争的发展和人民政权的建立而产生、发展和逐步完善的。

市人民代表大会的基本职能有：在本行政区域内，保证宪法、法律、行政法规和上级人民代表大会及其常务委员会决议的遵守和执行；领导或者主持本级人民代表大会代表的选举；召集本级人民代表大会会议；讨论、决定本行政区域内的政治、经济、教育、科学、文化、卫生、环境和资源保护、民政、民族等工作的重大事项；根据本级人民政府的建议，决定对本行政区域内的国民经济和社会发展计划、预算的部分变更；监督本级人民政府、人民法院和人民检察院的工作，联系本级人民代表大会代表，受理人民群众对上述机关和国家工作人员的申诉和意见；撤销下一级人民代表大会及其常务委员会的不适当的决议；撤销本级人民政府的不适当的决定和命令；在本级人民代表大会闭会期间，决定副市长的任免；在市长和人民法院院长、人民检察院检察长因故不能担任职务的时候，从本级人民政府、人民法院、人民检察院副职领导人员中决定代理的人选；决定代理检察长，须报上一级人民检察院和人民代表大会常务委员会备案；根据市长的提名，决定本级人民政府秘书长、局长、委员会主任的任免，报上一级人民政府备案；按照人民法院组织法和人民检察院组织法的规定，任免人民法院副院长、庭长、副庭长、审判委员会委员、审判员，任免人民检察院副检察长、检察委员会委员、检察员，批准任免下一级人民检察院检察长；在本级人民代表大会闭会期间，决定撤销个别副市长的职务；决定撤销由它任命的本级人民政府其他组成人员和人民法院副院长、庭长、副庭长、审判委员会委员、审判员，人民检察院副检察长、检察委员会委员、检察员的职务；在本级人民代表大会闭会期间，补选上一级人民代表大会出缺的代表和罢免个别代表；决定授予地方的荣誉称号；在本级人民代表大会闭会期间，根据本市的具体情况和实际需要，在不同宪法、法律、行政法规和本省的地方性法规相抵触的前提下，可以制定地方性法规，报省人民代表大会常务委员会批准后施行，并由省人民代表大会常务委员会报全国人民代表大会常务委员会和

① 申坤：《人民代表大会制度的历史变迁研究》，中共中央党校博士毕业论文，2013年，第9页。

国务院备案。

**2. 人民代表大会发展历程**

1948年11月2日，沈阳解放，揭开人民民主新的篇章。1949年9月，东北人民代表会议决议要求召开市各界人民代表会议。沈阳市于1949年9月，召开了市第一届第一次各界人民代表会议。自1949年至1954年，共召开3届15次各界人民代表会议。1949年9月29日，中国人民政治协商会议通过的起到临时宪法作用的《中国人民政治协商会议共同纲领》，确认人民代表大会制度是我国政权的组织形式，并规定在全国人民代表大会未召开期间，由中国人民政治协商会议代行其职权，并选出地方各级人民政府委员会。1949年12月，中央人民政府颁发了《市各界人民代表会议组织通则》。根据以上规定，沈阳市各界人民代表会议，在中国沈阳市委领导下，认真行使民主权利，履行职权，并为实行普选建立人民代表大会制度奠定了基础。

1953年3月，中央人民政府公布了《中华人民共和国人民代表大会及地方各级人民代表大会选举法》，10月，沈阳市开始进行普选，根据中央人民政府1954年初发出的关于省、市人民代表大会于7月底8月初召开的指示，在普选的基础上，于1954年8月召开了沈阳市首届人民代表大会第一次会议，标志着人民代表大会制度在全国范围内建立起来。[①]人民代表大会制度的正式建立，标志着国家民主政治建设开始进入了一个新的阶段。1954—1965年，市人民代表大会共举行6届15次会议。

1966—1976年，处在“文化大革命”动乱之中。1968年5月10日，根据中国人民解放军沈阳军区《关于成立沈阳市革命委员会的批示》，成立了党政合一的“革命委员会”。这期间，社会主义民主与法制建设被肆意践踏，人民代表大会活动被迫中断。

1978年12月，中共十一届三中全会召开，确立了发展社会主义民主、健全社会主义法制的方针，并进行了全面的拨乱反正，市人民代表大会制度得以恢复和发展。1978年12月，召开了市第八届人民代表大会第一次会议。1978—1987年，市人民代表大会共举行了2届（八届、九届）9次人民代表大会会议。这一时期的人民代表大会对讨论、决定全市重大事项；监督行政机关、审判机关、检察机关的工作；按照社会主义法制原则，加强社会主义法制建设；组织人民代表管理国家大事，调动人民的积极性、创造性，促进物质文明精神文明

---

① 王佐书：《论中国民主党派的政治交接》，北京：人民出版社，2007年版，第28页。

建设起到了重要作用，人民代表大会制度在沈阳市进入了新的历史发展阶段。

1980年4月，根据《宪法》和《地方各级人民代表大会和地方各级人民政府组织法》规定，市第八届人民代表大会第二次会议正式设立市人民代表大会常设机关——市人民代表大会常务委员会。

1980—1986年，市人大常委会根据有关法律法规，在中国沈阳市委的领导下，以经济建设为中心，以民主与法制建设为重点，行使法律赋予的职权，在实践中积极探索，开拓前进，为加强地方政权建设，推进沈阳市改革开放和社会主义现代化事业，发挥了地方国家权力机关的作用。

1986—1992年，地方立法工作逐步发展，《中华人民共和国地方各级人民代表大会和地方各级人民政府组织法》于1986年12月进行修改，增加省会城市人大及其常委会在不与宪法、法律、行政法规和本省、自治区的地方性法规相抵触的前提下，可以制定地方性法规，报省级人大常委会批准后实施的内容。从此，沈阳开始享有地方立法权，地方立法工作得以发展并逐步形成规模。到1992年末，经市人大常委会审议通过的地方性法规达12件。涉及权益保障、科学技术、环境保护、城市建设、文化卫生等方面。

1992—2000年，是地方立法工作全面提高阶段。中共十四大于1992年正式提出“在本世纪内，努力把适应社会主义市场经济的法律体系初步建立起来”的任务，沈阳市在加强地方立法工作中注重经济立法，推动地方立法工作水平的全面提高。到1999年底，经市人大常委会审议通过的地方性法规有38件，累计数量达53件。出台《沈阳市人民代表大会常务委员会制定地方性法规的规则》。

2000—2005年，是地方立法工作发展规范阶段。沈阳市于2001年5月1日，制定由市人民代表大会通过的《沈阳市制定地方性法规条例》。

2010年1月12日—16日，沈阳市十四届人民代表大会举行第三次会议。会议主要议程：听取和审议代市长陈海波关于市政府工作报告；审议发展和改革委员会主任彭林关于沈阳市2009年国民经济和社会发展执行情况与2010年国民经济和社会发展计划草案的报告等；会议选举陈海波为市长，初立生为市十四届人大常委会主任。

## 三、政府

### 1. 沈阳特别市政府（沈阳市人民政府）的成立

1948年11月2日沈阳解放，11月3日，根据中国人民解放军东北军区司令部、政治部命令，成立沈阳特别市政府（1949年5月改称沈阳市人民政府），隶属于东北行政委员会，为地方国家权力的执行机关，依照法律规定，管理沈阳市的经济、教育、科学、文化、卫生、体育事业、城乡建设事业、民政、公安、民族事务、监察等行政工作，发布决定和命令，任免、培训、考核和奖惩行政工作人员。

2. 发展历程

沈阳市人民政府是在彻底粉碎国民党反动统治之后，在全新基础上建立起来的，行政机构按照东北老解放区较大城市行政机关的组织形式，设秘书处、干部处、财政局、工业局、商业局、建设局、卫生局、教育局、社会局（1949年初改称民政局）、税务局、房产处、公安局、市郊办事处、人民法院。1949年3月，成立中长路办事处，负责招待苏联等外国专家及家属。4月，撤销秘书处，另增设市长办公室、行政处。5月，干部处改称人事处，归民政局管理。9月，成立劳动局，承担全市劳资合同、劳动争议、劳动保护和有关就业工作。11月，房产处与原市财政局土地科合并为房地产管理处，隶属财政局。第一届市人民政府建立市级政权机构的同时，协助建立了工会、农会、青年团、妇联、学联等群众组织以及基层政权组织，初步完成战时向和平阶段的过渡，为新的经济秩序奠定了基础。历届人民政府发展构成如下表：

沈阳市历届人民政府发展构成表①

| 届数 | 时间 | 市长 | 主要工作 |
|---|---|---|---|
| 第一届 | 1948.11—1950.5 | 朱其文 | 机构建制，设立秘书处、干部处、财政局、工业局、商业局等。 |
| 第二届 | 1950.6—1952.12 | 朱其文、黄欧东 | 恢复经济发展，为有计划的大规模的经济建设做准备。 |
| 第三届 | 1952.12—1954.12 | 焦若愚、刘宝田 | 成立人民政府公用局；撤销沈阳市人民政府计划委员会，成立财政经济委员会；成立农业局、粮食局、统计局、文化局等。1954年1月，沈阳市人民政府改称沈阳市人民委员会。1954年8月，沈阳市由中央直辖市改为辽宁省辖市，沈阳市人民政府归辽宁省人民政府领导。 |

① 沈阳市人民政府地方志办公室编：《沈阳市志》（1949—1986卷十四），沈阳：沈阳出版社，1987年版，第117页；沈阳市人民政府地方志办公室编：《沈阳市志》（1986—2005卷三），沈阳：沈阳出版社，2006年版，第239页。

续表

| 届数 | 时间 | 市长 | 主要工作 |
|---|---|---|---|
| 第四届 | 1955.1—1956.12 | 刘宝田 | 沈阳市政府机关机构编制迅速扩大。成立沈阳市司法局、监察局、城市建设局、编制委员会办公室、交通运输管理局等；改组市级工业管理机构等系列机构的撤销、改组与建制。 |
| 第五届 | 1956.12—1958.5 | 刘宝田 | 对机构进行第一次大规模调整、精简。 |
| 第六届 | 1958.6—1961.7 | 刘宝田 | 第六届市人民政府中心工作转向工业战线。 |
| 第七届 | 1961.7—1963.10 | 刘宝田 | 市副食品生产管理局改为市畜牧副食局；工业生产委员会改为市经济委员会；恢复中国人民建设银行沈阳分行的独立建制等建制的变更。开展社会主义教育运动。成立计划生育委员会等。 |
| 第八届 | 1963.11—1965.11 | 刘宝田 | 国民经济经过前三年调整得到恢复和发展。普遍开始建立政治工作机构。 |
| 第九届 | 1965.12—1966.5 | 李青 | 开始“文化大革命”，市人民委员会及其职能部门逐渐陷于瘫痪。 |
| 临时权力机构——革命委员会 | 1968.5—1978.11 | 王从周、李治文 | 全市机关、厂矿、学校、商店普遍建立革命委员会，代替党政机关组织机构。1976年粉碎江青反革命集团后，撤销了“文化大革命”期间的管理体制，党、政、群机关逐步得到恢复。 |
| 第十届 | 1978.12—1980.3 | 宋光 | 工作重点转移到社会主义经济建设，管理体制上逐渐扭转权力过于集中的缺点，精简各级经济行政机构。1979年，沈阳市开始实行党政分属办公。恢复了市物价委员会等。 |
| 第十一届 | 1980.4—1983.3 | 宋光 | 进一步完善市政府直属工作部门建设。 |
| 第十二届 | 1983.4—1985.3 | 李长春 | 1983年进行机构改革，重点放在撤销重叠机构，合并业务相近的机构上；1985年，对市政机构又做了调整；1987年推进外向型经济发展，撤销沈阳市对外经济贸易局，成立沈阳市对外经济贸易委员会等。 |

续表

| 届数 | 时间 | 市长 | 主要工作 |
| --- | --- | --- | --- |
| 第十三届 | 1985.3—1988.1 | 武迪生 | 加强经济体制改革，进一步抓好经济工作等。 |
| 第十四届 | 1988.1—1993.2 | 武迪生 | 加强政府自身建设，转变工作作风；推进机制转换，逐步建立待业保险、医疗保险和退休统筹体系；企业经营机制转换等。 |
| 第十五届 | 1993.2—1998.1 | 武迪生、张荣茂、慕绥新 | 加强政府廉政建设，抓好农业生产，健全社会保障体系，建立社会稳定机制，深化经济体制改革，转变政府职能等。 |
| 第十六届 | 1998.1—2003.1 | 慕绥新、陈政高 | 促进国有企业发展实现质的飞跃，加快体制和科技创新，努力提高经济运行质量和效益，大力实施对外开放等。 |
| 第十七届 | 2003.1—2008. 6 | 陈政高、李英杰 | 重视环境建设，继续调整国企产业结构，全面启动秋冬绿化、水系建设和“世园会”筹备工作等。 |
| 第十八届 | 2008.7—2010 | 李英杰、陈海波 | 推动经济又好又快发展，做好奥足赛筹办工作，切实保障和改善民生，加强和改进政府工作，加快发展服务业等。 |

## 四、政协

### 1. 概述

人民政协是中国人民爱国统一战线的组织，是中国共产党领导的多党合作和政治协商的重要机构。①中国人民政治协商会议沈阳市委员会（简称市政协）是市级人民政协组织。市政协的发展经历了两个发展时期。从1949年11月沈阳市各界人民代表会议协商委员会（简称“市协商委员会”）成立到1955年6月市政协诞生，是第一个时期。1955年6月7日，市第三届协商委员会根据1954年12月中国人民政治协商会议公布的章程，召开扩大会议，组成市政协委员会筹备委员会，并于同年6月11日至15日召开的市政协第一届第一次全体会

① 王佐书：《参政议政研究》，北京：教育科学出版社，2005年版，第11-12页。

议上正式成立政协沈阳市委员会，从此市政协便进入了第二个发展时期。

2. 沈阳市人民政协发展概况

**协商委员会时期** 1948年11月2日沈阳解放后，中共沈阳市地方组织贯彻落实人民民主统一战线政策，曾召开民主党派代表和各界爱国人士座谈会，征询对民主改革、政权建设和经济恢复的意见、建议，并吸收民主党派代表人物和爱国人士参与地方政策法规的研究制定工作和政权领导工作。1949年11月24日，中共沈阳市委和市人民政府委员会，依据中华人民共和国中央人民政府颁布的《各界人民代表会议组织通知》，召开各界人民代表会议，选举产生了沈阳市各界人民代表会议协商会。市协商委员会既是代表市人民代表大会职权的各界人民代表会议的常设机构，又是人民民主统一战线的组织形式，是市人民政协的前身。主要活动是，帮助政府进行社会改革；审议和推行政府各项政策法令；协商民主建政，建立和巩固各级地方政权；动员全市人民发展生产；加强各民主党派、无党派人士，知识界、工商界人士开展时事政治学习，进行自我教育，促进各族人民团结进步等。各界人民代表会议协商委员会的工作，对于团结各族人民反对国内外敌人，实行民主改革，恢复和发展国民经济，扩大爱国统一战线，巩固人民民主专政，发挥了重要作用。

**政协委员会时期** 1954年8月沈阳市第一届人民代表大会第一次会议召开。1955年6月7日，沈阳市各界人民代表会议第三届协商委员会召开扩大会议，成立市政协第一届委员会筹备委员会。同年6月11日—15日，召开中国人民政治协商会议沈阳市第一届委员会第一次会议，市政协正式成立。从此，人民政协不再代行人民代表大会的职权，而作为统一战线组织继续存在和发挥作用。

1955—1967年，这一阶段，市政协举行过六届全体委员会，在此期间，市政协根据《中国人民政治协商会议章程》赋予的职能和任务，围绕中共沈阳市委和市政府的中心工作，积极开展政治协商、学习、对台宣传、文史资料征集等活动。

1967—1975年，政协工作遭到破坏，最后完全停止工作。1966年5月，“文化大革命”开始后，全市政协组织就受到了严重冲击。到1967年，政协活动被迫停止，政协机关陷于瘫痪。

1976—1986年，沈阳政协工作进入了新中国成立以来比较活跃阶段。1976年10月粉碎江青反革命集团后，市政协有了恢复活动的政治环境。这一时期市政协在加强社会主义民主政治建设方面积极探索，不断开创政协工作新局面。政治协商、民主监督的内容、形式和途径不断丰富和发展；政协为两个文明建设服务成绩显著；积极开展海外联谊活动，为祖国统一大业服务有了新进展；

组织和推动政协委员和各界人士开展学习活动，提高参政议政水平，效果显著；政协的自身建设也有了大的发展。

1987—1992年，政协沈阳市第九届委员会期间，市政协全面贯彻执行党的基本路线，团结全市各民主党派、各人民团体和各界代表人士，围绕改革开放以及经济和社会发展问题，积极开展政治协商、民主监督，推进多党合作，充分地发挥了政协的作用。政协在调查研究的基础上，共提出提案2065件，涉及经济、科技、教育、文化、民族、宗教等各个方面，许多提案都得到了有关部门的重视和采纳。

1993—1997年，政协沈阳市第十届委员会期间，市政协在邓小平理论的指导下，认真贯彻中共十四大、十五大精神，围绕中共沈阳市委第八、第九次代表大会确定的任务，把握团结民主两大主题，依靠广大委员，探索新形势下履行的新途径，各项工作积极稳步地向前推进。政协委员的提案3232件，提案数量比上届增长56.5%，提案内容涉及全市政治、经济、文化各方面。提案的质量和办理工作进一步提高，为党政部门了解社情民意、改进工作作风、进行科学决策提供重要的参考意见。

1998—2002年，这一阶段，市政协常务委员会在中共沈阳市委的领导下，认真贯彻中共十五大以来的路线方针政策，高举爱国主义和社会主义两面旗帜，牢牢把握团结民主两大主题，团结动员政协委员和各民主党派、工商联、各人民团体、各族各界人士，围绕全市中心工作，服务于改革发展稳定大局，履行政协职能，各项工作取得新的进展。

2003—2007年，在政协沈阳市第十二届委员会期间，市政协常务委员会认真履行人民政协的主要职能，在全市政治、经济、文化和社会建设中发挥积极作用。

2007—2010年，这期间，政协沈阳市委员会不断创新工作思路，积极探索多种督办形式，采取重点提案重点办理、民生提案集中办理、省市区关注的提案联合办理并逐件复查办理情况的工作形式。注重提案质量，强化督办工作，运用提案关注发展与民生相关的社会热点问题。关于调整经济结构、做强全市会展业、城市道路建设和交通管理、加强老旧小区改造等提案得到及时有效的办理，取得良好效果，产生较强的社会影响力。

## 五、公安

### 1. 概述

1948年11月2日沈阳解放后，人民政权立即接管旧警察局，成立沈阳特别市公安局。人民公安一扫旧体制及积弊，展现新警新风，以全心全意为人民服务为宗旨，以加强人民民主专政为己任，在各个不同历史时期，紧紧围绕党和政府的中心任务，依照党的路线、方针、政策开展工作，是打击敌人、保护人民执行法律的有力工具。①

沈阳市公安局成立以来，主要活动包括刑事侦查、经济保卫、治安管理等活动，户口管理、交通管理、消防、武装警察、爱民助民活动，公安学校等活动。它在实践中运用和丰富了专门工作与群众路线相结合的经验，打击犯罪与改造、预防犯罪相结合的经验，以及服务“四化”、依法治安的经验，将对新形势下的公安工作起到借鉴作用。

**2.发展历程**

1948年沈阳解放后，人民政权立即接管旧警察局，成立沈阳特别市公安局。人民公安一扫旧警体制及积弊，展现新警新风，以全心全意为人民服务为宗旨，以加强人民民主专政为己任，在各个不同历史时期，紧紧围绕党和政府的中心工作，依照党的路线、方针、政策开展工作，在打击敌人、保护人民、维护社会治安、保卫经济建设、保障国家安全的斗争中发挥了重要作用。

1953年，国家进入有计划的经济建设时期后，加强了生产建设的保卫工作。各工厂、企业、科研院校普遍建立群众性的治安保卫委员会，进一步健全保卫组织。

1955年以后，针对反革命破坏锋芒，开展肃反运动，揭露一批伺机破坏的暗藏反革命分子，加强社会治安管理，打击危害社会的刑事犯罪分子。

1958年，在“大跃进”的影响下，公安工作曾出现过浮夸和失误，但很快被纠正。国民经济暂时困难时期，公安工作针对工企内部和社会治安出现的新问题，一方面严厉打击投机倒把、盗卖国家粮食、物资的经济犯罪活动，一方面严格治安管理，严密安全措施，整顿治安，为国民经济调整工作的顺利进行创造了较好的社会环境。

“文化大革命”期间，公安机关及各级保卫组织被“砸烂”，许多领导干部挨批斗、被“专政”、受“监护”、遭毒打。广大干警被下放到农村、调往工厂。公安工作的路线方针政策被搞乱，公安工作遭到破坏，社会十分混乱。

1978年，十一届三中全会以后，公安工作经过拨乱反正，清除“左”的影响，以服从于和服务于党在新时期的总任务为指导思想，把工作重点转移到保

① 张锋：《当代中国百科大辞典》，北京：档案出版社，1991年版，第217页。

卫“四化”建设上来，抽回大部被下放农村、调往工厂的治安干警，加强公安力量，以实现良好的社会治安为目标，全面展开公安保卫工作。同时，公安机关由以往的单纯监督管理转向既管理又服务。为适应改革、开放、搞活的需要，在党委统一领导下，积极推进社会治安综合治理，把打击和防范、教育与改造结合起来，动员社会方方面面的力量，齐抓共管，使公安工作进入一个新阶段。

1986年，市公安机关开展“禁赌反盗”“打流反盗”等专项斗争，全年共破获各类刑事案件2637起。1987年，连续开展两届以破案为主要内容的卫视杯竞赛，全年实际破案数大幅上升。

1989年，坚持以制止动乱为中心，市公安局统一部署，共抓捕不法分子130余名。在长达两个月的备勤、执勤过程中，全系统没有一人出现违纪问题，便衣行动队还荣立国家公安部授予的集体二等功称号。

1995年，针对全市社会不稳定因素增多，刑事大案持续上升的情况，市各级公安机关牢牢把握住“抓大的、打恶的”主攻方向，先后组织开展“破大案、打抢劫、缴黑枪、追逃犯秋季大会战”等专项斗争，全年共破案28992起，摧毁团伙1061个，抓逃犯2175名。

2000年，根据公安部、省公安厅关于开展打击人贩子和拐卖妇女儿童专项斗争的统一部署，全市共破获拐卖妇女儿童案件135起，打掉拐卖妇女儿童犯罪团伙21个，抓获人贩子128名，解救被拐卖妇女儿童893名；破获抢劫案件1567起，其中市重点案件10起，市公安局被省厅评为全省打拐先进单位。①

2009年，110报警服务台共受理报警326万余次，通过110快速反应破获现行案件712起，抓获现行犯罪嫌疑人893人，救助群众2万余次。2009年，市公安局刑侦部门坚持“打开门路、以打促防、以打促稳”的工作思路，对各类刑事犯罪活动实施主动出击、精确打击。共破获毒品犯罪案件1398起。以国庆安保为主线，不断加强实有人口管理、强化社区巡逻防范等工作。②

## 六、法院

### 1. 概述

1948年11月沈阳解放后，彻底废除了旧法统，遵照中共中央关于解放区开

---

① 沈阳市人民政府地方志办公室编：《沈阳市志》（1986—2005卷三），沈阳：沈阳出版社，2006年版，第419-420页。

② 沈阳市人民政府地方志办公室编：《沈阳市志 2009》，沈阳：沈阳出版社，2010年版，第217页。

展人民司法工作的指示，迅速组建沈阳特别市人民法院。按照组织程序任命了院长和副院长，充实了干部。相应建立了刑事审判庭、民事审判庭和其他行政管理机构。1951年底，全市8个区人民法院相继成立。

沈阳解放后，中国人民解放军立即对原国民党沈阳地方法院实行接管。东北行政委员会按照解放区开展人民司法工作的原则，组建了沈阳特别市人民法院，委任章云龙为院长，张士侠为副院长，除两名院长、两名科长是沈阳特别市人民政府委任的外，其余绝大多数工作人员都暂由原国民党沈阳地方法院人员充任。隶属关系，行政上受沈阳特别市人民政府领导。初定人员编制为160人（含监狱、劳改队和下属企业）。机构设置有刑事组、民事组、法警室、文书科、总务科。下属单位有沈阳监狱、弓长岭矿劳动改造大队、汽车修配厂、制瓦厂、碾米厂和职工消费合作社。这些下属单位除消费合作社外，都是从原国民党沈阳地方法院接管过来的。

随着国家行政区划的调整，沈阳特别市于1949年5月1日改称为沈阳市，沈阳特别市人民法院也随之改称为沈阳市人民法院，并把原来的刑事组改为刑事庭，把民事组改为民事庭，两个庭内分别设一审组和二审组，同时将文书科改为秘书科。院址于同年8月1日由沈河区大西街大茶馆后胡同6号，迁至南市区（今沈河区）九纬路69号。

**2. 发展历程**

1954—1956年，全市人民法院工作蓬勃发展，根据《中华人民共和国宪法》和《中华人民共和国人民法院组织法》的有关规定，改变了市、区（县）两级人民法院的隶属关系，人民法院不再是同级人民政府的隶属部门，国家的审判权由人民法院统一行使，实行“四级”“两审”制，其他任何国家机关和社会团体都无权审判案件；人民法院独立进行审判，只服从法律。

1957—1966年，全市人民法院工作在曲折中前进。1957年下半年，由于“左”倾错误思想的影响，法院工作出现了一系列错误，经历了曲折发展的过程。

“文化大革命”中，全市人民法院工作遭受严重破坏。1968年先后对全市两级人民法院实行了军事管制，撤销了人民法院机构，审判权由市、区（县）军事管制机关行使。

1977—1987年，全市人民法院工作在加强法制建设的道路上发展。中共十一届三中全会以后，国家确定以经济建设为中心，大力加强社会主义法制建设，人民法院的审判工作进入了依法办案，逐步向法律化、制度化、规范化目标迈进的新阶段。

1987—1989年，全市两级人民法院刑事审判工作着重解决“从快”问题。重点打击重大贪污、盗窃、投机诈骗、受贿索贿、走私贩私等经济犯罪，特别对大要案犯罪坚决予以严打。大力提高民事审判工作、经济审判工作、行政审判工作、执行、告诉申诉工作的工作力度与工作效益。

1990—1992年，全市两级人民法院首次确定“公正、廉洁、服务、上进”为“沈阳法官精神”，促进法官素质提高。以国有大中型企业和市场经济服务为重点，提供多渠道、多层次的法律服务。

1993—2000年，全市两级人民法院强化树立大局观念，为改革、发展、稳定服务。

2001—2005年，以“公正司法、一心为民”为宗旨，让人民满意为目标开展各项工作。

2005—2010年，全市人民法院加强工作，市中级法院被评为全国集中清理执行积案活动先进集体、全国法院司法宣传工作先进单位、全国法院网络宣传工作先进单位。坚持依法审理好各类案件，促进社会和谐稳定。在行政案件审判中，始终坚持合法性审查原则，不断创新行政审判机制。在案件执行过程中，规范执行行为，加大执行力度，推进执行联动新格局，使司法审判工作进入新的发展阶段。

## 七、检察院

### 1. 沈阳市、区（县）人民检察院

《宪法》第129条规定：“中华人民共和国检察院是国家的法律监督机关。”[①]沈阳市人民检察署创建于1950年4月25日。9月25日正式开展检察工作。办公地址暂设在市公安局，首任检察长由市公安局长何侠兼任，傅科任副检察长。设办公室和两个业务组，办公室负责文书、档案、印鉴管理及行政事务等；一组承办反革命案件起诉及检察国家机关公务违法案件等；二组承办刑事、重要民事诉讼案件及检察监所狱政等。沈阳市人民检察机关在维护国家法制的统一，促进安定团结政治局面的发展，保障公民的民主权利，保证社会主义现代化建设中，发挥了重要作用，做出了应有的贡献。

检察机关的法律监督，是社会主义监督体系的一个重要组成部分，在国家政治和社会中发挥着对执法、司法等权力的运行进行监督和制约，以及惩治犯

---

① 孙谦：《中国检察制度论纲》，北京：人民出版社，2004年版，第54-55页。

罪、保证人权和维护社会公平正义等重要作用。[①]

**2. 监察委员会**

根据《中华人民共和国人民检察院组织法》的规定，各级人民检察院设立检察委员会。监察委员会实行民主集中制，在检察长主持下，讨论决定重大案件和其他重大问题。监察委员会的主要任务是，研究、讨论在实施检查工作中遇到的方针、政策问题；决定重大疑难案件，公、检、法三机关意见不一致的案件，以及县、区检察院呈请批复的案件；制定执行上级党委、检察机关重大工作部署的措施；制订本机关年度检察工作计划和审定年度工作总结；制订检察机关重要规章制度。

**3. 发展历程**

沈阳市人民检察机关诞生于1950年4月。是根据《中华人民共和国中央人民政府组织法》创立的人民检察机关，在1954年9月《中华人民共和国宪法》颁布后得到健全。

沈阳市检察署成立初期，法律尚不完备，检察机构不健全，人员不足，缺乏经验，还不能全面开展各项工作。只是根据当时形势需要，派员参与查处反革命案件，在一定程度上行使人民检察机关的法律监督职能。

1955年下半年，全市8个城区、4个郊区的人民检察院相继建立，典型经验在区级检察院中得到推广。检察机关的法律工作逐步健全。

1957年后的一段时间，由于反右派斗争扩大化和“大跃进”等“左”倾思想的影响，检察工作受到干扰和削弱。

1962年，中共中央纠正了全国各地出现的削弱人民检察机关法律监督职能的错误后，沈阳检察机关又依法行使检察权。在开展检察业务中，法律手续逐渐完备，程序制度日趋健全，办案质量不断提高，较好地发挥了检察机关的职能，检察工作又有了新的发展。

1966年“文化大革命”后，社会主义民主和法制受到严重践踏，沈阳市检察机关被撤销，检察工作被取消。

1978年，十一届三中全会后，根据中共中央关于重新组建各级人民检察院的指示，沈阳市检察院于同年7月25日重新组建。

1980年1月1日，《中华人民共和国刑法》《中华人民共和国刑事诉讼法》开始全面实施。全市检察机关坚持“有法可依、有法必依、执法必严、违法必

---

① 刘广安等：《中国法制史学的发展》，北京：中国政法大学出版社，2007年版，第1页。

究”的原则，依法行使法律监督机关的各项职能。

1989—1985年，审查批捕和审查起诉的准确率均在99%以上，在严厉打击严重刑事犯罪斗争中，与公安审判机关密切合作，严厉打击了严重危害社会治安的各种刑事犯罪，使沈阳市社会治安得到明显好转。

1987—1992年，全市检察院密切配合公安机关、人民法院，充分发挥审查批捕职能，坚持不懈地开展打击严重犯罪的斗争。

1997年，修订后的《刑事诉讼法》和《刑法》相继颁布实施，全市两级检察院审查批捕部门对修订后的《刑事诉讼法》和《刑法》进行系统学习。

1997—1999年，坚持“严格执法、狠抓办案、加强监督”的工作方针，以贯彻实施修订后的《刑事诉讼法》和《刑法》为中心，强化审查起诉职能。

2002年是“严打整治斗争”第二年，全市两级检察院结合社会治安实际，深入推进严打整治斗争。

2006年，沈阳市两级检察机关制定实施审查批捕和公诉工作规程，规范执法行为，提高办案质量和效率，依法介入侦查，确保打击力度。深入开展监督和侦查监督。在队伍建设过程中，坚持以人为本，努力打造一支政治坚定、执法公正、业务精通、作风优良的检察队伍。

2010年，全市检察机关共受理审查逮捕案件1.2764万件，1.6842万人。[①] 全市检察机关与侦查机关配合，依法适时介入，加快审查逮捕起诉。强化专项预防工作；主动接受人大及其常委会和人大代表的监督，深入开展“恪守检察职业道德、促进公正廉洁执法”和“我的岗位我负责、我的工作请放心”两项主题实践活动，提升检察人员的职业道德素养。

## 第三节　其他社会组织

### 一、民主党派组织

#### 1. 中国国民党革命委员会沈阳市委员会

沈阳市的中国国民党革命委员会（简称“民革”）组织始建于1952年。位

① 沈阳市人民政府地方志办公室编：《沈阳市志 2010》，沈阳：沈阳出版社，2011年版，第271页。

于沈河区一经街29—1号。民革是中国共产党领导的爱国统一战线中的一个民主党派，是中国人民政治协商会议的组成单位，是所联系的社会主义劳动者和一部分拥护社会主义的爱国者的政治联盟，是为社会主义服务的参政党。民革沈阳市委是中国国民党革命委员会的地方组织，在民革中央、民革辽宁省委和中共沈阳市委的领导下开展活动。

民革沈阳市委员会筹建于1952年12月，1956年8月选举产生民革沈阳市第一届委员会。民革沈阳市委员会下设19个基层支部。民革历届主任委员有周达夫、吴家象、彭清源、徐乃淳等。

民革的主要活动包括宣传教育和社会政治活动，参政议政，组织党员参加经济建设，对外联络，协助落实政策，自身建设等。

**2. 中国民主同盟沈阳市委员会**

中国民主同盟（简称“民盟”）是以文教界的中上层知识分子为主的、具有政治联盟特点的、致力于社会主义事业的政党，是与执政党通力合作的参政党。民盟于1941年3月在重庆秘密成立，主要创始人是张澜、沈钧儒、黄炎培、章伯钧等。[①]沈阳民盟位于沈河区一经街29—1号。

民盟沈阳市委员会（简称“市民盟”）是中国民主同盟沈阳市地方组织。市民盟在辽宁省民盟和中国共产党沈阳市委员会的领导下开展活动。中国民主同盟在新民主主义革命、社会主义建设和改革开放时期走过了不平凡的道路，作为与中国共产党风雨同舟的挚友和诤友，为建立新中国、建设中国特色社会主义、推进社会主义民主政治建设不懈奋斗，创造了宝贵的经验。[②]在社会主义改造和社会主义建设时期，市民盟推动盟员参加经济建设和社会政治活动。在社会主义现代化建设时期，市民盟以经济建设为中心，坚持四项基本原则，坚持改革开放，致力于完善和发展已确定的中国共产党领导的多党合作和政治协商制度，继续为社会主义贡献力量，推动盟员参加国家政治生活，参与经济建设。

1951年7月组建民盟沈阳市支部临时工作委员会，1953年12月召开支部第一届委员会，选举产生支部第一届委员会，主任委员陈先舟。1955年8月成立民盟沈阳市分部委员会，1956年3月召开沈阳市全体盟员大会，选举产生民盟

---

① 全国统一战线干部培训教材编审委员会：《中国民主党派简史》，北京：华文出版社，2004年版，第35页。

② 张书民：《风雨同舟七十年——纪念中国民主同盟成立七十周年》，《河北省社会主义学院学报》，2001年第2期，第26页。

沈阳市第二届委员会。民盟沈阳市委员会下设5个总支、6个基层委员会、102个支部。民盟历届主任委员有陈彦之、刘慎谔、洪盈、成心德等。

民盟主要活动有社会政治活动、参政议政、参与两个文明建设、开展对外联络、为四化建设服务等。

3. 中国民主建国会沈阳市委员会

中国民主建国会（简称民建）是主要由经济界人士及有关专家学者组成的、具有政治联盟特点的、为社会主义服务的政党，是与执政党通力合作的参政党。中国民主建国会沈阳市委员会（简称市民建）是民建的市级组织，在民建中央、民建辽宁省委和中共沈阳市委领导下开展工作。位于沈河区一经街29—1号。1951年4月，民建市委员会筹备委员会成立。1955年6月，召开民建第一次代表大会，选举产生了第一届委员会，主任委员巩天民。民建下设5个工作委员会、42个支部。历届民建主任委员有巩天民、卢广绩、于子敬等。

民建的主要活动有社会政治活动，推动会员参加经济建设、对外联络、参政议政等。

4. 中国民主促进会沈阳市委员会

中国民主促进会（简称民进）是以从事文教工作的知识分子为主体的社会主义劳动者和拥护社会主义的爱国者的政治联盟，是为社会主义服务的政党，是与中国共产党通力合作的参政党。民进沈阳市委员会是中国民主促进会的地方组织，位于沈河区北一经街29—1号。民促会于1952年11月成立筹备委员会，1956年5月召开第一届第一次代表大会，选举产生了第一届委员会。民促会下设5个工作委员会、113个支部。历届主任委员有车向忱、李学盈、苗树人等。

主要活动有社会活动、参政议政、社会服务、自身建设、对外联络、创办刊物等。

5. 中国农工民主党沈阳市委员会

中国农工民主党是中国共产党领导的爱国统一战线的组成部分，是以医药卫生界知识分子为主要成分的社会主义劳动者和拥护社会主义爱国者的政治联盟，是为社会主义服务的政党，是与中国的执政党中国共产党通力合作的参政党。农工民主党自1927年夏季开始酝酿组党，经1930年8月第一次全国干部会议正式成立，到1997年10月第十二次全国代表大会，总共经历了70年。[①]农工党沈阳市委员会是中国农工民主党的市级地方组织，在农工党中央和中共沈阳

---

① 农萱：《中国农工民主党》，《中央社会主义学院学报》，1998年第6期，第41页。

市委领导下开展工作。位于沈河区一经街29—1号。

农工党于1957年四五月间开始在沈阳发展组织，发展党员17人。1982年11月，农工党沈阳市委员会举行成立大会，选举产生了中国农工党沈阳市第一届委员会。1988年6月，召开了农工党沈阳市第一次党员代表大会，选举产生了第二届委员会。农工党沈阳市委员会下设36个基层组织，历届主任委员有夏德昭、马吉庆等。

主要活动有政治学习、参与政治协商和民主监督、协助落实政策、咨询服务和智力开发、思想政治工作、基层组织建设、对外联络、在省内的组织发展工作等。

**6. 中国致公党沈阳市委员会**

中国致公党，简称致公党，其前身是美洲洪门致公堂。[①]是以归国华侨、侨眷的中上层人士为主和有海外关系的代表性人士组成的、具有政治联盟特点的、致力于建设中国特色社会主义的政党。是与中国共产党通力合作的参政党。中国致公党沈阳市委员会是中国致公党的派出机构，接受致公党中央、辽宁省委和中共沈阳市委的领导。位于沈河区北一经街29—1号。

1983年8月成立小组，1984年成立工作委员会，1988年召开第一次代表大会，选举产生了第一届委员会，主任委员陈洪铎。

主要活动有参与政治协商和民主监督、对外联络、自身建设等。

**7. 九三学社沈阳市委员会**

九三学社是以科学技术和文化教育界高、中级知识分子组成的，致力于社会主义事业的，具有政治联盟特点的政党，是与执政党中国共产党通力合作的参政党。1944年底由许德珩、潘菽等在重庆发起，1945年改名为九三座谈会，1946年5月4日在重庆正式成立九三学社。[②]九三学社沈阳分社委员会是九三学社的市级组织。沈阳市九三学社在九三学社中央和中共沈阳市委的领导下开展活动。

主要活动有政治学习、发动社员开展科学研究和科技咨询、参政议政和对外联络。[③]

---

① 全国统一战线干部培训教材编审委员会编：《中国民主党派简史》，北京：华文出版社，2004年版，第15页。

② 张铎：《当代中国百科大辞典》，北京：档案出版社，1991年版，第83页。

③ 李瑗：《中国民主党派史丛书：九三学社卷》，石家庄：河北人民出版社，2001年版，第1-7页。

8. 台湾民主自治同盟沈阳市委员会

台湾民主自治同盟（简称台盟）是由居住在中国大陆的台湾省人士组成的社会主义劳动者和拥护社会主义的爱国者的政治联盟，是为社会主义服务的政党，是与中国执政党中国共产党通力合作的参政党。[①]台盟的宗旨和纲领是为把中国建设成为富强、民主、文明的社会主义现代化国家，广泛团结拥护祖国统一的爱国者，为实现祖国的和平统一，为台湾人民的利益而奋斗。台盟沈阳市委员会是台盟的市级组织，在台盟中央和中共沈阳市委领导下开展盟务活动。

主要活动有参政议政、协助落实政策、咨询服务、对外联系、推动盟员投身四化建设、自身建设等。

## 二、社会团体

1. 沈阳市工商业联合会

全国工商联是工商界组织的全国性群众社团，1953年1月成立。[②]沈阳市工商业联合会是沈阳市工商业者及其所联系的社会主义劳动者和拥护社会主义的爱国者的社会团体——民间对内对外商会，成为中共沈阳市委和市人民政府领导下的为社会主义现代化建设服务的政治联盟。

主要活动有发展生产，恢复经济，稳定市场，平抑物价，参加“五反”运动、打击不法行为，支援抗美援朝战争，推动工商业者开展爱国纳税和认购公债，开展工商业者家属工作，协助对工商业进行社会主义改造，协助落实政策、处理冤假错案，参政议政，开展经济咨询服务，广开学路，培训专业人才，创办会属企业，为会员服务，开展对外联络工作，坚持两个文明建设，树立民间商会新形象。

2. 沈阳市总工会

中华总工会是中国共产党领导的全国性工人阶级群众组织。[③]沈阳解放后，中国共产党非常关心沈阳的工人运动。中共中央东北局和全国总工会领导人陈云亲自指导沈阳市的工会工作。东北总工会派张维祯等人到沈阳筹建沈阳

---

① 薛启亮：《中国民主党派史丛书：台湾民主自治同盟卷》，石家庄：河北人民出版社，2001年版，第2页。

② 张锋：《当代中国百科大辞典》，北京：档案出版社，1991年版，第88页。

③ 张锋：《当代中国百科大辞典》，北京：档案出版社，1991年版，第89页。

市职工总会筹备委员会。1949年1月5日，召开沈阳工人代表大会。

沈阳市总工会主要活动有工会组织建设，职工宣传教育和文化体育活动，劳动竞赛，职工技术协作，劳动保护监督，参与企事业民主管理，工会参政议政，群众生活工作，维护女职工合法权益，工会财务工作，外事活动。[①]

**3. 中国共产主义青年团沈阳市委员会**

中国共产主义青年团是中国共产党领导下的先进青年的群众组织，是广大青年在实践中学习共产主义的学校，是中国共产党的助手和后备军。早在1925年9月，沈阳就建立了第一个团的组织——社会主义青年团奉天支部，后改称共产主义青年团奉天支部。1948年11月中旬，以韩天石、章泽等为首的中共东北局青年工作委员会和青年团东北筹委会来到沈阳，建立了东北青年团沈阳办事处，开始了重建青年团工作。1949年1月，中共中央公布《关于建立中国新民主主义青年团的决议》和《中国新民主主义青年团章程（草案）》。同年2月，中共沈阳市委员会决定建立新民主主义青年团沈阳市办事处。同年12月，召开青年团沈阳市第一次团员代表大会，选举产生了青年团沈阳市第一届委员会。1957年5月，中国新民主主义青年团改名为中共共产主义青年团。青年团沈阳市委改名为共青团沈阳市委。担任过团市委书记的有李郁、申之澜、张鸿钧、傅常太等。

主要活动有组织建设，团干部管理，组织团员、青年参加经济建设，对团员、青年的思想教育，开展有青年特色的活动，青年文体活动，建立沈阳市少先队组织，组织少先队活动，建立少先队督导员队伍，校外教育，对外友好往来，团市委附属机构建设等。[②]

**4. 沈阳市青年联合会**

沈阳市青年联合会是在中共沈阳市委领导下，以共青团沈阳市委为核心的全市各青年团体的联合组织，是各族各界青年的广泛的爱国统一战线组织。市青联的基本任务是在中共沈阳市委的领导下，高举爱国主义旗帜，团结教育各族各界青年，鼓励青年学习马列主义、毛泽东思想、邓小平理论和“三个代表”重要思想，学习现代科学技术和文化知识，为巩固和发展我国社会安定团结的局面，推进我国的改革开放和社会主义现代化建设，推动社会主义市场经

---

① 中华全国总工会研究室编：《中国工会统计年鉴 2004》，北京：中国统计出版社，2006年版，第1页。

② 共青团中央青运史档案馆编：《历史的轨迹中国共产主义青年团90年》，重庆：重庆出版社，2012年版，第2页。

济的发展，健全社会主义民主和法制，促进祖国统一和维护世界和平。

主要活动有组织青年参加社会活动，团结教育社会青年，教育青年工商业者接受社会主义改造，关怀归国华侨青年，培养青年积极分子，与国外青年的友好往来，开展青年文化学习活动，开展大龄青年婚姻介绍活动等。

**5. 沈阳市学生联合会**

中华全国学生联合会简称“全国学联”，是中国全国高等和中等学校学生的群众联合组织。沈阳市学生联合会是沈阳高等院校、中等学校学生会的联合组织，是学生的群众团体。沈阳解放以来，市学联接受中共沈阳市委领导，接受共青团沈阳市委的指导和帮助，主要任务是团结全市大专院校和中等学校学生贯彻执行中国共产党的路线、任务和教育方针，使广大学生不断提高爱国主义、社会主义觉悟，养成良好的道德品质，刻苦学习科学文化知识，增长建设社会主义才干，成为德智体全面发展的合格人才，同时培养学生具有国际主义精神，为世界和平和人类的进步事业做贡献。

**6. 沈阳市妇女联合会**

沈阳市妇女联合会是在中共沈阳市委领导下的沈阳各族各界妇女的群众组织，是市委和市人民政府联系妇女群众的桥梁和纽带。市妇联又是中华全国妇女联合会的市级组织。市妇联的主要任务是团结和教育广大妇女群众，贯彻中国共产党的路线、方针、政策，在社会主义物质文明和精神文明建设中发挥积极作用。其基本职责是代表和维护妇女的利益，促进男女平等，维护妇女儿童的合法权益，推动妇女参加社会政治活动和经济建设活动。

1949—1959年是解放后沈阳妇女运动发展的第一个阶段。其特点是：妇女组织从筹建到逐步完善，全市妇女在中共沈阳各级地方组织的领导下，走出家门参加社会生产；妇女组织围绕经济建设开展各项活动，为发展妇女运动做出了重要贡献。1960—1966年是解放后沈阳妇女运动的第二个阶段。其特点是：各级妇女组织动员全市各界妇女为战胜自然灾害、克服生活困难而奋斗，参与调整国民经济，开展生产竞赛和技术协作活动。同时，开展学习雷锋活动和学习毛泽东著作活动。1966—1976年是解放后沈阳妇女运动遭到严重挫折的阶段。1966年5月“文化大革命”开始后，沈阳市的各级妇女组织处于瘫痪状态。1968年5月沈阳市革命委员会成立后，虽然成立了各级妇女代表大会，但是，这些妇女组织的主要活动是“以阶级斗争为纲”，发动妇女开展所谓的“革命大批判”活动。1978年中共十一届三中全会以后，全市各级妇女组织经过改组，调整了机构，恢复了实事求是的思想路线，落实了有关政策，沈阳市妇联进入了全新的发展时期。在这一时期，全国妇联主动开展“维护妇女儿童合法权益”活动，并在各级妇联中成立维权机构。[①]在新的发展阶段，沈阳妇女运动的特点是以党的基本路线为方针，坚持以经济建设为中心，坚持四项基本原则，为实现社会主义现代化建设的宏伟目标而奋斗。

沈阳市妇联的主要活动有：组织妇女参加经济建设，组织妇女参政议政，维护妇女儿童的合法权益，兴办儿童福利事业，发动妇女参加社会活动，组织妇女参与精神文明建设，外事活动和妇女统战工作，妇女组织自身建设等。

**7. 沈阳市贫下中农代表大会**

沈阳市贫下中农代表大会是中共沈阳市委领导下的贫农、下中农组织。1945年抗日战争胜利后，沈阳市农村地区曾建立农会或农民协会。农会曾协助中共沈阳地方组织开展反奸清算减租减息斗争和支援解放战争。1948年沈阳解放后，在沈阳郊区曾建立农会、贫农团。农会（贫农团）曾协助中共沈阳郊区组织，开展土地改革，恢复农业生产。1966年3月以前，沈阳未曾建立市级农民组织。1966年3月首次召开沈阳市贫农、下中农代表大会。同年4月正式建立全市性的贫下中农组织——沈阳市贫下中农协会（简称市贫协）。市贫协的任务是在中共沈阳市委的领导下团结带领全市农民群众发展农业生产，巩固集体经济，走社会主义道路。1968年5月，市贫协委员会改为市贫下中农委员会（简称市农代会）。同年8月，市农代会设常设委员会。同年12月，沈阳市农代会设常设委员会改称沈阳市贫下中农代表会议常设委员会。

主要活动有组织农民学习理论、政策，开展农业学大寨运动，开展农村文化宣传活动等。

**8. 沈阳市科学技术协会**

沈阳市科学技术协会（简称沈阳市科协）是沈阳地区科学技术工作者的群众组织，由市级自然科学专门学会、协会、研究会和县、区科协及厂矿、科研院所、大专院校科协联合组成，是中共沈阳市委领导下的人民团体，是市委和市政府联系科学技术工作者的桥梁和纽带，是发展科学技术事业重要的社会力量。

沈阳市科协的前身是中华全国自然科学专门学会联合会沈阳分会和沈阳市科学技术普及协会。这两个科技群众团体均筹建于20世纪50年代初，是由当时在沈阳地区工作的著名科学家，诸如中国科学院东北分院院长严济慈、沈阳农

---

① 吴玉章：《中国民间组织大事记：1978—2008》，北京：社会科学文献出版社，2010年版，第245页。

学院（1985年改称沈阳农业大学）院长张克威、中国医科大学校长王斌、东北工学院（1993年改称东北大学）院长靳树梁等筹建起来的。1959年，在沈阳科联、沈阳市科普协会合作的基础上，成立沈阳市科协，张克威当选为科协主席，李熏等6人当选为副主席。沈阳市科协的成立，标志着沈阳市科技群众团体的工作进入了一个崭新的阶段。到1964年底，沈阳市科协先后组建起自然科学专门学会26个，建立县区科协和厂矿科协80多个，发展会员达2万余人，成为沈阳科技、经济、社会发展的一支重要的骨干力量。

正当沈阳市科协的工作沿着正确的方向欣欣向荣，深入发展之际，从1966年5月16日开始的十年"文化大革命"，使全市各级科技群众组织遭受了严重的摧残。林彪、江青反革命集团出于篡党夺权的目的，把广大科学技术工作者污蔑为"修正主义复辟的基础"，当作"全面专政的对象"。在此情况下，沈阳市科协及其所属学会和基层组织全部被"砸烂"，活动场所被占领，各项活动被迫中断，领导干部被揪斗，科协工作人员被下放到工厂、农村劳动。面对江青反革命集团的淫威，许多科技工作者在逆境中坚持科学研究和学术活动，与其进行了顽强的斗争。1976年10月粉碎江青反革命集团后，中共沈阳市委根据中共中央关于召开全国科学大会通知的精神和中共辽宁省委的指示，于1977年11月16日作出恢复沈阳市科协活动的决定。其所属学会、县区科协、厂矿科协也都随之恢复了活动，并新建了一批科技群众组织。沈阳市科协在遭受了严重破坏之后，又开始迈出了新的步伐，显示了强大的生命力。中共十一届三中全会以后，全党工作重点转移到经济建设上来，这不仅使整个科学技术工作面临新的任务，同时也为科技群众团体的工作开辟了广阔前景。

沈阳市科协的主要活动有学术交流，国际民间科技交流，普及科学技术知识，科技咨询，科技培训，成建科技工作者之家，建立沈阳科学馆，组织县（市）、区科协活动，厂矿科协活动等。

**9. 沈阳市社会科学界联合会**

沈阳市社会科学界联合会（简称市社科联）原名为沈阳市社会科学联合会，1989年10月更为现名。市社科联是中共沈阳市委领导下的学术性社会团体，其工作指导方针是：坚持以马克思列宁主义、毛泽东思想和邓小平建设有中国特色社会主义理论为指导，坚持理论联系实际，为中共沈阳市委和市政府决策服务，为两个文明建设服务。其工作任务是：领导、协调全市社会科学学术团体的工作，组织学术理论研究，开展学术交流，普及社会科学知识，开展人才培训和咨询服务，表彰社会科学优秀学术成果。

市社科联的主要活动有：学术理论研究，普及社会科学，社会科学队伍建设，传播社会科学信息等。

**10. 沈阳市文学艺术界联合会**

中国文学艺术界联合会是全国性文学艺术工作者的群众团体，1949年7月成立。[①]沈阳市文学艺术界联合会（简称沈阳市文联）是在中共沈阳市委领导下的致力于繁荣和发展沈阳社会主义文学艺术事业的专业性社会团体，是沈阳市文学艺术界的联合组织，其任务是通过各团体会员，团结和组织全市文学艺术工作者开展文艺创作、文艺批评、文艺理论研究和艺术交流活动。负责沟通党、政府、社会各界同文艺界之间的民主协商渠道，与政府文化艺术主管机构和其他有关部门及各人民团体密切合作，共同发展全市文学艺术事业；加强全市文艺家的团结，增进各党派与无党派文艺家之间、各民族文艺家之间、老中青文艺家之间的友谊，扩大文艺统一战线；积极推动各团体会员加强同台湾同胞、港澳同胞及海外侨胞中的文艺界人士和文学艺术团体的联系和友谊，开展国际文化艺术交流活动。

市文联及其各团体会员在活动中，坚持文艺“为人民服务，为社会主义服务”的方向和“百花齐放、百家争鸣”的方针，以经济建设为中心，坚持四项基本原则，坚持改革开放，参与社会主义精神文明建设，出人才，出作品，为实现四个现代化而努力奋斗。市文联在发展文艺队伍、组织文艺创作活动的同时，带动全市文艺工作者加强了国内的横向联系与国外的文艺交流活动，开阔视野，交流了经验，促进了沈阳文艺事业的繁荣，使沈阳文艺界呈现了欣欣向荣的景象。

沈阳市文联的主要活动有：建立和发展文艺队伍，开展文艺创作，横向联系和对外交流，其附设机构有芒种杂志社、沈阳市文学艺术院、沈阳电影电视艺术中心、沈阳书画研究会、沈阳文化交流促进会等。

**11. 沈阳市归国华侨联合会**

沈阳市归国华侨联合会是中共沈阳市委领导下的由归侨、侨眷组成的市一级人民团体，是市委、市政府联系归侨、侨眷和海外侨胞的桥梁和纽带。市侨联筹委会成立于1961年。1979年5月，召开沈阳市第一次归侨、侨眷代表大会后，市侨联组织成立。市侨联高举爱国主义的旗帜，积极主动、独立自主地开展活动，广泛地团结全市归侨、侨眷和联系海外侨胞，贯彻执行“一个中心，两个基本点”的基本路线，参政议政，发挥民主监督的作用。开展海内外联

---

① 张锋：《当代中国百科大辞典》，北京：档案出版社，1991年版，第92页。

谊，为社会主义经济建设和祖国统一大业服务。

沈阳市归国华侨联合会主要活动有对归侨、侨眷的思想政治工作，协助落实侨务政策，参政议政，开展国内外联谊活动，为经济建设服务，自身建设等。

**12. 沈阳市台湾同胞联谊会**

中华全国台湾同胞联合会是群众性爱国社团，在1981年12月全国台湾同胞第一次代表大会会议上成立。[①]沈阳市台湾同胞联谊会（简称市台联）是居住沈阳市的台湾各族同胞的爱国群众团体。市台联的宗旨是发扬爱国主义精神，广泛团结和联络国内外台湾同胞，增进乡亲情谊、同心同德、积极促进全民族的大团结，为大陆与台湾早日和平统一，为社会主义现代化建设贡献力量。市台联成立后，在中共沈阳市委的领导下，广泛联系和团结台胞、台属，开展民间联谊，为发展经济和改革开放、祖国统一事业做出了贡献。

1983年9月3日，经中共沈阳市委同意，成立沈阳市台湾同胞联谊会筹备组。市台联筹备组由5人组成，何子安为组长。1983年12月至1987年9月，沈阳市台湾同胞联谊会先后召开过两次台胞代表会议，建立两届理事会。市台联编制6人，办公地址在沈河区朝阳大街188号。

主要活动有参与政治协商和民主监督，推动台胞参加四化建设，开展海内外台胞的联谊活动。

**13. 沈阳市黄埔军校同学会**

黄埔军校同学会是中国共产党领导下的爱国统一战线组织——具有政治性的社会团体。黄埔同学会的宗旨是发扬黄埔精神，联络同学感情，促进祖国统一，致力振兴中华。沈阳市黄埔军校同学会是黄埔军校同学会的市级组织，其基本任务是在中共沈阳市委领导下，团结教育在沈的黄埔同学，以爱国主义和社会主义为政治基础，联络在台湾、香港、澳门以及旅居海外的黄埔同学，推动祖国的统一大业。

1984年6月16日，黄埔军校同学会（总会）正式成立后，分布在全国各地的黄埔军校学生先后建立黄埔军校同学会地方组织。1985年4月，东北三省的黄埔军校学生在沈阳成立沈阳黄埔军校同学会。1986年5月17日，在沈阳的黄埔军校学生成立黄埔军校同学会沈阳市联络组。1990年10月19日，沈阳市黄埔军校同学会正式成立。市黄埔军校同学会的领导机构为理事会，地址在沈河区

---

① 张锋：《当代中国百科大辞典》，北京：档案出版社，1991年版，第88页。

朝阳大街188号。主要活动有：对黄埔军校同学的联络与接待，组织联谊和参观，动员黄埔同学贡献余热，自身建设等。

**14. 沈阳市对外友好团体**

沈阳市人民对外友好协会，是中共沈阳市委和市人民政府领导下的全市性人民团体，其宗旨是加强沈阳市人民同世界各国人民之间的了解和友谊，促进相互间经济、社会、文化、科技、教育等方面的交流与合作，维护世界和平。

市对外友协的前身是沈阳市中苏友好协会等对外友好组织。1945年10月1日成立。在20世纪50年代，沈阳的中苏友好协会组织通过开展宣传教育、民间友好往来和文化、体育交流等方面的活动，增进了中苏两国人民的友谊。60年代初，中苏关系恶化，沈阳市中苏友好协会活动日趋减少。“文化大革命”开始后，中苏友协虽然保留了名义，但是却撤销了机构，停止了活动。1983年10月6日，为适应对外开放的需要，经中共沈阳市委批准，成立中国人民友好协会沈阳分会。1991年4月，制定了《沈阳市人民对外友好协会章程》。同年4月23日，成立沈阳市人民对外友好协会。其主要活动有：对苏联的民间友好活动，对东欧及亚非拉美国家（地区）的民间友好活动，推动沈阳与外国城市建立友好关系，开展外语培训，推动对外交流为经济建设服务等。

# 第五章 城市建设

沈阳市城市面貌在解放后发生了巨大变化，从旧社会的传统城市，经过改造和重建，旧貌换新颜，转换为工业化的新城市。而在改革开放以来的新时期，更加突飞猛进，日新月异，创造了历史性巨变：既有的城区，进行了现代化改造和扩建、新建，同时又在新的规划、新的指导思想引导下，建设了数个新兴城区和副城、卫星城。沈阳已经成为一座承载民族责任的国家重要工业基地、东北地区政治—经济—文化—商贸—金融中心和国家历史文化名城的现代化大都市。

## 第一节　国民经济恢复时期（1948—1952）

1948年11月2日，沈阳解放后，沈阳特别市军事管制委员会、中共沈阳特别市工作委员会、沈阳特别市政府先后成立，按照中共中央城市接管工作的方针政策，积极探索，努力实践，在较短的时间里全面完整、成功地完成了接管沈阳工作。1949年10月1日，新中国成立后，作为拥有241万人口的全国重工业城市之一，作为东北政治经济文化中心、铁路交通的枢纽，作为支援全国解放的大后方，作为中共中央东北局、东北行政委员会（东北人民政府）所在地及中央直辖市的沈阳，其在新生的红色政权中占据十分重要的地位，沈阳的城市建设也开始有了新的进展。

### 一、城市基础设施建设

沈阳解放初期，沈阳城市面貌历经战乱，早已破旧不堪。人民政府在条件十分困难的情况下，拨出巨资建设道路、桥梁，并且及时恢复电力、自来水、煤气，并为工人群众新建住宅区，改善居住条件，这些基础设施建设，促进了沈阳市容市貌的改观，保障了群众基本生活需要，为沈阳进一步发展创造了条件。

#### 1. 城市路桥建设

沈阳解放后，1948年11月20日沈阳特别市政府建设局成立，负责全市的市政设施规划建设与养护维修。1949年，沈阳市重点修复破坏严重的主要干道，道路建设投资占市政建设总投资的86%，同时对市区桥梁进行有计划、有步骤的整修、改造和新建。到年末修复木桥12座、新建木桥5座。1950—1952年在迅速恢复经济建设的同时，市委、市政府十分重视市政设施的恢复建设，在资金十分困难的情况下，共投资804万元，占城建总投资的80%，重点对主要道路、排水管渠、泵站、桥梁等进行整修、恢复和部分新建。

**城市道路** 1949—1952年仅道路建设就投资88.79万元。重点对路面进行整修、翻修和个别路段延长改建。主要工程有：整修胜利大街、北二路，翻建建设大路，整修、恢复大西路、中山路、朝阳街、十间房大街、皇寺大街等33条主次干道共4643744平方米，并维修养护了58条街路共844291平方米；打通了中山路的三经街至小西路全长1246米，宽18米，延长中山路与小西路相接，进而连通中央路、小东路，密切了沈河区与和平区的联系。

1951年11月，中山路东段道路延长工程竣工，该工程于6月7日开工，从三经街至小西街，全长1057.7米，宽27米。

1952年12月8日，铁西区建设大道翻建工程竣工，于6月3日开工。该工程东起南两孔桥，西至于洪苗圃，全长6572米，是沈阳解放后市政设施建设中的第一项大型工程。

**城市桥梁** 1948年底，全市公路桥梁共有38座，1359延长米，其中多是危险木桥。1949年至1952年，改建和新建了一批中小型公路桥梁。1952年，公路桥梁增至69座，2478延长米。

1951年1月3日，哈大公路谟家堡大桥工程竣工，该桥为木质，共25孔，全长200米，1958年7月拆除，改建成浑沙、浑蒲渠首钢筋混凝土桥，这是沈阳解放后第一座大型市政桥梁维修工程。

1952年6月，北陵公园开挖形成面积27公顷的人工湖，并建成长19.2米的一号桥。

到1952年末，全市已有35条167.8万平方米的主次干道得到恢复；道路总长增加到1004公里，总面积已达856万平方米，其中，铺装路总长294公里，总面积224万平方米。初步改善了城市交通。

**2. 供水与水源建设**

沈阳解放初期在水源建设上以恢复老水源为主，增加供水能力。1949年初，首先恢复了10处老水源，特别对遭受严重破坏的北陵、百鸟、万泉和砂山等四处水源，进行了全面的普查和普修，很快具备了供水条件。同时对塔湾水源进行了续建，又增建了1眼虹吸大口井，日送水8000立方米，开始向铁西、皇姑区送水。到1949年末，市政水源日供水量达5.3万立方米，比1948年增长了近1倍。1952年，坚持自行设计、自行施工，经过6个多月建成了南塔水源，有直径12米的集合井1眼；直径6米，深15.5米混凝土虹吸大口井6眼；351平方米地下式钢筋混凝土结构的配水泵房1座；安装机组6台套。整个工程进度快，质量好，提前投产送水，最大日送水量达3.89万立方米，进一步解决了沈河、和平区南部地区工业生产用水和21万人的生活用水。在这期间，共恢复和新建成市政水源

12处、水井36眼。日平均供水量达5.7万立方米，比1948年增长了1.13倍。

**3. 供气建设**

沈阳解放后，人民政府非常关注城市供气事业的建设发展。解放初期，沈阳瓦斯厂由于经历两次停产，工厂的生产设备遭到严重损失。1949年2月，市建设局接管煤气厂后，更名为瓦斯厂，迅速复工建设。这个时期工厂的资金和原材料存在许多困难。工人们吃住在工厂，克服了资金和原材料的不足，不顾严寒、昼夜奋斗，比计划提前20天，于5月1日恢复供气。1950年末，居民煤气用户已达8741户，工业用户132户。1949—1952年间，沈阳市煤气生产供应以安定人民群众生活，恢复生产为重点，对旧社会遗留下来的煤气设施进行修复与改建。到1952年末，原32座煤气发生炉已修复15座，原2座煤气精制室和3座煤气贮罐全部修复生产；市街煤气干线由1949年的140公里恢复到234公里，煤气生产能力由1949年的0.7万立方米增加到7.2万立方米。

解放初期，发展煤气用户工作沿袭解放前旧制，每户每月需按章缴纳设施修理费、煤气表押金、煤气灶具租赁费等，总共东北币13.5万元(折合人民币1.42元)。由于当时群众对使用煤气的优越性认识不足，煤气灶具租金偏高，配套设施跟不上，发展生活用户比较困难，同时工业用户也未全部恢复生产。从1949年5月1日恢复煤气供应至1950年末，用户数量仅有3000户，煤气生产供大于求。为扩大煤气供应，经普遍宣传动员，采取优惠办法，对职工、军烈属煤气费一律减半；灶具租金等也由东北币13.5万元降为0.5万元，并免收修理费，只收登记费东北币5000元（折合人民币5分3厘）。同时收费人员分区走街串户，广泛宣传动员，现场办理登记手续，积极发展用户。至1952年，煤气用户总数发展到1.6万户。

## 二、城市公共建筑

广场与车站都是城市必要的公共建筑，与我们的生活息息相关，为我们提供服务，方便我们的生活。沈阳解放后，也对城市的公共建筑进行了大规模的新建、改扩建。这些城市公共建筑的发展、完善，满足了沈阳市民日常的生活、出行以及休闲娱乐等需要，并且促进沈阳市容市貌的改观，也为沈阳的进一步发展创造了条件。

**1. 广场**

沈阳解放后，为发展生产，改善人民生活环境，缓解交通，美化城市，相继建了几个广场。

**民主广场**　位于和平区民主路、太原街、南二马路和裕民胡同的相交处，为封闭式圆形环岛，共分8个路口，总面积6804平方米。

该广场始建于1922年，当时称为平安广场，占地面积175平方米。沈阳解放后，改称民主广场。该广场车行道长177米，宽24米，柏油路面结构；人行道长286米，内环人行道宽2.8米，外环人行道宽5.6米，道旁种植柳树，方砖路面4240平方米，路边铺设边石274米。在封闭的环岛上，外圈修筑了低栏，四周栽植松柏；中间建少女与和平鸽的雕塑，突出了和平区名的主题，雕塑周围修建用五色草编织出鸽子图案的花坛，种植松柏、串红、美人蕉、金菊等，成为街心花园。省文化厅、电子工业部东北物资公司、和平区公安局、太原轻工市场、市文化宫等单位驻在广场周围。

**惠工广场** 位于惠工街、友好街、团结路三条道路相交处，总面积为18198平方米。

1924年，奉天市政公所开始规划开发惠工工业区，建设以惠工广场为中心的辐射状街路，这是奉天市政当局修建的第一个环岛广场。

沈阳解放后，对广场进行了改建和绿化。中间种植了松树；周围设3个扇形低围栅小绿化带，3个道口宽10米，通向环岛中心，各围栅中栽植榆树、京桃、美人蕉、丁香等乔灌花木；环岛内设置石条凳，供游人休息。开放式圆形环岛半径76米，车行道长391米，宽16米，柏油路面结构，分快慢车道，道路两边铺设边石；环岛人行道宽2米，方砖路面，路边种植杨树。新北站建成后，对广场又进行了修整。

修整后的惠工广场不仅交通更加便利，而且种植的大量花草树木为该地添了一抹亮色，为城市添了一道亮丽的风景线。

**老北站广场** 位于和平、沈河、皇姑三个区的毗邻处，总站路的中段，总面积8764平方米。

1930年修建京奉总站时形成。沈阳解放后，老北站成为客货混合站，广场南的总站路，东通市府广场，西连皇寺广场。无轨电车5路，公共汽车214路、215路在此设站。四周有售票处、问事处、寄存处、候车室、小卖店、书店、旅店、饭店、邮电所和市场。老沈阳北站停止使用后，老北站广场成为沈阳铁路分局大院。

**2. 车站**

**沈阳站** 1891年，沙俄入侵中国东北并开始修筑西伯利亚铁路。为了夺取中国东北地区，沙俄政府提出了把西伯利亚铁路延伸到中国东北境内的要求。1896年，沙俄政府与李鸿章签订了《中俄密约》，清政府允许俄国修筑从赤塔经过东北连接沙俄乌苏里铁路的东清铁路，并于1899年修到了沈阳。在今天沈阳站北1.2公里的位置修建了一座俄式青砖平房作为站舍，称为谋克敦火车站，取满语“盛京”音译。站内共计5股线路，站前是一片荒野，十分简陋。

1904年，日俄战争爆发，谋克敦火车站被日本占领并改名为奉天驿。1907年，拥有30万人口的沈阳市的年旅客乘降人数却已高达50万人。由于客流量增加，奉天驿的砖房外陆续搭起了4个临时木板房，但并不能满足当时沈阳的客流量。因此，日本为了经营中国东北夺得的路权而成立的铁路运输企业“南满洲铁道株式会社”，开始以安奉铁路与南满本线接轨为名兴建新站。建成后的奉天驿是当时“满铁”五大车站之中最大的一座，由日本建筑师太田毅和吉田宗太郎设计，采用了日本当时国内流行的样式“辰野式”，红色的砖墙和绿色的铁皮穹顶交相映衬。

1910年10月1日，举行了车站搬迁仪式，就此沈阳站的位置便固定下来。当时的奉天驿建成后，日本人加速“新市街”建设，以奉天驿为中心，向东开辟多条街路，呈放射状，道路命名南北为“町”，东西为“通”。在伪满洲国时期，奉天驿始终被日本作为一个重要的铁路交通枢纽来经营。从东北各地夺取的战略物资纷纷经此转运到大连，再装船运往日本。奉天驿建成后，先后经历了1926年和1934年两次扩建，陆续建成四个候车室，建筑面积为6555平方米，是当时中国东北地区最为重要的客运中转车站。1944年12月至1945年1月，对日作战的美军将奉天驿的五座货物仓库彻底炸毁。

1948年10月前后，中国人民解放军通过秘密接收组接收了沈阳站。1950年5月1日，奉天驿正式改名为沈阳站，并且成了一座特等站。

**苏家屯站** 苏家屯火车站的历史最早开始于1903年（清光绪二十九年）。沙俄修筑的哈尔滨至大连的铁路通车之后，即在苏家屯和沙河（今林盛堡）建立火车站。史称“东清铁路南满支路”。

1905年，沙俄军队放火烧毁苏家屯火车站。是年8月，日本以军事需要为由修筑了由安东（丹东）到沈阳的安奉铁路。次年，日本接管长春至大连的南满铁路及其铁路沿线的附属地，正式成立“南满洲铁道株式会社”，并攫取苏家屯火车站附近的区域辟为“铁路附属地”。

1907年日本人在车站增设站线35股，并将木制的站舍改为砖瓦结构，新建旅客第一和第二站台、货场站台、仓库。1915至1931年增加第二和第三站台。1932年9月在站北建立苏家屯机关区（即现在的机务段），1935年增建中转货场线4股，货场站台及风雨棚各1处。

1946年，国民党接管后，车站管理极其混乱。站场设备遭严重破坏，站线由98股减少到28股，机械化驼峰编组站设备被拆除。

1948年11月，沈阳解放，在广大铁路职工建设下，苏家屯车站成为铁路枢纽和站网编组站之一，为东北最大的编组站，也是全国较大的货场中转站。

## 三、城市其他主要建筑

### 1. 工业建筑

1948年11月，沈阳解放后，沈阳工业建筑开始进入一个崭新的发展阶段。

1950—1952年国民经济恢复时期，为恢复和发展沈阳的工业生产，支援抗美援朝战争，重点建设军事工业、机械工业项目，还有计划地兴建医药、化工、建材等工业建设项目，共建成各类工业厂房30.6万平方米，其中东北第六制药厂新建的磺胺药车间为当时国内同行业中最大的厂房，扩建后的沈阳陶瓷厂成为当时亚洲规模最大的陶瓷企业。

### 2. 医疗建筑

1948年沈阳解放前，全市仅有市立医院4处，大部分医疗建筑被挪作他用，房屋破旧不堪。沈阳解放后，沈阳医学院附属医院（初为南满医科大学附属医院）改为中国医科大学附属第一医院；英国教会开办的盛京施医院，改为中国医科大学附属第二医院。1949年3月，中国医科大学接收原国民党第11后方医院（位于和平区南十马路），改为中国医科大学附属第三医院（后移和平区南湖）；中国人民解放军接收国民党联勤总医院（初为日本关东军总医院），改为东北军总医院（现沈阳军区总医院）。1951年10月，接管英国教会办的爱仁医院，改为沈阳市妇婴保健院（现沈阳市妇婴医院）。同时，针对沈阳大型工业城市的特点，积极组织工矿企业建立医疗机构设置。1949年3月，原东北军工医院改为东北军区干部职工医院（现二四五医院），原南满陆军造兵厂医院改为东北机器制造厂职工医院（现一五七医院）。1951年3月，接管了同善堂施医院，改建为沈阳市职工医院（现沈阳市红十字会医院）。1952年，在私立秋浓医院的基础上扩建为市工人医院（现沈阳市第七人民医院）。冶炼厂、重型机器厂、变压器厂等一些大型工矿企业先后建立了工厂医疗机构。在接收、扩建医疗卫生机构的同时，着手医疗设施建筑的建设。1949年11月，东北工人医院（现中国医科大学附属第二、三医院）在南湖地区落成。在这期间，沈阳的各类卫生机构达到1147个，医疗病床4405张。

### 3. 工人住宅区建设

沈阳解放后，为改善劳动人民住房困难，根据中央政府有关指示，对原敌伪机关、社团和逃亡的敌伪军政官员、地主、资本家的房屋进行普查接管，除部分留作政府机关用房外，其余大部分分配给劳动群众。为保障人民群众生命财产安全，人民政府组织人力、物力，对危房、破房进行维修养护。1949—1952年，为改善工人居住条件，在当时财力还比较困难的情况下，人民政府拨出专款5406万元，新建住宅面积56.5万平方米。1952年7月，投资1200万元，选定沈阳市铁西区西南地带兴建工人住宅区。9月23日举行开工典礼。1953年9月末竣工。铁西工人村占地面积73万平方米，建筑面积10万平方米，分为5个小建筑群，建成砖混结构3层楼房72栋，房屋设备齐全，有上下水、煤气、暖气和室内厕所，有2000多户产业工人迁入新居。①

## 第二节　第一个五年计划时期（1953—1957）

1953—1957年是国民经济建设第一个五年计划时期，沈阳市作为国家建设的重点城市之一，进行了以机械工业为主的大规模基本建设。在城市基础建设方面，沈阳市对城市布局、公共建筑和居民住宅、道路桥梁、煤气供应、供水等的改造与建设，使城市的性质和面貌都起了根本的变化。

### 一、城市规划与发展

城市规划是城市的建设和发展依据。沈阳解放后，人民政府对沈阳未来发展的方向十分重视。为适应“一五”期间国家大规模经济建设的需要，沈阳市1952年开始编制新中国成立后第一轮总体规划《沈阳市城市初步规划》，1956年国家建委批准实施。

解放前的沈阳市是经过封建统治、军阀割据、日伪占领几个不同历史时期发展起来的，城市建设各成系统、布局混乱，市政设施落后，劳动人民居住环境十分恶劣。沈阳市虽然有一定的工业基础，但是遭到了国民党政府的严重破坏，许多宫殿、庙宇、园林、名胜古迹残破不堪。为把沈阳改造建设成为社会主义工业城市，根据沈阳的实际情况和国家关于把沈阳定为改造与扩建的第二类城市的指示，确定编制城市总体规划的原则是：“以改造旧区为主，适当照顾扩建”，保留历史上已经形成的城市基础设施，贯彻适用、经济、美观和

---

① 石其金编：《沈阳市建筑业志》一、二册，北京：中国建筑工业出版社，1992年版，第533页。

"全面规划，填空补实，由内到外，充分利用，逐步改造"的方针[①]。

规划确定以原有市政府作为城市发展中心，利用城市旧有路网加以改造升级，规划建立环城路系统，把故宫作为博物馆进行保护，有害工业迁出住宅区。确定的城市性质、工业布局、道路网体系为沈阳市城市发展建设和改造起到了积极作用，构成了城市的基本空间形态。

在总体上确定了以市府广场为中心的南北轴线，规划建设铁西、东塔、三台子等三个大型的工人村，并在南湖和北陵形成了高等院校和科研机构集中的两个新的文化与生活区。

## 二、城市基础设施建设

在第一个五年计划期间，沈阳市作为国家建设的重点城市之一，走上了轰轰烈烈的社会主义过渡时期的建设道路，进行了以机械工业为主的大规模基本建设。在工业建设的同时，根据国家确定的沈阳二类扩建城市的要求，沈阳的城市基础设施以"填空补实，由内向外，充分利用，逐步改造"为方针，在旧城区的基础上进行大规模、有计划、有步骤的整治、改造、新建和扩建。

### 1. 城市路桥建设

**城市道路** 由于沈阳市区主要干道负载强度低，破损严重，特别是铁西工业区原有道路的宽度、强度均不适应交通量日益增长的需要，严重影响生产发展和人民生活，建设中，采取边规划边建设的办法，除了继续大量翻修改造旧有道路外，重点新建南北、东西干道，初步改变市区道路"东西不畅，南北不通"的旧道路系统。先后完成翻建、扩建、中建、改建等道路工程350多项，打通了通往铁岭、辽中、法库等外市、县的城区出口道路与和城乡联络道，为改善城区交通状况，形成科学、完善的城市道路网打下了初步基础。

1953年11月，塔湾街土路改建成柏油路。

1954年11月，朱德委员长来沈阳视察期间，察看了文化路。19日，沈阳市文化路新建道路工程竣工，4月6日开工。该工程东起富民街，西至方型广场，工程造价81万元，由市政建设工程施工，这是沈阳解放后新建的第一条道路。[②]12月，黄河大街道路翻新及打通由市府大路至昆山路路段工程竣工。

---

①《沈阳市城市初步规划》

② 沈阳市城市建设管理局编：《沈阳市城市建设管理局大事记》，沈阳：沈阳市城市建设管理局，2008年内部出版，第11-15页。

翻新打通路段全长1550米，为泥结碎石路，该路打通后，初步沟通了和平区与皇姑区的区际道路联系。

1955年7月，兴工街改建工程竣工。该工程南起建设大路，经天山路，至皇姑区文化馆，使兴工街、珠江街连为一体，成为铁西、皇姑区东侧南北交通干道，结束了两区南北长期交通不畅的局面。同年，于9月开工的劝工街、东塔街、北陵大街道路工程竣工。12月，崇山路道路改造工程竣工，该工程西起北陵大街，东至北海街，长2394米，路面改建成柏油路，拓宽到30米，其中车行道宽11米，两侧人行道总宽19米，1957年崇山路分东、西两段：北陵大街至北海街称崇山东路；北陵大街至塔湾街称崇山西路。

1956年12月，新建了黄河大街的二十七纬路至昆山路路段，全长1116米、宽271米，其中，车行道宽18米，由原碎石路改为柏油路面，1957年改称黄河大街。至此，它同南京街相接，结束了和平、皇姑两区南北交通不通的历史。

1957年9月12日，于4月开工的砂山街道路工程竣工，该工程投资21万元，市政公司施工，该路建成后，解决了和平区南部住宅区交通不便问题。

1953—1957年，完成对大东路、小东路、大北街、崇山路、长江街、华山路、东塔街、北二路、兴顺街、小南街等140多项市政道路的翻修、拓宽、改建工程，面积达420万平方米。其中柏油路108条。打通连接了对外出口路和通往铁岭、文官屯、法库、新民、辽中、辽沈。长青、本溪等城乡联络道。到1957年底，北二路、中山路—小西路—中央路—小东路—沈抚公路等东西干线道路翻修一新；打通了兴工街至珠江街，南京街到黄河大街两条南北干线，使沈阳道路南北不通的状况得到初步改善。

**城市桥梁**　1954年11月19日，南湖桥新建工程竣工，4月17日开工，该桥位于文化路与南五马路相接处，净宽21米（1982年拓宽为47.6米），工程造价48万元。这是沈阳解放后第一座大型钢筋混凝土桥。20日，大东区长安桥新建工程竣工，7月2日开工。

1954年12月，珠林木桥新建工程竣工，桥长25米，1980年改造为钢筋混凝土桥，拓宽到10.38米，1982年又将两侧各拓宽5米，共宽20.04米，其中，人行道各宽1.5米，由原7孔改为4孔，荷载达到汽—13级，挂—60级。

### 2. 供水与水源建设

从1953年进入第一个五年计划时期以后，随着沈阳各项事业的发展，城市用水量迅速增长，原有的水源已经不能满足用水增长的需要。当时，坚持新建与改造并举的方针，投资130.4万元建设于洪水源，虹吸大口井6眼、集合井1眼，增加日供水2.16万立方米。为了解决二〇四地区职工的用水，四一〇厂投资

12.1万元，修建了二〇一水源，建成直径10米、深15.7米的大口井1眼。为重点解决沈阳北部地区和铁西工业区的用水，投资116.1万元建成河北水源，建管井3眼、竖坑井5眼，配水泵房1处、1500立方米贮水池2座，当年建成投入生产。

3. 供气建设

这一时期，是我国有史以来第一次由国家组织的有计划、有步骤的大规模经济建设。与此相适应，城市燃气也进入了一个有计划、有步骤而仍然处在全面恢复的阶段，同时还有了新的发展。“一五”时期，共恢复了水平煤气发生炉14座，至此，日伪留下来的32座炉已全部得到了恢复生产。由于增加了一些投资，重点为铁西工人村的建设配套，新建成了煤气管道全长7公里，以解决工人村一带地区的供气。针对储气能力不足和煤气精制设备陈旧的实际问题，新建了一座煤气罐及一座精制室，进一步缓解了储气能力不足及煤气精制上的矛盾。到1957年完成了计划和自筹投资506.4万元，日综合供气已达到9.5万立方米，比1952年日供能力增长了125%。贮气能力已达到7.3万立方米，比1952年增长了62.2%。市街煤气管道总长已达到283公里，其中，新铺设有7公里，恢复有42公里，煤气用户已增加到2.6万户，比1952年增长62.9%。

## 三、城市公共建筑

1. 广场

**中山广场** 位于和平区中山路、南京街、北四马路三条道路交叉处，总面积为26462平方米，是沈阳的主要广场之一。

广场始建于1913年，当时称中央广场。1919年称浪速广场；国民党统治时期，浪速广场更名为中山广场，沈阳解放后仍沿用此名；“文化大革命”时期称红旗广场；1981年又恢复了中山广场的名称，一直沿用至今。最初中山广场中心竖立的是一根从下到上逐渐变细、酷似刺刀的汉白玉柱子，这是日本侵略者竖立的纪念碑，碑文上书有“明治三十七年日露战役纪念碑”字样。而后来，国民政府把刺刀碑改成了标语碑，在上面涂上“国家至上民族至上”字样，并对“满铁”附属地的日语殖民化地名也进行了彻底清理。为了纪念国父孙中山先生，浪速广场更名为中山广场。

新中国成立后，沈阳市政府于1956年对中山广场进行了第一次改造，拆除三线有轨电车道，开辟3路无轨电车，从广场外侧绕行，在广场中央修建起一座圆形喷水池，烘托了广场的气氛。

**方型广场** 位于南五马路、文艺路、光荣街、滨河路、南八马路相交处，总面积为20659平方米。

1954年，沈阳市修建了方型广场，为沈阳市民提供了日常休闲娱乐的好去处，并且促进了沈阳市容市貌进一步发展。

2. 车站

**沈阳站** 沈阳站是位于长大线的特等站，西接沈山干线、南接沈丹干线和苏抚干线、东接沈吉干线，是沈阳铁路的重要枢纽站，承担客货列车和枢纽小运转列车到、开及编解的技术作业。沈阳站由于货运量的不断增长，1958年先后将铁西调车场牵出线和上、下行编组场牵出线抬高，修筑了三座简易驼峰用铁鞋制动代替手闸制动，并采用“线路搬家”办法改造铁西调车场。

**苏家屯站** 苏家屯站是位于长大干线的特等站，是沈丹干线、苏抚干线与长大干线交会点，也是沈阳枢纽的主要编组站之一，承担着各线货物列车和枢纽小运转列车到、开和编解的技术作业。解放后运量增长很快。到1953年，苏家屯站接发和改编列车能力已经饱和。因此，1957年6月至1960年3月，建成上行三级三场机械化驼峰编组场。在编组场头部修筑高度为4.67米和4.71米的两座驼峰，安设三级风压缓行器和电空转辙机，并采用驼峰自动集中设备，安设容量为24勾的电码继电器溜放进路储存器。

**皇姑屯站** 皇姑屯站是位于沈山干线北线的一等站，是沈阳铁路枢纽的编组站，承担接解辽北列车、编开辽西列车和办理枢纽小运转列车的技术作业。因列车到发线有效长度不够，1954年和1956年两次延长了1—4道的到发线有效长度。

**大成站** 大成站是位于沈山干线北线的一等站，也是沈阳铁路枢纽的编组站，承担接解辽西列车、编开辽北列车和办理枢纽小运转列车的技术作业。为解决运能与运量的突出矛盾，于1956年首先改建一、二道本线，延长了有效长度，以后又相继修建10股道发线和编组线，延长了3—15道发线和编组线的有效长度。

## 四、城市其他主要建筑

1. 工业建筑

1953—1957年第一个五年计划时期，沈阳作为国家重点工业建设地区，进行了以机电工业为主的大规模基本建设。在国家拨给的17亿元基本建设投资中，用于工业等生产性建设投资12.3亿元，占全市基建投资总额的72.3%。五年内共建成重点项目50个，其中限额以上26个，主要有沈阳第一机床厂、沈阳风动工具厂、沈阳电缆厂、沈阳重型机器厂、沈阳变压器厂、沈阳高压开关厂、低压开关厂、黎明机械公司、松陵机械公司、东北制药总厂、沈阳医疗器械厂等。共完成各类工业建筑面积150万平方米。工业建筑特点是以改建原有企业为主，新建项目占46.5%。基本是按照苏联模式进行设计施工，注意厂区总体布局、生产工艺。一般有完整的厂房、实验室、工具库、材料库、成品库、办公楼；在厂区或厂区附近建成职工住宅、食堂、学校、商店、幼儿园等配套生活设施。建筑结构主要为砖混合钢筋混凝土框架结构，屋盖多为钢屋架，厂房多为单层多跨形式，其中最大跨度达到30米，高25米，吊车吨位为100—200吨。其中有沈阳风动工具厂高21米的大型厂房建筑面积22510平方米；沈阳变压器厂1—4号厂房和高压试验室建筑面积14706平方米；沈阳四一〇厂建筑面积16870平方米的大型工具、铸铝车间；沈阳第一机床厂新增厂房面积7.5万平方米；沈阳高低压开关厂新增厂房面积11000平方米。经改、扩建投产后的沈阳第一机床厂成为当时国内最大的综合性车床制造厂和出口厂。

**2. 学校建筑**

新中国成立初期，百废待兴，人民政府充分利用旧社会遗留下来的教育建筑进行修缮，解决高等院校、中等学校、普通中学、小学用房问题。“一五”期间，开始大规模兴建新校舍，重点放在高等院校和部分中学上。1953年，沈阳市许多高、中等学校进行扩建，工程总量达16.4万平方米，土建投资2000万元，进行扩建的17个院校中有东北工学院、中国医科大学、东北药学院、沈阳农学院、沈阳师范以及沈阳五中、十一中、二十六中等。其中东北工学院新建14000平方米的四层机电学馆，内部设阶梯教室8个，普通教室31个。许多学院在新建大楼同时，新建设备齐全的试验室和实习工厂、教职工及学生宿舍、办公室、卫生所、托儿所、子弟小学、图书馆、礼堂。这一时期，在高等院校中主要建了中国医科大学教学楼（1953年建成，混合结构三层，建筑面积3184平方米）、沈阳航空学院教学楼（1953年建成，混合结构三层，建筑面积13785平方米）、沈阳师范学院教学楼（1954年建成，混合结构三层，建筑面积8455平方米）、沈阳农学院教学主楼（1956年建成，混合结构三层，建筑面积5471平方米）、东北财经学院综合楼（1956年建成，混合结构五层，建筑面积7698平方米）、辽宁省水利学校教学主楼（1956年建成，混合结构三层，建筑面积7319平方米）。

**3. 医疗建筑**

1953年起，沈阳医疗卫生事业建设得到迅速发展。至1960年，医疗卫生机构已发展到1463个，床位16841张。在新建、改建的医疗建筑中，主要有沈阳市第四医院、沈阳市第五医院、沈阳医学院附属中心医院（原市第六医院）、沈阳市骨科医院、沈阳市精神病院等。这些市级医院病床大都在200张以上，总计增加床位近1万张，一定程度上缓解了求医难、住院难的局面。

**4. 住宅建设**

住宅建设投资2.37亿元，占基本建设总投资的13.95%。建成住宅面积294.4万平方米，其中，城区住宅面积265.3万平方米。全市平均年建成58.9万平方米。新建的铁西工人村、松陵、黎明等生活居住区的建筑质量和设备条件也有改善，大部分为苏式砖木结构或混合结构的三、四层楼房，室内有两水两气（供水、排水、燃气、暖气）和自用厨房、卫生设备。

“一五”时期的全市基本建设投资共16.98亿元，其中用于生产性建设4.74亿元，包括城市公用基本建设投资5172万元，比国民经济恢复时期城市公用事业基本建设投资增长1.5倍。由于城市建设的方针和政策符合实际，正确处理了城市基础设施与工业建设的关系，加上城市规划在城市的性质、发展方向和人口规模的分析上比较正确，对城市空间的组织安排比较合理，使得城市建设布局基本得当，投资比例协调，成效显著。市区用地规模基本上得到控制，新工业区、居民区、商业、服务业、文教卫生事业，都有相应的发展，城市的许多公共设施得到改造和扩建，城市基础设施水平有较大的提高，住宅建设速度和投资的分配与国民经济、城市人口增长的比例大体适应，住宅基本满足人民群众的需要，城市面貌有了很大的改变。

## 第三节　“大跃进”时期及困难与调整时期（1958—1965）

“大跃进”运动是指1958年至1960年间，中国共产党在全国范围内开展的极“左”路线的运动，是在中共八届三中全会及其以后不断地错误批判1956年反冒进的基础上发动起来的，是“左”倾冒进的产物。1958年5月，中共八大二次会议正式通过了“鼓足干劲、力争上游、多快好省地建设社会主义”的总路线。尽管这条总路线的出发点是要尽快地改变我国经济文化落后的状况，但由于忽视了客观经济规律，根本不可能迅速地改变我国经济文化落后的状况。总路线提出后，党发动了“大跃进”运动。

1958年，我国进入国民经济建设第二个五年计划时期，从这时候起至“文化大革命”结束时止，沈阳市的城市建设走过了一段坎坷不平的道路。在“大跃进”这两年的历史期间内，沈阳市的城市建设历经波折，艰难前进，克服了重重困难，取得了一定的成就。

1961年初，中共中央和国务院提出“调整、巩固、充实、提高”的方针。为贯彻执行这一方针政策，根据省、市委的指示，市计委在这个时期集中力量抓国民经济调整工作。这一时期沈阳城市建设稳步推进，党和政府加大城市建设的资金投入，本着“先维修、后建设、先重点、后一般，由内向外，分片分段”的原则，以路桥建设和加强环卫为重点，结合城市总体规划和环境保护进行了一系列的调整。经过5年时间的调整，到1965年全市国民经济全面好转，城市建设逐步走向健康的轨道。

## 一、城市基础设施建设

### 1. 城市路桥建设

第一，城市道路。

“大跃进”时期，沈阳市的市政设施建设按照“填空补实、由内向外、充分利用、逐步改造”的方针和城市总体规划要求，进行大量翻建、改造、扩建和新建。道路建设重点是在充分利用原有道路的基础上，改善道路系统，打通南北道路，开辟环城道路。1958—1959年，在“大跃进”的形势下，两年道路投资总额是第一个五年计划总投资的82.7%。打通了青年大街北段，与市府广场相通，进而连通了惠工街、团结路等，成为市内又一条南北主干道。为解决和平区南部交通，新建了砂山街；为增加南部文化区南部干道（小南、风雨坛、大南等干道）间的东西联络，修建了文艺路；同时翻修了保工街、拓宽了东北大马路、整修了黄河大街北段。此外还完成了翻修、改建新华路，十三纬路，岐山路，重工街，南站广场道路，无轨二、三线环行道路（和平广场—南京街），中华路和中山路的人行道等100多项道路工程。1960年，修建了沈阳解放后第一座大型铁路立交桥——黄河立交桥，使市区南北交通发生了很大改变。

沈阳市1960—1965年道路建设既有新建也有养护维修，而又以养护维修为主。道路养护实行“先主后次，先中心后边缘，先清扫后建设的原则”，将投资主要用到重点地区和中心地区的设施养护上，加强公路养护管理，确保畅通。这期间沈阳市道路建设重点是在充分利用原有道路的基础上，改善道路系统，打通南北道路，改造东西道路，开辟环城道路，初步形成了以东西干道为主，南北干道为辅，中环路为总联络道的道路网络骨架。到1965年末，先后新建了环行路、西顺城街等道路；养护维修了青年大街、卫工街、市府大路等道路。城区道路总长已达1019公里，总面积847万平方米，其中铺装路总长549公里，总面积470万平方米。

**中华路** 始建于1910年的中华路，当时称沈阳大街，是日本人在通过火车站与胜利南大街垂直的中心线上修筑的。初建时是石块路，1959年两侧人行土路铺装成沥青路。

**塔湾街** 始建于1910年的塔湾街，时称大成街，是只有几米宽、两侧杂草丛生的狭窄土路，后改称辅仁街。解放后，土路改为柏油路，以后又进行了多次整修。1958年拓宽改建了塔湾街的保工立交桥—新开河全长1192米路段，道路总宽达47米，其中快车道18米，两侧慢车道各宽6米，街心分车绿岛各宽2.5米，两侧慢车道各宽6米，形成了“三块板”沥青混凝土路。塔湾街南通保工立交桥与保工街相接，北与崇山西路相连，是城区南北主干道。通过保工立交桥，成为连接皇姑、铁西两区和联络市区北部郊区农村的主要道路。市际过境车辆可通过该路入中环路，减轻市中心区域交通压力，与昆山路、崇山路等东西主干道相交。

**南五马路** 始建于1932年的南五马路，是南两洞桥—国际马路段，宽18米，初为土路，1959年拆除有轨电车道，全面翻建，铺装沥青混凝土；人行道铺装柏油马路和水泥方砖。南五马路西接建设大路，东连文化路，是沟通铁西、和平、沈河区的东西主干道之一，是市内中环路南部东西主干道，与胜利南大街、太原街、南京街等主要南北干道相交。

**保工街** 始建于1938年的保工街，时称至诚街，车行道仅十几米，碎石路，人行道全身土路。解放后，1958年整修南段（建设大路—沈辽中路），并改全路为柏油路面。保工街南连沈辽中路，北接塔湾街，是城区南北向主干道之一，为联系铁西、皇姑两区的南北向主干道。

**黄河大街** 始建于1942年的黄河大街是土路，时称“昭隆”大街。1959年翻建整修北段，初步完成改造工程。整修后的黄河北大街（黄河立交桥—新开河）长3340米，宽23.5米，其中车行道宽13.5米，两侧人行道共宽10米，柏油路面。黄河大街南接南京街（通过黄河立交桥），北连沈承公路，贯穿整个皇姑区南北，是连接皇姑、和平两区的南北主干道，也是沈阳市北部主要出境道路之一。

**文化路** 始建于1954年的文化路，是沈阳解放后新建的第一条柏油马路。当时全长5669米（方型广场—富民街），平均宽14米，车行道宽9米，两侧是土路肩和人行土路。1959年，方型广场—青年北大街长1900米路段进行整修，铺18厘米厚基石，上铺8厘米厚结碎石，面层铺洒柏油。文化路是沈阳市解放后在南部文化区修建的第一条路。

**中山路** 始建于1912年的中山路，是以火车站为中心的放射状路中的一条斜路，当时称大斜街。其西起火车站，向东通过中央大广场（今中山广场），与商埠地南北主干道三经街交接。初建时，基础是石子，路面焦炭油处理。1958年对中山路人行道进行整修，铺装水泥方砖。该路西起胜利街，东至小西路，车行道长3455米，宽18米。路面结构分两段：胜利大街—三经街路段长2318米，用18厘米厚混凝石做基层，面层铺8厘米厚沥青混凝土；三经街—小西路是解放后新打通的路段，长1137米，基层铺27厘米厚炉渣，上铺18厘米厚基石，表面铺8厘米厚沥青混凝土。

**环城路** 1961年10月，开始修建围绕沈阳市一周的环行路，"整个道路加宽、街道美化、路面铺油等工程陆续施工；南由南五马路，经文化路，东接万柳塘路、滂江街、北海街，北接崇山路，西接塔湾街、保工街，南接铁西建设大路并通过南两洞桥与南五马路相接，构成了29公里长的环城路"①。1963年12月21日，环城路正式建成通车。环城路建成后，对加强市内各区间联系，分散过境交通，缓解市中心的繁杂交通等都将发挥积极作用。

**青年大街** 青年大街是解放后新建的第一条南北主干道。建路前，北部是狭窄弯曲的小胡同和低矮平房，南部则是一片乱坟岗和臭水泡子。1957年动工，1958年10月，由市府大路到文化路的青年大街北段柏油路建成，全长3680米，滨河路以北段宽17米，南段宽21米。

1962年由南部文化路通往浑河大桥的青年大街，经过改修由原来7米加宽到9米。使城乡交通更加通畅，也方便了通往本溪、安东等方面去的过境车辆，减少了交通事故。1965年3—6月，南段总长2488米路段进行拓宽改建，把原9米宽路段拓宽为12米。

"1965年6月10日，青年大街文化路至浑河大桥段道路拓宽工程竣工，3月20日开工，由市政公司施工。原路宽9米，拓宽后为12米，全长2488米。该路是连接南部市郊的交通要道。"②

**市府大路** 1963年城市建设的重点项目。始建于1907年，1957年定名市府大路。这条路是全市东西走向的主要干道，由于原有的柏油和块石两种路面是解放前建成的，承载能力小，路面多处破坏，影响了机动车辆通过，所以

---

①沈阳市城市建设管理局编：《沈阳市城市建设管理局大事记》，沈阳市城市建设管理局2008年内部出版，第32页。

② 沈阳市城市建设管理局编：《沈阳市城市建设管理局大事记》，沈阳市城市建设管理局2008年内部出版，第35页。

1963年7月10日市府大路改建工程开工，国家投资230万元，由市政公司施工。1963年7月老道口—三经街路段改为柏油路面，三经街—广宜街路段第一次采用白灰三合土基础、沥青混凝土路面的新结构和新工艺，获得成功，结束了手摆基石的落后工艺。

1964年5月拆除有轨电车铁轨，通行无轨电车，通过市府广场，该路西起北六马路东到广宜街，车行道长4514米，宽18米，两侧人行道总长7981米，宽4.4—5.2米。1964年10月29日竣工。改建后的市府大路对改善市中心区的东西向交通拥挤状况起了决定性的作用。这是沈阳市解放后改建的第一条新结构道路。

**卫工街** 1964年，改建铁西区西部卫工街道路，南起建设大路北至沈山铁路一段，原为煤渣路。改建后的卫工街道路全长2441米，宽9米，结构式三合土基础，沥青混凝土路面。道路承载能力大大增加。

**毛望公路** 1965年1月，沈阳市城建局和东陵区组成东陵区筑路指挥部，投资71万元，修建了毛望公路。当年5月，辽中县修建了沈盘公路辽中至北三台子路段35.6公里，造价63万元。

**西顺城街** 1965年，开始兴建位于沈河区西顺城街的道路工程。这条道路自文化路起至西大门止，全长3045米。原有道路均系土路和煤渣路，特别是有的路段旧路仅有5米宽，车辆通行很不便。新建的道路，用三合土和白灰作基础，铺设沥青混凝土路面，全线路段一律拓宽至12米。北接文官屯公路，南连南部环路，贯穿全市南北交通。

第二，城市桥梁。

在桥梁建设方面，解放后，沈阳公路桥梁建筑技术进步很快。20世纪50年代，桥梁结构基本上采用就地浇筑的钢筋混凝土悬臂梁、钢筋混凝土板梁、钢筋混凝土T型梁。1951年竣工的沙河桥和1959年竣工的混合闸桥，分别采用钢筋混凝土悬臂梁和钢筋混凝土T型梁。桥梁下部结构，大部采用沉井式重力式墩台和石砌墩台。60年代，为发扬我国传统桥梁建筑技术拱券的优点，在中、小桥梁建筑上采用石拱设计。这一时期新建的京沈公路新民段的大黄沟桥、大同桥、袁家窝堡桥，京哈公路东陵段的二洼桥、蒲河南桥等均采用石拱建筑设计，桥梁下部结构则采用轻型（空心）墩台。

在1960—1965年期间的桥梁建设取得了新的成绩。在“全党全民办交通”的口号下，出现了群众性的修桥高潮。1962年中共中央、国务院发出《关于加强公路养护和管理工作的指示》做出了改建公路木桥的决定，强调了桥涵永久化。这期间除大量改建临时木桥为永久性钢筋混凝土桥外，在浑河上新建了工农大桥和长青漫水桥；为了解决市区交通干线南北不通的问题，在黄河大街与沈长铁路交叉处，修建了三孔黄河立交桥，此外，还改建了北站天桥等桥梁。这一时期的第一个特点是永久性桥梁增多，达到92座2551延长米，占207座4695延长米的44.4%和54.3%，其中悬臂梁式结构被T型梁式先进结构代替。第二个特点是大量改建临时性木桥为永久式桥梁。1961年新建桥梁4座；1962年修复桥梁水毁工程41米，到1965年末，沈阳境内公路桥梁达到207座，4695延长米。

**浑河闸门桥**　浑河闸门桥位于瑗大公路181公里850米处苏家屯沙河上，与浑河闸并行的苏家屯浑河段上，共11孔，每孔跨径16米，全长185米。桥面净宽7米，两侧各设0.75米人行道，上部为T型梁，下部重力为重力式墩台，载荷为汽—13级，建于1959年，由辽宁省水利局组织施工。

**辽河大桥**　1959年新建的铁法线辽河大桥位于铁岭站至铁岭西站之间，全长863.3米，26孔，跨径31.7米，为钢筋混凝土预应力梁，其中25—26孔为曲线梁。墩台基础下部按中—22级活载设计，为实体结构；基础采用就地钻孔钢筋混凝土灌注，每根桩的承载力为1925吨。桥面双侧设人行道，每个桥墩处设有避车台。该桥原有半永久式的木便桥，全长只有470.7米，1959年为开发铁法油田，抢修铁法线而修建。建成后，由于桥孔小，木质变形，每小时限速10公里行车，且不符合防洪要求。

**莫家堡桥**　莫家堡桥位于苏家屯莫家堡，是哈大公路跨浑河的一座大型桥梁，建筑面积2898平方米。原来为木桥，名东海桥，始建于1922年。解放初，已破损不堪，成为险桥。抗美援朝时曾翻建，修复后的桥长276米，宽6米，高10米。1959年，辽宁省水利厅将此木桥改建成钢筋混凝土结构的闸门桥，全长332米，26孔，净跨10.5米。桥面宽9米，其中机动车道宽7.5米、两侧人行道各宽0.75米；上部结构为钢筋混凝土T型梁，下部结构为钢筋混凝土桩，重力式墩台；载荷为汽—13级，挂—60级。

**泰山桥**　泰山桥位于北陵公园西南角新开河处，其北是辽宁大厦，为游览北陵公园必经之处。解放前此处有一座木桥，名北陵公园桥，1956年曾进行过翻修，1960年将其改建为3孔（19.4米×2+11.41）混凝土桁架结构桥，并改称为泰山桥。改建后的桥长50.2米，宽21.2米；上部梁采用苏联标准设计预制构件，梁上铺有不等厚200#混凝土垫层二毡三油防水层，防水层上再灌注3厘米厚的钢筋混凝土层及5厘米厚柏油保护层路面；下部墩台均为混凝土预制砌块。

**青年桥**　青年桥位于青年大街跨南运河处，北接市府广场，南连文化路立交桥，是市区中部南北主干道跨河桥。该桥于1958年开工，同年10月1日竣工；由沈阳市政建设工程公司设计并施工。该桥为3孔简支梁桥，长37.2米，孔跨8.4米；中间为机动车道，两侧为人行道，设有长方孔水刷石桥栏，水磨石扶手，下部基础结构为重力式墩台；上部结构为钢筋混凝土板梁。

**北二路桥** 位于铁西区北二路卫工河处，为一座建于1958年的砖混结构桥梁。桥分5孔，总长30米，宽19米，桥呈东西走向，与北二路平行，与河道正交。荷载为汽—13级，挂—60级。因北二路东接市中心繁华区，西接保工街、重工街等交通干线，为市区西部出口路之一，交通地位重要。将于近期内将该桥翻建为钢筋混凝土结构的四车道桥梁。

**黄河立交桥** 1960年，为了解决城区交通干线南北不通的问题，在经济十分困难的情况下，市政府投资275万元，修建了沈阳解放后的第一座大型立交桥——黄河立交桥，又称西三孔桥，是一座铁路地道立交桥，位于黄河大街和南京街连接处，与长大铁路交叉。1960年，市委市政府投资275万元，将此处的平交道口改为立体交叉。该桥是一座钢筋混凝土结构三孔桥。该工程于1960年8月9日动工，1961年2月10日竣工。1961年4月22日正式通车。八根桥身大梁，每根长达20.6米。其上部结构及墩台由天津铁路第三设计院设计；翼墙、边梁、装饰、照明等项由沈阳市城建局设计；沈阳市政建设工程公司施工。高5.3米，长45.4米。中间的桥孔可使三排卡车同时通过，慢行车在左右两孔自由往来。大桥南北两侧的人行道宽敞平坦，火车可以在桥上的五排铁轨安然驶过。这座立交桥是我市解放后修建的第一座立交桥，它的建成解决了因黄河大街与长大铁路线平面交叉，交通经常严重阻塞的问题，使市区南北干线交通明显改善。

**赵家沟立交桥** 位于东陵区赵家沟，沈平公路与京哈公路交会处。该桥是沈阳市修建的第一座公路立交桥，由东陵区公路会战指挥部组织修建。桥体斜长23米，1960年开工，孔呈南北走向，2孔，各净跨7.2米，长10米，净高5.3米，钢筋混凝土结构。

**北站天桥** 1963年，为了便利交通，和平区市政工程队对北站天桥进行修整。除天桥上钢架维持原状外，天桥的立梁、桥面板已全部换成新的。桥面上还铺装了4米宽的柏油路，大大方便了交通。

**工农大桥** 该桥是1964年10月19日开工新建的一座钢筋混凝土桥。新建桥长390.2米，共12孔，孔跨33米；全宽17米，其中，机动车道宽13米，两侧人行道各宽1.65米；桥高10.6米，水位标高44.7米，桥面标高为47.6米，设计流量10000立方米/秒，防洪安全系数为千年一遇。它是沈阳市解放后修建的第一座大型钢筋混凝土桥梁，1966年6月30日正式竣工通车。由沈阳市城建局设计处设计，辽宁省锦沈工程公司、沈阳市市政建设公司施工。

**长青大桥** 位于东陵区长青街跨浑河处，是市区东南部出口路之一。长232米，35孔，孔跨6米，其中，第24—25排桩孔跨7米。桥宽8米，高3.5米，为漫水桥；设计河水流量为1200立方米/秒；于1965年11月15日开工，1966年4月30日正式竣工通车。工程造价48.24万元，由市城建局设计处设计，市政建设工程公司施工。

**2. 供水与水源建设**

1958年“大跃进”开始以后，工业用水量急剧上升，供需矛盾十分突出。当时，主要对全市66个工业户进行了四次调查，摸清了实际缺水和用水量。1959年用水量比1958年增长1.4倍，其中铁西发电厂、沈阳冶炼厂、沈阳钢厂、机床三厂、沈阳化工厂、东北制药总厂、东北机器制造厂、重型机器厂等二十几个单位，每日需要增加水量15万立方米，相当于1958年实际送水量的77%。为此，投资1177.6万元，动工新建日供水能力20万立方米的李官堡水源。由于时间紧、任务重，采取边勘察、边设计、边施工的办法，进一步加快施工进度。该水源建成机井有13眼、虹吸井群共有19眼、集合井3眼；配水泵室300平方米、容积5000立方米贮水池4座、高压变电所280平方米，架设两条高压输电线路组成的电力系统，1961年建成投产送水，对缓和铁西区的用水起了积极作用。接着，开工建设了日供水20万立方米的第二大新南塔水源。其中，建成机井29眼、贮水池2座，每座容积1.5万立方米、配水泵房1200平方米。该水源建成投产后，保证了全市东部和中部地区的工业和生活用水。

为了解决苏家屯镇的工业和生活用水，建设苏北水源，建有集合井1眼、变电所1座，于1963年正式投产送水，日送水量达到了0.8万立方米。

在新建水源的同时，对原有老水源进行了大力挖掘与改造。首先，对北陵水源增建2眼大口井、4眼虹吸井，增加日供水0.84立方米。其次，由于地下水位下降，水井水量小，对铁西水源、工人村水源大口井实行了井内打井，提高了水位，送水量均增加了1倍多；1958年重点扩建于洪水源，新建管井6眼和容积1500立方米的贮水池1座，日增加水量1万立方米，使水源的生产能力达到了原设计能力。再次，对万泉、北陵、百鸟、铁西、工人村、于洪等6处水源进行了扩建，更新改造和新建水井9眼。

**3. 供气建设**

这一时期，主要由于投资大量增加，在经过几年恢复的基础上，全市城市燃气事业有了新的发展。当时，投资1298.2万元主要用于新建焦化厂，日增加供气10万立方米，铺设了煤气管道全长2.7公里，并侧重采用土设备，大力开发了16种煤气副产品，年产硫胺3000吨。随着供气的增加，重点新建和翻建了2座煤气贮罐，新增加储气能力5.4万立方米。到1965年，全市综合日供气能力已达到18.7万立方米，比1957年日供气增长了96.8%；共有煤气贮罐5座，总贮气能力已达到了15.9万立方米，比1957年增长了1.1倍。煤气管道总长362公里，比1957年增长了27.9%。煤气用户达到了6.2万户，比1957年增长了41%。气化率达到了13.7%，比1957年增长了8.2%。

**焦炉煤气** 沈阳市是国内最早拥有大型焦炉煤气气源的城市。"大跃进"时期，沈阳市冶金局接管筹建中的焦化厂，于1958年4月正式开工建设。整个工程由鞍山焦耐设计院设计，冶金部第三建安公司承建。因当时急需冶金焦炭，工程于1960年7月13日初步建成即匆匆投产。由于设备不配套，施工质量不高，生产不稳定，设计能力日产10万立方米，实际生产能力仅达3.5万立方米。

**液化石油气** 1960年，苏联中止同中国的石油贸易后，国内汽油紧缺。为解决汽车燃油问题，沈阳市政府决定使用液化石油气替代汽油，在铁西区艳粉街建设简易的液化石油气充气站。同年3月14日，液化石油气充气站建成投产，总贮存能力94立方米，可同时灌装汽车6台和汽车槽1台，每日最高可灌装汽车300台。

**煤气贮罐** 南湖贮罐位于和平大街南端，始建于1958年8月，为低压湿式灌装。建造中使用当时比较先进的三项工艺：罐体下部水槽原使用8毫米以上厚钢板，需耗用钢材200吨，后改用预应力钢筋混凝土浇筑；取消从上到下12根50米高的槽钢骨架和纵横拉条，改垂直升降为螺旋升降，以上两项共节约钢材400吨；罐体壁板的接缝，改变过去使用铆钉连接的旧工艺，采用焊接新工艺，取得成功。

在1956年以前设计制造的煤气贮气罐均是低压湿式垂直升降的塔形罐、铆接罐体，容积多为2.8万立方米。1958年建设的5.4万立方米贮气罐改垂直升降为螺旋式升降，罐体壁纸板接缝改铆接为焊接，省时省力，是当时较先进的新工艺。

## 二、城市公共建筑

### 1. 广场

**霁虹广场** 位于铁西区光明街中段，第一毛纺织厂、第二毛纺织厂门前，总面积2733平方米。

霁虹广场形成于日伪时期。1935年修建了第一毛纺织厂门前道路，东起铁路天桥，西至保工街，与北一路相接，当时称兴亚街，1945年改称为光明街。

1937年12月在第一毛纺织厂东南建奉天第二毛织厂，霁虹广场就是当时兴亚街经第一、第二毛织厂门前的圆形土包。其周围除工厂外，是工人棚户区，垃圾成山、污水为患，生活环境恶劣。

1951年改造了光明街臭水沟。1953年打通了光明街至十四路汽车线路。1963年修整了西起毛织厂门前广场，东至兴工街的道路，对广场进行了改造。广场经过改造整修为封闭式环岛，直径23米，车行道长91米，宽12米，沥青混凝土路面；人行道长197米，宽1.5至6米。两侧铺设边石195米，环岛周围设置铁围栏，里面种植松树花草，中间修建了喷水池，外面设置了石凳。

**新华广场** 位于和平区新华路、南八马路、南京街三条道路的交叉处，总面积为6501平方米。

该广场始建于1932年，初名为“高千穗”广场，国民党时期改名为林森广场。解放后，在原封闭式广场设置围栏，栽植花草树木，外围有宽2.8米的人行土路。1974年改建成开放式圆形环岛，中间是一座喷泉水池，四周有4个扇形花坛，内植松柏、丁香、垂柳及时令花草，柳荫下有石凳，供游人休憩。车行道长188米，宽20米，沥青路面，面积为3768平方米，共6个路口。人行道长292米，宽4.5米，水泥方砖路面，面积为131平方米，道边铺设边石，路旁种植垂柳。

**2. 车站**

“大跃进”时期，沈阳市对沈阳站、皇姑屯站和大成站进行了部分改建。

沈阳站自1958年至1960年，扩建了铁西调车场和粗杂货场，将铁西调车场的牵出线盒上下行编组场牵出线抬高，修建3座简易驼峰，用铁鞋制动代替手闸制动。在粗杂线6、7道新设两台10吨龙门吊，使粗杂货场实现装卸作业机械化。1960年先后将货场西三站台改建为高站台低货位，将动车库改造为第一候车室，延长客场6、8道和客车库12至16道线路的有效长度。皇姑屯站在1958年编组场西部修筑简易驼峰，采用铁鞋制动。大成站于1958年修筑1座简易驼峰，使用铁鞋制动。

## 三、城市其他主要建筑

第二个五年计划时期，沈阳建筑业经历了曲折的发展道路。“大跃进”期间，根据国务院《关于改进工业管理体制的规定（草案）》，中央和省在沈阳的一些建筑企业陆续下放给沈阳市建筑工程局管理。市地方国营建筑企业进一步发展壮大，在二建、三建、四建公司的基础上，又成立了沈阳市工业安装工程公司；各县、区的自营集体建筑队伍也迅速发展。市建工局所属国营企业职工由1957年的5447人上升为1958年的13053人，1960年达到23752人，全市建筑职工达到89397人。建筑业的技术有了历史性进步，出现了大规模的机具改良热潮，改变了扁担扛棒、肩挑人抬的状况，使用了手推车、和升降架等机具。这一时期，全市基本建设投资12.59亿元，其中，用于非生产性建设2.65亿元。在非生产建设投资中用于房屋建设5951万元，共新建房屋379.5万平方米，年均126.5万平方米。先后完成了东北工学院教学楼、辽宁农业展览馆、沈阳市骨科医院、沈阳变压器厂、沈阳有色金属加工厂、沈阳第二机床厂、沈阳电缆厂、沈阳水泵厂、沈阳发电厂、沈阳陶瓷厂等改扩建、新建工程。建成了辽宁大厦、沈阳友谊宾馆、辽宁工业展览馆等大型公共建筑。然而急于求成的“左”倾指导思想导致了浮夸风泛滥，建筑业计件工资制全盘否定，建筑企业的法定利润被取消，承包制被废除，使建筑业的发展受到严重阻碍。

**1. 工业建筑**

1958—1960年，在“大跃进”的影响下，沈阳工业建筑进一步得到发展，三年完成工业生产性基建投资9.1亿元，占“三五”时期工业生产性基础投资总额的74%；完成工业建筑120万平方米，占“二五”时期工业建筑面积130万平方米的92%。由于投资大、施工快，共建成大型工业建筑项目16个，中小型项目332个，其中重点工程41项。除继续建设机电工业项目外，重点建设了冶金、电力、农机、化工等工业项目。这一时期工业建筑特点是按照“坚固适用、经济合理、技术先进”的原则，在建筑标准上因生产的精密程度而定。既有高标准的建筑，又有较为简易的建筑。中小工程一般为砖木、砖混结构；大型工程多为钢混框架结构，屋顶由钢屋架转向钢混屋架，施工由现浇转向预制装配。典型工程有：沈阳变压器厂巨型厂房（变压器三期改造工程），该厂房规模大、技术复杂，是全国最大的变压器厂房，也是沈阳市建筑安装施工力量第一次建造的大型厂房；沈阳发电厂（铁西电站新建工程），是沈阳解放后首次建造的大规模火力发电站，成为当时全国电站建设中最快最好的工程之一。其他大项目还有沈阳电工机械厂主厂房、沈阳铸造厂铸造车间、沈阳水泵厂大泵车间、沈阳食品公司冷库、沈阳中捷友谊厂铸钢车间、沈阳汽车制造厂主厂房、沈阳建筑机械厂主厂房、沈阳钢铁厂主厂房、沈阳搪瓷厂主厂房。

1961—1965年，工业建筑项目主要围绕军工、机电、冶金企业的改扩建和农机、轻工、毛纺、食品等基础薄弱工业部门的新建和扩建进行。20世纪60年代的主要工业建筑有沈阳有色金属加工厂厂房、沈阳小型拖拉机厂主厂房、沈阳毛织厂精纺车间、凌原钢厂、开原钢厂等。60年代工业建筑的特点是标准较低。除大型工业项目外，一部分工业厂房出现简易砖混结构的“干打垒式”建筑。共完成各类工业建筑80万平方米。

主要建成的工业建筑有如下：

**沈阳变压器厂** 经发展建设已成为国内最大的变压器专业制造厂，“二五”期间，该厂作为国家建设重点项目进行了二、三期扩建工程。1959年9月建成5号巨型厂房和高压试验厂房。5号巨型厂房建筑面积2.4万平方米，东西长258米，南北宽108米，高33米。由南一、二跨，北一、二跨与中间跨组成连五跨的单层厂房，中间跨度为36米，钢混独立柱基础，现浇地梁、柱、梁，屋架为钢结构，外墙为清水墙，内墙、天棚为水泥砂浆抹面、白灰罩面，地面为混凝土素灰压光，厂房上顶天窗及厂房门窗均为钢木材质，装有自由开闭装置和整套擦窗设备、通风管道。内建有附属生活间、休息室、工具室、办公室等设施。该厂房规模大、技术复杂， 是全国同行业中的最大变压器厂房。由第一机械工业部第八设计院设计，辽宁省第二建筑工程公司、辽宁省工业安装工程公司承建施工和安装。

**沈阳热电厂** 位于铁西区卫工街，是沈阳解放后建造的一座大型火力发电厂。一期工程为“二五”期间辽宁省和沈阳市的重点建设工程。1958年10月8日开工，1959年4月30日竣工。由水电部和辽宁省建筑设计院设计，沈阳市第三建筑公司及辽宁省第二建筑工程公司承建。该工程包括厂房、冷却塔、主控制台、烟囱等39个建筑项目，总建筑面积1.4万平方米，工程造价437万元。主体厂房为四层钢混框架结构，下弦高28.3米；透平间跨度为24米，预制混凝土拱形屋架，下弦高19.6米；煤斗间、氧气间为混凝土屋板隔成3—4层房间，每层21.5米至26.5米；冷却塔为钢混双曲线形薄壁结构。塔高65米，上径31米，下径57米；控制室为三层混合结构，每层高4米；烟囱为钢混结构，高120米，基础砌筑直径21米，由圈梁和16根辐射梁组成。工程规模大、技术复杂，仅用7个月完成，质量达到国家标准，成为当时全国电站建设中最好最快的工程之一。

**沈阳电工机械厂主厂房** 位于铁西区卫工街北三马路，建筑面积1.38万平方米，砖混结构，东西长168米，南北宽82米，砖墙围护。该厂房为四连跨形式，中间两跨度各为24米，高12米，钢混拱形屋架，槽形屋面板；南北两侧跨分别为18米和15米，高8米，木屋架。该厂房于1958年10月18日开工，1959年9月竣工。工程造价135万元。由第一机械厂部第八设计院设计，沈阳市第三建筑工程公司施工。

**沈阳机车车辆厂** 位于皇姑区昆山西路，厂区占地94万平方米。解放初期，厂内生产房屋建筑面积6.3万平方米。解放后，进行过五次较大规模的扩建改建。1958年进行产品维修转制造的建设，新建、改扩建及填平补齐项目50

个，建筑面积21万平方米。

2. 商业建筑

解放后，沈阳地区商业、金融、服务业迅速发展。各类商号、药房、客栈、钱庄、票号已遍布中街、小北、大北、小南、小东、大西一带，沈阳已成为东北地区的经济中心和商品集散地。“大跃进”时期新建商业建筑如下：

**辽宁大厦** 位于皇姑区黄河大街，北陵公园西侧，是20世纪50年代后期兴建的大型宾馆。它是沈阳地区解放后首次出现的高级建筑，设备标准、外墙装修和立面处理比较讲究，内部简单实用。1958年3月动工，1959年10月落成。主楼呈“山”字形，中间9层，两翼7层，裙房1层，局部有地下室。建筑面积43000平方米，总高度42米，为钢筋混凝土框架结构。在北陵风景区和古建筑群的特定环境里，大厦在高度、线条、顶部、檐口、门廊等做法上，运用了中国传统的手法，在外墙颜色上采用黄色釉面砖、白水刷石翠画，与北陵红墙呼应，简洁明快、稳重典雅。内装修体现了当时较高的水平，暖气包罩、窗台板、部分间壁墙都为木作结构，前厅、大小会议室、餐厅等的顶棚为石膏贴花；地面大部分为水磨石，立柱贴大理石。大厦当时是沈阳市最宏伟壮观的建筑，辽宁省最大的宾馆。由辽宁省建筑设计院设计、沈阳市第三建筑工程公司施工。共有客房500余套，床位1000多张，一层为公共服务房间，由前大厅总服务台，后部宴会厅，左右六个小餐厅构成；二至七层为标准客房，每层有86套客房，4个小会议室，每套客房均有标准卫生间、壁橱等，八层设有大会议厅。

3. 文化体育建筑

**辽宁人民剧场** 位于皇姑区北陵大街省政府院内，1960年开工，1962年10月建成，是沈阳市20世纪60年代初期比较典型的大型建筑之一，以播放电影为主，兼演戏剧。由辽宁省建筑设计院设计，沈阳市第三建筑工程公司施工。占地面积2950平方米，建筑面积10105平方米，工程造价230.8万元，钢筋混凝土结构。该建筑物造型前大后小，建筑高27米，长107米，前宽79米，后宽47米，前部有大厅两层，后部厅三层，中部为剧场，场内设软坐席2000个，建筑主体立面六根立柱，每根柱高22米，柱头部位及左右雕花图案装饰。该剧场内跨度大、舞台宽，设备齐全。一楼西侧有大小会议室13个，东西两侧为大会议室，可容纳120人。北侧为小会议室，可容纳30人。二楼东西两侧有会议室10个，每个会议室可容纳40人。剧场还设有舞台、化妆室、游艺室、办公室等房间，该工程内部天棚装饰贴石膏花，起双线，装传音板。前大厅圆柱大理石罩面，室内设有大吊灯，观众厅设有星筒灯等照明设施。

**八一剧场** 位于和平区北二马路，1959年2月动工，同年11月交付使用，影剧两用。由沈阳军区后勤部营房勘测设计所设计，部队组织施工。剧场占地面积2746平方米，建筑面积7018平方米，钢混结构，局部砖混结构。分前厅、观众厅、舞台、化妆室四部分。前厅宽敞，进深较大，上部有三面回廊与两侧外廊相通。观众厅为钟形平面，两层设座1839个，一层为1187个，二层为652个。舞台宽26米、深16.6米，层高14米。外装修为水刷石罩面。大厅过厅地面为水磨石，墙裙贴大理石，两廊为木墙裙，厅两侧楼梯踏步为水磨石，观众厅顶棚及壁纸为吸音板。门厅为墙面抹灰，石膏花装饰。

**辽宁工业展览馆** 位于和平区三好街，1959年4月动工兴建，1960年5月1日竣工。辽宁省建筑设计院设计，沈阳市第四建筑公司施工，并由沈阳市建工局和沈阳市建筑工会组织35个建筑公司参加会战，以加快施工进度。工程建筑面积3万平方米，占地面积11万平方米。建筑设计吸收了传统的建筑艺术和表现手法，“山”字形大楼的两翼是两座金碧辉煌的塔楼，高34米，塔顶饰以齿轮和麦穗，象征着工农业并举，门前有1.6万平方米的绿化区。展览馆可同时容纳5000人，是当时省内较大的展览馆之一。内有11条线路可供同时参观，参观线路总长约9公里。

**辽宁农业展览馆** 位于东陵区马关桥，沈抚公路北侧。占地面积20万平方米，建筑面积2万多平方米，由17座银灰色馆舍组成。1956年3月动工兴建，同年末建成粮食、果树、农田水利等14座馆舍。1959年4月林业、水利等3个馆舍落成。总馆位于建筑群的中心。1958年4月开工，同年9月20日竣工。辽宁省建筑设计院设计，沈阳市第四建筑工程公司施工。建筑平面呈“凸”形，中间部位3层，两侧为1层，建筑面积1500平方米，工程造价11万元，混合结构，毛石条形和柱基础。

**4. 学校建筑**

“大跃进”时期，主要兴建了沈阳师范学院教学主楼（1958年建成，混合结构，4层，建筑面积11311平方米）、辽宁省委党校教学主楼（1958年建成，混合结构，4层，建筑面积11000平方米）、东北工学院教学主楼（1958年建成，砖混结构，4层，建筑面积15653平方米）、辽宁省戏曲学校主楼（1960年建成，建筑面积8213平方米）以及沈阳工业学院、沈阳化工学院、沈阳冶金技校、沈阳药学院、鲁迅美术学院、沈阳音乐学院、辽宁建工学院等一批教学楼。大专院校和重点中学建筑一般为4至5层，除教学主楼外，多数学校还建有礼堂、实验室（馆）、学生宿舍、试验工厂、农场等。主楼一般为中间高，两侧附配楼的格式，外装饰一般都搞些花纹图案、饰线来装饰。主楼前面或后面都有较为宽阔的操场、绿化广场，形成宁静、清幽的校园环境。

## 第四节 “文化大革命”及拨乱反正时期（1966—1978）

1966年8月19日，辽宁省暨沈阳市在中山广场召开庆祝无产阶级“文化大革命”群众大会，沈阳地区的“文化大革命”运动全面爆发。在上海“一月革命”风暴的影响下，沈阳先后成立了“革命串联总部”等18个造反派组织，各派组织在夺取各级党政组织领导权的狂潮中，相互斗争，以至酿成残酷的武斗。沈阳市的经济与社会事业遭到严重破坏。

“文革”初起时的沈阳，城市建设像其他方面一样也受到了严重的影响，城市住宅建设基本停滞，但城市道路、桥梁、环卫等基础设施建设尚在进行，1966年按计划完工了多项工程，覆盖面比较广，包括道路、桥梁、排水、防灾、绿化等，但到了局面更加复杂的1967年，城市基础设施建设已举步维艰，只完成了几项工程。

革命委员会时期的沈阳，正好处于我国第三和第四个五年计划时期，它是在1963—1965年的国家经济调整，国民经济得到恢复和发展，主要比例关系趋于协调的基础上进行的。这一时期的沈阳城市建设基本处于停滞状态。1962年，为了加强沈阳的城市建设，中央批准在沈阳国营企业利润中提取5%作为城市建设基金，但是“文革”开始后，这项基金就被取消，使城市建设资金每年减少3100万，10年一共减少了3.1亿元。沈阳市每年只剩下从工商税、公用事业附加税和房地产税三项收入中提取3500万元作为城市维护费。随着经济的发展，城市人口的不断增加，城市基础设施建设远远跟不上需求，造成了城市住房、交通、供水、煤气紧张，环境污染严重，城市建设发展停滞。为了改变这一现状，沈阳市也做出了各种尝试和努力。在慌乱中，在城市建设这一块还是做出了一些成绩，虽然是杯水车薪，但也在一定程度上缓解了压力，为后期工作的展开提供了便利。

1976年10月6日，以江青、张春桥、王洪文、姚文元及其在北京的帮派骨干被隔离审查为标志，持续十年的“文化大革命”终于结束了。轰轰烈烈的拨乱反正运动随即在全国各地深入开展起来，揭批“四人帮”，澄清真理标准的认识，解放被禁锢的人民的思想，沈阳的城市建设也继续开展起来。

## 一、城市基础设施建设

### 1. 城市路桥建设

第一，城市道路。

1966年9月，联合路新建道路工程竣工，该工程西起小北街，东止北海街，全长2473米，宽16米，造价56万元，它沟通了沈河、和平与大东区区间的交通，进一步减轻了大北街的交通压力；同月，滨河路道路工程和全长2100米的东顺城道路改建工程竣工；10月10日，南十路新建道路工程竣工，该工程全长6146米，于同年5月13日开工，造价104万元，市政公司施工；20日，肇工街道路改建工程竣工，该工程南起沈辽中路，北至北一路，全长5315米，铺装沥青混凝土路面，工程造价105万元；11月20日，全长2979米的铁西北一路道路改建工程竣工，工程造价32万元。

1967年10月3日，大东区新开河二零四南桥、北桥新建工程竣工，4月开工，南桥长18米，宽6米，北桥长31米，宽10米，均为钢筋混凝土结构。11月18日，沈吉铁路平行线道路排水工程竣工。

1967—1968年，道路建设和维修养护工作基本处于停滞状态，道路破损严重，许多道路被占用、堵死。1969年后，道路建设有所恢复。1973年，城区道路总长度1019公里，总面积875万平方米，其中高级路面已有1/3的路面超过了养护期。区属三、四级以下的小街路共有2300多条，其总长度是全市道路总长度的60%，总面积接近全市道路总面积的50%，绝大多数仍为土路。为此，市内各区组成“旧区改造”指挥部，对街巷土路进行全面改造，到1977年市内各区属街道基本实现了柏油化。

1970—1976年，先后完成延长兴华大街，改建青年大街道口，打通和平大街北段与市府大路相交，拓宽南京街（市府大路至二十七纬路黄河大桥立交桥南侧引道处）段，全面返修中华路；拓宽保工街建设大路至沈山线道口路段，延长工农路，拓宽北陵大街，扩建南北两洞桥通道和南京街、保工街、文艺路、五爱街，整修改建岐山路、沈抚公路南线、和平大街中段等100多项道路工程。1976年底，城区道路总长1019公里，总面积875万平方米。其中铺装路总长724公里，总面积670万平方米①。

---

① 沈阳市城市建设管理局编：《沈阳市城市建设管理局大事记》，沈阳市城市建设管理局2008年内部出版，第38-40页。

第二，城市桥梁。

1966年6月至12月间，沈阳市内和平大桥（现称工农大桥）、迎宾桥两项新建工程相继竣工。和平大桥于1964年10月19日开工，它位于南京街南端，横跨浑河，是沈阳解放以来建成的第一座大型桥梁，长390米，高10.6米，净宽16.3米，两侧人行道各宽1.65米；全桥12孔，每孔跨度32米，原桥为木结构，于1961年被洪水冲毁，新建的桥为钢筋混凝土结构，造价443万元。这座桥的建成对城市物资、粪肥下乡支援农业，农村蔬菜进城等发挥了重要作用。迎宾桥工程于7月15日竣工，它位于东塔机场正门前的南运河上，为钢筋混凝土单孔拱桥，因位于东塔机场民航候机楼正门处，为中外旅客必经之处，故名迎宾桥，其孔跨16米，长34.8米，宽12米，其中车行道9米，人行道各宽1.5米，造价6.5万元，沟通了市区与机场的交通。

1966年4月至9月间，南十路桥和北一路桥、新开河联合桥、皇姑区塔湾南桥竣工；塔湾桥改建工程竣工，该桥位于塔湾街北段跨新开河处，始建于清代，改建后桥长18米，宽9米，钢筋混凝土结构，3孔，跨径6米。

20世纪70年代，为了解决铁西与和平两区间拥挤的交通状况，扩建了南、北二孔桥两侧人行道，新建了南八和保工两立交桥。南、北二孔桥是日伪时期建成的通往铁西工业区的两个咽喉要道。南八立交桥是市区南部连接铁西的第三个要道，保工立交桥为中环路南北向的主要交通道口。长期以来，由于交通流量大，经常发生交通堵塞现象。如南八平交道口，有沈山、沈大等5条铁路，高峰时每小时通过机动车280辆，自行车2700辆，一般每隔5分钟有一次列车通过，严重阻碍了市内交通。因此在1973年和1976年分别采用顶拉法扩建了南、北二孔桥；1980年和1983年又分别采用气垫法顶进和整体预制顶进就位的施工方法，新建了南八、保工两座立交桥。从此结束了铁西区与其他区之间的道路平交道口长期阻塞的历史。

70年代，沈阳市先后建立了东陵上、下行线桥。上行线桥1970年7月初开工，同年10月1日竣工通车。桥长361.2米，共16孔，单孔净跨20米；宽11.7米，其中，机动车道宽8.7米，两侧人行道各宽1.2米，设有护栏。桥下部基础结构为直径0.8米冲孔灌注桩，桩长13.5米，双桩连接盖梁构成墩身；上部为钢筋混凝土预制板梁结构[①]。桥台砌锥形护坡，河南岸加砌块石护岸，以防洪

---

① 沈阳市城市建设管理局编：《沈阳市城市建设管理局大事记》，沈阳市城市建设管理局2008年内部出版，第40页。

水冲刷。鉴于交通量较大，各孔选用6片主梁，两侧人行道为悬臂梁，两端引道长150米。桥梁建筑面积4226平方米。桥的高程因上游有大伙房水库调节水位，按浑河五十年一遇洪水流量4700立方米/秒设计，大梁高出河岸1.5米；荷载为汽—13级，挂—60级。工程设计采用交通部公路设计院编制的《公路桥涵设计图》，造价241万元，由沈阳市市政建设工程公司施工。随着1974年沈抚公路南线工程建设，东陵上行线桥已满足不了交通发展的需要。辽宁省交通厅决定在上行线桥下游50米处再新建一座大桥，与其并列，称东陵下行线桥。长382米，17孔，每孔净跨20米；宽13.6米，其中机动车道宽10米，两侧人行道各宽1.5米，设有护栏。下部结构为双柱式钻孔桩；上部结构为钢筋混凝土T型梁；建筑面积5195平方米；荷载为汽—18级，挂—80级。工程造价331.5万元，由交通厅第二公路工程处施工。该桥于1975年3月3日开工，但由于工程质量问题几经返工，直到1979年7月1日才竣工。

南两洞桥，即站南立交桥，位于沈阳站南侧约500米沈大铁路线与南五马路相交处，是一座4孔钢筋混凝土结构的穿铁路地道立交桥。孔跨为5米+12米+12米+5米，孔长32.4米。桥孔呈东西走向，为铁路东部南五马路与西部建设大路的连接点。建筑体长43米，宽32.4米，高6.6米，荷载为中—26级。南两洞桥始建于1918年（一说1935年），因其地处沈阳市东南部繁华地区与铁西工业区的交通咽喉，为市区交通流量最大的十大交叉路口之一，时有事故发生。为改善桥下交通状况，1971年，市政府投资82万元，扩建、改造两洞桥为人车分行的4孔立交桥。扩建工程于1971年11月15日动工，由沈阳市市政工程设计院设计，沈阳市市政建设工程公司施工，于1972年10月25日竣工。扩建中，在原桥两侧增设孔跨5米、净高3.2米的边孔各一座，作为非机动车道与人行道。并对桥下排水设施进行了改进。施工中采取预制钢筋混凝土箱型框构整体顶进新工艺，保证了桥上沈山、沈大等6条铁路线正常通过。同时，还把桥西另一座两孔铁路专用线桥也扩成4孔立交桥[①]。

北两洞桥即站北立交桥，始建于1930年，位于沈阳站北侧约600米沈大铁路线与北二路相交处，为4孔钢筋混凝土结构铁路地道立交桥。孔跨为6米+10米+10米+6米，孔长100米。桥孔呈东西走向，为胜利大街与北二路的连接点。建筑体长41米，宽100米，高6.6米，荷载为中—22级。1976年5月，为改

---

① 沈阳市城市建设管理局编：《沈阳市城市建设管理局大事记》，沈阳市城市建设管理局2008年内部出版，第51页。

善桥下交通状况，市政府投资147万元，在原桥两侧增建孔跨6米、净高3.2米的边孔各一座，并相应地改进桥下排水设施。1977年5月1日竣工。扩建后桥体长度由原来的27米增至41米，东西引道计长140米，并设有石砌挡土墙。挡土墙上有0.75米砖砌护栏并植树绿化。桥下新建抽水能力在1.5立方米/秒的排水泵站一座，排水管道330米。在南侧桥洞的东西进口处设有人防密闭门，平时敞开通行，战时封闭断绝交通。施工采用预制钢筋混凝土箱型框架整体顶进新工艺。由于桥上是调车区，桥下通道孔长达100米，顶进施工困难。经采用顶拉法施工新工艺，既保证了顶进质量，简化顶进辅助设施，又保证了桥上铁路线正常运行。此项新工艺于1977年获得辽宁省科技成果奖励证书。1978年又获得全国科学大会颁发的奖状。扩建工程由沈阳市市政设计研究院设计，沈阳市市政建设工程公司施工①。

**2. 供水与水源建设**

从1968年开始的10年间，在水源建设上，取得了重大进展。在这期间，先后组织了两次水源大会战，10年中共新建成水源9处，水井81眼，贮水池5座，总容量2.1万立方米。在9处水源中，有4处水源属于砂山、新南塔水源的扩建工程；有日产水10万立方米的水源1处、5万立方米的3处。经过水源建设大会战，到1978年，日送水量已达到82.1万立方米，比1965年增加了36.9万立方米，增长了81.6%。

**3. 供气建设**

“文化大革命”期间，沈阳市燃气生产供应和气源建设从未中断。为解决工业生产和居民生活对煤气日益增长的需求，1969年，新建大型机械化焦炉1座，同时新建设计能力日产1.5万立方米的煤气发生炉3台，焦炉日供气量增加到20万立方米，并为全面改造水平炉提供了气源保证。进入70年代后，通过全面技术改造，将旧社会遗留的水平炉全部淘汰，建成了油制气气源，日供气能力达到15万立方米，生产技术水平也进一步提高。1976年末，油制气和炼焦煤气日供气能力总计38万立方米，比1965年增长了84.5%；煤气用户12.7万户，是1965年的2.1倍；液化石油气年销售量由1965年的131吨增长到10000吨，用户达到10万户；另外新建成3.5万和5.4万立方米贮罐2座和贮量各为150立方米的球形液化气贮罐4座。

---

① 沈阳市城市建设管理局编：《沈阳市城市建设管理局大事记》，沈阳市城市建设管理局2008年内部出版，第49页。

1969年，煤气二厂的24孔焦炉及其配套的粗苯工程全部建成投产。1969年9月，沈阳市炼焦煤气厂由国家投资455万元，在一号焦炉北侧，又建成二号24孔58型焦炉，日产煤气10万立方米。二号焦炉由鞍山焦耐院设计，冶金部第三建安公司施工。在修建中，由于得到全市180个单位的支持，实现了当年施工，当年投产。二号焦炉的建成，使焦化厂的日供气达到20万立方米，为煤气一厂水平炉的全面改造提供了保证。1970年煤气一厂建成4座日产气能力为5万立方米的重油催化裂解制气炉，又建成油制气气源，煤气产量充裕。到1972年老式水平炉已全部被淘汰，全市的供气量超过1亿立方米，加上增建了储气罐，增大了储存调剂能力，可以灵活调度24小时高峰与非高峰时间的用气量，使工期情况得到根本改善[①]。1974年，市煤气公司成立煤气管道工程队，专门从事输配管网的施工和户内煤气设施的安装。1975年投资20万元铺设了从一厂到二厂长达10公里的调度专用电缆，对生产厂的生产情况进行监控，组织指挥生产供应，从而加强了生产调度管理。1977年，成立煤气管线所，市煤气公司成立技术研究室，加强对煤气的科学研发和管理。

## 二、城市公共建筑

### 1. 广场

**大西广场** 位于沈河区大西路、沈阳路和西顺城街相交处，为椭圆形封闭式环岛，面积6019平方米。

1931年，奉天省城商埠局在修建十一纬路时，将此处与古城区的大西关大街沟通形成了大西门广场。解放后，该广场几经修建。1974年，拆除有轨电车轨道后，改建为一半水池、一半绿地的环岛，后改为花池，在200平方米的椭圆形花池中种植花草。后又修起花坛，设置假山种植树木。车行道长203米，宽22米，柏油路面。人行道里圈长87米，宽2米，柏油路面；外圈土路面，道边铺设边石323米，高0.76米的水泥围栅，植银杏、刺玫和花草等。广场为居民提供了休闲和娱乐的场所。

**方型广场** 在原有的基础上，1978年，对广场进行栽草绿化，经过多次修建改造。改建后的广场为一个圆形和两个长方形岛，广场道路长758.1米，车行道宽10.05米，沥青混凝土路面，人行道宽5.1米至7.7米，方砖路面。路边铺

---

① 沈阳市人民政府地方志编纂委员会编：《沈阳市情》，沈阳：辽宁人民出版社，1985年版，第488页。

设边石。有6个道路岔口，其中2个十字路、4个三岔路，成为市区南部又一交通枢纽。南五马路东连文化路，从方型广场两个长方形环岛中间穿过；光荣街从广场西北伸出连通大西路；文艺路从广场东北伸出连接万柳塘路；滨河路从广场东北伸出，呈“S”形在文化路、文艺路两东西干道上形成自然分流；南八马路从广场西南伸出向西连接沈辽中路。

2. 机场

沈阳东塔机场，历史亦叫奉天东飞行场，由张作霖建于1921年。张作霖被炸后，张学良担任了东三省保安司令，将东塔机场扩建成东北军用飞机场，并开设了兵工学校和修理工厂，在此培训军用机操纵和修理人才。

1931年九一八事变后，当时的伪满洲国国务总理郑孝胥与关东军司令官本庄繁签署了卖国的联合协议，设立了“满洲航空株式会社”，由此东塔机场实质上成为关东军的设施，关东军在此设立了满航航空工厂。后据说1945年溥仪由通河回沈阳的时候就是在此机场被苏联军队抓获。

此后相当长的时期，都是东北地区最重要和最大的机场，但直到解放初期，仅有一座小二层的综合楼。气象、航行调度、塔台指挥和外场保障等部门都挤在里面，好在当时乘坐飞机的旅客不多，凑合着也够用。比如在1950年，当时的中苏民航沈阳站年旅客发运量也只有99人次。

随着国家经济发展，民航事业从无到有，乘坐飞机出行的人逐渐多了起来。到1959年，东塔机场年旅客发运量达到1513人次，而且还在逐年增多。这样的客运量，与狭小的候机楼形成了矛盾，扩建候机楼的问题迫在眉睫。

1965年国家投资93万元，在东塔机场新建3716平方米的三层混合候机楼，一楼为候机厅，内设贵宾室、餐厅、小卖部，以及海关检疫和安全检查站；二楼和三楼分别为运输生产服务系统和航管、通信、气象等飞行保障系统。同年修建办公楼、招待所、职工宿舍7156.2平方米。1967年修建一座1246平方米的机修库。

## 三、城市其他主要建筑

1. 工业建筑

20世纪60年代至70年代中期，由于国家投资减少，沈阳的工业建筑处于分散改扩建和新建的状况，规模上处于低潮期。

1966—1970年，“三五”建设时期，主要建筑仍围绕军工、三线工程和部分工业厂房改扩建、新建项目施工。

1971—1977年，完成重点工业项目12项，建成各类工业项目面积150万平方米，改扩建和新建项目有沈阳农药厂、沈阳第二印染厂、沈阳汽车制造厂、沈阳手表厂、沈阳自行车厂、沈阳钟厂、沈阳水泵厂等。这些项目的建筑呈现出类型多、工艺新、标准高的特点。比较典型的工程有：沈阳一一二厂飞机总装车间、沈阳市钟厂装配车间、沈阳有色金属加工厂厂房、沈阳毛纺织厂精纺车间、沈阳钢厂主厂房等。

**一一二厂航空工业工程** 位于沈阳飞机制造公司院内，是20世纪70年代国家航空工业重点工程，总建筑面积4.4万平方米，总造价1100万元，总计18个项目，由第三机械工业部设计院设计，沈阳市第四建筑工程公司施工，1970年8月开工，1979年陆续建成。飞机总装车间为这一工程的代表作，该车间厂房建筑面积为1.1万平方米，长144.1米，宽67.8米，为单层钢筋混凝土结构，毛石混凝土基础，钢筋混凝土屋架。厂房为地上地下各二层建筑，地上建筑高跨部分为总装车间厂房，跨度为36米，屋顶建有两排大型钢窗，便于采光、通风。低跨部分为二层附属生活、办公建筑。该厂房在36米跨钢混拱形屋架施工中采用了“钢丝束后张法预应力”新工艺。

**沈阳市钟厂装配车间** 位于沈河区朝阳街，沈阳市钟厂院内，占地1284平方米，建筑面积3987平方米，工程造价40万元，由辽宁省建筑设计院设计，沈阳市第四建筑工程公司施工，1973年7月开工，同年底竣工。该工程为二层砖混结构，由主楼、正厅组合而成，平面呈“L”形。车间内空气流畅、光线充足，工作环境良好，整个建筑物线条明快、美观大方，外罩面为白色水刷石，正厅顶部建有钟塔，安装一部自动报时的电子钟，是20世纪70年代初期比较典型的新型标准工业建筑。

**2. 商业建筑**

20世纪70年代开始，沈阳陆续扩建、新建了一批商店、旅店。其中，沈阳市皇姑副食商场、和平旅社、市政府第一招待所、中街地下商场、沈阳市工艺美术大楼，分别坐落在市区。后来由于商业机构大合并，以及其他原因，商业基础设施建设处于停滞状态，使商业网点变成了“大、稀、少”。到1978年全市商业网点不足50年代的10%。为了迅速改变这种局面，10年来，市政府采取各种措施做好恢复工作，在大力发展商业网点中，投资建设了一批具有现代化水准的大型商业企业，改造了老商业区，使沈阳商业的基础设施取得了令人振奋的巨大成就。

**3. 文化体育建筑**

**辽宁省体育馆** 辽宁省体育馆，沈阳人又称其为“大馆”。据《沈阳市建筑业志》中记载：辽宁省体育馆于1974年7月动工兴建，1975年10月竣工落成，由中国建筑东北设计院设计，主建单位为辽宁省第二建筑工程公司。1974年辽宁省建设委员会下达了《1974年基本建设重点工程项目通知》，《通知》要求各市建委要“集中人力、物力，首先保证包括辽宁省体育馆在内的重点工程项目，力争尽早建成”。计划投资800万元。建成后的辽宁省体育馆建筑面积2.97万平方米，占地面积为10万平方米，投资总额达958万元。

其中体育馆主馆是由3个环向轴和24个径向轴组成的圆形结构，建筑面积为2.04万平方米，直径91米，高31米，设有10500个座席。该馆为钢筋混凝土杯形基础，屋面结构为直径91米大跨度三向空间钢管网架，双层看台采用预制装配整体式钢筋混凝土框架结构，外墙贴瓷砖，局部用马赛克和水刷石，柱、梁、板均系预制。设有暖气、冷风、空调等设备。钢屋架安装施工由辽宁省工业安装工程公司承担，1975年1月28日，重485吨、直径91米的圆形网状屋架整体吊装一次就位成功。抹灰工程由丹东、营口、本溪等市建筑工程公司分片包干。主馆比赛场地为椭圆形，东西直径48.8米，南北直径32米，设有主席台、裁判台和运动员观摩席，可进行篮球、排球、乒乓球、羽毛球等体育项目比赛，也可以演出歌舞、杂技及大型集会等活动，底层设有贵宾休息室、运动员休息室、练习厅、更衣室、淋浴室及新闻电（视）台转播等服务用房。二楼设有环形休息厅、电影放映室。两部室外大型扶梯分两段，直上二楼。通风机房设在比赛厅的外环，与比赛厅隔有6米天井，有利于隔声；其屋顶为观众室外休息平台，从外观看，好似比赛厅的基座，使整个建筑稳重、挺拔、气派。立面以实墙为主，与休息厅落地窗形成虚实对比，白色宽檐口与基座环形栏杆上下呼应，组成一体，形成了北方特色的建筑风格。建成后的辽宁省体育馆是辽宁乃至东北地区最大的体育馆，也是沈阳市十大标志性建筑之一。

自1977年建成首场接待朝鲜平壤杂技团来沈阳演出开始，几十年来已进行万余场的大型文艺演出及各种体育比赛。对于沈阳人而言，辽宁体育馆见证了沈阳市体育事业和文化事业的发展，影响了一代沈阳人。

**中华剧场**　位于和平区南京南街。1970年10月开工，1971年5月交付使用，有座席2060个，影剧两用。是70年代沈阳新建的规模最大的剧场。由东北建筑设计院设计，沈阳市第三建筑工程公司施工。剧场坐东朝西，建筑面积7700平方米，三层，钢混结构。舞台面积较大，前厅高9.75米，最高处17米，整个大厅宽敞明亮，两廊为观众休息室，后台设有服装室、道具室、化装室、演员休息室。

# 第五节　改革开放以来的沈阳（1979—2010）

经过全面的拨乱反正，长期“左”的错误造成的严重混乱局面得到根本改变，全市各条战线的工作重新呈现勃勃生机，历经曲折的沈阳终于从困境中摆脱出来，从而迈上建设中国特色社会主义的康庄大道，沈阳迈入改革开放时期。

## 一、城市规划与发展

从改革开放至今，沈阳市进行了第二轮和第三轮城市总体规划。

1975年沈阳市开始编制第二轮城市总体规划，改革开放以后，历经数次修订、调整和补充，最终于1981年经国务院批准实施。规划确定城市性质为辽宁省省会，东北地区交通枢纽，以机电工业为主的综合性社会主义工业城市。

本轮规划方案严格控制城市规模，调整工业布局和住宅布局，全面改造旧区，积极治理环境，规划建设新北站，迁出市内原有机场(滑翔机场和东塔机场)，原有机场用地改作生活居住用地，并在市郊规划新建大型国际机场;改造和完善太原街、中街、北市场等市级商业中心①。建设外环路，控制工业发展规模，大力发展小城镇。城市规划基本适应了改革开放以后城市大规模发展建设的需要。

第三轮城市总体规划，即现行总体规划编制开始于1992年，于2000年1月得到国务院正式批复。本轮规划确定沈阳城市性质为辽宁省省会，是全省的政治、经济和文化中心；是东北地区的中心城市；是全国重要的工业基地；是国家级历史文化名城和旅游城市②。

提出核心区“跨浑河”发展，将沈阳核心区的建设重点由浑河北岸南移，通过开发建设浑河南岸地区，将浑河变成城市内河。

城市规模方面，2010年沈阳市实际居住人口为472万，城市建设用地为350平方公里，城市结构为“分散组团式”布局形式，以三环路内为中心，周围四个副

---

①《沈阳市城市总体规划（1979-2000）》。
②《沈阳市城市总体规划（1996-2010）》。

城和两个组团形成中心组团式的布局，开辟了良好的发展空间，向松散布局过渡，同时城市重点发展第三产业。本轮规划加强了生态环境建设要求，制定了由五条东西向道路、七条南北向道路和三条环路构成的道路网主骨架，同时编制了快速轨道交通线网规划等，城市规划为城市快速发展提供了技术支撑。

## 二、城市新区建设

改革开放以来，沈阳城市新区的建设突飞猛进，成效显著，几个新区的突起，使沈阳城市面貌大为改观，不仅市区扩展，而且以新的城市建设思维、新的规划设计指导建设，无论工业厂区、公用大厦、商业楼盘还是住宅楼，以及街道与公用设施，均具有新设计、新风貌、新体式，凸显了现代大都市阔大、恢宏、繁荣的景象。

### 1. 铁西新区

**简介** 有“大铁西”之称的铁西新区是沈阳市五城区之一，是中国著名的工业区。铁西新区由原铁西区和沈阳经济技术开发区连接起来的“S”形区域组成，总面积126平方公里，人口100万，享受市级管理权限。铁西新区北临皇姑区，西接于洪区，东与和平区接界。区内交通发达，基础设施完备，工业文化浓厚，城区环境优美。

2002年6月18日，沈阳市委、市政府做出重大决策，决定铁西区与沈阳经济技术开发区合署办公，成立铁西新区。沈阳经济技术开发区是国家级开发区，总规划面积34.5平方公里，经过14年的发展建设，已具备优秀的城市功能和符合国际标准的管理服务机制，有世界五百强企业中的40多家在开发区投资。经过几年的探索实践，铁西新区走出了一条老工业基地改造振兴的新路。

2007年6月9日，铁西区被国家发改委、国务院振兴东北办授予“老工业基地调整改造暨装备制造业发展示范区”称号，同年，铁西区与细河经济区重组，诞生总面积484平方公里的“大铁西”。

2008年12月，铁西区先后被授予“全国改革开放30年十八个典型地区之一”和“2008联合国全球宜居城区示范奖”称号。

2009年，《铁西装备制造业聚集区产业发展规划》已获得国家发改委正式批准，上升为国家战略；铁西新区被命名为“国家可持续发展实验区”“国家新型工业化产业示范基地”“国家科技进步示范区”“国家首批知识产权强区”“全国义务教育均衡化示范区”，入选“新中国六十大地标”。

2010年4月7日，沈阳市铁西区十字金廊西部商圈建设启动，21家大型服务业项目开工、复工。铁西区紧紧抓住地铁一号线正式运营的契机，将地铁经济与十字金廊的发展合二为一，启动铁西十字金廊西部商圈战略。举行开复工典礼仪式的不但有大连万达、上海长峰房地产集团等国内知名企业，更有瑞典宜家、土耳其星摩尔等国际知名企业。服务业将成为今后铁西城区发展的核心。

当前铁西正积极推进具有国际竞争力的先进装备制造业基地建设，努力打造铁西产业新城，加快实现第二次飞跃。

**优势** 铁西“四新”：都市气派新铁西、繁华似锦新铁西、流光溢彩新铁西、秩序井然新铁西。

铁西“四最”：沈阳工业企业实力最强、沈阳工业企业规模最大、沈阳工业企业数量最多、沈阳工业企业集中度最高。铁西新区是东北老工业基地的核心。

铁西新区综合实力明显增强，工业总产值、规模以上工业产值、财政收入等几项主要指标增幅都超过30%。辐射带动能力强。区内的各工业行业、企业已在国内建立了较为完善的市场营销网络体系，具备了在区域内辐射东三省及环渤海区域、在区域外辐射全国、在国际上辐射东北亚的物流优势。

铁西新区硬环境建设也堪称大手笔、大气魄、大投入。全区绿化率达到34%，空气清新宜人，街路宽敞笔直，环境优美，城区功能完善。目前区内已经形成工业服务体系、生活服务体系、社会服务体系三大服务体系。铁西区通过发展现代物流、仓储、运输等服务业，开发建设生产资料物流园、生活资料物流园以及科研服务项目和专业化市场，为工业发展提供全面服务，城市的服务功能全面提高。

铁西新区交通便利。东西快速干道和正在建设的地铁线横贯铁西新区，铁西新区距沈阳桃仙机场仅20分钟车程，是京沈、沈大、沈丹等高速公路和长大、沈山、沈吉、沈丹等数十条铁路的交会地区。

**产业基础雄厚** 区内企业规模宏大，工业门类齐全，配套能力强大。在装备制造产业内，聚集了数控机床、透平压缩机、超高压机组、大型水泵等拳头项目和技术顶尖企业。在中国有能力制造的24类210种成套设备中，沈阳占三分之二，在沈阳创造的工业产值和利税中，66%来自铁西。目前已有40个国家和地区的1300多家企业入驻铁西，其中跨国公司83个，世界五百强企业21家。铁西区环境优美，道路通畅，9条25公里长的铁路专用线和几十条国内外空中航线纵横交织，325条街路与沈大、京沈高速公路连接，形成了四通八达的街路通行网。区内有技术中心15个，其中国家级1个，省级9个，市级5个，各类专业技术人员4.1万人，30万的产业大军构成铁西发展的强大力量。全区工业企业880户，其中规模以上252户，堪称“中国制造业之都”。

铁西新区已经做大做强装备制造、汽车及动力、医药化工、食品饮料及包装、纺织印染、新兴冶金等六大产业。六大产业奠定了铁西区的发展基础。

产业集聚初见规模。重点推进的产业集群有汽车及零部件、摩托车及零部件、家电及电气、工程机械、通用机械、纺织服装、冶金产业、模具及压铸件、包装印刷、食品饮料等十个产业集群。十大产业集群规划占地20平方公里，现共有项目260个，十大产业集群2007年实现产值530亿元，2010年实现1000亿元。

**全球宜居城区示范区**　沈阳铁西区始终坚持把优化发展环境作为关系振兴成败的战略任务来对待，按照“科学规划、抓近谋远、强力投入、高标准建设、精细化管理”的工作思路，优化和提升发展环境。围绕建设生态宜居环境，实施了重大基础设施建设、园林绿化等一系列建设工程。全区一、二、三级街路，公铁立交桥全部实现景观化改造，城乡道路通行能力明显增强。加大环境整治力度，关停86户重污染 、难治理的企业，大气环境发生了根本性的变化。加强生态环境建设和保护，实施了绿化、水系、环保等生态工程，完成了细河、卫工河清淤和护坡绿化改造，新建扩建熙湖壶水景公园、仙女湖公园、腾飞公园，人居环境得到了大幅度提升。立足于营造健康向上的人文环境，铁西区切实加大投入，投入资金70亿元将214户企业搬离城区，同时拆迁光明、牛心屯等旧区、棚户区共342片。先后改造建设了沈阳工人会堂、体育场、体育馆等一批公益性场馆，规划建设了工业文化雕塑走廊、重型工业文化广场、中国工业博物馆等，形成了完整的工业文化格局，为铁西老工业基地振兴提供了良好的文化条件和强大的精神力量。

经过几年的努力，铁西区城市环境面貌发生了翻天覆地的变化，水系、湿地、公园绿地、街心广场等城市“绿肺”与休闲场所建设堪称“大手笔”，一街一园、一园一品；同时，大面积植树175.2万株，新增绿地641万平方米。消除了裸露地面，实现了软硬覆盖。大气优良天数由203天上升到321天，并获得2006年度沈阳市最佳区域环境质量改善奖。铁西百姓，走出家门200米就有健身器材、300米就见景观绿地、800米就到休闲广场。一个老旧城区被改造建设成为一个安居乐业的具有现代化都市气息的新城区，获得了“2008联合国全球宜居城区示范奖”。

**2. 浑南新区**

**简介**　浑南新区是沈阳市新发展的城区之一，位于沈阳市南部，居浑河南岸，故名。面积292平方公里，人口30万。

浑南新区规划面积120.6平方公里。新区与母城隔河相依，环抱母城南部，与母城相映生辉。本着“线形城市的带状组团结构，公交主导的出行方式，可持续发展的生态系统”的规划理念，由中国北京、上海、台湾以及美国、日本、澳大利亚、加拿大等国内外著名规划设计单位竞标产生规划设计方案，其主要功能单元为“三区一城一带”，即高新技术产业区、高档次中央商务区、高品质居住区、大学城、浑河观光旅游带。主要建设用地80平方公里，其中产业用地20%，商贸金融用地4%，居住用地20%，教育科研用地6%，道路用地20%，公共绿地20%，其他用地10%。新区主体部分为东起沈抚高速公路东陵大桥、西至长大铁路的浑河与南三环之间区域，东西长约21公里，南北宽3—5公里，呈带状隔浑河与母城相望，规划面积90平方公里，常住人口20多万人。

新区区位条件优越。向南，距离沈阳空港——桃仙机场仅7公里；向北，通过已建成的浑河东陵桥、长青桥、富民桥、浑河桥、胜利桥与母城相连；沈营、沈丹、沈抚高速公路及机场路、沈祝路、沈苏快速干道和长大铁路等贯穿新区。

浑南新区空间上是在金廊、银带骨架基础上的一轴两带格局。一轴即南部金廊，并以此为基础形成新区现代服务业中心，两带即沿浑河的观光休闲娱乐产业带和沿三环的高新技术产业带。

金廊、银带延续沈阳市“大十字”空间结构，以浑河大街为轴线摆布展示大都市风采、显示新沈阳气派的酒店、写字楼和办公设施，形成浑南新区的经济核心区，结合奥体中心配套建设商业、文化、休闲设施，形成辐射全区的中心，构筑浑南新区现代服务业的主体功能。

**自然地理** 地貌：浑南新区位于浑河水系冲积而成的浑河平原上。新区地形平缓，区内地势东高西低，南高北低，平均海拔低于50米。

气候：浑南新区属于北温带受季风影响的半湿润大陆性气候。年平均气温在8.9℃左右，历史最高气温为38.3℃，发生在7月份；最低气温为-30.6℃，发生在1月份。年平均降水量为732.4毫米，7—8月降水量占50%左右。年平均日照时数为2554小时，最多在5月，266小时/月；最少在12月，156小时/月。

大气与水质：大气环境优于国家二级环境质量标准。地下水水质达到国际三级标准。现今区内浑河、白塔堡河水污染得到有效控制。

环境保护：环境质量优于国家城市功能区标准，绿化覆盖率达到40%以上。

规划目标：绿化覆盖率50%以上，绿地率35%以上，人均公共绿地35平方米，超过国家园林城市标准。

**发展沿革** 沈阳市浑南新区前身为沈阳高新技术产业开发区。始建于1988年5月，1991年被国务院首批批准为国家高新技术产业开发区，是科技部重点支持的众多开发区之一。高新区的建设和发展经历了初创起步、发展提高和新区建设三个阶段。

初创起步阶段（1988—1992年）。1988年5月，市委、市政府决定在智力最密集的南湖地区建设高新技术产业开发区，面积120平方公里（以政策区为主），一是以三好科技街为载体，沿街两侧新建和改建科技门点，为入区企业科研成果开发、转化及营销提供场所。企业的特点以“前店后厂，两头在内、中间在外”的经营方式进行资本原始积累。二是对入区企业实行“自筹资金、自愿组合、自主经营、自负盈亏、自我约束、自我发展”以及技、工、贸相结合的运行机制，将企业推向市场。三是初步形成“纵向垂直领导，横向相互协调”，减少管理层次，初具市场经济雏形的综合管理服务体系。四是以政策驱动为主，起到了对科技人员走出大院、下海创业，投身经济建设主战场的推动作用。

发展提高阶段（1992—2000年）。邓小平同志南方视察讲话发表之后，市委、市政府作出把南湖科技开发区建设成“北方深圳”的重大决策，提出了“放开胆子，用足政策，跳跃发展，辐射全市”的十六字方针，高新区驶入了加速发展的快车道。一是以政策区为主转向以产业区建设为主，开始建设0.5平方公里的南塔产业试验区，1993年经国务院批准，在浑河南岸开发建设10平方公里的浑南产业区，高新区工作重心转向招商引资。二是外向型经济发展由主要依靠政策驱动，逐步向注重优化配置资源和加强软硬环境建设转变。三是产业发展由小规模分散发展向集中优势发展特色产业和主导产业转变，更加注重产业的规模化、融资的多元化、资产的股份化和市场的国际化。四是从渐进式改革向建立适应市场经济和高新技术产业发展规律要求的新体制、新机制转变，营造出了局部优化的投资环境。

新区建设阶段（2001年至今）。2001年1月，市委、市政府作出在高新区基础上建设浑南新区的战略决策，提出把浑南新区建设成为“北方浦东”的战略目标，高新区进入了“二次创业”的新的发展阶段。

经过十几年的开发建设，高新区已形成了以民营企业为主体，多种经济形式并存的高新技术企业群体，发展了一批高新技术产业，造就了一批高新技术产业带头人，初步形成了适应市场经济需要、有利于高新技术产业迅速发展、与国际惯例接轨的良好环境，为扩大对外开放、带动地区经济发展和社会进步发挥了重要作用。

**总体规划** 沿浑河充分发挥生态、观光旅游作用，以形成良好的天际线形象，塑造富于北方特色的滨水空间为目标，形成集公共建筑、文化体育娱乐设施为一体的生活休闲观光带。

沿三环高新技术产业带，由两大产业板块组成，西部产业板块，主要包括苏抚铁路南、浑南大街两侧现已建成的国家级高新技术产业开发区，发展重点是改善形象、调整功能，以动漫、研发孵化为主要发展方向；东部产业板块，分布在长青街以东，以出口加工区和新加坡产业园区为主体，重点发展信息产业和先进装备制造业，占领高新技术产业制高点。

高新技术产业开发区：规划用地16平方公里，由长白工业区、高新区浑南产业区和未来产业区三部分构成。产业主要设计了863软件园、AMT园、信息产品制造园、新材料产业园、海峡两岸科技工业园。重点发展电子信息、先进制造技术、生物工程、新材料、汽车等为主导的高新技术产业。

高档次中央商务区：规划面积2.6平方公里，是为发展高新技术产业服务的金融商贸区，体现浑南新区高科技、现代化、国际化特征，将规划建设成为具有金融、贸易、商业、文体娱乐、商务服务、政府服务、科教会展、通信服务等功能配套的综合区域。

高品质居住区：规划用地5.2平方公里，具有住宅、幼儿园、学校、购物、邮电、电信、有线电视、银行、旅馆、饭店、娱乐、停车场、小型公园等配套服务设施。

高等级大学城：规划用地10平方公里，实行开放、资源共享模式，为国际一流水平和规模的大学科研、教育园区。包括教学楼、办公楼、图书馆、体育场馆、音乐厅、学生公寓、职工住宅、高科技人才交流中心、大学科技园等综合配套设施。

浑河观光旅游带：参照世界著名滨水城市的治河模式改造浑河，把浑河及其两岸建成集自然、休闲、娱乐、防洪为一体的观光旅游带。规划建设大型公园绿地、大型综合性游乐场等建筑景观与浑河河岸自然景观。

沈阳国家航空产业基地：总规划面积约127平方公里，四至范围：北至三环，南至塔山北，西至哈大客运专线及沙河，东至沈丹高速及李相路。该区域行政隶属东陵区和苏家屯区，涉及的主要乡镇有桃仙镇、白塔堡镇、沙河铺镇、林盛堡镇、陈相屯镇、佟沟乡等。其中属东陵区101.5平方公里，属苏家屯区25.5平方公里。2010年2月28日，在沈阳市东陵区、浑南新区、航高基地合署办公动员大会上，市长陈海波宣读了《市委、市政府关于我市行政区划局部调整的决定》，东陵区划出浑河站西街道和浑河以北土地，与浑南新区、航高基地合署。

**发展目标** 浑南新区作为“现代服务业的中心、研发创新的基地、新兴产业的制高点和展示形象的窗口”，将立足高新技术产业，发展现代服务业，以优化产业结构和区域发展布局为主线，提高资源配置效率，进一步构建优势突出、特色鲜明的新型产业体系，努力创建科技创新型新城区，争做沈阳建设创新型城市的火车头和主力部队。截至2005年底，新区高新技术产业产值为208.8亿元，占新区全部工业产值的70%。

到2010年，形成以电子信息、先进制造为主导，以生物医药、新材料为优势，新兴产业崛起的产业格局。电子信息、先进制造两大产业占高新技术产业比重达到80%以上，在信息基础设施、信息产业、信息化生活等领域建设方面形成优势，“数字浑南”的框架基本搭建完成；新材料和生物医药产业作为优势产业将得到持续发展。

经过多年的发展，浑南新区已基本形成了以高新技术产业和现代服务业为支撑的产业发展格局。

**3. 沈北新区**

**简介** 沈北新区（原新城子区）地处沈阳市区北郊，由沈阳郊区的新城子区和沈阳辉山农业高新技术开发区、沈阳虎石台经济技术开发区、沈阳道义国家级星火技术密集区三个省级以上开发区为主体共同组成。位于大连、沈阳、长春、哈尔滨“东北城市走廊”中部，南靠沈阳市区，北隔辽河、万泉河与铁岭、法库县相望，东与抚顺市、铁岭县毗邻，西接辽西走廊，与新民市、于洪区相连。是连接吉林、黑龙江和内蒙古三省区的黄金通道和“东北城市走廊”的枢纽重地。坐标介于东经123°16'至123°48'，北纬41°54'至42°11'之间。沈北新区总面积1098平方公里，总人口319380人。区内有辽宁大学、沈阳航空航天大学、沈阳师范大学等数所高校。

**自然地理** 地形山脉：沈北新区地势平坦、开阔，平均海拔为58米；全区地势自东向西倾斜，东高西低，东部属丘陵地貌，中部属黄土堆积平原，西部属辽河冲积平原。七星山旅游风景区位于沈阳市沈北新区石佛寺乡境内。七星山形成于侏罗纪末期，由南山、塔山等七座山头组成。风景区因其山形分布酷似北斗七星形状而得名。山间沟壑纵横，层峦叠翠，分布有狐狸大沟等山沟二十多个。塔山南坡有泉眼一处，泉水清冽甘甜。

气候特点：属于北温带大陆性季风气候，四季分明，年平均气温7.5℃，年降水量672.9mm。

水文状况：沈北新区内有辽河、蒲河等7条河流绵延流过。

自然资源：沈北新区有着丰富的自然资源。拥有70万亩肥沃的良田，是名副其实的“鱼米之乡”。中部地区蕴藏着丰富的煤炭和优质矿泉水资源，东部山区有大量的石灰石、大理石、滑石和硅石等矿产。东部的石人山自然生态区，森林茂密，动植物资源丰富，是省内罕见的野生动植物资源宝库。境内东部盛产林果，中部建有蔬菜、花卉、苗木生产基地，西部是优质米生产基地。

**历史沿革** 2006年3月，沈阳市人民政府批准：新城子区和沈阳辉山农业高新技术开发区合署办公，设立沈北新区。东陵区辉山街道（即沈阳辉山农业高新技术开发区）在建制上划归沈北新区管辖；蒲河镇和马刚乡部分行政区域（即原新城子区望滨乡和蒲河镇的莲花、新屯、马庄子3个村），东陵区高坎镇、满堂满族乡和英达街道部分区域为沈阳棋盘山国际风景旅游开发区（不是正式行政区）管理区域，其中东陵区高坎镇和满堂满族乡在建制上由沈阳棋盘山国际风景旅游开发区代管。

2006年10月8日，民政部《关于辽宁省沈阳市新城子区更名为沈北新区的批复》（民函[2006]300号）批准：同意将沈阳市新城子区更名为沈北新区。

2007年1月19日，辽宁省政府（辽政[2007]18号）批准：同意撤销沈北新区财落镇、道义镇建制，保留财落、道义街道办事处；撤销沈北新区虎石台镇、蒲河镇，设立虎石台、蒲河街道办事处；撤销于洪区翟家镇、大青中朝友谊乡，设立翟家、大青中朝友谊街道办事处。

2007年12月24日，沈阳市人民政府批准（沈政［2007］261号），同意沈北新区撤销辉山街道办事处和蒲河街道办事处，合并设立辉山街道办事处。合并后的辉山街道办事处区域面积88.28平方千米，辖20个社区，人口9.3万人，办公地址：辉山大街123号。四至为：南起东陵区与沈北新区两区在东陵区满堂街道上水村西交会点，向东再向北经满堂村、小李沟村、辉山村、蒲河街道莲花村、新屯村、望滨村、马刚乡洋什村、松树村、石山子村至马刚乡、清水台镇南交界点；再向西经清水台镇泥沟堡、东五旗、中五旗、崔公堡至崔公堡与虎石台镇小望村交会点；然后向南经虎石台镇小望村、中古城子、柳岗、东陵区前进街道大志村、皮台村、小东沟村至小东沟村东公路涵洞；再向东经东陵区英达街道长岭子村、东沟村、北沟村至起点。

2007年12月26日，经省人民政府批准（辽政[2007]236号），同意设立沈北新区望滨街道办事处，辖原蒲河街道办事处望滨村、南三家子村、闫家村、东四家子村、古砬子村、湾沟村，原马刚乡章子沟村、曾子沟村、黑林子村、合心村、山城子村、房身沟村、邱家沟村。区划调整后，望滨街道办事处辖13个村，区域面积50.6平方公里，实行街道管村体制；蒲河街道办事处辖12个村，区域面积63.59平方公里，实行街道管村体制；马刚乡辖12个村，区域面积34平方公里。注：望滨街道办事处由沈阳棋盘山国际风景旅游开发区代管。

**新区定位** 吸纳百万人口：为了实现百万人口规划，沈北新区打算采取四大手段迅速集聚人气。

改革的试验区：沈北新区要成为东北老工业基地改革开放的试验区。

特色旅游之乡：新区有得天独厚的沈阳棋盘山风景区、沈阳国家森林公园、沈阳怪坡风景区和沈阳七星山风景区。

生态宜居城市："住宅郊区化"是城市发展的必经途径。

高校集中地区：新区教育事业发展比较迅速，一批新学校即将落户。

城际连接走廊：沈铁工业走廊两侧将建立17个工业园区，园区将从沈北新区一直延伸到铁岭、昌图。

**产业经济** 沈北新区的基础设施完备，水、电、气供应充足。辽河、蒲河流经境内，黄家自来水厂日供水能力达10万吨，是沈阳五大水源地之一。东北电网最大的输变电所坐落在境内，电力设施齐全。沈北新煤气储罐储气能力达20万立方米。邮电通信与各大城市联网，可办理国际国内邮政业务，程控电话可直接拨通国际国内各大城市。四家专业银行和三家保险公司可为国内外客商提供热情高效的金融、保险服务。

改革开放以来，沈北新区利用得天独厚的地理优势、资源优势，全方位实施外向牵动、改革驱动、科教拉动和合力推动四大战略，全区经济和社会各项事业都取得了长足的发展。

"两高一优"农业方兴未艾。沈北新区形成了东部林果、中部蔬菜、西部水稻，旱田、水田、效益田各占1/3的生产格局。农业产业化进程不断加快，优质米、苹果梨、棚菜、露地菜、肉食鸡、蛋奶、肉牛、玉米制种、淡水鱼、花卉等十大农副产品基地已初具规模。兴建了优质米加工、肉鸡屠宰等五大涉农龙头企业。全区农业产业化步入了种、养、加相结合，产、供、销一条龙，贸、工、农一体化的良性发展轨道，并正在向基地化、区域化、专业化、深加工、创汇型方向发展。

工业发展突飞猛进。形成了以机械、建材、制药、机绣、化工、造纸、服装、酿酒八大行业为主体，门类齐全的工业体系。乡镇企业异军突起，成为全区经济的主导力量。

外向型经济迅速崛起。出口创汇产品达到40个种类，产品远销美国、法国、日本、韩国等209个国家和地区，并建成木制品、针织品、肉食鸡、工艺品四大出口商品生产基地。

第三产业蓬勃兴旺。以国营商场、宾馆和大型集贸市场为主体，以城乡星罗棋布的商贸网点为羽翼的服务网络已经形成，物资贸易、商、饮、服、修等企业和网点遍布全区各地，提供购物、餐饮、住宿等全方位的优质服务。

海内外投资者纷纷看好新区，美国通用电气、德国西门子、韩国三星、荷兰TNT、法国达能、中粮集团等十余家世界五百强企业，以及沈阳乳业、南京雨润、华美畜禽、金石豆业、禾丰牧业、东亚种业、通威饲料等近20家国家级农产品深加工龙头企业相继落户新区。

“十一五”时期，沈北新区将引进培育规模以上企业2000家，主要经济指标每两年翻一番，实现工业产值2000亿元，财政收入40亿元，经济社会发展总体水平进入全省区（县市）的前列。

**4. 棋盘山国际风景旅游开发区**

**简介**　棋盘山国际风景旅游开发区位于沈阳市东北部，东邻抚顺，西至沈河区，南至浑河，北接铁岭，距沈阳市区17公里，是沈阳市的东部屏障，是一处以自然山水林木为主体，既有森林生态旅游、冰雪旅游、风光旅游、度假旅游、名胜古迹旅游等旅游系列，又是融棋牌竞技、科普知识、商贸购物、文体娱乐为一体的旅游胜地。棋盘山开发区区域面积为203平方公里，辖高坎、满堂、望滨、英达4个街道，总人口5.6万人。开发区内外交通网络丰富，外围道路有三环高速路、沈哈高速路，内部有沈棋路、马宋路、沈抚路、集锡高速路、毛望路、蒲望路、旧满路通过，铁路有沈吉线从区内通过。以沈阳市为中心的100公里范围内，环绕铁岭市、抚顺市、辽阳市、鞍山市、本溪市等辽宁中部城市群，辐射人口2400万。

**自然环境**　地理：棋盘山开发区内多低山丘陵，属长白山系哈达岭余脉，其中石人山海拔441.3米，位于棋盘山开发区北部国家森林公园内，是沈阳最高峰；棋盘山位于棋盘山景区内，海拔260.1米。在山顶斜下方曾有一巨石棋盘，传说仙人吕洞宾和铁拐李曾在此对弈，这便是棋盘山山名之由来。

气候：棋盘山气候属中温带季风气候，冬季寒冷多雪，夏季炎热多雨。全年平均气温7.41℃，夏季气温比市区低2℃左右，是沈阳避暑胜地；全年无霜期148天，年平均降水量为750毫米，平均相对湿度为65%—70%。棋盘山开发区空气清新，空气中负氧离子含量为每立方厘米738个，是市区的6倍，号称沈阳“绿肺”。

河流：棋盘山开发区内河湖密布，其中全长415公里的浑河流经棋盘山开发区内14.34公里，属省级管辖的河流。此外，区内还有旧站河、仁境河、中马河、泗水河、蒲河、满堂河等市、区级管辖的河流6条。面积为5.04平方公里的秀湖，东西狭长，从空中看，形状如草书的“秀”字，因而得名。秀湖水质清澈，水产资源丰富，与环绕周边的棋盘山、辉山、大洋山并称为“三山一水”，是棋盘山景区的重要组成部分。

生态：棋盘山开发区全区林地69平方公里，水面14平方公里，生态基础良好。棋盘山开发区已于2008年通过了国家生态区的省级验收，2009年通过了国家环保部环保测评核查，2010年通过了国家环保部专家组的考核验收。目前，棋盘山开发区创建国家生态区各项指标已全部达到了国家生态区的验收标准，圆满完成了国家生态区创建任务。

**旅游资源**　棋盘山开发区旅游资源丰富，世博园景区、秀湖景区、森林公园景区、鸟岛、清福陵、森林野生动物园、盛京高尔夫俱乐部等分布其中，构成了沈阳黄金旅游线路。棋盘山风景区2001年荣获国家首批AAAA级旅游景区，世博园2007年荣获国家AAAAA级旅游景区，沈阳福陵被列为世界历史文化遗产，填补了沈阳无世界历史文化遗产的空白。

2006年和2007年，棋盘山开发区成功举办了世界园艺博览会和世界文化与自然遗产博览会，开北方城市园艺展览之先河，也为棋盘山开发区树立起著名的旅游和文化产业品牌。2008年，棋盘山开发区举办了世界奥林匹克文化展示会和2008中国沈阳世界报道摄影节，受到国际奥委会、北京奥组委的高度赞扬。从1994年开始的冰雪旅游在棋盘山开发区得到逐年推广，规模越办越大，如今中国沈阳国际冰雪节已成为中国北方著名的冬季冰雪旅游品牌，2009年、2010年中国沈阳国际冰雪节更是联手盛京灯会与关东庙会，已经成为东北冬季旅游的著名品牌。2009年，开发区举办了创意产业峰会暨第五届世界多媒体与互联网峰会，联合国五大组织和机构及23个国家和地区的近50位国际代表与会，并给予高度评价。2010年9月的秀湖摇滚音乐节、2010年10月的第六届世界多媒体与互联网峰会为棋盘山文化品牌增添了浓重笔墨。

2008年5月，棋盘山开发区被国家文化部命名为国家文化产业示范区，与西安曲江、深圳华侨城、山东曲阜并列。

近年来，棋盘山开发区大力推进文化产业项目建设，在全球范围内积极招商引资，除了已经建成的关东影视城、中华饮食博物馆之外，代表20个不同国家风格的万国酒堡项目也已经落户棋盘山，届时，沈阳人将有幸品尝到纯正的各国葡萄酒。

**总体规划**　根据该区产业发展现状及未来发展要求，重点规划建设“绿廊、银带、四园区”，形成大“L”形发展骨架，实施“四轮驱动”战略，实现“四园区”协调联动，同步发展。

绿廊：以纵贯南北的沈棋路为中轴，沿线两侧1—2公里范围内严格实施生态保护，严格控制建设规模，通过实施绿化美化工程，布局主题公园、秀美建筑、动植物欣赏等特色观光项目，营造人们休憩和娱乐空间，形成绿色生态旅游景观走廊。

银带：沿浑河流经本区水系，形成横贯东西的发展轴线，重点完成高坎大桥到抚顺界的滨水景观建设，继续保持沿岸生态系统的平衡，主要布局健康休憩、体育健身、亲水娱乐等特色项目，形成滨水生态休闲景观带。

旅游休闲区：规划面积107平方公里，在辖区北部，以秀湖景区和森林公园为核心区域，以东陵公园、世博园、鸟岛为辐射区域，重点布局旅游观光、休闲度假、健康养生、娱乐餐饮、乡村体验等特色项目，形成全国闻名的旅游产业聚集区和休闲度假胜地。

文化创意区：规划面积23平方公里，在辖区中部，以国际创意谷和中南卡通城为核心区域，重点布局旅游文化、创意设计、数字动漫、教育培训、影视传媒、会议会展、工业设计、总部经济、物联网等特色项目，形成国内一流的国际创意产业聚集区。

健康科技区：规划面积30平方公里，在辖区东部，以泗水科技城为核心区域，重点布局眼科医疗、医疗器械、教育研发、健康服务、商务休闲、综合服务等特色项目，建设国家医疗器械产业基地和国内闻名的现代健康服务中心，形成优势突出、服务功能齐全、基础设施完善、生态环境优越的生态城、健康城、科技城。

绿色宜居区：规划面积43平方公里，在辖区南部，以沈抚新城（棋盘山区域）为核心区域，重点布局大型湿地、体育公园、娱乐度假、生态居住、行政办公、商务会展、金融商贸等特色项目，形成产业高端、设施现代、环境优美、生态宜居、文化丰富的沈抚中央花园，成为生态城市建设的典范。

## 三、城市基础设施建设

### 1. 城市路桥建设

改革开放以来，沈阳的城市面貌发生了翻天覆地的变化，在1980—1985这五年内，沈阳城市建设部门投资(不包括城市维护费)达5.5亿元，接近1980年以前31年投资的总和。在道路建设方面，扩建、改建了文化路、建设大路、中环路、东北大马路等一批主要干道和一些次要道路及区域性道路，新建和拓宽了南八立交桥、保工立交桥等9座桥梁。

“八五”期间，城市基础设施建设加强，城市面貌进一步改善。用于城市基础设施建设投资累计达22亿元，完成了绕城高速公路和沈阳至抚顺、本溪、铁岭高速公路（沈阳段），新建和改扩建怒江街、大南街、文艺路等20多条主干道，完成了黄河立交桥、北海高架桥、北陵跨线桥等建设工程，开辟延长公交线路29条，发展12条联营线路，基本形成了内外贯通、四通八达的交通网络。

2000年，京沈高速公路全线开通，省快速客运站投入使用，桃仙机场扩建工程已完成大部分工作量，哈大电气化改造工程、秦沈客运专线建设按计划推进。一环路、北二路、黄河大街改造等项目相继完工。

**2. 供水与水源建设**

从1979年到1990年的11年间，沈阳市的水源建设有了突破性的发展。这期间共新建水源4处，增加供水能力39万立方米。这一段时间，沈阳市大力开辟新水源的同时，还对老水源进行更新改造。1980年，针对苏家屯镇的不断扩大，原有的水源不足全镇用水量的50%，缺口很大。为此，开工新建苏西水源，整个工程自行设计和施工，水源占地1.93万平方米，建成机井5眼、贮水池1座容积3000立方米、输配电线路7公里；配水泵室599平方米，于1981年建成投产，日供水2万立方米，基本上满足了镇地区供水需要。为了适应市加压气化厂建设生产和虎石台卫星城建设的发展，建设尹家水源。整个工程分两期建设，设计能力为日产水7万立方米，新建水井23眼、贮水池容积3000立方米和1000立方米各两座、两处配水泵房，于1982年建成送水。在保证加压气化工厂和虎石台镇的用水外，每日调入市内2万立方米，使皇姑区供水紧张状况得到了缓和。1985年以后，主要有李官堡、竞赛、郎家、尹家等水源得到了更新改造，做到挖潜增水。

“八五”期间沈阳市改造、建设了一批城市供水设施，新增日供水能力60万吨。“九五”期间沈阳市不断建设和完善水源设施，城市供水质量和排水能力得到很大的提高。2000年来，日供水量达到160万吨，人均日生活用水190升；更新改造供排水管网2069公里。

**3. 供气建设**

改革开放以后，沈阳的城市燃气建设进入了新阶段。按照多种气源、多种途径、合理利用能源的发展方针，沈阳市把城市燃气建设列为一项重要政策，并在城建资金中专门列入了加快城市燃气的建设项目。由于开辟了资金渠道，采取了城建投资、贷款、集资、利用外资和补贴资金等措施，逐年用于燃气建设的投资有了大幅度的增加。

1979年至1986年，沈阳市共投资2.6亿元，改造和新建煤气管网359公里，日煤气生产能力由1978年的4万立方米增到1986年的49.2万立方米，加上同时发展石油液化气，至1986年末，沈阳市的综合煤气用户已达到49.3万户，比1978年的24.5万户增长98%。

到1985年，沈阳市基本建成了沈北加压气化厂，从辽中引进了天然气，建成了10万立方米的油制气，煤气的生产能力从1980年的52.3万立方米增加到56.4万立方米。1985年末煤气用户达41.5万户，煤气普及率由1980年的46.4%提高到52.3%。五年来，供水投资达5830万元，先后改造和新建了李官堡和尹家水源地，并增建了管网。全市自来水日供水能力达到110万吨，比1980年增加了24.8万吨。自来水的普及率已达到98%。

“八五”期间沈阳市改造、建设了一批城市供气设施，新增日供气能力达到18万立方米。

“九五”期间沈阳市城市燃气供应取得较大发展，完成了北部16.5万立方米干式天然气贮罐工程和液化气贮罐站搬迁工程及液化石油气增富煤气工程，相应地建设和更新改造了一批老旧中低压燃气管网，改善了输配系统，提高了供气能力。2000年末，城市居民煤气销售总量达到16843万立方米，液化石油气6.12万立方米。加快了供热建设，不断完善供热管网工程，集中供热面积大幅度增加。2000年末，集中供热面积达到4200万平方米，集中供热率60%，并且积极推进分户供暖制度，取得了良好的成效。

## 四、城市公共建筑

### 1. 广场

**市府广场**　位于沈河区市府大路与惠工街、青年大街、小西路、北京街的连接处，总面积64314平方米，是全市面积最大的广场，市政府大楼、长途电信局大楼、金融大厦、火炬科技大厦等建筑在广场周围。

解放后，市府广场一直都是全市人民举行庆祝、纪念活动，召开大会的场所。1949年5月1日，举行了有30万人参加的庆祝“五一”国际劳动节暨庆祝太原、南京解放大会。1976年9月18日，举行了哀悼毛泽东主席逝世大会。1980年5月17日扩建改造。改造后的市府广场由升旗广场、太阳鸟广场和南广场三大部分组成，绿地面积达到26670平方米。

在太阳鸟周围，由玫瑰和月季组成8个大型立体的玫瑰花图案，这8个玫瑰状图案构成一个直径达39米的大型立体花坛。为了体现玫瑰的娇艳，月季的清丽，配以万寿菊、矮牵牛等花卉调和色彩，达到雕塑与花海的和谐统一。

在北广场，由四季海棠、矮牵牛、非洲凤仙围合成一个大大的花环，环绕升旗广场。

在南广场，以红、白、绿为基本色调，选用小叶黄杨、水蜡、矮牵牛、四季海棠、非洲凤仙等在绿地中布置东西两组大型花带，贯穿全场，并与北广场花环相呼应。这个大花带贯穿整个市府广场，它的形状类似小提琴，表达出“和谐”之意。

在南广场，用五色草、金焰秀线菊、四季海棠等花卉组合而成一个大型世园会的会徽。

同时，广场周围、休闲活动区域及通道两侧，布置了一些花带和花坛，使市民能够感受到大的视觉冲击。整个广场花卉的色调以红、黄、白为主，中间穿插淡粉、淡黄、淡紫等过渡颜色，形成气势宏大、色彩简洁明快的装饰效果。

作为城市核心区的中心广场具备市政广场和市民绿荫休闲广场的双重功能。每天清晨与傍晚，广场上休闲、运动、舞蹈、打拳等的市民让广场充满了欢乐和生机，给这个城市增添了一抹亮色。

**中山广场** 位于和平区中山路、南京街、北四马路三条道路交叉处，总面积为26462平方米，是沈阳的主要广场之一。

新中国成立后，沈阳市政府于1956年对中山广场进行了第一次改造，拆除3线有轨电车道，开辟3路无轨电车，从广场外侧绕行，在广场中央修建起一座圆形喷水池，烘托了广场的气氛。

1969年再次进行了大规模改造，拆除喷水池，在广场中间建起了一座高达10余米的毛泽东全身塑像，塑像以玻璃钢制作，底部有以建党、武装夺取政权、进行社会主义建设为主题的革命纪念雕塑群像；雕塑底座四周，分层摆设鲜花、盆景。竣工后的广场中央矗立一尊大型玻璃钢制作的毛泽东塑像，塑像神采奕奕、亲切慈祥，挥臂指向前方。

1981年恢复中山广场名称。广场车行道长481米，宽20米，柏油路面；人行道长873米，里圈道宽2.8米，外圈道宽5.2米，水泥方砖铺装，条石垒边长865米，整洁平坦。中山路、南京街、北四马路三条道路在此交叉，形成7个道路口。在12700多平方米的环岛上，铺设水泥方砖3555平方米，四周分为8个花坛，用松柏围成绿篱，花坛内分层次栽植树木花草，安置了14组花灯。

目前，中山广场每天游人络绎不绝，正以清新整洁的环境和功能齐全的设施，供国内外游人瞻仰、游玩和休息，同时中山广场又是外语爱好者的外语角，为市民提供了休闲、娱乐的好去处。

**和平广场** 位于和平区和平大街与新华路、民主路的相交处，中共辽宁省委机关等单位在广场附近。广场总面积为18521平方米。

该广场始建于1932年，当时称朝日广场，国民党统治时期称崇德广场，解放后定名为和平广场。

1978年，对广场进行绿化覆盖。广场为开放式圆形环岛。环岛半径50.3米，面积7944平方米，道路长405米，宽16.5米，沥青混凝土路面，两侧铺设边石，人行道宽5米，铺设方砖。广场有6个路口，来往机动车绕环岛行驶，自然分流，广场中央是一个六瓣花坛，美人蕉簇拥着6棵云杉；周围分4个扇形围栅和4个绿化带。当时和平广场是供人们憩息、散步、乘凉的场所。

1988年，为纪念东北解放40周年，由沈阳军区、辽宁省人民政府、吉林省人民政府、黑龙江省人民政府和沈阳市人民政府共同在和平广场建成东北解放纪念碑。东北解放纪念碑采用三角亭式碑形，碑的总高度为36.56米。主碑高25米，设计为变形的三角形子弹，碑体均用汉白玉装饰，主碑中心是由彭真书写的“东北解放纪念碑”7个字，主碑下部三面刻有三个相连的英语字母“V”，并以40只展翅飞翔的鸽子浮雕烘托，“V”是英文“胜利”一词的首写字母，鸽子是和平的象征。简洁的图案寓意战争与和平的辩证关系和三省人民对和平的珍视、企盼和美好的祝愿。主碑外侧是顶部相连向下呈三角形环绕主碑的三条拱带，象征着三省人民载歌载舞、共庆胜利的欢乐场面和对英烈的崇敬与悼念。

东北解放纪念碑矗立于沈阳市和平区和平广场的正中央，是一座思想内容和艺术完美结合的杰作。苍松、翠柏、蓝天、白云映衬下的纪念碑，高大、雄伟、庄严，令人肃然起敬。

广场周围有7个街路绿化景点，设月亮门、石景、花池、假山、甬道、休息凳，与广场构成一体。该广场现已成为沈阳市人民和国内外友人参观、休息的好去处，并以便利的交通和较高的知名度赢得前来参观、休息游人的一致称赞。同时也成为沈阳市乃至东北三省人民的革命传统教育基地，每天广场都要接纳游人50000余人次。

**铁西广场** 位于铁西区建设大路和兴华街相交处，总面积为14307平方米。

该广场始建于1935年。解放后，于1973年拆除有轨电车路改为无轨电车绕岛而行，环岛两半合一。1978年，在环岛中间修建了一个直径为23米的喷水池。1984年，建成玻璃钢白色仙鹤雕塑。1988年，对广场进行改造，雕塑改为莲花喷水造型，池中喷泉由单一喷水改为5个组合喷水。1988年，雕塑改建为3只海豚戏水造型。水池四周花坛中，种植松柏和花草。改建后的广场为圆形封闭式，车行道长216米，宽24米，沥青混凝土路面。人行道长473米，宽10米，水泥方砖路面，铺设边石285米，道旁种植杨树。兴华街和建设大路在此交会。广场分为四个路口，铁西区政府、法院等机关单位位于广场周围。

作为铁西区的一个重要广场，无论春夏秋冬，附近居民随时可以到广场散步，并且经常有老年人在此跳舞、唱歌、打拳，丰富了人们的业余生活。

**方型广场** 1988年10月10日，在文化路—南五马路和文化路—南八马路方向上修建了双层单环八字形定向立交桥。在立交桥下，文化路至南五马路中心干道上建有圆形环岛，南北方向的车辆绕岛行驶。在11500多平方米的两个长方形环岛中，栽植了京桃、枫树、黑松等树木，铺种了草坪。南北两侧共有4个平面花坛，两个立体花坛，周围方砖铺道。

**新北站广场** 位于沈阳北新客站综合楼前，1991年5月建成。东西长500余米，宽120米，总面积60204平方米。东部是停车场，西部是公共汽车站，南部围栏绿化带内栽松树，北部是沈阳北新客站综合服务楼。广场以地下商业城的4个出入口和雕塑为中心，四周是用红白相间的长六角形水泥混凝土砖铺设的人行步道，新建的北站路和友好街与广场相连。广场内种植花草树木，并设有7组喷泉。多路公共汽车路过广场，交通方便。

**沈阳站广场** 位于和平区胜利大街、中山路、中华路和民主路连接处的沈阳站前，面积16875平方米。

解放后，广场几经修建。1959年，整顿站前广场市容，将原机动车库改建为修车室，修建了广场道路。1964年又对广场进行了整修。1981年8月1日，在广场中间苏军纪念碑的南北两侧修建了两座穿越胜利大街的地下人行通道出入口，并整修了广场路面，栽植冷杉新建绿化带，安装了6组华灯。1982年建成售票大楼。1984年3月15日，栽植市树油松80株。广场西面是火车站的检票口、通勤口、出口和6个候车室。广场东面，沿胜利大街设铁栅、绿化带，周围栽植整齐成行的松树。胜利大街、中山路、中华路、民主路呈放射状从这里伸出。有8条无轨电车线路、9条公共汽车线路和近郊长途公共汽车、个体出租汽车在广场附近设站。

**2. 车站及机场**

车站是交通运输生产的基地。旅客乘降、货物承运、列车到发及解编、机车和乘务组的整备和换乘、列检和货物检查，都在车站办理，车站集中了与行车有关的技术设备。

机场，亦称飞机场、空港，较正式的名称是航空站，为专供飞机起降活动之飞行场。机场有不同的大小，除了跑道之外，机场通常还设有塔台、停机坪、航空客运站、维修厂等设施，并提供机场管制服务、空中交通管制等其他服务。

沈阳市目前著名的车站以及机场有新沈阳站、新沈阳北站、新沈阳南站、新长客西站、桃仙国际机场等，这些车站及机场为人们的生产、生活提供了极大的便利。

**沈阳站** 位于辽宁省沈阳市和平区，原名依次为奉天驿、沈阳南站，始建于1910年，隶属于沈阳铁路局管辖，等级为特等站。

1891年，沙俄入侵中国东北并开始修筑西伯利亚铁路。为了夺取中国东北地区，沙俄政府提出了把西伯利亚铁路延伸到中国东北境内的要求。1896年，沙俄政府与李鸿章签订了《中俄密约》，清政府允许俄国修筑从赤塔经过东北连接沙俄乌苏里铁路的东清铁路，并于1899年修到了沈阳。在今天沈阳站北1.2公里的位置修建了一座俄式青砖平房作为站舍成为谋克敦火车站，取满语“盛京”音译。站内共计5股线路，站前是一片荒野，十分简陋。

1904年，日俄战争爆发，谋克敦火车站被日本占领并改名为奉天驿。1907年，拥有30万人口的沈阳市的年旅客乘降人数却已高达50万人。由于客流量增加，奉天驿的砖房外陆续搭起了4个临时木板房，但并不能满足当时沈阳的客流量。因此，日本为了经营中国东北夺得的路权而成立了铁路运输企业“南满洲铁道株式会社”，开始以安奉铁路与南满本线接轨为名兴建新站。建成后的奉天驿是当时“满铁”五大车站之中最大的一座，由日本建筑师太田毅和吉田宗太郎设计，采用了日本当时国内流行的样式“辰野式”，红色的砖墙和绿色的铁皮穹顶交相映衬。

1910年10月1日，举行了车站搬迁仪式，就此沈阳站的位置便固定下来。当时的奉天驿建成后，日本人加速“新市街”建设，以奉天驿为中心，向东开辟多条街路，呈放射状，道路命名南北为“町”、东西为“通”。在伪满洲国时期，奉天驿始终被日本作为一个重要的铁路交通枢纽来经营。从东北各地夺取的战略物资纷纷经此转运到大连，再装船运往日本。奉天驿建成后，先后经历了1926年和1934年两次扩建，陆续建成四个候车室，建筑面积为6555平方米，是当时中国东北地区最为重要的客运中转车站。1944年12月至1945年1月，对日作战的美军将奉天驿的五座货物仓库彻底炸毁。

1948年10月前后，中国人民解放军通过秘密接收组接收了沈阳站。1950年5月1日，奉天驿正式改名为沈阳站，并且成了一座特等站。朝鲜战争爆发后，沈阳站成为向前线运输物资的集散地。为改善旅客候车条件，满足旅行需求，沈阳站进行了多次改扩建，但样式、比例、色彩等方面仍然延续原有建筑的风格。2003年6月20日，工作人员曾于沈阳站西货场发现迫击炮炮弹116枚及2支两轮重机枪枪管。

几年前，沈阳站又经历了一次关键时刻，原来那次对沈阳站的改扩建有3种方案。其中一个非常漂亮，有现代感，整个车站的屋顶被设计成流线型，看起来美轮美奂，但是，因为对原貌的改变过大，这个被很多人看好的方案才最终流产。

沈阳站内部变化巨大，外观特色经过多次改扩建之后，却依旧保留了下来，和对面的沈阳饭店、医药大厦一起，构成了沈阳标志性的近代“满铁附属地”建筑群。

为了配合城市发展，沈阳站进行了新一轮改造，在样式、比例、色彩等方面都延续了原有建筑的“辰野”风格。

**沈阳北站**　原名京奉总站、辽宁总站、沈阳老北站，是我国第一代著名留美建筑师杨廷宝先生设计的，与北京正阳门火车站形成连接东西的重要火车站。沈阳新北站于1986年11月6日开工，1990年12月22日建成，是中国国家“七五”计划期间重点工程。沈阳北站是目前沈阳市最主要的铁路客运站之一，为沈阳铁路局下辖的特等站。沈阳北站只办理客运业务，并不办理货运业务。沈阳新北站的铁路目前有京哈铁路、沈大铁路、哈大铁路、沈吉铁路、京沈客运专线及哈大客运专线，是中国五大铁路交通枢纽之一。由于沈阳北站办理旅客列车众多，故被人们称为“东北第一站”。2010年，沈阳北站开始进行了北站交通枢纽改造工程，修建现代化的北站房及南北广场等配套工程。

沈阳北站老站房由于股道数量少，设施简陋，咽喉通过能力紧张，导致皇寺铁道口的交通十分拥挤。北站所处地区过于热闹繁华，每天上下班高峰，堵车现象经常发生，日益成为沈阳乃至东北地区交通运输的瓶颈，加上站房候车室面积不足，沈吉线横穿市区中心，与多处市区干道平交，严重影响市内交通。因此，中华人民共和国成立后不久，于1953年，沈阳北站即被列入沈阳铁路枢纽改造规划中，计划修建新北站。于是，来往于老站房的列车一年少于一年，直至处于待迁状态。1988年6月25日，沈阳北站老站房停止办理了一切客运业务，它作为车站的功能至此结束。老站房现在是沈阳铁路分局办公地点。现在沈阳人习惯称呼辽宁总站为老北站，2003年，辽宁总站被定为辽宁省文物保护单位。

1986年，铁道部决定再次扩建沈阳北站。时任国务院副总理李鹏亲自来到沈阳，参加了沈阳北站的奠基仪式，并题写了“沈阳北站”站名，拉开了沈阳北站建设的序幕。沈阳北站是社会主义大协作的产物，建设队伍庞大，其中包括中国人民解放军驻沈阳部队、铁道部第三设计院东北计设院、沈阳铁路局沈阳工程处、沈阳第三建筑工程公司和来自社会各单位参加义务劳动的群众。

1990年12月22日，沈阳北站及其站房、列车到发场、机车折返段、客车技术作业站等设施悉数竣工并投入使用。车站总建筑面积15.1万平方米，总计投资3.25亿元。建成后的沈阳北站是全国铁路客运站中第一个采用综合站房形式的列车站。沈阳北站主站房的建成，一改过去单纯的客运服务功能为较完备的综合服务功能。落成后的沈阳北站每日通过列车数极多，高峰期可以达到到达230对。因此，沈阳北站成为东北地区最大的铁路客运站、中国五大铁路交通枢纽之一，被人们称为东北第一站，可以与德国汉堡中央车站、荷兰鹿特丹中央火车站媲美。新站房内部建有中国大陆跨度最大、高度最高的无站台柱雨棚，也是继北京西站、北京站之后，中国大陆第三个建有钢柱结构、无站台柱风雨棚及等高列车地板站台的火车站。

继2003年沈阳北站大规模改造后，2010年3月，为了配合哈大高速铁路的建设，沈阳北站进行了有史以来最大规模的改造工程。改建后的沈阳北站建筑面积新建4.4万平方米，沈阳北站改造工程总投资12.3亿元，取消了原来的候车室，换为横跨8个站台的机场式候车大厅。候车大厅长度为200多米，总面积为3.2万平方米，采用高架钢结构模式，棚顶为钢结构加铝板的形式，两侧为大面积玻璃窗。大厅位于铁轨之上，旅客可乘坐电梯下到站台上候车。在北侧开辟新的北出口广场和新的子站房，改建了南广场和主站房及地下综合交通枢纽，并使沈阳北站成为公交、出租车、地铁、火车“零换乘”为一体的综合枢纽。

**沈阳南站**　位于东陵区（浑南新区）白塔街道小羊安村，总建筑面积30万平方米，其中站房建筑面积10万平方米，规模为12台22线，为东北最大火车站，停靠哈大、沈丹高铁。历史上“沈阳南站”之名曾被沈阳站（1946—1950）、苏家屯站（1998—2010）使用过，至今仍有沈阳人把沈阳站称为“南站”。

沈阳南站位于浑南新城核心区的西部，距沈阳站14公里，距桃仙机场8公里，定位为沈阳经济区交通辐射核心。规划总占地1.5平方公里，总建筑面积48万平方米，其中站房建筑面积10万平方米，规模为12台22线，停靠哈大、沈丹、京沈客运专线时速最高350公里以上动车组列车。

沈阳南站综合交通枢纽工程规划分远期和近期。近期到2013年全运会之前完成东广场配套工程。远期到2030年完成，总目标是把该地区建设成为以枢纽为依托，集各种业态的复合型街区和高密度立体空间，愿景是高楼林立、商铺云集的商务中心，实现以沈阳为核心辐射至抚顺、本溪、辽阳等城市的沈阳经济区“一小时经济圈”的梦想。

**长客西站**　全名沈阳经纬客运集团长客西站，位于重工南街134号，始建于1989年，是沈阳重要的客运枢纽站之一。目前该地区拥有241路、264路、103路、288路等多条公交线路，同时客运站内客运班线有近60条。这个客运站承担着沈阳西部地区旅客集散的任务，服务半径辐射沈阳市西部区域及山海关方向的广大区域。

2009年长客西站改造工程开始启动，新长客西站按照交通部一级客运站标准建设，总投资约1.34亿元，总占地面积3.7万平方米，总建筑面积2.5万平方米。新长客西站主体建筑有五层，即地下一层，地上四层。其中，地下一层为社会车辆和出租车停车场。地上一、二层为售票大厅、候车大厅和多功能厅。三、四层为管理办公区、司乘人员和候车人员的休息区。

**桃仙国际机场** 沈阳市桃仙国际机场是中华人民共和国国家一级干线机场，东北地区航空运输枢纽，全国八大区域航空枢纽之一，位于辽宁省沈阳市东陵区桃仙街道。以机场为中心，距沈阳市中心20公里，距抚顺、本溪、鞍山、铁岭、辽阳、营口等城市均不超过100公里，并通过高速公路与各城市形成辐射连接。

它是东北航空公司、中国南方航空公司北方公司（原中国北方航空公司）、深圳航空公司沈阳公司、春秋航空公司、中一航空等航空公司的基地机场，地理位置优越，为辽宁中部城市群2400万人口的共用机场。目前机场拥有两座航站楼，总面积为8万多平方米，其中T1航站楼建筑面积1.6万平方米，设计年旅客吞吐量为180万人次；T2航站楼建筑面积为7万多平方米，设计年旅客吞吐量为606万人次。“截至2010年8月3日，桃仙国际机场的单日最高吞吐量为26860人次。”[①]拥有一条长度为3200米、宽度45米的飞机跑道和1条平行滑行道，近机位14个，远机位20个，设计年旅客吞吐量为750万人次。

在桃仙机场未建之前，沈阳东塔机场是联外机场。“后来，由于沈阳地区客运、货运、邮政运输量不断增长，东塔机场已不能满足社会对民用航空运输的要求。”[②]因此，辽宁省人民政府分别于1985年3月和4月向国务院递交了《关于新建沈阳桃仙机场的请示》和《关于新建沈阳民航机场选址问题联合办公会议纪要的报告》，正式向国家申请建设沈阳桃仙机场，并于1985年7月1日获得国务院和中央军委同意新建桃仙民用机场的批复。

---

① 高志广、王英祥：《桃仙机场单日旅客吞吐创新高》，《沈阳日报》2010年7月23日。

② 白成和、宋玉岐等编：《沈阳桃仙国际机场机场志》，北京：中国民航出版社，2006年版，第29页。

机场选址于当时的沈阳市南郊的桃仙镇；机场两端及两侧净空均符合国际民航组织的相关要求。桃仙镇距离沈阳市区适中，机场净空要求和沈阳市城市发展基本上没有矛盾，机场运行和飞机活动的噪声对城市居民没有影响；桃仙镇场地自然条件、气象条件、地面交通条件也符合要求，故最终选址为桃仙镇。

1986年11月5日，沈阳桃仙机场一期工程正式开工建设，由时任国务院副总理李鹏为工程奠基。桃仙机场始建工程是当时国家“七五”计划的大型建设项目，主要包括飞行区的跑道、平行滑行道、站坪、停机坪、助航灯光、航管楼及通信导航设施、旅客航站楼、机场公用设施及辅助设施。按照国务院关于新建沈阳桃仙民用机场的批复，第一期工程投资主要由辽宁省地方负担，续建工程以国家投资为主。机场第一期工程比原计划提前14个月竣工，工程财务总决算为2.93亿元，与预计总投资的2.65亿元相比略有超支。

1988年11月3日，沈阳桃仙机场竣工试航，并由李鹏为机场题写“沈阳桃仙机场”场名。桃仙机场于1989年4月16日投入使用，并于1994年12月21日正式更名为沈阳桃仙国际机场。2008年6月9日，德国汉莎航空开通沈阳至慕尼黑航线，沈阳桃仙国际机场也成为中国东北地区第一家拥有直飞欧洲的航线的国际机场。

桃仙机场一共进行了两次扩建。

桃仙机场第一次扩建工程包括站坪、停机坪、货机坪扩建，助航灯光系统改造，安全监控警报系统。

1995年，中国民航总局发布了《关于沈阳桃仙国际机场站坪扩建工程初步设计及概算的批复》。基于此批复，桃仙机场先后扩建站坪、停机坪、货机坪共计52947平方米，工程总投资2500余万元。扩建后机场停机坪、站坪、货机坪、维修坪面积达180000平方米,共有机位20余个，可停靠大中型客机加至24架。

机场一期工程所设的助航灯光设施不完善，原设备故障率高，满足不了飞行安全的需要，有必要对机场调光器、隔离变压器、下滑闪光灯、供电电缆等设施进行更新。机场助航灯光改造工程于1995年7月10日开工，1996年10月18日竣工。改造工程包括更换全部助航灯光电缆64公里，更换全部隔离变压器900个，更换全部调光器10台，换入口灯、末端灯及一套顺序闪光灯，增设滑行标志牌。由桃仙变电站增加一出口，铺设ZQD22—3x185JN电缆3.6公里到机场中心变电站。工程共计投资780万元，一次性通过验收。助航灯光改造后，提高了机场夜航或不良天气条件下适航能力。

1995年9月，桃仙机场对候机楼、客机坪、停机坪、跑道、机库区、停车场等场地设施安装了安全监控报警系统。工程共计投资1242.18万元，于1996年4月竣工。

桃仙机场第二次扩建工程由中国民航总局、辽宁省和沈阳市共同投资建设。1997年7月15日经国务院批准，国家计委批复桃仙国际机场扩建工程《可行性研究报告》。“1998年2月，国家计委原则同意民航总局、辽宁省政府关于调整规模的意见，批准新航站楼规模从原来的3万平方米增加到5万平方米。”[①]二次扩建工程分为航站区工程、飞行区工程及相关配套工程。工程于1997年8月开工，航站楼工程1999年4月8日正式开工。2001年11月，国家竣工验收委员会对二期扩建工程进行竣工验收。2001年12月1日，沈阳桃仙国际机场T2航站楼正式投入使用。

2009年，桃仙机场旅客运输突破750万人次，同比增长10.2%。货邮吞吐量11.2万吨，同比增长9.7%；航班架次6.7万架次，同比增长7.2%。2009年12月31日21时20分，随着深圳航空ZH9628广州至沈阳航班的顺利降落在沈阳桃仙国际机场，标志着桃仙机场圆满完成了2009年的安全运行和服务保障工作，实现了桃仙机场第20个航空空防安全年，运送旅客突破750万人次。

2009年9月，沈阳桃仙国际机场对T1航站楼进行封闭改造，工程总投资6500万元。2010年7月5日T1航站楼正式投入运营,改造后的T1航站楼，增加4部登机廊桥和7个机位，并设计190米长的连廊与T2航站楼相通。T1航站楼改造后，年吞吐能力预计可达180万人次至250万人次左右。T1、T2两座航站楼同时使用，机场每年承载旅客能力将超千万人次。截至2010年7月末，桃仙国际机场共有航线114条，其中国内航线70余条，国际和地区航线40余条。通航城市81座，其中国内城市50余座，国际和地区城市30余座。沈阳桃仙国际机场目前每天有210多架次飞机起降，将来将容纳600多架次/日的飞机起降，形成了覆盖东北亚地区的航线网络。候机楼面积为7万多平方米，设计年旅客吞吐量为606万人次。

## 五、城市其他主要建筑

### 1. 商业、金融建筑

沈阳解放后，在国民经济恢复时期，开始修缮和改建旧有店铺，先后成立了燃料、粮食、百货、土产、花纱布、工业器材、医药、仓储8个公司和沈阳

---

① 白成和、宋玉岐等编：《沈阳桃仙国际机场机场志》，北京:中国民航出版社，2006年版，第97页。

第一、第二百货商店，新建了商业用房。到1954年，新建、扩建了沈阳联营公司、北行百货商店、铁西百货商店等十几个国营大中型零售商店。1956年又在铁西工人村、北陵三台子、东塔、文官屯等地开辟了不同规模的商业点，建立起一批中型综合性的平房商店。60年代至70年代，陆续新建了辽宁大厦、朝鲜族百货商店、沈阳水产商店、沈阳市工艺美术大楼、和平旅社、市政府第一招待所等。新建的商业建筑很少，大部分商店、饭店、旅馆和金融机构在修缮扩建的基础上仍使用20年代和30年代的建筑。

中共十一届三中全会以后，随着商品经济的发展，建筑用房标准提高。从80年代开始，建立起了一大批现代化、标准较高的新型商业、金融、服务业建筑。其中，沈阳联营公司、北市百货商店、铁西商业大厦、沈阳物资贸易中心、中兴—沈阳商业大厦、北方贸易大厦、北市副食商场、文化大楼、儿童大世界、商业城等，成为沈阳具有代表性的商业建筑；辽宁工商银行、辽宁省保险公司、沈阳市人民银行、建设银行、农业银行、工商银行、沈阳金融大厦等新建的大型高标准银行建筑则是沈阳现代化金融建筑的代表；为适应旅游业的日益发展，为接待外国国家元首、政府首脑和友人的来访，在改扩建原有的辽宁宾馆、东北饭店、友谊宾馆、辽宁大厦的基础上，又新建了沈阳迎宾馆、凤凰饭店、中山大厦、交通宾馆、玫瑰大酒店、金城宾馆、鹿鸣春大饭店等一批外事服务性旅馆、饭店，建筑面积达50余万平方米。

进入21世纪，沈阳商业建筑逐渐增多，并且很多原有的商业建筑都进行了改扩建，功能不断提高、设施更加完善、风格更加新颖。

主要商业建筑简介：

**沈阳联营公司大楼** 位于和平区中华路街口，原名沈阳市国营贸易企业联营公司，于1952年1月开设于和平区太原街，1982年12月新建于现址，是沈阳解放后最早修建的大型百货商店。该商场于1980年9月15日破土动工，1982年正式交付使用，历时3年零3个月，由东北建筑设计院设计，沈阳市第一建筑工程公司施工。占地面积3500平方米，全部建筑面积为20582平方米，营业室面积为14800平方米，比原营业面积增加一倍，总投资1325万元。该商场在设计上采纳了国内外一些大型百货商店的建筑特点，楼体总高度36米，主体部分由地上5层和地下1层组成，局部7层。大楼一至四层及地下室为营业厅，五、六层为办公室、会议室，临街设有10个大橱窗，楼内有9个营业厅橱窗，营业厅可摆放1200个柜台。建成之初，是东北地区最大的百货商店，也是全国十大百货商店之一。

**中兴—沈阳商业大厦** 位于太原街商业区，是中国国际信托投资公司与沈阳市百货公司合资兴建和经营的大型商业企业。占地面积4715平方米，建筑面积52811平方米，投资总额8200万元。1986年7月开工，1989年6月竣工。由东北建筑设计院设计、沈阳市第四建筑公司施工。大厦包括百货商场、客房部、娱乐场、中西餐厅、高级冷饮部等，其中百货商场建筑面积31200平方米，营业面积15000平方米，共6层，分7个专业商场。总高度93.1米，东西长78米，南北长81米，平面造型“L”形，立面造型“升斗”形，共有23层，其中地上22层，地下1层。整个建筑设计先进，风格独特，宏伟壮观，为太原街商业区最高最大的百货商业建筑，也是国内著名的大型商业建筑之一。

**沈阳皇城恒隆广场** 皇城恒隆广场位于沈阳市旧城中心沈河区，毗邻世界遗产及国家重点文物保护单位——“沈阳故宫”。皇城恒隆广场的建筑外形糅合世界文化遗产“沈阳故宫”的建筑元素，志在打造恒隆地产在内地发展的另一个新地标物业。工程于2006年开展，并于2007年11月荣获“亚洲国际房地产大奖——未来项目”组别证书。于2010年6月26日正式开幕。

皇城恒隆广场总投资额约25亿人民币，投资公司为香港恒隆集团。总占地面积34845平方米，地上建筑面积约为93700平方米，地下建筑面积约为94200平方米，建筑高度34米，建筑共有地上5层、地下3层。地上5层为综合类大型商场，包含各类零售商店、电影院、餐饮，地下3层包括部分商铺及地下车库设施。其中最高层（L5）的大型公共回廊为开放式茶座设计及餐饮。3层地下室总深度16.5米，局部17米。该项目为局部大型钢构架玻璃屋顶设计的建筑物，外墙主要由玻璃幕墙组成。

沈阳皇城恒隆广场在整体定位上与其他恒隆广场略有不同，不单追求奢侈品牌，更追求满足年轻时尚的消费群体购物休闲的全方位需要。全新开业的沈阳皇城恒隆广场开设多家备受时尚潮人青睐的品牌旗舰店，使这里成为流行追逐者必到的潮流“圣地”。广场四楼开设的十多家面向中高端群体的餐饮品牌，可以让顾客在购物之余大快朵颐，充分满足味蕾的需求。此外，四楼餐饮区南侧还设计规划了一个精致的室外花园平台，两侧林荫掩映，提供丰富多样的景观和体验，顾客可能会想花上大半天或者更长的时间在这里聚会、用餐、流连，享受中街这珍贵的绿色空间。

**沈阳卓展购物中心** 地处沈阳CBD商圈核心位置，毗邻市政府、沈阳火车站、各大银行总部、多家五星级酒店、财富中心等高级写字楼。交通主干道青年大街、东西快速干道近邻其侧，建设中的地铁二号线亦经过此，交通十分便利。

沈阳卓展购物中心建筑面积约110000平方米。建筑设计及商业规划分别聘请德国和韩国设计团队完成。商场的服务设施和购物环境已达到国际先进百货公司的标准，也是卓展集团首次实现跨省运作、连锁经营的成功尝试。

沈阳卓展购物中心从建筑设计到商业布局、商品陈列、功能区规划均与国际时尚同步，将商业设计和经营做到最大限度的结合，规划恢弘而合理，配套设施完善。商场内配有多部自动扶梯、客用升降梯以及大型货梯。地下建有大型现代化停车场、各种现代化的智能管理系统，汇集国际国内知名品牌700多家。负一层主营床上用品、精品家电、进口厨具、生活杂品、精品超市、工艺礼品，一层主营国际名品、化妆品、珠宝、名表，二层主营国际精品、男装、男鞋、男包、男士配饰、珠宝、男士手表，三层主营女装、女鞋、女包、女士配饰、女士手表、眼镜，四层主营内衣、女装、饰品、羊绒，五层主营运动服饰、童装、户外、泳装、孕妇装，六层为会员中心、文化中心，经营美容、美发、特色餐饮等。

卓展购物中心不仅能够满足顾客对于时尚、美丽的追求，又为顾客休闲提供了国际一流的环境与设施。

**中粮·沈阳大悦城**　建筑面积为540000平方米，规划设计由美国LLA公司完成，建筑设计单位为北京市建筑设计研究院，景观设计单位为易道(北京)咨询有限公司，开发商为中粮集团。

位于沈阳市大东区小东路，在沈阳传统商业步行街中街的东端，总建筑面积为540000平方米，分为A、B、C、D四个馆和沃尔玛超市，中间由一条连通中街的全长600米的商业步行街贯穿。该项目是沈阳第一家结合地铁及空中连廊的购物中心，也是沈阳第一家拥有步行街的购物中心，这种将时尚的步行街景观、现代化的地铁交通系统与国际领先的购物中心主题有机结合的概念，堪称国内首例，亦成为本项目最大的特色和亮点。本项目拥有沈阳乃至东北地区最大、最豪华的星美影院，可同时容纳1400人观影。更拥有多种特色餐饮和娱乐设施、沈阳地区最好的精致文化书店、全沈阳独一无二的代行室内真冰场，以及沈阳地区最大的沃尔玛超市等。该项目以国际化大型购物中心作为经营核心，集购物、餐饮、娱乐、文化、休闲于一体，包括麻辣诱惑、星美影院、C&A、优衣库、ZARA等时尚品牌进驻，其中优衣库、星美影城均为首次登陆沈阳市场，给沈阳市民带来全新时尚特色的休闲购物体验。

**凤凰饭店**　位于北陵风景区，与辽宁大厦毗邻，环境清雅，交通方便，是接待中外宾客的现代化大型旅游宾馆。该工程由辽宁省建筑设计院设计、沈阳市第三建筑工程公司施工。总投资2458万元，1979年12月动工，1984年9月建成，建筑面积为21813平方米，主楼建筑15层，其中地下2层，地上13层，高48.3米，框架结构，建筑体态清秀，色调明快，造型美观。共有客房260间，床位480张，房间内设有完善的卫生间、自动电话、冰箱、空调等设备。饭店拥有各式餐厅（法式、中式、日式、清宫餐厅）和酒吧、商店、游艺室及装修美观的多用大厅。经过2003年年初的装修改造，饭店现正以四星级商务型酒店的全新面貌恭迎八方来宾。设备先进的商务中心，洁净隐蔽的商务洽谈室，休闲幽雅的大堂吧以及琳琅满目的商品，将给您的休闲与住宿提供舒适与便利。

**沈阳高登大酒店** 工程地址为沈阳市沈河区青年大街52号，该建筑开工日期为1992年6月10日，竣工日期为1996年11月30日，建筑层数为地上21层，建筑高度为74.75米，建筑面积为22358平方米，该建筑结构形式为框剪结构，建设单位为沈阳华泰房屋开发公司，设计单位为辽宁省建筑设计研究院，施工单位为沈阳市第四建筑工程公司。

沈阳高登大酒店是一家四星级国际商务酒店，地处沈阳市中心区，交通顺畅便捷，环境优越。酒店拥有200间设施完备、装修典雅的标准房、商务房、高级商务房、商务套房及高登套房。酒店还设有8个大小不同的会议室和可同时容纳400多位客人的宴会厅。酒店功能和配套设施完善，曾连续多年被评为辽宁省最佳星级酒店。酒店建筑造型独特，主楼为圆柱体城堡状造型，将欧洲古典建筑特色与现代设计风格相结合，内部大跨度空间采用了网架结构形式，一层临街落地橱窗采用12毫米厚防盗玻璃。建筑外部装饰了各种灯饰，使整个酒店在夜色中灯火辉煌、熠熠生辉。

**2. 文化建筑**

**北陵军人俱乐部** 位于皇姑区北陵大街东侧，辽宁省军区院内，1982年3月破土动工，1985年2月竣工。是一座多功能的娱乐场所，可以放映电影、录像、幻灯，演出和举办舞会。由中国建筑东北设计院设计，沈阳第四建筑工程公司施工。占地面积2513平方米，建筑面积4643平方米，高20.97米，二层框架结构，钢筋混凝土基础，抗震防烈度七度。门厅两侧设有设计造型独特的旋形、悬挑水磨石楼梯。大厅宽敞明亮，装饰美观大方。俱乐部中间部位是空间高大的观众厅，厅内设有1590个座席，其中池座850个，楼座740个，水泥砂浆地面，木墙裙。观众厅的前面是420多平方米的大舞台和乐池，舞台和乐池均为木地板，舞台后面和两侧设有化妆室、风机房、贵宾室和警卫室。观众厅的两侧是休息厅，并设有值班室、办公室、小卖店、贮藏室、楼梯间和饮水处。该工程被评为沈阳市样板工程。

北陵军人俱乐部定期会有丰富多彩的节目演出，为沈阳市民们提供精彩的演出。

**沈阳科学宫** 位于辽宁省沈阳市沈河区五里河中心商务区，是沈阳地区的大型现代化科普教育基地，建成于2000年6月。占地面积36000平方米，建筑面积达40000平方米，集科普展示、交流培训、会议展览、高科技娱乐于一身。

沈阳科学宫是沈阳市1998年三大重点工程之一，是国际招标的大型公共建筑。科学宫主体地上4层，直径110米，总高28.7米。沈阳科学宫设有基础科学展厅、机器人展厅、数字世界展厅、航空航天展厅、数学展厅、新能源展厅等一系列科普展厅。建有球幕影院和4D电影等娱乐项目，其中球幕影院的屏幕直径达23米，整个屏幕面积近1000平方米，电影画面达800多平方米，可容纳观众260人。球幕电影院集球幕放映、天象放映、动感电影放映于一体，且疏散楼梯自下而上未经转换，为国内首创。建筑设计既表现出独特的艺术价值，具有极强的时代感，又避免了大型建筑对整个公园造成堵塞感，实现了科普宣传、交流培训、会议展览、高科技娱乐几大功能的综合。

沈阳科学宫总体建筑设计较完美地实现了内容与形式的统一，在节约投资的前提下保证了设计意图的实现，获得多项奖励并取得良好的社会效益。沈阳科学宫项目，三座高层建筑室内布局合理、功能完善、大空间、大柱网、高层高，适合于不断更新展品发展的可能，达到科学技术馆各项功能的要求，在国内同类科技馆中达到先进水平。

沈阳科学宫已经成为辽沈人民熟悉的科普教育和休闲娱乐的重要场所。

**辽宁省科技馆** 位于沈河区文艺路，南与辽宁省体育馆毗邻，东与青年公园隔路相望。1982年10月破土动工，1986年11月竣工。由中国建筑东北设计院设计，沈阳市第四建筑工程公司施工。建筑物由主楼、东西裙房等组成，三幢主要建筑由环廊相连接，使整个建筑浑然一体，形成独特新颖的风格。总建筑面积16700平方米，主体工程为框剪结构，整体箱式钢筋混凝土结构基础。主楼建筑面积8500平方米，高64米，共21层（其中地下2层，地上19层）。1层至8层为学术交流室、展览室、会议室，共28个房间，另设有电话总机室、卫生所、洗像室、消防中心和电视监控室等；9层为办公室、配电室及水箱间；10层至16层为客房，共有100个房间，245张床位。17层为技术层，18层至19层为电梯房、水箱间。地下2层为人防工程和技术管道层。辽宁省科技馆工程在哈尔滨、长春、沈阳三市创全优活动中被评为金牌工程。

**沈阳市图书馆** 沈阳市图书馆是一所综合性大型公共图书馆，始建于1908年，即清光绪三十四年，最初命名为奉天省城图书馆，几经迁移，1946年择址于沈河区朝阳街131号，1991年搬迁到沈河区北京街5号，2005年搬迁到新馆，沈河区青年大街205号，建筑面积4万余平方米，主体楼高6层，设有8层附属办公楼。2005年6月1日正式开馆。

新馆占地面积1.3万平方米，建筑面积4万平方米左右，是旧馆的3倍，设计藏书量达300万册，阅览座席2500多个，日接待读者量可达3000人次以上。

沈阳市图书馆新馆外部采用了生态建筑的设计理念，斜坡绿化屋顶、椭圆形采光天窗与延伸至西侧的绿化广场上的椭圆形灯光构成了一处美妙绝伦的人文景观，同时也很好地衬托了象征着引领城市文明的知识灯塔的图书馆办公塔楼。在新馆内部，则采用了大开间、通透式的建筑格局，充分考虑了楼内功能分区的明确性与灵活性。新馆经西侧室外大台阶进入二层的入口大厅，是楼内交通的枢纽空间，经这里联系存衣处、商务中心、总服务台、检索、借阅以及展览、办公等功能，布局紧凑；一层位于东侧的门厅是联系书库及附属技术办公用房、职工餐厅的枢纽空间。垂直交通系统分别以自动扶梯和客用电梯为读者及办公人员服务。新馆内部建筑布局较好地实现了人流、物流和书流互不干扰，组织有序。同时，馆内业务分区又将读者服务区相对集中在地面二、三、四层，为读者借阅活动提供了最大的方便。

**辽宁省图书馆**　辽宁省图书馆是国家举办的省级综合性公共图书馆，是向社会公众提供文献信息服务的学术性社会公益文化单位。是辽宁省藏书、图书目录、图书馆间协作协调及业务研究与交流的中心。隶属辽宁省文化厅领导。

辽宁省图书馆的前身是东北图书馆，1947年筹建，1948年8月15日于哈尔滨开馆，1949年2月迁至沈阳，1955年改名辽宁省图书馆，是在中国共产党领导下建立的第一所大型公共图书馆。1989年辽宁省图书馆开始兴建新馆，建筑面积3.3万平方米，1997年底竣工，1998年8月15日正式对读者开放。

建馆50年来，辽宁省图书馆取得了很大发展，现有古今藏书近400万册（件），10余个文种，并与17个国家和地区的图书馆建立了文献交换关系。在56万册古籍藏书中，善本书约12万册，其中宋元版书近百部。此外，还收藏有丰富的东北地方文献和有关满族、清代以及伪满时期的文献资料。

辽宁省图书馆始终坚持“读者至上，服务第一”的服务宗旨，开设了社会科学图书借阅处、自然科学图书借阅处、外文图书借阅处、期刊借阅处、报纸查阅室、中外文工具书阅览室、科技文献检索室、古籍阅览室、缩微文献阅读室、视听文献借阅处、多媒体阅览室、保存本阅览室、研究读者借阅处等28个借阅处和阅览室，还设有社科文献咨询室和科技文献咨询室，负责解答读者咨询，开展定题服务，代译英、日、俄等外文资料。为了方便读者，辽宁省图书馆实行大范围的开架管理，开架文献数量达190万册，并实行借阅合一，馆内现有阅览座席近1100个。

辽宁省图书馆为广大读者提供了大量书籍资料，是市民放松身心、丰富知识的好去处。

**沈阳市档案馆** 位于沈阳市和平区沈水路196号。沈阳市档案馆于1960年5月成立，经过44年的建设，特别是党的十一届三中全会以来，沈阳市档案馆在全国副省级城市同类档案馆中名列前茅。近年来，档案馆采取多种形式加大接收、征集力度，使馆藏档案数量有了较大的增加，馆藏结构发生了重大变化。其中，距今146年的清朝咸丰皇帝颁发的圣旨，孙中山亲笔签发的“大元帅令”、1910年的结婚照等档案堪称其富有影响力的藏品。

沈阳市档案馆建筑面积21779平方米，地上8层，建筑总高度41米。基础采用钻孔压浆桩，主体为混凝土框架结构。外墙为干挂石材及玻璃幕墙，建筑物四周由28根18米高的灰色石材圆柱环绕。大楼设两部客运电梯，四部疏散楼梯。内部设有中央空调、火灾自动报警和自动喷洒、变配电、安保监控、通信、门禁系统等。该馆是设施齐备、功能齐全的现代化建筑。

沈阳市档案馆对外开放，欢迎市民来馆参观，并定时配有解说员进行讲解，为市民了解沈阳历史提供了便利。

### 3. 体育建筑

沈阳解放后，随着体育事业的发展，体育场馆设施建设逐年增加。20世纪50年代至70年代，主要体育场馆建筑有东北体育馆、辽宁省体育馆、东北军区体育馆、沈阳市游泳馆等。80年代后，又建起了一批规模宏大的体育设施，其中有建于1983年的沈阳市体育运动学校篮球、排球训练场，为沈阳最大的球类训练馆；沈阳市五里河体育中心，是全国大型体育场地之一。另外还有1989年9月投入使用的沈阳电业体育馆、辽宁省体育中心等。进入21世纪，沈阳市体育场馆设施建设逐渐完善，包括铁西体育场、沈阳奥林匹克体育中心等。

**辽宁省体育馆** 辽宁省体育馆，沈阳人又称其为“大馆”。据《沈阳市建筑业志》中记载：辽宁省体育馆于1974年7月动工兴建，1975年10月竣工落成，由中国建筑东北设计院设计，主建单位为辽宁省第二建筑工程公司。1974年辽宁省建设委员会下达了《1974年基本建设重点工程项目通知》，《通知》要求各市建委要“集中人力、物力，首先保证包括辽宁省体育馆在内的重点工程项目，力争尽早建成”。计划投资800万元。建成后的辽宁省体育馆建筑面积2.97万平方米，占地面积为10万平方米，投资总额达958万元。

其中体育馆主馆是由3个环向轴和24个径向轴组成的圆形结构，建筑面积为2.04万平方米，直径91米，高31米，设有10500个座席。该馆为钢筋混凝土杯形基础，屋面结构为直径91米大跨度三向空间钢管网架，双层看台采用预制装配整体式钢筋混凝土框架结构，外墙贴瓷砖，局部用马赛克和水刷石，柱、梁、板均系预制。设有暖气、冷风、空调等设备。钢屋架安装施工由辽宁省工业安装工程公司承担，1975年1月28日，重485吨、直径91米的圆形网状屋架整体吊装一次就位成功。抹灰工程由丹东、营口、本溪等市建筑工程公司分片包干。主馆比赛场地为椭圆形，东西直径48.8米，南北直径32米，设有主席台、裁判台和运动员观摩席，可进行篮球、排球、乒乓球、羽毛球等体育项目比赛，也可以演出歌舞、杂技及大型集会等活动，底层设有贵宾休息室、运动员休息室、练习厅、更衣室、淋浴室及新闻电（视）台转播等服务用房。二楼设有环形休息厅、电影放映室。两部室外大型扶梯分两段，直上二楼。通风机房设在比赛厅的外环，与比赛厅隔有6米天井，有利于隔声；其屋顶为观众室外休息平台，从外观看，好似比赛厅的基座，使整个建筑稳重、挺拔、气派。立面以实墙为主，与休息厅落地窗形成虚实对比，白色宽檐口与基座环形栏杆上下呼应，组成一体，形成了北方特色的建筑风格。建成后的辽宁省体育馆是辽宁乃至东北地区最大的体育馆，也是沈阳市十大标志性建筑之一。

自1977年建成首场接待朝鲜平壤杂技团来沈阳演出开始，几十年来已进行万余场的大型文艺演出及各种体育比赛。对于沈阳人而言，辽宁体育馆见证了沈阳市体育事业和文化事业的发展，影响了一代沈阳人。

**五里河体育场** 五里河体育场始建于1988年，位于沈阳市青年大街南端，与二环快速道相通。沈阳五里河体育场隶属于沈阳市体育局，是具有独立法人资格的公益性事业单位，是省市发展体育事业、壮大体育场产业的重要阵地，是沈阳市举办大型文体活动的主要场所。

体育场拥有两层看台和102个包厢，可容纳观众6万人，并设有专门的残疾人座席与通道，体育场的南北看台上方各设立一块显示面积达192.6平方米的全彩色LED显示屏。62个看台出入口，24个疏散楼梯可确保全部人员最短在7分55秒内疏散，安全性将得到充分保障。主体育场内为标准天然草坪足球场及国际田联认定的优质塑胶跑道，各种体育工艺设施齐全、达到一流标准，充分符合国际足联与国际田联的竞赛要求，为体育场以后承接各种国际赛事做好了硬件准备。

体育场由钢筋混凝土框架与钢结构罩棚两大部分组成，其中钢结构罩棚是整个体育场最华彩的部分。以授予胜利者的橄榄叶王冠为设计理念的罩棚主体总长度达360多米。整个钢结构罩棚由五层不同材质构成，分别从竞赛、声场、避雨等多个角度进行了精心设计与科学论证，不仅气势宏伟，而且渗透着栩栩如生的动人之美，它宛如会呼吸的体育场皮肤一样，能适应四季气候的变化，能有效地调节光、热、风、声音的影响，从而创造出理想的竞技环境。

沈阳五里河体育场于2007年2月12日下午爆破拆除，并实现“五里河体育场环保爆破”。

**铁西体育馆** 沈阳市铁西区体育馆位于沈阳市铁西区重工北街66号，与铁西体育场毗邻，北四路横穿其中，西邻沈阳森林公园，是铁西区打造西部文化中心的两大标志性建筑之一。

铁西体育馆建于2008年6月2日，位于沈阳市重工街（原于洪苗圃），占地面积14万平方米、建筑面积3.5万平方米。体育馆的建设采用了国际级的设计标准，馆内拥有3万个座位，标准的400米无颗粒的塑胶跑道，棚顶宽度达到40米，可以遮蔽住70%以上的观众。场馆内设施完善，不仅拥有标准的运动员更衣室、新闻发布厅、媒体工作室、裁判休息室等，还包括化妆间和健身房等辅助房间，可谓一应俱全。赛场的草坪、座位、安保等方面的各项设施完全比照奥体中心的标准来建设施工，是一个小号的奥体中心。

铁西体育馆地理位置优势明显，并与高速路口相连，交通便利，地铁、公交站点近在咫尺，有利于市内各城区以及外市观众抵达及疏散。可承接国内外各种综合及单项赛事（篮球、排球、手球、乒乓球、健美、武术、柔道等）和商业比赛，接待专业运动队训练及各种大型文艺演出、大型会展、竞技、文艺活动等，是一座现代化、多功能的体育馆。站在高处俯瞰，体育馆呈一道巨大的彩虹形状，象征着铁西老工业基地各项事业如绚丽的彩虹，蒸蒸日上。

**沈阳奥林匹克体育中心** 沈阳奥体中心体育场位于浑南新区沈阳国际会展中心北边、中国女人街的东侧和南侧，占地43万平方米，总建筑面积26万平方米，工程投资总概算19.7亿元。

沈阳奥体中心体育场的设计构思，充分体现了“绿色、科技、人文”三大奥运理念，既可满足举办国际大型综合体育赛事的要求，又保证了赛后成为大众体育健身娱乐的休闲场所。奥体中心的绿地面积达14万平方米左右，建筑材料环保节能。奥体中心体育场的造型非常别致，两侧拱形部分由玻璃构成，被誉为“水晶皇冠”。

以授予胜利者的橄榄叶的王冠为设计概念所设计成的全长三百多米的大型屋顶，由玻璃及金属所构成。这种屋顶宛如会呼吸的皮肤一样，适应四季气候的变化，有效地调节光、热、风的影响，创造出理想的竞技环境。这与沈阳的城市环境建设的自然和生态相结合的主旨相一致。这种具有最先进高科技技术的体育场，不仅是中国国内，也会成为国际上具代表性的体育中心。

它由两个结构主体组成，看台部分采用钢筋混凝土结构，屋盖采用拱形钢结构，拱形屋盖一共由6片钢结构组成，东西各分3片，这样的结构布局既减小了施工难度，又使场馆的外观形成流线型效果。在主体育场的设计上，奥体中心主体育场应用了很多国际流行的理念。在6个拱形片中，每两片间留有一定缝隙，不仅保证场馆内的空气流通，还可以有效避免其他大型场馆产生回声，观众听不清广播的问题。

工程包括能容纳6万人的现代化体育场一座，容纳1万人的综合体育馆一座，容纳4000人的游泳馆一座，容纳4000人的网球馆一座。其中现代化体育场，地下结构层、地上6层，包括符合国际足联标准的带有标准塑胶跑道及田径比赛功能的天然草皮足球比赛场地和带有标准塑胶跑道的天然草皮足球热身训练场地各一块，1—6层各类建筑13.888万平方米；综合体育馆，主体育馆及训练馆，地下结构层、地上4层，包括可以进行室内球类、体操、冰上运动的比赛场和训练场，1—4层各类建筑5.057万平方米；游泳馆，地下结构层、地上3层，包括室内水上运动游泳、花样游泳、跳台跳水、跳板跳水、水球的比赛场和训练场，1—3层各类建筑约3.71万平方米；网球馆，地下结构层、地上2层，包括可容纳观众4000人的1号室内场地一块，每块可容纳观众2000人的室外2号和3号场地及训练场地三块，1—2层各类建筑约1.47万平方米。

二层空中回廊1.577万平方米，二层主通路平台1.928万平方米，体育馆部分一层平台下室内停车场建筑0.93万平方米，游泳馆和网球馆部分一层平台下室内停车场建筑1.139万平方米，行政管理、业务办公和后勤用房，通用设备用房及其他公共空间的建筑面积含在29.699万平方米总建筑面积之内；用地范围内停车场可停放车辆计2520台（其中：体育场1415台、体育馆625台、游泳馆和网球馆480台，包括大客车500台），用地范围外临时停车场可停放车辆计2730台（其中：北街区730台、南街区2000台），合计共可停放各类机动车车辆5250台；用地范围内非机动车停车场可停放自行车3000辆，残疾人车180辆。

站在奥体中心的看台上向下看，绿色的草坪感觉就像一大块翠绿的地毯，令人赏心悦目、心旷神怡。

**4. 金廊工程**

金廊即“中央都市走廊”，是沈阳城市规划建设一个创新型概念，也是沈阳城市发展战略中的一个核心概念。开发建设金廊是沈阳市委、市政府为完善中心城市功能、提升城市竞争力、创造新的产业带和新的投资热点而推出的一个重要的战略举措。其目的是通过逐步的开发和改造，使其成为建筑标志化、环境生态化、道路景观化的现代服务业产业聚集区，国际大都市的形象展示区，东北中心城市的核心控制区，成为沈阳充满活力的生命中轴和创造新世纪辉煌的黄金走廊。

金廊主体北至北陵公园，南至浑河北岸，东至黑龙江街—敬宾街—奉天街—杏林街—五爱街，西至黄河大街—二经街—三好街。金廊以北陵大街—北京街—青年大街为轴线，全长12公里，平均宽度1—2公里，总面积17.7平方公里。

金廊建设自2003年7月全面启动以来，在省市领导的高度重视、市直相关部门的大力支持和开发建设单位的积极努力下，开发建设不断提速。已有皇朝万鑫大厦、昌鑫置地广场、汇宝国际商业广场、奉天银座、华府天地一期、财富中心、银河国际大厦等大型项目竣工并投入使用。

北金廊（皇姑段）为沈阳“金廊”工程的北段，囊括以北陵大街为轴心、西至黄河大街、东至黑龙江街6.9平方公里的区域。皇姑区重点由传统的教育文化业转移到信息服务业、现代商务商贸业、文化旅游业、现代物流业等现代服务业。重点规划建设“一线、一街、一带”发展区域。“一线”即地铁2号线沿线开发（即北金廊），“一街”即长江街，“一带”即舍利塔文化旅游观光带。

北金廊（于洪段）规划范围南起黄河北大街新开河桥，北至文大路沈阳师范大学南侧，以黄河北大街西侧为主，西至川江街，全长7.1公里，平均宽度为0.5公里，总面积为3.55平方公里。总体定位为金融贸易区、宾馆贸易区、商住办公区、文化体育区、高档住宅区、中介服务区、商业购物区、高科技产业区、汽车专卖区和现代生活区十个功能区。

作为沈阳金廊的北延伸带，北金廊道义段规划位于沈北新区道义南大街，南起黄河北大街，北至沈阳市规划三环，以道义大街为轴心，全长7.3公里，两侧宽度各500米。区域延经101国道、沈北大道、蒲河大道等主要公路。北金廊（道义段）产业发展主要依托大学城，重点发展金融保险、写字楼地产、专业服务等高等级的生产性服务，发展先进零售业态、高级商务酒店、高级娱乐设施等高端生活性服务，以及高等教育机构、科研机构、大型体育中心、大型文艺中心、大型医疗机构、博物馆等大规模的公共服务，力图建设成为辐射沈阳北部城区的商业带和文化产业带。

金廊浑南段，也称南部金廊，位于浑河南部，北起浑河南岸，沿浑河大街两侧，南至三环绕城高速公路，全长4公里，将重点建设商务、办公、商业、体育、文化、娱乐项目，在空间和功能上与浑河北岸金廊相延续，构成沈阳市完整的公共服务设施轴线，并形成浑南新区的公共配套中心。

一批超高层和高层建筑群体构筑具有标志性的现代商务中心在南金廊地带的形成，奠定了南部金廊作为沈阳市南部商务金融中心的核心地位。沈阳奥体中心就处在南金廊的黄金点上，2008年上半年，南金廊的大部分在建项目实现封顶，并在奥运会开幕前完成外部装饰，奥体中心成为南部金廊整体形象中最具魅力的核心亮点。

毗邻沈阳奥体中心的保利达商务广场，包括购物中心、商务中心、会务中心、商住大厦、高档写字楼、五星级酒店等设施，形成体验浑河风情的最佳地带。南金廊作为沈阳又一个经济商务金融中心，成为奥体板块地产发展的支点。

打造南金廊新商圈。地铁二号线的开工建设，消除了沈阳市民以河为界的心理。地铁建成后，坐着地铁往南走，过河之后将别有一番景象。亿丰广场2008年底投入使用，是集购物、旅游、娱乐、美食、休闲、文化、游乐、运动、五星级酒店九种业态为一体的复合商业地产项目；泛华商业广场整个项目分为两部分，一部分为百货超市、建材家居购物中心以及酒店式公寓，一部分为高层住宅及配套商业设施组成的大型住宅社区，泛华商业广场已锁定家得宝、特易购、沃尔玛等世界零售巨头；沈阳·中国女人街，是集著名百货商场、国际品牌建材超市、国际品牌家居超市、国际品牌生活超市、国际连锁运动品牌超市、美食街、电影院等业态组成的集商业、服务业、娱乐业于一体的超大型商业综合体。

为加快推进金廊项目的招商引资工作，省、市领导带领有关部门赴深圳、温州等地开展招商工作，并召开“沈阳市金廊主题概念招商座谈会”，对金廊工程重点地块进行推介。

经过几年的建设，金廊工程已初具规模，对沈阳产业结构调整、城市功能升级、加快老工业基地全面振兴起到了重要的推动作用。市政府加大金廊沿线城市基础设施的投入和建设力度，金廊的价值开始逐步显现，并展现出广阔的发展空间和财富聚集效应。

主要建筑简介：

金廊工程沿线著名建筑很多，包括中粮大悦城、喜来登酒店、奉天银座、五里河奥林匹克体育中心等都是金廊工程沿线建筑。

**沈阳皇朝万豪酒店** 沈阳皇朝万豪是沈阳第一家国际化的五星级酒店，是万豪国际集团在中国大陆管理的首家以万豪命名的酒店。它位于波光粼粼、风景旖旎的浑河北岸；同南湖高科技开发区、五里河体育中心、夏宫、河畔花园融为一体，形成了沈阳南部一道亮丽的风景线。酒店位于沈阳青年大街的最佳位置，距市中心、沈阳北站只有10分钟车程，距离桃仙国际机场12公里，乘车前往只需15分钟。酒店就在通往机场高速公路入口处，交通便利，环境幽雅。

于1997年7月26日开业的沈阳皇朝万豪酒店是由扬子实业（香港）、南方航空北方公司（原北方航空）、中国中一集团投资兴建的沈阳第一家五星级标准的酒店。开业之初由美国万豪国际集团管理，后因经营理念不同，由业主方收回管理权。沈阳皇朝万豪酒店成为完全由中国人投资并管理的本土化国际五星级酒店。酒店名称由美国万豪国际管理集团的Marriott更名为Marvelot。沈阳皇朝万豪酒店经过10年经营，已成为中国沈阳、东北乃至全国享有知名度和特色的国际五星级酒店典范，并成为第29届北京奥林匹克运动会沈阳分赛区官方指定接待酒店和第29届北京奥林匹克运动会沈阳分赛区奥运村。

沈阳皇朝万豪酒店共25层，拥有435间高档豪华房及套房。300平方米豪华、尊贵的总统套房位于酒店的最顶层。每个房间配备中央空调，双重性电话线及电话留言，小酒吧，电子保险箱，卫星电视频道，自制咖啡、茶设备，及全套洗浴设施。部分房间有厨房设施，凡入住的客人还可免费使用酒店的游泳池和健身器材。装修豪华的宴会厅及多功能厅总面积1280平方米，可接待各种类型会议及宴会。

酒店内还有健康俱乐部，包括室内游泳池、健身器械、定时健身操、斯诺克台球等活动项目。商务中心，宾客服务，美容美发中心，健康会馆，礼品店，花店，洗衣服务，停车场设施，机场穿梭巴士及票务/观光服务台等多种服务项目，令客人在沈阳的停留更有家的感觉。

**沈阳皇朝万鑫酒店**　沈阳皇朝万鑫酒店坐落于沈阳五里河区域核心地段，雄踞沈水门户，处于“金廊”与“银带”交会处，是整座城市中最具展示力和代表性的东北首家国际白金五星级酒店，是国际各界名流精英频繁往来、聚首荟萃之地。皇朝万鑫酒店邻近国际商业区和领事馆区等核心区域，交通便捷、地理条件十分优越，距市中心仅15分钟车程，距火车站仅20分钟车程，距机场仅10分钟车程。

皇朝万鑫酒店拥有5000平方米入户大堂、2078平方米的超大空中花园、国际最先进的高速电梯、可容纳800余台车辆停泊的全自动立体停车库等国际领先配备设施。皇朝万鑫酒店共设有67个可满足各类不同需求的大小厅房；位于皇朝万鑫酒店七层的超大宴会大厅——万鑫殿，为复式越层通透大厅，可供近2000人会议、1500人宴会；位于皇朝万鑫酒店六层的特色宴会厅——万鑫宫，为自由分割组合式大厅，可满足不同活动的需求；位于皇朝万鑫酒店三层的万喜宫，面积近939.35平方米，更加溢彩富丽。

皇朝万鑫酒店379间/套各式客房可满足不同需求，客房区设有商务楼层、非吸烟楼层、女士楼层、行政楼层等，且每个房间都设有卫星/有线电视、电话留言、双频电话线等配套设施，部分客房更配备了厨房，颇具个性化和人性化；贴心管家服务细致周到，让往来宾客能在豪华尊贵的私密休闲空间里轻松愉快地度过时间。

**金廊广场** 位于沈阳市沈河区青年大街165-9号。开工日期为2008年8月12日，竣工日期为2006年11月。共32层，包括地下2层、地上30层，高105.3米，总面积52000平方米。

金廊广场（原盛华苑2-3#楼）地处沈阳“金廊”地区核心地带，面临沈阳市南北交通要道——青年大街，东接沈阳陆军总院，北承文化路，是中心商务酒店、娱乐产业带与文化、会展产业带的交会处。广场占地面积4635平方米，其中，底层占地面积2857.26平方米。地下室建筑面积8316平方米，标准层建筑面积705.24平方米。广场由A、B两座组成，A、B两座建筑面积均为26000平方米，地下2层、裙房4层，地上30层，属一类高层建筑。建筑耐火等级为一级；抗震设防裂度为7度。主体部分5层以下为钢筋混凝土框筒结构，5层以上为钢筋混凝土筒中筒结构；裙房部分为钢筋混凝土框架结构，筏板基础。广场地下2层设有风机房、热交换站和停车库；地下1层设有变电站、报警阀室、配电室及复式停车库等；地上1—3层为商铺；4层为会所及物业、地产公司办公用房等；4—5层之间为转换层；5—29层为公寓；30层为设备机房。

**沈阳华府天地** 华府天地坐落在沈阳北站金融商贸开发区惠工广场西侧。该项目是由香港・上海置业有限公司和沈阳华锐集团下属的沈阳华锐房地产开发有限公司合资组建的中外合资企业，共同投资开发建设。总占地面积17万平方米、总建筑面积约190万平方米，是沈阳乃至东北地区唯一的、最大的豪布斯卡（HOPSCA）城市综合体，更同时创下了沈阳市规模最“大”、业态最“全”的标志建筑群纪录。

华府天地总投资近100亿元人民币，分为两期开发，一期占地5万平方米，建筑面积40万平方米；二期占地面积12万平方米，建筑面积150万平方米，全案涵括五星级酒店、5A甲级写字楼、城市景观花园、停车场、会议会展中心及高档公寓，成为一个充分满足一站式服务需要，集购物、美食、休闲、娱乐、文化康体、服务、旅游、酒店、写字楼、会议会展中心、酒店式公寓等多功能为一体的城市现代服务业集聚区，并开创沈阳市史无前例的新地标。

沈阳华府天地购物中心集购物、餐饮、文化、休闲、娱乐、服务多功能于一体，是东北最具规模和特色的概念体验式购物广场。华臣影院、金钱豹美食城、汤姆熊娱乐城等国际知名品牌强势入驻沈阳华府天地购物中心。华府天地的一切商业因子都在展现国际化的外扩力，与全球流行同步同行。华府天地是市民休闲、娱乐的不错选择。

**5. 住宅建设**

改革开放以后，沈阳市的城市住宅建设发展很快。“六五”期间，沈阳市用于住宅建设的投资共21.4亿元，比1980年以前的31年投资的总和还多7.8亿元。新建住宅878.5万平方米，相当于前31年新建住宅总和的84%。1985年，人均住宅居住面积可达4.4平方米，超过“六五”计划规定的4.2平方米的指标。

大批项目的建设和改造使城市面貌焕然一新，城市功能逐步完善。商品住宅已成为住宅建设的主体，住宅标准和质量均有较大提高，先后完成30片棚户区的搬迁改造。万科、克俭等住宅项目的建设，标志着沈阳市住宅建设开始向大规模、多功能和国内外多渠道筹资的方向转变。“九五”期间，房地产完成投资205.7亿元，住宅竣工面积1263.3万平方米。城市人均居住面积8.12平方米，比“八五”期末增加1.25平方米。

改善城乡居民的居住条件，也是“民生工程”的重要内容之一。“十一五”时期，沈阳市委、市政府全面落实科学发展观，坚持以人为本，高度关注城乡居民改善居住条件。

“八五”以前，沈阳城市居民住房的70%是棚户区或平房区，有的甚至居住在日伪时期遗留的低洼易涝、阴暗窄小的陈旧房屋里[①]。20世纪80年代中期以后，沈阳市开始对全市危房区、棚户区乃至平房区进行改造，不断改善居民居住条件。1994年起，沈阳市开始实施安居“234”工程，即分阶段解决中低收入者人均居住面积不足2平方米、3平方米、4平方米困难户的住房问题，1994—2000年解决了6.8万余困难户的住房问题；2001年，沈阳市委、市政府正式提出以棚户区改造为重点，并通过采取市场运作、政府扶持等有效措施，使全市的棚户区改造工作取得了显著成效。至2004年底，4年时间内，政府共投资120亿元，实施改造棚户区38片，占地380万平方米，拆迁安置居民12万户。

“十一五”期间，党中央、国务院高度重视解决城市低收入家庭住房困难问题。2005年10月，党的十六届五中全会提及“认真解决低收入群众的住房、医疗和子女就学等困难问题”[②]。这是党代会上首次提及解决低收入群众的住房问题。2007年8月，《国务院关于解决城市低收入家庭住房困难的若干意见》标志着我国住房体系的建设再次提上日程，国家开始调整以市场化为主的

① 苗家生：《沈阳市加大城区建设力度》，《光明日报》2006年7月30日。

②《中共中央关于制定国民经济和社会发展第十一个五年规划的建议》。

住房政策，探索建立健全住房保障制度。2007年10月，国家主席胡锦涛在党的十七大报告中明确提出住有所居，健全廉租住房制度，加快解决城市低收入家庭住房困难。自2007年国发24号文件以后，沈阳市也开始构建和完善以廉租住房、经济适用房为主的住房保障体系。

辽宁省是全国开展保障性安居工程较早的省份[①]。从2005年开始，时任辽宁省委书记的李克强在辽宁率先开展了大规模的棚户区改造工作，全国的保障性安居工程也是在辽宁棚户区改造经验的基础上开展的，抚顺、鞍山、沈阳等城市的棚户区改造也成为中国保障性住房制度的起点。

沈阳市走在全省棚户区改造工作的前列。“十一五”以来，沈阳市以前所未有的工作力度对棚户区进行了大规模的集中改造，这是改善市民居住条件的重大举措[②]。市委、市政府领导多次到棚户区调研，提出棚户区改造的总体要求，并召开现场办公会落实改造资金问题。

2005年初，沈阳市进行全市排查。统计数字表示，全市共排查出影响城市整体环境的棚户区、平房区及旧城区238片，涉及改造居民12.9万户。其中，符合省政府改造标准要求的连片棚户区为9片，即和平区的北市二期、兰州北街地区，皇姑区的舍利塔、向工和明廉地区，大东区的大二台子、小二台子、东站和如意地区等，共计1.67万户。沈阳市提出“两年内全面完成沈阳市棚户区、平房区、旧城区改造任务”的工作目标。2005年，沈阳市委、市政府把棚户区、平房区、旧城区改造工作列入为城乡群众办好22件实事之一，仅用一年时间就提前完成9片、计1.67万户连片棚户区改造任务。同时，全市还在绿化、道路、村屯改造和商业开发项目中对大量的平房区、旧城区及村屯进行改造，改造户数5.23万户。2005年投入改造资金总额达85亿元，共拆迁居民6.9万户。2006年，沈阳市委、市政府继续推进棚户区、平房区、旧城区改造工作，并将其放在2006年为城乡群众办好24件实事中的首位。全年完成剩余6万户的拆迁计划，从而全面完成棚户区、平房区、旧城区的拆迁改造工作，使城乡环境得到彻底改善。2006年，城镇住宅建设投资407.2亿元，比上年增长26.7%；新建成住宅1067.1万平方米，增长7.3%。城镇居民人均住宅建筑面积25.24平方米，比上年增加1.88平方米；农村居民人均住房面积25.31平方米，比上年增加0.19平方米。

---

① 宋江云：《从棚户到安居：沈阳公租房运营样本》，《21世纪经济报道》2012年11月8日。

② 高薇：《别了，沈阳的棚户区》，《沈阳晚报》2007年12月21日。

2007年廉租住房保障制度进一步健全。城镇住宅建设投资564.7亿元，比上年增长38.7%；新建成住宅1101.8万平方米，增长3.3%。城镇居民人均住宅建筑面积27.01平方米，比上年增加1.77平方米；农村居民人均住房面积25.72平方米，比上年增加0.41平方米。

2008年加快保障性住房建设。确定了在全国率先解决城市低收入家庭住房困难的目标，投入23.1亿元，建成150万平方米保障性住房。为1580户农村贫困群众建房。城镇住宅建设投资738.9亿元，比上年增长30.8%；新建成住宅1103.9万平方米，增长0.2%。建成150.28万平方米保障性住房，其中经济适用房120.8万平方米，廉租房29.48万平方米；为农村贫困群众建房1580户，维修住房458户。城镇居民人均住宅建筑面积29.02平方米，比上年增加2.01平方米。农村居民人均住房面积26.30平方米，比上年增加0.46平方米。

2009年为2.2万户城市低收入住房困难家庭新建经济适用住房和发放货币补贴，为农村贫困户建房2250套。城镇住宅建设投资810.7亿元，比上年增长9.7%；新建成住宅1099.9万平方米，其中商品住宅1075.7万平方米。全年新建经济适用房91万平方米，完成2250户农村贫困户危房改造任务。城镇居民人均住宅建筑面积30.9平方米，比上年增加1.9平方米。农村居民人均住房面积26.93平方米，比上年增加0.63平方米。

2010年全年城镇住宅建设投资比上年增长32.8%，新建成住宅1113.7万平方米，其中商品住宅1107.7万平方米。全年投入经济适用房货币补贴资金2.5亿元，开工建设经济适用房85.28万平方米[①]。

经过几年的努力，沈阳市的旧区改造、住宅建设迅速发展，居民住宅质量不断提高，人居条件有了极大改善。沈阳的房地产市场在全国二线城市中也以健康、稳定、理性的发展态势获得好评。

---

① 以上数据来源于2005—2010年沈阳市国民经济和社会发展统计公报。

# 第六章
# 绿化生态环境

# 第一节 城市绿化

## 一、园林绿化

园林绿化是城市建设的重要组成部分，它具有改善环境，美化市容，保持生态平衡和为市民提供游览休息场所的作用，是现代城市文明的重要标志之一。

园林绿化是人类社会发展到一定阶段的产物，它与政治、经济、文化的发展密切相关，早在明代，沈阳地区的园林绿化就以私人建宅园和民间养花的形式出现，到了清代则出现了以种花卖花为业的私人花园。清朝定都盛京以后，建宫殿、修城池，人口骤增，商业发展，并且有比较大规模的园林建设。新中国成立以前，如“御花园”的出现标志沈阳大型园林建设的兴起，供群众游览的公园始建于清代末年即现在的万泉公园；奉天公园的成立推动了沈阳园林建设的发展；民国时期，沈阳园林建设发展较快，据统计，沈阳解放前夕全市共有树木72894株，城区绿地总面积109.08公顷，公共绿地总面积为101.22公顷，绿地覆盖面积为1.42%。人均占有公共绿地0.9平方米，人均占有公园面积0.8平方米。①

沈阳解放后，市委、市政府重视园林绿化建设，1949年至1952年，在资金十分困难的情况下，投资69万元②用于恢复园林建设，为加强园林绿化建设管理，1952年还成立了专门管理机构沈阳市人民政府建设局园林管理所，翌年改称为园林管理总所，这一时期，配合城市建设，园林绿化建设着重进行普遍绿化。对和平大街、中华路、南京街、建设大路、市府大路、北陵大街等23条主要街道进行了新植和补植树木2万余株，在中山、市府、民主、大东等7处广场和三经街游园等处也进行了植树。全市共完成植树302.91万株，其中行道树4.35万株，在浑河北岸逐段营造了防护林地541万平方米，改善了沈阳环境。同时还增建五里河、铁西等苗圃以满足城市绿化急需的大量苗木，促进了绿化事业的发展。恢复和新建公园8处，对东陵、北陵、中山、万泉、沈阳

① 沈阳市城市建设管理局编：《沈阳城建志》，沈阳：沈阳出版社，1994年版，第353页。

② 高晓峰著：《中国充满活力的城市——沈阳》，沈阳：辽海出版社，2007年版，第166页。

等公园加强了基础设施建设，修复园路、翻建温室、安装园灯和设置游艺设施。至1952年末，市建成区绿地面积达150.79公顷，比1948年末新增面积27.78公顷，增加了27.7%；公共绿地面积达129公顷，比1948年末新增面积27.78公顷，增加了27.5%；公园面积达103.26公顷，比1948年末新增13.11公顷，增加了14.5%，市区绿化覆盖率1.8%；人均占有公共绿地为0.89平方米，人均占有公园面积为0.71平方米。

1953年至1957年第一个五年计划期间，沈阳市的园林绿化建设本着“先绿化，后美化；先普及，后提高”的原则进行。这一时期用于园林绿化的投资共368万元，占城建总投资的9.2%，每年平均投资73.6万元。主要用于原有重点街道的补植和新拓宽道路的植树，着重改善铁西工业区的绿化建设。营造了铁西工人村林荫道及建设大路南侧的卫生隔离绿化带，进一步完善和营造了市区南部、北部和西部防护林，使全市环城防护林带基本形成。城市绿化共完成植树883万株，其中行道树28.23万株。结合南运河改建工程，辟建了万柳塘公园、青年公园，扩建了鲁迅公园、大东公园、万泉公园、南湖公园，加强了基础设施建设，新增公园景点并维修了东陵、北陵。同时，为改善铁西工人村居住区的游憩条件，将铁西苗圃改建成劳动公园。到1957年末，市建成区绿化面积已达705.4公顷，比恢复时期增长3.8倍；公共绿地面积已达671.13公顷，比恢复时期增长5倍；绿化覆盖率已达到6.13%；人均占有公共绿地为2.94平方米，人均占有公园面积为2.72平方米。[①]

1958年至1965年，是国家的第二个五年计划实施和经济调整时期，这一时期，曾出现了“大跃进”、经济困难和经济调整等几个历史阶段。

1958年至1960年，随着工农业“大跃进”，园林绿化建设也迅速发展，共完成投资1033.42万元，是“一五”时期的2.8倍，主要加强公园基础设施建设和主要道路的绿化、美化。1958年，为充分发挥市、区两级积极性，市政府将一部分公园、苗圃、街道树和小游园下放给各个区管理，一些小街小巷和居住区庭院绿化得到了迅速发展。1959年又提出“普遍绿化和重点提高相结合”的方针，一些主要干道的绿化水平向较高层次发展，先后对15条共21公里主干道进行绿化美化。为迎接新中国成立十周年，主要街道更新了街道树，并在道路两侧修建了水磨石花坛，和平大街林荫道中也点缀了花卉，铺装了草坪，使街道绿化有了新的提高。同年，市委和市人委联合发出关于市绿化委员会，进一

---

① 沈阳市城市建设管理局编：《沈阳城建志》，沈阳：沈阳出版社，1994年版，第354页。

步推动了群众绿化运动的发展。各公园都加强基础设施和景点建设。万泉公园建成了水上舞厅、剧场；南湖公园建成了藕香榭、白云亭；劳动公园建成了竹亭、喷泉；青年公园修建了园门；中山公园修建了“园中园”和儿童戏水的雕塑喷泉等，共完成基础设施建设1833平方米。城市绿化树木品种由原来的100多种增加到166种。共植树550万株，其中行道树42万株，到1962年末，市建成区绿地面积已达765.22公顷，新增绿地60公顷，比“一五”时期增加了8.5%，公共绿地面积为709公顷，其中公园面积为646.47公顷；绿化覆盖率为6.65%；人均占有公共绿地3.07平方米，人均占有公园面积2.9平方米。①

1960年至1962年经济困难时期，园林绿化建设受到影响，甚至出现毁绿地种粮食的情况，建成区的绿地面积缩小。1963年以后国民经济开始好转，园林事业也有了新转机。1964年组建了市园林管理处，各区园林管理多撤销，园林绿化由市统一管理，集中使用资金和人力，促进了园林事业的发展。1963年至1965年，园林绿化投资共657万元，主要用于绿化植树，养护管理，在有条件的街道进行密植，增加绿地，加大绿化效果。全市主要街道如和平大街、文化路、崇山路等都更新了街道树，增加了常绿树和花灌木，有的街道还栽植了一些早春开花的街道树和山杏、山桃、稠李等，早春时节满繁花，灿若锦绣，使街景更加优美。根据备战要求，还对毛望公路、长青街、望花街、青年大街、辽沈中路等战备公路植树5.8万株；在行人密集的商业区太原街、中街等步道上摆设盆花，美化了市容。同时，还维修了东、北两陵的隆恩殿、碑楼、方城和陵墙等建筑。对公园基础设施也进行了建设，增加了一些景点，园艺水平有了很大提高，环境也明显改善。到1965年末，市区绿化覆盖率达到6.4%；人均占有公共绿地为2.86平方米；人均占有公园面积为2.62平方米。

1966年至1976年“文化大革命”时期，园林绿化遭到严重摧残和破坏，花草树木被视为“封、资、修”的产物，公园建设被彻底否定了。尤其1966年末至1969年期间，园林管理机构被解体，管理人员被大量精简下放，公园绿地被强占面积达153.6公顷，树木长期无人养护管理，园林绿化建设处于停滞不前的状态。1969年以后，在“抓革命、促生产、促战备、促工作”的口号下，随着城市道路的拓宽和延伸，街道植树也逐步增加。由于外事工作的需要，对外宾通行的主要干道进行了重点绿化。1969年，在中山广场新建了一组以毛泽东主席全身塑像为主体的玻璃钢塑像群体，6个扇形花坛用桧柏围成绿篱，花

---

① 沈阳市城市建设管理局编：《沈阳城建志》，沈阳：沈阳出版社，1994年版，第355-356页。

坛内栽植桧柏、云杉及各种花卉，成为沈阳一大景观。1973年，对南五马路、南京街、黄河大街、北陵大街都进行了大量植树，东塔机场出口一带也大量栽植了油松。同时，在胜利、园路、工人村、卫工、管城、小南、正阳等18个公社管区内的小巷植树1.72万株，使城市绿化逐步恢复和发展。1970年以后，由于中美、中日建交，对外友好交流逐渐增多，促进了公园建设，1972年日本首相和田中角荣访问我国时，赠送300株落叶松栽植在北陵公园，为此还修建了“唐松园”，后改称为“友谊园”。在中山公园重新进行规划，修建“园中园”、“沉池”、长廊、儿童乐园，并安装了大型游具电动转马。南湖公园修建了“绮芳园”、“临芳园”和“群芳圃”等景区。青年公园也修建了大型喷泉和游船码头。1974年以后将万泉公园改为动物园，逐年修建了熊猫馆、猴馆、水禽馆、狮虎山等动物馆舍和活动场地。园林绿化工作在曲折中发展。到1976年末绿化覆盖率达到8.79%；人均占有绿地面积为3.31平方米；人均占有公园面积为2.87平方米。①

1977年至1999年，由于改革开放，给园林绿化建设注入了新的活力，开始进入了蓬勃发展的新时期。

经过13年的大力建设，沈阳园林绿化建设有了很大的发展，在结构、规模、水平和分布上，都有了很大的提高，一个具有沈阳特点的园林绿化科学体系已经逐步形成。在此期间，园林绿化共完成投资14254.82万元，占城建总投资的15.23%，是1966—1976年10年投资的6.3倍②，是1949—1965年16年投资的3倍。13年间，市区新建、改建和改造24座公园，总面积达759.5万平方米，这些公园由于坚持以植物造园为主，以中国传统手法与现代造园艺术相结合，风格迥异，各具特色。其中，以植物造园为主新建了南运河带状公园、卫工河带状公园、滑翔公园；以古典园林风格为主，在南湖、北陵公园内新建了“鱼跃荷香园”“绮芳园”“芳香园”；以现代造园艺术手法为主，对中山公园、南湖公园、青年公园和劳动公园进行了改造，先后建成“百花苑”“振兴园”“题园”等“园中园”。

进一步加强了绿化建设，全市共植树440万株，其中，行道树28.4万株。树木品种由160种增加到180种。完成造林2.97万亩；栽种草坪392.6万平方米；

---

① 沈阳市城市建设管理局编：《沈阳城建志》，沈阳：沈阳出版社，1994年版，第356-357页。

② 沈阳市城市建设管理局编：《沈阳城建志》，沈阳：沈阳出版社，1994年版，第356-357页。

建成街道小游园与景点192处，面积173.14万平方米；绿化林荫道和分车绿带17条；很多单位对沿街围墙进行了改建，建成通透式围墙并进行了垂直绿化，丰富了街景。1978年开始规划建设占地116平方公里的辉山风景区，先后建成了晴学楼、望湖阁、观棋亭、揽秀亭等景点建筑，1986年被评为省级风景区，成为海内外游客旅游、观光、度假的胜地。

苗木基地也有了新的发展，除做到了基本自给外，还销往外地。13年来，通过专业与群众相结合的多种形式，全面、集体和群众团体多种渠道开辟苗木基地，使苗圃面积增加了9.34万平方米。现有苗圃面积已达359.17万平方米，比解放初增加6.82倍，年生产苗木500万株。这些新苗圃的建成，使全市苗圃布局趋于合理、均衡，缓解了园林绿化用苗的供需矛盾，基本适应了市区绿化建设的需要。

到1990年末，市建成区绿地面积已达3313.7万平方米，比1976年的1168.08万平方米增加了2146万平方米，增长84%，为1949年的30倍。其中，公共绿地面积已达1183.55万平方米，比1976年的698.12万平方米增长了66%，为1949年的11.7倍；人均占有公共绿地面积已由1949年的0.9平方米增加到3.82平方米，人均占有公园面积由1949年的1.42%增加到22.02%。1990年，市区公共绿地、专用绿地、风景区、苗圃、道路绿化、防护林带与郊区果园、林场连成一片，形成了点、线、面相结合的绿化网络，基本实现了沈阳总体规划所规定的宏伟目标，1983年、1986年曾两次被国家授予“全国绿化先进城市”光荣称号。

人类正面临着环境、人口、资源三大难题，尤其是环境问题，已引起国际社会的普遍关注。现在，越来越多的国家把环保作为保障经济的大事来抓。城市里的绿色主体是园林绿地系统，这些有生命的绿色植物在城市中具有不可替代和估量的效益。它的作用主要体现在净化空气，维持碳氧平衡，吸收有害气体，调节和改善小气候，吸滞烟尘和粉尘，减菌、杀菌，减弱噪音，美化环境，所以政府每年都会加大力度进行全市的园林绿化工作，希望给我们一个良好的生活环境。2008年，沈阳园林绿地面积22964公顷；2009、2010年，沈阳园林绿地面积达到25994公顷。2008年，公园绿地面积5673公顷，公园个数57个，公园面积3114公顷，人均公园绿地面积12.12平方米；2009年，公园绿地面积6046公顷，公园个数60个，公园面积3148公顷，人均公园绿地面积12.77平方米；2010年，公园个数62个，公园面积3256公顷，人均公园绿地面积12.72平方米。[①]全市的园林绿化工作继续稳步发展。

## 二、城区绿化

沈阳市城区绿化始于清代末年。1906年盛京将军首创农业试验场，下设苗圃，开始培育植树用苗木。1908年奉天森林学堂、奉天种树公所及森林场先后成立。从此，沈阳有了植树的管理机构和实验场地，并培养了一批专业技术人才，对沈阳早期城市绿化发展起到了推动作用。

沈阳解放以后，城市绿化建设迅速发展。组建了园林管理机构，绿化专业队伍，开展了大规模的植树活动，使城市绿地不断扩大。1949年城区绿地面积为109.08万平方米，至1957年已增长到705.4万平方米；城市绿化覆盖率1949年为1.42%，至1957年末，已增长到6.13%。1959年市绿化委员会成立，并发出了《关于开展城市绿化运动的决定》，全市群众性绿化运动广泛开展起来，促进了沈阳市区绿化建设的发展。至1966年“文化大革命”前夕，城区绿地面积已达1080.33万平方米，绿地覆盖率增长到8.79%。绿化布局、结构日趋均衡、科学，绿化树种更加丰富，质量和园艺水平也日益提高。

1978年以后沈阳绿化建设迅速恢复和发展，投资逐年增长，职工队伍不断壮大，1978年至1990年期间，共绿化了1634条街道，凡有绿化条件的街道，基本都实现了绿化，其中建成树、花、草相结合，高水平的林荫道36条，3条环路、17条出口路的绿化，构成了纵横交错的绿化网络；13处广场和立交桥区都成为花木葱茏、绿草如茵的优美景观；159处游园景点既改善了城区环境，又成为深受居民欢迎的游憩场所，同时，还建设了占地116平方公里，山清水秀、林茂石美的辉山风景区；完成了南运河、卫工河两条环城水系的绿化。专用绿地也取得了长足发展。1984年到1990年，在全市开展的创绿化先进和花园式单位活动中有556个单位当选。苗木生产培育工作得到了加强和发展，年出圃苗木达到100万株，为解放初期的10倍，除自给外还能外销20余万株。培育的苗木品种已发展到120余种，特别是一些珍贵树种，如银杏、紫杉、桧柏、云杉、冷杉等为沈阳绿化提供了物质基础。同时在育苗机械化、水网化、科学化和节约等方面也有了很大的提高。

经过40余年的努力，沈阳市绿化建设改变了基础薄弱、绿地少、分布不均衡、树种单调的状态，取得了丰硕的成果。至1990年末全市建成绿化面积

① 沈阳市统计局、国家统计局沈阳调查队编印：《2011沈阳统计年鉴》，第749页。

已达3313.7万平方米，为1949年109.08万平方米的30.3倍；绿化覆盖率已达22.03%，为1949年1.42%的15.5倍；人均占有公共绿地已达3.82平方米，为1949年0.9平方米的4.24倍。

2008年，绿化覆盖面积23886公顷，建成区[①]绿化覆盖率41.81%；2009年，绿化覆盖面积27328公顷，建成区绿化覆盖率41.83%；2010年，绿化覆盖面积27328公顷，建成区绿化覆盖率42.01%。

## 三、城市防护林

沈阳地区属温带季风型大陆性气候，夏、秋之际多南风和西南风，秋末、初冬多北风及西北风，最大风力可达7—8级。因此城区经常风沙弥漫。沈阳位于浑河之滨，解放前，浑河雨季经常泛滥成灾，给城区建设及人民生命财产带来了极大威胁。为了保护城市，人们迫切希望营造防护林以固土、固沙、防风、防洪，抵御灾害。

沈阳市的防护林，最早是为防浑河水患，沈阳解放前夕，浑河西岸只有零星树木，没有起到防护林的作用。沈阳解放后，党和人民政府在大力抓好城市建设的同时，非常重视城区防护林的建设。从1949年至1956年，国家曾先后拨款1000余万元，征用农民耕地和私有林地898.2万平方米，动员全市人民大力开展义务植树造林活动，分三期建成了环绕市区的城市防护林带体系。

为了加强防护林的建设与管理，于1964年成立了专门护林机构。1966年后，由于“文化大革命”的影响，防护林带遭到破坏，树木被伐、林地被占，形成断条，失去了防护林的作用。1982年，沈阳市政府决定成立沈阳市清理园林绿化用地领导小组，下设清地办公室，开始对被占林带土地进行清理。清理后进行更新改造，形成了一条宽50—500米、面积960.2万平方米，栽有油松、落叶松、北京杨、白榆、旱柳、刺槐、黄波罗、紫穗槐等32种计198.77万株的林带，成为环绕沈阳市的绿色屏障。

沈阳市城市防护林由南部防护林、西南防护林、北部防护林三条防护林带组成。沿线经过东陵、大东、沈河、和平、铁西、于洪、皇姑7个行政区，56个乡和街道办事处，全长88公里，总面积1051.7万平方米。不但有保持水土、防风固沙、净化空气、美化环境的功能作用，对改善生态平衡、降低噪音、促

① 建成区为“城市建成区”的简称，是指城市行政区内实际已成片开发建设、市政公用设施和公共设施基本具备的地区。

进人们身体健康也具有重要意义。

其中，沈阳市南部防护林位于沈阳市南部浑河两岸，1949年11月沈阳市政府决定，在浑河北侧栽植防护林树木12.45万株。1951年沈阳市建设局拟定了营造城市防护林的初步规划，经沈阳市政府批准，征用农民耕地和私有林地777.3万平方米。沈阳市西南防护林于1957年开始营造，1965年完成，东起南八马路立交桥，沿沈山铁路右侧，经沙山、揽军屯、汪家河子、郑家洼子、郭家屯，西至于洪铁道口，全长8.2公里，林地面积22万平方米。该林带以栽植阔叶树为主，有北京杨、白榆、旱柳、刺槐等6种树木共43739株。

沈阳市北部防护林始建于1955年，1957年末营造成林。东起东三嘴子，经杨家屯、范家屯、东二屯子、大二台子、牛三官屯、望花屯、东瓦窑、上岗子、沙河子村、下砍子村，西至塔湾墓地，全长12.8公里，征用农民土地99万平方米，总面积为128.2万平方米，林地实占面积为100.3万平方米，栽植以油松为主，并有落叶松、刺槐、白榆、青杨等13种树木，计达282855株，新乐遗址在此防护林西段。

西南防护林地1957年开始营造，1965年完成。它东起南八马路立交桥，沿沈山铁路右侧，经沙山、揽军屯、汪家河子、郑家洼子、郭家屯，西至于洪铁道口，全长8.2公里，林地面积22万平方米。该林带以栽植阔叶树为主，有北京杨、白榆、旱柳、刺槐等6种树木共43739株。

2010年，沈阳市林业局开展一场南以180公里蒲河绿化，北以法库县500个山头绿化为主战场，同时以“五大绿化空间”（村屯、路旁、湖库、学校、开发区）为穿插的大规模造林绿化攻坚战。全面推行“植树造林工程化、工程造林规模化、造林主体专业化、工程管理规范化”管理。蒲河生态廊道建设工程、沈西北边界防风阻沙带工程、辽河水系绿化工程三大工程得到快速推进，新增造林面积1.36万公顷。其中，沈西北边界防风阻沙带工程新增造林面积0.68万公顷，实现辽西北防护林与沈西北防护林两大工程合拢，为保护沈阳及辽宁中部城市群生态安全建立坚固的生态屏障。国家三北局局长潘迎珍、副局长梁宝君先后3次视察沈阳市大规模治山造林工程，给予高度评价。省长陈政高对沈阳市大规模植树造林工作给予充分肯定。全年投入15.75亿元，人工造林3.25万公顷，植树4665.7万株，绿化山头338个，建设花卉村庄300个，造林面积是2009年的110%，是省指标的119.2%。育苗0.14万公顷，生产苗木6445.32万株，超额4%。建立湿地苗圃1个，栽植水生新品种30多个。1000座荒山绿化生态恢复工程全面启动。完成338个山头绿化任务，造林0.44万公顷。村屯、路旁、河渠水系、校园、县域工业园区五大空间绿化多点开花，完成绿化面积0.62万公顷。全民义务植树1200万株。沈阳市绿化委员会获第二届中国绿化博览会组织奖。蒲河绿化工程被评为市直机关十大经典实事之一。

## 四、其他绿化

绿化方面主要从专用绿化、机关绿化、工厂绿化、学校绿化、部队绿化和居民区绿化方面来介绍。

### 1. 专用绿化

专用绿化是机关、工厂、学校、部队等单位庭院绿化的统称，是城市绿化的重要组成部分。各单位在庭院栽植树、花、草等植物创造优美、安静的生活、工作环境，是改善生态环境，提高城市绿化覆盖率的治本措施。据1985年末统计，市内5个区共有机关、企事业单位3350个，其中有绿化条件的单位1314个。这些单位都因地制宜地进行了绿化，90%以上的单位达到了普遍绿化的要求。1986年以后又有了新的提高，形成了花、草、树相结合，多品种、多形式、多层次的绿化面积1868.72万平方米，占全市绿地面积的56.4%，共植各种树木2527635株，占全市树木的63.9%。

沈阳市专用绿化起步于20世纪初，当时部分机关、工厂、学校已开始植树，但数量较少。解放后，随着国民经济的恢复与发展，专用绿化得到了重视。在以普遍绿化为主，先普及、后提高的原则指导下，首先是有计划地进行大量植树，各机关、工厂、学校、部队都在抓建设的同时进行普遍绿化。从1953年开始专用绿化建设已成为全市绿化建设的重要组成部分。每年春季各单位都会发动群众进行植树。1959年后，在普遍绿化与重点提高相结合的原则指导下，专用绿化逐步向美化发展，不仅栽植乔木，也大量栽植花灌木，进一步改变了以栽植乔木为主的绿化结构。1963年，在国民经济开始好转的同时，专用绿化也得到了进一步发展，截至1963年末全市专用绿化已植树43万株，其中机关植树12.37万株，学校植树151.1万株，部队植树2.49万株，使我市绿化覆盖率有大幅度的增长。

1973年以后，由于外事工作的需要，一些涉外单位逐渐恢复了绿化，如黎明机械厂、东北机器制造厂、沈阳化工厂、东北工学院、辽宁大学等单位都进行了植树。

1976年以后，特别是中共十一届三中全会以后，专用绿化受到前所未有的重视，得到了迅速的发展。1980年开展全民义务植树运动以后，专用绿化得到了蓬勃发展，不仅植树增加了，同时绿化形式也由普遍绿化向花、草、树相结合，地面绿化与垂直绿化相结合，植物造园与园林建筑小品相结合等多种形式发展。一些有条件的单位庭院还增设了园林景点，修建了亭廊、喷泉、假山、花架、雕塑等园林设施。从1984年开始，在全市有绿化条件的单位，开展了评选花园式和绿化先进单位活动。市绿化办公室制定了评比条件，进行组织动员，极大地调动了各单位绿化庭院的积极性，年年都涌现出一批花园式和绿化先进单位，截至1990年末，全市共有264个单位被评为市花园式单位，有433个单位被评为市绿化先进单位，其中有14个单位被评为辽宁省花园式单位，有41个单位被评为省绿化先进单位。这些单位不仅做到了绿树成荫、繁花似锦、芳草如茵，形成了树、花、草相结合的绿化形式，很多单位还增设了景点，提高了园艺水平，达到了四季有花、四季常青的效果，为工作、生产、学习创造了优美环境。

为了植树、栽草覆盖裸露地面，改善环境质量，保护人民身心健康，1986年7月，沈阳市人民政府第九届人代会四次会议通过的《关于动员全市人民覆盖城市裸露地面的决议》，制定了实施方案，下发全市贯彻执行，对限期未能实现全覆盖的单位，按《关于收取裸露地面污染费的通知》规定，征收裸露土地污染费，从而进一步促进了全覆盖工作的深入发展。

为巩固和发展绿化建设成果，1990年绿化委员会办公室制定了《厂矿庭院绿化标准化管护工作要求》，并于当年6月19日下发各单位，推动了专用绿化护管工作进一步发展。

**2. 机关绿化**

解放前机关庭院内树木甚少，并分布不均，缺乏管理。沈阳解放后，党和人民政府很重视机关绿化，各级领导把机关庭院绿化工作提上议事日程，作为提高工作效率，改善工作环境的一件大事来抓。每年都适时进行植树，取得了一定成绩。据统计，到1963年末市区机关共栽植杨、柳、榆、刺槐、丁香、连翘、山桃等20多个品种123679株，改善了工作环境。

中共十一届三中全会后，机关绿化工作得到了恢复和发展。特别是1981年以后，成效尤为显著，由一般绿化植树发展到机关庭院绿化。在此阶段中，市区内共有省、市、区级机关326个，其中有绿化条件的200个，这些单位为了创造舒适、宁静、优美的工作环境，都有规划地进行了新植树木和更新改造，逐步由栽植一般树种向栽植珍贵树种、栽花、种草、摆设盆花并栽植攀援植物搞垂直绿化的方向发展，即从普遍绿化向美化、香化方向发展。为了提高园艺水平，为职工提供休息活动场所，有条件的机关还增设了亭、廊、喷泉、花架、绿廊、假山等园林设施，使机关的绿化逐步向花园化方向迈进。

据资料统计，从1981年到1990年，市区机关共植树254776株，其中针叶树

49694株，阔叶乔木108099株，花灌木93133株，藤本植物3850株。此外，还种草590134平方米，栽摆花77789株。自开展评比花园式和绿化先进单位活动以来，先后有1个单位被评为省级花园式单位，2个被评为省级绿化先进单位，16个被评为市花园式单位，10个被评为市绿化先进单位。

省委党校位于沈阳市和平区三好街，占地面积为10万平方米，可绿化面积为4.5万平方米。解放前，该地为荒草丛生的沼泽地带，有稀疏少量天然生树木。1957年建校时仅栽有杨树、柳树、油松、桧柏等树木40余株。建校后，为了改善学习环境，美化校容，每年都购置一定数量的苗木，进行校园绿化。

1982年以后，随着全民义务植树运动的开展，校内绿化发展迅速，在绿化结构上，不仅栽植针叶树、阔叶树，而且开始栽花、摆花、种草、栽植藤本植物，并增设园林设施。据统计，从1980到1985年末，院内共植有油松、桧柏、云杉、杨树、榆树、丁香、榆叶梅、连翘等乔灌木51种29419株，铺草坪1000平方米，栽植绿篱3800米，栽花2万余株，适时摆设盆花700余盆，庭院内绿树成荫，花团锦簇，形成三季有花、四季常青的景观，使校园显得更加幽雅秀丽，该校为使校园实现花园化，1985年新建面积200平方米培育温室1处，为美化校园提供了充足的苗圃。

为保护好校园绿化植物，从1980年开始设专职管理人员4名，负责院内的绿化养护工作，到1985年增加到7人，从而保证了校园绿化工作经常化、正规化。

1984年、1985年两年被评为市绿化先进单位，1986年被评为市花园式单位，1987年被评为省绿化先进单位。

**3. 工厂绿化**

解放前，仅有少数工厂栽植少量树木，且分布不均，品种较少，并缺乏管护，起不到绿化作用。沈阳解放后，人民政府十分重视厂区绿化建设，在恢复工业生产的同时积极响应“绿化祖国”的号召，工厂普遍进行了植树，不断扩大绿化的规模，增加树木品种，迅速改变了厂区面貌。据统计，到1963年末，沈阳城区工厂植树已达130412株。

中共十一届三中全会以后，党和国家把植树、造林、绿化、美化、保护环境作为重大国策来抓，使工厂绿化得到了迅速恢复和发展。在普遍绿化的基础上，努力提高园艺水平，向多色调、多品种、多层次的方向发展，努力扩大绿化覆盖面积。有的工厂还结合本厂的生产性质栽植抗污树种，充分利用不同树木品种的生物学特性，以改善生产环境，很多厂区将周围及厂前区所有空地，都有计划地栽上了花草树木，提高了生态效益，使厂容、厂貌有了很大的改观。据统计，到1979年末，在城区工厂绿化栽有杨树、柳树、刺槐、臭椿、皂角等20多个品种，共12047株。

1980年以后，国家、辽宁省和沈阳市制定与颁布一系列城市园林绿化管理办法和有关条例，特别是1981年全国人大五届四次会议提出了《关于开展全民义务植树运动的决议》之后，各工厂都把绿化列入工作计划，先后组建了绿化办公室，设置了专业队伍，迅速掀起了工厂绿化的高潮，厂区绿化除植树外，还栽花、种草、搞垂直绿化，有条件的工厂还辟建了大面积的厂区花园，修建亭、廊、花架、绿廊、假山、喷泉、水池等园林设施，如今厂区绿化多姿多彩，格调不一，内容丰富，利用价值很高，深受工厂职工的欢迎。多数厂区被林荫覆盖，花草簇拥，形成了三季有花、四季常青、环境优美、空气清新的花园式工厂。

东北制药厂是我国化学合成原料药的重点生产基地，始建于1948年。建厂前该处树木寥寥无几，杂草丛生，十分荒凉，建厂后在党和人民政府的关怀下，生产有了很大发展。制药工业需要一个清新的环境条件，为此，厂领导十分重视厂区绿化工作，每年都购置一定数量的苗木进行绿化，有规划地开展植树、栽花、种草绿化厂区活动，并根据厂区自然环境、大气质量和生产特点进行抗污染树种实验，引进了银杏、白榆、臭椿、丁香等适合厂区生长的树种，取得了良好的效果，在清除污染、净化空气中发挥了很大作用。

**4. 学校绿化**

沈阳解放后，党和人民政府对学校绿化十分重视，把绿化校园、美化环境看作是学校建设的一个重要方面。因此，每年都组织动员学生进行校园绿化植树和参加社会义务植树活动。如东北工业学院、辽宁大学、沈阳农业大学等大专院校在建校同时即进行校园绿化。20世纪50年代初新建的21所中学也都大量栽植了树木。1963年末，市区学校共植杨树、柳树、榆树、刺槐等树木151032株。

中共十一届三中全会以后，学校的绿化得到了恢复与发展，各学校都设置了绿化专业队，大专院校尤为重视，每年都拿出绿化专用资金，并设立绿化管理机构，负责校园绿化规划、建设与管护工作。中小学每年也由财政拨给一定数量的绿化专用资金。

1981年以来，学校绿化得到了蓬勃发展，取得了显著效果。1985年以来，很多学校都实现了普遍绿化，有的修建了“校中园”，有的增建了景区，修建了喷泉、亭、廊、花架、绿廊、假山等园林建筑，把校园点缀得优美、恬静。为学习创造了良好的环境。

**5. 部队绿化**

在和平环境里，部队驻地的绿化建设发展很快，到1963年末，驻沈阳部队营区栽植了油松、垂柳、杨树等树种24947株，使营区得到了绿化，为部队练兵习武创造了较好的环境。

中共十一届三中全会以后，部队营区绿化建设得到了迅速恢复和发展。由于各级领导的重视，先后组成了绿化管理机构，并配备了绿化技术人员，负责营区的绿化与养护工作。

**6. 居住区绿化**

居住区绿化是城市绿化的重要组成部分，在居住区内植树、栽花、种草，对改善生活环境，保持生态平衡，促进身心健康都有着十分重要的作用。沈阳解放后，居住区绿化才逐步发展起来，1953年沈阳市开始掀起了一年一度的群众性绿化植树运动，对居住区绿化采取由园林部门免费供应苗木，居民委员会负责栽植后养护管理的办法。

中共十一届三中全会后，城市绿化工作得到迅速恢复和发展，平房区的街巷栽植了树木，庭院空地也建起很多花坛、花池，在其中种了花草树木，居住区环境得到了改善。进入20世纪80年代，沈阳市住宅大规模发展，新的高层建筑不断出现，居住区绿化被提到重要议事日程。1982年沈阳市开始对新开发的居住区实行绿化与建筑同步规划、同步施工、同步竣工的“三同步”建设原则，并改变了过去单一地栽植杨、柳、榆的做法，向花园方向发展。除多品种种植树木、铺种草坪、栽种花卉外，还辟建小游园，增设亭、廊、假山、花架、雕塑、儿童游具等园林设施，既起到了绿化作用，又为居民提供了活动场所。

**7. 苗圃**

苗圃是城市园林绿化建设事业不可缺少的组成部分，是培育绿化城市用苗的生产基地，其建设与发展对城市建设有着十分重要的作用。

沈阳市的苗圃建设始于清朝光绪年间，解放之前的苗圃建设并不完善，解放后，苗圃工作划归市政府建设局管理科农业股管理，1951年又设苗圃股及各苗圃管理所，使苗圃得到了迅速恢复和发展。1949年至1951年在浑河、铁西两处苗圃扩建圃地面积达138.9万平方米，培育各种苗木365万余株。

由于城市绿化建设迅速发展，苗木用量逐年增加，苗木生产远远满足不了城市绿化用苗的需要，1954年市政府拨专款，用于发展苗圃建设。1957年至1962年苗圃已发展到10处，有于洪、榆树屯、青年、北陵、浑河、前进、营盘、皇姑、林盛堡、新城子等苗圃。土地面积由原来的138.9万平方米增加到454万平方米，培育各种苗木108种，计300.9万株。

十一届三中全会以后，园林绿化事业得到了前所未有的重视，为适应绿化事业发展需要，1981年将市园林管理处划分为市绿化管理处和市公园管理处，于洪、榆树屯、青年等三处苗圃统归市绿化管理处管理，城市绿化已从普及向提高发展，在绿化结构上要求乔、灌、青相结合，多品种、多形式、多色调相结合。为了适应新形势的发展，市绿化管理处加强了苗木基地建设，育苗科学化全面发展新格局，收到了经济效益和社会效益。

1981—1990年间苗圃基本建设方向有了很大的发展，市属于洪、榆树屯、青年等3个苗圃共打电井21眼，修水渠11.850米，改良土壤、平整土地150亩。更新了设备，增加了品种，在生产上研制出全光喷雾扦插繁殖新技术并广泛应用，提高了产量，使苗木生产形成相当规模。

较大的苗圃有于洪苗圃、榆树屯苗圃、青年苗圃。花圃有沈阳市花圃，以生产花卉、苗木、金鱼为主，监管对外承包园林绿化工程，为沈阳市公园管理处领导的事业单位，实行企业化管理；北陵花圃；还有植物园，植物园是沈阳市为工农业生产、城市绿化、医药卫生提供各种植物资源，辽宁省珍稀、濒危植物的收集、保存、培育、利用和引种驯化，增加新的植物种类，普及科学知识，进行植物科学研究的基地。

## 第二节 其他

### 一、市树、市花

1985年，经沈阳市第九届人大常务委员会第十四次会议审议通过，确定油松、玫瑰为沈阳市的市树、市花。

市树油松，又称东北黑松，原产地沈阳地区，在我国东北、华北、西北等地广泛栽植。沈阳栽培油松的历史悠久，据《大清会典事例》记载，东陵、北陵油松栽植已有350余年的历史，参天古松群落为树木瑰宝，东陵古松素有“天柱神松”之称，清末民初时被列为“沈阳八景之一”。

油松枝虬曲苍劲，针叶四季青翠，冬不畏寒，夏不惧暑，峥嵘风骨，傲然挺立，一向被世人赞颂，油松习性喜光，为强阳性树种，适应性强，寿命长，可以孤植、丛植，也可以混交和纯林种植。

市花玫瑰，自古以来人们把它比喻为美好意愿和崇高希望的象征，深受世界各国人民喜爱。我国栽培玫瑰历史悠久，据古籍《西京杂记》记载，汉武帝时在建造乐游苑中即有大量栽植，距今已有两千年。我国北方各地，沈阳市郊区山中野生玫瑰随处可见，城乡庭院和公园绿地中也普遍栽植。

玫瑰为落叶丛生灌木，高可达2米许，叶为奇数羽状复叶，花单生或数朵聚生于当年枝端，花形俊美、花色艳丽、花香馥郁，不畏严寒，不择沃土，不仅有很高的观赏价值，也有很高的经济价值。它可以制酒、茶和制玫瑰露、玫瑰糕点等系列食品，还可以提炼香精，出口创汇，玫瑰是沈阳市民最喜爱的花卉之一。

## 二、公园

沈阳市公园建设始于清末民初。1906年以后，相继建成了万泉、沈阳、春日、千代田等公园，并开放了东陵、北陵，供人参观游览。国民党接管时期，公园遭到严重破坏，树木被大量砍伐，各种园林设施遭到破坏，市区公园一片荒芜。

沈阳解放以后，市人民政府非常重视公园的恢复与发展。经过60多年的努力，公园建设取得了很大的成就。根据1990年的统计，公园建设由市、区分工进行，市属公园10处，总面积925.7万平方米。其中沈阳市公园管理处所属东陵、北陵、中山、南湖、劳动、青年、滑翔、动物园等8处，面积550.5万平方米；沈阳市绿化管理处所属南运河带状公园、卫工河带状公园2处，面积375.2万平方米，区属公园10处，总面积124.5万平方米。其中和平区有八一、砂山、鲁迅儿童公园3处，面积62.5万平方米；铁西区有兴华、建设、应昌公园3处，面积11.1万平方米；青年公园1处占地29万平方米，面积26.4万平方米；大东区有大东公园1处，面积4.2万平方米；皇姑区有碧塘、百鸟公园2处，面积20.3万平方米。这些公园风格迥异，独具特色。景观优美的绮芳园、鱼跃荷香园、芳秀园、荷花园、百花苑、龙尾湖等景点也是景色宜人。特别是1979年沈阳动物园成立后，总面积达277785.3万平方米。其中建筑面积5464.5万平方米。饲养狮、虎、象、斑马、犀牛、长颈鹿、大熊猫、金丝猴、丹顶鹤等动物119种。花卉培育与展览有了很大发展和提高，新建各类温室，培育温室花卉，逐年举办各种时令花展。

沈阳市公园建设方兴未艾，在充实现有公园设施，提高园艺水平的同时，将按沈阳市总体规划，建设各类公园，使市区公园分布合理，增加人均占有面积，改善环境，提高经济效益与社会效益。

### 1. 东陵公园

东陵公园位于沈阳市东部，前临浑河，后倚天柱山，距市中心18公里，占地面积557.3万平方米。公园以福陵古建筑群和古松群落构成，环境清静幽雅，四时景观，各具特色。春天，芳草复萌，野花铺地；夏天，莺歌燕语，河水粼粼，秋天，山果累累，红叶似花；冬天，雪顶金顶，树挂玲珑。东陵有优越的自然景观和人文景观，解放后，对东陵的景点进行了恢复和建设，也开发了许多新的景点，如天挂瀑布、明楼过雨、西山映雪、柳甸闻莺、杏林春晓、龙尾湖光、森林沐浴等。

**2. 北陵公园**

北陵公园位于沈阳市区北部，距市中心约5公里。公园南门为正门，直对北陵大街，东靠陵东街，西邻黄河大街，北与北陵花圃毗连，占地总面积330万平方米。该园以陵寝古建筑群为中心，形成陵前、陵后两大部分。陵后是以苍翠古松为主要树种的混交林，为安静区；陵前是解放后规划建设的综合游览区。沈阳解放60多年来，以维护陵寝古建筑群的完整、保持陵后古松林貌为原则，对北陵公园进行了规划建设。通过修筑园路，挖湖堆山，栽植树木，开辟景点，增加游览、游艺、服务、管理等设施建设，该公园现已成为市区规模大、景点多、环境美、设施全、既有文物景观又有现代花园林貌的大型文化休息公园。园内主要景点有荷花岛、百花园、友谊园、芳秀园、眺望水榭、大清兴迹宫、儿童乐园等。北陵的绿化是以三百多年前人工栽植的油松为骨干树种，与实生种的柞栎、山荆子、稠李、山里红、黄波椤、桑、榆、杨、柳等，构成茂密的混交林。特别是油松经过三百多年的生长，苍劲挺拔、枝干盘虬，绿荫蔽天，蔚然滴翠，成为沈阳名贵的古木文物。

**3. 沈阳动物园**

沈阳动物园位于大东区万泉街1段1号，东临莲花街，西至万泉街，南与居民区相连，北止小河沿路，南运河沿公园北部由东向西穿流而过，占地面积62万平方米，其中水面7.8万平方米。园内动物馆舍鳞次栉比，造型各异，走兽飞禽种类繁多，引人入胜；各种树木参差错落，碧绿葱茏，花坛花圃衬托其间，亭廊绿树掩映；园路纵横相通并设有各种游艺、服务等设施。沈阳动物园，原名万泉公园，因坐落在万泉河畔而得名。万泉河原为浑河支流，俗称小河沿，又名小沈水，源于观音阁之涌泉，环境优美，清波一泓，珠泉万孔，四时不涸，故名万泉河。上游水草丛生，荷花繁茂，“万泉垂钓”是沈阳八大景点之一。2010年6月，位于沈阳中山公园的“沈阳自然王国主题公园”计划启动，在这个公园里，建设了一个小型动物园，沈阳市区重新出现了动物园。

**4. 南湖公园**

南湖公园坐落在和平区南部，北隔文化路南湖大桥与鲁迅公园相望，东、南两侧与东北大学相邻，西与居民小区相连。南运河横贯其间，形成长条形水面，将公园分割成湖南、湖北两大部分，园内主要景点有不系舟码头、临芳园、绮芳园、儿童乐园、鱼跃荷花园、卧波桥、白云远眺、三湖映月、湖泉凌空等景点。南湖公园建成不久，即建有温室，培育了很多花卉，大丽花和月季花为主要花卉，现在成为市民节假日游览的大型公园之一。

**5. 青年公园**

青年公园位于沈阳市沈河区青年大街中段，故名青年公园。始建于1952年，占地面积29万平方米，其中水面14万平方米。建有内、外两湖，1座假山亭廊水榭、瀑布喷泉，在绿荫的掩映下，形成8处景点相连的旖旎风光；各种游览、服务、游艺等设施日臻完备，常年开展娱乐活动，很受游人欢迎，现在该园已成为南部市区较为完整的综合性文化休息公园。园内景点主要有幕泉烟雨、长廊览胜、观容远眺、轻舟荡漾、长征之路、舞元月夜、晨曦健身等。

**6. 劳动公园**

劳动公园位于沈阳市铁西区西南部肇工街六段，东起卫工街，西至肇工街，北临十二路，南止十四路，其地形南北长，东西短，北宽南窄呈梯形，面积33.6万平方米，其中水面2.8万平方米，因地处铁西区工人村附近而得名。园内景点建设有镜湖泛舟、静观春秋、趣园赏花、西山观湖、友谊林静等。园内的绿化建设是建立在苗圃培育的基础上的，每年举办各种花卉展览，尤以菊展最佳。

**7. 鲁迅儿童公园**

鲁迅儿童公园位于和平区南部，东起三好街，西至方型广场，南起南湖大桥，北至十五纬路，占地面积39.5万平方米，其中水面为11.4万平方米，为南运河带状公园沿线六大公园之一，也是和平区所属的最大公园。该园是在解放后，特别是中共十一届三中全会以来经过不断建设逐步发展起来的，基本形成了以各种现代化儿童游具为主要特点，集娱乐、游览、服务于一体的综合性公园，湖上往南部为儿童游乐区，建有各种大型现代游具、儿童宫、娱乐厅、绿廊、园亭、雕塑等园林设施，成为儿童最爱的游乐天地，中部湖面为水上游览区，以水上活动为主，建有游船码头、水榭、湖心岛、山亭等景点，并有游船、游艇供游人租用；北部为鲁园，是以缅怀、学习鲁迅先生为内容的园中之园，建有鲁迅铜铸塑像、水池、曲桥、园亭、长廊、假山等。

城市公园不仅影响着市民的生活质量，还具有美化城市、调节城市小环境、改善城市空气质量、维系城市生态平衡和防灾减灾等多种生态效应。高质量的公园，形象鲜明、功能多样，往往能成为一个城市的标志，也是城市文明和繁荣的标志。作为城市的主要公共开放空间，公园建设不仅是休闲传统的延续，更是城市文化的体现，它代表着一个城市的政治、经济、文化、风格和精神气质，也反映着一个城市市民的心态、追求和品位。因此，城市公园既是群众游览休憩的场所，也是文化传播的空间；既是向群众进行精神文明教育、科学知识普及的园地，也是政府促进社会和谐、培育城市文化的重要资源。城市公园也是城市绿化美化、改善生态环境的重要载体，特别是大批园林绿地的建设，使城市公园成为城市绿地系统中最大的绿色生态板块，是城市中动植物资源最为丰富之所在，不仅在视觉上给人以美的享受，而且对局部小气候的改造有明显效果，使粉尘、汽车尾气等得到有效抑制，被人们称为“城市的肺”、“城市的氧吧”。随着环保意识的增强，城市公园在改善生态和预防灾害方面的功能得到加强。城市公园对于改善城市生态环境、居住环境和保护生物多样性起到积极的、有效的作用。一座公园就是一段历史，它让人们一走进园子，脑海中就会浮现出昔日的温馨画面、曾经的美好记忆，一座拱桥、一个雕塑、一棵老树，这些都是弥足珍贵的东西。所以需要我们进行精心的设计与布置，使城市公园自然气息浓厚而又不乏人文底蕴。

## 三、湿地——蒲河生态廊道

沈阳市的湿地地区以蒲河流域为主。蒲河是浑河右岸的主要支流，发源于铁岭县横道河子乡想儿山，全长205公里。因两岸生有大量蒲草而得名，是沈阳市直接管理的河道长度最长、流域面积最大的中型河流。在沈阳境内流经棋盘山、沈北、于洪、新民和辽中，总长179.7公里。蒲河被誉为辽沈大地上“最美的河”，河岸绿柳成荫、蒲草遍地，水面沙鸥翔集、锦鳞游泳，湿地特征十分明显。

2009年，在沈阳市委、市政府的领导下，蒲河生态廊道建设拉开了帷幕。沈阳市2010年正式启动蒲河生态廊道建设，目前已基本完成，初步建设成了集防洪排涝、生态景观、旅游休闲、产业发展为一体的沈阳地区第一条全流域的生态河流。

### 1. 概述

“一河三湖多湿地、两岸六区十八景”，蒲河生态廊道是按照“珠链式结构”建设，用一河（蒲河）穿起沈城北部风光

“一河”，即景观生态河；“三湖”，即秀湖、丁香湖和珍珠湖；“多湿地”，即沿线多处生态湿地；“两岸”，即沿河两岸生态环境建设；“六区”，即秀湖风景区、蒲河新城区、都市农业示范区、珍珠湖风景区、近海新城区、河口生态涵养区；“十八景”，即望滨段、蒲河南桥、大望湿地、大桥湿地、蒲河大道桥等18个重要的景观节点。

**珍珠湖** 位于蒲河辽中段，距沈阳45公里，水面约3万亩，是杭州西湖的7倍。湖中有绿岛7处，最大的岛屿面积3平方公里。平均水深4米，水中鱼类繁多，有青鱼、草鱼、鲢鱼，还有鲤鱼、鲢胖头等，万亩苇塘栖息20余种飞禽，沿岸滩涂香蒲，秀苇连天，旅游资源相当丰富。如今的珍珠湖正成为沈阳的“西溪湿地”、天然氧吧和自然生态防护带。

**近海绿洲** 是蒲河生态廊道建设的重要节点，规划总长度约10公里，占地面积约1000公顷，分为3区、12园、24景。目前已完成投资近1亿元，完成了核心区的规划建设。核心区湖面1平方公里，湖心岛4.4万平方米，蓄水量96万立方米。

**珍珠水城** 依托珍珠湖得天独厚的自然资源和周边良好的发展条件，辽中县着力打造集生态、文化、城市、景观为一体的珍珠水城，建有六大区域景观。珍珠湖主题公园：囊括多个特色游乐区，适合各年龄段的游人游玩；绿珠公园：结合现状规划设计，形成独具文化特色的湿地公园，设有各种旅游功能区、湿地体验区、亲水活动区、生态休闲度假区、珍珠湖文化艺术中心等；水上赛事区：水上漂流、皮划艇等项目，让游客充分体验亲水、玩水的乐趣。

**风情影视基地** 以满族风情为基调的综合性游览区，将发展成为综合性影视基地；高档别墅区：北方最大的高端游艇俱乐部；自然保护区：位于珍珠湖北侧，以湿地缓冲保护为主要生态功能。

**水生花卉园** 在近海绿洲的北部，有一个花的世界，有一片花的海洋。那就是辽中蒲河北桥的水生花卉园。水生花卉园从设计到施工，无一不体现生态理念。项目规划占地180亩，计划总投资900万元。主要景观是亲水平台、红飘带景观、木楼梯、园路等景观。绿化主要栽植刺槐、旱柳等乔木和暴马丁香、红瑞木等灌木。

**麋鹿苑** 引进适宜在湿地生活的鹿种——麋鹿。麋鹿又名“四不像”，是中国特有的动物，也是世界珍稀动物。它善于游泳，再加上宽大的四蹄，非常适合在泥泞的树林沼泽地带寻觅青草、树叶和水生植物等。

**蒲草甸** 蒲河因两岸生有大量蒲草而得名。坐落在珍珠湖内的蒲草甸，在湖水的映衬下，显得格外美。

**原始生态林** 这片原始生态林至少在百年以上。林中各种树木参差不齐，但仍以杨柳榆槐等东北树木老品种为主，杂之松柏棠棣，也有桃李苹果梨之类的果木树横陈其间。原始生态林以其从未受污染从没被破坏至今仍保持原貌而闻名遐迩。

**月牙湾** 是蒲河生态廊道辽中段通往珍珠湖的必经之路，也是一个重要的旅游景点。月牙湾顾名思义，是蒲河的一个支流形成的月牙形河道。河道深窄，状如新月，故得名“月牙湾”。

**白鹭滩** 在辽中县北的蒲河边，有一处白色的沙滩，周围长着河柳和一些灌木丛。每年的春天，成群的白鹭飞来，在这里觅食、栖息、繁衍，到了深秋季节又飞向远方。当地老百姓称它为白鹭滩。

沈阳市在棋盘山、沈北新区、于洪区、新民市、辽中县分别建设五大主题风貌区，即青山秀湖古棋盘、七星映水绕新城、九成归蒲汇于洪、香蒲荷塘缀新民、珍珠之湖伴辽中。

**2. 蒲河国家湿地公园**

蒲河国家湿地公园位于辽中县境内、蒲河下游，规划区面积为8141.75公顷。湿地公园内分布有天然形成的河流、沼泽和沟塘，植被茂密，为野生动植物提供了良好的生存环境。湿地公园位于近海绿洲橡胶坝下游，此处作为一个城市绿肺，从远处看以植物景观为主。根据现有自然地貌条件，地形高低起伏，水系错落，地貌丰富等特点，将其建设成为湿地景观园。为突出湿地风貌，对该区的水塘进行整理补种亲水植物，形成北国独特的湿地景观。在局部地区设置亲水设施，让青年、儿童入水嬉戏、踏水沐足。湿地公园占地面积5.5万平方米，投资390万元。工程内容包括绿化、铺装、园桥、亲水平台等项目，其中乔木12178株、灌木18329株，草坪5000平方米，铺装2000平方米，园桥6座，亲水平台1座，景观灯45盏。

辽中县遵循保护开发湿地的原则，把辽中县国家湿地公园建设成为一个以保护生态环境建设为基础，集科研宣教、生态体验为一体，以保护栖息鸟类生态环境和水资源安全保护区为主题，最大限度发挥湿地资源可持续利用的国家湿地公园。

辽中蒲河湿地为内陆湿地。其类型多样，主要包括河流型湿地、沼泽型湿地、人工湿地三个类型。湿地连绵，纵横交错，碧波荡漾，风光旖旎，是名副其实的“万顷生态湿地”，形成了“绕廊荷花三十里，拂城杨柳八千株”的水城风光。目前，已打造出16个以蒲河廊道为轴心的旅游观光景点，并成功举办了“中国·沈阳首届城市湿地文化旅游节”。

# 第七章
# 城市交通通信

第一节　铁路

第二节　民航

第三节　公路

第四节　市内交通

第五节　邮政

第六节　电信

沈阳是中国东北地区最大铁路、公路、航空交通枢纽中心及邮电通信中心。拥有东北地区最大的民用航空港，是东北地区规模最大的航空枢纽，航线连接国内50余个大中城市和韩国、日本、新加坡、马来西亚、俄罗斯、德国、泰国、美国、加拿大、法国、澳大利亚等国的30余个主要城市。全国最大的铁路编组站是东北地区铁路枢纽的核心，是车流集散和列车解编的基地，通往全国各地，国际联运可通往朝鲜、俄罗斯。全国最高等级的“一环五射”高速公路网，通往全省各市和北京、天津、南京、长春、哈尔滨等地都可“朝发夕至”。今天沈阳交通通信事业所取得的骄人成绩，是几代人不懈奋斗的结果。解放前，沈阳的交通运输业为帝国主义和反动统治阶级所把持，成为他们掠夺、压榨人们血汗的工具。新中国成立以后，沈阳的交通运输事业发生了深刻的变化。经过60余年的建设和发展，一个以公路、铁路、民航组成的连接城乡、沟通全国、联系世界的交通运输网络，以及一个以沈阳为中心、接洽城乡、联络国内外的邮电通信网络逐渐形成并日臻完善，二者构成了立体的、综合性的运输通信体系，把沈阳与全国各地以及世界各国紧密地联系起来，使其在国民经济和社会发展中发挥着巨大的作用。交通通信事业的高速发展，带动了沈阳城市的建设，为沈阳的城市发展提供了广阔的空间和便捷的条件。

## 第一节 铁路

沈阳铁路枢纽是全国较大的铁路枢纽之一，是连通关内与东北各地的咽喉，是长大、沈山、沈吉、沈丹与沈抚5条铁路干线的交汇之处。铁路运输通往大连、长春、山海关、吉林、丹东、抚顺6个方向，连接大连、营口、丹东等港口。承担沈阳铁路枢纽运输管理的沈阳铁路分局是东北地区最大的铁路分局，其旅客发送量、货物发送量、换算周转量位居东北第一。与此同时，沈阳的铁路发展也有其独特的历史脉络，根据沈阳铁路发展的阶段性特征主要分为恢复与建设时期、稳步发展时期、曲折发展时期、复兴时期、快速发展时期、高速发展时期。

### 一、沈阳铁路的恢复与建设时期（1948—1952）

沈阳的铁路运输至今已有100多年的历史，到解放前夕，惨淡经营了半个世纪的沈阳铁路，能运行的车辆甚少，运输生产发展缓慢，而且已有铁路多受到战争的破坏或已年久失修，难以承载较大的交通运输压力。新中国成立以后，东北成为国家的工业基地，沈阳铁路运输的历史也翻开了崭新的一页，国家非常重视铁路的建设，对原有的铁路进行了大规模的改造和建设。这一时期的铁路发展主要体现在沈阳地区铁路管理机构的设立和铁路原有线路的修复及新线路的开通两个方面。

**1. 铁路管理机构的设立**

沈阳解放后，积极接收铁路管理权。1948年11月25日，成立沈阳铁路军事管理局。1949年2月1日，四平至铁岭正式通车。2月27日，撤销辽南铁路局，将辽南、安东铁路局合并，成立沈阳铁路军事管理局。3月初，成立大石桥铁路办事处，隶属沈阳铁路军事管理局。3月15日，撤销沈阳铁路军事管理局和大石桥铁路办事处，成立沈阳铁路管理局，管辖哈大铁路陶赖昭站以南的干、支铁路。1950年5月1日，撤销沈阳铁路管理局。在沈阳成立中长铁路管理局第四分局，管辖长大线北至陶赖昭站（不含），南至大石桥站（不含）；苏抚铁路全线及烟台（今灯塔市）支线。1952年12月，中长第四分局改为沈阳铁路分局，隶属于哈尔滨铁路管理局，管辖北至铁岭站（含）、南至大石桥（不含）、西至裕国站（含）、东至营盘站（含）各站段。1956年1月，成立沈阳铁路管理局，沈阳铁路分局隶属于该局。1958年1月，沈阳铁路分局撤销，其所属基层站段直属于沈阳铁路管理局各处管理。①

**2. 铁路线路及设施的修复和建设**

这主要体现在铁路原有线路的修复及新线路的开通方面，为尽快恢复沈阳铁路的运输能力，快速抢修因内战而瘫痪的铁路提上了议事日程。铁岭至沈阳的铁路率先通车。1948年11月2日，沈阳解放的当天晚上，第一列军用列车就安全开进沈阳。1949年1月20日，完成四平至铁岭路段的抢修任务，修复线路106.8公里、道岔39组、桥梁27座。1949—1952年，修复了沈山线全线单线，并修通沈阳至兴隆店间的复线；修复了沈丹干线单线，使之成为抗美援朝期间的主要军事运输线；修复了沈吉线、苏抚线、沟海线等，使之在抗美援朝和国民经济恢复中发挥了重要作用。

与此同时，也逐渐开设了沈阳通往外界的新线路。1949年2月，沈阳至外地的旅客运输线路全部开通，沈阳站每昼夜到发旅客列车34对。5月1日，北京至

---

① 沈阳市人民政府地方志编纂办公室编：《沈阳市志》，沈阳：沈阳出版社，1989年版，第10页。

沈阳开行第一列直达客车。11月15日，沈阳直达北京的4/3特别快车正式通车。随后开行的还有沈阳至天津、沈阳至牡丹江的普通旅客列车。截至1949年，各条铁路干线发送旅客达750.3万人，完成货运量271.6万吨。到1952年，沈阳铁路分局客运量迅速增长到1522.9万人，其中沈阳市辖区各站旅客发送量为1077.2万人。日均装车达942辆，全年货物发送量完成992.3万吨，比1949年增长2.6倍。货车静载重量由1950年的24.3吨增加到29.3吨，每辆货车多装货物5吨。为适应货运量增长的需要，这一时期新建厂矿企业专用线89条、货物仓库7座、货物站台4座、货物装卸线4条。随着经济的恢复，铁路客运量明显增长，沈阳铁路分局开行通往华东地区的旅客列车。1952年，开行沈阳至济南的普通旅客列车。

在抢修铁路线路的同时，铁路运行的设施设备建设也刻不容缓，沈阳解放时，沈铁分局管内有蒸汽机车152台，其中有74台是濒临报废的“死机”，机车破损率为49%。新中国成立后，面对帝国主义的封锁，独立自主地发展铁路工业，开始组织大量的人力、物力、财力投身于铁路工业的建设中。

## 二、沈阳铁路的稳步发展时期（1953—1957）

通过新中国成立初期的恢复发展，使沈阳铁路迎来了一个规模比较大的建设时期，这一时期正值国家的“一五”计划建设时期，1953年开始实施第一个五年计划，铁道部确定了沈阳铁路枢纽区的总体规划开始分期扩建，促进了沈阳铁路的进一步发展。

### 1. 铁路线路的建设及设备的更新①

从1953年起，长大铁路被列为重点技术改造路线。1953年末，铁道部投资544.1万元，由哈尔滨铁路管理局设计并组织施工，利用原有桥墩修建沈阳—浑河间第三条线路，1954年6月13日动工，同年11月10日完成。交付运营后，区间通过能力增加28对，缓和了沈阳—苏家屯区间运输紧张的局面。1954年4月15日扩建灵山编组站的一期工程开始动工，1955年12月29日完工。铺设正线12.68公里、站线26.63公里、道岔156组，修复桥梁1座、涵渠12座，修复和新建房舍6517平方米，给、排水道4995米，补修水塔、贮水池各1座，煤台2座，清灰设备4座。1953年，沈山铁路复线修复工程进入第三期，修复金城至大凌河段并新建大凌河特大桥；1954年第四期修复新民至双羊店段，完成正线铺轨312.14

① 数据主要来源于沈阳市人民政府地方志编纂办公室编：《沈阳市志》，沈阳：沈阳出版社，1989年版，第14、16页。

公里，站线铺轨46.53公里，修复桥梁92座，架设通信线路49.8公里，总计投资3942万元，于1954年11月全线交付使用。1956年开始对沈山线南道（沈阳西—于洪—揽军屯—沈阳）进行换轨大修，全部换上50公斤钢轨，每公斤配置枕木1840根。1956年经铁道部批准投资300万元，修复大官至瓢儿屯间复线。

从1953年起，沈铁分局开始以国产解放型机车为货运主型车，以胜利型机车为客运主型车，逐步淘汰外国的杂型车。1956年，沈铁分局配属使用我国独立设计制造的建设型大马力客货运输机车，其构造速度85公里/小时。

**2. 客运与货运服务的提升**

随着沈阳铁路建设飞速发展，铁路客运量大幅度上升，全年旅客发送量达到2505.3万人。到1957年，沈阳市辖区各站旅客发送量增至1355.9万人次，货物发送量为253.7万吨；沈阳铁路分局旅客发送量增至4243.7万人次，货物发送量为1926.4万吨；火车静载重量增加到35.7吨。5年间，旅客发送量平均递增31.5%，货物发送量平均每年递增13.4%；修建货物专用线58条，新建货物站台5座、货物仓库3座、货物装卸线5条。

## 三、沈阳铁路曲折发展时期（1958—1977）

“一五”计划时期，沈阳的铁路建设得到了稳步发展，可惜好景不长，1958年之后，发展相对缓慢，更为不幸的就是随之而来的三年自然灾害及其后来的十年动乱，这时期整个国家的国民经济都遭受了巨大的挫折，沈阳的铁路发展也没有幸免于难，总体上处于在艰难的环境中曲折发展。

**1. 铁路线路及编组站建设**

1958年以后，沈阳市贯彻了“全党全民办交通”的方针，新修地方小铁路3条，计104公里。1958年7月，铁道部追加投资800万元，修复苏抚复线，仅3个月时间即竣工，铺轨34.25公里，修复桥涵16座，于9月30日通车。通过能力由36.9对提高到65对，解决了苏家屯至抚顺间运输堵塞问题。大力推广和实行“装卸机械化”“不甩车装卸”“快速修车法”“捎脚下蛋”等许多新办法，使1958年的铁路车辆周转时间比1957年每辆车平均加快了2.4小时，全年相当于增加26.8万余辆车皮，多运600多万吨货物。1959年，为开发铁法煤田建成铁法支线。1960年，国家在沈阳苏家屯车站建成了我国第一座规模巨大的纵列式机械化驼峰调车场，有2个机械化驼峰、95条线路，站区南北绵延12华里，信号、扳道全部自动化，日办理车数达万辆。只一年，沈阳枢纽区（包括6个站）铁路平均日装车达332车，日卸车量达1081车，分别比1957年增长52.3%和31.7%。货车发送量为468.9万吨，比1957年增长80%。旅客发送量达1728.4

万人次，比1957年增长49.5%。[①]1961年8月23日完成扩建灵山编组站二期工程，共投资519万元，新铺线路25.8公里、道岔86组，改铺线路26.5公里、道岔17组，新建桥梁1座、涵渠6座和到达场公路立交桥1座。

同时，从1958年起，沈铁分局主要干线开始使用前进型大马力机车和人民型机车作为货运和客运的主型机车，对完成紧张繁重的客货运输起到了巨大作用。1959年以后，沈铁干线上的牵引机车已有70%是国产新型机车。1972年，沈铁分局在沈阳机务段正式配属运营国产东风3型内燃机车，到1975年4月，实现全部客运交路内燃牵引。直至1985年，国产前进行机车仍是沈阳铁路分局货运主型机车。

**2. 铁路机构及设施的改进**

1959年1月，成立沈阳地区办事处，为沈阳铁路管理局的派出机构，管辖长大线北至毛家店站（含），南至大石桥站（不含），以及沈吉线至清原站（含）和苏抚全线。1964年1月撤销沈阳地区办事处，恢复沈阳铁路分局，管辖范围除沈山线延至马三家站外，与沈阳办事处相同。1967年5月，沈阳铁路分局实行军事管制，1968年5月30日成立沈阳铁路分局革命委员会。

**3. 运输能力的缓慢提升**

1958至1961年，由于“大跃进”和随之而来的经济困难，企业大量招工，之后又实行精简，大批城镇人口下乡，农村人口盲目流动，造成旅客发送量的不正常增长。这四年，沈阳市辖区各站共发送旅客8102万人次，平均每年为2025.5万人次；沈阳铁路分局共发送旅客22640.3万人次，平均每年为5660万人次。1961年，沈阳市辖区各站高达2864.4万人次，比1957年增长1.11倍；沈阳铁路分局高达7038.2万人，比1957年增长65.9%。随着国民经济的逐步好转，1962年以后，客运量逐渐恢复正常，到1965年，沈阳市辖区各站旅客发运量下降到1889.1万人次；沈铁分局旅客发送量下降到4494.9万人次，大体相当于1957年的水平。1966年开始的“文化大革命”，使铁路运输生产受到严重冲击和干扰，客运秩序机器混乱，行车事故也比较多，客流结构发生异常变化。各地成千上万的“红卫兵”无票乘车，进行全国性的“大串联”，造成站车拥挤不堪，运输处于极度紧张状态。除正常旅客列车挤满“红卫兵”外，还抽调货车开“红卫兵”专列。当年正常旅客发送量为4753.6万人，加上8至12月运送无

① 林源、鲍贤耀、王品第编：《沈阳经济发展简史》，大连：东北财经大学出版社，1988年版，第143页。

票乘车的“红卫兵”，约达8500万人。翌年，旅客发送量仍高达7411.5万人。1968年至1974年，搞“清理阶级队伍”，大量外调人员往返奔波全国各地，加上城市知识青年上山下乡，干部和城镇居民到农村“插队”落户，大专院校和部分工厂搬迁，使客运量继续上升。7年间，客运量平均每年递增7.6%。①

第二个五年计划开始，基本建设规模骤然膨胀，沈阳铁路货运量急速增长。1958年，沈阳市辖区各站增至380.2万吨，比上年度增长49.8%；沈阳铁路分局增至2735.2万吨，比上年度增长442%。翌年，沈阳市辖区各站增至411.7万吨；沈阳铁路分局增至3476.1万吨。1960年，沈阳市辖区各站增至613.4万吨；沈铁分局增至4090万吨。由于货多车少，沈阳铁路各站出现货物积压、装卸憋堵局面。沈阳铁路分局会同各厂矿企业大力开展路内外协作，组织抢装快运，大搞装卸机械化，较快地扭转了运输不畅的状况。经过国民经济调整，压缩基本建设，1961至1963年，铁路货运量连续下降，1963年，沈阳市辖区各站货物发送量降至269.6万吨；沈阳铁路分局下降至1680.4万吨。1964年开始回升，到1965年，沈阳市辖区各站上升至402.2万吨，沈铁分局上升至2346.9万吨。②1968至1974年货运量却增长缓慢。1967年和1968年沈阳铁路分局的货物发送量分别降至1736.8万吨和1750.5万吨，均低于1957年水平；沈阳市辖区各站分别下降至290.4万吨和237.1万吨。大量的煤炭、钢材、水泥、机电设备和轻工产品等堆积在货场、站台和专用线内，造成许多工厂停工待料，社会经济效益低下。1971年，周恩来总理亲自过问铁路运输，陆续恢复和建立货运管理制度，1972年，沈阳市辖各站货物发送量增至449.1万吨；沈阳铁路分局增至4268.1万吨。1975年，沈阳市辖各站货物发送量达到504.8万吨，沈阳铁路分局为4403.2万吨，均创造分局货运新纪录。“文革”期间，沈阳铁路货运量虽然增长速度缓慢，但不稳定。1969年至1975年平均递增7.74%，低于“文革”前17年平均递增14.4%的速度。

## 四、沈阳铁路的复兴时期（1978—1985）

这一时期主要正值国家改革开放初期，经过十年的“文革”，国民经济发展缓慢，铁路更是成为了国民经济发展的薄弱环节。因此，为更快地发展经

① 沈阳市人民政府地方志编纂办公室编：《沈阳市志》，沈阳：沈阳出版社，1989年版，第60页。

② 沈阳市人民政府地方志编纂办公室编：《沈阳市志》，沈阳：沈阳出版社，1989年版，第67页。

济，国家更加注重铁路的建设，沈阳铁路也迎来了一个发展的春天。从此，沈阳铁路的发展蒸蒸日上，于1978年8月25日，撤销沈阳铁路分局革命委员会，恢复分局建制及沈阳铁路客运秩序，1979年以后，加快了对沈阳枢纽的改造和建设，逐渐恢复沈阳铁路的客运与货运能力。

**1. 加大对铁路线路及设备的投资力度**

从1980年7月起，沈阳每天增开旅客列车6.5对。从1983年7月起，将沈阳至北京的11/12次、253/254次旅客列车，由原来的编组13辆分别扩编成16辆和17辆。1984年底，扩建后的沈阳东站交付使用，共投资4331.3万元，原有6条到发线和9条调车线全部延长，又新增调车线7条，站内线路增加到22条。扩建后的沈阳东站，日均编解列车1092辆，比扩建前增长79.9%，成为沈阳枢纽两大货运站之一。同年底，国家总投资2.35亿元新建的沈阳西自动化驼峰编组站投入运营，共有站线172条，总延长为120.7公里，配属7台内燃调车机。沈阳西站全部建成开通后，上、下行驼峰改编能力日均可达12000辆，发车能力日均134列，是当时全国最大的现代化编组站之一。1985年日均办理车数6022辆，到发列车140列。沈阳西站的开通使用，是货物列车绕行市外，既使辽北、辽西、辽南铁路运输畅通，又解决了铁路货物运输与城市交通的互相干扰，使枢纽内的通路更加便捷。与沈阳西站开通的同时，于洪至虎石台联络线也告成，1984年12月交付使用。

**2. 客运与货运服务的回暖**

为减轻铁路客运的压力，从1984年开始实行公路和铁路运量分流。1985年5月，铁路短途客票价和部分包裹运价调整后，进一步促进了分流工作。随着沈阳铁路客运中的长途旅客发送量继续增长，短途旅客开始减少。第六个五年计划期间，沈阳市辖区各站共发送旅客20872.7万人次，平均每年为4174.5万人次；沈阳铁路分局共发送旅客42824.1万人，平均每年8564.8万人，比第五个五年计划期间平均7938.8万人，增长7.9%。1979至1985年，沈阳市辖各站每年平均发送货物610.11万吨；沈阳铁路分局每年平均发送货物4556.1万吨，平均日装车2630辆，一直保持较高水平。①

## 五、沈阳铁路的快速发展时期（1986—2000）

为顺应国家经济体制改革的发展潮流及适应新形势下的经济发展要求，沈

① 沈阳市人民政府地方志编纂办公室编：《沈阳市志》，沈阳：沈阳出版社，1989年版，第61页。

阳铁路管理机构进行了大规模的调整，使其能更好地发挥管理服务职能。铁路线路及设备的建设力度也在逐渐加大，从而很大程度上提升了沈阳铁路的运输能力，加快了沈阳铁路的发展进程。

**1. 管理机构及设施的日益完备**

伴随全国铁路系统的调整，沈阳铁路分局的管界不断变化。1986年，分局管内线路北到四平站外，南到大石桥站外，西至沈山线马三家站，东至沈吉线清原站和沈丹线的吴家屯站为界。线路总延长2460.22公里，其中营业里程802.3公里。管内双线地段为444.95公里，无缝钢轨线路为634.15公里，水泥轨枕线路为1088.42公里。有道口737处，其中有人看守道口154处；道岔3566组。有桥梁585座，总延长26518米；隧道3处，622米；涵渠649处，12593米。分局有职工54800人，配属机车380台，固定资产85747.5万元。主要承担沈阳、铁岭、辽阳、鞍山、抚顺等市的铁路客货运输任务，1986年，全年货物发送量完成4883.8万吨，货物周转量完成22507百万吨公里，其中国家重点物资煤炭运量完成1140万吨。同年，沈阳市辖内铁路有22个运输单位，有职工28866人，管辖线路160公里，主要承担沈阳市辖内铁路客货运输任务，全年完成货物运输683.8万吨，旅客发送量3894万吨。至1999年，沈铁分局有职工83903人，管内基层单位99个、车站146个，固定资产达128.32亿元。是年旅客发送量完成6422.9万人，旅客周转量完成9041百万人公里。1999年1月1日，撤销丹东铁路分局，其管内的沈丹线及所属支线划归沈阳铁路分局管辖，使其管辖铁路里程增加到1315公里，客运站增加57个，本溪、丹东两市铁路客运任务纳入沈铁分局统一管理。2000年，沈铁根据管界再次调整，管内铁路营业里程增加到1384.2公里，管辖车站153个，基层单位99个，其中沈阳市辖内运输单位有22个，管辖线路总延长为3862.43公里。①

**2. 铁路线路及设备的建设**

1986年沈铁分局共配属机车345台，其中蒸汽机车218台、内燃机车127台，主要担当沈阳至大连、哈尔滨、丹东、吉林、叶柏寿、通辽、营口、锦州等地的客运列车牵引工作和苏家屯至大石桥、四平、大官屯等地的货物列车的牵引工作以及管内部分车站的调车任务。这一时期以蒸汽机车为主。1987年，沈铁分局机车拥有量是1952年的2倍。1992年沈铁分局配属机车342台，其中蒸汽机车146台，内燃机车196台。内燃机车逐渐增多。2000年沈铁分局配属机车

① 邹大挺主编：《沈阳市志（1986—2005）》（卷一），长春：吉林科学技术出版社，2008年版，第411页。

408台，其中蒸汽机车34台、内燃机车374台。[①]

**3. 客运与货运服务的大幅提升**

1987年沈铁分局加大列车编组，加强售票工作。1988年随着客流量的增加，沈铁分局客运系统职工加强管理，挖潜扩能，合理安排客流，并开行“辽东半岛号”列车，全年旅客发送量上升至8759万人，旅客周转量达11093百万人公里，达到历史最高水平。进入1989年，随着客票价格调整，以及公路竞争日益激烈，铁路客流有所下降，旅客发送量下降到8036.4万人，旅客周转量下降到10259百万人公里。到1990年，铁路运输的“瓶颈”现象开始显现，沈铁分局旅客发送量比最高年下降20%。

1992年12月26日，沈铁分局首列沈阳直达广州的181次旅客列车正式开行，打破东北与华南地区多年无直达旅客列车的历史。1993年10月15日，长大线开原以北至四平划归长春铁路分局管理。沈阳铁路分局营业里程减少69公里。1994年2月10日沈阳至大连间“辽东半岛号列车”提速试验圆满成功，比运行图压缩时间1小时，东北铁路提速拉开序幕。4月30日，全国首列全卧铺空调直达旅客列车沈阳市北京54/53次列车正式投入运营；全年沈铁分局客运量完成64.7万人，旅客周转量完成8676百万人公里，客运量有所上升。1995年沈铁分局遭受特大洪水影响，全年旅客发送量仅完成5709万人，旅客周转量完成8059百万人公里。沈阳市辖内7个从事客货运输的站段1995年共完成旅客发送量3392.6万人。1997年4月沈铁分局实行新的旅客列车运行图，增开沈阳北至广州的183次、鞍山至北疆的549次等4对列车；5月18日，开行沈阳至抚顺环形直达旅客列车，开始抢占短途旅客运输市场。1999年4月1日，沈铁分局加开沈阳至抚顺、本溪、丹东的城际旅客列车，拉开争夺短途旅客的序幕。

## 六、沈阳铁路的高速发展时期（2001—2010）

新世纪，沈阳铁路迎来了飞跃的发展，动车、高铁的开通，使沈阳铁路的运行速度已经今非昔比，很大程度上节约了铁路运行的时间成本，铁路机构的建设也更加科学化、人性化，更加注重服务质量，更好地发挥了为人民服务的职能。总体上，这一时期的沈阳铁路发展迈上了新的台阶，实现了新的跨越。

**1. 管理机构及设施的完善**

2000年，由于国家开始实行七天假期制度，形成春节、“五一”、

---

① 邹大挺主编：《沈阳市志（1986—2005）》（卷一），长春：吉林科学技术出版社，2008年版，第425页。

“十一”三个“黄金周”及暑假旅客运输高潮，沈铁分局灵活采取加开和加挂车辆等措施，大力挖掘运输潜力，旅客发送量完成6772万人，旅客周转量完成10290百万人公里，流量比上年明显增加。沈阳市辖内铁路单位完成旅客发送量达2823.9万人。①

2002年9月，铁路旅客运输体制进行改革，成立沈阳铁路局客运分公司，沈阳客运段改称沈阳北乘务中心，归沈阳客运分公司管辖；沈阳车辆段从沈铁分局划出，隶属沈阳客运分公司管辖。沈铁分局与客运经营正式脱钩。当年完成旅客发送量6250万人，旅客周转量完成13188百万人公里。2003年沈铁分局承担79对旅客列车的运输组织和管理工作，但由于“非典”的冲击，使管内客运量明显下降；7月，路局理顺客运公司管理职能，10日，沈铁分局重新对客运分公司实行管理，重新成立沈阳客运段；9月28日，开行沈阳至成都的直快空调旅客列车，打开东北与西南的旅客运输通道，全年旅客发送量完成5617万人，旅客周转量完成12142百万人公里。2004年，沈铁分局管内营业里程为1394.6公里，有职工83565人，固定资产原值为199.96亿元。管辖线路总延长3851.74公里，有道岔5495组、曲线2286个703.28延长公里、道口805处、桥梁1318座66156.9延长米、隧道80座42292.5延长米、涵渠1998座36798.8延长米。管辖线路有长大线、沈吉线、沈丹线四条干线及沟海线、辽溪线、铁法线、开丰线、凤上线、溪田线等铁路支线。②

2005年3月18日，沈铁分局正式撤销，其下属市辖内铁路单位沈阳站、沈阳北站、沈阳西站、沈阳南站、沈阳车辆段、沈阳机务段等归属沈阳铁路局直接领导。在沈阳铁路局的领导下，2008年末，全局固定资产原值987.85亿元，固定资产净值603.95亿元，全局管辖线路东西长1216公里，南北长920公里，营业里程943.3公里，占全路营业里程的14.7%。

**2. 昂首跨入高铁时代**

高速铁路是20世纪所出现的一种新型的交通运输方式，它的发展为城市的发展带来前所未有的机遇，高铁的建设将对国民经济社会快速发展和振兴东北等老工业基地战略的进一步实施，形成沈阳乃至东北地区通往全国各地的高效、便捷的快速客运网络，大大缩短区域主要城市间以及与全国各区域间的时空距离及沈阳经济发展起到促进作用，开创城市发展新纪元。

---

① 邹大挺主编：《沈阳市志（1986—2005）》（卷一），吉林科学技术出版社，2008年版，第436页。

② 陈政高主编：《沈阳年鉴（2005）》，中国统计出版社，2006年版，第162页。

2007年8月23日，“东北第一高速铁路”哈大高铁开工建设。2010年11月1日，完成了沈阳至大连段轨道工程的铺设工作，这标志着哈大铁路客运专线建设进入了冲刺阶段。2010年3月17日上午，铁道部和辽宁省委等部门在沈阳市东陵区白塔街道建设工地举行了沈丹、丹大两大高速铁路开工动员建设大会，标志着该铁路正式开工建设，这为辽宁沿海经济带发展又提供了新的超速引擎。

沈阳至丹东客运专线起点是沈阳南站，途经本溪、凤凰城等地，终点到边境城市丹东，全长207公里，设计的客运专线时速是250公里，工期4年。目前丹东到沈阳全程需要3.5小时，建成后的客运专线两端1小时就能到达，将使沈阳至丹东一小时经济圈成为现实。速度的提升也将改善丹东港后包集输运的条件，使丹东港成为东北东部最近最快的出海口。而丹大铁路的建设衔接了黄海之滨的两颗明珠，大连、丹东是辽中南城际铁路网的重要组成部分，全长295.9公里，设计的时速是200公里，工期3.5年。丹大铁路建成后将有效带动辽中南城市群的发展与哈大、沈大客路专线形成了辽中南城际铁路网的大三角骨架，为辽宁沿海经济带各园区的交流也提供了超速的引擎。

所以说，现代城市的发展离不开轨道交通的发展，现代城市区域的发展离不开高速铁路的发展。高速铁路的发展是影响城市发展最为重要的一个变革因素。

## 第二节　民航

现代化的中心城市离不开现代化的运输方式——航空，航空运输是国家综合交通的一个重要组成部分。沈阳的民航运输事业是新中国诞生后建立起来的，60余年来，随着国民经济的发展，沈阳民航事业在不断前进。如今的沈阳桃仙国际机场是国家公共航空运输体系确定的全国八大区域性枢纽机场之一，是东北地区规模最大的复合型门户。枢纽航空港桃仙国际机场，有多条国内航线飞往全国各大城市，还有多条国际和地区航线，使沈阳成为了中国东北地区联系各国的窗口。

### 一、沈阳民航的成长阶段（1948—1968）

解放以前，沈阳的航空运输不仅规模很小，设备简陋，而且多为军用，仅有一个军民合用的东塔机场。新中国成立后，沈阳的民航事业一直处于缓慢发展阶段。

**1. 民航管理机构的创建**

1950年7月1日，根据中苏两国政府签订的《关于创办中苏民用航空股份公司协定》，在北京成立了中苏民航股份公司，下辖北京、沈阳、乌鲁木齐三个航线管理处。中苏民航沈阳航管处由米芬斯尼克·尼古拉耶维奇任处长，下设沈阳航空港，哈尔滨、齐齐哈尔、海拉尔航空站，山海关导航点，经营北京—赤塔航线业务。其中沈阳航空港有职工79人，其中苏方51人，中方28人。同日，苏制里-2型飞机经由北京—沈阳—哈尔滨—齐齐哈尔—海拉尔—赤塔的国际航线投入运营，这是新中国成立后第一条经停东北地区的国际航线，揭开了沈阳民航的序幕。并于同年7月，沈阳航线管理处在沈阳市和平区中华路2段4号设立营业所开办客票销售和货、邮件承运业务。

1953年2月1日撤销中苏民航沈阳航管处，所属的航空站、导航点划归北京航管处，沈阳改设航空站，作为中苏民航公司在北京至赤塔航线上的中转站，主要任务是负责航站地区的调度指挥，没有自己的运营飞机。1955年1月1日，中苏民航公司的苏联股份全部移交我国，沈阳航空站划归中国民用航空局北京管理处建制。1958年2月27日，国务院决定，将中国民用航空局划归交通部建制。4月，交通部发出通知，沈阳航空站改归辽宁省交通厅和沈阳空军双重领导。1960年成立中国民航辽宁省管理局，共有职工116人，下辖朝阳、阜新航站，使用伊尔-14和里-2型飞机经营北京—沈阳—长春—哈尔滨航线，每周6班。1962年4月15日，中国民航局交通部直属局改为国务院直属局，民航辽宁省管理局直属于中国民航北京管理局，业务工作、党政工作、干部人事工作仍归空军领导。①

1964年11月11日，成立了中国民航沈阳管理局，下辖吉林、黑龙江省民航管理局、民航第23飞行大队，以及大连航站和一个运输飞行大学、一个航空修理厂、一个技工学校，领导东北地区的民航事业，成为当时我国民航六个区域管理局之一。1965年9月，中国民航第23飞行大队改为第10飞行大队，以专业为主开始独立经营专业飞行业务和运输飞行。

**2. 初成气候的发运能力**

此时飞行的都是小型客机，载客量少，因为此时正处于国民经济恢复时期，国家财政困难，对因公乘坐飞机的人员，只限于高级干部，并且航空运费昂贵（沈阳至北京每张客票124元，每公斤货物运价为0.99元），客货运量均

---

① 沈阳市人民政府地方志编纂办公室编：《沈阳市志》，沈阳：沈阳出版社，1989年版，第176页。

较少。1950至1954年底，在京赤航线通航的4年半内，共组织了650个班次飞行，保证出、进港和训练飞行共2000余架次，但从未发生过任何飞行事故，飞机完好率达85.5%。后来沈阳航空的旅客发运量逐年增加，仅以1964年的沈阳民航东塔机场发运量为例，就达到1635人次，货邮发运量817吨，航站发货收入109.6万元。

## 二、沈阳民航的发展停滞阶段（1966—1980）

“文化大革命”期间，沈阳民航遭到干扰破坏，生产无计划、经济无核算，生产受到严重损失。1969年11月20日。中国民航系统划归空军建制，沈阳民航的体制与机构按军队的结构作了相应调整：设立指挥部、政治部、后勤部；实行义务工役制解决人员的来源问题；海拉尔、乌兰浩特、通辽、赤峰航空站划归民航沈阳管理局；相继成立了沈阳机务大队、大连航空站等。到1979年，民航沈阳管理局共有3608人，其中空勤人员669人。

为发展东北地区的航空运输生产，1969年调进3架里-2型客机，1973年调入苏制涡轮螺旋桨式安-24型454号客机，其最大起飞重量21吨，商务载重5.5吨，可载客50人。1974年增加1架伊尔-14型676号客机，可载客32人。同年4月调进一架安-24型480号客机。至此，沈阳民航形成小的运输机群，为开辟更多的航线奠定了基础。1977年12月30日，中国民航总局调给沈阳管理局英国制造的涡轮喷气式三叉戟296、298号客机2架，其最大起飞重量65.09吨，商务载重13.43吨，可载客112人。1978年将里-2型307、316号客机调给哈尔滨第25飞行大队使用。为提高机务维修能力和质量，1978年11月将机务大队与朝阳航修厂合并组建新的机务大队。①

## 三、沈阳民航的复苏阶段（1980—1985）

十一届三中全会以来，沈阳的民航事业获得极大发展。民航管理机构进一步改进，更加注重科学管理，具有一定的时效性。同时，沈阳航空通过不断的研发和引进先进的航空设备，使沈阳的航空技术水平得到很大的提升。

### 1. 民航管理机构的调整

1980年3月15日，中国民用航空总局由空军建制改为国务院直属局，沈阳民航局成为独立核算的企业单位，实行单独经济核算的企业化管理，民航管理

---

① 沈阳市人民政府地方志编纂办公室编：《沈阳市志》第七卷《交通邮电卷》，沈阳：沈阳出版社，1989年版，第181、182页。

进入新的发展时期。经过企业整顿和改善经营管理，经济效益明显提高。1984年10月12日机务大队改为航空修理厂后，实行维修费包干和单据经济核算，加强了经营管理工作；由于完善岗位责任制、狠抓人才培训，工人的技术水平和维修能力有了很大提高。

**2. 民航设施与设备的改进**

1981年6月1日，调进三叉戟248号客机后，建立并完善了各项规章制度，1981年共保证飞行9802小时7分，保证航班2880架次，完成各级定检172架次，换发动机22台，飞机完好率达到96.4%，飞机日利用率平均为3小时4分，误飞千次率为11.6‰，保证了飞行安全。1982年沈阳民航东塔机场由新中国成立初的1条航线、每周飞行3班发展为17条国内航线和1条国际航线航程总长1.45万公里，每周飞行55班次，可通往国内11个省（市）、14个城市和朝鲜民主主义人民共和国首都——平壤。1985年12月，沈阳管理局接收了美国麦克唐纳·道格拉斯飞机制造公司生产的涡轮喷气式MD-82型2104、2105号中型客机，最大起飞重量达67.8吨，商务载重18.6吨，可载客147人。1985年民航沈阳管理局机务航空修理厂有修理工种22个，修理校验设备407台，承担从沈阳出、进港的各种飞机维护、修理工作，是东北地区的飞机维修基地。1982年旅客发运量80348人次，比1978年增长54.3%，货邮发运量2876.2吨，比1978年增长56.3%，使沈阳民航事业上了一个新台阶。

## 四、沈阳民航的快速发展时期（1986—2002）

经过几年的短暂复苏，沈阳的航空事业迎来了新的快速发展阶段，在这一时期管理机构实现了政企分开，适应了市场化的发展要求，设施和设备得到进一步完善，沈阳桃仙国际机场开始运行使用，提升了沈阳航空的运输能力。

**1. 民航管理机构的改革**

1990至2002年，沈阳民航进行政企分开的体制改革，航空市场形成互相竞争的局面，飞机拥有量、航线数量、运输收入都得到快速发展。1990年6月，在原民航沈阳管理局的基础上，新组建民航东北管理局、中国北方航空公司和沈阳桃仙机场。实现航空公司与机场分设、空中交通管理部门与机场分列的管理体制，成为沈阳民航史上的重大转折，标志政企合一管理体制结束。1990年，北航公司成为中国民航六大骨干航空公司之一，拥有运输机29架，其中MD-82飞机12架，拥有通用飞机60架。[①]1991年4月，国务院批准北航公司正

---

① 朱家甄主编：《辽宁经济统计年鉴（1991）》，北京：中国统计出版社，1991年版，第181页。

式启用中国北方航空公司企业名称。

2. 桃仙机场的投入使用

1986至1989年是沈阳民用航空事业进入快速发展时期。沈阳民航东塔机场跑道扩建工程竣工，投入使用。1989年4月，沈阳桃仙机场投入使用，民航沈阳管理局进出沈阳航班全部由东塔机场转场到桃仙机场。至年底，沈阳民航执飞机型以麦道82型、三叉戟机型和运-7型飞机为主；拥有自营航线42条，其中国内航线39条、国际航线2条，定期地区包机航线1条；通航里程为5.4万公里。初步形成以沈阳为中心，以大连、哈尔滨、长春为侧翼，连接国内的航线网路。1994年，沈阳桃仙机场更名为沈阳桃仙国际机场。①

这一时期从美国麦道公司引进的MD-82型号飞机也投入运营，1992年北航公司向韩国大韩航空公司出租2架A300-600型飞机，这是中国民航第一次向外国租赁飞机。2001年，北航公司与欧洲空中客车公司签订购机合同，引进10架A321-231型飞机，填补北航公司200座左右飞机的空白，形成航班座位的优化配比。

3. 民航航线网络的形成

这一时期从美国麦道公司引进的MD-82型号飞机投入运营，改善了航空运输的技术和物质条件，合并、撤销一批经济效益不佳的航线，大面积调整区域内航线，大量增加通往华北、华东、华南、西北地区主要城市的航线。到1986年，沈阳民航管理局有自营航线31条，其中驻沈阳民航第十飞行大队使用安-24型、三叉戟型、MD-82型飞机的航线有26条。此外，民航北京、上海、广州、成都、西安管理局飞抵海洋的航线有5条。1995年，北航公司调整运力，新开国内航线10条、地区航线3条，扩大市场；2001年底，北航公司拥有干线飞机45架，拥有航线14条，形成以北京、上海、广州为主要市场，联络各省会城市、经济特区和各旅游地区的国内航线网路，初步形成连接东北地区与日本、朝鲜、韩国、俄罗斯、泰国等国家和香港地区的国际航线网络。

4. 货运与客运能力的提升

1986至1989年的沈阳东塔机场全年完成运输总周转量8239.89万吨公里、旅客运输量73.8万人次、旅客发运量17.5万人次；货邮运输量为1.5万吨，货邮发运量为4741吨；安全飞行达7304架次、14555小时；运输收入实现2527万元。1989年，自沈阳桃仙机场投入使用之时，沈阳桃仙机场全年共起降各种运

---

① 邹大挺主编：《沈阳市志（1986—2005）》（卷一），长春：吉林科学技术出版社，2008年版，第456页。

输飞机10198架次，旅客发运量达30.6万人、货物运输量为13113吨，旅客发运量为30.6万人、货邮发运量达5872吨，发运收入实现1.3亿元。1992年3月，北航公司开辟沈阳—深圳航线，实现东北地区直达深圳特区的第一条航线运营。桃仙机场进出港旅客累计达102.99万人次，旅客运输量首次突破百万人次大关。[①]1995年，全年完成运输总周转量61795万吨公里，旅客运输量、货邮运输量与上年相比，实现20%的增长。2001年全年完成总运输周转量84700万吨公里，旅客运输量达553.5万人次，货邮运输量达8.5万吨，其中北航公司沈阳辖区运输量168万人次，货运量3.1万吨。

## 五、新世纪的腾飞（2002—2010）

新世纪，沈阳的航空事业得到了飞速发展，管理机构上成立了股份制公司，管理更加科学，更好地适应了时代的发展要求。又增开了诸多条国际航线，旅客发送量逐年增多，使沈阳桃仙机场真正成为了名副其实的国际机场。

### 1. 民航管理机构改革的再深入

2002至2005年，随着民航业内部竞争的加剧，民航管理体制及运行机制等深层次矛盾和问题逐渐显现，行政垄断、运输能力布局分散；成本居高不下，价格形成机制不合理，多数机场长期亏损，航空企业过度竞争；资产负债率高，建立现代企业制度进展缓慢，这些因素严重制约民航业的发展。按照《民航体制改革方案》和民航总局要求，2002年10月11日，以南方航空公司、新疆航空公司，重新组建中国南方航空集团公司，南航集团北方分公司在沈阳正式成立。2003年7月，民航东北管理局改称民航东北地区管理局，进行管理体制及机构股份制改革。同年9月，沈阳桃仙国际机场进行股份制改革，并改称为沈阳桃仙国际机场股份公司，于年底完成机场属地化，正式移交新成立的辽宁省民航机场管理集团公司。至此，民航东北地区管理局、南航集团北方分公司和辽宁省民航机场管理集团公司及沈阳桃仙国际机场股份公司构成民航业新的管理体制。2003年底，南航北方分公司经营的航线达184条，其中正班国内航线157条、正班国际航线24条、正班特殊管理国内航线3条；通航里程达45.28万公里，每周飞行898班。形成以沈阳为中心，哈尔滨、大连、三亚为主要集散地，辐射国内各大城市、周边国家和港澳台地区的航线网路，促进沈阳对外交流和经贸发展。[②]

---

① 沈阳市第三产业普查办公室编：《中国第三产业普查资料：沈阳第三产业》，北京：中国统计出版社，1994年版，第93页。

② 陈政高主编：《沈阳年鉴（2004）》，北京：中国统计出版社，2004年版，第181页。

2. 航线及发运能力的新发展

2005年，南航北方分公司开通沈阳经上海至巴黎、伦敦、温哥华、吉隆坡、曼谷等8条国际航线，开通沈阳至杭州、天津、威海、南昌等国内航线，恢复青岛经沈阳至哈尔滨等航线，沈阳至各地航线达64条。全年安全飞行60315小时，与上年同比增长11%；保障航线29343班，航班正常率达80.9%。全年完成运输总周转量12.65亿吨公里，旅客运输量达833.6万人次、货物运输量达12.4万吨，旅客运输量为1598万人次、货邮运输量为34.6万吨，其中南航北方分公司沈阳辖区客运量311万人次、货运量5.7万吨。

2006年新开4条国际直飞航线、20条国际中转联航线，继续放松对国内航线的经济性审批，全区新开、恢复国内航线32条。全区机场航班放行正常率达到97.7%，同比增长1.1个百分点。民航电子商务在东北地区得到广泛开展，电子客票使用率超过80%；南航在东北四大机场开展网上值机业务，进一步方便旅客乘机。①

2007年，随着由南航执行的沈阳—新加坡航线的开通，沈阳拉开了开通国际新航线的大幕。随后，南航陆续开通了包括沈阳到伊尔库茨克、海参崴等在内的5条国际航线，上航则开通了沈阳—上海—胡志明、沈阳—上海—金边的国际航线。与此同时，南航还酝酿开通沈阳—莫斯科航线，将沈阳出港的国际航班延伸至欧洲。同年，南航北方分公司从德国汉堡引进了一架空中客车A319飞机。至此，南航北方公司拥有的飞机总数已达24架，提供市场的静态座位数达4125个。随着航空市场竞争的日益加剧，民航票价将越来越呈现出“随行就市”的市场趋势，消费者乘坐飞机出行，将有更多优惠、优质的选择。②

3. 应对挑战的能力提高

2008年奥运会期间，沈阳机场作为北京机场的备降场，沈阳民航已经完成涉奥航班保障247架次，包括保障专包机、公务机3架次，保障涉奥人员2351人次，其中包括比利时王储菲利普殿下、国际奥委会协调委员会主席维尔布鲁根、国际足联主席布拉特等V1级贵宾46人次，保障16支涉奥足球队（包括参加热身赛的越南和澳大利亚国奥男足），共计30队次1197人次，保障火炬传递先遣团队和圣火专机转场135人次，保障媒体人员559人次，其他涉奥人员63人次，保障涉奥物资和行李50余吨。沈阳民航还与口岸和“三关”通力合作，顺利保障了朝鲜、比利

---

① 沈阳市人民政府地方志办公室编：《沈阳市志·2007》，长春：吉林科学技术出版社，2007年版，第100页。

② 汪洋：《沈阳民航“空战”悄然升级》，《沈阳日报》2007年8月24日。

时、日本、澳大利亚4支球队和BOB等媒体出入境140余人次，保障奥运入境物资顺利通关两次，总体保障情况比较顺畅，在安保和服务上都没有出现疏漏。①

2009年，沈阳桃仙国际机场成功应对金融危机、甲型流感等因素的影响，全年机场运输飞行、旅客吞吐量、货邮吞吐量分别达到6.63万架次、750.1万人次、11.24万吨，同比分别增长9.2%、10.2%、10.4%，完成运输生产任务。4月实现沈阳至台湾的直航包机飞行，8月实现台湾直航包机常态化。至2010年，沈阳桃仙国际机场完成运输起降、旅客吞吐量、货邮吞吐量分别为6.97万架次、862万人次、12.52万吨，实现净利润2263万元。面对奥运会、金融危机、禽流感等挑战，沈阳民航事业仍然稳健发展，取得令人瞩目的成绩。②

## 第三节 公路

沈阳地处国家公路网的重要环节，是东北地区公路交通的枢纽，公路交通迅捷便利。从1948年沈阳解放到2010年60余年的建设，基本形成以公路客货运输为基础，以运输枢纽基础设施建设为特征的多种运输方式共同发展的立体交通运输体系；一个以高速公路网为骨架、以国省干线公路为大通道、以县乡公路为脉络，连接海港和航空港，辐射辽宁中部城市群，通达全市城乡，适应全市社会经济发展并适度超前的公路网已经形成，对发挥沈阳中心城市的功能、促进沈阳经济发展起到重要作用。

### 一、沈阳公路的初步发展时期（1948—1957）

沈阳解放之前，沈阳的公路建设虽然有所发展，但是没有形成规模、构成网络，而且由于受到战争等因素的影响使有些路段遭受了破坏。沈阳解放后，沈阳市人民政府设立了建设局管理道路建设和公共交通，动员人力、物力、财力修复公路，仅1949年便初步恢复1490多公里公路。

#### 1. 公路线路的改造和扩建

1950至1953年，对京哈、京沈、沈长、沈吉、沈沟等具有重要经济战略地

---

①《沈阳民航圆满完成奥运主降场保障任务》，《中国民航报》2008年8月25日。

② 李长斌：田喜斌总编：《沈阳统计年鉴（2011）》，沈阳：沈阳统计局出版社，2011年版，第547页。

位的国、省干线公路进行了重点改造和扩建。于1950年开始有计划、有步骤地建设、扩建、改造公路，近代公路逐步向现代公路发展，开通沈阳至抚顺、辽中、三面船的长途客运线，每天运发6—8班次，日均客运量为1815人次，全年客运总量为66万余人次。同年，开工修建沈大公路。到1957年，全市新建、扩建公路达396公里，总里程达到863公里，比1948年增长84.8%。其中，国、省干线公路321公里，县级公路154公里，乡级公路388公里。新增晴雨通车路面（黑色路面）96公里，加固大桥、险桥20座、472延长米，新建桥梁67座，1819延长米。[①]

**2. 沈阳公路管理机构的成立**

1952年，成立沈阳长途汽车客运站，统一经营长途汽车客运。11月25日建成沈安公路。1953年，成立长途汽车客运总站，客运汽车增至10余辆，增开沈阳至大民屯、养士堡两条线路。年客运量增至近210万人次。10月，建成沈阳第一黑色公路面——沈抚公路（北线）。1955年12月30日，成立沈阳市交通运输管理局，开始实行统一的行业管理。1956年，组织个体运输业者成立运输生产合作社和公私合营的运输企业。

## 二、沈阳公路的缓慢发展时期（1958—1977）

这一时期的发展特征便是公路交通管理机构的不断完善，使其能更好地发挥公路交通管理和协调的作用，使沈阳的公路建设和运行得以有序地进行。虽然这一时期的沈阳公路建设也或多或少地受到了政治动乱的影响，但总体上还是向前发展，只是速度有所放慢。

1959年，交通运输管理局接管沈阳、新民、台安、辽中、铁岭、法库、康平、开原、昌图、西丰等10个县的公路管理和养护工作。1960年5月，为了加强公路管理和养护，沈阳市交通局将公路科改为公路管理处，养路总段改为公路工程处，负责公路的养护与管理和大、中修以及道桥建设。8月，交通运输管理局接管新宾、清原两县的公路管理和养护工作。1958至1961年间，在“地、普、群”方针指导下同时对原有部分公路实行技术改造，沈阳市增修公路123公里，公路总长达到986公里，包括逐年逐段加宽路基、加铺路面、整治基础、裁弯取直等。1962年全市养护维修道路89.8万平方米，恢复旧路和提高土路11条8.3万平方米，维修人行道6.3万平方米，其中小街路5.3万平方米，加铺磨层398.1公里、保护层339.6公里，基本上保证了40条主要干道的路面平

① 沈阳市人民政府地方志编纂办公室编：《沈阳市志》，沈阳：沈阳出版社，1989年版，第100页。

整。1969年，全市公路里程由1982公里下降至1829公里，路况也普遍降低。1970年7月，沈阳市交通局革命委员会接管新民、辽中两县的公路管理、养护和监理工作。1974年，公路里程降至1769公里。1975年，经过整顿，全市公路里程增至2050公里。公路建设工作不断恢复，为城市对外联系提供了便利。

## 三、沈阳公路的恢复发展时期（1978—1985）

伴随改革开放的春风，沈阳的公路建设也迎来了发展的春天。多条线路在这一时期投资建设并开通运营，拓宽了公路里程，提升了公路运输能力，开启了沈阳公路建设的新起点。

由于石油沥青和渣油路面施工技术的广泛应用，1979年全市黑色路面里程增加到550公里，占总里程的24.5%。机动车辆代替了人力、畜力车辆运输，运力结构发生历史性变化。1980年，第一条一级公路——沈抚公路（南线）全面竣工。7月，市交通运输管路局改为市交通局。1983年12月，撤销市公用事业管理局，电车公司、公共汽车公司、出租汽车公司划归市交通局领导。1985年11月，沈阳长途汽车客运总站破土动工。至此，沈阳公路交通网各级公路2707公里，其中，国家级公里5条，即京沈、京哈、瑷大、明沈、丹霍公路，计361公里；省级公路5条，即沈营、沈平、沈环、小小公路，计288公里；县、乡公路149条，2039公里；厂矿专用公路2条，19公里。平均每百方公里的公路密度为32.3公里。高级、次高级公路达到1202公里，占总里程的44%，日通车能力在2000—5000辆次的路段有636公里，占总里程的23%，在5000辆次以上的路段有136公里，为总里程的5%。晴雨通车里程达2233公里，占总里程82.5%。①

## 四、沈阳公路的快速发展时期（1986—2000）

这一时期公路交通管理机构的调整幅度比较大，进行了多项内部改革，转变发展思想，改善发展模式。同时，这一时期的公路里程得到大幅度的提升，提出了“村村通公路”的设想，并付诸于实践。客运及货运的发运量增长迅速。

### 1. 公路交通管理机构的大调整

1986年9月5日，沈阳市交通局改为沈阳市交通运输管理局，对公路建设、道路客货运输行业实施综合管理，实行经理负责制和经理任期目标责任制、

① 沈阳市人民政府地方志编纂办公室编：《沈阳市志》，沈阳：沈阳出版社，1989年版，第96、101页。

干部聘任制和百元产值工资含量、线路承包等办法，深化企业管理体制、分配方式改革，提高企业经济效益。1988年8月，市交通局制定深化改革的10条意见，引导企业改革向纵深发展。1992年8月，《沈阳公路主枢纽总体布局规划》获批并开始实施。

1994年8月1日，《沈阳公路客运管理条例》开始实施。“八五”期间，专业运输职业深化内部改革，主动进入市场，由原来的承包经营责任制为主，转到以推行资产经营责任制为主的综合配套改革，由单一运输向上下游产业发展，1998年6月，沈阳市第一个国营运输企业第一运输总公司变为民营性质的沈阳一运实业有限公司，开始运输企业改制工作。“九五”期间，全局货运联营形成支柱性产业。货联企业按市场需求不断拓宽服务功能，挂靠专业运输企业联营车辆发展迅猛，至1999年，达到17000余辆，剧增41.5倍，提高运输组织化和社会化程度，为企业带来可观的经济收益。1999年7月，市政府将沈阳客运集团列为市直属企业，隶属关系从市交通局中划出。2000年，沈阳运输集团组建，有沈阳运输枢纽公司、沈阳市一运总公司、沈阳兴运集团、五爱客货联运总站、沈阳道路主枢纽信息调度指挥中心组成。

**2. 线路与运输能力的大提升**

1986年10月，沈大一级公路的沈阳至鞍山段竣工通车，为国内最早建设的高速公路先期工程。至年底，沈阳共有各级公路2707公里，为辽宁省最大的公路交通中心，局属企业货运量1517万吨，货运周转量35040万吨公里，长途客运汽车通达省内外94条线路，运营里程5094公里，日发客量3万多人次。11月3日，沈阳—大连高速公路沈阳至鞍山段和沈阳至桃仙国际机场一级汽车专用公路竣工通车；12月，占地4.2万平方米、建筑面积为1.56万平方米的沈阳长途客运总站竣工。[①]1990年3月24日，在铁西区霁虹南街建立第一个货运有形交易市场，活跃交通运输。至1990年，全市共新建公路22条、148.79公里，改建公路33条、285.67公里，总投资11697.8万元；货物运输企业完成货运量1088万吨、货物周转量31637万吨公里，分别为年计划的102%和93.5%。有长途汽车客运线路157条，营业里程17030公里，年运送旅客951万人次和58262万人公里。[②]

进入90年代，市交通局提出在90年代完成公路主枢纽3.1亿元投资的基础上，实现全市1474个村“村村通油路”的设想。1992年3月20日，成立沈阳市

---

① 朱川主编：《辽宁经济统计年鉴（1987）》，中国统计出版社，1987年版，第189页。

② 沈阳市第三产业普查办公室编：《中国第三产业普查资料：辽宁第三产业》，中国统计出版社，1994年版，第312页。

车辆购置办公室；4月，市交通征费稽查处以及下属各所交省交通厅管理；至1995年末，全市公路建设实现快速发展，5年总投资达28.2亿元，新增公路里程615公里，建成高速公路163公里。全市营业性客运车辆达16695台、货运车辆达45492台，开通8省39市81县324条长途客运线路、通达12省区35市102条货运零担班车路线，公路运输完成客货运量占全市总量比重提高，使沈阳成为区域性商贸流通中心。至2000年年底，普通公路建设总投资规模5年为16.8亿元，公路总里程达5234公里，率先在全省实现141个乡镇全部通柏油路、2000个行政村通公路，形成以“一环五射”高速公路为骨架，辐射辽宁中部城市群的公路网。开通客运线路791条、线路长度10.6万公里；开辟货运零单班线197条、18560公里，通达全国16省67市，形成南到广东、北到黑龙江、西到新疆的客货运输班线网络。

## 五、沈阳公路的新世纪腾飞（2001—2010）

在新世纪的发展大潮中，沈阳的公路交通事业的发展得到了巨大的腾飞，管理机构日臻成熟，尤其在应对突如其来的“非典”传染疾病时，沈阳公路管理机构能够应对如流。现在，沈阳的公路交通线路已经覆盖全沈阳各县乡镇及村，联结国内外各主要城市，公路运行的速度和质量都得到全面系统的提升。

### 1. 公路交通管理机构成熟的应急能力

2001年7月，沈阳客运集团重新划归市交通局管理。12月10日，市交通运输管理局改名为市交通局。2003年4月，北京等地发生“非典”，沈阳交通系统于23日在全市各公路出口设立“非典”防疫检查站。截至6月24日，市交通系统出动检查人员近3万人次，检查进沈车辆63.5万台次，登记车上人员287.6万人次，其中疫情多发区来沈车辆9.3万台次、人员27.3万人次，妥善处理各类紧急突发事件90多件次。2004年3月23日，沈阳市交通稽查大队更名为市交通局行政执法支队，为隶属于市交通局的行政执法机构。同年11月7日，市交通局、各县（市）区交通局迅速组建防控指挥系统，进行紧急部署，防控禽流感疫情，共设立防控禽流感道路消毒检查站68个，出动检查人员22843人次，检查各种车辆67353台次。①

### 2. 公路交通线路辐射功能的加大

随着道路桥梁设施完善，道路技术等级提高，联系城乡的能力增强，路网

---

① 邹大挺主编：《沈阳市志（1986—2005）》（卷一），长春：吉林科学技术出版社，2008年版，第442页。

辐射功能加大。到2005年末，全市公路总里程达到6187公里（不含村及村以下公路），比1985年末的2797公里增加1.28倍，公路网密度由1985年末的32.3公里/百平方公里提高到47.7公里/百平方公里。其中高速公路净增加239公里，主要高速公路：沈阳至桃仙机场一级汽车专用公路，全长14.4公里；沈阳国境绕城高速公路，全长81公里；沈阳分别至大连、本溪、铁岭、抚顺高速公路等共9条。国道为716公里，沈阳境内共有国道主干线G010（沈铁高速、沈大高速）和G025（沈丹高速、沈山高速）两条十字交叉于沈阳外环高速；以沈阳为中心分别向7个方向延伸的G101（京沈线）、G102（京哈线）、G202（黑大线）、G203（明沈线）、G304（丹霍线）等5条国道；与12条省道共同构成沈阳干线公路网。省道757公里、县级公路1345公里、乡级公路3148公里、专用公路221公里；新建农村公路3665公里；桥梁1778座、47694延长米，主要有小小县满都户大桥、新民柳河大桥、辽河鲁家大桥、浑河王刚大桥、浑河高坎大桥。到2005年底，全市道路货物运输年运量15020万吨、周转量720000万吨公里；道路运输客运量5432万人次、298000万人公里。公路长途客运线路721条，已建成一级货运站8个、二级货运站7个、长途客运站13个，基本形成以公路主枢纽场、站为主结点，县、乡场站为次结点，依靠道路客货运输信息网络的站乘布局。至此，沈阳市道路运输事业发生根本性变化，公路运输格局向彻底放开运输市场、全社会参与运输的方向转变；由传统的单一从事公路运输中间环节向公路、铁路、水路联运和仓储、理货、送达并行的物流业转变；由运输企业独家承揽货源运输向规范场站建设构建公路主枢纽体系转变等，提高道路运输的供给能力和服务水平。①

2006年，公路建设完成以沈西、沈北和沈铁三条产业大道为代表的标志性工程；新建、改造县级以上公路491公里、农村公路1012公里；新建、改造桥梁工程43座1978延长米。全年共完成公路建设投资50.63亿元。新开长途客运线路40条，新建乡级客运站13个，组织运送“世园会”旅客310万人次。2007年全市公路建设共完成投资72.2亿元，同比增长40%，是沈阳市公路建设史上建设投资项目最多的一年，新增公路通车里程1200公里，全市公路通车总里程达11312公里，公路网密度为87.1公里/百平方公里，在15个副省级城市中排名第6位。②

① 邹大挺主编：《沈阳市志（1986—2005）》（卷一），长春：吉林科学技术出版社，2008年版，第445、447页。

② 沈阳市人民政府地方志办公室编《沈阳市志·2007》，沈阳：沈阳出版社，2008年版，第95页。

**3. 道路建设新突破**

2008年，高速公路建设实现重大突破，建成铁阜、沈康一期、本辽（本溪至辽宁中段）高速公路，全市新增高速公路通车里程164公里，高速公路通车里程达到490公里，进一步完善“一小时交通圈”，提前实现“十一五”县县通高速目标，增强中心城市的辐射能力。至2010年“十一五”计划完成，沈阳市完成交通基础设施建设投资400亿元，是“十五”时期的3倍。新建、改建高速公路5条333公里，高速公路总里程达到572公里，新建产业开发大道7条、升级改造国省干线公路11条417公里，全市一级公路里程达到600公里，新建农村公路2205公里，农村公路总里程达到8181公里，增长37.2%。纵观“十一五”，道路建设取得了突出成就，实现了新的突破。[①]

## 第四节 市内交通

在沈阳城市市内交通发展过程中，经历了有轨电车时期、无轨电车等时期，现今以公共汽车、出租汽车、地铁等为主的交通运输方式构成了沈阳市内交通线网，在沈阳的城市发展中占据重要地位，不断满足人民出行需要及城市现代化运输需求。

### 一、有轨电车

有轨电车是沈阳解放初期市区主要公共交通工具，在国民经济恢复时期和第一个五年计划初期，沈阳市公共交通的重点是发展有轨电车，加强有轨电车轨道维修和翻新，以便市民出行。

**1. 对有轨电车轨道的维修翻新**

至1948年11月2日沈阳解放时，沈阳市共建成有轨线路6条，营运线路长度24.6公里。由于国民党飞机的轰炸扫射，电车线路受到严重破坏，加上市区断电，有轨电车各线停运。11月4日，中国人民解放军沈阳市特别军事管制委员会接收电厂，发动职工抢修电车线路和车辆，恢复电车线路通车运营。12月12

① 沈阳市人民政府地方志办公室编《沈阳市志·2011》，沈阳：沈阳出版社，2012年版，第495页。

日，市内6条线路全线通车。1949至1950年间，为保障车辆的正常运行，重点加强有轨电车轨道维修和翻新。为解决南湖、铁西等部分新建地区公共交通，有轨电车五线、六线进行了延长改线。1953年4月1日，单程线的有轨电车四线拆除，改为公共汽车线路。年末，有轨电车线路已从沈阳市东部古城区直接贯通铁西工业区和住宅区，市区东西向客运量猛增。1953年5月，试行有轨电车一、六线在早晚上下班客流高峰时间联运。1955年4月1日起实施整日联运。

1956年初，市人民委员会决定逐步淘汰有轨电车线路，将其改建为无轨电车线路。同年5月3日，首先拆除有轨电车三线。1957年，为解决有轨电车客量较大、增加车辆困难的问题，沈阳站和太清宫两处铺设有轨电车一、二线回车线，9月29日开设一、二线的小环形线，并由铁道部沈阳机车车辆长和市电车修配厂先后装配四轮有轨挂车19辆，由小型有轨电车牵引挂车和2辆小型有轨电车接成的联车进行运营，以缓和一、二线乘车拥挤。同年11月30日，工人村处铺设回车圈道，早晚上下班客流高峰时间，将小环形线运营。不久，小环形线停运，改为整日大环形线运营，相应增加车辆，收到较好效果。

**2. 有轨电车车辆及机构管理**

解放时，在用车仅剩下21辆，占车辆总数的四分之一，其中小型车7辆，大型车14辆。另有电车挂车21辆。1948年，人民政府接管电车厂后，经抢修车辆，至年末，可用于运营车辆30辆。为解决车辆不足，交通部门陆续从长春、大连购入车辆。至1957年，共购进有轨电车61辆，其中载货有轨电车5辆、有轨挂车19辆。1950—1955年，共恢复并改修有轨电车49辆。1957年，电车修配厂自行设计装配2001型八轮有轨电车投入运营。车身长14米，牵引电机50马力，2台，最大载客量可达210人，硬座席41人。1957年6月，为充分发挥四轮车的作用，将10辆601型、6辆701型车改为八轮连接车，投入运营。

1958年，撤销公用事业管理局，将公共汽车公司和电车公司划归交通运输管理局领导。6月，市公用局决定由市公共汽车公司成立郊区车队，接管长途汽车客运总站及其23辆客运汽车和7条客运线路。1961年6月，恢复公用事业管理局建制，将电车公司和公共汽车公司划归公用事业管理局领导。60年代沈阳公交业管理不当，乘车秩序混乱，公交企业经营亏损，并且有轨电车轨道年久失修，事故频发，决定拆除有轨电车线路，改建无轨电车。

## 二、无轨电车

从有轨电车到无轨电车，是沈阳公交事业的一次质的飞跃，这样既保留了电车耗费能源低、污染小等长处，同时还具有不破坏路面、噪音小等优点。

1. 无轨电车的起步

1951年，沈阳开始创办无轨电车运输，架设无轨营业线路8.5公里，由天津购入单机无轨电车20辆，开辟了无轨电车一线（由沈阳站经中山广场、小西门、钟楼至大南门共6公里）、二线（由和平广场至新华社，共2.5公里）两条线路，分别于10月1日和12月15日通车。无轨电车的建成通车，为沈阳公共交通谱写了新的篇章。

2. 无轨电车的快速发展

随着城市发展进程的加快，有轨电车日益显得步履蹒跚，无轨电车事业快速发展。1973年，鉴于有轨电车二线大部分路段枕木腐朽，钢轨磨损，车辆脱轨事故经常发生，市革命委员会决定，用两年的时间拆除最后一条有轨电车线路，改建为无轨电车十路。并组织市区有关局、委、企业单位，成立了无轨电车会展指挥部，统筹道路施工、线网改造、车辆装配等工作。1973年，胜利大街拆除有轨电车，全部改建成沥青混凝土路；同年10月，建设大路拆除有轨电车轨道，改成"一块板"沥青混凝土路，通行无轨电车；1974年对中华路进行全面改造，改用白灰三合土做基础，沥青混凝土铺盖路面。新砌边石比原路面高10厘米，拆除有轨电车轨道，通行无轨电车。1974年7月3日，市区有轨电车线网全部拆除。从此，运行了半个世纪的有轨电车在沈城消失，完成了它的历史使命，无轨电车开始在沈阳公交事业中扮演重要角色。当月30日，无轨电车十路建成通车，全线营业线路长度14.7公里。同时，市无轨电车会展指挥部组织多长写作，自行装配和更新通道式无轨电车100辆，并新建了大东停车场。与此同时，自行设计制造的铰链式大型车辆投入运营，缓解了早晚上下班客流高峰。

为沟通沈阳市和平区南部与铁西区的交通，1974年末架设了由南五马路至和平广场的无轨电车线网1.2公里。于1975年3月22日开辟了由辽宁工业展览馆至肇工街的无轨电车十一路。该营业线路长9.4公里，设置展览馆、三好街、南湖公园、振兴街、中兴街、和平广场、南京街、迎宾饭店、胜利大街、兴工街、云峰街、铁西广场、兴顺街、保工街、卫工街、启工街、肇工街17个车站[①]。至1976年末，沈阳市电车营业线网长度65公里，营业线路长度95.3公里，车辆总数291辆。到1985年，全市无轨电车线路已经发展到15条，营业线路长度达147.7公里，营运车辆458辆，无轨电车客运总数占市区电、汽车总数的53.6%，无轨电

① 沈阳市人民政府地方志办公室编：《沈阳市志》（第二卷），沈阳：沈阳出版社，1998年版，第336页。

车已成为沈阳公共交通事业的重要组成部分。

### 3. 无轨电车的消失

无轨电车陪伴沈阳人走过48个春秋后，由于无轨电车有受线路严格局限，织网密布会影响城市面貌，以及具有高投入、低运行等缺点，决定取消无轨电车。从1998年5月起，沈阳逐步实行“电改汽”。沈阳市投资1.7亿元，将无轨电车由“福莱西宝、黄海、沈飞、华龙”四种车型545台汽车所取代。1999年5月23日，在沈阳运行了49年的环路电车，其中有20台在北环线路上被更换为福莱西宝汽车，从而拉开了沈阳大规模取消无轨电车的序幕。1999年7月1日，在沈阳运行了74年的电车（含有轨电车时期）全部退役，12条线路共计422台无轨电车被545台所谓的“环保汽车”取代。“电改汽”使沈阳公交事业的发展出现了历史性的转变。

## 三、公共汽车

### 1. 公共汽车的探索发展阶段

沈阳解放后，大力发展公共交通事业，至1957年公共汽车线路发展到14条，总里程104.9公里，拥有汽车100台。1964年，成立沈阳专署，以沈阳市公路处和公路工程处为基础组建成沈阳专署交通局。1969年1月，成立沈阳市货运系统革命委员会，撤销公用事业管理局，电车公司和公共汽车公司划归市交通部门管理。12月，撤销沈阳市货运系统革命委员会，成立沈阳市交通局革命委员会。1973年3月，市交通局改为市交通运输管理局，恢复科室建制，4月，恢复市公用事业管理局，电车公司和公共汽车公司从市交通运输管理局划出。1983年，电汽车客运量达到63334万人次，比1949年增长16.7倍。1984年，全市公共交通共有线路48条。至1985年，共新开辟公共交通线路37条，公共电、汽车1036台，比1980年增加164台。1988年市委、市政府出台了有关全民、集体、个人办公交的政策，市内小公共汽车开始发展起来。到1989年底，沈阳市小公共汽车已发展了27条线路、922台车。1990年10月，沈阳市公共交通联营公司成立，在国营公交空白区陆续开辟公交联营线路12条，参营车辆达到320台，线路总长达160余公里，线网覆盖7个区，既缓解了市民乘车难问题，又有效地减轻了政府的财政负担。1995年，我市拥有公交汽车771台、公交联营汽车263台、中巴客运778台、电车558台，沈阳公交事业初具规模。

自1995年第一条无人售票线路221路开通以来，相继开通了2环、11路、203路、207路、214路、216路、217路、220路、604路等10条无人售票线路，新型中高档无人售票车和双层客车的大量投入使用，改善了公交车辆结构，为乘客提供了较为舒适的乘车环境。公交线网日趋完善，市民出行较便利。90年代末期，全市拥有公交线路111条（含小公汽），客运车辆2464台；中巴线路36条，中巴车辆467台。

2. 新世纪公交汽车的大发展阶段

2000至2004年，面对日趋恶化的交通环境，沈阳市开始大力发展公共交通事业，新增公交车2250台。使全市大公交车辆达到4357台，大公交线路达到119条，使每万人拥有公交车由12.84台增加到15台，线网密度由2.7公里/平方公里增加到3公里/平方公里。2004年8月1日，沈阳实行公交IC卡乘车。具有正规运营资格的公交公司达到6家，分别是沈阳客运集团公司、沈阳丰城巴士有限公司、沈阳丰城公交有限公司、沈阳沈鑫巴士有限公司、沈阳康福德高安运巴士有限公司、沈阳康龙城市巴士有限公司。2005年9月，沈阳市区大公交线路已经达到140条，郊区小公汽线路近30条，公交车辆达到5000台。为提升全市公交车档次和智能化水平，全市在7条线路279台车辆安装GPS系统；在113、115、117、123、125路等17条公交线路上正式开播辽宁移动电视，乘客可在车上看到新闻资讯、娱乐休闲、生活服务等多种电视节目，丰富百姓生活。 2006年，城市公交新开、调整线路20条，新增、更新公交车辆500台，年客运量达8.5亿人次。市交通局与《沈阳晚报》联办“我来设计公交线路”栏目，面向社会广泛征求意见，并深入各公交企业进行调研，避免重叠新开线路，解决部分地区市民乘车不便问题。2006年，新开168路等公交线路52条(大公交线路8条、超市公交线路44条)，对113路、115路、243路、118路、279路等5条线路进行调整。新开8条大公交线路共增加公交车辆220台。2007年，全市公共交通新开、调整线路31条，其中开通环路、209路等5条通宵线路和129路、214路等5条午夜公交线路，新增更新公交车辆500台；延长50条骨干公交线路的运营时间，启动公交“明亮工程”。全年全市共完成公交客运量9.5亿人次，比上年增长18.8%；城市公交服务人口达到270万；公交车万人拥有量由12.7台增加到13.7台。

3. 公交行业发展新契机

2008年，公交行业以迎接奥运会为契机，以构建和谐交通为目标，以方便市民出行为中心，在全力保障奥运会召开、优化公交线网结构、提升运力档次、规范市场秩序及提高行业服务质量等方面做了大量工作，推动全市公交快速发展，保证公交行业各项工作健康稳步发展。全年完成新开、调整、改造线路57条，新增、更新车辆1968台，其中新型环保公交车1659台。建设车辆单行技术档案，实行一车一档，专人负责，实时掌握车辆的技术状况，及时督促公交企业按时做好二级维护工作。在奥运公交专线、途经奥体中心及部分主干线路的19条公交线路561车辆安装双语报站器；将途经奥体中心的20条路线1000个站牌全部改造为双语站牌，提供人性化服务，实现与城市文体事业相融合。至2010年，沈阳市公交线路总数达202条，配车5013台，全年累计发车1705.78万次，同比增加89.59万次，增幅5.5%；总行驶里程2.94亿公里，增幅8.2%；完成公交总客运量12亿人次，同比增加0.3亿人次，增幅2.6%；实现总收入9.7亿元，同比增加1亿元，增幅11.5%。[①]

## 四、出租汽车

出租车是城市常规公交的重要补充，它为市民机动化出行提供个性化服务,在建立城市形象、满足高层次的出行需求等方面具有重要意义。[②]随着我国人民生活水平的逐步提高，居民对“点对点”出行的需求逐渐加大，出租汽车的灵活性及快捷性的作用越来越突出。

**1. 发展停滞时期**

新中国成立初期，城市交通以发展公共汽车、电车为主，出租汽车基本处于停滞状态，出租汽车行业在1978年之前处于缓慢地自然发展阶段，出租汽车拥有量低，在公共交通中占的比重非常小。改革开放以后，外事活动日益频繁，城市经济呈现繁荣景象，人民生活水平提高，出租汽车市场开始活跃，出租汽车行业进入高速发展阶段。1979年，沈阳成立第一家出租汽车公司。

**2. 发展大爆炸时期**

进入1992年，沈阳出租汽车行业迎来了前所未有的发展，进入了井喷期。1992年，沈阳市交通局首次对出租汽车的经营权进行招标，当时的车标价格为3.1万元，是当时一名大学本科生毕业工作44年的工资总额。于1996年和1997年两次公开投标发放，中标金额分别为6.1万元和10.5万元。受改革开放大潮的影响，越来越多的人开始愿意从事出租汽车行业，沈阳市的出租汽车数量急剧上升，直至达到了17000多辆，车标价格也攀升到了60多万。1992年，正式将出租车纳入行业管理，规定当时的出租车车主交2万元经营权使用金，并挂靠到9家出租车公司，但车辆和经营权实际上都是个人的，并没有规定经营权使

① 沈阳市人民政府地方志办公室编：《沈阳市志·2011》，沈阳：沈阳出版社，2011年版，第311页。

② 王炜、杨新苗、陈学武：《城市公共交通系统规划方法与管理技术》，北京：科学出版社，2002年版。

用年限。2001年7月，沈阳市出台《客运出租汽车管理办法》和《客运出租汽车经营使用权出让和转让办法》，对经营权年限做出规定：经营权一直没有转让过户的经营者，自缴纳经营权使用金之日起满10年无偿收回经营权；1998年以前经批准转让过户的经营者，自受让之日起满10年无偿收回经营权；1998年后含1998年未经批准私自转让的现有经营者，按其申报登记，自经市交通行政主管部门确定属实的受让之日起满6年无偿收回经营权。1993年国家制定有关政策开放出租车市场，沈阳市出租汽车行业得以迅速发展。从此以后，投入运营的出租车以每年22%的速度增长，出租车已成为大众化的交通工具。

**3. 新世纪新调整**

2000年，沈阳市有出租汽车企业237家。其中，在1000台以上的有2家，50台以下的有120家，占企业总数的50%，且在20台车辆规模的企业比较多，最小的公司只有2台车。经营主体小、散、弱的现状直接影响着行业管理手段和服务水平的提高。2001年初，针对沈阳市出租汽车行业实际，以每年度的资审工作为切入点，以国家五部委《关于进一步加强城市出租汽车行业管理工作的意见》为依据，通过政策引导，逐步调整和优化经营模式，促进行业规模化、集约化经营。经过以资审为重点的行业整合工作，出租汽车经营主体规模化程度逐年提高。至2006年，沈阳市出租汽车公司已经减少到180家。营运的16996台出租汽车全部为排量1. 6L及1. 6L以上的中高级轿车。其中：捷达10304台、桑塔纳2619台、奇瑞2568台、东南450台、中华537台、富康430台。此外，还有帕萨特、红旗、海南马自达、宝来、朗风等车型88台。

1999年、2002年、2005年，政府站在保护环境和坚持可持续发展的战略高度，对全市出租汽车的燃料类型提出明确规定，要求更新改造双燃料。至此，全市带有LPG装置的出租汽车共有8354台，柴油车1068台。为确保出租车司机的人身安全，同时也为更便捷地服务社会，2004年下半年，在不增加经营者负担的前提下，在行业内推广应用GPS定位系统。

2006年，沈阳出租汽车行业长足发展，市区出租汽车车辆总数达17200台，万人保有出租汽车35.2台，在全国副省级城市中居于第一位，其中有3338台已安装或承诺安装GPS终端设备。面临燃油价格上涨给出租汽车行业经营增加的成本和压力等问题，6月初实施新的运价方案，在一定程度上缓解经营压力；全市出租汽车经营者平均日增收近30元，改善了出租汽车经营者的生活水平。2007年共完成客运量3.6亿人次，实现总收入28.5亿元，上缴各种税费1.5亿元。全年更新车辆1900余台，双色出租汽车达到4500台。发挥GPS安全防控系统功能，从业人员遇抢、遇害事故率比上年降低85%。2009年全行业年完成客运量约为4.5亿人次，占城市公交客运总量的27.6%，具有从业资格的出租汽车驾驶员66524人，其中，已办理从业登记的人员为49837人。营业总收入约为34亿元，上缴国家税收近3亿元，为方便市民出行、扩大社会就业、繁荣城乡经济做出了较大贡献。

## 五、地铁

沈阳地铁是中国国家区域中心城市（东北）、辽宁省省会沈阳市的城市轨道交通系统，于2010年9月27日正式举行通车仪式，成为中国第七座、东北地区首座开通运营地铁的城市。现有地铁一号线、地铁二号线两条线路运营中，总里程50公里。沈阳地铁工程是沈阳市城建史上投资最多、规模最大的重点工程，也是备受社会各界关注的民心工程。

### 1. 发展历程

沈阳人的地铁梦可以上溯到上世纪60年代。1965年，经国家研究决定，配合人防工程，准备在北京、上海、沈阳三座大城市建设地铁。后经国务院、中央军委批准，沈阳修建地铁工程，并在沈阳东郊破土动工，后因“文革”停建。1990年，沈阳市启动轻轨一期工程建设。1992年，国务院批准立项。1993年，沈阳再次筹建地铁，国务院批准工程可行性研究报告，后因各种原因没有实施。1998年，沈阳第三次筹建地铁，正式进行前期准备工作。1998年，《沈阳市快速轨道线网规划》编制完成，该规划共设计五条轨道交通线路，纳入《沈阳市城市总体规划》并经国务院批复。1999年12月，沈阳市地铁一号线一期工程项目建议书上报国家计委（发改委）。2000年1月，地铁一号线一期工程项目研究报告通过专家组评审。2002年9月，通过国家计委初审，并于当年10月上报国务院，国务院第142次总理办公会进行了讨论。2003年9月，沈阳市按照国务院有关精神，编制了《沈阳市快速轨道交通建设规划》，并上报国家发改委。2004年3月，通过建设部初步审查。10月，辽宁省政府正式上报《关于报请国务院批准沈阳市快速轨道交通建设规划的请示》。

沈阳市地铁工程2005年8月14日经国务院批准立项，同年11月8日，国家发改委批准工程可行性研究报告，18日沈阳市地铁正式开工建设。沈阳地铁一号线工程开工奠基仪式在地铁沈新路站施工现场举行。省委书记、省人大常委会主任李克强宣布沈阳地铁一号线工程正式开工。省委副书记、省长张文岳致辞。沈阳军区副司令毛凤鸣、省政协主席郭廷标出席奠基仪式，省委副书记、沈阳市委书记张行湘，省人大常委会副主任高国珠，省军区副司令员李明让，沈阳市市长陈政高，日本、美国、韩国、俄罗斯驻沈使节，以及社会各界代表

3000余人参加开工仪式。[①]

2006年2月15日，沈阳地铁一号线向西延伸5.8公里，总长度达到28公里。同年，11月18日，沈阳地铁二号线工程正式开工。设车站17座，线路全长19.25公里。2007年8月，沈阳地铁二号线南延，车站增加上深沟、下深沟两站点，全长增至22公里。2008年6月12日，沈阳地铁一号线铺轨工程正式开始。2008年6月26日，沈阳发布地铁新版规划，沈阳地铁计划由原来的5条增至11条，线网总长度由182.5公里增至400公里。2009年4月20日，沈阳地铁第一次试车。2009年7月24日，沈阳地铁二号线北延线及沈铁城际铁路奠基。2009年9月23日，沈阳地铁一号线十三号街—铁西广场区间通车试运行。2009年10月19日，沈阳地铁一号线东延线及棋盘山旅游专线奠基。2010年9月19日，沈阳地铁二号线南延线开始勘测。2010年9月27日，沈阳地铁一号线正式通车。

沈阳地铁一号线的列车为长春轨道客车股份有限公司生产的B型客车，全线配车23列，每列车由6辆车编组，每列列车设计满载人数为1440人，高峰期最多可装载1880人。试运营期间，列车间隔为10分钟。票价实行计站票制，阶梯票价为人民币2元、3元、4元。地铁一号线将沈阳铁西广场、沈阳站、太原街、中街等城市重点商圈连为一体，沿线串起商业街、行政中心、交通枢纽和产业带。它的开通，为沈阳市民提供了全新便捷的出行方式，同时为沈阳实现400公里城市轨道交通网提供了基础。作为东北地区开通的第一条地铁线路，它的建设为中国北方寒冷地区建设地铁工程积累了经验，并在工程质量管理、安全管理、综合造价控制以及车辆和机电设备系统国产化率等方面取得了良好业绩。

**2. 线路规划**

规划中的沈阳地铁发展网络，共计400余公里，将覆盖沈阳所有大型客流集散地、客流走廊和大型居住区。

沈阳市的地铁线路规划如下：

地铁1号线　一期工程及西延线：（已开通运营）全长27.9公里，设站22座。设有：十三号街站、中央大街站、七号街站、四号街站、张士站、开发大道站、于洪广场站、迎宾路站、重工街站、启工街站、保工街站、铁西广场站、云峰北街站、沈阳站站、太原街站、南市场站、青年大街站、怀远门站、中街站、东中街站、滂江街站、黎明广场站。设有十三号街车辆段。东延线：

① 沈阳市人民政府地方志办公室编：《沈阳市志（2006）》，沈阳：辽宁民族出版社，2006年版，第99页。

全长7.7公里，设站4座，又称黎明至望滨城际铁路地下段。设有：和睦路站、东陵路站、马官桥站、东陵公园站。设停车场1座。

地铁2号线　一期工程：全长约22公里，设站19座。设有：松山路站、陵西站、新乐遗址站、北陵公园站、崇山路站、岐山路站、沈阳北站站、惠工广场站、市府广场站、青年大街站、青年公园站、工业展览馆站、文体路站、五里河站、奥体中心站、会展中心站、世纪广场站、下深沟站、上深沟站。设有上深沟停车场。北延线：全长10.6公里，设站8座，又称沈铁城际铁路地下段。设有：百花山站、医学院站、师范大学站、工程学院站、辽宁大学站、人杰湖公园站、蒲河大道站、蒲园路站。设有进步村车辆段。南延线：全长16.5公里，设站7座，又称沈阳至辽阳城际铁路上深—桃仙段。设有：沈本大道站、博物馆站、行政中心站、市民广场站、桃仙路站、四环路站、桃仙机场站。

地铁3号线　张士开发区—沈抚连接带。途经于洪新城、滑翔居住区、砂山居住区、东北大学、南湖地区、青年公园、五爱市场、黎明地区、浑南新区。

地铁4号线　蒲河岛—哈大客运线新沈阳站。全长37公里。途经虎石台、724地区、望花居住区、北大营地区、沈阳大学、吉祥地区、沈阳北站商贸区、北市地区、西塔地区、太原街商业区、砂山居住区、长白岛、浑南产业区。4号线的建设将成为城市重心南移的重要组成部分。据沈阳市建设系统有关工作人员介绍，尽管地铁2号线也在浑南，但核心地带处在机场路和奥体中心一线。而地铁4号线纵横了新沈阳站和长青地区两大地域，分列机场路和奥体中心两侧，贯穿了浑南新区主要地域。

地铁5号线　沈阳大工业区—浑南新区。途经北二路地区、沈阳站、南湖、东北大学、南塔鞋城、长青地区、方家栏地区等。

地铁6号线　沈北平罗—南桑林子。途经平罗镇、造化地区、荷兰村地区、万科居住区、长江街商业居住区、淮河街地区、沈阳北站商贸区、八王寺居住区、中街商业区、南塔鞋城、浑南居住区、浑南CBD、桑林子等重要地区，纵贯南北，全长32公里。

地铁7号线　沙岭街道地区—汽车城。途经张士开发区、长客西站、太原街商业区、西塔地区、市府广场、中街商业区、吉祥地区等。

地铁8号线　二台子地区—苏家屯。途经上岗子地区、小北地区、中街商业区、五爱市场、展览馆、三好街、浑南居住区、浑南产业区、白塔堡、新沈阳站、浑南大市场等。

地铁9号线　淮河街—沈抚连接带，全长36公里。途经塔湾地区、北二路地区、九路地区、铁西广场、滑翔地区、于洪新城、奥体中心、浑南居住区、浑南产业区、浑南新城。

地铁10号线　丁香湖地区—哈大客运线新沈阳站，全长39公里。途经辽宁大学、省政府、长客总站、北大营地区、吉祥地区、和睦路地区、淮河街地区、东城商业区、方家栏地区、长青地区、浑南居住区、桑林子、航空产业园。

地铁11号线　农业高新区—沙岭地区。途经沈北产业区、大学城、造化地区、沈阳大工业区等。

棋盘山旅游专线　跨坐式单轨，全长约22公里，设站10座，又称黎明至望滨城际铁路地上段。设有东陵公园站、沈棋路站、世博园西站、世博园站、满堂站、下木村站、棋盘山站、秀湖站、棋盘山北站、望滨站。

运行中的沈阳地铁，极大地缓解了沈阳南北、东西的公共交通压力。地铁全部线路建成后，将基本囊括沈阳重要地区，如此一来，沈阳市民乘坐地铁可前往市内城区大部分区域，减少盲点，基本实现地铁出行，将有更多的市民享受到地铁给人们带来的便捷和幸福，并且地铁工程的建设及加速推进，极大地拉动了沈阳装备制造业的健康发展。新松机器人公司、东软集团、沈鼓集团、远大集团、北方重工集团等20余家企业分别以项目总包、系统集成、设备供货等方式参与沈阳地铁建设，涉及自动售检票、通信、通风空调、自动扶梯和垂直电梯、盾构机等多个专业。不仅仅是装备产业受到地铁建设的拉动，与之相关的设计、施工及配合未来地铁运行所需的维护、保养、服务、文化等一大批企业，目前正在沈阳这座城市孕育萌发。在文化方面，不仅地铁站的设计装修引入了浮雕、壁画等大量有特色的文化元素，诗人、剧作家的作品也将出现在这里，让人们在繁忙的都市生活里偷享一丝文化的静谧。有专家评价，无论从交通等基础设施配套能力还是社会生活、文化、环境等各个方面，沈阳市与区域中心城市地位相匹配的综合能力正在显著提升。

## 第五节　邮政

沈阳邮政是东北地区最大的邮政枢纽中心。沈阳市邮政局是国有通信服务企业，担负全市邮政网络建设、运行管理和经营服务工作；沈阳邮区中心局是全国7个一级中心局之一，担负东北三省及内蒙古自治区部分地区的邮政业务。

## 一、沈阳邮政的创建时期（1948—1952）

沈阳的邮政事业是在沈阳解放后逐渐形成规模的，这一时期正是沈阳邮政的初建时期，包括邮政管理机构的建立和邮路的初期建设，属于初级阶段的建设。

### 1. 沈阳邮局的建立

沈阳解放后，成立沈阳特别市邮政局，隶属于东北邮电管理总局，局长由军事代表李进担任，共有职工378人，先后恢复开办市内16处支局，12月6日，沈阳特别市邮政局迁回中山路38号(现为中山路1段32号)办公。1949年3月1日，沈阳特别市邮政局改称沈阳市邮政局。5月1日，划归沈阳邮电管理局领导。8月1日，再次划归东北邮电管理总局领导。到1949年末，沈阳市邮政局已有自办局所26处，共有职工455人。1951年，局内组织机构改科、室建制，并设有流动服务组和沈阳大街、市府大路两个科级支局。1952年7月，沈阳市邮政局改称邮电部沈阳邮局，仍由东北邮电管理总局直接领导。

1954年东北邮电管理总局撤销，邮电部沈阳邮局划归辽宁省邮电管理局领导，改名为沈阳邮局，直接负责原东北邮电管理总局的邮袋管理业务。1955年5月14日，沈阳邮局改称辽宁省沈阳市邮局，实行“一长制”和“生产区域管理制”，将局内的生产组织机构扩大到11个科，并于8月1日，接管沈阳市电报局所属的电报营业处和话传点共9处，开始经办电信业务。1956年10月1日接管原沈阳市电话局所属国营及地方的县内电话业务，1957年7月1日，撤销市内3个区局，成立和平、南市、北市、沈河、皇姑、大东、北关、铁西、苏家屯等9大支局，负责领导各自区内其他支局的工作。11月13日，东北军区邮站所属的业务和13名人员移交给辽宁省沈阳市邮局。①

### 2. 沈阳邮政的邮路建设

沈阳邮政的邮路分为火车邮路、航空邮路、汽车邮路、摩托车邮路、轻骑邮路、自行车邮路，通往外地的主要是火车邮路、航空邮路和部分汽车邮路，市区则以汽车、摩托车、轻骑摩托车、自行车邮路为主。沈阳解放后，迅速开通沈阳至安东、大连、吉林、抚顺的火车邮路，并临时用2台卡车沟通沈阳至四平、沈阳至新立屯2条汽车邮路，经四平由火车与吉、黑两省连接通邮。1948年12月，这两条汽车邮路因火车邮路开通而撤销。到1949年10月，沈阳市邮局派押沈阳通往各地的火车邮路有沈阳至安东、大连、山海关、抚顺、哈尔滨、北

---

① 沈阳市人民政府地方志编纂办公室编：《沈阳市志》第七卷《交通邮电卷》，沈阳：沈阳出版社，1989年版，第226页。

京、新立屯等7条，共11个车次，全长1248公里(单程公里，下同)。年底，市内邮路达到233公里。1950年开通北京—沈阳—哈尔滨—齐齐哈尔—海拉尔—赤塔的航空邮路，每周3班。1951年5月3日开通沈阳至法库间的汽车邮路，各地寄往法库、康平的邮件均由沈阳经转。到1952年，沈阳市郊邮路已达630公里（不含到辽中），其中自行车邮路13条、步班邮路18条。市内邮路已达675公里。

## 二、沈阳邮政的艰难时期（1958—1976）

这一时期由于受到国家大环境的影响，沈阳的邮政事业发展缓慢，多是在邮政管理机构上进行了一些改进。

### 1. 沈阳市邮电局组建

1958年8月17日，辽宁省沈阳市邮局被指定担任沈阳区铁道干线邮运调度责任局。9月1日，将市内9个大支局改为9个区邮电局，变二级管理制为三级管理制。1959年2月5日，成立沈阳县邮电局。27日，沈阳市邮局和沈阳市长途电信局、沈阳市市内电话局、辽宁省机要通信局合并，组建成沈阳市邮电局，负责领导市内各邮电机构，并辖铁岭、开原、西丰、昌图、法库、康平、沈阳、新民、辽中、台安等10个县邮电局。沈阳市邮电局成立后，沈阳市内的邮政通信枢纽部分的业务工作，由邮政科负责处理。各区邮电局直接由沈阳市邮电局领导。当年3月1日，由于城区行政区划变更，原北关、南市、北市3个区邮电局被撤销。1960年8月1日沈阳市邮电局改为沈阳市邮电管理局，1961年11月撤销，市内各邮电局所分别划还合并前的各专业局管理。1962年7月1日，沈阳市邮电局设立沈阳郊区邮电局，撤销沈阳县邮电局。1963年4月，沈阳市邮局被指定为辽宁省内邮袋调拨局，并于7月对组织机构做了较大调整，设报刊发行、邮件转运、押运、市内运输、包裹分拣、挂号函件分拣、平常函件分拣等7个生产科以及汽车修配室。撤销郊区邮电局，成立于洪、东陵、新城子、苏家屯、大东、皇姑、铁西、沈河、和平等9个区邮电局。1965年5月改三级管理体制为二级管理体制，撤销市内各区邮电局，市局直接领导支局。设立太原街、市府大路、大西路、南五马路、中央路、小西路、大西边门、昆山路、北陵大街、北陵街等14个支局，分别领导附近的邮电支局和邮电所。

### 2. “文革”时期管理制度的混乱状态

1968年8月，成立沈阳市邮局革命委员会，下设办事组、生产指挥组、后勤组。市内成立沈河、和平、铁西、皇姑、大东5个区邮电局，将4个郊区邮电局下放给各郊区革命委员会领导。1971年10月14日，沈阳市邮局革命委员会改称沈阳市邮政局。1972年，市内各区邮电局、支局、所，全部恢复“文革”

前的名称。市内邮政局内部机构也作了调整，设办事组、政工组、生产组。在生产组织方面设邮件分拣处、邮件转运处、报刊发行处，处下再设科。1974年市局机关恢复科室建制，撤销各组和生产处，局长直接领导各专业生产科室。1976年1月1日，新民、辽中两县邮电局划归市邮政局领导。

## 三、沈阳邮政的恢复时期（1976—1985）

1979年2月，辽宁省邮电管理局成立沈阳邮电处，新民、辽中、两县邮电局划归该处领导。10月20日，成立沈阳市邮政局服务公司，下设邮件运输装卸、生活服务、基建工程三个队。1980年3月25日，由于集邮活动开展，成立中国邮票公司沈阳分公司，隶属于沈阳邮政局。随着对外开放政策的深入贯彻，自1981年1月1日起，恢复国际联邮科，6月成立沈阳市邮政局职业学校。1982年10月，撤销市内的5个区局，将市内的23个支局改由市局直接领导。1983年1月，成立沈阳市机要通信局，隶属于沈阳市邮政局。2月21日，中国邮票公司沈阳分公司改称沈阳邮票公司，4月恢复和平、铁西、沈河、皇姑、大东5个区邮电局。同时实现市局领导县局的管理体制，将新民、辽中两县邮电局划归市局领导。为适应对外开放对内搞活经济的需要，1984年沈阳市邮政局对生产管理体制实现改革，成立邮件转运局、报刊发行局、邮件分拣局、邮件运输局。为了扩大报刊发行，增加发行渠道；发展沈阳集邮事业，加强广告信息传递，12月成立沈阳市报刊零售批销总公司、沈阳市集邮服务公司和沈阳市鸿雁信息广告服务公司，1985年，沈阳市邮政局共辖5个专业局、5个公司、120个局、所，职工共4418人。

## 四、沈阳邮政的发展时期（1986—2000）

改革开放后，是沈阳邮政事业发展的飞跃时期，通过“七五”“八五”“九五”三个时期的建设，沈阳的邮政事业日渐形成了比较成熟的运营模式，服务质量、业务种类、经济效益等都得到飞跃发展，已经完全具备了独立运营的能力。

### 1. 管理机构的改革与新业务的探索[①]

“七五”期间，市邮政局深化企业内部改革，加强企业经营管理，提高经济效益，1990年末，全局业务收入达5097.5万元，比1985年末提高144个百

① 数据主要来源邹大挺主编：《沈阳市志（1986—2005）》（卷一），长春：吉林科学技术出版社，2008年版，第477-479页。

分点，以年均19.53%的速度增长。其中邮政业务现实收入4406.5万元，电信业务实现收入691.04万元。收入差额达572.66万元；有员工4413人，全员劳动生产率为人均1.15万元。实现邮政设施建设投资1.36亿元，其中基础投资8850万元、技改投资4768万元。全市邮电局所新建、扩建、翻建67处，达169处；建成北站2.16万平方米的邮政枢纽大楼；邮运汽车净增11辆，达105辆，比“七五”初期增长11.7%；新增邮政机械设备25台、微机25台。

1986年，市邮政局增开邮件特快专递业务，先后与34个国家和地区及国内12个城市建立联系，实现国际快递在2—3天到达、国内快递1—2天到达。1986年，全市邮路总长度为8996单程公里。自备火车邮厢25辆，昼夜接发邮运列车63次；汽车邮路51条，邮路总长度1760公里。至1990年，全市共设有汽车邮路35条，邮路总长度1652公里。其中：一级干线汽车邮路7条，单程长度713公里；二级干线邮路5条，单程长度436公里；市内趟车23条，单程长度503公里。①

**2. 邮政设施与邮路的再建设**

“八五”期间，全局深入地开展“质量、品种、效益年”活动，以通信生产为中心，加快发展邮电业务。1991年全局实现业务收入716.3万元，1991至1995年，业务收入实现6.43亿元，年均增长33.12%。1995年实现业务收入达2.13亿元，其中实现邮政业务收入2.06亿元、电信业务收入730万元；收入差额增至2646万元；员工5179人，全员劳动生产率为人均4.11万元。实现邮政设施建设投资1.55亿元，其中基建投资1.01亿元、技改投资5430万元。截至1995年末，全局拥有营业局所225处、邮运车辆323台。

1991年，全市邮路总长度39863单程公里。增加二级干线汽车邮路，开通沈阳—盘锦、沈阳—辽阳等邮路。1995年末，邮路总长度达3.43万公里。1996年，共设有汽车邮路40条，总长3500公里。其中二级干线邮路11条、郊区6条、市内趟车16条、特快专递邮路6条。增加一级汽车邮路，开通沈阳—大连快速干线邮路。至2000年末，自办汽车邮路达55条，单程长度5837公里；农村汽车邮路达15条。

**3. 邮政的独立经营**

“九五”期间，沈阳邮政取得较快发展。从1999年起，邮政与电信实行分开经营，沈阳邮政正式独立运营。2000年初，组建沈阳邮区中心局。原由市

---

① 朱家甄主编：《辽宁经济统计年鉴（1991）》，北京：中国统计出版社，1991年版，第182页。

邮政局承担的东北三省及内蒙古部分地区邮件及报刊集散任务，沈阳、鞍山、抚顺、丹东、本溪、营口、辽阳、铁岭地区进出口邮件集中分拣封发，省内进出口总包邮件的转运、运输任务划归沈阳邮区中心局负责。调整后，市邮政局面向大市场，开拓新领域，发展大邮政。1996—2000年，全局业务收入实现13.12亿元，以年均17.25%的速度增长。2000年，业务收入实现4.72亿元，收支差额达2580万元，全员劳动生产率为人均12.65万元。

## 五、沈阳邮政的腾飞时期（2001—2010）

这一时期沈阳邮政事业发展的主要特征就是其逐步完善的市场化运营模式，以“储蓄所向银行学习，营业厅向通信行业学习”为思路，提升服务质量，拓宽服务领域，提高市场占有率，使其在激烈的市场竞争中立于不败之地，于辉煌中腾飞。

### 1. 实现局所“标准化”

“十五”期间，市邮政局积极参与市场竞争，企业快速发展，综合实力显著增强，全局业务收入实现21.65亿元。以优化环境、规范标准、加快能力建设为重点，坚持高标准、高起点，大力提升全局对外服务档次和技术含量，实现邮政设施建设投资1.8亿元，其中基建投资1.17亿元、技改投资6306万元。以“储蓄所向银行学习，营业厅向通信行业学习”为思路，以室内繁华地区较大局所和郊县城区所为重点，按“先调剂、后配置”的原则，从保障服务和正常运营出发，逐步解决服务环境、服务设施差等问题，推行局所“标准化”。共实现170处“标准化”局所建设，更新营业和投递桌椅3000余套、邮政标识2000块，增设用户意见箱146个，为城区营业局配备邮编查询机，摆放邮品展台近100个，局所形象发生质的变化。重点建设太原街、北站路、青年大街、黄河北大街、建设大路等精品局所，构筑沈阳邮政未来发展的基础框架和空间格局。2005年，业务收入实现4.28亿元，收支差额达7720万元，全员劳动生产率为人均10.37万元。截至2005年底，全市拥有邮政局所251处，市邮政局有邮运车辆358台；市邮政局下设13个机关部室、3个支撑部门，拥有和平、沈河、皇姑、铁西、大东5个城区局，东陵、于洪、苏家屯、沈北、浑南5个郊区局和新民、辽中、康平、法库4个县（市）局，格林大饭店等4个三产业单位。全局在职职工3080人。全系统拥有火车、汽车、航空三大邮路，总长度达5469万公里，形成陆空衔接、四通八达的邮政网络。经办函件、包裹、报刊、物流、特快专递、汇兑、储蓄、集邮、电子信函等10余项主营业务，实现邮件收寄电子化、业务处理自动化、邮件运输机械化、各项管理规范化的发展格局。

**2. 邮政业务的新拓展**

从2001年8月起，沈阳邮政开办国际快递包裹业务，全程采取陆路运输，省会城市之间的全程运递时限压缩到4—6天，切实为社会提供个普通、快递、特快3个层次分明、结构完整的包裹寄递服务。2002—2005年，全局包裹业务收入每年实现3000多万元。

2004年1月1日，在分拣部位使用挂号信函自动登单机，结束沈阳邮政手工粘贴挂号信标签的百年历史，提高邮件处理效率。2005年，抓住沈阳承办2006年世界园艺博览会的机遇，开发“爱我沈阳——情系2006世园会”贺年有奖明信片，为“世园会”筹集建设基金500万元，成为宣传沈阳形象的信息载体。至2005年，全局自办汽车邮路119条，单程长度5148.5公里。其中，地区干线（城郊）邮路15条，单程长度2302公里；速递机动车专网投递线路27条。沈阳邮区中心局每天接发火车32趟、汽车34趟，拥有航空邮路33条、火车邮路4条、一二级干线汽车邮路17条；日均处理总包5.4万袋、平挂信48.4万件、包件1.1万件、出口国内速递邮件5418件，发报刊24972万份。至“十一五”计划结束，全市邮政业务总量6.393亿元，比上年增加19%。全地区共有邮政局所209处、投递网点184处，信筒（箱）1061个，城区局所服务半径0.72公里，车辆293台，邮路总长度5322公里。投递函件（含机要）2419万件、报刊1.0368万份、特快专递457.6万件。市邮政局共设置二级单位、部门33个，其中通信业31个、多种经营企业2个。①

## 第六节 电信

在这个时间就是效率、效率就是金钱的信息时代，电信作为信息传递的一种手段，越来越呈现出其重要性。沈阳作为一个经济中心城市，电信事业的发展将对促进整个社会生活的良性运行与协调发展发挥不可替代的作用。

① 数据主要参照沈阳市人民政府地方志办公室编：《沈阳市志・2006》，沈阳民族出版社，2006年版，第105页；沈阳市人民政府地方志办公室编：《沈阳市志・2011》，沈阳出版社，2011年版，第503页。

## 一、国民经济恢复调整时期的电信业（1948—1957）

到1948年10月，沈阳有线长途报话仅通国民党军盘踞的少数市县，无线电报只通长春、锦州、葫芦岛、承德、天津、北平。沈阳解放后，11月3日，东北邮电管理总局派军代表孙继述和白景文等从哈尔滨来沈阳，负责接管国民党交通部第九区电信管理局，成立沈阳特别市电报电话局，下辖和平、城内、铁西3个分局，实行军事管制。1949年5月辽宁、安东两省邮电管理局合并为沈阳邮电管理局，沈阳特别市电报电话局改为沈阳市电报电话局，归沈阳市邮电管理局领导，8月，又划归东北邮电管理总局领导。为了快速恢复电信系统，沈阳广大电信职工在沈阳市委各部门的领导下，积极抢修设备和线路。

**1. 有线电报设备及电路修复**

先后修复日式十二路载波电报机4部，使沈阳有线电报网迅速得以恢复。1948年末，从沈阳向北即能通至新台子、铁岭、开原、四平、吉林、长春、哈尔滨；向南能通至辽阳、鞍山、大石桥；向东通至抚顺、本溪，安东；向西通至新民等地，共有14条干线、3523公里。到1950年末，已能开通有线电报电路33条（不包括2路）。为保证战后经济建设的需要，共进口了12路载波电报机和电传机，1952年先后引进了苏联、匈牙利等国的3路和12路载波电话终端机，使长话电路达到70路。[①]到1952年末，修复人工机44部，将莫尔斯印码电报机12部改装成波纹符号式收报机。电报营业点由4个增加到9个。办理军政电报、政务电报、寻常电报、书信电报、新闻电报、邮转电报等业务。全年业务总量为1708036份，为1950年的1.4倍。沈阳对北京、天津、哈尔滨、长春、锦州、齐齐哈尔、安东、大连等地开通直达快机电路10条；对上海、承德、满洲里、四平等地开通直达双工音响电路6条；对新民、铁岭、开原、东丰、抚顺和市内铁西分局及气象局等地开通直达单工音响电路11条；对新立屯、梅河口、新宾、通化、营口、海城、鞍山等地开通串联单工音响电路11条；对苏联的海参崴、朝鲜的平壤和满浦开通国际电路3条。1957年，国家邮电部指定沈阳市长途报话局为东北三省的省间中心局，负责对吉林、黑龙江、辽宁三省的业务领导和电路指挥调度。

**2. 无线设备及电路发展**

解放初期接管的无线设备只有发讯机17部、收讯机8部，约有一半设备缺

---

① 沈阳市第三产业普查办公室编：《中国第三产业普查资料:沈阳第三产业》，北京：中国统计出版社，1994年版，第101页。

少零件或失去原有功能。1949年，经过修旧利废，投入使用的设备有发讯机12部（其中1000瓦以上的3部、500瓦6部、400瓦2部、150瓦以下1部）、收讯机10部。1953年，为了适应国民经济建设的通信需要，迅速开通沈阳至北京、天津、上海等地的无线电路。1954年，加强无线通信保密工作，根据对无线电台“少设、严管”的要求，限制无线电报种类。电报均由有线传递，无线逐步转为备用。沈阳仅与北京、天津、上海、呼和浩特保持备用电路。1956年，开始增设国产小型电台设备，发讯机增至57部、收讯机56部。

**3. 长途电话和市内电话设备恢复**

沈阳解放后，迅速抢修接通沈阳至本溪、抚顺、铁岭、长春、哈尔滨间的线路。到12月底已修通沈阳至东北各地的长途电话干线36条，5000多杆程公里。同时，积极抢修市内电话线路，恢复了全部市内线路。1949年，修通沈阳至哈尔滨地下无电荷电缆载波电路、沈阳至大连载波电路等，年底开通长途电路54条，其中架空明线1077对公里，地下电缆384皮长公里。在这些电路中，有省际电路16条、省内电路38条，全年长途电话业务量为27.4万件。1950年，新增防空情报电话业务，并开通沈阳至平壤、海参崴的直达载波国际电路和沈阳至武汉的有线电话。到1952年，沈阳的直达长途电路增加到91条，其中国际电路2条、省际电路25条、省内电路64条；全市设有10处长途电话营业点，国内长途电话业务量为101.68万件，国际长途电话业务量为1072件。[①]1953年6月，在东北人民政府院内（今辽宁省政府），成立北陵电话支局。1957年全市电话交换机总容量已达18500门，电话杆路增至652.6杆程公里，有明线5863.3对公里，电缆426.7皮长公里，用户已达15450户。

在第一个五年计划期间，沈阳是国家投资建设的重点城市之一。国家给沈阳调拨一批从东欧进口的3路、8路、12路载波机及配套设备，使沈阳的长途电话设备能力显著提高。1953年在第一机务站载波室增装1部会议电话汇接机。1956年3月，由中央至东北地区省会局的会议电话试验成功，保证了党政机关指挥国民经济建设的需要。经过广大电信职工的努力，沈阳电信业以基本恢复正常，并成为东北地区的通信枢纽。

---

① 沈阳市第三产业普查办公室编：《中国第三产业普查资料：沈阳第三产业》，北京：中国统计出版社，1994年版，第102页。

## 二、“大跃进”及“文革”时期的电信业（1958—1977）

### 1. 电报业的不断发展

在有线电报方面，1958年，开出电路75条，其中国际电路3条、一级电路12条、二级电路41条、市内电路16条；载波电报机增至16部，其中12路载波机12部。有相片传真机2套、真迹机1部、电传机42部、人工发报机20部、自动发报机29部。1965年，电传机达到146部，全年电报交换量达5084792份。1966年，共有载波电报槽路170条，开出有线电报电路86条，其中国际电路3条、一级电路达19条、二级电路达53条、市内电路调整为11条。1967年，把翻斗式带报机改为继电器控制的带报车。1972年安装上海产“ZB316”型和“ZB319”型8路和16路音频载波电报机31部，载波机总数达到48部，逐步实现载波电报机国产化。1974年，淘汰了人工收发报机，实现收发电报电传化。为适应通信方式的变革，1975年，更新局内全部供电设备，淘汰旧有电源设备，建立可靠的交流电源和稳定的直流电源，电传机增至148部，双机头发报机增至91部。1977年，新装国产“BC111”型和“BC112”型单路真迹电报机各2部，载波机增至46部，全部电路实现载波化。

在无线电报方面，1962年，除保持正常干线会晤外，各市、地局之间，增加了无线战备台会晤制度。1965年，在苏家屯区满融屯建成新发讯台，在东陵区白塔堡建成新收讯台，原有收、发讯台均迁入新址。全局无线设备总数达127部。1966年9月起，废除国际通报英文用语和国际通用电报电码符号，采用汉语拼音通报用语和我国自行规定的电码符号，给对外无线造成障碍。1968年，政局混乱，将小型无线电台设备封存，只留少量设备备用。1976年，粉碎“四人帮”后，无线通信逐渐步入正轨，建立沈阳至北京、沈阳至长春、沈阳至哈尔滨3条省际干线电路和通往大连、丹东、辽中、新民等地的14条省内无线电路。1977年，取消战备台会晤制度。发讯台的设备全部国产化，有无线收、发讯机132部。①

### 2. 电话业全方位发展

从1958年起，沈阳长途电话开始使用国5X载波机及其配套设备。1959年9月，首次安装国产（47式）步进制自动电话交换机2000门，使沈阳市内电话

---

① 沈阳市人民政府地方志编纂办公室编：《沈阳市志》第七卷《交通邮电卷》，沈阳：沈阳出版社，1989年版，第281页。

设备开始向国产化迈进。自1961年至1964年，先后对北陵支局、四分局的设备进行更新，分别安装国产设备500门和4000门，并将北陵支局的用户并入二分局。1965年底，长途电话电路增至215条，比1957年增加1.5倍。在市府路邮局、文化路邮局增设长途电信营业处。长途电话业务新增了特种电话、首长电话、紧急调度电话、新闻电话等，长途电话业务量成倍增长。1966年，国内长途电话业务量达到265.33万张，国际电话464万张，会议电话2540万张。1966年以后，进行了一些战备长途电话建设。1966年10月，在新宾山区建成战备通信枢纽站。1969年12月，用15条长途电路组成省内防空警报电路专网。1971年，建成和沟通2条至北京的山区迂回线路，可开通电路21条。同时开通至北京、吉林、黑龙江和省内各市地盟及重点县6个无线通信网路。

从70年代起，沈阳长途电话开始安装微波设备。1970年安装北京经沈阳至哈尔滨的960路微波收发信机3套，可开微波电路2880条，为沈阳提供较多的微波长途电话电路，而且把中央电视台的节目直接传到沈阳。

## 三、改革开放新时期的电信业（1979—2000）

### 1. 与时俱进的电报业

为适应对内搞活、对外开放的需要，1981年，安装100门人工用户电报交换机，新开国际用户电报业务。1984年12月，实现电报传输交换方式由人工转为电脑控制，公众电报转报在局内停留时间由30分钟缩短到2至3分钟，每小时可处理电报5000余份。1985年末，沈阳共开出有线电报电路105条，有线电报共装有载波机57部，比1949年增长7.1倍。同年，开办通达全国和全世界的公众电报、传真电报、用户电报等业务。1986—1990年，电报通信网实现公众电报、用户电报、低俗数据传输三网合一。

### 2. 在挑战中前进的长途电话业

1981年，正式开通微波长途话路；1983年，开通沈阳至北京、上海、天津、武汉、西安、哈尔滨、阜新等18个城市185条全自动长途电话电路，并在沈阳市内发展长途全自动电话有权用户48个单位，这些用户可随时与上述城市的有权用户直拨通话，使沈阳的长途通信向国际先进水平又迈进一步。1984年，沈阳至哈尔滨的60路地下电缆改造工程竣工，在沈阳、长春、哈尔滨分别安装8套60路载波机，增加载波电路312条，为加强辽、吉、黑三省的横向经济联系，提供了通信方便。

1985年，第六个五年计划结束，全市增加电话用户13387户，达到40672户，形成了以市局为中心，分局、支局为网络，分布较为合理的城乡四通八达的市内电话网。沈阳长途电话已具有明线、电缆、微波等多种传输手段，装有大容量的地缆和明线载波机、960路微波机、编码纵横制长途电话自动交换机等先进设备，人工、半自动、自动3种长途交换设备共用。长途线路网共有明线77条，14666杆程公里；电缆13条，2364皮长公里；长途电话电路2711条，实际使用1917条。长途电路总数比1978年增长4.82倍，国际电话可通往世界各国的主要城市，国内长途电话可通达国内各市地县和多数乡村，国内长途自动电话可通达北京、上海、天津等21个城市。沈阳的长途电话尽管发展很快，但同国民经济的迅速发展，同对外开放、对内搞活的形势要求还很不适应。正在不断地采用新技术、新设备，以达到国际先进通信水平。1986年，沈阳至苏家屯第一个光纤通信系统工程建成，已正式开通电话186路，为沈阳开通使用程控电话创造了条件，使沈阳市内电话开始步入先进的通信技术装备阶段。[①]1999年7月28日，中国移动通信重组，正式组建沈阳移动通信公司，构建的沈阳地区移动通信A、B、G网，其通信能力、技术都达到国内领先水平。

## 四、新世纪电信业的腾飞

原沈阳市电信局于2000年9月12日正式挂牌为中国电信集团公司辽宁省电信公司沈阳市分公司，这是沈阳电信通过机制创新，改革重组为按照现代企业制度运营的电信公司。“十五”期间，沈阳通信业快速发展。

到2001年末，沈阳市移动电话总数已达170.01万台，沈阳地区移动通信网已具有相当规模，与世界90多个国家或地区开通了国际漫游业务。除为客户提供基本通话服务外，还提供移动梦网、GPRS业务、移动办公、主叫号码显示、点对点短信息、移动口电话、全球通1+l亲情卡、移动秘书、移动声讯、WAP手机上网、信息点播、手机银行、手机炒股、传真与数据业务、三方通话、全球呼、CPS车辆定位跟踪系统等多种服务功能，满足客户对移动通信的需求。为解决缴费难问题，在沈阳市中心城区以外的8个区县（市）141个乡镇均设立了代办点，方便农村客户办理业务。开发了网上营业厅、梦网明细查询系统、欠费详单管理系统；在南顺城、沈阳分公司、兴华3个营业厅实现了自动售卡业务。

2001年新设立铁通沈阳分公司，其交换容量达到11.08万线。次年，联通沈

---

① 朱家甄主编：《辽宁经济统计年鉴》（1989），北京：中国统计出版社，1989年版，第219页。

阳分公司开通运营CDMA移动电话网络。2003年，中国网通沈阳市分公司强力退出小灵通业务，全年入网达40万户；移动通信沈阳分公司推出“动感地带”“数码撑死”2个移动梦网的子品牌。到2005年末，全市固定电话交换机总容量为445万门，城乡固定电话用户达362万户；小灵通网络总容量102万线，用户达98万户。“十五”期间，全力打造10060“全业务服务品牌”、营业厅“形象服务品牌”等“五大服务品牌”，使沈阳地区通信质量和服务水平明显提高。①

2007年是网通沈阳公司的“创新发展年”，全年完成主营收入30.41亿元，增长3.95%；实现利润9.73亿元，增长4.71%。沈阳移动作为2008年奥运会唯一通信合作伙伴，完成沈阳奥体中心的移动网络覆盖，为举办赛事提供优良的移动通信服务。同年，沈阳电信业务总量达193.6亿元，移动电话用户512.6万户，国际互联网络登记注册用户107.7万户，同比增长5.1%。②至2010年，实现电信业务总量273.6亿元，固定电话交换机总容量539.4万门。城乡固定电话用户322.6万户，其中住宅电话用户412.6万户，移动电话交换机总容量1272万户，新增191万户；移动电话用户855万户，新增108万户。国际互联网络登记注册用户136万户，增长5.9%，其中宽带接入用户132万户，增长7.3%。固定电话普及率45部/百人，移动电话普及率118.9部/百人。沈阳电信业的发展，极大地方便了人们之间的联系，成为沈阳市民生活中不可或缺的部分。

① 邹大挺主编：《沈阳市志（1986—2005）》（卷一），长春：吉林科学技术出版社，2008年版，第489页。

② 李长斌，夏长山总编：《沈阳统计年鉴》（2008），沈阳：沈阳统计局出版社，2008年版，546页。

# 第八章 城市经济发展

一个城市经济的发展最本质体现在全体人民能够从发展中受益。支撑一个城市经济发展最基本的是工农业，其中农业为根本，工业为主导。沈阳市自1948年解放以来，在市委、市政府的领导下，在全市人民的共同努力下，创造了一个又一个奇迹，使沈阳经济发展在经历了辉煌、低谷、转型的曲折后，朝着一条光明的道路挺进。

## 第一节　国民经济恢复时期（1945—1952）

1948年11月2日，沈阳解放后，沈阳特别市军事管制委员会、中共沈阳特别市工作委员会、沈阳特别市政府先后成立，按照中共中央城市接管工作的方针政策，积极探索，努力实践，在较短的时间里全面完整、成功地完成了接管沈阳的工作，为全国提供了城市接管的经验。

人民政权建立后，主要负责安定社会秩序，废除帝国主义特权，没收官僚资本，创建社会主义国营经济，在农村实行土地改革，同时恢复交通运输，沟通城乡物资交流，制止通货膨胀，稳定市场物价。广大职工以极大的政治热情献纳器材，恢复生产，创造生产新纪录，支援尚在进行的全国解放战争，并为开展大规模经济建设创造条件。1949年10月1日，中华人民共和国成立后，沈阳人民全力争取财政状况根本好转，发展国营经济，调整民族工商业，并围绕恢复生产开展镇压反革命运动和“三反”(即反贪污、反浪费、反官僚主义)、“五反”(反对行贿、反对偷税漏税、反对盗骗国家财产、反对偷工减料、反对盗窃经济情报)斗争。1950年10月以后，沈阳又成为抗美援朝战争的重要后方。之后到1952年底为止，沈阳市人民政府又带领全市人民积极进行社会改造，恢复发展城市经济建设，使沈阳这座满目疮痍的历史名城很快地焕发青春，也为沈阳以后开展大规模的经济建设奠定了良好的基础。到1952年，全市工农业总产值达到16亿元，比1949年增长3倍。其中工业总产值15.1亿元，比1949年增长3.4倍，超过1943年历史最高水平的10%，农业总产值0.9亿元，比1949年增长1.5倍。1950至1952年，三年平均粮豆总产量为11.6亿斤，亩产为153斤，也达到或超过1943年历史最高水平。商业贸易销售额达到1546.9亿元，比1949年增长14.3倍。在生产迅速恢复的同时，基本建设投资总额达2.25亿元，比1949年增长9.5倍，新增固定资产3.8亿元。劳动生产率迅速提高，比1949年增长2.5倍，人民生活得到初步改善，职工工资比1949年增长近2.5倍，农民购买力比

1949年提高近1.4倍。[1]从而为随后的大规模的经济建设创造了条件。

## 一、农业生产

沈阳市位于辽宁省中部辽河、浑河冲积平原，沈阳东部为辽东低山丘陵的延伸部分，西部和中部是辽河、浑河冲积平原，气候温润，地势平坦，土质肥沃，河流交错，交通方便。农村总面积为8285平方公里，占总面积的76.2%，土地利用程度高，具有发展农村经济的良好条件，是国家和省、市的重要商品粮生产基地[2]。

解放前，沈阳农村生产力水平低下，良好的自然优势难以发挥，农业生产处于落后状态。解放后，1949年沈阳市辖有新城子、苏家屯、深井子、马三家子、陈相屯、白塔堡、祝家屯、蒲河、官立堡、旧站、沙岭堡、财落堡等12个郊区，共574个自然村、10余万户、50多万人口。中共沈阳工委根据中共中央东北局1948年11月12日《关于新区土改的指示》精神，于11月22日开会研究市郊农村土改工作。会议分析了当时市郊农村的形势，决定在市郊的深井子区、苏家屯区、马三家子区、新城子区和小郊区开展土地改革。为了加强对农村工作的领导，成立中共沈阳市农村工作委员会，并确定组织土改力量：以原沈铁抚联合县的干部、市工委调来的干部、区工委和乡的干部计262人（县级干部8人、区级干部26人、区以下干部228人）为骨干，依靠贫雇农积极分子，组成几千名干部和积极分子的土改工作队伍。

同年12月15日，市工委召开全市各区工委领导干部会议，部署市郊农村土地改革工作。这次会议遵循“依靠贫农、团结中农，有步骤地、有分别地消灭封建制度，发展农业生产”的土改工作总政策，明确土改方针；打垮封建势力，平分土地，建立以贫雇农为骨干，团结中农与其他反封建的阶层，建设新农村，积极准备明年大生产。会上集中讨论了开展政策教育、调整农村组织、确定地权等问题。会后，各区工委都进行土改试点，在各乡办土改骨干培训班，学习《中国土地法大纲》《怎样分析农村阶级》和土改文件，分析各村土地和阶级状况，研究各村土改工作。

1948年12月中旬，土改工作全面展开。在土改过程中，各级干部和土改工

---

① 李培生，李国鸿主编：《中国共产党沈阳地方组织志》，沈阳：白山出版社，1998年版，第107页。

② 沈阳市人民政府地方志办公室编：《沈阳市志》第八卷，沈阳：沈阳出版社，1998年版，第4页。

作队（组）严格执行团结中农的政策。在划分阶级成分时，认真掌握富裕中农和富农的界限，随时纠正个别地方把富裕中农划为富农的问题。做到对没有土地和土地不足的佃中农和佃富农，都分给或补给和农民同量的土地。

土改工作队（组）坚持以分地为主、分浮财为次的方针。在划定阶级成分时，坚持市委制定的具体政策：对地主，没收土地、牲畜、房屋、农具，对其本人分给和农民同样一份土地；原投资工商业的财产不动，在镇上的油坊、粉房不动；在农村的带有副业性质的油坊、粉房，分给农民合股经营；对大中地主挖底产，禁止打人；对小地主不挖底产；对地方区别恶霸与非恶霸，处理恶霸时要经市工委批准。对富农和农民分同样的一份土地，征收多余部分土地；牲口、房屋、农具，征收其比中农多余的那部分；对一般富农不挖底产，对恶霸富农挖底产；佃富农和新富农均按富裕中农看待，一般不得列入斗争对象；对富农的工商业不动。全市郊区划定的地主和富农7486户，占农村总户数的6.9%，打击面占其阶级户数的8.7%，合乎市工委确定的打击面比例。平分土地，共没收大、中、小地主和征收富农多余土地583271亩、房屋12408间、牲畜4172头、大车2150台、农具7601件。同时，又将逃亡地主的473874万元（旧币）和223740斤粮食分给了贫苦农民。1949年1月底，市郊农村平分土地工作基本结束；对征收小地主和富农财产多余部分，也于同年2月初结束。

为牢固确定农民土地所有权，从根本上解除思想上的顾虑，安定农民的生产信心，在1949年底至1950年1月，市委又抽调干部到市郊农村，给土改后分得土地的农民发了136559张土地执照。

土改后，市郊农村各阶层占有土地的情况是：总耕地面积为2039980亩。其中，雇农占有326397亩，占耕地面积的16%；贫农占有591594亩，占耕地面积的29%；中农占有856791亩，占耕地面积的42%；富农占有101999亩，占耕地面积的5%；地主占有81596亩，占耕地面积的4%；其他社会成分占有81599亩，占耕地面积的4%。这就改变了过去地主富农只占农村总户数的6.6%，而占有农村39%耕地的封建土地制度，使广大无地少地的农民分得了土地和生产资料；更重要的是，比较彻底地消灭了封建土地制度，挖掉广大农民贫困落后的一条重要根子，改变了农村的生产关系，解放了生产力，巩固了工农联盟和人民民主专政，为农业的社会主义改造创造了条件。沈阳农村经过土地改革，消灭封建土地所有制，进行社会主义改造和农田基本建设，促进了农业生产的发展。农业产值和各种农产品产量都有不同程度的增长。1949年完成了土地改革，农民生产积极性增长，粮食播种面积750.5万亩，总产量为44.9万吨，比1949年增产21.8%。

## 二、工业生产

沈阳解放后，沈阳特别市军事管制委员会接收国民党政府和官僚资产阶级资本企业155个为社会主义全民所有制的国营企业。中共沈阳市委、市政府领导工人阶级，在企业内部进行民主改革和生产改革，废除旧企业以压迫剥削工人为目的的管理制度和生产组织，建立工人阶级当家作主的管理制度和生产组织。为迅速恢复和发展生产，发动工人开展复工、献纳器材、创造新纪录等运动。到1949年末，沈阳的经济得到初步恢复。全市（包括辽中、新民两县）已有工业企业16311家（包括国营、私营和个体手工业）职工10.83万人，工业总产值30522万元（按1952年不变价格计算），劳动生产率3304元/人。有国营工业企业164家，工业总产值1.8亿元，职工62699人。国营企业中，中央企业有91个，占55.5%；地方企业73个，占45.5%[①]。在整个工业中，机械工业比重较大，总产值为8110万元（按1952年不变价），占全部工业总产值的26.6%，占重工业产值13220万元的61.3%。轻工业总产值为17302万元，轻、重工业比例为1.3∶1。1950年10月以后，沈阳成为抗美援朝重要的后方，积极开展支援抗美援朝工作，组织生产信号枪、汽车防滑链和修理前线送回来的军用汽车等大量的军需物资。

国家为了迅速恢复和发展沈阳的工业生产，投入巨额建设资金。1950—1952年的3年中，工业部门的基本建设投资总额达14163万元，占全市基本建设投资总额的34.8%，除恢复原有工业外，还在苏联的援助下，开始有重点地建设一些现代新企业。与此同时，还进行大规模的改建、扩建工程，相应地充实许多新设备。3年中新增工业固定资产12876万元，占1952年末全民所有制企业全部固定资产总额的16.7%。新增加的重型机械、矿山洗选设备、锌铜电解及部分轻工业生产能力都有很大增长。并且从1949年起，国营企业开始学习苏联企业的管理经验，制定生产恢复与建设计划，主动克服生产上的盲目性，走向计划性。

中共沈阳市委和市政府加强对私营工业企业的领导，通过在私营企业中进行民主改革、废除封建把头制度、整顿企业队伍、“五反”等一系列工作，加强对私营企业的领导，使私营企业中凡适应经济建设和人民生活需要的部门，都得到很快发展。

---

① 陈立英，陈雪洁：《社会主义改造与沈阳资本主义工业的历史变迁》，沈阳：东北大学出版社，2008年版，第69—71页。

国营工业企业的力量不断增大，并取得主导地位。1949年国营工业从业人数占职工总数的57.2%，产值占全部工业总产值的58.6%，私营工业从业人数和产值分别占16.1%和31%。1952年，国营工业从业人数上升为占总数的68%，产值占总数的74.2%，私营工业的从业人数稍有上升，占总数的17.2%，但产值降到占总数的19.7%[①]。

1952年底，沈阳市顺利完成恢复工业的历史任务，为编制实施第一个五年计划作了必要准备，为有计划的大规模经济建设打下了基础。经济结构是国营经济居主导地位，多种经济成分并存。当年工业生产总值达到8.7亿元，比1949年3.1亿元增长1.8倍。工业企业从1949年的16311个发展到22739个。轻重工业所占比重也发生变化，重工业由1949年的43.3%上升到1952年的53.3%。主要工业产品产量和1949年相比，增长情况是：钢增长40倍，焦炭增长14倍，铜增长2.8倍，铅增长1.4倍，发电量增长27倍，烧碱增长2.3倍，矿山设备增长125倍，泵增长4.4倍，金属切削机床增长3.7倍，交流电动机增长36倍，变压器增长26倍，电线电缆增长4.9倍，平板玻璃增长6倍，棉纱增长21倍，自行车增长1.1倍，日用搪瓷制品增长5.5倍，卷烟增长2.7倍，味精增长6.4倍[②]。

## 第二节　第一个五年计划时期（1953—1957）

在新中国第一个五年计划时期，国家经济建设的重点是优先发展重工业。在此期间，沈阳不仅在重工业方面取得了辉煌的成就，在农业、城市基础建设、商贸和交通建设方面也得到了快速的发展。工业上："一五"期间，沈阳市重工业总产值增长了2.1倍，沈阳市工业总产值增长了1.3倍，同时对外地进行大量的工业输出。这个时期是工厂品种发展、产量增加、质量提高、物耗减少、利润增长全面发展的五年。除了党和政府路线、方针、政策的正确指引和部、局的正确领导等因素外，工厂内部党委核心领导，行政指挥有力，干群同心同德，形成了巨大的凝聚力也是一个重要原因。同时，苏联及其他社会主义

① 陈立英，陈雪洁：《社会主义改造与沈阳资本主义工业的历史变迁》，沈阳：东北大学出版社，2008年版，第70-76页。

② 陈立英，陈雪洁：《社会主义改造与沈阳资本主义工业的历史变迁》，沈阳：东北大学出版社，2008年版，第166-171页。

国家为工厂提供专家，以及先进的技术装备、技术资料、技术指导也起到一定的作用。农业上：在农业合作化运动推动下，生产力得到解放，农民的生产积极性空前高涨，兴修水利，推广新式农具，改进耕作方法，发展农业科技，进行种子改良，扩大高产作物种植面积，农业生产快速发展，农业总产值平均每年增长6.4%。城市基础建设上：对城市布局、公共建筑和居民住宅、道路桥梁、煤气供应、供水、公共交通、园林绿化、排水和环境的改造与建设，使城市的性质和面貌都起了根本的变化。商业上：建立国营商业设施以及对百货业的社会主义改造，最终实现了对商业进行社会主义改造。交通建设上：沈阳市的铁路线路、有轨公交线路和航空线路迅速增加，得到了前所未有的发展，为社会主义经济建设提供了必要的保障。

## 一、农业生产

1953至1957年第一个五年计划时期，在农业合作化运动推动下，生产力得到解放，农民的生产积极性空前高涨，兴修水利，推广新式农具，改进耕作方法，扩大高产作物种植面积，农业生产快速发展。农业总产值平均每年增长6.4%。1953年农业总产值为15249万元，1954年为18333万元，1955年为21925万元，1956年达到25445万元，比1949年提高近一倍。粮食总产量5年共317.7万吨，平均每年63.5万吨，平均亩产85.1公斤，比1952年分别增长16%和19.8%。其中1956年获得解放以来最好收成，总产量达86.7万吨，农业总产值1.3亿元（现价），为1952年的113%，比1956年下降23%。唯蔬菜仍保持增产，产量达41561万公斤，比丰收的1956年增产5.5%，比1953年增长28.7%。农林牧副渔五业构成，1957年以前主要是农业生产，畜牧业和副业比重较小，渔业及林业比重更小。“一五”时期，在大力发展粮食和蔬菜生产的同时，大力抓五业建设，使农、林、牧、副、渔比重趋于协调。1957年，生猪存栏数达到47.1万头，比1949年增长127.5%。大牲畜16.4万头，增长15.5%。林业造林面积平均每年增加3.4万亩，水果产量年均18.2万公斤，水产总产量年均1014吨[①]。

## 二、工业生产

1953年中共沈阳市委和市政府有计划地对私营工业企业和个体手工业进行社会主义改造，1956年完成公私合营1988户，而后按照行业与生产的需要，将

---

① 沈阳市人民政府地方志办公室编：《沈阳市志》第八卷，沈阳：沈阳出版社，1998年版，第241页。

其划归139个主体厂。合营后工业总产值比1955年完成合营前增长59%，劳动生产率提高26%，生产品种有所增加。工业、手工业合作社改组改造后，增加新产品1221种，其中有许多是从前中国不能生产的，成为国营工业的重要补充。

1953—1957年，是国民经济发展的第一个五年计划时期。为了充分利用沈阳原有的工业基础，国家在沈阳进行大规模的以机电工业为中心的基本建设。沈阳市是国家重点建设地区之一，进行以机电工业为主的大规模的基本建设，改建、扩建和新建许多现代骨干企业，并对原有的工业企业进行一系列技术改造。这一时期，国家拨给沈阳的基本建设投资共达16.1亿元，其中用于工业投资为11.1亿元，占全市基本建设投资的68.9%，而工业投资中用于机械工业投资为8.5亿元，占全部工业投资的76.6%。5年内，建设项目近1500个，平均每年施工的建设项目近300个。共建成重点项目50多个，其中包括26个限额以上的项目和苏联帮助建设的第一机床厂、电缆厂、风动工具厂等156项国家重点工程中的6项。建立飞机制造、新型机床制造、风动工具、电线电缆、通风机械、重型矿山设备、大型变压器、高低压开关、转炉炼钢、建筑卫生陶瓷、化学农药、肉类联合加工和抗菌等许多新工业部门和现代骨干企业。

在5年中，沈阳工业基本建设共形成固定资产10.2亿元，其中属于改建和扩建性质的占53.5%，从而使沈阳的固定资产净值率和生产能力大大提高。1949年全市每27台机器中只有1台新的，1957年末，每2台机器中就有1台新的。金属切削机床中，新机床已占81.5%。这些新增加的固定资产投产后，大大促进了沈阳工业生产的发展。当时沈阳的工业企业，经过改建扩建投产后增加的产值占全部产值的37.1%。

“一五”时期，沈阳基本建设，特别是重工业项目的建设，速度快、效果好，建设规模比较大，建设周期短。5年中全市基本建设投资占全国总投资的2.9%，占全省总投资的24.6%，其中工业投资占全国工业投资总额的4.4%，占辽宁省工业投资的21.2%。这个时期的基本建设，绝大部分是国家预算内投资，预算外项目很少，而且预算内项目大部分集中在重点项目上，占总投资额的73.3%。全民所有制工业企业利润总额13.2亿元，相当于全市基本建设投资的82%，等于工业投资的1.19倍。固定资产交付使用率为92.9%。工业生产水平有所提高。“一五”计划期间，沈阳工业生产发展很快，工业总产值提前1年4个月达到“一五”计划规定的1957年的水平。1957年工业总产值达23.9亿元，比1952年增长1.7倍，在全国大城市中居第三位，占全国工业总产值的3%。

“一五”期间沈阳投资重点是重工业，从而使重工业得到率先发展，5

年中产值增长2.5倍，年平均增长28.4%，由1952年占工业总产值的53.3%，提高到1957年的68%。主要工业产品产量大幅度提高。到1957年，在全国同类产品中：矿山设备占28.4%，水泵占31.4%，金属切削机床占24%，变压器占67.9%，化学农药占26.2%，平板玻璃占23.4%。一些主要工业原料大幅度增长，钢增长77.3%，钢材增长9.3倍，焦炭增长1.1倍，铜增长1倍，铅增长4.8倍，锌增长3.3倍，铜材增长1.9倍，为支援国家经济建设做出很大贡献①。

经过5年的建设和改造，工业技术水平提高很快，产品加工深度不断提高，自行设计能力不断增强。机械工业产品在恢复时期仅能生产178种产品。1957年已增加到441种，并由恢复时期以修配为主转向生产冶金设备、矿山设备、起重运输设备和精密机床等产品。电器工业已能生产大型变压器和高频电缆等产品。5年中沈阳市工业企业共试制成功新产品1083种。在这些新产品中，自行设计的占34.4%，靠外单位供图或实物测绘的占37.9%，依靠国外资料的占27.7%。在新产品中，有些已接近或达到当时国际先进水平。沈阳已成为中国重工业基地。

在新产品不断涌现的同时，产品产量、质量不断提高，成本下降。80种主要产品的产量，1957年与1952年相比，提高10倍以上的有12种，提高5—10倍的有10余种，提高1—5倍的有29种。5年中共生产矿山设备3.1万吨、泵5.1万台、风机4.3万台、气体压缩机5800台、金属切削机床1.9万台、变压器797万千伏安、电线电缆5.1万吨。产值增长1.7倍，年平均增长22.3%，整个工业劳动生产率由1952年的4137元/人，提高到1957年的6762元/人，提高63.5%。全民所有制工业企业5年共创利润13.2亿元，工业产品不仅支援全国各地的经济建设，而且还远销亚洲、欧洲、非洲等50多个国家和地区，包括英、法等发达的资本主义国家。在大力发展重工业的同时，轻工业也得到相应的发展，产值增长87.4%，年平均增长13.4%。“一五”时期，是沈阳市工业生产发展的黄金时代，生产力得到了全面迅速的发展，还新建、扩建了一批骨干企业。这些企业促进了当时生产、技术的发展，也为以后沈阳工业生产、技术发展和支援全国各地建设打下了坚实的基础。

---

① 沈阳市人民政府地方志办公室编：《沈阳市志 3 工业综述 机械工业》，沈阳：沈阳出版社，2000年版，第25-29页。

## 第三节 第二个五年计划时期（1958—1962）

解放后的10年间，沈阳人民和全国人民一道在党中央和毛泽东的领导下在各条战线上进行了伟大的社会主义革命和社会主义建设的斗争。10年来，这个斗争由于党的正确领导和全国人民的支持已经取得了辉煌的胜利，这表现在生产关系上已由多种经济成分基本上变成了单一的社会主义经济，国营经济占据压倒一切的地位，私人资本主义企业完全实现了合营，个体农民经济全部实现了合作化，1958年又实现了人民公社化，所有的经济活动完全纳入计划轨道。原来只有一些殖民地性质的修配工业的城市已变成一个能够独立制造大批成套设备的以机械工业为中心的工业极度，担负着供应全国各地的机器设备的重任。随着工业生产、建设的迅速发展，沈阳的交通运输、商业、财政金融、郊区农业都有很大的发展。由于经济上的巨大变革，沈阳迅速地从根本上改变了原有的旧面貌，成为一个崭新的社会主义的工业大城市。10年来，沈阳在经济战线上所获得的这些光辉成就对沈阳人民来说是一个伟大的开端，为以后取得更大的发展打下了坚固的基础。

### 一、农业生产

1958至1962年第二个五年计划时期，全市农村实现高级合作化不久，即实现了人民公社化。1958年沈阳市农村形成了轰轰烈烈的大兴农田基本建设，大兴水利，大兴机械化、电气化的群众运动，使农业生产条件有了进一步改善。当年建成中小型水库530座，水田和水浇地比1957年增加1.37倍，农业生产获得大丰收，粮食总产量达到73.14万吨，比1957年增长50.4%，亩产达到126.5公斤，比1957年增长52.4%。但1959年后，由于1958年以来"左"的错误和自然灾害的影响，农业生产开始倒退，粮食生产大幅度下降。1959年粮食总产量比1958年减产33.9万吨，下降38.9%；1960年自然灾害严重，粮食生产跌入谷底，总产量只有23.7万吨，比1949年还低47.2%，亩产下降到38.5公斤，比1949年亩产低37%。由于国家的投入、政府的支持，这期间农业机械化发展较快，初步改变了过去完全依靠手工劳动的状态。1960年，全市已有大中型拖拉机512混合台，比1958年增长了1.98倍，排灌动力机械3087台，汽车100多辆，各种半机械化农具10万余部。机耕地面积达96.8万亩，占耕地总面积的14.1%，比1958年增加了71万亩，增长2.75倍。

为了克服国民经济的严重困难，中共中央决定调整农村生产关系，加强农业战线。1961年7月召开的沈阳市第四届人民代表大会第一次会议确定：农村人民公社实行以生产队为基本核算单位的三级所有的经济政策，实行按劳分配的原则。强调必须克服平均主义，允许社员经营少量的自留地和小规模的家庭副业，要求切实贯彻执行包产、包工、包成本和超产奖励的“三包一奖”和评工计分等制度，把土地、劳力、耕畜、农具真正固定给生产队使用，并恢复了农村供销合作社和集市贸易。坚决纠正浮夸风导致的高征购，减少粮食征购量，使农民得以休养生息。

## 二、工业生产

1958—1965年，是国家第二个五年计划与国民经济调整时期。1958—1960年3年“大跃进”时期，沈阳市工业基本建设投资为9.1亿元，等于“一五”时期生产性投资总和的79.5%，全部和部分交付使用的建设项目为803个，比“一五”时期增加1.74倍。其中，已竣工并投入生产的大型工业建设项目有16个，中小型工业建设项目有332个，非工业建设项目有455个。

1960年末，沈阳市共有各种规模的工厂1703个。其中全民所有制工业企业617个，比1957年增加177个。工业职工总数109万人，比1957年增加43.8万人。其中全民所有制企业职工增加28.2万人。3年内，沈阳市新增工业产品生产能力有：原煤246.1万吨，生铁3.3万吨，钢20.8万吨，轧钢30.5万吨，铜冶炼3.3万吨，锌冶炼3.4万吨，机床2918台，冶金矿山设备3.5万吨，变压器924.8万千伏安，农具制造1800台，滚珠轴承28.3万套，水泥6万吨，农药150吨，青霉素2000万支，合成纤维520吨。

1960年全市工业总产值达63.7亿元，比1957年增加1.7倍。1960年，沈阳市工业总产值占辽宁省的32.2%，占全国的5.1%。在全国主要工业城市中，仅次于上海、天津和北京，居第四位。净产值则仅次于上海和天津，居全国第三位。3年中，沈阳市的主要工业产品的产量也有很大增长。在近80种主要产品中，1960年和1957年相比，增长10倍以上的有冶金设备、发电设备、电动机等6种，增长5—10倍的有焦炭，增长2—5倍的有矿山设备、变压器、卫生陶瓷等24种，增长1—2倍的有机床、起重运输设备、电线电缆等34种，汽车、拖拉机、塑料、水泥等7种产品在1957年尚不能生产①。

---

① 沈阳市人民政府地方志办公室编：《沈阳市志 3 工业综述 机械工业》，沈阳：沈阳出版社，2000年版，第29—33页。

沈阳是国家工业建设重点地区之一，在全国各地的大力支援下，迅速形成工业基地。沈阳生产着相当数量的国家工业化所必需的通用性技术装备。

从1958年起，沈阳市和全国一样，由于知道思想上急于求成，使得以高标准、瞎指挥、浮夸风和“共产风”为主要标志的“左”倾错误严重泛滥起来，并延续3年之久，使工业发展受到很大影响。

在高指标的压力和促使之下，出现拼设备、拼体力，片面追求产值，不顾品种质量，以及浮夸、虚报等不良风气。沈阳市1958年的工业生产总值比1957年增长70.1%。1959年又提出工业总产值要比1958年增长49.9%的高指标，实际增长28.2%。1980年，又提出工业总产值要比1959年实际完成增长32.9%，实际增长22.4%。

在“以钢为纲”的口号下，为钢铁工业服务的冶金、矿山、洗选、炼焦、发电、动力等设备有了大幅度增长。同期，轻工业、纺织、化工及农机产品明显减少，供不应求。其中农业机械，由于制造能力小，急需的各种农业机械有很多不能生产，满足不了农业生产的需要，特别是配件和机引农具不能保证供应，使已有的拖拉机不能很好发挥作用。

在以机械工业支援“钢铁元帅升帐”的同时，沈阳市也迅速掀起全民办钢铁的高潮。1958年6月，全市开展群众性的挖潜运动。全市共挖出钢铁2982吨，生产钢锭和铸钢件15万吨，还有生铁2982吨。

为了保证钢铁产量的实现，除供机械铸件所需的生铁外，不得不把全部生铁拨给钢厂炼钢。1958年后，轻工业生产铁锅、鞋钉所需要的生铁不再列入分配计划。生产缝纫机也只分配钢材，不分配生铁，无法生产机架，使产品不能配套，无法实现计划。由于缺少材料，甚至造成市民日常生活所需的铁锅、菜刀、发卡、剪子、锁头等供不应求。

由于“大跃进”运动造成沈阳工业经济结构不合理，轻工业与重工业比例失调，轻工业落后于重工业。以产值比较，轻工业在工业总产值中的比重由1957年的32%下降到1960年的27%，而基建投资也由1957年占投资总额的4%下降到1960年的2.6%。重工业和轻工业的投资比例，1957年是14：1，1960年是20：1。3年中，重工业基本建设投资总额为轻工业的12.1倍。轻工业技术落后、设备陈旧、经济效益低的问题十分突出，使轻工业发展速度非常缓慢。

重工业内部比例失调。重工业的规模和速度超过国民经济可能提供的物力和财力，不但挤了农业和轻工业，而且妨碍自身的发展，重工业部门之间的比例关系也很不协调。以原材料工业和加工工业为例，1960年加工工业产值占全市工业总产值的比重为85%，原材料工业为15%，其中采掘工业产值仅占全市工业总产值的0.4%，占原材料工业的2.8%。同时，各重工业部门内部的比例关系也严重失调。其中加工工业，主机与配套产品供不应求。主机生产指标过高，配套产品供不应求。相当一部分企业因没有原材料和不能配套而停产或半停产。

基本建设超过经济的承受能力。“以钢为纲”，要求机械工业为冶金工业提供的设备成倍增长，机械工业靠老厂挖潜不可能完成高指标，发布大量投资，因而造成工业基本建设投资猛增至3.5亿元，比上年增长73.9%，后几年仍不顾财力、物力的可能，继续拉长战线。1959年增至4.1亿元，1960年又高达4.4亿元。3年中，基本建设总投资12.1亿元，平均每年4亿多元，比“一五”时期增长25.2%，为1957年的2倍①。生产性投资比重过大。

由于非生产性投资比重大幅度下降，直接影响生产。因供水不足，不少工厂用水直接中断，甚至锅炉用水也时有中断，不得不用水泵抽自来水。电的供应也很紧张，据化工局所属18个企业1960年11月中旬的统计，正常生产用电仅供应38%。

比例关系严重失调，给国民经济带来极大危害。阻碍社会再生产的进行，突出地表现在国民经济的大起大落和许多基本建设项目被迫下马。工业总产值1958年、1959年和1960年每年递增69.9%、28.2%和22.4%，1961年和1962年分别比1960年下降66.9%和66.7%。跨年工程逐年增多，1958年为70万平方米，1959年为121万平方米，1960年达到171万平方米，比第一个五年计划时期竣工率平均下降30%。

为了克服国民经济的重大困难，清除比例失调造成的后果，中共中央决定自1961年起对国民经济实行“调整、巩固、充实、提高”的方针，大力缩短基本建设战线，压缩重工业生产。全市基本建设投资总额，1960年为4.43亿元，1961年压缩到1.27亿元，降低71.2%，1962年进一步压缩到7443万元，又降低4.6%。对于重工业生产，坚决贯彻“压缩重工业，加强轻工业，拉长为农业生产服务的战线”的调整方针，除了化学工业中的合成洗涤剂、化肥工业以及农业机械、煤炭工业等薄弱环节得到进一步加强外，冶金、机械等工业部门的生产都有计划地降低了发展速度。1962年同1960年相比，重工业产值下降71.4%，它在工业总产值中的比重由73%下降为62.7%。

---

① 沈阳市人民政府地方志办公室编：《沈阳市志 3 工业综述 机械工业》，沈阳：沈阳出版社，2000年版，第35-40页。

对工业企业实行关、停、并、转，精简职工，减少城市人口。对那些没有原料、材料资源的企业，那些物资消耗过多、产品质量低劣、成本很高、长期亏本，在短期内又不能改变局面的企业，区别不同情况，或者关闭，或者暂时停止生产，或者与别的企业合并，或者转产别的产品。全民所有制工业企业由1960年的617个减少为1962年的436个，减少29.3%，基本改变工业生产战线过长的状况。其中仅1962年关、停、并、转的企业就有365个，为1960年末关、停、并、转的企业总数的20.8%。为与企业调整相适应，从1961年起，又大力精简职工。精简下来的职工，绝大多数回到农村参加农业生产。到1963年9月，精简任务基本完成。全民所有制职工比1960年末净减少29.3万人，城镇人口净减少46.1万人。

落实政策，整顿企业。在国营工业中贯彻《国营工业企业工作条例（草案）》，在手工业行业中贯彻《中共中央关于城乡手工业若干政策问题的规定（试行草案）》。对过去不适当地改变为全民所有制的手工业社、组，供销合作社，修理服务业等，根据有利生产、方便生活的原则，在取得从业人员同意后，有计划有步骤地又恢复为集体所有制的社、组或个人经营。对企业内部大力进行整顿。通过广泛深入地开展以提高质量、增加品种、降低成本、减少损耗、提高质量、增加品种、降低成本、减少损耗、提高劳动生产率为主要内容的增产节约运动，以整顿原燃材料为中心，针对在反浪费中揭发出来的问题，系统地进行整顿，健全管理制度，建立正常的工作秩序。

## 第四节　三年调整时期（1963—1965）

第二个五年计划期间，由于经济建设方针的错误偏向、自然灾害以及苏联的背信弃义，使得沈阳进入了严重的困难时期。1961年初，中共中央和国务院提出“调整、巩固、充实、提高”的方针。为贯彻执行这一方针政策，根据省、市委的指示，市计委在这个时期集中力量抓国民经济调整工作。沈阳市关、停、并、转了一批企业，精简职工和压缩城市人口，收缩重工业，加强轻工业，拉长农业战线，有计划、有步骤地调整国民经济各部门之间、各行业之间、企业内部的比例关系。此外，沈阳企业贯彻《工业七十条》并开展技术革新、技术革命运动，从而提高了管理水平。不仅开创了新工艺、新技术，而且生产出一批新产品，其中有些产品达到了当时世界先进水平，有些产品大量出口。1961—1965年，国家大力组织农业建设，沈阳市响应国家号召，政府加强领导，全市各行各业积极支援农业，广大农民群众也本着“自力更生，艰苦奋斗”的精神，学大寨，发展农业；这一时期科教文卫事业也取得了阶段性的成就，经济发展，科技进步，人民生活水平有了一定的提高，新建和改造了一批科普单位，清理了一批文物，新建了一批农业学校，涌现了一批打破世界纪录的优秀运动员，百姓的精神文明生活更加丰富了；此外，这一时期沈阳城市建设稳步推进，党和政府加大城市建设的资金投入，本着“先维修、后建设，先重点、后一般，由内向外，分片分段”的原则，以路桥建设和加强环卫为重点，结合城市总体规划和环境保护进行了一系列的调整，使得城市建设逐步走向健康的轨道。

## 一、农业生产

1963至1965年的三年调整时期，全市调整了人民公社基本核算单位，全面落实了“三级所有，队为基础”的管理体制，积极清理退赔公社化初期无偿平调的社队及个人的财产，各级政府继续增加对农业的投资，兴修农田水利工程，在人力、物力和财力上加强对农业的支援，充实农业第一线的劳动力。到1962年，农村人口比1960年增加了6.8万人，种植业劳动力增加了12.4万人，增长49.4%；尽可能地增加农村社队所需要的贷款和物资。仅1963年1—9月，沈阳市用于农业和支援农业的国家投资即达1200多万元，工业支援农业的生产资料总值达1亿多元，直接为农业服务的农机专业工厂，也由1960年的15个增加到39个，使农业生产出现恢复与发展的局面。农业生产连续3年获得较好的收成。1963年粮食总产量达到54.6万吨，1965年达到73.5万吨。与1957年比较，1963—1965年，粮食产量分别增长了12.2%、6.4%和29.6%。蔬菜产量也明显增长。1965年比1957年增长82.7%，比1963年增长10.5%。以养猪为中心的多种经营也有很大发展。1965年末生猪存栏数已达43.2万头，比1964年增长76.3%；鲜奶上市量比上年增加30%；蛋禽也有较大增加；栽植果树34万棵，比上年增加1.3倍，水果产量比1957年增长1.5倍。农田水利基本建设和机械化水平也有进一步提高。1964年新建和维修了沈抚灌区、八一灌区等配套工程，郊区拥有电井1270眼，农田灌溉面积占全部耕地面积的20%。农业机械化也有新的发展。1965年有大中型拖拉机638混合台，比1958年增长1倍；机耕地面积比重为28.9%，比1958年增长25.4%。全郊区已有73%的生产队建成了用电网，在水稻脱粒、粮米加工和生活照明等方面，实现了电气化。化肥、农药施用量也有所增加。

### 二、工业生产

沈阳市从1961年贯彻调整方针以后，到1963年已基本克服严重困难，1965年国民经济开始全面好转。严重失调的经济比例关系已基本协调。轻工业所占的比重为31.7%，重工业所占的比重为68.3%，基本恢复到1957年水平。工业生产水平稳步上升。1963—1965年，工业总产值平均每年增长21.7%，超过“一五”期间工业总产值的增长速度。其中，重工业平均每年增长25.24%，轻工业平均每年增长15.5%，呈现出持续稳定增长的势头。

钢产量从1963年的60404吨上升到1965年的130235吨。主要工业产品原煤、棉纱、日用机械、机械设备等也都有较大幅度增长。以1965年与1963年比较，原煤增长17.5%，棉纱增长2.5倍，棉布增长65.4%，缝纫机增长84.3%，自行车增长84.7%，矿山设备增长1.3倍，泵增长65.1%，金属切削机床增长60.4%，交流电动机增长36.8%，变压器增长96.2%，电线电缆增长52.7%。产品产量和技术水平也有较大提高。许多过去不能制造的大型、精密机械产品，已从无到有、从少到多地发展起来。

## 第五节 “文化大革命”时期

1966年5月4日至26日召开的中共中央政治局扩大会议，于5月16日通过了旨在全国发动“文化大革命”的《中国共产党中央委员会通知》（即《五一六通知》）。5月18日，中共沈阳市委向全市各级党组织发出《关于在全市开展社会主义文化大革命的紧急通知》，并组成了文化大革命领导小组及其办公室。8月8日，中共八届十一中全会通过了《中共中央关于无产阶级文化大革命的决定》（即《十六条》）。8月19日，辽宁省暨沈阳市在中山广场召开庆祝无产阶级文化大革命群众大会，沈阳地区的“文化大革命”运动全面爆发。在上海“一月革命”风暴的影响下，沈阳先后成立了“革命串联总部”等18个造反派组织，各派组织在夺取各级党政组织领导权的狂潮中，相互斗争，以致酿成残酷的武斗。沈阳市的经济与社会事业遭到严重破坏。

### 一、农业生产

1966至1975年第三和第四个五年计划时期，正值“文化大革命”期间。沈阳人民在十分困难的情况下，与林彪、江青反革命集团进行了多方面的斗争。历经艰难挫折，没有中断生产建设，使经济的破坏程度受到一定限制，沈阳经济仍取得一定进展。

"文革"期间，农业大搞单一经营，提高粮食征购比重，堵塞城乡流通渠道，给农业生产带来了严重损害，也给工业生产和城乡人民带来了很大困难。农业生产片面追求"以粮为纲"，搞乱了农业内部的比例关系。在农林牧副渔"五业"中，片面抓农业，在农业12项生产中，孤立地抓粮食，在粮食生产中，抓玉米、高粱等"高产"作物，而小麦、谷子、薯类和杂粮都被视为"低产"和"杂要"几乎被砍光。致使市郊林牧副渔业发展迟缓，破坏了郊区副食品基地的建设。城镇居民长期每月只供应3两食用油，鱼、肉、蛋、粉、豆制品等副食品长期凭票供应，主食中大部分是玉米面。由于小杂粮生产大幅度下降，影响了生产和人民生活，小米不仅城市居民得不到供应，就连按规定供应产妇的小米也不能兑现。小豆、绿豆、杂豆的产量，1958年为4500万公斤，按全市人口计算每人10多公斤，1976年产量总共100万公斤左右，全市平均每人只有几两。由于农业生产中片面抓粮食，蔬菜生产也受到影响。1975年和1972年相比，一些主要蔬菜品种，如青椒、柿子、茄子、土豆、大葱等都分别减少10%—50%，致使市内蔬菜供应紧张。由于片面追求以粮为纲，使许多以果树、副业、渔业为主业的农村社队被迫改种粮食。

"三五""四五"时期，农业总产量和产值均有所提高，农业总产值1975年比1965年增长97.4%，其中"三五"时期平均每年增长5.9%，"四五"时期平均每年增长8.2%。主要农作物产量也有较大幅度提高，粮食和大豆产量1975年达142万吨，比1965年提高83.8%，蔬菜产量101万吨，比1965年提高33%。"三五"初期，沈阳市制定了郊区农业"四化"（电气化、水利化、机械化、化肥化）发展规划，这些规划虽因"文化大革命"影响而推迟，但农业现代化水平有了较大提高，机械化程度普及较快。1966年，沈阳市有大中型拖拉机642台，1975年发展到2656台，增长了4.1倍，做到了队队有拖拉机。沈阳农村使用手扶拖拉机是从1965年开始的，到1975年已发展到4173台，机引农具、排灌动力机械、水泵、机动脱粒机、农产品加工机械等农业机械都有了不同程度的增加。1975年机耕地面积扩大到440.4万亩，占耕地面积的比重由1965年的28.9%提高到69.5%，农村水利化、电力化的程度不断提高，农田水利建设以治涝为重点，修建了大量中小型水库、灌渠、排水站、灌溉站、机电井等，使总灌溉面积达到100多万亩。

## 二、工业生产

“文化大革命”期间，由于林彪、江青反革命集团用阶级斗争否定生产，违背客观经济规律，使工业生产遭到严重破坏。工业发展速度由“文化大革命”前17年的年均14.2%，降到“文化大革命”期间的7.7%。许多企业的正常生产秩序被打乱，国家计划遭到冲击。

经济效益严重下降。“文化大革命”期间搞生产被说成“唯生产力论”，工业生产速度下降。按国民经济一般增长速度10%计算（恢复时期为66.6%，“一五”时期为22.3%，“二五”时期为-2.4%，三年调整时期为21.7%），1966—1976年10年损失产值60亿元以上。

全民工业企业的利润总额1966年为7.6亿元，1968年下降到2亿元，减少5.6亿元。1973—1976年利润总额又逐年下降，全市全民所有制工业企业1976年比1973年固定资产增加7.3亿元，流动资金增加1.9亿元，职工人数增加2.9万人，工业总产值增加6.7亿元，然而为国家提供的利润反而减少30.7亿元。1973年沈阳市有亏损企业27户，1976年增加到45户。全员劳动生产率10年时间仅由12378元/人，增加到14687元/人，提高幅度很小。

由于生产遭到破坏，管理和技术人员遭到批判和迫害，影响了技术改造和新技术、新工艺、新材料的推广和使用。沈阳重点机电企业试制成功的新产品，“一五”时期为1083种，“二五”时期为1852种，“文化大革命”时期降为640余种。不仅新产品品种减少，而且这期间由于片面追求产值，许多产值低、利润少但国家和人民生活迫切需要的产品却停产了，造成社会效益的严重下降。

沈阳人民在政治动乱期间，没有完全中断生产建设，使国民经济在遭到严重损失和破坏的情况下，仍取得一定进展。1966—1976年10年间工业总产值增长86.5%。其中，“三五”时期工业总产值平均每年增长10.1%，“四五”时期平均每年增长5.7%。还搞一些重点项目，建成一些新的工业门类。“三五”时期新建大型电机制造、电视机制造等工业门类。“四五”时期新建电子计算机制造、数控机床制造、手表制造等工业门类。尤其是电子工业。1970年成立电子工业局以后，使沈阳电子工业从元器件到整机制造有了较大发展，为实现沈阳市电子产品小型化、晶体化、固体化、数字化、标准化、品种发展系列化，组织科研攻关和生产试制工作，取得一定成果。同时化工、拖拉机制造等行业也都有较快的发展。

在新产品开发方面，1966年、1967年和1970年3年试制成功产品3320种，

“四五”时期试制成功的新产品有4193种，其中许多产品填补了中国工业生产的空白，为全国工业发展起到积极推动作用。在开发新产品过程中，沈阳市自行设计能力亦有较快提高，仅重点机电工业新产品的自行设计能力，“三五”和“四五”期间就分别达到95.2%和96.7%。

粉碎江青反革命集团后，沈阳市的广大干部和群众以极大的政治热情和生产积极性投入到社会主义现代化建设中，使国民经济停滞、倒退的局面迅速扭转。

## 第六节 改革开放以来（1978—2010）

“文化大革命”结束后，特别是党的十一届三中全会以后，沈阳的经济工作遵循着党中央制定的路线、方针、政策，正在一条全新的道路上向前发展，虽然道路很曲折，过程很艰难，但沈阳人民秉着艰苦奋斗的精神，使得经济建设取得巨大成就，城乡人民生活有了很大提高。

### 一、农业生产

1976年粉碎江青反革命集团后，进入社会主义建设新时期。沈阳农村广大干部和农民以极大的政治热情和生产积极性投入到了农业生产中，使农业得到较快发展。1978年12月召开中共十一届三中全会后，适时提出对国民经济实行“调整、改革、整顿、提高”的方针。沈阳市自1979年起，积极推进国民经济调整工作，从人力、物力、财力上加强农业，大幅度地提高农副产品的价格，调动了农民的生产积极性，战胜了自然灾害，获得了较好的收成。1980年粮食总产量达到157.8万吨，比1975年增加15.8万吨；农业总产值达7亿元，比1975年增加1.7亿元。在对农业的调整中，认真贯彻大城市郊区以蔬菜和副食品为主，决不放松粮食生产的方针，积极开展多种经营，合理调整农业结构和作物布局，实行了“包、专、联”等各种形式的生产责任制。下放并扩大了自留地、饲料地，恢复了家庭副业和集市贸易，下放了荒山、荒地和养殖水面，农林牧副渔和乡村企业得到迅速发展。

1981至1985年的第六个五年计划时期，继续贯彻“调整、改革、整顿、提高”的方针，沈阳市农村经济体制改革取得巨大成效，加快了农村经济向商品化、专业化、现代化发展的进程，出现了全面发展的新局面，主要表现在：增长速度提前两年实现计划指标。1985年，全市农村社会总产值36.8亿元，比1980年增长1.8倍，年均增长率为23.1%；农业总产值（含村及村以下所办工业）22.3亿元，比1980年增长1.5倍，平均每年增长20.2%，超过了年增长5%的计划要求，提前两年实现“六五”计划指标；主要农产品产量提前完成计划规定指标。除油料、生猪外，主要农产品产量均提前1—2年完成了“六五”计划规定的指标。粮食计划总产量为180万吨，1983年就达到207.5万吨，提前两年完成计划。蔬菜1984年总产量为144.8万吨，比1980年增长67.4%，其中商品菜产量为89万吨，比1980年增长43.5%。禽蛋：1985年家禽存栏数890.9万只，比1980年增长3.3倍，超过“六五”计划指标70.9%；鲜蛋产量1985年为3.3万吨，比1980年增长5倍，超过“六五”计划指标20%。林业和渔业：1985年，全市造林面积为9.5万亩，比“六五”计划增长35.7%；淡水鱼产量为5151吨，比1980年增长2倍多，提前一年超过“六五”计划4500吨的指标；产业结构发生可喜变化。“六五”期间，沈阳市农村产业结构得到了调整，由单一的封闭式生产结构开始向多种经营的开放式结构转变，初步形成了农、工、建、商各业协调发展的新格局。其主要特点：一是在种植业内部，以“旱改水，粗变细，适当发展经济作物”为目标，高产、细粮作物的种植面积相应减少。水稻面积由1980年的128.5万亩增加到1985年的172.2万亩，增加43.7万亩。水稻产量占粮食总产量的比重由1980年的32.4%上升为50.2%；二是大农业中，在抓紧粮食的同时，牧副渔有了较大发展。以各业产值占农业总产值的比重为例，1980年与1985年比较，种植业由74.5%下降到65.8%，林业由1.3%上升到1.5%，牧业由15.8%上升到26.6%，渔业由0.1%上升到0.8%，副业则由1981年的0.9%上升到1985年的5.3%；三是第二、三产业有了很大发展。1985年，全市农村第二、第三产业的产值占农村社会总产值的比重由1980年的42.1%上升为66.8%，而农业总产值则由57.9%下降为33.2%。1983年实行家庭承包责任制的户数已占总户数的97.4%。1984年，全市农村商品产值达16.5亿元，是历史最高水平。当年农业综合商品率为57.8%，比1980年提高12.5%。全市粮食商品量为135.5万吨，比1980年增长1.1倍，商品率由1980年的41.4%上升为58.3%。1985年，虽然粮食受灾减产，但商品量还达68.5万吨，商品率为46.8%。1984年，全市出售生猪49.8万头，商品率达67.5%；鲜蛋商品量1.7万吨，比1980年增长近10倍，商品率为70%；牛奶商品量2.9万吨，比1980年增长82.3%，商品率达94%。1985年，鲜蛋等的商品量又有较大幅度增加；乡镇工业发展快，已成为农村经济的重要支柱。“六五”期间，沈阳市乡镇工业以大城市为依托，立足于依靠和发展自身的力量，实行多种经济形式、多种经营方式和与城市工业联合协作，有了较大的发展。1985年，全市乡镇工业产值达19.3亿元，比1980年增长3.9倍，平均每年增长37.5%，快于“六五”计划要求平均每年增长15.7%

的速度。当年上缴税金1.5亿元，一些产品已成为部、省、市优质产品，畅销全国各地，乡镇工业已经成为农村经济的重要支柱。经济效益明显提高，主要表现：一是劳动生产率有了较大提高。1984年平均每一劳动力创造的社会总产值为3818元，比1980年提高1.1倍。其中，种植业劳动力为1607元，比1980年提高了57.2%，生产粮食4356公斤，比1980年提高52.5%。1985年虽然遭受历史少见的自然灾害，但每一劳动力创造的社会总产值仍达4549元，比1984年增加731元；二是耕地生产率也有较大提高。1984年每亩耕地创造的种植生产值为140.7元，比1980年提高53.1%，粮食平均亩产达424公斤，比1980年增加135公斤。1985年每亩耕地创造的种植产值仍然高于1980年水平。

1986至1990年的第七个五年计划时期，大力开展农村经济体制改革，增加对农业的技术和知识投入，使农业向商品化、现代化发展。主要以种植业为基础、畜牧业为重点、乡镇工业为支柱、科学技术为手段，充分利用自然资源，走农林牧副渔全面发展，农工商服运综合经营的道路，形成生产率高、商品率高、经济效益高的城郊型农业经济体系。改革与经济发展取得令人瞩目的成就。在改革开放推动下，全市农村经济获得迅速发展，经济实力大大增强，进入了持续、稳定、协调发展的新阶段。到1990年，全市农村社会总产值达到119.2亿元，比1980年增长8倍多，比1985年增长2.2倍多，平均增长速度高达24.8%；农业总产值（1980年不变价）实现13.1亿元，与1980年相比，增长82%，平均增长达6.2%。随着农村经济发展和实力的增强，农业生产条件得到明显改善，水利防洪、灌溉、治涝等工程设施基本实现配套达标；农村60千伏电网骨架基本形成，全市农村生产性固定资产达到30多亿元，机械总动力达119万千瓦。在人均耕地只有1.1亩的情况下，率先在全国大中城市中实现城乡口粮、蔬菜、肉、蛋、奶等农产品的基本自给，农业综合生产能力显著提高。“七五”计划时期，粮食生产在耕地逐年减少、水电资源紧张和遭受较为严重的自然灾害的情况下，保持了稳定发展。1990年全市粮食总产量达到211万吨，比1980年增产53.2万吨，比1985年增产64.8万吨；“菜篮子”工程初具规模，副食品生产大幅度增长，1990年肉（猪牛羊）、蛋、奶、鱼生产总量分别达到9.1万吨、9.2万吨、5.7万吨和1.6万吨，比1980年分别增长0.82倍、8.2倍、2.4倍和9倍。农业的生产、供应水平的显著提高，农业商品生产的持续、稳定发展，不仅繁荣了市场，丰富了城乡人民生活，而且也给国家减轻了负担。在改革的大潮中，乡镇工业异军突起，已成为农村经济发展的重要支柱，并对沈阳经济的发展前景和格局产生了深远的影响。到1990年，全市乡镇工业已有企业3.3万个，职工33.5万人，固定资产原值13.2亿元；实现产值（按1980年不变价）62.5

亿元，年平均增长速度高达31.6%，在农村社会总产值中的比重由1980年的30%提高到68%；占全市工业总产值的四分之一乡镇工业的崛起与发展，对农村产业结构调整、增强农村经济实力、转移农村剩余劳动力和出口创汇，以及对全市国民经济与社会事业的稳定发展都起到了重要作用。在深化农村改革和大力发展商品经济的同时，农民收入显著增加，农民生活有了较大的改善。1990年农民人均收入达到1005元，比1980年的284元增加到721元，提高了2.5倍，人均生活支出达到706元，农民的生活质量普遍得到提高，开始向小康水平迈进[①]。

“八五”时期，市委、市政府提出“城乡发展一体化战略”，加快农村改革开放步伐。发展“两高一优”农业和二、三产业，引进三资企业，发展非农经济，农村工业进入快速发展期。涌现出工业产值超亿元的乡镇企业92户，其中10亿元的乡镇企业9户。到1995年，全市农村一、二、三产业构成由1990年的30：63：7发展到17：70：13；农村社会总产值达到602.9亿元，为1990年的5倍；农村国内生产总值252亿元，是1990年的5倍；农民人均纯收入达到1812.45元，是1990年的2倍，其中，生产性收入为1648元，比1990年的874元增加774元，增长88.6%；人均从非农产业中获得纯收入552元，比1990年的280元增加272元，增长97.1%。除此之外，1995年，农民人均转移性和财产性收入158元，比1990年增加9倍多，增长幅度为各项目之首，占全部纯收入的比重由1990年的1.8%，上升到1995年的13.7%。收入的增长为农民改善生活提供了物质保证。1995年，农民年平均生活消费支出1475元，比1990年的703元增加772元，增长1.1倍。其中，食品消费快速增长，平均每个农民用于食品方面的开支为859元，比1990年的367元增加492元，增长1.34倍。在食品消费中，主食消费支出392元，增加244元，增长1.67倍；副食品消费支出346元，增加211元，增长1.56倍。副食消费中，肉、蛋、鱼、油脂类等营养食品消费253元，占副食消费支出的70%以上[②]。

“九五”时期，全市农村以招商引资为突破口，大力发展非农产业，推动农村经济快速发展，加快传统农业向现代化农业转变的步伐。特别是在2000年，在遭受历史上特大旱灾的情况下，仍然取得农村经济和农民收入双双增长的可喜成绩。全市农村国内生产总值增幅高出2个百分点，在全市国内生产总值的比重比上年增加2.4个百分点。第一、二、三产业增加值分别达到71亿元、

① 沈阳市国土区划办公室编：《沈阳市农业土地资源潜力与开发研究》，沈阳：辽宁科学技术出版社，1991年版，第1–9页。

② 沈阳市人民政府地方志办公室编：《沈阳市志1986—2005》卷二上，沈阳：沈阳出版社，2008年版，第200页。

248.9亿元、207.1亿元，分别比上年增长1.8%、12.9%和15.7%。随着农村产业结构、农业产业化、农业现代化步伐加快，农民收入有较快增长，农民生活质量有明显提高，农民人均收入达到3135元，比1995年增长73%。收入结构发生明显变化，农民的工资性收入有较大的提高，成为农民收入的新的增长点。

“十五”时期，沈阳市落实中共中央连续下发的一号文件精神，坚持落实党的惠农政策。连续3年制定下发贯彻中共中央一号文件的实施意见，出台加快县域经济发展的20条意见，坚持工业立市，坚持扩大开放，坚持科学发展观，统筹城乡经济发展。全市农村广大干部群众，抓住外资北移、南资北上的难得机遇，深入实施外向牵动战略和大项目战略，以开发区为载体，以引进重大项目和建设产业集群为突破口，发展特色产业和农产品加工业。2005年，全市农村三次产业产值分别达到238亿元、1819亿元、445亿元，比重为9.5∶72.7∶17.8。农村实现地区生产总值900.5亿元，比“九五”末期（2000年527亿元）增长70.87%，比2004年增长2.6个百分点，三次产业增加值分别实现126亿元、440.3亿元和337.6亿元，与“九五”末期相比分别增长72.6%、76.9%和63%，比重为13.6∶48.9∶37.5。其中，非农产业占农村地区生产总值的86.4%。农村三次产业结构调整呈现合理变化，形成以工业为主导的农村经济新格局。农村地方财政收入达到23.1亿元，比2004年增长26.4%，连续3年增幅超过25%。2005年，农民人均纯收入达到5050元，比2004年增长16.2%，高出全省1360元，高出全国1795元，比2000年高出1914元，增长61%。农民收入中，工资性收入达到1567.22元，家庭经营收入3017.03元，其中，非农产业纯收入达到696.96元，财产性、转移性收入达到465.67元。沈阳市农村经济总量在15个副省级城市中处于第八位。

**1986—2005年沈阳市耕地面积和播种面积①**

单位：万公顷

| 年份 | 耕地面积 | | | 播种面积 | | | |
|---|---|---|---|---|---|---|---|
| | | 水田 | 水浇地 | | 粮豆作物 | 经济作物 | 蔬菜、瓜果 |
| 1986 | 58.69 | 12.57 | 0.88 | 41.27 | 35.75 | 0.75 | 4.77 |
| 1987 | 57.98 | 13.71 | 0.83 | 40.81 | 35.39 | 0.46 | 4.96 |

① 沈阳市人民政府地方志办公室编：《沈阳市志1986—2005》卷二上，沈阳：沈阳出版社，2008年版，第203页。

续表

| 年份 | 耕地面积 | | | 播种面积 | | | |
|---|---|---|---|---|---|---|---|
| | | 水田 | 水浇地 | | 粮豆作物 | 经济作物 | 蔬菜、瓜果 |
| 1988 | 57.8 | 13.83 | 0.87 | 40.9 | 34.99 | 0.44 | 5.48 |
| 1989 | 57.51 | 13.59 | 1.03 | 40.99 | 35.05 | 0.44 | 5.5 |
| 1990 | 57.54 | 13.19 | 1.02 | 40.95 | 35.3 | 0.61 | 5.04 |
| 1991 | 57.41 | 13.28 | 1.05 | 41.58 | 35.3 | 0.95 | 5.33 |
| 1992 | 57.32 | 57.32 | 0.95 | 41.71 | 34.34 | 1.36 | 6 |
| 1993 | 56.96 | 10.72 | 1.1 | 59.82 | 48.57 | 2.85 | 8.41 |
| 1994 | 56.78 | 10.43 | 1.14 | 59.66 | 48.08 | 2.48 | 9.1 |
| 1995 | 56.74 | 10.73 | 0.88 | 59.26 | 48.15 | 2.41 | 8.71 |
| 1996 | 68.8 | 10.97 | 0.72 | 59.2 | 48.78 | 1.61 | 8.82 |
| 1997 | 68.29 | 16.31 | 0.45 | 58.78 | 48.56 | 1.65 | 8.57 |
| 1998 | 68.3 | 16.44 | 0.57 | 58.77 | 48.19 | 1.78 | 8.8 |
| 1999 | 67.64 | 16.21 | 1.17 | 59.04 | 48.2 | 2.25 | 8.59 |
| 2000 | 68.03 | 15.73 | 1.24 | 59.92 | 44.9 | 6.64 | 8.38 |
| 2001 | 68.07 | 15.79 | 1.33 | 58.3 | 43.67 | 7.21 | 7.42 |
| 2002 | 67.56 | 13.35 | 1.37 | 57.74 | 42.66 | 7.35 | 7.73 |
| 2003 | 66.47 | 13.39 | 1.12 | 54.79 | 42.2 | 6.06 | 6.51 |
| 2004 | 67.05 | 12.84 | 0.67 | 56.89 | 49.46 | 2.88 | 4.55 |
| 2005 | 67.05 | 12.08 | 1.91 | 58.79 | 51.14 | 2.4 | 5.25 |

### 1986—2005年沈阳市主要农产品产量[①]

单位：万吨

| 年份 | 粮食及大豆 | 蔬菜 | 牛羊肉 | 禽蛋 | 牛奶 | 水产品 | 水果 |
|---|---|---|---|---|---|---|---|
| 1986 | 223.2 | 122.2 | 7.2 | 5.6 | 3.5 | 0.7 | 1.2 |

① 沈阳市人民政府地方志办公室编：《沈阳市志1986—2005》卷二上，沈阳：沈阳出版社，2008年版，第204页。

续表

| 年份 | 粮食及大豆 | 蔬菜 | 牛羊肉 | 禽蛋 | 牛奶 | 水产品 | 水果 |
|---|---|---|---|---|---|---|---|
| 1987 | 258.1 | 144.3 | 7.2 | 5.4 | 3.6 | 1 | 1.4 |
| 1988 | 288.1 | 158.3 | 10.1 | 8.5 | 4.6 | 1.3 | 1.6 |
| 1989 | 209.3 | 164.7 | 10.8 | 9.9 | 4.8 | 1.6 | 1.8 |
| 1990 | 307.7 | 158.5 | 13 | 11.2 | 5.6 | 1.8 | 2.5 |
| 1991 | 308.9 | 175.9 | 15.3 | 14.2 | 6.8 | 2.4 | 3.6 |
| 1992 | 333.4 | 209.2 | 17.5 | 16.3 | 7.4 | 3.1 | 4.4 |
| 1993 | 318.3 | 246 | 17.5 | 16.6 | 6 | 4.3 | 6 |
| 1994 | 201.7 | 198.8 | 23.5 | 19.8 | 6.2 | 5.6 | 7 |
| 1995 | 215.1 | 196.1 | 15.3 | 18.2 | 6.1 | 6.5 | 7.4 |
| 1996 | 329.8 | 260 | 28.8 | 20.3 | 6.1 | 7 | 7.3 |
| 1997 | 252.5 | 216.7 | 17.3 | 21.6 | 5.1 | 8.4 | 6.9 |
| 1998 | 325.9 | 256.1 | 17.3 | 21.4 | 5.3 | 9 | 7.9 |
| 1999 | 343.3 | 277.2 | 18.5 | 22.5 | 5 | 9.5 | 8.6 |
| 2000 | 233.8 | 284.2 | 19.7 | 24.5 | 5.7 | 10 | 9.1 |
| 2001 | 251.7 | 272.2 | 20.9 | 27.5 | 6.6 | 11.4 | 8.3 |
| 2002 | 278.2 | 284.1 | 23.3 | 29.2 | 8.1 | 11.5 | 8.5 |
| 2003 | 283.2 | 255.9 | 27.8 | 30 | 12.5 | 13.5 | 9.1 |
| 2004 | 365.4 | 206.6 | 34.9 | 37.9 | 18.8 | 14.1 | 10.7 |
| 2005 | 342.7 | 239.1 | 41.7 | 42.5 | 21.2 | 15 | 11.1 |

注：粮食及大豆产量含康、法两县。

### 1986—2005年沈阳市农林牧渔业总产值（不变价）①

单位：万元

| 年份 | 合计 | 农业产值 | 林业产值 | 牧业产值 | 渔业产值 | 农林牧渔服务业 |
|---|---|---|---|---|---|---|
| 1986 | 89233 | 59450 | 1206 | 23185 | 848 | 4544 |

① 沈阳市人民政府地方志办公室编：《沈阳市志1986—2005》卷二上，沈阳：沈阳出版社，2011年版，第204页。

续表

| 年份 | 合计 | 农业产值 | 林业产值 | 牧业产值 | 渔业产值 | 农林牧渔服务业 |
|---|---|---|---|---|---|---|
| 1987 | 105163 | 72289 | 1397 | 25564 | 1282 | 4631 |
| 1988 | 123320 | 75029 | 1184 | 41237 | 1307 | 4563 |
| 1989 | 101753 | 57185 | 1345 | 36468 | 1714 | 5041 |
| 1990 | 308834 | 177101 | 2689 | 116481 | 6765 | |
| 1991 | 344754 | 187846 | 3133 | 139791 | 8656 | |
| 1992 | 393847 | 208342 | 4174 | 160788 | 11957 | |
| 1993 | 546167 | 297885 | 6518 | 223373 | 18391 | |
| 1994 | 534490 | 215317 | 5459 | 286240 | 27474 | |
| 1995 | 563879 | 223979 | 5335 | 302692 | 31873 | |
| 1996 | 559240 | 304908 | 6757 | 213009 | 34566 | |
| 1997 | 566374 | 256404 | 8782 | 262389 | 38799 | |
| 1998 | 656136 | 331659 | 7958 | 273254 | 43265 | |
| 1999 | 705359 | 355282 | 8073 | 295097 | 46907 | |
| 2000 | 727922 | 339066 | 9210 | 328937 | 50649 | |
| 2001 | 760419 | 347005 | 9298 | 351226 | 52890 | |
| 2002 | 820645 | 375823 | 26850 | 368812 | 49160 | |
| 2003 | 821172 | 311851 | 20535 | 406540 | 56142 | |
| 2004 | 932311 | 331626 | 25014 | 481045 | 62626 | |
| 2005 | 1029304 | 329552 | 28750 | 575987 | 62569 | |

注：1986—1989年为1980年不变价；1990—2005年为1990年不变价。

### 1986—2005年沈阳市农林牧渔业总产值（现价）①

单位：万元

| 年份 | 合计 | 农业产值 | 林业产值 | 牧业产值 | 渔业产值 |
|---|---|---|---|---|---|
| 1986 | 143568 | 97598 | 1968 | 36939 | 1981 |

① 沈阳市人民政府地方志办公室编：《沈阳市志1986—2005》卷二上，沈阳：沈阳出版社，2011年版，第205页。

续表

| 年份 | 合计 | 农业产值 | 林业产值 | 牧业产值 | 渔业产值 |
| --- | --- | --- | --- | --- | --- |
| 1987 | 188875 | 127338 | 2395 | 51125 | 2770 |
| 1988 | 258604 | 148325 | 2189 | 98816 | 4075 |
| 1989 | 235326 | 125299 | 2386 | 96364 | 5217 |
| 1990 | 300536 | 175738 | 3354 | 115829 | 5615 |
| 1991 | 350241 | 189793 | 4766 | 141158 | 9163 |
| 1992 | 404798 | 219787 | 5167 | 157905 | 12984 |
| 1993 | 615342 | 345698 | 7699 | 239412 | 22533 |
| 1994 | 861614 | 388610 | 6613 | 429219 | 37172 |
| 1995 | 1015334 | 472769 | 6872 | 487078 | 48615 |
| 1996 | 1015836 | 619581 | 8851 | 334500 | 52904 |
| 1997 | 1087029 | 602093 | 11062 | 409681 | 64193 |
| 1998 | 1208772 | 708361 | 11604 | 409902 | 78905 |
| 1999 | 1295418 | 756234 | 12119 | 441653 | 85412 |
| 2000 | 1335380 | 727869 | 13142 | 500271 | 94098 |
| 2001 | 1413516 | 755585 | 13291 | 546539 | 98101 |
| 2002 | 1534156 | 785816 | 44153 | 610351 | 93836 |
| 2003 | 1616190 | 711534 | 37636 | 714289 | 105624 |
| 2004 | 2109300 | 926764 | 43714 | 936813 | 134947 |
| 2005 | 2285876 | 914306 | 52464 | 1158901 | 160205 |

2006年，全市农业和农村经济发展全面进步，农村面貌发生深刻变化。大力发展现代农业，县域经济结构调整向纵深发展，各项社会事业不断取得新的进步。积极推进社会主义新农村建设，战胜旱灾等不利因素，农业获得全面丰收，实现农民收入、财政收入快速增长的目标，农业及农村经济呈现出前所未有的强劲发展势头，主要经济指标再创历史新高。全市农村地区生产总值实现843.4亿元，按可比口径增长18.9%，高于上年增幅3.5个百分点，是近3年来增幅最高的一年；农村地方财政收入实现39.1亿元，新增12亿元，增长44.2%，是历史增幅最高的一年；农民人均纯收入达到5712元，增长13.1%，实现连续3年双位数高速增长，位居全省第二位。

2007年，全市农村地区生产总值实现1102亿元，比上年增长21.9%；农村固定资产投资完成1014亿元，同比增长37.4%；农村地方财政收入62.9亿元，同比增长60.9%，其中一般预算收入45.7亿元，同比增长60.8%；实际利用外资完成18.3亿美元，同比增长182.9%；农民人均纯收入6806元，同比增长19.2%，增幅列全国15个副省级城市第二位；进入全国千强、全省百强的乡镇由12个发展到19个，县域经济实力显著增强。

2007年中国沈阳国际农业博览会。以“绿色、和谐、创新、发展”为主题。此次展会共组织无公害、绿色和有机农产品，以及农业技术、设备、工程类产品等12大类近3000个品种参展，涉及种子、水果、粮食加工、畜禽加工、食用菌加工等多个领域。展会期间，组委会向国内外展商推介450多个农商对接项目，举办各种经贸洽谈活动40多次，成功对接项目36个，签约额18.1亿元，仅现场交易额就突破5000万元。

2007年，全市粮食生产喜获大丰收，粮食总产量达到39.1亿公斤，比上年增加6.95亿公斤，比历史最好水平的2004年增加2.55亿公斤，创历史新高。全市粮食总产量已连续4年突破30亿公斤。

2008年，沈阳市积极谋划推进“三农”工作的新思路和新举措，农业农村工作围绕农民增收、结构调整、发展县域经济和加快农业产业化、农村工业化、城镇化进程四条主线，扎实推进社会主义新农村建设，加快农业农村经济结构调整，进一步深化农村改革，促进全市农村经济又好又快发展。农业综合生产能力进一步提高。粮食总产量达到35.9亿公斤，连续三年获得大丰收；农林牧渔业增加值实现183.7亿元，同比增长8%；蔬菜、水果、肉、蛋、奶、水产品等主要农产品产量分别达到356.7万吨、17.5万吨、67.7万吨、44.9万吨、33.3万吨、18.7万吨，同比分别增长13.2%、29%、12.2%、14%、6.2%、11.1%。农业结构得到进一步优化。全市实现农林牧渔业总产值350.1亿元，同比增长8%；畜牧业产值占农林牧渔业产值比重连续两年超过50%，2008年为52%。高效、设施农业取得新突破。全年新建、改造设施农业占地面积15.1万亩，超额完成省计划，新建富民经济小区627个，累计达到3150个，小区建设标准高、集中连片规模大，在省内首屈一指，并且有17个乡镇设施农业实现零的突破；新增高效特色农业面积45万亩，是年初计划的2.1倍；新建标准化畜牧业养殖小区365个，超出计划62个，建设投资1000万元以上的规模养殖场24个；新建水产富民经济小区57个，新增设施面积0.5万平方米。新增一村一业专业村207个，总数达到607个。

农业综合指标①

| 指标 | 单位 | 2000 | 2005 | 2008 | 2009 |
| --- | --- | --- | --- | --- | --- |
| 农林牧渔业总产值（现价） | 万元 | 1335380 | 2380382 | 3500796 | 3954615 |
| 农业产值 | 万元 | 727869 | 914306 | 1335280 | 1463149 |
| 林业产值 | 万元 | 13142 | 52464 | 66272 | 74073 |
| 牧业产值 | 万元 | 500271 | 1158901 | 1819738 | 2080456 |
| 渔业产值 | 万元 | 94098 | 160205 | 147639 | 174588 |
| 农林牧渔服务业 | 万元 | | 94506 | 131867 | 162349 |
| 农林牧渔业总产值指数（上年=100） | % | 103.2 | 110.4 | 108.1 | 107.4 |
| 乡村从业人员 | 人 | 1065350 | 1233875 | 1352242 | 1398238 |
| 第一产业 | 人 | 701149 | 778440 | 800335 | 780479 |
| 第二产业 | 人 | 175627 | 188834 | 232262 | 253536 |
| 第三产业 | 人 | 188574 | 266601 | 319705 | 364223 |
| 年末耕地面积 | 公顷 | 680333 | 670548 | 682492 | 772276 |
| 农作物总播种面积 | 公顷 | 599212 | 587940 | 608562 | 648297 |
| 粮食总产量 | 吨 | 1338012 | 3427232 | 3586659 | 3446346 |
| 粮食单产量 | 公斤/公顷 | 5207 | 6701 | 7478 | 6773 |
| 蔬菜总产量 | 吨 | 2842299 | 2390541 | 3567179 | 4221392 |
| 肉类总产量 | 吨 | 333202 | 703703 | 715319 | 797193 |
| #猪肉 | 吨 | 179694 | 320041 | 364722 | 390275 |
| 禽蛋产量 | 吨 | 245421 | 425281 | 537312 | 575367 |
| 奶类产量 | 吨 | 56863 | 215163 | 332944 | 378089 |
| 水产品产量 | 吨 | 100116 | 150137 | 187043 | 206042 |
| 水果产量 | 吨 | 91456 | 111142 | 174744 | 173535 |
| 年末猪存栏 | 头 | 1582263 | 2264380 | 2759647 | 3035828 |

① 国家统计局沈阳调查队编印：《沈阳统计年鉴2010》，沈阳：沈阳出版社，2010年版，第197页。

续表

| 指标 | 单位 | 2000 | 2005 | 2008 | 2009 |
|---|---|---|---|---|---|
| 年末牛存栏 | 头 | 159301 | 486400 | 623037 | 748766 |
| 年末羊存栏 | 只 | 229111 | 605442 | 581496 | 662603 |

注：耕地面积由市规划和国土资源局提供；2009年为第二次全国土地调查上报国家数据。

**农林牧渔业总产值（现价）**[①]

单位：万元

| 项目 | 沈阳市 | 苏家屯区 | 东陵区 | 沈北新区 | 于洪区 | 辽中县 | 康平县 | 法库县 | 新民市 |
|---|---|---|---|---|---|---|---|---|---|
| 农林牧渔业总产值 | 3954615 | 389562 | 138247 | 431835 | 159524 | 844822 | 413079 | 532001 | 856097 |
| 农业总产值 | 1463149 | 133161 | 84369 | 156368 | 72536 | 255883 | 125506 | 183438 | 373199 |
| 林业产值 | 74073 | 1392 | 2333 | 2056 | 3445 | 19310 | 8254 | 17039 | 3313 |

① 国家统计局沈阳调查队编印：《沈阳统计年鉴2010》，沈阳：沈阳出版社，2010年版，第198页。

续表

| 项目 | 沈阳市 | 苏家屯区 | 东陵区 | 沈北新区 | 于洪区 | 辽中县 | 康平县 | 法库县 | 新民市 |
|---|---|---|---|---|---|---|---|---|---|
| 牧业产值 | 2080456 | 237893 | 50346 | 239808 | 65862 | 446773 | 249378 | 312804 | 405248 |
| 渔业产值 | 174588 | 10371 | 881 | 9505 | 9740 | 73690 | 2082 | 2760 | 53719 |
| 农林牧渔服务业产值 | 162349 | 6745 | 318 | 24098 | 7941 | 49166 | 27859 | 15960 | 20618 |

2010年，全市各级农业部门围绕市委、市政府调结构、优环境、惠民生的工作目标，以发展现代农业、做强县域经济为主线，深入贯彻落实科学发展观，扎实推进各项工作，农业农村经济实现又好又快发展[①]。

截至2010年末，全市农业人口249.8万人，占总人口比重为34.7%。其中市区88.3万人、县（市）161.5万人。全市乡镇场为98个，1252个村，乡镇场户数为91.1万户，农村劳动力资源为167.5万人，实有从业人员143.2万人。全市农作物播种面积65.5万公顷，其中粮食作物播种面积50.7万公顷；耕地面积77.18万公顷，同比减少0.02万公顷。其中水田15.18万公顷、旱田59.42万公顷、水浇地2.59万公顷。农业产值174.3亿元，同比增加28亿元，占农林牧渔业的构成比重39.2%，同比增长2.2个百分点。

农民生产生活条件显著改善。加大政策扶持力度，提升农机装备水平，农机总动力达295.8万千瓦，主要农机化水平达到74%。加大新型能源推广力

① 张涛主编：《沈阳市经济社会发展研究报告 2009—2010》，沈阳：沈阳出版社，2011年版，第195页。

度，落实户用沼气1.13万处，建设大中型沼气工程4处，太阳能亮化示范村4个，综合能源技术示范村2个。加强农业经济区基础设施建设，组织实施12个建设项目，评选认定市级新农村示范村50个，其中26个村被评为全省新农村建设典型村。农村扶贫开发扎实推进，投入资金1.54亿元，重点用于产业开发扶贫，实现贫困地区农民人均增收810元，增幅高于全市平均水平。全市农村扶贫开发工作列全省第一名，得到市委、市政府肯定。

2010年，各区县（市）按照一县一业、一（多）乡一业、一（多）村一业思路，大力发展设施农业、特色农业、高效农业，取得可喜的成绩。通过加大设施农业建设力度，引导农民发展特色农业。全市新增树莓、花卉、食用菌、寒富苹果、花生等特色产业面积1.4万公顷，总面积达到20.3万公顷。高效特色农业总面积达到20.3万公顷，比上年增加7.4%。全年新增、改造设施农业面积1.6万公顷，全市设施农业占地总面积达到10.3万公顷。新增设施农业面积1.2万公顷（其中温室0.9万公顷、冷棚0.3万公顷），超出计划85%。总量、规模稳居全省第一，日光温室面积位居全国15个副省级城市第一位。全市高产粮田比例达到60%左右。粮食作物播种面积50.7万公顷，总产量325.1万吨，连续7年总产超300万吨。全年蔬菜总产量421.8万吨，保证全市“菜篮子”产品供应。

2010年，全市实现农林牧渔业总产值444.9亿元，比上年增长6.5%。其中，种植业产值174.3亿元，林业产值7.7亿元，畜牧业产值225.2亿元，渔业产值19.9亿元，农林牧渔服务业产值17.8亿元。全市农作物播种面积65.5万公顷，其中粮食作物播种面积50.7万公顷，蔬菜播种面积6.74万公顷，粮食总产量325.1万吨，蔬菜产量421.8万吨。全市水果产量17.6万吨，增长1.4%；全市完成造林面积3.25万公顷，增长10.7%。全年农业机械总动力295.8万千瓦，比上年增长2.3%。肉类总产量86.6万吨，增长8.6%，其中猪、牛、羊肉分别增长2.8%、14.2%和13.1%。禽蛋产量60.6万吨，增长5.3%。牛奶产量39.2万吨，增长5.6%[①]。

现代农业发展和社会主义新农村建设。全市市级以上农业示范基地102个，其中省级示范基地44个。规模以上农业产业化龙头企业817个，其中省级以上重点龙头企业37个。农民专业合作社达到2417个，入社农户25.6万户。实施中低产田改造面积2.1万公顷；新增设施农业面积1.6万公顷，累计达到10.3

① 项英辉，李荣彬等著：《农村新兴产业发展战略研究 以沈阳市为例》，沈阳：东北大学出版社，2009版，第170页。

万公顷；新增高效特色农业面积1.4万公顷，累计达到20.3万公顷。全市耕地全部通过环境质量检测，无公害产地认证面积40.1万公顷。绿化中心村500个，累计达到1500个。到2010年末，36个乡镇达到“一乡一业”标准，“一村一业”专业村发展到920个。

主要农产品产量①

| 产品名称 | 单位 | 产量 |
|---|---|---|
| 粮食总产量 | 万吨 | 325.1 |
| #水稻 | 万吨 | 100.1 |
| 玉米 | 万吨 | 210.8 |
| 小麦 | 万吨 | 0.9 |
| 大豆 | 万吨 | 4.8 |
| 油料 | 万吨 | 12.8 |

主要农产品产量②

| 产品名称 | 单位 | 产量 | 增长（%） |
|---|---|---|---|
| 肉类总产量 | 万吨 | 86.6 | 8.6 |
| #猪牛羊肉 | 万吨 | 57.0 | 5.9 |
| 牛奶产量 | 万吨 | 39.2 | 5.6 |
| 禽蛋产量 | 万吨 | 60.6 | 5.3 |
| 生猪出栏数 | 万头 | 511.3 | 6.8 |
| 牛出栏数 | 万头 | 95.7 | 19.3 |
| 羊出栏数 | 万只 | 86.1 | 9.9 |
| 猪年末存栏数 | 万头 | 318.1 | 4.8 |
| 牛年末存栏数 | 万头 | 82.8 | 10.6 |
| 羊年末存栏数 | 万只 | 70.6 | 6.6 |

① 沈阳市人民政府地方志办公室编：《沈阳市志2011》，沈阳：沈阳出版社，2011年版，第124页。

② 沈阳市人民政府地方志办公室编：《沈阳市志2011》，沈阳：沈阳出版社，2011年版，第124页。

续表

| 产品名称 | 单位 | 产量 | 增长（%） |
|---|---|---|---|
| 水产品产量 | 万吨 | 16.7 | – |

## 二、工业生产

沈阳作为新中国重点建设起来的重工业基地，经过几十年的发展特别是改革开放后的发展，已形成实力雄厚、门类齐全的工业体系，拥有一批在全国举足轻重的大型企业，拥有较强的综合配套能力，在国家工业发展中占有重要位置。到“十五”末期，全国165个工业门类中沈阳拥有142个，全国有能力生产的210余种成套设备中沈阳占有1/3。

在计划经济体制下，沈阳靠国家重点支持，取得产业优势，做出重大贡献，创造历史辉煌。但随着社会生产力和国民经济的发展，沈阳经济和社会发展受到体制性、机制性、结构性矛盾严重困扰和制约，老工业基地的潜力难以充分发挥出来。中共十一届三中全会、特别是1984年全面推进城市经济体制改革以后，沈阳踏上振兴的征程。

1978年全市工业总产值为89.7%亿元，比1977年增长11.1%；同期，全民所有制工业企业全员劳动生产率为14572元/人，增长11.4%；全民工业资金利润率提高2.1%；每百元工业产值占用流动资金下降11.8%。2年中，试制成功新产品654种，有些新产品填补了中国的空白。

1978年中共十一届三中全会以后，中共中央将工作重点转移到经济建设上来，并强调要注意解决国民经济中比例失调的问题。1979年，又提出国民经济实行“调整、改革、整顿、提高”的方针。遵照中共中央的战略部署，沈阳市自1979年起积极调整工业。关、停、并转120多个工厂企业，截短212种“长线”产品，补长231种“短线”产品，工业内部的比例关系开始发生变化。到1983年，经过5年调整，沈阳市工业经济结构开始趋向协调。1983年，轻工业所占比重为62%，重工业所占比重为38%。

在1982年试点整顿的基础上，1983年起对2279户企业进行整顿。到1983年末，已有30%的企业整顿验收合格。其中，列入辽宁省、沈阳市第一、二批重点整顿的209户企业，已经验收125户，占60%。在企业整顿中，对企业领导班子进行认真的调整和整顿，到1983年末，沈阳市主管的212个县团级企业领导班子全部调整完。同时，还从全民企业特别是大中型骨干企业抽调技术力量充实和加强集体企业。1982—1983年，有1645名工程技术人员调到350户集体所有制企业担任领导和技术骨干。在搞好企业整顿工作中，多数企业都注意加强基础工作，制定和加强产品质量、定额标准，做好计量、检测、统计、原始记录工作，建立岗位责任制，为全面提高企业素质奠定基础。沈阳市有1141户沈阳市属企业在普通建立岗位责任制的基础上，实行经济责任制，占企业总数的90%。基础工作的整顿，为推行现代管理创造条件。到1983年末，沈阳市已有369户企业推行价值工程、目标成本、市场预测和经营决策等16种现代管理方法，还有350户企业开展全面质量管理活动。

企业整顿工作使企业的管理水平普遍提高，经济效益开始好转。1983年与1982年对比，工业总产值增长11.7%，工业产品销售收入增长10.5%，全民工业实现利润24.9%，利税总额增长16.2%，集体企业利税总额增长43%，万元产值耗能降低6.1%，可比产品成本降低0.1%，全民工业劳动生产率提高14.5%，市属预算内工业亏损户和亏损额分别减少58.6%和56.1%。

为使生产关系结构适合生产力的性质和发展水平，"六五"期间，沈阳市在坚持以全民所有制经济为主导，以公有制经济为主体的前提下，积极发展多种经济形式。至1985年末，在工业总产值中，全民所有制工业占65.9%，比1980年所占工业总产值比例下降12.4%；集体所有制工业占27.5%，比1980年增长34.1%；合营工业占6.4%，比1940年增长48.9%；个体工业从无到有，在工业总产值中占0.2%。

"六五"时期，沈阳市在充分发挥机械工业优势的同时，注意工业内部结构的调整。对轻工业采取一些优惠政策，使之得到迅速发展。1985年，沈阳市轻工业生产值为52.2亿元，比1980年增长48%，平均每年增长8.2%。为了适应市场的需求，许多轻纺短线产品的产量也大幅度增长。1985年与1980年比较，55种轻纺产品中，增长50%以上的30种，增长1—3倍的有20余种。同时，还研制和生产彩色电视机、电冰箱、洗衣机等一批高中档耐用消费品，填补了沈阳的空白。在重工业内部，大力发展原材料工业和能源工业。以1985年与1980年比较，发电量增长74.9%，煤气生产量增长23.4%，钢增长40.9%，水泥增长36.8%，平板玻璃增长0.7%，砖增长1.1倍，原煤产量，1985年与1981年比较，增长15.9%[①]。

"六五"期间，特别是中共十二大以后，沈阳市认真执行"对内搞活经济，对外实行开放"的方针，深入进行经济体制改革，调动工业企业的积极

① 沈阳市人民政府地方志办公室编：《沈阳市志》第三卷，沈阳：沈阳出版社，2000年版，第17页。

性，并将这种积极性及时引导到上质量、上品种、上水平，以提高经济效益为中心的轨道上来，提出和贯彻“三改三开”（经济体制改革，技术改造，工业改组；开发人才，开发新产业新产品，对外开放）方针，使工业生产出现持续稳定发展，经济效益开始提高的新局面。主要表现在：

加快技术改造，增强生产后劲。“六五”期间，沈阳市工业技术改造规模逐年扩大，累计完成技术改造18.8亿元，平均每年递增27.2%，建成项目3000余个。

调整产品结构，增加适销产品。“六五”初期，沈阳市一些轻纺产品和机电产品在市场上缺乏竞争能力，产品滞销，库存增加。为了增强产品竞争能力，从1982年起，沈阳市注重产品结构的调整。一方面根据市场需要组织生产，一方面积极开发新产品。仅1985年，沈阳市工业部门就试制成功新产品1528种，其中大型电力变压器等595种新产品达到国际或国内先进水平。

由于在上质量、上品种、上水平上下功夫，产品竞争能力大为增强，销售率逐年提高。1984年，沈阳市工业产品销售率达99%，1985年达100.5%。沈阳市冶金、机械、一轻、纺织等4个工业局和汽车工业公司，都基本实现工业产品的产销平衡。“六五”期间，沈阳市工业产品销售总额达507.8亿元（现价）。1980年全市工业产品销售总额为100%，1985年已达171.7%，年平均增长率为11.4%，高于同期工业总产值8.9%的增长速度。工业企业实现利税从1982年起也逐年增长，5年共实现利税总额104.8亿元，等于1985年沈阳市工业企业固定资产原值的96.1%，平均增长率为7.6%，取得生产、销售、利税同步增长的好成绩。

加强质量管理。“六五”期间，尤其1984年以后，沈阳市不断加强产品质量管理工作。1985年沈阳市推行全民质量管理的企业已有640家，登记注册的QC小组1.1万多个。

质量管理的加强，促进产品质量的稳步提高。“六五”期间，沈阳市共获国家金、银质奖91枚。其中1985年获32枚，在全国省辖市中名列首位，比1980年增长2.2倍。5年里，沈阳市共创沈阳市以上优质产品1640种，其中1985年为412亿元，比1982年增长95.2%。

调整企业组织结构，提高专业化协作水平。“六五”期间，沈阳市下力量抓紧铸、锻、电热处理四大工艺专业化工作，对四大工艺厂点进行调整和改造，仅1981至1983年，就撤掉不合格厂点223个，并加强对专业厂点的技术改造，使全市工艺专业化水平和经济效益有了一定的提高。至1985年，经过技术改造的铸、锻、热处理、电镀行业的专业厂点已初具规模，生产能力增加，检测手段也有所改善，将逐步形成沈阳市铸、锻、热处理、电镀协作中心。

军工企业利用军品生产的剩余能力转产民品，走“军民结合、平战结合、军品优先、以民养军”之路，是中共中央、国务院作出的重大决策。沈阳市是全国军工企业事业比较集中的城市之一。军工企业在沈阳国民经济和社会发展中不但占有举足轻重的地位，而且具有明显的技术优势。“六五”期间，沈阳市军工系统各企业，在保证完成军品生产和科研任务的同时，把大力发展民品生产摆到重要位置，狠抓企业内部改革，使民品生产进入一个崭新的阶段。5年共完成民品产值12.2亿元，占军工企业全部工业产值的25.2%，平均每年增长29.4%，大大超过全市工业总产值的增长速度。军工企业生产的民品品种，由1980年的90种增加到1985年的500多种，产品产量大幅度增长，产品质量也有很大提高。

发展速度逐年加快，经济效益有所提高。“六五”期间，沈阳市完成工业总产值为602.4亿元（不含村以及村以下工业），平均每年121亿元，比“五五”期间的平均每年88.4亿元增长37.1%。1985年工业总产值比1980年增长53.1%，平均每年递增8.9%。1985年每万元工业产值全员劳动生产率有较大幅度提高。全民工业企业全员劳动生产率为15271元/人，比1980年增长19.7%，平均每年提高3.7%。5年累计新产值中，由于劳动生产率提高而增加的占50%左右。流动资金周转速度加快，1985年，全部工业企业流动资金周转天数为115天，比1980年135天加速20天。利税总额增加较多，1985年全市工业企业利税额为30亿元，比1980年增长44.2%，平均每年递增7.6%[①]。

乡镇工业发展很快。“六五”期间，沈阳市乡镇工业以大城市为依托，立足于依靠和发展自身的力量，实行多种经济形式、多种经营方式与城市工业联合协作，有了较大的发展。1985年，全市乡镇工业产值19.3亿元，比1980年增长3.9倍，平均每年增长37.5%，快于“六五”计划要求年均增长15.7%的速度。乡镇工业已经成为农村经济的重要支柱。

引进工作初见成效。“六五”期间，沈阳市共引进先进技术设备559项，金额为3.1亿美元。由于在引进中注意消化、吸收，促进产品生产能力和技术水平的提高。

---

① 沈阳市人民政府地方志办公室编：《沈阳市志》第三卷，沈阳：沈阳出版社，2000年版，第19页。

**沈阳工业企业单位数①**

单位：个

| 年份 | 总计 | 全民所有制 | 集体所有制 | 在集体中 | | 其他类型 |
|---|---|---|---|---|---|---|
| | | | | 街道工业 | 乡办工业 | |
| 1949 | 3333 | 164 | 1 | | | 3168 |
| 1950 | 4246 | 205 | 4 | | | 4037 |
| 1951 | 4800 | 244 | 8 | | | 4548 |
| 1952 | 4051 | 312 | 81 | | | 3658 |
| 1953 | 4313 | 399 | 87 | | | 3827 |
| 1954 | 3181 | 419 | 238 | | | 2524 |
| 1955 | 2523 | 365 | 409 | | | 1749 |
| 1956 | 1129 | 412 | 717 | | | |
| 1957 | 1342 | 440 | 902 | | | |
| 1958 | 3538 | 1323 | 2215 | 799 | 1093 | |
| 1959 | 1546 | 728 | 818 | 405 | 155 | |
| 1960 | 1280 | 617 | 663 | 376 | 105 | |
| 1961 | 1348 | 503 | 845 | 520 | 54 | |
| 1962 | 1526 | 436 | 1090 | 135 | 62 | |
| 1963 | 1976 | 474 | 1502 | 643 | 50 | |
| 1964 | 2065 | 489 | 1576 | 758 | 43 | |
| 1965 | 2089 | 548 | 1541 | 665 | 58 | |
| 1966 | 2918 | 525 | 2393 | 1573 | 57 | |
| 1967 | 2918 | 534 | 2384 | 1577 | 59 | |
| 1968 | 2887 | 525 | 2362 | 1553 | 72 | |
| 1969 | 1743 | 469 | 1274 | 644 | 68 | |
| 1970 | 1876 | 498 | 1378 | 739 | 116 | |
| 1971 | 1881 | 517 | 1364 | 716 | 152 | |

① 沈阳市人民政府地方志办公室编：《沈阳市志》第三卷，沈阳：沈阳出版社，2000年版，第21页。

续表

| 年份 | 总计 | 全民所有制 | 集体所有制 | 在集体中 | | 其他类型 |
|---|---|---|---|---|---|---|
| | | | | 街道工业 | 乡办工业 | |
| 1972 | 1782 | 520 | 1262 | 687 | 112 | |
| 1973 | 2043 | 556 | 1487 | 835 | 165 | |
| 1974 | 2115 | 597 | 1518 | 828 | 211 | |
| 1975 | 2146 | 626 | 1520 | 783 | 224 | |
| 1976 | 2665 | 672 | 1993 | 775 | 344 | |
| 1977 | 2693 | 667 | 2026 | 701 | 453 | |
| 1978 | 1878 | 697 | 2181 | 67 | 538 | |
| 1979 | 3050 | 689 | 2361 | 173 | 604 | |
| 1980 | 3139 | 638 | 2448 | 191 | 727 | 53 |
| 1981 | 3295 | 622 | 2626 | 186 | 811 | 47 |
| 1982 | 3342 | 626 | 2665 | 203 | 821 | 51 |
| 1983 | 3492 | 629 | 2818 | 203 | 852 | 45 |
| 1984 | 4567 | 633 | 3883 | 829 | 944 | 51 |
| 1985 | 5118 | 701 | 4359 | 868 | 950 | 58 |

注：本表包括非独立核算的工业企业，但不包括个体手工业和村办工业。

其他类型1949—1955年为私营工业，1980—1984年为各种合营工业。

## 沈阳工业总产值及指数①

| 年份 | 工业总产值（万元） | | | 指数（以1952年为100） | | |
|---|---|---|---|---|---|---|
| | 总计 | 轻工业 | 重工业 | 总计 | 轻工业 | 重工业 |
| 1949 | 31944 | 17302 | 14642 | 22.2 | 26.3 | 18.7 |
| 1952 | 144174 | 65900 | 78274 | 100.0 | 100.0 | 100.0 |
| 1953 | 200643 | 87957 | 112686 | 139.2 | 133.5 | 144.0 |
| 1954 | 201547 | 88991 | 112556 | 139.8 | 135.0 | 143.8 |

① 沈阳市人民政府地方志办公室编：《沈阳市志》第三卷，沈阳：沈阳出版社，2000年版，第22页。

续表

| 年份 | 工业总产值（万元） | | | 指数（以1952年为100） | | |
|---|---|---|---|---|---|---|
| | 总计 | 轻工业 | 重工业 | 总计 | 轻工业 | 重工业 |
| 1955 | 210317 | 81615 | 128702 | 145.9 | 123.9 | 164.4 |
| 1956 | 329509 | 110452 | 219057 | 228.6 | 167.6 | 280.0 |
| 1957 | 393009 | 118008 | 275001 | 272.6 | 179.1 | 351.3 |
| 1958 | 542555 | 121864 | 420691 | 460.6 | 216.9 | 670.3 |
| 1959 | 697204 | 176126 | 521078 | 591.9 | 313.5 | 830.3 |
| 1960 | 849623 | 226304 | 623319 | 721.3 | 402.8 | 993.2 |
| 1961 | 285687 | 102268 | 183319 | 242.5 | 182.2 | 292.1 |
| 1962 | 285351 | 104063 | 181288 | 242.3 | 185.2 | 288.9 |
| 1963 | 326479 | 111385 | 215112 | 277.2 | 198.3 | 342.8 |
| 1964 | 402482 | 126588 | 275894 | 341.7 | 225.3 | 439.6 |
| 1965 | 509174 | 159289 | 349885 | 432.3 | 283.5 | 557.5 |
| 1966 | 618376 | 186847 | 431529 | 525.0 | 332.6 | 687.6 |
| 1967 | 514220 | 158770 | 256450 | 352.5 | 282.6 | 408.6 |
| 1968 | 338727 | 138213 | 200514 | 287.6 | 246.0 | 319.5 |
| 1969 | 650930 | 221802 | 429128 | 552.6 | 394.8 | 683.8 |
| 1970 | 823643 | 227386 | 596257 | 699.2 | 404.7 | 950.1 |
| 1971 | 702960 | 187703 | 515257 | 779.3 | 452.5 | 1057.6 |
| 1972 | 694021 | 201919 | 492102 | 769.4 | 486.8 | 1010.1 |
| 1973 | 756082 | 212620 | 544182 | 839.0 | 512.6 | 1117.0 |
| 1974 | 800395 | 230679 | 569716 | 887.3 | 556.1 | 1169.4 |
| 1975 | 827886 | 245409 | 582477 | 917.8 | 591.6 | 1195.6 |
| 1976 | 877925 | 269568 | 608357 | 973.3 | 649.9 | 1248.7 |
| 1977 | 818005 | 261838 | 556167 | 906.8 | 631.2 | 1141.6 |
| 1978 | 908626 | 286086 | 622540 | 1007.3 | 689.7 | 1277.8 |
| 1979 | 971337 | 313105 | 658232 | 1706.8 | 754.8 | 1351.1 |
| 1980 | 1036505 | 374491 | 662014 | 1149.1 | 902.8 | 1358.8 |
| 1981 | 968249 | 395910 | 572339 | 1104.5 | 1016.2 | 1179.7 |

续表

| 年份 | 工业总产值（万元） | | | 指数（以1952年为100） | | |
|---|---|---|---|---|---|---|
| | 总计 | 轻工业 | 重工业 | 总计 | 轻工业 | 重工业 |
| 1982 | 1036593 | 412560 | 624033 | 1182.4 | 1058.9 | 1286.3 |
| 1983 | 1158016 | 439492 | 718524 | 1320.9 | 1128.0 | 1481.1 |
| 1984 | 1337102 | 485189 | 851913 | 1525.1 | 1245.2 | 1755.9 |
| 1985 | 1544418 | 524168 | 1020250 | 1761.6 | 1345.2 | 2102.9 |

注：本表指数均按可比价格计算。

表内工业不包括村办工业，但包括个体工业。

1949—1957年工业产值按1952年不变价计算；1958—1970年工业总产值按1957年不变价计算；1971—1980年工业总产值按1970年不变价计算；1981—1985年工业总产值按1980年不变价计算。

### 沈阳工业总产值中各种经济类型的构成[①]

单位：%

| 年份 | 全民所有制工业 | 集体所有制工业 | 私营工业 | 合营工业 | 个体工业 |
|---|---|---|---|---|---|
| 1949 | 60.8 | | 29.6 | | 9.6 |
| 1952 | 75.4 | 0.8 | 19.3 | | 4.5 |
| 1957 | 91.0 | 8.8 | | | 0.2 |
| 1962 | 87.8 | 12.1 | | | 0.1 |
| 1965 | 91.7 | 8.2 | | | 0.1 |
| 1970 | 90.3 | 9.7 | | | |
| 1971 | 87.8 | 12.2 | | | |
| 1972 | 85.2 | 14.8 | | | |
| 1973 | 84.4 | 15.6 | | | |
| 1974 | 83.4 | 16.6 | | | |
| 1975 | 81.7 | 18.3 | | | |

① 沈阳市人民政府地方志办公室编：《沈阳市志》第三卷，沈阳：沈阳出版社，2000年版，第23页。

续表

| 年份 | 全民所有制工业 | 集体所有制工业 | 私营工业 | 合营工业 | 个体工业 |
|---|---|---|---|---|---|
| 1976 | 80.3 | 19.7 | | | |
| 1977 | 78.9 | 21.1 | | | |
| 1978 | 80.7 | 19.3 | | | |
| 1979 | 81.2 | 18.8 | | | |
| 1980 | 75.2 | 20.5 | | 4.3 | |
| 1981 | 75.5 | 21.5 | | 3.0 | |
| 1982 | 74.1 | 22.3 | | 3.4 | 0.2 |
| 1983 | 72.4 | 23.8 | | 3.5 | 0.3 |
| 1984 | 69.0 | 25.8 | | 4.7 | 0.5 |
| 1985 | 69.9 | 27.5 | | 6.4 | 0.2 |

注：各年份构成比按当年使用的不变价计算。
以全部工业总产值为100。

## 沈阳主要工业产品产量①

| 产品名称 | 单位 | 1952 | 1957 | 1965 | 1978 | 1980 | 1984 | 1985 |
|---|---|---|---|---|---|---|---|---|
| 轻纺工业产品 | | | | | | | | |
| 自行车 | 万辆 | 2.36 | 16.42 | 15.88 | 46.03 | 62.00 | 86.26 | 92.02 |
| 缝纫机 | 万架 | | 0.01 | 2.58 | 12.68 | 21.18 | 6.24 | 4.31 |
| 手表 | 万只 | | | | 5.23 | 24.08 | 37.37 | 56.00 |
| 木钟 | 万座 | | | 2.41 | 36.20 | 46.03 | 35.04 | 36.05 |
| 家用洗衣机 | 万台 | | | | | 1.13 | 36.36 | 48.33 |
| 电视机 | 万台 | | | | 1.26 | 4.98 | 19.43 | 22.88 |
| 收音机 | 万台 | | | 3.00 | 13.40 | 56.07 | 5.51 | 0.10 |
| 录音机 | 万台 | | | | 0.17 | 0.36 | 7.01 | 7.45 |
| 电风扇 | 万台 | | | | 5.43 | 14.07 | 25.04 | 35.79 |

① 沈阳市人民政府地方志办公室编：《沈阳市志》第三卷，沈阳：沈阳出版社，2000年版第24页。

续表

| 产品名称 | 单位 | 1952 | 1957 | 1965 | 1978 | 1980 | 1984 | 1985 |
|---|---|---|---|---|---|---|---|---|
| 电熨斗 | 万个 | | | | 2.78 | 20.20 | 86.26 | 76.28 |
| 灯泡 | 万只 | 500 | 1886 | 2564 | 2513 | 3299 | 5373 | 4975 |
| 干电池 | 万只 | | | 756 | 2126 | 3714 | 5251 | 4291 |
| 日用玻璃制品 | 吨 | 2325 | 11207 | 19686 | 35507 | 49996 | 69564 | 82702 |
| 日用陶瓷制品 | 万件 | 1269 | 1156 | 1063 | 1438 | 1663 | 1047 | 40 |
| 日用精铝制品 | 吨 | | 325 | 1021 | 2451 | 3637 | 4241 | 3946 |
| 压力锅 | 万口 | | | 0.71 | 13.50 | 30.00 | 75.14 | 92.01 |
| 日用粗铝制品 | 吨 | | 473 | 759 | 462 | 853 | 733 | 221 |
| 搪瓷面盆 | 万个 | 163 | 164 | 197 | 334 | 310 | 209 | 153 |
| 铸铁锅 | 万口 | | 57 | 87 | 109.7 | 118.4 | 104.8 | 63.9 |
| 机制纸及纸板 | 吨 | 27499 | 51855 | 53266 | 80379 | 94120 | 115012 | 129294 |
| 卷烟 | 万箱 | 9.23 | 13.45 | 16.25 | 19.11 | 25.50 | 20.26 | 21.98 |
| 白酒 | 吨 | 6927 | 3983 | 4590 | 10885 | 15212 | 22364 | 24637 |
| 啤酒 | 吨 | 8697 | 20549 | 21768 | 41734 | 60295 | 93245 | 111834 |
| 味精 | 吨 | 96 | 317 | 591 | 2721 | 3460 | 4933 | 5326 |
| 肥皂 | 吨 | 12826 | 13890 | 9060 | 19647 | 25935 | 26472 | 25801 |
| 合成洗涤剂 | 吨 | | | 1109 | 6816 | 9352 | 18763 | 22870 |
| 皮鞋 | 万双 | 92.2 | 172.0 | 94.8 | 361.4 | 408.4 | 522.6 | 569.5 |
| 胶鞋 | 万双 | 746 | 490 | 937 | 1144 | 1004 | 1239 | 1434 |
| 布鞋 | 万双 | 5.80 | 71.70 | 145 | 263.40 | 314.66 | 404.28 | 403.57 |
| 塑料制品 | 吨 | | | 2267 | 16086 | 18233 | 27834 | 30997 |
| 各种家具 | 万件 | 1.04 | 46.80 | 12.10 | 32.30 | 69.42 | 129.64 | 98.35 |
| 家用电冰箱 | 台 | | | | | 3182 | 5416 | 11618 |
| 大型专用衡器 | 台 | 61 | 93 | 336 | 509 | 583 | 714 | 676 |
| 化学药品（原药） | 吨 | 57.2 | 1200.2 | 1435 | 3101 | 3089 | 3450 | 3630 |
| 化学纤维 | 吨 | | | | 1189 | 1111 | 1353 | 2005 |
| 棉纱 | 吨 | 2995 | 745 | 6509 | 12104 | 16382 | 20740 | 20683 |
| 棉布 | 万米 | 6083 | 5861 | 3522 | 4475 | 6040 | 6660 | 6345 |

续表

| 产品名称 | 单位 | 1952 | 1957 | 1965 | 1978 | 1980 | 1984 | 1985 |
| --- | --- | --- | --- | --- | --- | --- | --- | --- |
| 印染布 | 万米 | 1295 | 5463 | 4219 | 5005 | 6089 | 6254 | 6117 |
| 呢绒 | 万米 | 39.7 | 107.7 | 193.0 | 282 | 346 | 461 | 525 |
| 毛线 | 吨 |  | 354 | 622 | 1387 | 1755 | 2658 | 2499 |
| 丝织品 | 万米 |  |  | 274 | 456 | 602 | 703 | 746 |
| 农用工业产品 |  |  |  |  |  |  |  |  |
| 拖拉机 | 台 |  |  | 906 | 4550 | 5950 | 1594 | 2245 |
| 手扶拖拉机 | 台 |  |  | 300 | 14500 | 9860 | 26860 | 24874 |
| 内燃机（商品量） | 万马力 |  |  | 3.90 | 59.79 | 99.92 | 120.43 | 184.35 |
| 拖拉机内燃机配件 | 万件 |  |  | 383 | 6910 | 5877 | 6200 | 8307 |
| 农机具配件 | 万件 |  |  |  | 450.6 | 683.7 | 456 | 51.8 |
| 农用水泵 | 台 | 511 | 438 | 5948 | 9644 | 6556 | 27678 | 16812 |
| 钢锹 | 万把 | 3.8 | 16 | 139 | 131 | 200 | 284.8 | 244.8 |
| 合成氨 | 吨 |  |  | 25 | 13063 | 12316 | 2772 | 3040 |
| 化学肥料 | 吨 |  |  | 2360 | 89059 | 183091 | 14783 | 4144 |
| 氮肥（折100%） | 吨 |  |  | 795 | 51279 | 59658 | 2447 | 2387 |
| 磷肥（折100%） | 吨 |  |  | 1565 | 37780 | 123433 | 12336 | 1757 |
| 化学农药（原药） | 吨 | 1040 | 16719 | 22284 | 33770 | 37145 | 4498 | 1481 |
| 机电工业产品 |  |  |  |  |  |  |  |  |
| 扬声器 | 万只 |  |  |  | 65.21 | 166.60 | 100.66 | 100.28 |
| 集成电路 | 万只 |  |  |  | 14.4 | 15.4 | 7.8 | 5.1 |
| 微型电子计算机 | 台 |  |  |  |  |  | 1118 | 1612 |
| 矿山设备 | 吨 | 377 | 15430 | 3090 | 22843 | 14898 | 22965 | 16813 |
| 冶金设备 | 吨 | 8 | 368 | 2499 | 3582 | 2259 | 2021 | 3366 |
| 起重设备 | 吨 | 120 | 1280 | 4409 | 4564 | 9128 | 9481 | 11332 |
| 运输设备 | 吨 | 138 | 5933 | 2585 | 13540 | 8930 | 17901 | 11766 |
| 气体压缩机 | 台 | 550 | 2281 | 3477 | 2558 | 2245 | 2496 | 5782 |
| 风机 | 台 | 1087 | 9188 | 8619 | 12659 | 14510 | 23302 | 10540 |
| 工业用泵 | 台 | 2729 | 15566 | 3734 | 9933 | 13320 | 23696 | 23465 |

续表

| 产品名称 | 单位 | 1952 | 1957 | 1965 | 1978 | 1980 | 1984 | 1985 |
|---|---|---|---|---|---|---|---|---|
| 高中压阀门 | 吨 | | 72 | 2158 | 5035 | 4296 | 5698 | 6450 |
| 金属切削机床 | 台 | 2045 | 6698 | 5576 | 7362 | 9817 | 11442 | 11356 |
| 锻压设备 | 台 | 158 | 93 | 250 | 471 | 600 | 699 | 9461 |
| 交流电动机 | 万千瓦 | 11.0 | 0.6 | 14.5 | 138.2 | 129.4 | 138.6 | 148.0 |
| 变压器 | 万千伏安 | 34.8 | 285 | 361 | 1255 | 1140 | 1017 | 1330 |
| 高压断路器 | 台 | 1007 | 5997 | 1612 | 3551 | 1247 | 1945 | 3715 |
| 电力电缆 | 公里 | 28 | 4792 | 6726 | 10700 | 15191 | 14395 | 15534 |
| 钢芯铝绞线 | 吨 | 896 | 6784 | 8827 | 12108 | 11354 | 18458 | 22062 |
| 汽车 | 辆 | | | | 784 | 4032 | 12784 | 25306 |
| 轴承 | 万套 | 0.8 | 39.0 | 27.2 | 109.7 | 124.1 | 166.0 | 125.8 |
| 原材料工业产品 | | | | | | | | |
| 原煤 | 万吨 | 167.1 | 345.7 | 317.1 | 517.5 | 555.3 | 504.7 | 529.2 |
| 发电量 | 万度 | 772 | 40 | | 34059 | 29489 | 32143 | 51587 |
| 煤气生产量 | 万立方米 | 1545 | 3470 | 9680 | 21447 | 21978 | 28585 | 49091 |
| 钢 | 万吨 | 7.76 | 13.77 | 13.02 | 26.21 | 22.86 | 30.59 | 32.20 |
| 成品钢材 | 万吨 | 1.62 | 16.67 | 19.79 | 45.67 | 53.81 | 42.35 | 46.86 |
| 电解铜 | 吨 | 7087 | 14259 | 42469 | 46153 | 56618 | 49553 | 56562 |
| 电解铅 | 吨 | 7031 | 40691 | 35314 | 48070 | 52294 | 58202 | 54643 |
| 电解锌 | 吨 | 2373 | 10181 | 17130 | 20727 | 17690 | 18567 | 20109 |
| 铜材 | 吨 | 2089 | 5967 | 14299 | 23365 | 21618 | 27914 | 31281 |
| 铝材 | 吨 | | 930 | 3217 | 3622 | 4479 | 6489 | 7638 |
| 焦炭 | 万吨 | 2.27 | 4.81 | 19.63 | 27.00 | 26.52 | 30.89 | 31.41 |
| 耐火砖 | 万吨 | 2.02 | 4.95 | 0.61 | 5.76 | 6.21 | 6.26 | 6.81 |
| 硫酸 | 万吨 | 0.05 | 0.05 | | 8.24 | 11.67 | 13.33 | 8.63 |
| 盐酸 | 万吨 | 0.39 | 2.53 | 4.17 | 9.24 | 9.33 | 12.09 | 12.42 |
| 烧碱 | 万吨 | 0.55 | 2.21 | 3.60 | 8.17 | 8.97 | 7.54 | 7.60 |
| 油漆 | 吨 | 11258 | 7616 | 12180 | 15094 | 19886 | 29754 | 25855 |

续表

| 产品名称 | 单位 | 1952 | 1957 | 1965 | 1978 | 1980 | 1984 | 1985 |
|---|---|---|---|---|---|---|---|---|
| 轮胎外胎 | 万条 | 0.80 | 15.70 | 18.30 | 19.04 | 21.19 | 30.53 | 37.35 |
| 水泥 | 万吨 | | | 1.06 | 12.57 | 18.50 | 22.35 | 25.30 |
| 平板玻璃 | 万标箱 | 58.7 | 108.3 | 141.0 | 183.0 | 172.9 | 209.1 | 174.1 |
| 砖 | 亿块 | 6.34 | 3.90 | 376 | 6.22 | 9.12 | 16.37 | 19.15 |
| 卫生陶瓷 | 万件 | 0.7 | 11.1 | 21.3 | 21.0 | 24.4 | 26.6 | 30.9 |
| 釉面砖 | 万平方米 | | | 50.1 | 86.0 | 118.4 | 174.9 | 158.2 |

1986—2005年20年间，在由计划经济向市场经济转轨的历史进程中，沈阳工业经济经历跌宕起伏，从低谷走向辉煌的发展历程。在“七五”前期，全国经济发展增速，沈阳作为全国重要工业装备基地，工业增长势头强劲。但同时也出现基建摊子铺得过大、库存增加、结构不合理等问题。1989年，全国治理整顿工作开始，沈阳工业增长速度也出现回落，1990年降至谷底。随着治理整顿工作成效显现，沈阳工业进入控制总量前提下调整结构、提高效益的攻坚阶段。“八五”期间，市委、市政府提出建设“一高两大两化”（即高科技、大生产、大流通的现代化、国际化城市）的城市要求，作出“一开四促”（以开放促改革、促改造、促改组、促发展）的重大战略选择，使工业在结构调整中保持较快的发展。但同时也遇到多数国有大中型企业没有摆脱困境，经济运行质量较差等问题。“九五”期间，沈阳工业经济坚持体制改革，结构调整，按照抓大放小，努力搞好国有企业改革脱困，积极培育和发展优势产业，全市工业较之“八五”时期接连跃上新台阶。“十五”期间，全市工业战线认真贯彻落实“工业城市”发展战略，特别是2003年中共中央提出振兴东北等老工业基地后，进入较快发展的活跃期。20年间，沈阳工业经历经济体制转轨过程中的阵痛与磨难，经历市场经济大潮的冲击与洗礼，经历在困境中求发展的探索和成长，打破高度集中的计划经济体制，创造工业经济体制格局和工业经济运行机制，近千户国有企业完成产权结构调整，一大批骨干企业焕发青春活力，尤其是老工业基地最具代表性的铁西工业区发生巨大变化，探索出一条振兴新路子，创造了工业经济的辉煌成就。

工业经济总量显著增加。全市工业总产值按现价计算由1986年的204.2亿元，增加到2005年的3635.5亿元，增长16.8倍，按可比价格年均增长15.7%；

独立核算工业企业固定资产净值由75.2亿元增加到876.2亿元，增长10.7倍，年均增长13.9%。汽车、金属切削机床、矿山设备、变压器、化学原料药、啤酒、味精、空调压缩机、彩色电视机、打印机等主要产品产量成倍甚至几十倍、几百倍增长。轻、重工业均衡发展，轻工业所占比重略有上升。全市工业产品在满足和支援国家经济建设的同时，人民生活必需日用消费品日益丰富，食品和一般消费品的短缺现象成为历史。全市轻工业总产值由1986年的70.3亿元上升至2005年的1323.7亿元，增长17.8倍；重工业总产值由1986年的133.9亿元上升至2005年的2311.8亿元，增长16.3倍。轻、重工业产值比例由1986年的34.4∶65.6调整为2005年的36.4∶63.6[①]。

所有制结构发生变化。各种经济类型企业日趋活跃，公有制企业比重逐年下降，非公有制企业逐渐发展壮大。到2005年末，公有制企业和非公有制企业在全市规模以上工业企业分别达到493户和1192户，完成工业总产值分别达到765.6亿元和403.2亿元，占全市规模以上工业总产值的比重分别达到34.9%和18.4%。外商投资企业从1986年的3户发展到2005年规模以上工业企业的557户，完成产值从几百万元上升至705.1亿元，占全市规模以上工业总产值的比重达到32.1%。国有企业产值占全市的比重由1986年的64.4%下降到2005年的11.7%。

外向型经济迅猛发展。在坚持外向牵动战略的对外开放过程中，工业经济对外合资合作显著增加。1986年，沈阳工业协议利用外资项目18项，占项目总数的54.55%；合同外资额4083万美元，占合同外资额总数的74.25%；工业项目实现利用外资1126万美元，占实际利用外资总数的92.67%。到2005年，工业项目成为沈阳利用外资的主体。全市外资工业项目599项，占项目总数的66.5%；合同外资额36.6亿美元，占合同外资额总数的59.3%。工业项目实际利用外资10.98亿美元，占实际利用外资总数的51.7%。1986年，全市机电产品出口额1524万美元，占全市出口额的15.8%；2005年全市出口机电产品企业达1219户，产品出口到全球677个国家和地区，出口额达到13.97亿美元，占全市出口总额的56.3%。

**1.“七五”时期**

1986—1990年的“七五”时期，全市人民在市委、市政府的领导下，认

---

① 沈阳市人民政府地方志办公室编：《沈阳市志1986—2005》，长春：吉林科学技术出版社，2008年版，第140页。

真贯彻执行改革开放的一系列方针政策，充分利用国家对沈阳实行计划单列、进行经济体制综合改革试点和列入辽东半岛开放区的有利条件，实施“振兴沈阳、繁荣辽宁、服务全国、走向世界”的战略方针，为经济和社会发展注入了生机和活力。

工业经济总量稳定增长。1990年，全市完成工业总产值155.1亿元（按1980年不变价格计算），比1985年增长51.7%，其中乡及乡以上工业总产值为204.1亿元，比1985年增长32.4%。1990年，全市乡及乡以上工业企业达5870户，比1985年增长9.2%。独立核算工业企业全部职工年平均人数131.7万人，比1985年增长1.7%；固定资产净值125.8亿元，比1985年增长91.7%。

在全部重点考核的主要工业产品产量中，能源、原材料、建筑材料、机械产品、轻纺产品都有较大幅度增产。1990年与1986年相比，全市发电量由58879万千瓦时增加到96561万千瓦时，增长64%；原煤产量由514.8万吨增加到574.0万吨，增长11.7%；钢产量由32.69万吨增加到38.63万吨，增长18.2%；化学药品（原药）产量由7381吨增加到13268吨，增长79.8%；化学肥料产量由8644吨增加到24153吨，增长1.79吨；水泥产量由31.51万吨增加到31.60万吨，增长0.3%；大中型拖拉机产量由135台增加到910台，增长5.74倍；电力电缆产量由15853公里增加到18752公里，增长18.3%；风机产量由21739台增加到23600台，增长8.56%；高中压阀门产量由6154吨增加到7463吨，增长21.3%；轮胎外胎产量由39.91万条增加到67.30万条，增长68.6%；平板玻璃产量由194.1万重量箱增加到212.9万重量箱，增长20.6%；电视机产量由11.47万台增加到18.6万台，增加62.2%；家用电冰箱产量由28462台增加到82352台，增长1.89倍；微型电子计算机产量由1217部增加到2967部，增长1.44倍；白酒产量由28715吨增加到59478吨，增长1.07倍。

轻工业发展快于重工业。1990年，在全部工业总产值中，轻、重工业产值比例为36.3：63.7，比1985年轻、重工业产值比例分别提升和下降2.8个百分点，轻工业的发展整体上快于重工业。其中，乡及乡以上轻工业完成产值98.82亿元，比1985年增长82.6%，“七五”期间年均增长6.3%；重工业完成产值195.5亿元，比1985年增长71.9%，年均增长5.5%。乡及乡以上轻、重工业的产值比例由“六五”末期的33.5：66.5调整为34.7：65.3。“七五”时期，轻工业企业数量比重有所下降，重工业比重上升。1990年，在全市乡及乡以上工业企业中，轻工业2438户，比1985年减少3户；重工业3109户，比1985年增长16.3%。轻、重工业企业数的比例由1985年的47.8：52.2调整为1990年的44：56。

从总体上看，“七五”时期，沈阳市工业经济取得长足进展，但在发展中，仍存在一些矛盾和问题，主要是：经济发展还不够稳定，起伏较大；经济结构调整还不适应宏观经济和市场变化的要求；经济效益较差，国民收入率呈下降趋势；老工业基地面临衰退危机，经济发展后劲不足。

**2.“八五”时期**

1991—1995年的“八五”时期，沈阳工业经济进入新的发展时期，1991年处于谷底期，1992—1995年步入快速增长期。

工业经济总量实现快速增长。到1995年末，全市完成现价工业总产值874.73亿元，比1990年增长1.4倍，按可比价格计算年均增长18.7%。其中，乡及乡以上工业企业完成产值541亿元，比1990年增长83.81%，按可比价格年均增长12.1%。全市乡及乡以上工业企业7878户，比1990年增加34.2%。全市工业固定资产净值达到326.1亿元，比1990年增长1.6倍，年均增长21%。“八五”时期，工业新增固定资产127.7亿元，比“七五”时期增长94.9%。

轻、重工业交替快速发展。“八五”时期，由于市场经济逐步建立和完善，市场需求对工业生产制约作用明显加大，由此导致轻、重工业增速交替变化。重工业在1991—1993年间受投资需求拉动，生产高速发展，快于轻工业。进入1994年，在国家控制固定资产投资规模的形势下，发展速度受到一定抑制。到1995年末，全市重工业完成产值519.2亿元，比1990年增长1.84倍，按可比价格年均增长17.5%。“八五”后期，由于固定资产投资减弱，轻工业生产速度增长快于重工业，并开始接近重工业。到1995年末，全市轻工业完成产值355.5亿元，比1990年增长1.72倍，按可比价格年均增长25.5%。在全部工业中，轻重工业产值比例为40.6∶59.4，分别比1990年提升和下降4.3个百分点。在全市乡及乡以上工业企业中，轻工业完成产值179.1亿元，重工业完成产值361.9亿元。轻、重工业产值比例33.1∶66.9，轻、重工业比例与“七五”末期大体相当。

“八五”时期，沈阳工业经济总体上保持较快发展，但存在的问题依然不少。一是产品结构有待进一步调整。中低档老产品多，高精尖产品少。二是企业资金紧缺矛盾突出。企业自有资金严重不足，资金占用不合理，资金运营效率过低。三是总体经济运行质量不高。生产成本费用上升较快，企业亏损额和亏损面较大，产销衔接水平较低。截至1995年，全市企业亏损额达22.61亿元，比1990年亏损额增加12.23亿元。全市工业产销率为93.7%。

**3.“九五”时期**

1996—2000年的“九五”时期，沈阳工业进入持续快速发展期。走势特点：

国有企业扭亏脱困目标基本实现。1997年底，国家提出用3年时间实现国有大中型企业改革脱困目标，使“九五”后期的3年进入国企改革与脱困的攻坚阶段。沈阳市在全国工业的地位决定其改革的重大意义。“国企改革与脱困目标能否实现，全国看辽宁，而辽宁的关键则在沈阳。”沈阳不负历史与人民的厚望，经过3年的艰苦努力，工业经济效益大幅回升，国有企业扭亏脱困目标基本实现。全市工业企业的经济运行状况逐年好转。“九五”期间，国家工业统计口径发生重大调整，统计口径从1998年开始由原来的乡及乡以上工业企业改为规模以上工业企业。2000年，全市完成现价工业总产值1808.46亿元，比“八五”末期的1995年增加933.73亿元。全市规模以上工业企业1183户，全部从业人员平均人数60.8万人；完成现价工业总产值714.3亿元，年均增长12.9%；固定资产净值达到596.6亿元，年均增长14.3%；实现产品销售收入705.3亿元，比1997年增长40.8%；利税总额完成64.2亿元，比1997年增长1倍，其中，利润总额实现29.1亿元，比1997年增长近7倍。亏损企业亏损额由1997年的19.3亿元下降到2000年的14.7亿元，下降23.8%；工业经济效益综合指数达93%，创历史新高。国有及国有控股工业实现利税39.1亿元，比1997年增长15.4倍；实现利润16.1亿元，比1997年增长19.6倍[①]。国有大中型工业企业扭亏脱困成效尤为显著。2000年，全市99户国有及国有控股重点工业企业共完成不变价工业总产值364.4亿元，占规模以上工业企业的47%；完成工业增加值76.8亿元，占规模以上工业企业的40.5%；实现利税总额28.5亿元，占规模以上工业企业的44.4%；亏损企业亏损额降至2.8亿元，占规模以上工业企业的19%；亏损面已降至8.1%，低于全市21.9个百分点。

支柱产业得到较大发展。“九五”期间，全市重点发展机械装备、汽车、电子信息、医药化工四大支柱产业。2000年，在全市规模以上工业企业中，四大支柱产业企业数达到670户，占全市的56.6%；完成工业总产值476.4亿元（现价），比1998年增长43.5%，占全市的比重为66.7%。其中，机械装备业375户，占全市的比重31.7%，完成产值147.5亿元，比1998年增长11.6%，占全市的比重为20.6%；汽车产业110户，占全市的比重为9.3%，完成产值147.3亿元，比1998年增长66.3%，占全市的比重为20.6%；电子信息业42户，占全市的比重为3.6%，完成产值86.4亿元，比1998年增长1倍，占全市的比重为

---

① 沈阳市人民政府地方志办公室编：《沈阳市志1986—2005》，长春：吉林科学技术出版社，2008年版，第149页。

12.1%，完成产值95.2亿元，比1998年增长38.8%，占全市的比重为13.3%。2000年，在其他产业中，轻纺工业产值87.7亿元，比1998年下降7.7%，比重为12.3%，比1998年下降6个百分点；建材工业产值14.7亿元，比1998年增长5%，占比为2.1%，比1998年下降0.6个百分点；冶金工业产值31亿元，比1998年下降10.7%，占比为4.4%，比1998年下降2.2个百分点。采掘业产值10.7亿元，比1998年增长35.8%，占比为1.5%，与1998年持平①。

“九五”期间，沈阳工业经济取得巨大成就，但存在的问题仍影响和制约着工业经济的良性发展。一是企业改革面临的深层次矛盾依然十分突出，经济活动中内在的体制性、机制性、结构性矛盾尚未从根本上得到解决，人员、债务负担重，社会保障体制不健全，企业建立现代企业制度还不规范、不完善。二是企业资金短缺问题仍然十分严重，制约着企业生产经营。三是推动工业经济可持续发展的内在动力和后劲仍显不足，企业技术创新水平不高，产品开发储备不足，缺乏支撑行业未来发展、对结构调整及全市经济发展起牵动作用的重大项目。

**4.“十五”时期**

2001—2005年的“十五”时期，沈阳工业经济跨入高速发展时期。市委、市政府抓住国家全面实施振兴东北等老工业基地战略和扩大内需方针的契机，认真贯彻落实“工业立市”的发展战略，审时度势，谋划发展以国有企业战略性重组为主要内容，以建设全国先进装备制造业基地为目标，大力推进体制创新、技术创新和管理创新，打好振兴工业经济攻坚战，谱写振兴沈阳老工业基地新篇章。

工业经济增长强劲。2005年，全市完成现价工业总产值3635.5亿元，比2000年增长1倍，年均增长15%；完成工业增加值786.3亿元，比2000年增长1.1倍，按可比价格年均增长17.6%。其中，规模以上工业企业数达到3033户，比2000年增长1.56倍；完成现价工业总产值2195.2亿元，比2000年增长2.07倍，年均增长25.2%。“十五”时期，全市工业经济总量比2000年增长3倍，年均增长28.4%，创造增长奇迹，实现历史性跨越。工业经济运行质量和效益显著提高。“十五”期间，全市工业企业已逐步适应市场经济的发展，融入市场经济大潮，企业经营机制更加灵活，竞争能力增强，经营效率和盈利水平持续提高。2005年，全市规模以上工业实现销售收入2045.5亿元，比2000年增长1.9倍，年均增长24.3%；实现利税118.5亿元，比2000年增长84.58%；实现利润

① 沈阳市人民政府地方志办公室编：《沈阳市志1986—2005》，长春：吉林科学技术出版社，2008年版，第152页。

46.2亿元，比2000年增长58.76%；经济效益综合指数达到148.6%，比2000年提高55.6个百分点，年均提高11.1个百分点，达到历史最高水平。固定资产净值达到876.2亿元，比2000年增长46.9%。沈阳工业终于挺起了自己的脊梁。

新的产业格局初步形成。“十五”时期，优势产业主导作用增强。在“九五”时期的汽车、装备制造、医药化工、电子信息四大支柱产业的基础上，全市通过加大招商力度，提高投资强度，从“十五”末期又陆续重点培育农产品加工业、钢铁工业、有色金属加工业、航空业，初步形成八大优势产业的新格局，产业集中度进一步提高，优势产业地位更加显现，对全市工业经济的支撑作用愈加突出。

“十五”期间，沈阳市工业结构调整取得积极成果，工业经济运行呈现出前所未有的好形势，经济效益综合指数达到148.6%，超过标准值48.59个百分点，说明全市工业经济步入持续、快速和健康发展的轨道。但潜在的问题依然存在，制约了沈阳市工业发展的后劲和长远目标的实现。这些问题主要有：规模以上工业企业平均规模小，大企业发展缓慢；资本运营效率不高，获利能力偏低；高新技术产业发展缓慢。

**1986年、2005年沈阳市主要工业产品产量①**

| 产品名称 | 计量单位 | 产量 | | |
|---|---|---|---|---|
| | | 1986年 | 2005年 | 增长（%） |
| 汽车 | 万辆 | 2.6 | 13.8 | 430.8 |
| 金属切削机床 | 万台 | 1.2 | 6.8 | 466.7 |
| 矿山设备 | 万吨 | 2.2 | 11.5 | 422.7 |
| 冶炼与轧制设备 | 吨 | 0.3 | 2.4 | 700.0 |
| 变压器 | 万千伏安 | 1422 | 3586 | 152.2 |
| 电力电缆 | 万公里 | 1.59 | 10.9 | 585.5 |
| 交流电动机 | 万千瓦 | 162 | 404 | 149.4 |
| 蓄电池 | 万千伏安时 | 39.4 | 139 | 252.8 |
| 微型电子计算机 | 万部 | 0.1 | 27 | 26900.0 |
| 打印机 | 万部 | | 1.4 | |

① 沈阳市人民政府地方志办公室编：《沈阳市志1986—2005》，长春：吉林科学技术出版社，2008年版，第156页。

续表

| 产品名称 | 计量单位 | 产量 | | |
|---|---|---|---|---|
| | | 1986年 | 2005年 | 增长（%） |
| 彩色电视机 | 万部 | 1.3 | 472 | 207.7 |
| 空调压缩机 | 万台 | | 370 | |
| 房间空调器 | 万台 | | 61 | |
| 化学原料药 | 万吨 | 0.7 | 3.5 | 400.0 |
| 轮胎外胎 | 万条 | 39.9 | 315 | 689.5 |
| 原煤 | 万吨 | 514.8 | 992 | 92.7 |
| 焦炭 | 万吨 | 26.6 | 67 | 151.9 |
| 煤气 | 万立方米 | 11587 | 29866 | 157.8 |
| 发电量 | 亿千瓦时 | 5.9 | 44.47 | 650.8 |
| 烧碱 | 万吨 | 7.8 | 17.4 | 123.1 |
| 水泥 | 万吨 | 31.5 | 179.2 | 468.9 |
| 成品钢材 | 万吨 | 42.6 | 151.2 | 254.9 |
| 铝材 | 万吨 | 1.7 | 2.6 | 52.9 |
| 平板玻璃 | 万重量箱 | 194.1 | 744.0 | 283.3 |
| 啤酒 | 亿升 | 1.16 | 5.3 | 356.9 |
| 味精 | 万吨 | 0.5 | 4.6 | 820.0 |
| 液体乳 | 万吨 | 0.06 | 32.2 | 53566.7 |
| 软饮料 | 万吨 | 9.3 | 106.3 | 1043.0 |
| 皮鞋 | 万双 | 578.3 | 2126.4 | 267.7 |

**5.“十一五”时期**

2006年，全市工业战线继续坚持“工业立市”方针，突出抓好产业规划、空间布局和项目建设，不断积累工业可持续发展的基础，强化工业经济运行的组织、协调、服务，注重提高经济运行质量和效益，使工业经济步入科学发展的轨道，生产、销售、效益三者同步高速增长，工业经济实现又好又快的发展。

工业生产持续高速增长，经济规模进一步扩大。随着招商引资力度的加大和新开工工业项目的增多，全市工业企业数量和经济规模不断增大，工业生产呈现持续高速增长态势。截至2006年末，全市实现工业增加值1008.2亿元，比上年增长24.6%。规模以上工业企业达到4052户，比上年增加1019户。工业增加值连续35个月保持28%以上的增长，全年规模以上企业实现工业增加值929.3亿元，增长32.5%。其中，重工业增加值671.9亿元，增长34.7%；轻工业增加值257.4亿元，增长27%。全市工业增加值增幅分别高于全国和全省15.9和12.5个百分点，在全国副省级城市中，增幅居第一位，总量由上年的第10位跃升至第7位。工业总产值连续32个月保持30%以上的增长，全年实现工业总产值3295.1亿元，增长41.5%，增幅在全国副省级城市中名列第一位①。全市工业企业户均实现产值达到8132万元，比上年增加894万元。产值超亿元工业企业达到474户，比上年新增184户，超10亿元企业53户，比上年增长13户；超50亿元企业9户，比上年新增5户。

2007年，全市工业战线以"一手抓空间、一手抓项目"为基本工作思路，围绕"创新年"的中心工作，克服暴风雪灾害、原材料价格不断上涨等不利因素影响，取得工业生产和经济效益双丰收，工业经济实现又好又快发展，在沈阳老工业基地全面振兴的道路上实现新的跨越。

工业生产持续高速增长，经济总量进一步提高。全市规模以上工业实现产值4794亿元，同比增长42.9%；实现工业增加值1233.4亿元，同比增长31.9%。规模以上工业增加值连续3年保持30%以上的高速增长，在全国15个副省级城市中增幅名列第一，总量由上年的第七位上升至第六位。

工业对国民经济的贡献突出，"工业立市"成效显著。全市实现工业增加值1299.6亿元，比上年增长24.5%，高于全市地区生产总值增幅6.8个百分点，对全市经济增长的贡献率达到55.8%，比上年提高0.4个百分点；拉动地区生产总值9.9个百分点，比上年提高0.6个百分点；占地区生产总值的比重达到47.2%，比上年提高2.2个百分点。工业经济的良好发展，为实现沈阳老工业基地的全面振兴奠定坚实基础。

装备制造业增长强劲，引领全市工业的快速增长。装备制造业完成产值2458.5亿元，同比增长46%，高于全市平均增幅3.1个百分点，对全市工业增长的贡献率为54.1%，拉动全市工业增长23.2个百分点，占全市的比重为51.3%；实现工业增加值592.3亿元，同比增长34.8%，高于全市平均增幅2.9个百分点，占全市的比重为48.1%；实现利税161.5亿元，同比增长67%，占全市的比

① 张晓天：《实践前沿的理性思考　沈阳社会发展研究》，沈阳：沈阳出版社，2007年版，第228页。

重为49.4%；实现利润84.7%亿元，同比增长125.7%，占全市的比重为45.8%。

2008年，全市工业战线面对复杂多变的宏观经济形势，克服南方暴风雪等自然灾害以及全球经济危机蔓延、原材料价格大幅波动、汽车产业生产低迷等不利因素，以“保增长、促发展”为工作重点，加强工业经济运行的组织、协调、检测、预警、分析，千方百计地为工业经济发展提供有利条件，全市工业生产和经济效益保持平稳较快增长态势，新开工投资3000万元以上工业项目506个，工业投资突破1100亿元，69个重点工业项目进展顺利，工业经济实现又好又快发展。

工业经济保持平稳、较快增长，工业总量提前2年实现进入“第一集团”目标。2008年，全市工业经济全面超额完成全年发展目标，规模以上工业完成产值6424.3亿元，同比增长34.3%，比全年目标超额224.3亿元；完成工业增加值1714.2亿元，同比增长23.5%，比全年目标高2.5个百分点。工业经济保持平稳、较快的运行态势。全年工业生产增速平稳，没有出现较大波动，一至四季度，全市规模以上工业总产值累计增长分别33.8%、35.9%、35.2%和34.3%，工业增加值累计增长分别为24.1%、24.7%、23.8%和23.5%[①]。与全国和全省相比，沈阳市规模以上工业增加值增速分别高于全国和全省10.6和6个百分点；与上三角、珠三角地区相比，沈阳市工业增加值增速高于上述主要地区11个百分点以上；在全国15个副省级市中，沈阳市工业增加值增速列第三位，工业增加值总量由上年的第六位上升至第五位，提前2年实现进入全国“第一集团”的目标。

工业品销售保持较快增长，经济运行质量和效益稳步提高。2008年，全市规模以上工业完成销售产值6286亿元，同比增长34.8%，高于产值增幅0.5个百分点；实现出口交货值291.8亿元，同比增长25.9%；实现产销率97.8%，比上年提高0.3个百分点，产销率为近3年来最好水平。工业经济效益综合指数达到247.7，较上年提高28.4个点；实现主营业务收入6173.9亿元，同比增长36.1%；实现利税总额403.4亿元，同比增长24%；实现利润总额237.7亿元，同比增长28%；主营业务收入、利税总额、利润总额增幅分别高于工业增加值增幅12.6、0.5、4.5个百分点，连续2年保持主要效益指标增长快于生产指标增长的良好态势。工业企业亏损状况进一步改善，企业亏损面为9.6%，为近10年来最低点；资产状况进一步好转，资产负债率为57%，比上年下降4.1个百分点。

优势产业协调发展，机械装备制造业发挥骨干支撑作用。2008年，全市八大优势产业完成产值5117.3亿元，同比增长31.7%，占全市工业的79.7%，对

---

① 沈阳市人民政府地方志办公室编：《沈阳市志1986—2005》，长春：吉林科学技术出版社，2008年版，第161页。

全市工业增长的贡献率达到75.1%；实现利税300.2亿元，同比增长20.3%，占全市工业的74.4%；实现利润总额182.7亿元，同比增长29.5%，占全市工业的76.9%。在各优势产业中，机械装备制造业对全市工业发展继续发挥着骨干支撑作用，全年完成产值2188.7亿元，同比增长44.6%，高于全市平均增幅10.3个百分点，对全市工业增长的贡献率达到41.1%。农副产品加工业在全市工业的地位进一步增强，全年完成产值1022.1亿元，同比增长48.4%，高于全市平均增幅14.1个百分点，增速居八大优势产业之首，工业经济总量仅次于机械装备业，居第二位，产值占全市工业的比重达到15.9%，比上年提高1.8个百分点。

**规模以上工业主要综合指标**①

| 指标 | 单位 | 2000 | 2005 | 2008 | 2009 |
|---|---|---|---|---|---|
| 工业企业和生产单位数总计 | 个 | 1183 | 3033 | 5226 | 5247 |
| 轻工业 | 个 | 444 | 920 | 1617 | 1531 |
| 重工业 | 个 | 739 | 2113 | 3609 | 3716 |
| 工业总产值 | 万元 | 7142822 | 21952498 | 65295162 | 76370998 |
| 轻工业 | 万元 | 1705304 | 5754708 | 16767665 | 19740071 |
| 重工业 | 万元 | 5437518 | 16197790 | 48527497 | 56630927 |
| 工业总产值发展速度 | % | 122.6 | 139.6 | 136.4 | 117.0 |
| 轻工业 | % | 110.1 | 159.8 | 137.3 | 117.7 |
| 重工业 | % | 127.1 | 133.6 | 136.1 | 116.7 |

2010年，全市工业战线面对纷繁复杂的国内外经济环境，深入贯彻落实科学发展观，围绕完成“五大任务”、实现“三大目标”，紧紧盯住“双五千亿”目标，注重经济发展方式转变和经济结构调整，不断加强工业经济运行的组织、协调、检测、预警、分析，全力抓好工业增长点企业，加强煤、电、油、水、气、运等生产要素供应保障，全面推进淘汰落后产能，着力做大工业经济总量，努力提高经济运行质量和效益，工业经济保持又好又快的发展势

① 国家统计局沈阳调查队：《沈阳统计年鉴2010》，沈阳：沈阳出版社，2010年版，第84页。

头，为全市“十一五”工业经济发展圆满收关和实现“双五千亿”目标做出突出贡献。

2010年，全市实现地区生产总值（GDP）5017.5亿元，比上年增长14.1%。其中，第一产业增加值232.7亿元，增长6.0%；第二产业增加值2529.9亿元，增长15.2%；第三产业增加值2254.9亿元，增长13.7%。三次产业结构为4.6：50.7：44.7。三次产业对经济增长的贡献率分别为1.8%、55.1%和43.1%。按常住人口计算，人均GDP为6.2357万元，增长12.5%。全市地方财政一般预算收入完成465.3亿元，增长17.6%。

工业生产平稳快速增长，工业经济总量迅速扩张。2010年，全市规模以上工业完成产值9612.5亿元，比上年增长25.9%，工业总产值是“十五”末期的4.3倍，年均增长33.7%；规模以上工业完成增加值2361.4亿元，比上年增长19.1%，分别高于全省和全国平均水平1.3和3.4个百分点，工业增加值是“十五”末期的3.5倍，年均增长28.8%。工业占GDP的比重显著提高，工业经济在全市国民经济中的主导作用进一步增强。2010年，全市规模以上工业增加值占GDP的比重为47.1%，比“十五”末期提高15.2个百分点，对全市GDP增长的贡献率达到61.1%，拉动全市GDP增长8.6个百分点。在全国15个副省级城市中，沈阳市规模以上工业增加值总量居第四位。沈阳市规模以上工业增加值总量居第四位。沈阳工业圆满地完成市委、市政府提出的“六年上两个台阶、进入副省级城市第一集团”的发展任务[①]。

工业经济发展方式实现根本性转变，工业经济效益和运行质量不断提高。2010年，全市规模以上工业经济效益综合指数达到302.31%，比上年提高29.1个百分点，为历年最好水平，经济效益综合指数比“十五”末期高出153.7个百分点，年均提高30.7个百分点。工业经济效益高速增长，并快于生产增长[②]。2010年，全市规模以上工业实现主营业务收入9399.6亿元，比上年增长26.3%，主营业务收入是“十五”末期的4.58倍；实现利税总额996.8亿元，比上年增长43.7%，实现利税是“十五”末期的15.5倍；实现利润总额673.3亿元，比上年增长75.8%，实现利润是“十五”末期的23.1倍[③]。“十一五”期间，连续五

① 张涛主编：《沈阳市经济社会发展研究报告2009—2010》，沈阳：沈阳出版社，2011年版，第226页。

② 张涛主编：《沈阳市经济社会发展研究报告2009—2010》，沈阳：沈阳出版社，2011年版，第190页。

③ 李学荣，赵强，宋杨：《沈阳市企业自主创新能力评价系统研究》，沈阳：辽宁大学出版社,，2010年版，第137页。

年全市规模以上工业的主营业务收入、利税总额、利润总额的增幅高于工业增加值的增幅，工业经济呈现经济效益指标高于生产指标的可喜局面。工业品产销同步快速增长，产销衔接良好。2010年，全市规模以上工业实现销售产值9479.2亿元，比上年增长26.8%，与工业总产值保持同步增长；实现产销率98.3%，比上年提高0.1个百分点。

“十一五”期间，沈阳机械装备制造业围绕建设具有国际竞争力的先进装备制造业基地目标，通过“调结构、优空间、抓创新”等举措，实现新跨越。初步形成以铁西装备制造业聚集区为龙头，以沈阳机床集团、北方重工、沈鼓等企业实现百亿集团建设，并继续向更高阶段迈进；在产品层面，加强自主创新，百万吨乙烯装置用压缩机、特高压变压器等一批重大技术装备研制成功，标志着机械装备制造业成为国家重大技术装备研制的骨干力量，是拉动沈阳工业发展、推进装备制造业振兴的主导产业之一。

2010年，沈阳市机械装备制造业拥有规模以上企业2146户，占全市工业的40.8%；工业总产值3413.3亿元，占比为35.5%；工业增加值856.5亿元，占比为36.3%；主营业务收入3188.6亿元，占比34%；利润总额213.5亿元，占比为29.4%。机械装备制造业已成为沈阳市的工业支柱。全行业2010年完成工业总产值、工业增加值同比增长23.2%和18.4%，分别是2005年的5.3倍和4.6倍。远大、机床、北方重工等百亿级企业保持良好的发展势头，工业产值位列沈阳机械装备制造业前茅。其中，远大、机床分别实现工业总产值160亿元和150亿元，增长12.5%和23%。沈鼓集团工业总产值突破百亿，同比增长12%，跻身百亿企业集团行列。北方交通、三一重装等企业实现较快发展，工业总产值分别达到38亿和26亿，增长19%和21.5%。

# 第九章
# 商业与金融设施

1948年沈阳解放后至今，沈阳的商业和金融业在市委、市政府的重视和扶持下，不断进步和发展，改革开放30多年来，不断取得新的成绩，兴建沈阳区域性商贸、金融、交通、旅游和信息中心，努力培育和完善大市场体系，拓展和强化中心城市功能。沈阳的商业和金融设施的建设工作也不断取得辉煌的成绩，沈阳商业区的陆续兴建、主要商业行业的不断完善以及金融中心的先后建设和城市金融服务网络的全方位覆盖，无一不体现着沈阳城市商业和金融事业的进步和辉煌。

## 第一节　商业设施

沈阳解放后中共沈阳市委和沈阳特别市政府就带领全市人民进行商业设施的建设，为恢复和发展沈阳商业奠定了基础，改革开放以来，通过体制改革，沈阳市商业市场逐步形成了多种经济形式、多种经营方式和多条流通渠道的流通体制，进一步促进了城乡市场的繁荣兴旺。

### 一、城市商业设施的改善

1948年沈阳解放后，为了迅速恢复生产，稳定市场，安定人民生活，中共沈阳市委和沈阳特别市政府根据中央关于商业的方针政策，组织和扩大全市的商品流通，统一领导和安排城乡市场；协调各种经济成分的商业活动；协调工商关系和农商关系，为国民经济恢复工作服务。

沈阳解放后第三天，即成立了沈阳市百货公司，综合经营日用工业品，它是沈阳第一家国营百货商业企业，承担着组织货源、稳定市场、平抑物价、安定人民生活的任务。公司下设花纱布、工业器材、医药、仓储4个收购处（1950年下半年改为4个分公司，仓储处改为土产公司）。之后通过没收官僚资本主义商业企业，接收帝国主义在沈阳的商业资本，建立起全民所有制的国营商业，使其成为市场的领导力量。

1948年沈阳解放后，针对私营商业萎缩、倒闭的情况，根据中共中央提出的“发展生产、繁荣经济”的方针和“公私兼顾、劳资两利、城乡互助、内外交流”的政策，沈阳市积极扶持私营商业发展，充分发挥其有利于国计民生的作用，限制其消极作用，坚决打击投机商人的非法活动。1949年8月至9月，沈阳市对私营工商业“完成一次确切调查”。8月1日，市委、市政府组成由180

名干部参加的私营工商业考察团，对全市私营工商业进行历时2个月的典型调查。8月7日，市委发出《关于协助私营工商业调查团工作的通知》，要求各区委、区政府动员区、街干部积极配合调查团工作，共同搜集材料。通过调查，制定出对私营工商业关于加工、原料、销路、资金、税收、运输等方面的具体处理办法。此外，采取扩大商业网的形式，促进商品流通，扶助私营商业的发展。通过沈阳市百货公司及花纱布公司、土产公司、工业器材公司、医药公司和百货批发站等，一方面满足了城乡人民生活消费品的供给需求，活跃了市场，加快了城乡、内外的物资交流，促进了商品流通。

1953年开始了第一个五年计划的建设，商业也得到了相应的发展。为了适应经济建设的需要，国营商业开始实行经济核算制，采取银行信贷的方法，按经济区划在全市建立了相应的批发站，实行供应会议和供应合同制，组织商品流通，划分商品范围；调整经营分工，将城市消费合作社撤销，并入国营商业，解决了国营商业与供销合作社在商品交叉经营上的矛盾。由于联营公司、铁西百货商店等十几个国营大中型零售商店相继开业，国营商业在整个市场占有了绝对优势。而国民收入增加，又出现了人民购买力的增长速度超过消费品增长的新情况。为了稳定市场，安定人民生活、巩固社会主义商业的领导地位，1953年11月和1954年9月，国家先后对粮食、食油和棉花、棉布实行了统购统销政策。1955年下半年的农业合作化高潮，促进了资本主义工商业的社会主义改造。1955年末，沈阳商业中有4个行业实现了全行业的公私合营，有3个主要行业3343户变为国营商业经销店。1956年1月，农业合作化基本完成，全市的资本主义工商业也出现了全行业合营的高潮，资本主义商业全部实行了公私合营，实现了资本主义私有制向社会主义公有制的过渡，形成了社会主义统一市场。

沈阳市的商业在“大跃进”期间，由于经济工作中“左”的错误思想的指导，沈阳市商业工作经历了曲折的发展过程。“文化大革命”期间，农村市场受到严重破坏，市场单一，商品短缺，流通不畅，供求矛盾突出。除农业生产资料商品的可供量有所增加外，其他商品的可供量极少，凭票、凭证、凭券供应的日用工业品、副食品多达数十种，加上管理混乱，服务质量差，企业亏损严重，农村互通有无的自由市场被关闭。

进入21世纪，沈阳商业的各个行业更是迸发出了新的热情，随着居民货币收入的增加，市场商品货源充裕，供应水平显著提高，商品购销规模进一步扩大，中心城市对内聚集和对外辐射的能力进一步增强。先后建成了中兴—沈阳商业大厦、商业城、东亚商场、中山大厦等几十个设施先进、功能齐全的大型商业设施，其中一批较大的流通企业集团正向规范化、集约化的综合商社发展，家乐福、客来多、银泰等中外合资的超市相继涌现，商业连锁、物资配送等新的流通形式逐步拓展。

## 二、主要商业区

### 1. 概述

目前沈阳市的商业格局，基本形成了以和平区和沈河区为主要商业核心区域的现状。形成了中街商业区、太原街商业区、五爱商业区、三好商业区、长江街商业区等商业区域。其中中街商业区和太原街商业区是沈阳市两大主力商业区，其辐射范围大，对周边城市吸引力强，这两个商业区的发展对提升沈阳商业形象和增强沈阳商业辐射力具有重大意义。而五爱街商业区、三好街商业区、南塔商业区均是辐射东三省的批发商场，是沈阳商业市场的重要组成部分，而其他商业区区域性较强，是沈阳商业的补充。

目前，沈阳市共有市级商业区3个（太原街商业区、中街商业区、长江街商业区），区级商业区3个（北市商业区、北站商业区、铁百商业区），专业商业区3个（五爱商业区、三好街商业区、南塔商业区），特色商业区1个（西塔商业区）。

### 2. 主要商业区

中街商业区　全长1500米的沈阳中街是沈阳最早的商业街，也是中国第一条步行街，中街是沈阳最早形成的商业中心。

1985年，在中街商业区共有17个行业、86个网店，除70个商店外，另有电影院、储蓄所、广播电台服务部、报刊门市部、刻印社等16个服务性门点。营业总面积3.8万平方米，从业人员7000余人，资金总额为4600万元，年销售额为4.5亿元。[①]

1997年后沈阳对中街进行了一系列改造，改造后的中街商业区在保持原有特色的同时还增加了时代感。

沈阳商业城曾连续4年跻身全国十大商业企业行列。总营业面积11.5万平方米，多年来，与国内外数千家知名企业建立了长期的业务往来关系，经营国际、国内知名品牌与名优畅销商品10万余种。

---

① 沈阳市人民政府地方志办公室编：《沈阳市志第九卷商业》，沈阳：沈阳出版社，1999年版，第48页。

沈阳第二百货商店、沈阳老字号吉顺丝房旧址，是中街地区保持原有建筑风格的商家之一，为市级文物保护单位。总营业面积（含路南）1万平方米。这个近百年的老店从古至今都是经营理财宝地，素有“吉随春夏秋冬转，顺受东西南北财”之美誉。

沈阳兴隆大家庭是亚洲单体面积最大的商业广场，一个集购物、休闲、娱乐为一体的全新的大型商业广场。

中街新玛特由大商集团独资兴建，建筑面积10万平方米，是一家集购物、餐饮、休闲、娱乐于一体的大型商业机构。

皇城恒隆中街广场投资25亿元，是沈阳有史以来省外投资的最大单体项目，恒隆中街广场总建筑面积为13.5万平方米，是集购物、餐饮、娱乐、健身等为一体的大型购物广场。

中粮·沈阳大悦城秉承大悦城的品牌概念，着力于打造国际现代化的精品购物中心。项目位于沈阳市大东区小东路与大什字街的交汇处，在传统商业步行街中街的东端，沈阳市实施的主题为“金钥匙”的“东中街”规划工程的核心位置，商业建筑面积为34万平方米。中粮·沈阳大悦城 由A、B、C、D四馆和沃尔玛超市构成，是以国际化的大型Shopping Mall作为核心的主题购物中心，集购物、餐饮、娱乐、文化、休闲于一体。中间由一条连通中街的全长600米的商业步行街贯穿，沈阳地铁一号线亦设站于此。这种将时尚的步行街景观、现代化的地铁交通枢纽与国际领先的购物中心主题有机结合的理念，堪称国内首见，亦将成为本项目最大的特色和亮点。

0101流行馆隶属于沈阳罕王百货有限公司，2005年于沈阳最繁华的商业街中街成功开设了第一家旗舰店，也是全国第一家定位为“年轻、流行、运动、休闲”的主题概念店，其经典的时尚语录“0101我的时尚密码”在年轻人中众口皆传，至今已成为引领时尚潮流的代名词。

其他商场还有中街九龙港、亚玛达电器、沈阳春天、文化大楼、盾安新一城、永辉超市、新世界百货、国美、苏宁等。

临街商铺：成大方圆药店、天益堂药店、中和福茶庄、荟华楼金店、李宁、以纯、森马、乔丹、海澜之家、佐丹奴、美特斯邦威、石头记、鳄鱼、运动汇、应大皮草、亨得利、天梭、光陆影城、中街冰点城、老边饺子、绝味鸭脖、吉野家、欧罗巴、肯德基、必胜客、星巴克等。

太原街商业区　太原街邻近沈阳火车站，北起市府大路南至砂阳路，全长3950米。其中，北起中山路口，南至中华路口的571米地段，是沈阳市最繁华的商业区街，为沈阳市的市级市场之一，平均日客流量达35万人次。

1949—1952年，太原街逐步形成以国营商业为主体、以私营商业为补充的繁华的商业区街。到1955年，在太原街商业区内相继有沈阳市联营公司、第一百货商店、军人商店、服装商店、妇女儿童用品商店、和平副食品商店、太原果品店、和平药房等十几家国营大中型综合与专业零售商店。私营商业企业有文元合玻璃镜庄、大隆皮毛商店、大明钟表眼镜店、五福照相器材商店、中和茶庄、兰州商场等。在太原街闹市周围，还有南轩酒家、北洋饺子馆、园路餐厅、东北电影院、文艺电影院、新闻电影院、以及设在街内的新华书店、科技书店、外文书店、银行储蓄所等配套营业网点。由于太原街邻近火车站，吸引着外地来沈和中转乘车的旅客，对外地流动顾客和对外埠销售的商品额约占1/3。

1980年9月，在太原街商业区南部，开辟一处露天轻工产品市场，场地面积为3600平方米，主要由街道企业和个体商贩组成。

1983年，沈阳市第二轻工业系统在太原街新建一座5层的工艺美术大楼，主要经营全国各地的工艺美术制品和沈阳市二轻系统工厂的产品。

1985年，以大型综合百货商店为主体，以专业商店为补充，露天市场为外围，以是集商业、饮服、文化娱乐为一体的多功能的商业社区。在该商业区内，国营全民所有制经济是主导，集体、个体、合资各种经济成分相互补充、相互结合，以经营中高档商品为主，经营商品共有75个大类、48100多个规格品牌。

21世纪以来，从上世纪20年代的中国老字号，到现代气息的摩天大楼，都集中在太原街沿线。如中山路上散发浓浓欧式风情建筑的秋林公司、凤泰皮草商厦、中山大公名表城、东北最大的新华购书中心。太原街北街上的中兴—沈阳商业大厦、北京华联商厦、新玛特（太原街）花季店，东北首家H&M店、伊势丹、五洲春天购物广场（已停业）、沈阳工艺美术中心、盛贸饭店，中华路上的新世界酒店、美特斯邦威东北旗舰店、新世界百货、百盛、沃尔玛、国美新活馆、塞隆广场、沈阳萃华金店、东北药房、卓铭国际眼镜城、老光明钟表眼镜店等。中华路上有新世界大酒店、沈阳欧亚联营公司、潮汇购物中心、万达广场、苏宁电器、亨吉利世界名表中心等，另外在建的项目有富丽华大公名表中心、城开中心、凤凰城、北约克广场等。

临街商铺：招商银行、小魔鱼、波司登、雅戈尔、阿三造型、盛视眼镜城、JACK&JONES、海澜之家、N+a、鳄鱼、吉野家、麦当劳、肯德基、欧罗巴、ZARA、真维斯、Me&City、3GShop、C&A等。

**南市场商业区** 1918年，张作霖为促进民族工商业的发展便下令开辟南、北市场，由奉天省长王永江督建，奉天省城商埠局第一任局长赵景琪负责具体事宜。商埠局在划定南市场地域后，拟定了招商承建的办法，划出地号进行承租抽签招标。当时只放出53块地号。次年，即1919年开始修建南市场。

当时，南市场的建筑特点是：建筑物多是二层楼，街路名称按照中国古代八卦的内容乾、坎、艮、震、巽、离、坤、兑来定街名，市场内建有东北大戏院（今辽宁艺术剧院）、商埠大舞台（今市第七医院旧址）等影剧院，有商埠协济储蓄会及典当业等6家金融行业，有鲜果店10余家，有鹿鸣春、商埠楼、厚德福等30余家大中型饭店和第一池（今新风浴池）等浴池、照相、理发店铺等近10家，有经营洋杂货的民族商店（公司）3家，有日、美、英、德、俄等外商企业30余家，有小商小贩近千户。

南市场地区处于和平区的中心地带，周围拥有密集畅达的交通网络，驱车5分钟即可到达百年老站沈阳火车站，到达沈阳北站也只需10分钟的车程；驱车25分钟即可到达东北最大的航空港沈阳桃仙国际机场，地铁一号线南市场站坐落于此；有20多条公交线路经过此地。

21世纪以来南市场中东北最大的炊具中心、南市百货商店、时代超市、南市农贸大厅等专业性的大型购物中心及中国人民财产保险公司盘踞于此；教育和医疗机构十分丰富，驻有东北设计院、铝镁设计研究院、沈阳广播电视大学及回民中学、光荣二校、和平区少年宫等知名科研及教育机构；市第七人民医院、202医院、爱尔眼科医院、省肛肠医院等医疗机构；沈城知名餐饮南国美食城、玉尊食府、七宝山饭店、享有“东北老字号”美称的鹿鸣春酒店等多家沈城知名餐饮也坐落其中。区域周边驻有省、市、区各级政府机关，以及东北地区唯一的一个领事馆区（美、法、日、韩、俄、朝鲜）坐落在辖区内。区域内还有如皇城酒店式公寓、格林SOHO、金豪大厦等一批适合现代商务办公的理想场所。招商银行、兴业银行、工商银行、盛京银行、交通银行、建设银行、农业银行、广发银行等一大批金融机构也云集于此。

未来的南市场地区将与太原街地下商业空间相连通，形成四通八达的地下商业网络；将逐步建设成为集居住、商务、旅游度假、购物、文化娱乐、餐饮为一体的大型现代化社区，将打造沈阳市乃至东北地区第一个以“八卦步行商业街”为核心的新型城区。

北市场商业区　北市场地区地处沈阳市和平区北部，东以北三经街为界和沈河区相望，南以市府大路为界与遂川街道相邻，西以南京北街为界与西塔街道办事处相连，北以哈尔滨路为界与北道口街道办事处相接。辖区面积0.95平方公里。

解放后，人民政府对北市场商业区进行了彻底改造，根除了妓院，取缔了烟馆和赌场，拓宽了街道，铺上了柏油路面。1954年，在北市商业区内有国营商店32户，合作社门点28户，私营商号1606户，商业网点超过解放前各个时期。国营商业网点数仅次于中街商业区，私营商号户数居全市各商业区之首。

1990年6 月，全国劳动模范、市人大代表、北市百货大楼营业员王巧珍写出“改造北市场、擦去旧社会痕迹”的代表提案。随之，以改造北市场平康里宜春卫妓院旧址为前奏，拉开了大规模改造北市场序幕。紧接着，一些开发公司相继入主北市场，划地开发。开发的结果让人可喜可叹：可喜的是，低矮的房屋没了，高楼大厦立起来了，旧貌变新颜；可叹的是，享有历史盛名的北市场正逐步演变成居住区。北市场近年来开始衰落，不复当年繁盛时景象。

**北行商业区**　北行在原北行农贸市场的基础上逐步形成，其核心区以长江街为中心，北起长江街与崇山中路交汇处，南至长江街与岐山中路交汇处，是皇姑区的中心地带，总面积0.4平方公里。

沈阳解放初期，北行市场曾一度成为贩卖赃物、违禁物品的场所。交易者在子时之后进入市场，拂晓时即散市，故有“鬼市”之称。后工商公安部门对这里进行了整顿，沈阳市的第一个菜市场——诚信市场，在这里开张营业，主要经营农副产品和旧物等。

“文化大革命”期间，北行曾经关闭，1979年以后北行市场再次开放，定名为北行农副产品贸易市场，占地1.3万平方米。

20世纪80年代以来，北行逐渐发展成为主要以农贸、日杂以及中低端商业形态为主，流动人口每天多达30余万，皇姑区消费相对比较集中的商业街区。长江街两侧主要的商号有千盛百货、中兴、北京华联超市、金羽手机市场、北行老大厅、北行商场、国美等，另外还有众多的休闲、体育运动品牌的专卖店，如阿迪达斯、耐克、李宁、361度、安踏、特步、森马、美特斯邦威等，只是业态相比中街和太原街档次低一些。

### 3. 主要批发市场

**五爱批发市场**　五爱市场始建于1983年6月，因原市场曾地处沈阳沈河区五爱街而得名。1983至1989年市场经过6年的精心培育，得到了不断发展和壮大，已由原仅有二十几户业户的市场发展成为拥有业户3000余户、经营商品8000余个品种、年成交额3.38亿元、年税收额228万元的享誉全国各地的特大型批发市场。1989年10月，根据城市改造规划的要求，五爱市场在现址（沈阳市沈河区风雨坛街65号，风雨坛街与热闹路交叉路口处）开始动工兴建新市场，从而结束了五爱市场为马路市场的历史。

1990年10月1日五爱市场第一期2.1万平方米工程竣工，设经营摊位3725

个。10月15日，举行了隆重的开业剪彩仪式，时任市委书记李涛为市场剪彩，并亲笔题字场牌“五爱市场”四个字。当时市场设服装、小百、针织三大类商品，且物美价廉迎来了众多周边合作的购物者。1991年底，扩建的第二期工程竣工，占地1.2万平方米，1992年1月开业，五爱市场固定摊位增至5812个。五爱市场的发展得到了省、市高层领导的关注，1993年末，五爱市场完成了由“集”到“市”的转变，市场占地已达10万平方米，场内摊位达15327个，业户达1.6万户，从业人员达4万人。1997年4月28日，五爱服装城竣工（地下一层，地上一、二、三层开始营业），五爱市场服装城建设是市场滚动开发改造的第一步。原服装摊区1、2、5区按照区政府的通告要求，整体迁入服装城。

五爱服装城建筑面积12.7万平方米，经营面积10.7万平方米。楼内设有39部自动扶梯和8部载重货梯，拥有先进的中央空调调节器系统、自动消防喷淋卷帘门系统、保安监控系统、微机管理系统和广播通信系统。有15万平方米的地下停车场及6万平方米的仓储库。有普通档口4900余个，精品屋780余个，总的经营单元5682余个。平均日客流量30余万人次。目前，在服装城内经营的韩国商人已达60余户。服装城已成为沈城人民购买服装的首选之地。

五爱市场商业区销售范围涵盖东北三省、河北、内蒙古东部地区，辐射半径已远到俄罗斯、东欧的一些国家。商业区是东北亚经济圈和环渤海经济圈最大的流转型轻工产品交易中心，也是中国最著名的专业批发市场集中的商业区之一 。

五爱商业区主营服装、鞋帽、小百货、针织品、布料、箱包、家用电器、礼品、日用杂品、美容美发用品、小食品、床上用品等14大类、2万余个品种。目前已成为中国北方最大的商品集散地、全中国第二大小商品批发市场。

南塔批发市场　南塔鞋城是全国最大的鞋类商品专业批发市场之一，营业面积7.8万平方米，它位于沈河区（原东陵区），南至文萃路以南、东至长青街、北至南塔电子市场、西至南塔附近的范围内，都被认为是南塔商业区的核心地带。沈阳市计划将南塔地区打造成为沈阳东南部的又一商业区。南塔经营很多商品，其中南塔鞋城在国内外享有很高的知名度，而南塔几乎成为了“鞋业”的代名词。南塔的鞋业圈还包括金马鞋城、鑫牛鞋城、大天马鞋城、恒泰鞋城 、沈阳鞋业园、国际鞋城等。各个鞋城主要经营鞋材和鞋的批发。

南塔鞋城等市场实行全面改造，力争在南塔地区建立沈阳最大的市场群，向外扩展打造“北方鞋都”，形成沈阳东部商贸中心，南塔将有望建成比肩中街、太原街的新型商贸街。目前，南塔商贸街已有中国鞋城、东北日杂、东北装饰材料等龙头市场，重新规划后，南塔商贸街将新建一批大型商业地产项目和物流配套设施，使其成为沈阳市集总部经济、大型专业市场、大型商服、娱乐设施于一体的新的商业圈。

中国鞋城是南塔鞋城的重要组成部分，始建于1989年10月25日，由最初的“南塔鞋市”到“沈阳鞋市”到现在的“中国鞋城”，凭借市场信誉、规范管理和优质服务，一举成为规模大、效益好、市场活跃、知名度高的鞋类专业批发市场。占地面积38860平方米，建筑面积78000平方米，设置普通和精品摊位3000个，储存库房500余处，拥有6600余名从业人员。中国鞋城汇集了国内外著名品牌，鞋业精英云集，高、中、低档齐全，千余品牌，万种款式。年上缴各种税费5000余万元，年交易额36亿元。在中国鞋类行业中，闻名东北，享誉全国，为中国的鞋类行业发展做出了巨大的贡献。

三好街商业区　三好街商业区位于和平区的东南部，与沈河区隔青年大街相望，是东北地区IT产品的集散地。以中国电脑软件城为核心并向外辐射的一个片区。中国电脑软件城位于沈阳市城区南部，始建于1988年，1998年12月在国家工商总局注册为“中国电脑软件城”，其核心区域为三好街和西文萃路，全长约2.7 公里，总占地面积约0.3 平方公里，是国家级沈阳高新技术产业开发区的重要组成部分，目前已发展成为东北地区最大的IT 产品中心市场和集散地。中国电脑软件城位于沈阳市城区南部，始建于1988 年，是国家级沈阳高新技术产业开发区的重要组成部分。

三好街商业区内已有东大计算机广场（A、B、C 座）、赛博数码广场、百脑汇资讯广场、维用电子市场、东科电子市场、桑地电子市场、泰阳电脑城、信息产业大厦、奉天硅谷等19个大规模的电子信息产品研发、销售、办公服务场所，临街网点460余家，总建筑面积达55万平方米，IT卖场面积近6万平方米。软件城内现有注册工商业户6000余户，其中民营企业5400余户，从事电子信息类产品研发、经营的企业近4000家，从业人员近4万人。软件城内企业年销售额超过110亿元人民币，其中年销售额在5000万元以上的有25家、亿元以上的有11家。[①]

三好街商业区从1986年开始出现零散的电脑销售店铺，90年代开始出现集体的电脑市场和写字楼，经过20多年的发展，其辐射力、影响力可达抚顺、辽阳、鞍山等沈阳的周边城市，以及吉林、黑龙江等地区。目前已经成为东北地区最大的电子信息产品的集散中心。

---

① 新峰地产：《2009年沈阳市商圈综合调研报告》，2010年版，第58页。

## 三、主要商业行业

### 1. 概述

2010年，沈阳市实现社会消费品零售总额2105.6亿元。全市从事私营批发零售贸易业27073户，174964人；个体批发零售贸易业27073户，332817人。限额以上批发零售贸易企业资产总计1281.262亿元，商品销售收入净额4737.1585亿元，利润总额28.312亿元。

截至2010年，全市共有各类商品市场413个，建筑面积550余万平方米，就业人数39万人。全市实现交易额1990.7亿元。亿元以上商品交易市场102个，实现交易额1874.3亿元。其中，农副产品市场41个，交易额299.8亿元；日用消费品市场28个，交易额775.7亿元；生产资料市场33个，交易额 798.7亿元。[①]

### 2. 日用工业品商业

沈阳日用工业品商业是沈阳商业的主体行业，有着悠久的历史，机构网点多，经营品类多，总汇百货、纺织品、五金、交电、文化钟表、化工原料、石油、医药保健品、储运等行业的批发、零售、储存、运输业务，担负着人们生活必需用品的供应任务。

沈阳市的百货行业，最早是由丝房、杂货铺、布匹店、京货庄等逐渐演变而成，距今有300余年历史。

**百货批发业** 沈阳解放后，1948年11月成立沈阳市百货公司，主要经营百货零售与批发业务，下设有百货专业批发部。百货批发部刚成立就担负起繁荣经济、稳定市场、供应民需的任务。组织人员到全国各地城镇、农村及私人手中收购商品，增加货源，及时投放市场，并采取明码实价、挂牌抛售等方法，平抑物价，打击了不法资本家哄抬物价的歪风，活跃了城乡市场，保证了供应，发挥了国营商业的主导作用。1953年根据中央改造私商的政策，对57户批发商分别进行安排与改造，建立了三员（市场联络员、税务检查员、银行信贷员）联合管理办法，逐步把私营批发商改造为国家经营批发，1956年实现全行业公私合营，形成了社会主义统一市场。

**百货零售业** 沈阳百货行业由多种经济形式构成，其中为百货市场主体的沈阳市百货公司，归市工商局领导，经营百货零售兼批发业务，负责对沈阳地

---

① 沈阳市人民政府地方志办公室编：《沈阳市志2011》，沈阳：沈阳出版社，2011年版，第457-458页。

区的供应。沈阳市百货公司成立于1948年11月。1950年，经营百货的市级单位有沈阳市百货公司和沈阳市百货商店。国营百货零售业有2个大型商店、11个分店、14个支点、22个摊位。1952年，两个单位合并，兼营批发和零售。1954年，有零售网点13个，1956年，增设11个中型商店，中街增色大型商店1处，国营百货零售网点共27个，初步形成了独立完善的国营百货商业体系。同时对归口的13个行业、631户私营百货业实现了公私合营，销售明显上升，第一个五年计划期间平均每年递增35%以上。当时重要的百货公司有：沈阳联营公司，原名沈阳市国营贸易企业联营公司，1952年1月，开设于和平区太原街。友谊商店，现位于和平区中山路，紧邻太原街北段，其前身是俄商于清光绪末年开设的秋林洋行，1953年10月，改为中国国营秋林公司沈阳分公司，后改称今名。朝鲜族商店，位于朝鲜族聚居地区的和平区西塔街，创建于1949年5月，原为沈阳市朝鲜人民消费合作社，1956年，改为全民所有制朝鲜族商店，它担负着市内和郊区朝鲜族生产和生活用品的供应工作，并负责组织安排朝鲜族特需用品的生产，是沈阳市唯一的民族贸易企业。

**百货业**　联营公司成立于1952年1月，是国营大型综合性百货商店，坐落在中华路63号，是全国十大百货商店贸易联合会成员单位之一。总建筑面积达6万平方米，营业面积1.48万平方米。公司经营商品50大类、4万余种商品；下设12个商场、18个处（室），现有员工1900多名。

联营公司的原址在太原北街86号，1951年秋，东北人民政府贸易部决定，在该处整修成前三层后两层的营业大厅，营业面积为6800平方米。由百货公司、花纱布公司、医药公司、粮食公司、工业器材公司、土产公司、信托贸易公司、煤建公司联合开办大型综合商店——沈阳市国营贸易企业联营公司（简称联营公司）。1952年1月26日，正式对外营业。

“文化大革命”中联营公司改名为沈阳百货商店，1980年恢复沈阳联营公司名称。1980年，沈阳市人民政府在和平区中华路63号兴建新营业大楼，1982年12月，迁入新址营业。

2007年，欧亚集团注资4亿元将沈阳联营公司收入麾下，并在原建筑主体的基础上投入巨资进行扩建。欧亚沈阳联营公司承袭联营公司积淀的优良传统，依托欧亚集团优势，正以崭新态势迅猛发展。

欧亚沈阳联营公司建筑外观符合现代百货的建筑特色，恢宏、大气、时尚，建筑主体由地下2层至地上25层组成，占地面积近9000平方米，建筑面积10万余平方米。其中地下1层至9层是集购物、餐饮、休闲为一体的大型综合性商业购物中心，经营面积6万余平方米，配备自动扶梯28部，直升梯7部，经营国内外千余个品牌1万余种商品。11至25层为公司的物业大厦，是集办公、商务中心、内部餐厅、多功能会议室为一体的现代化专业写字楼。其他百货商店如下表：

| 商店名称 | 兴建时间 | 地址 | 主要情况 |
|---|---|---|---|
| 秋林公司 | 1906年俄商人创办的秋林洋行，1953售给中国政府 | 中山路90号 | 国营中型百货商店，3层营业大楼总营业面积为2800平方米，经营8000多种商品 |
| 第一百货商店 | 原址1932年日商建立的满蒙毛织株式会社百货店，1948年人民政府接收 | 中山路49号 | 国营综合性百货商店，沈阳市最先成立的国营百货零售商业企业之一，营业面积共3885平方米，经营商品7000多种 |
| 第二百货公司 | 1948年11月原址在现东风百货商店，沈阳解放后，国营沈阳百货公司成立，1951年定名为沈阳市第二百货商店 | 中街商业区 | 国营大型综合性百货商店，以零售为主 |
| 中兴—沈阳商业大厦 | 1985年10月由沈阳市百货公司与中国国际信托投资公司合资创办 | 太原北街86号，老联营公司旧址 | 以零售商业为主，进出口贸易和工业生产为两翼，集餐饮、旅游、食品生产、服装加工、美术装潢、广告制作、房地产开发、证券经营为一体的大型商业企业 |
| 北方贸易大厦 | 1985年3月动工兴建，翌年4月建成营业 | 中街商业区，沈河区中街路205号 | 隶属于沈阳市供销合作社，是目前全国供销合作社系统中最大的综合性商业贸易大厦 |

续表

| 商店名称 | 兴建时间 | 地址 | 主要情况 |
| --- | --- | --- | --- |
| 和平商场 | 创建于1958年，1961年划归沈阳市百货公司领导 | 和平区太原南街1号 | 国营大型百货商店，营业面积2750平方米 |
| 朝鲜族百货大楼 | 始建于1949年，为扩大商品专业性经营，1963年建筑了一座1200平方米的二层营业楼 | 朝鲜族聚居区的市府大路112号 | 职工85%是朝鲜族，经营商品中有300多种是朝鲜族特需商品 |
| 妇女儿童用品商店 | 1958年，市百货商店组建了一个专门经营妇女儿童用品的门市部，1961年，改名为妇女儿童用品商店，1980年，独立经营 | 和平区太原北街79号 | 以经营妇女儿童用品为主，兼营日用百货商品，经营品种达4000余种 |
| 兰州商场 | 始建于1950年12月，1987年，并入中兴—沈阳商业大厦 | 太原街商业街内 | 经营小商品为主，素有“兰州小百货”之称 |

其他行业及代表商业选介：

| 行业 | 商店名称 | 兴建时间 | 地址 | 主要情况 |
| --- | --- | --- | --- | --- |
| 纺织品业 | 服装商店 | 1950年由沈阳市商业局接收，1956年由联营公司划出，改称服装商店 | 太原街商业区内 | 隶属于沈阳市纺织品公司 |
| 文化钟表业 | 亨得利钟表眼镜店 | 1920年始建，沈阳解放后主要销售进口手表，60年代后以国表为主 | 沈阳中街路134号 | 全民所有制企业，是沈阳市钟表眼镜行业中历史悠久、信誉高的专业零售商店 |

续表

| 行业 | 商店名称 | 兴建时间 | 地址 | 主要情况 |
| --- | --- | --- | --- | --- |
| 文化钟表业 | 胡魁章笔庄 | 1822年开设，沈阳解放后，被列为国营批发商店的代销户。受“文化大革命”影响曾停业，1982年在沈河区正阳街121号复业 | 沈阳市沈河区正阳街95号 | 是历史悠久的名店，经营的毛笔是“湖笔”中的佳品之一。产量逐年增加，仍供不应求 |
| 五金业 | 铁西五金交电商店 | 1965年，成立交电公司铁西交电商店，1969年，成立铁西五金交电商店 | 1974年搬至铁西区建设东路23号，营业面积1200平方米 | 成立初期，经营五金工具、车辆电讯、电工器材、水暖器材等、后不断扩大经营范围，陆续与群果数百家工厂疏通了进货渠道 |
|  | 皇姑五金交电商店 | 1965年，前身珠江门市部移交给交通电工器材公司，成立皇姑五金交电商店 | 皇姑区华山路200号，营业面积800平方米 | 经营五金、工具、电工电信器材等类商品的专业商店 |
| 石油业 | 沈阳市6801库 | 1968年经国家商业部批准，1970年5月1日开业 | 位于沈阳市东北郊英达乡下水泉村附近，占地26.57万平方米 | 石油商品有汽油、煤油、柴油等9个品种，同时还为东北输油管道局等单位储存自用油料 |

续表

| 行业 | 商店名称 | 兴建时间 | 地址 | 主要情况 |
|---|---|---|---|---|
| 医药 | 天益堂药店 | 始建于1824年，沈阳解放后，进一步发展，成为中西药兼营的大型药房 | 沈阳市沈河区中街路83号，占地面积1165平方米，其中营业面积391平方米 | 销售自制药和全国名贵药材和成药，是全国大型零售药店之一 |
| | 新药特药批发站 | 前身是市医药公司于1960年9月成立的“特药部”，1980年更名为沈阳市新药特药商店 | 沈阳市和平区中华路53号，建筑面积306平方米，其中，营业面积200平方米 | 是国家新药特药主要直拨点，由国家口岸中央医药站直接调拨进口新药特药，并从全国主要厂家直接采购新药特药 |
| | 东方红药房 | 前身是东北区医药公司第一门市部，建于1951年，是沈阳市最早的国营零售药房 | 太原街商业区中部和平区中华路56号，营业面积220平方米 | 经营品种有国产和进口西药，隶属沈阳市医药公司 |

**3. 副食品商业**

沈阳解放以后，沈阳的副食品生产、加工和供应，由沈阳市副食局管理。该局下属3个批发公司，即食品、蔬菜、糖业糕点公司和1个零售公司，即副食品公司。

沈阳解放后到1952年，迅速建立和发展了国营商业和合作商业，大部分由消费合作社和私商经营。1953到1957年，这一时期形成统一的社会主义商业市场，成立了服务局，领导副食行业的产、购、销活动。1958—1977年先后受自然灾害和“文化大革命”的影响，沈阳副食商业受到严重破坏，十一届三中全会后，沈阳的副食品市场出现了新中国成立以来少有的繁荣兴旺景象。20世纪90年代以来，沈阳的副食商业以提高经济效益和社会效益为中心，加快体制改革的步伐，以沈阳这个中心城市为依托，形成四通八达的流通网络，大幅度提高副食产品的供应水平。

企业选介：

| 商场名称 | 兴建时间 | 地址 | 主要情况 |
|---|---|---|---|
| 大东副食品商场 | 1829年形成，是沈阳市最早形成的副食品市场，1956年，大东菜行的私营业主全部实行公私合营。1984年大东副食品商店改名为大东副食品商场 | 坐落在大东区小东门外以北 | 主要经营蔬菜、鸡鸭、肉品、调料等副食品，称为“东关市场” |
| 广州副食品商场 | 1956年2月1日，组建成公私合营和平区第二副食品商业，隶属于沈阳市地方贸易公司和平区分公司 | 和平区广州街18号 | 经营蔬菜、干调、猪肉、牛羊肉、鱼、蛋禽、熟食、酱菜等品种 |
| 中和福茶庄 | 沈阳解放后，中和福茶庄几经修饰，恢复了古香古色的风采 | 中街北侧，中街路168号 | 沈阳市经营茶叶最古老的专业商店 |
| 沈阳市第一冷冻厂 | 始建于1953年 | 沈阳市皇姑区明廉街2号 | 沈阳市最大的冷冻加工企业，为全国闻名的4大冷冻企业之一 |
| 沈阳市肉类食品厂 | 前身是日伪统治时期的塔湾屠宰场，沈阳解放后，由东北合作总社接管 | 沈阳市皇姑区明廉街8号 | 是以屠宰、加工猪、牛、羊为主的大型商办工业企业 |
| 长江食品厂 | 1952年改名为长江食品厂 | 和平区市府大路25号 | 生产面包、饼干、奶油点心、糖果等近百个品种 |

**4. 供销合作商业**

2010年，沈阳市出台《沈阳市人民政府关于加快供销合作社改革发展的实施意见》，加快供销社改革发展。截至2010年末，沈阳市供销合作社联合社下辖2个事业单位、1个集团、20个市直属、参、控股公司、8个区县（市）供销社，38个县属公司和116个基层供销社。①

供销合作商业经营范围包括传统的化肥、农药等农业生产资料，棉制品、茶叶、果蔬等农副产品，炊具、烟花鞭炮等日常消费品，又有新型的种苗培育、奶牛养殖及胚胎繁育、宠物用品及服务、农产品加工、再生资源加工等项目，并涉及酒店餐饮、农产品市场、商场、物业、物流、储运等行业。

选介企业：

| 行业 | 商店名称 | 兴建时间 | 地址 |
| --- | --- | --- | --- |
| 棉麻业 | 沈阳市棉麻公司 | 始建于1962年10月 | 初地址在沈河区大西路4段17号，后于1971年迁至沈河区团结路16号 |
| 农业生产资料业 | 沈阳市农业生产资料公司 | 始建于1961年11月 | 初地址在沈河区中街路天益堂巷6号，后迁往大东区天后宫路138号 |
| 土产杂品业 | 沈阳市土产杂品公司 | 始建于1950年 | 沈阳市沈河区东顺城街1段30号 |
| 干鲜果品业 | 沈阳市干鲜果品公司 | 始建于1957年 | 和平区哈尔滨西路2号 |
| 县、区供销合作社 | 辽中县供销合作社 | 始建于1949年 | 辽中镇北大庙 |
| | 新城子区供销合作社 | 始建于1960年 | 初办公地址在新城子镇内（现区社址） |

**5. 粮食产业**

2010年，全市粮食总产量325.1万吨，其中水稻100.1万吨、玉米210.8万吨；粮食购进总量233万吨，其中水稻59万吨、玉米160万吨；销售总量225万吨，其中水稻65万吨、玉米73万吨。②

① 沈阳市人民政府地方志办公室编：《沈阳市志2011》，沈阳：沈阳出版社，2011年版，第476页。

② 沈阳市人民政府地方志办公室编：《沈阳市志2011》，沈阳：沈阳出版社，2011年版，第473页。

截至2010年，沈阳市共有粮油加工企业197家，其中国有企业9家、私营企业173家，外商及港澳台商投资企业15家；全市有效仓容在100吨以上的粮油仓储企业184个，其中国有企业74个、民营企业110个。[①]

| 商店名称 | 兴建时间 | 地址 | 主要情况 |
| --- | --- | --- | --- |
| 沈阳市第一粮库 | 沈阳解放后由东北粮食总局接收组建 | 铁西区保工街2号，占地54万平方米 | 是以粮油储存、加工为主的综合性企业 |
| 沈阳市第二粮库 | 沈阳解放后，由市粮食局接收，于1948年12月改为沈阳市粮食公司第二仓库 | 铁西区兴工街10号，占地5.5万平方米，建筑面积为4.7万平方米 | 是一个以经营、储存、保管、生产面粉为主的综合性企业 |
| 沈阳市第三粮库 | 建于1952年，1958年铺设780米延长米的铁路专用线 | 东陵区东陵路3号 | 是库厂合一的综合性企业，主要担负粮油储存及加工任务 |
| 沈阳市第四粮库 | 筹建于1955年3月，同年10月正式营业 | 东陵区榆树台，筹建初期，建筑面积为82万平方米 | 1985年，沈阳市第四粮库黄大豆油年产量11500吨，辽宁省第2位，担负沈阳地区军民食用油75%的生产任务 |
| 沈阳市第五粮库 | 始建于1949年5月 | 大东区草仓路强胜街1号，全库占地面积16.1 万平方米 | 是面粉加工和粮油储备相结合的综合性企业，担负着30%以上军需、民用的粮油供应任务 |
| 沈阳市面粉厂 | 沈阳解放后，面粉厂职工修复了机器和厂房恢复生产 | 沈阳市铁西区兴工街，厂区占地面积3.1万平方米，建筑面积为2万平方米 | 主要加工品种是船牌上白粉，设有食品厂、饲料加工厂、粮油商店 |

① 沈阳市人民政府地方志办公室编：《沈阳市志2011》，沈阳：沈阳出版社，2011年版，第473页。

续表

| 商店名称 | 兴建时间 | 地址 | 主要情况 |
| --- | --- | --- | --- |
| 沈阳市饲料公司 | 不详 | 铁西区兴工北街121号 | 是以生产经营畜禽用配合饲料、谷物、动矿物饲料和多种饲料添加剂为主，兼营畜禽饲料、议价粮油的综合性企业 |

6. 物资商业

沈阳解放以来的物资流通体制几经变革，大体可分为4个阶段：

1948至1957年，在这一时期，国家建立了对重要物资的平衡与分配制度，对各种物资实行“统一计划、分级管理”，按企业的隶属关系，进行物资分配。

1958至1965年，这一时期，由于经济工作中存在“左”倾错误、生产建设急于求成，计划留有缺口，造成物资管理混乱，出现供需脱节。

1966至1978年，受“文化大革命”的影响， 物资管理体制被搞乱，供应渠道减少、环节增多，物资供应量下降。

1979年至今，中共十一届三中全会以后，物资供应工作出现了新的局面，成立了沈阳物资贸易中心，努力发展物资商业，发展多种形式、多层次的物资贸易，不断扩大和完善生产资料市场。

| 行业 | 商店名称 | 兴建时间 | 主要情况 |
| --- | --- | --- | --- |
| 机电业 | 沈阳市机电设备公司 | 成立于1963年5月 | 主要负责沈阳市市属30个主管局、2个区、9个县以及中央非工业部门在沈企业、行政机构所需的统配、部管和公司经营的三类机电产品的营销管理工作 |
|  | 沈阳物资贸易中心 | 1981年10月动工，1985年5月5日开始营业 | 经营型和服务型相结合的物资流通企业，主要经营指导性计划范围的市场调节物资 |

续表

| 行业 | 商店名称 | 兴建时间 | 主要情况 |
|---|---|---|---|
| 化工业 | 沈阳市化工材料公司 | 于1963年5月18日正式成立 | 主要承担市属以下生产企业及经营单位所需的统配、部管、省管化工产品的申请、分配和供应工作 |
| 木材业 | 沈阳市木材公司 | 成立于1954年2月 | 其前身为东北木材公司沈阳市木材联络站 |
| 燃料业 | 沈阳市燃料公司 | 前身为1948年11月2日成立的东北燃料总公司沈阳分公司，1979年体制改革，成立沈阳市燃料公司 | 物资流通行业的大型国企，负责沈阳市工农业生产、机关团体、企事业单位和居民生活用煤炭、燃料油和烧柴的供应，并负责全市燃料的使用、节约等社会职能 |
| 金属材料业 | 沈阳市金属材料公司 | 1962年10月成立，1963年2月更名为中国金属材料公司辽宁省沈阳市公司 | 建立初就实行工作到厂，服务上门，承担企业供应业务，就地就近供应试点 |
| 建筑材料业 | 沈阳市建筑材料公司 | 1963年5月成立，当时名为中国建筑材料公司辽宁省沈阳市公司 | 公司管辖和平供应站、大东供应站、铁西供应站、散装水泥供应站、建筑材料经销公司、集体企业公司等 |

**7. 饮食服务商业**

截至2010年末，全市从事早餐经营业务的网点有4300多个，占餐饮网点总数20%以上。全市餐饮业网点数达2万余家，从业人员20万人，2010年实现营业收入218.1亿元，连续20年保持两位数增长，餐饮业成为全市商贸服务业发展速度最快、最具活力的行业。全市有各类家庭服务企业1399个、美发美容网点5266家、人像摄影业网点1843家、沐浴业网点2025家、洗染业网点1960家，传统服务业从业人员20万人。有典当企业81户、从业人员460人。有拍卖企业

88户、从业人员898人。[①]

各行业企业选介：

| 行业 | 商店名称 | 兴建时间 | 地址 | 主要情况 |
| --- | --- | --- | --- | --- |
| 饮食业 | 沈阳饭店 | 1970年国家投资改建，同年10月正式营业 | 沈阳南站前中华路2号 | 沈阳市大型综合性饭店，兼营饭店、旅店及食品、烟酒糖茶、冷饮等的综合性服务企业 |
| | 老边饺子馆 | 1956年2月，边霖在政府和有关部门的鼓励下，重新恢复老边饺子馆，于1956年4月22日正式开业 | 和平区北市一街57号 | 沈阳著名风味店，不仅闻名沈城，而且驰名海内外，有“老边饺子天下第一”之称 |
| | 马家烧卖馆 | 1956年，重新开业，1961年，迁至现址继续营业 | 沈河区正阳路24号 | 沈阳著名风味店，马家烧卖形成了自己独特的风味，深受顾客欢迎 |
| | 李连贵熏肉大饼店 | 1950年，李春生由四平迁至沈阳，在城内广生堂胡同开设了李连贵熏肉大饼店 | 沈河区中街路70号 | 沈阳市风味食品店，因创始人李广忠乳名而得名 |
| | 杨家吊炉饼 | 1950年，杨善修继承父业，在小河沿的饮食市场经营吊炉饼 | 太原街16号 | 沈阳著名风味店，该店经营的吊炉饼、鸡蛋羹是沈阳市享有盛名的风味食品 |

① 沈阳市人民政府地方志办公室编：《沈阳市志2011》，沈阳：沈阳出版社，2011年版，第469页。

续表

| 行业 | 商店名称 | 兴建时间 | 地址 | 主要情况 |
| --- | --- | --- | --- | --- |
| 服务业 | 沈阳宾馆 | 建于1973年 | 市府大路265号，总占地面积2万平方米，总建筑面积5997平方米 | 中档次大型宾馆，国营企业 |
| | 东北饭店 | 始建于1931年 | 和平区天津北街100号，总建筑面积2.3万平方米 | 是辽宁省人民政府接待办公室直属的一座老字号中档次宾馆 |
| | 生生照相馆 | 1946年开业，原址在太原街25号 | 太原南街四段2号 | 沈阳市高级照相馆，大型综合性照相企业 |
| | 高级美发厅 | 始建于1958年，1983年由市政府投资扩建，1984年3月15日正式营业 | 中山路66号 | 沈阳市大型高档美发厅 |
| | 文华洗染厂 | 1963年国家投资，在原厂基础上建成 | 和平区十二纬路31号，营业总面积1748平方米 | 沈阳市大型国营洗染企业，机械化作业，技术力量雄厚 |
| | 友谊宾馆 | 开设于1970年 | 北陵公园西侧，黄河北大街1号，占地面积58万平方亩（其中水域面积10万平方米） | 大型别墅式高级宾馆 |
| | 凤凰饭店 | 建于1984年8月 | 北陵西侧，黄河南大街109号，建筑面积2.3万平方米 | 现代化三星级旅游涉外饭店 |

8. 对外经济贸易

沈阳解放后，对外贸易成为社会主义经济的重要组成部分，1956年，沈阳成立沈阳市对外贸易处，1962年又成立沈阳市对外贸易公司，为辽宁省各专业进出口公司组织出口货源。

沈阳是东北铁路交通枢纽，航空线通往全国各地，是我国重工业城市之一，轻工、纺织和手工业都很发达，协作配套条件很好，科研设计力量也较强，还具备一定的对外经济贸易工作经验。沈阳出口贸易发展迅速。

沈阳解放后，沈阳对外经济贸易发展的历程大体可分为三个大的阶段：

1949至1961年，为沈阳对外经济贸易发展的第一阶段。这一阶段里，沈阳虽有进出口业务但没有独立的对外贸易机构，进口物资由中央统一管理。

1962至1984年，为沈阳对外经济贸易发展的第二阶段。这一阶段里，沈阳的对外经济贸易先后经历了：成立第一个综合性的对外贸易企业——对外贸易公司，在极“左”路线影响下的对外贸易工作退步，以及缓慢上升和十一届三中全会精神指引下较大幅度的增长。

1985年以后，为沈阳对外经济贸易发展的第三阶段。1985年，国家赋予沈阳市直接对外经营权，并赋予沈阳市省级对外贸易管理权限。沈阳市的对外贸易有了历史性的突破。并且，随着沈阳对外经济贸易事业的迅速发展和对外贸易机构的不断完善，外经贸队伍不断壮大。

专业进出口公司选介：

| 商店名称 | 兴建时间 | 前身 | 常设机构 |
|---|---|---|---|
| 沈阳轻工业进出口公司 | 成立于1985年1月1日 | 沈阳市轻工业品对外贸易公司轻工科 | 驻日本营业所和驻法国国际物品公司两个常设机构 |
| 沈阳工艺品进出口公司 | 成立于1985年1月1日 | 沈阳市轻工产品对外贸易公司工艺科 | 驻日本山岗兴产株式会所办事处作为常设机构 |
| 中国对外贸易运输公司沈阳分公司 | 成立于1985年1月1日 | 沈阳市外贸储运包装公司储运科 | 公司在大连、深圳、营口、沈阳桃仙机场和香港分别设有办事处 |
| 中国服装进出口公司 | 成立于1988年1月1日 | 中国纺织品进出口公司沈阳分公司业务科室 | 在日本建立了沈阳物产有限株式会社常驻机构 |

续表

| 商店名称 | 兴建时间 | 前身 | 常设机构 |
| --- | --- | --- | --- |
| 沈阳五金矿产进出口公司 | 成立于1985年11月9日 | 沈阳市重工业品对外贸易公司五金矿产科 | 在日本、联邦德国、泰国等国家和香港地区设有办事处 |

## 第二节 金融设施

沈阳市是辽宁省省会，东北地区中心城市，全国重要的工业基地和具有2300年悠久历史的文化名城，也是东北地区最有活力、最具影响力的重要商都。沈阳的金融设施采取重点建设区域商业中心，推进城市金融服务网络的以点带面的发展战略，完善的金融设施的建设对于沈阳商业的发展起到了突出的作用。

### 一、区域商业中心的建设

随着改革开放的进一步深入，沈阳商贸流通业在传承商贸历史文化基础上，加速改造传统商业，提升流通现代化水平，实现了跨越式发展，目前已成为沈阳经济重要的先导产业和支柱产业。

“十五”期间，沈阳商品流通规模不断扩大，现代流通方式相继涌现，商业网点规模总量持续增加。根据沈阳市服务业委员会编《沈阳市商业网点建设发展十一五规划纲要》，沈阳服务业委员会，2008年6月19日发布，全市社会消费品零售总额累计实现3762.9亿元，年均增长11%以上；餐饮服务业贸易额累计实现925亿元，年均增长14.5%以上。“十五”期末，全市已有连锁经营企业300多家，连锁经营门店4000余个；商业地区生产总值达319亿元，占第三产业的34%，占全市GDP的比重达15%，商业从业人员超过100万人。全市商业固定资产投资迅速增加，商业网点建设水平不断提高，商业网点总面积达1100万平方米，人均拥有零售商业网点0.8平方米，人均拥有服务业网点0.7平方米，累计完成固定资产投资近500亿元；现有都市商贸中心3个、区域商贸中心19个、社区商业中心150个；现有各类商业街40余条，其中步行商业街6条；2005年，中街步行街被评为“全国十大著名商业街”，三好街被评为“全国十大特色商业街”。

从2004年下半年开始，沈阳市商业局会同市规划和国土资源局并邀请有关专家，组织市、区、县（市）商业部门对全市商业状况进行了近一年的调查研究。在此基础上，组织编制了《沈阳市商业网点“十一五”规划》，旨在通过规划引导和规范商业网点布局，为沈阳构建现代商贸流通体系提供合理有序的空间支撑。规划时间为2006至2010年，以沈阳市商业基础设施为规划对象，其重点是对全市商业总体格局、商业功能区、特色发展空间、大型零售和服务网点、批发市场、物流基地以及农村商业网点布局进行规划。

《沈阳市国民经济和社会发展“十一五”规划纲要》提出，未来5年，沈阳将初步形成“沈阳经济区”一体化格局，基本建成全国重要的装备制造、区域商贸物流和金融三大中心，初步建立全国一流的对外开放、总部经济、技术创新和现代人才四大高地。本规划根据这个战略思想，确定沈阳商业网点规划的战略目标、指导思想、规划理念和规划原则。

**1. 规划理念**

本期商业网点规划确立以下现代商业理念：

大市场理念——突破经济分类专业范畴，大市场不仅仅是为满足社会生产和人民生活需求，而是整个经济发展的动力源，是社会和谐发展的基础。从区域范围看，包括地区市场、国内市场、国际市场；从市场形态看，包括综合市场、专业市场、有形市场和无形市场。

大贸易理念——现代贸易包括商品批发零售、物流配送、餐饮服务、商业会展，以及与其相联的电子商务、中介服务、金融服务、科研服务、信息服务、营销推广服务、生活服务等领域。

大流通理念——现代商贸流通以市场为中心、以商品为基础、以流通为手段，包括商流、物流、信息流和资金流。大流通不仅仅限于本地区流通，也包括跨地区、跨国界的流通。

产业化理念——商业发展与城市建设、产业定位密切相关，进行商业网点规划，必须考虑商业与商务集聚的互动，考虑商业布局与交通网络的结合，探索商业与城市支柱产业的融合，探索商业与农业产业化的关联。

人性化理念——商业发展应坚持以人为本，在便民利民、方便快捷的基础上，充分满足消费者的个性化需求；使商业与历史文化景区开发建设相结合，与科技、教育、体育设施建设相结合，将历史和文化的内涵与现代国际时尚的商业元素有机结合。

2. 指导思想

以“三个代表”重要思想为指导，全面树立和落实科学发展观，围绕建设现代化区域性商贸物流中心的总体目标，科学规划商业发展总体格局，整合发展空间，优化布局结构，构建现代流通体系；通过引导消费、促进经济发展，进一步强化商业在国民经济中的支柱产业地位，实现“十一五”期间商业的持续、健康、快速发展，为推动区域经济发展、促进沈阳老工业基地振兴做出新的贡献。

3. 规划原则

坚持前瞻性和可操作性相协调；坚持环境保护和综合开发相协调；坚持新开发区建设与建成区改造相协调；坚持个性特征与相对融合相协调；坚持组合化布局与集聚化功能相协调的原则。

4. 战略目标

围绕市委、市政府提出的“十一五”末期“实现老工业基地的全面振兴；加快建设东北地区中心城市；经济总量力争进入全国副省级城市‘第一集团’”等三大目标，沈阳商业发展要立足于区位优势和中心城市地位，创新商业发展理念，提升商业整体水平，营造现代商业环境，构建层次分明、布局合理的市场格局和网点体系，增强对外辐射力和竞争力，成为带动沈阳经济区、辐射东北、影响东北亚的现代商贸物流中心。

根据沈阳市服务业委员会《沈阳市商业网点建设发展“十一五”规划纲要》，沈阳市服务业委员会，2008年6月19日发布。到2010年，全市社会消费品零售额年均增长12%以上；其中，连锁经营额占社会消费品零售额的50%；到2010年，全市餐饮服务营业额力争实现400亿元；年均增长12%以上；商业网点总面积达到1920万平方米，人均拥有商业网点面积达到1.92平方米。“十一五”期末，商业固定资产投资累计达到700亿元。

## 二、区域性金融中心建设

1. 概述

近年来，沈阳市的商业格局已经基本形成了以和平区和沈河区为主要商业核心区域的现状。得益于沈阳市商业的快速增长，沈阳市商业地产也得到了快速的发展，现已成为城市经济发展中的一项重要内容。特别是近年，在国家振兴东北老工业基地的导向下，沈阳所独有的中心城市地位得以充分体现，商业发展快速步入规模高速的增长时期。目前，沈阳已开始成为商业地产的投资旺地。出现这种强烈的发展势头的原因，主要得益于金廊开发和浑河两岸开发的启动，以及几大传统商业区的大力改造建设而提供的发展空间。

东北区域金融中心建设步伐加快，沈阳市利用沈阳经济区上升为国家战略的契机，把金融商贸开发区优化金融生态建设纳入沈阳经济区申报国家型新型工业化综合配套改革试验区框架方案中，沈阳市获准开展国家级优化金融生态综合试验，金融商贸开发区发展上升为国家战略。

**2. 北站CBD商圈**

沈阳北站金融商贸开发区是东北地区唯一以金融商贸产业为重点的省级开发区，是沈阳“金廊”的重要功能区之一。开发区始建于1992年，经过10余年的开发建设，已初步建成东北地区金融、商贸、服务、信息中心，在沈阳参与国际竞争中发挥着积极作用。

**规划范围**　以沈阳北站为核心，向南呈放射形布局，东至敬宾街，西至北京街，北至站前路，南至惠工街。以友好街、惠工街、敬宾街、北站路、北京街、团结路为主干进行布局，规划区域占地面积1.12平方公里。

沈阳北站商圈隶属沈河区，东接小北关街，南达市府大路，西到北京街，北至北站路。与大东区、皇姑区、和平区相接，是沈阳的CBD 中心。北站商圈金融、交通等方面对全市起着至关重要的作用，商圈的认知度极高。占地面积约3.6平方公里，商圈较为分散，聚集度不高。商业面积39.5万平方米，年营业额10亿元左右。

**功能定位**　依托沈阳北站和沈阳“金廊”沿线交通优势，以现代金融商贸服务业为主要功能，构筑全方位、多层次、宽领域的金融、服务、贸易产业格局和总部经济形态集聚的东北区域性金融、商贸、管理控制和信息中心。

**发展导向**　沿北京街建设现代化SHOPPING MAII（购物中心）和现代百货店；沿北站路开发建设具有标志性的高档宾馆酒店、现代化会议中心、总部智能化办公楼、金融和产权交易中心等现代服务设施；在大型商贸设施裙楼复合建设各具特色的餐饮和休闲服务设施。

商圈以沈阳市消费者为主，并向东北三省其他区域辐射。商圈整体定位为金融商务为主的中高端商圈。目前，商圈已形成一个以金融商务为主的中高端消费休闲区域，结合原有的一些专业市场，发展一个综合型商圈。消费者认可度较高，例如卓展购物中心、惠工板行、家乐福超市等早已家喻户晓，尤其是卓展购物中心的营业更增加了该商圈的知名度。

北站CBD商圈是沈阳成熟的商贸、金融较为集中的核心商圈，在金廊工程成为市政的重点工程后，北站CBD的核心位置更加使此区域成为投资热点，区域内集中了多家金融机构在沈的总部，华府新天地以北站CBD核心位置、超大的体量、五大高端业态、地铁二号线上盖、启动最早的综合体等多重优势成为市中心黄金地标级城市综合体项目，备受市场瞩目。

华府新天地　华府新天地占据沈阳市中心、金廊核心、金融商务区核心、政经中心、交通中心五大核心，这里的高档写字间、星级宾馆、商务办公楼宇、金融机构、购物中心鳞次栉比，金融商贸行业势头强劲，恰似“沈阳的陆家嘴”，占尽得天独厚的区位优势。

卓展购物中心　主要面向时尚高端人士的卓展是北站CBD商圈的最大亮点，升级后将更加强势。自从2006年开业之后，卓展便不断地进行品牌的升级与调整。2008年，卓展调整的力度更是有增无减，LV、TIFFANY&CO.、DIOR、BEAUTE、SISLEY等众多大牌纷纷进驻，极大地提升了品牌档次。目前，北部的众多品牌还有很大的调整空间，原来传说的Gianni Versace、Marc by Marc Jacobs、Van Cleef & Arpels、Issey Miyake等均陆续入驻。

**3. 金廊商圈**

金廊即“中央都市走廊”，是沈阳城市规划建设一个创新型概念，也是沈阳城市发展战略中的一个核心概念。开发建设金廊是沈阳市委、市政府为完善中心城市功能、提升城市竞争力、创造新的产业带和新的投资热点而推出的一个重要的战略举措。其目的，是通过逐步的开发和改造，使其成为建筑标志化、环境生态化、道路景观化的现代服务业产业聚集区、国际大都市的形象展示区、东北中心城市的核心控制区，成为沈阳充满活力的生命中轴和创造新世纪辉煌的黄金走廊。

金廊主体北至北陵公园，南至浑河北岸，东至黑龙江街—敬宾街—奉天街—杏林街—五爱街，西至黄河大街—二经街—三好街。金廊以北陵大街—北京街—青年大街为轴线，全长12公里，平均宽度1—2公里，总面积17.7平方公里。

金廊建设自2003年7月全面启动以来，在省、市领导的高度重视，市直相关部门的大力支持和开发建设单位的积极努力下，开发建设不断提速。已有皇朝万鑫大厦、昌鑫置地广场、汇宝国际商业广场、奉天银座、华府天地一期、财富中心、银河国际大厦等大型项目竣工并投入使用。

北金廊（皇姑段）为沈阳“金廊”工程的北段，囊括以北陵大街为轴心、西至黄河大街、东至黑龙江街6.9平方公里的区域。皇姑区重点由传统的教育文化业转移到信息服务业、现代商务商贸业、文化旅游业、现代物流业等现代服务业。重点规划建设“一线、一街、一带”发展区域。“一线”即地铁二号线沿线开发（即北金廊），“一街”即长江街，“一带”即舍利塔文化旅游观光带。

北金廊（于洪段）规划范围南起黄河北大街新开河桥，北至文大路沈阳师范大学南侧，以黄河北大街西侧为主，西至川江街，全长7.1公里，平均宽度为0.5公里，总面积为3.55平方公里。总体定位为金融贸易区、宾馆贸易区、商住办公区、文化体育区、高档住宅区、中介服务区、商业购物区、高科技产业区、汽车专卖区和现代生活区10个功能区。

作为沈阳金廊的北延伸带，北金廊道义段规划位于沈北新区道义南大街，南起黄河北大街，北至沈阳市规划三环，以道义大街为轴心，全长7.3公里，两侧宽度各500米。区域延经101国道、沈北大道、蒲河大道等主要公路。北金廊（道义段）产业发展主要依托大学城，重点发展金融保险、写字楼地产、专业服务等高等级的生产性服务，发展先进零售业态、高级商务酒店、高级娱乐设施等高端生活性服务，以及高等教育机构、科研机构、大型体育中心、大型文艺中心、大型医疗机构、博物馆等大规模的公共服务，力图建设成为辐射沈阳北部城区的商业带和文化产业带。

"金廊"浑南段，也称南部"金廊"，位于浑河南部，北起浑河南岸，沿浑河大街两侧，南至三环绕城高速公路，全长4公里，将重点建设商务、办公、商业、体育、文化、娱乐项目，在空间和功能上与浑河北岸"金廊"相延续，构成沈阳市完整的公共服务设施轴线，并形成浑南新区的公共配套中心。

金融中心的地产支点。一批超高层和高层建筑群体构筑具有标志性的现代商务中心在"南金廊"地带的形成，奠定了南部金廊作为沈阳市南部商务金融中心的核心地位。沈阳奥体中心就处在"南金廊"的黄金点上，2008年上半年，"南金廊"的大部分在建项目将封顶，并在奥运会开幕前完成外部装饰，而奥体中心将成为南部金廊整体形象中最具魅力的核心亮点。

毗邻沈阳奥体中心的保利达商务广场，包括购物中心、商务中心、会务中心、商住大厦、高档写字楼、五星级酒店等设施，形成体验浑河风情的最佳地带。"南金廊"作为沈阳又一个经济商务金融中心，成为奥体板块地产发展的支点。

打造南"金廊"新商圈。地铁二号线的开工建设，消除了沈阳市民以河为界的心理。地铁建成后，坐着地铁往南走，过河之后将别有一番景象。亿丰广场2008年底投入使用，是集购物、旅游、娱乐、美食、休闲、文化、游乐、运动、五星级酒店9种业态为一体的复合商业地产项目；泛华商业广场整个项目分为两部分，一部分为百货超市、建材家居购物中心以及酒店式公寓，一部分为高层住宅及配套商业设施组成的大型住宅社区，据了解，泛华商业广场已锁定家得宝、特易购、沃尔玛等世界零售巨头；沈阳·中国女人街，是集著名百货商场、国际品牌建材超市、国际品牌家居超市、国际品牌生活超市、国际连锁运动品牌超市、美食街、电影院等业态组成的以商业、服务业、娱乐业为一体的超大型商业综合体。

为加快推进金廊项目的招商引资工作，省、市领导带领有关部门赴深圳、温州等地开展招商工作，并召开“沈阳市金廊主题概念招商座谈会”，对金廊工程重点地块进行推介。

经过几年的建设，金廊工程已初具规模，为沈阳产业结构调整、城市功能升级、加快老工业基地全面振兴起到了重要的推动作用。市政府加大金廊沿线城市基础设施的投入和建设力度，与之配套的地铁二号线于2011年底通车，奥体中心、财富中心、商会总部大厦等一大批项目已经建成投入或即将投入使用，金廊的价值开始逐步显现，并展现出广阔的发展空间和财富聚集效应。在未来的几年，一大批改变城市形象、提升城市品位的金廊项目将展现在沈城人民的面前；“金廊”也将成为充满生机与活力，在国内外具有重大影响力的现代服务业聚集区。

**金廊主要百货类商场情况**

| 项目名称 | 经营业态及特色 | 经营理念及定位 | 主要目标顾客群体分布 | 装修及美陈形象定位情况 | 客流情况 |
|---|---|---|---|---|---|
| 沈阳华府购物中心 | 集购物、餐饮、文化、休闲、娱乐、服务多功能于一体 | 中高档，倡导将吃喝玩乐融于一体的经营理念 | 以成熟、有稳定收入的社会中高阶层人士为主力购买群体，兼顾青春、流行、时尚和社会高消费 | 环境明亮、舒适 | 客流较少，目前客流主要来自餐饮和影城 |
| 沈阳百联购物中心 | 集购物、休闲、餐饮、超市、娱乐于一体 | 高中档都市型购物中心 | 20—45岁时尚消费群体（以当地消费群体为主） | 环境高雅明亮、舒适 | 客流一般，多为年轻时尚的消费群体 |

续表

| 项目名称 | 经营业态及特色 | 经营理念及定位 | 主要目标顾客群体分布 | 装修及美陈形象定位情况 | 客流情况 |
|---|---|---|---|---|---|
| 卓展购物中心 | 时尚服装服饰、化妆品、珠宝名品，很多品牌为沈阳独有 | 高档奢侈品为主，引领时尚潮流 | 以成熟、稳定收入的社会中高阶层人士为主力购买群体 | 高档、时尚、奢侈 | 客流较多，多为追求时尚潮流的经济能力较强的时尚人士 |
| 北京华联五里河购物中心 | 集购物、餐饮、休闲、健身、娱乐为一体的综合型社区购物中心 | 高中档，流行时尚 | 20—45岁有一定经济能力的时尚消费群体（以当地消费群体为主） | 环境明亮整洁，舒适 | 客流一般，节假日较多 |
| 西武百货 | 世界顶级时装品牌及潮流服饰 | 高档，领导潮流 | 20—45岁经济能力较强的时尚消费群体 | 高档、时尚、潮流 | 客流较多，多为追求时尚潮流的经济能力较强的时尚人士 |
| 辽宁展览馆 | 服装服饰、化妆品、百货 | 中档、休闲、大众 | 20—45岁的中低档消费群体（以当地消费群体为主） | 环境整洁、舒适 | 客流较多，多为收入较低消费群体，展会时客流较大 |

**4. 浑南新城商圈**

浑南新城北起沈阳三环路，南至机场北路，西至规划路，东至机场高速路，总规划面积57平方公里，是“十二运”的主功能区，也是承担沈阳市未来行政中心、科技中心、文化中心重任的新兴城区。

浑南新区大事记：

2010年2月28日：沈阳市委、市政府作出战略决策：东陵区、浑南新区、航高基地三区合署办公，将大浑南打造成为沈阳市行政、文化、科技新中心。

2010年3月17日：隆重启动沈阳至丹东客运专线、丹东至大连铁路以及新建沈阳南站、大连站、沈阳站和沈阳北站改造等铁路重点工程“两线四站”建设。

2010年3月24日：沈阳市政府、中航工业集团沈飞公司、加拿大庞巴迪公司共同建设的C系列商务飞机机身装配厂房开工奠基。此举标志着沈飞公司民机产业迈入新的发展里程。

2010年8月10日：大浑南建设全面启动。

2010年8月13日：“东陵红树莓”被国家工商总局商标局正式获准注册地理标志商标，填补了沈阳的空白。

2010年9月3日：沈阳浑南新城暨第十二届全国运动会项目建设全面启动。

2010年10月10日：第十二届全运会沈阳赛区全运村主体工程建设项目在浑南新城莫子山村举行开工仪式。（浑南）现代服务产业园项目落户。

2010年12月20日：沈阳伯官大桥奠基暨沈抚新城基础设施建设正式启动。

## 三、城市金融服务网络

### 1. 概述

1948年11月2日，沈阳解放，11月8日，东北银行沈阳分行宣告成立，沈阳解放时，私营金融业共有银行、银号18家，在人民政府的保护政策下，陆续恢复营业。经过积极工作，沈阳逐步建立了以中国人民银行沈阳分行为领导的金融体系。

1958至1966年，沈阳金融工作经历了一个曲折发展的过程，“文化大革命”期间，沈阳金融工作遭到严重干扰，银行信用被否定，各专业银行被撤销。

1978年，十一届三中全会以后，沈阳的金融工作进入了全新发展的时期，各专业银行业务分别从人民银行和财政部门划分出来，单独成立专业银行，恢复了保险公司，新建了信托投资公司，发展了城乡信用合作社，初步形成以人民银行为领导、专业银行为主体，其他金融机构为补充的金融体系。改革开放政策推动了金融业的发展。

1984年7月，国务院批准沈阳市为计划单列和经济体制综合改革试点城市，金融体制改革随着经济改革和生产建设的需要而迅速发展。1985年组建了沈阳市信托投资公司和沈阳市国际信托投资公司，试办了18个集体所有制的城市信用合作社，补充了国家银行网点的不足。

2010年，沈阳金融工作围绕实现“双五千亿”的目标，克服全国新增贷款总量下降带来的不利影响，以加大全市信贷投放为重点，以沈阳经济区上升为国家战略契机，加快沈阳东北区域金融中心的建设。

从沈阳解放到2010年，全市金融工作平稳较快发展，全市信贷投放工作不断推进，企业上市直接融资渠道进一步拓展，金融环境建设进一步优化，金融凝聚力不断增强，注册资金15亿元的华汇人寿保险股份有限公司获中国保监会批复筹建，结束沈阳没有法人保险总部的历史，地方商业银行的设立，乡镇银行的推进，信贷公司整顿工作进展顺利，融资性担保公司的设立，都体现了沈阳60年来的金融建设的不断推进和完善。

**2. 银行业**

截至2010年底，除人民银行沈阳分行营业管理部外，沈阳市共有银行类金融机构38家，银行机构营业网点1200余个，从业人员2.6万余人。其中政策性银行2家（开发银行辽宁省分行、中国农业发展银行辽宁省分行营业部）；国有商业银行4家（中国工商银行、中国农业银行辽宁省分行营业部、中国银行沈阳分行、中国建设银行辽宁省分行）；股份制商业银行分行8家（交通银行辽宁省分行、招商银行、中信实业银行、华夏银行、光大银行、上海浦东发展银行、兴业银行、广东发展银行沈阳分行）；城市商业银行7家（盛京银行、大连银行、哈尔滨银行、营口银行、锦州银行、阜新银行、辽阳银行沈阳分行），分行4家（大连银行、营口银行、锦州银行、哈尔滨银行沈阳分行）；外资银行分行6家（韩亚银行、韩国中小企业银行、新加坡大华银行、东亚银行、汇丰银行沈阳分行、三井住友银行沈阳分行）；外资银行驻沈代表处4家（大众银行、日本三菱日联银行、日本北海道银行、日本三井住友银行沈阳代表处）；财务公司3家（东北输变电设备集团财务公司、中电财务有限公司东北分公司、中油财务有限公司沈阳办事处）；其他金融机构4家（沈阳市农村信用合作社联合社、邮政储蓄银行沈阳市分行、沈北富民村镇银行、沈阳银联沈阳分公司）。截至2010年末，全市金融机构本外币各项存款余额8254.2亿元，比上年末增长21.2%，增速快于贷款3.8个百分点，2009年末，全市金融机构本外币各项贷款余额6068.4亿元。[①]

**中国人民银行沈阳市分行** 中国人民银行沈阳市分行（前身为东北银行沈阳分行），自1948年11月8日建立以来，随着国民经济的发展，不断扩大和完

① 沈阳市人民政府地方志办公室编：《沈阳市志2011》，沈阳：沈阳出版社，2011年版，第484页。

善，在沈阳市的经济建设与社会发展中起着重大的作用。

1948年11月2日，沈阳解放。东北银行总行派出接收人员随军入城，接收在沈阳的官僚资本金融机构——中央银行、中国银行、交通银行、农民银行、中央信托局、邮政储金汇业局、中央合作金库（简称四行、二局、一库），于1948年11月8日，建立东北银行沈阳分行。同时建立的还有城内支行、小西支行、中山路支行。

东北银行沈阳分行直属东北银行总行，各支行均由东北银行总行直接领导，共有职工353人。其中，接收旧金融机构的员工占职工人数的39%。银行工作的方针是：大量吸收存款，是国营企业机关单位的总出纳，不断开展业务，增强活动力量。配合整个经济建设计划，有重点地大量发放农贷及有计划地解决国营企业短期资金周转。建立健全业务制度，创办新业务。其业务范围包括办理存款、放款、汇兑和银行一般业务，管理私人银行，发展保险事业及收购金银、代理金库业务等。

**1948年沈阳市银行机构表①**

| 行名 | 经理 | 人数 | 营业地址 |
|---|---|---|---|
| 东北银行沈阳分行 | 沈海清 | 143 | 和平区中华路94号 |
| 东北银行沈阳城内支行 | 哮夫 | 96 | 大西区沈阳大街26号 |
| 东北银行沈阳小西支行 | 李敏辉 | 59 | 小西区小西大街60号 |
| 东北银行沈阳中山路支行 | 张子英 | 55 | 和平区中山路137号 |

沈阳分行建立后，根据国家的金融政策，积极肃清国民党政府遗留的恶性通货膨胀，稳定金融市场。组织收兑国民党货币(金圆券、东北九省流通券)，建立稳定的货币市场，打击金融投机活动，禁止金银折价流通。规定金银由国家统一经营。限制和改造私人金融业，对复业的私人行庄、金店加以整顿。没收私人银行股份中的官僚股份，限定其业务范围，取缔非法经营活动。沈阳分行开业后，大力吸收存款，为促进国民经济的恢复和发展，筹集资金，逐步扩大银行机构。

1951年4月，东北银行奉命改组为中国人民银行东北区行。东北银行沈阳分行改为中国人民银行东北区行沈阳分行，定为二级分行，直属东北区行领导。

① 中国人民银行沈阳市分行，沈阳市金融学会编：《沈阳金融志》，沈阳：沈阳市金融学会出版社，1992年版，第137页。

1981年5月，成立中国银行沈阳分行。

为适应经济管理体制改革，进一步扩大银行业务范围，1981年7月，成立人民银行沈阳市信托投资公司，办理委托存款、投资性贷款、抵押贷款及其他委托业务。

为强化人民银行体制，于1986年4月8日，成立了中国人民银行沈阳市分行理事会，它是沈阳市金融工作的领导和决策机构。

中国工商银行沈阳市分行　根据国务院《关于中国人民银行专门行使中央银行职能的决定》，经上级批准，1985年1月1日，沈阳市人、工两行机构分设，中国工商银行沈阳市分行为市局级经济实体。主要业务是：根据中国人民银行授权，统一管理国营工商企业的流动资金，办理国营工商企业、城镇集体企业和个体工商业的流动资金贷款；管理工商企业和有关企业主管部门用于技术改造的各项基金，办理技术改造贷款开展委托、代理、租赁、咨询等信托业务；组织企事业单位的存款和办理结算业务；办理储蓄；开展经济调查和经济信息工作，对开户单位实行现金管理、工资基金监督；办理人民银行和其他金融机构的委托代理业务。隶属关系受中国工商银行辽宁省分行领导。经济方面享受省级分行管理权限，信贷等计划指标由总行直接下达。根据需要，1985年1月19日正式成立沈阳市金融技术信息咨询公司，为集体所有制企业；同年5月9日，经省工商银行批准改为中国工商银行沈阳咨询公司，为全民所有制单位。

中国农业银行沈阳市分行　中国农业银行是经办农村金融业务的专业银行。沈阳市的农村金融业务，1950年以前，由中国人民银行沈阳市分行办理。1951年开始设立基层农村金融机构——营业所，新城子、沙岭、深井子三处营业所是全市设立最早的营业所。

1963年12月9日，根据中国人民银行辽宁省分行文件，开始筹建沈阳市农业银行。所辖9个县支行（昌图、开原、铁岭、新民、法库、康平、辽中、西乍、台安），2个郊区办事处（苏家屯、新城子），职工851人，其中市分行223人。1964年5月12日，根据辽宁省编制委员会、中国农业银行辽宁省分行《关于调整沈阳、朝阳、抚顺地区农业银行机构编制联合通知》，将沈阳市和9个县的农业银行划归农业银行沈阳专区中心支行，同时根据文件精神，为节省人力、便利工作，划转后的市农业银行与市人民银行合署办公，对外挂两个牌子。①

---

① 沈阳市金融学会编：《沈阳金融志》，沈阳：沈阳市金融学会出版社，1992年版，第143页。

为便于发挥农业银行机构的作用，1964 年12月2日，经省农业银行批准，单独设置了中国农业银行沈阳市分行，统一管理农村金融和货币流通。办公地点在沈阳路1段35号。内部机构设置有人事科、农金科、国营企事业资金管理科、信用合作科、办公室等。

1965年10月15日，沈阳市人民委员会文件决定，同意中国人民银行沈阳市分行、中国农业银行沈阳市分行“关于农业银行与人民银行机构合并的请示报告”，市农业银行与市人民银行合并。

1979年6月，沈阳市革命委员会根据《国务院关于恢复中国农业银行的通知》精神，决定恢复中国农业银行沈阳市分行作为市革命委员会的直属工作部门，受省行、市政府双重领导，市农业银行自1979年7月1日开始对外办公，地点在和平区青年大街2段。

**中国银行沈阳分行** 中国银行是国家外汇专业银行，其前身为旧中国时期建立的中国银行。1948年11月2日，沈阳解放，东北银行派员接管中国银行沈阳分行。1952年9月，东北区行将部分进口收款业务下放给人民银行沈阳分行。

根据国务院文件，中国人民银行于1984年12月28日下达了《关于国家外汇管理局沈阳分局与中国银行沈阳分行分设》文件，自1985年1月1日起，国家外汇管理局沈阳分局与中国人民银行沈阳市分行合署办公。凡属外汇管理的工作，划归外汇管理分局；凡属外汇经营工作，划归中国银行沈阳分行。

分行的主要任务是：根据党和国家的方针、政策和有关的法令、法规，办理贸易和非贸易的国际结算；办理外贸信贷、外汇信贷及其相应的人民币配套贷款、中外合资企业贷款、国际信托投资和租赁业务；外汇的买卖外币存款及人民币存款；承兑旅行支票、旅行信用证、信用卡等业务。

**中国人民建设银行沈阳市分行** 1952年8月，中华人民共和国政务院经济委员会颁发了《基本建设拨款暂行办法》，规定国家各级财政预算支出的基本建设资金，由建设银行监督拨付。据此，于1952年，将东北区财政部管理的基本建设投资拨款部分工作，与中国人民银行东北区行长期投资处的业务工作合并，成立了东北区基本建设投资银行，办理东北区主要工程项目的投资拨款任务。1953年1月，沈阳市成立了东北区基本建设投资银行沈阳分行，下设铁西支行和城内办事处两个基层单位。

1953年，开始执行发展国民经济的第一个五年计划，国家财政用于基本建设的投资逐年增多，建设项目大量涌现。为了适应大规模经济建设的需要，政务院于1954年9月9日决定发布了《关于设立中国人民建设银行的决定》，在财政部系统内设立中国人民建设银行。专门办理全国基本建设的拨款，并对建筑安装企业发放流动资金贷款和办理结算业务，具有财政、银行的双重职能。遵照政务院的决定和市政府的同意在基本建设投资银行沈阳分行的基础上，于1954年10月1日，组建了中国人民建设银行沈阳分行。下设三个直属单位：铁西支行、城内支行、和平支行，全行职工为282人。其主要工作任务是管理基本建设财务；办理基本建设拨款；进行财政监督；办理基本建设经济活动中的结算和贷款等业务。

“十年动乱”时期，建设银行的工作受到了极大的影响，沈阳市于1973年1月1日，恢复了中国人民建设银行沈阳市分行，在业务工作上受辽宁省分行领导，行政关系属于沈阳市财税局。分行下设：和平、铁西、城内三个支行，全行职工为192人。

1984年，国务院批准沈阳市实行计划单列。为引进外资、管理好世界银行的贷款，经建设银行总、省行批准，成立了中国投资银行沈阳市分行，在建制上隶属建设银行沈阳市分行领导。

**交通银行沈阳分行**　1986年7月24日，根据国务院下发关于重新组建交通银行的通知，同年10月10日，人民银行将筹备交通银行沈阳分行工作意见上报人民银行总行。1986年10月24日，交通银行总管理处筹备组下发了《关于同意建立交通银行沈阳分行筹备组的函》，批准由张学智、马忠智、鲁维礼、郭洪恩等4人为筹备组成员。1986年11月20日，沈阳市人民政府又下发《关于成立交通银行沈阳分行筹备组的通知》，1986年11月25日，由黄毅祥副市长主持，张瑞昌、孙学彬、张学智参加，研究了交通银行沈阳分行筹备组人员增补及分工问题。决定由张学智任组长，鲁维礼任副组长，马忠智、郭洪恩为筹备组成员，又增补了丁洪昌为成员。

重新组建的交通银行沈阳分行（当时为代表处）是一个综合性银行，其业务范围不受现有专业银行分工的限制，在其他专业银行或金融机构开户往来的单位，可以同时在交通银行开立结算账户，建立业务关系。

交通银行沈阳分行下属分支机构的设置，打破了按行政区划分的界限，它是以沈阳这个中心城市为依托，其分支机构和业务范围可以辐射到辽宁、吉林、黑龙江三省和内蒙古自治区的三盟一市。

交通银行沈阳分行是以公有制为主的股份制社会主义金融企业，资本金的筹集是采取国家控股和公开招股相结合的方式进行的。在管理体制上，实行所有权与经营权分离的原则，分行成立管理委员会，实行在管委会领导下的总经理负责制，自主经营，独立核算，自负盈亏。

**沈阳合作银行**　为推进沈阳市金融体制改革，1986年11月1日市政府及市人民银行决定，由市工商银行副行长曲柏林、市人民银行副总会计师付乃积、市工商银行办公室主任杨定一、市工商银行个体业务处处长石绍禹四人组成沈阳合作银行筹备组，并积极进行了筹备工作。

11月29日，向中国人民银行总行报出了关于申请成立沈阳合作银行的报告。1986年12月30日，中国人民银行批准成立沈阳合作银行。

沈阳合作银行是股份公有性质的金融机构，按集体经济的方针、政策及办法，实行自主经营、独立核算、自负盈亏、自求平衡和企业化管理，在业务上受中国人民银行沈阳市分行领导、协调、监督、稽核。受人民银行沈阳市分行的委托，对城市信用社进行管理和服务，服务对象以集体和个体经济为主。沈阳合作银行自有资金本金1000万元，其来源是国营工商企业、金融机构及部分个体经济户。由这些单位组成沈阳合作银行股东，股东代表选举产生董事会，实行在董事会领导下的行长负责制。董事会由21人组成，董事长曲柏林，副董事长付乃积、杨定一、石绍禹。

合作银行对全市18家城市信用社进行管理和服务。各城市信用社均实行自主经营、独立核算。各社之间可以通过合作银行融通资金，互相拆借，各社业务范围与合作银行业务范围基本一致。

沈阳合作银行成立以后，领导班子始终坚持把其办成改革的产物，而不能办成改革的对象这一指导思想。一方面，在职工中广泛开展主人翁教育，依靠改革调动大家的积极性，全行干部职工在思想观念、经营观念、营运机制、信用形式以及在内部机制等方面都发生了深刻的转变。另一方面，为了适应经济体制改革的需要，搞活城市信用社，狠抓了思想观念的更新和扩大信用社的自主权，使之真正做到自主经营、自负盈亏，具有自我改造、自我发展能力的独立核算的经济实体。

中国工商银行股份有限公司辽宁省分行　银行辽宁省分行自1985年建行以来，坚持服务全省改革发展大局，不断调整信贷结构，增强投贷能力，努力加快业务创新，拓宽筹资渠道，以雄厚的资金实力、便捷的服务渠道，以及不断创新的特色产品，为省内外广大客户提供了优质良好的金融服务。

中国工商银行辽宁省分行下辖1个营业部和12家二级分行、639个营业网点，从业人员1.8万余人。ATM和POS等自助机的数量达到4000余台，电话银行、网上银行服务在全国范围内畅通无阻，形成了网点柜面、自助银行和电子银行等互为依托促进的一体化服务体系。依托国际上最先进的全球SWIFT系统和遍布近百个国家和地区的1000多家代理行，高效、快捷、安全地实现与国内外银行的资金结算、收付汇及资金调拨，为广大客户提供全方位的国际金融服务支持。

中国工商银行辽宁省分行营业部在沈阳拥有24家支行、174个营业网点，是沈阳市最大的商业银行。除为广大客户提供存、贷、汇等传统金融服务外，依托领先的信息科技和电子网络，不断推出“理财金账户”“金融@家”“汇款直通车”等新的金融产品和金融品牌。由自助银行、电话银行、手机银行和网上银行构成的电子银行立体服务体系已日益成熟。一系列特色金融服务正逐渐深入沈阳千家万户。各种代收代付业务已有50多种，服务范围涉及社会公共事业的各个领域。拥有自主银行及“个人金融服务中心”9家，会计对公、活期储蓄、牡丹卡三大业务实现全国集中式大联网。

**盛京银行** 盛京银行是沈阳市第一家总部银行，成立于1997年9月，其前身是沈阳市商业银行，2007年2月经国家银监会批准更名为盛京银行。是东北地区成立最早、规模最大、实力雄厚的城市商业银行，其前身是由沈阳市城市信用社、沈阳合作银行、沈阳城市合作银行逐步发展起来的沈阳市商业银行。沈阳市商业银行在经历了整合发展、改革创新、改造重组后，于2007年成功更名为盛京银行。2007年8月，盛京银行天津分行开业，成为继上海银行、北京银行之后全国第三家实现跨省设立分支机构的城市商业银行。盛京银行已在北京、上海、天津、长春、大连、营口、葫芦岛、鞍山、本溪、盘锦等地相继设立分支机构，异地分行已达10家。盛京银行总部位于沈阳市沈河区北站路109号。

更名及跨区域经营的实现，使盛京银行成功迈进全国性股份制商业银行的系列，是沈阳市金融发展史上的一个重要里程碑，也是贯彻党中央、国务院关于振兴东北老工业基地战略决策的一个重大举措，对于将沈阳市构建成东北金融中心，吸引全国的资金进入辽沈地区，实现金融资本与产业资本的强势联合，促进沈阳市以至辽宁省的经济发展，具有重要的意义和深远的影响。

**沈阳市城市信用社** 沈阳市城市信用社是党的十一届三中全会以后出现的新事物，经历了从无到有、从少到多、从单位到联合的过程。它是独立核算、民主管理、自主经营、自负盈亏、依法纳税的集体所有制金融组织。

1981年3月，沈阳市人民银行皇姑区办与皇姑区亚明街道办事处联合试办了全省第一家集体所有制金融组织——皇姑区亚明城市信用社。

其主要业务范围是：承办城市街办、厂办、校办等工商企业和个体经济及第三产业（集体）的存款、贷款和结算业务，执行国家统一的金融方针政策，坚持自力更生、优质服务、勤俭办社的方针。经过2年多试办，在取得明显效果的基础上，1983年7月，又建立了铁西城市信用社；经过实践，在总结利弊、取得经验的基础上，于1984年陆续在市内沈河、大东、和平区建立了3个城市信用社；至1986年，先后又建立了泰山、向工、大东路、辽沈、南湖、园路、保工、云峰、皇寺、红霞、惠工、法河、松陵等城市信用社。

截至1986年底，全市已有由市工商银行筹办并领导的18个城市信用社，职工600多名，存款户9329户，存款余额17561万元，贷款户1290户，贷款余额达11219万元，并实行按股集资办棒，共有3100名社员，筹集股金145万元。[①]

城市信用社的成立，对支持城市集体、个体经济和第三产业的发展，缓解、分流专业银行业务压力等方面起到了积极作用。但由于一区多社，在执行金融政策、计划、制度、职工培训等方面需要协调，乃于1985年3月本着“积极引导，加强管理”的原则，进一步协调各区内城市信用社的各项活动。本着自愿原则，先后建立了皇姑、和平、大东、铁西、沈河等5个区城市信用联合社，由工商银行各区办事处主管主任兼任联社主任，区联社设在各区办个体业务科。

1986年4月，为了在全市范围内统一政策、统一筹集与运用资金、统一协调工作、统一培训职工，又在各区城市信用社联合的基础上建立了沈阳市城市信用社联合社，由市工商银行副行长王敏任主任、个体处处长石绍禹任副主任，设在市工商银行个体业务处。市、区联社均实行两套机构两个牌子一套管理人员的管理办法。联社是各基层城市信用社的联合组织，是各基层城市信用社的领导机构，市区联社本身不经营业务。

**沈阳市农村信用社**　沈阳市农村信用合作事业，从1952年开始试办信用部，1953年建立信用合作社。新城子区办刘千户信用社(后改为马刚信用社)是第一个建立起来的信用合作社。信用合作社，是劳动人民根据自愿互利的原则，集资入股吸收存款，互通有无，以解决社员生产和生活上的困难为宗旨。它的最高权力机关为社员大会和社员代表大会。执行机关有理事会和监事会。社员享有参与管理的一切权利和义务，根据东北人民政府关于开展农村信用合作工作的指示，决定农村信用合作社及供销合作社附设的信用部、信用小组等信用组织，统归供销社领导；在金融政策与业务上，由国家银行监督指导。

现阶段农村信用合作社，是社会主义集体金融组织，主要任务是：大力筹集农村闲散资金；按照党的方针政策，有效地发放各项贷款，支持农业发展；

---

① 中国人民银行沈阳市分行，沈阳市金融学会编：《沈阳金融志》，沈阳：沈阳市金融学会出版社，1992年版，第153页。

管理用好资金，帮助农民群众解决生产、生活方面的资金困难，为活跃农村经济、加速实现农业现代化服务。

3. 信托业

沈阳国际信托投资公司　沈阳国际信托投资公司是沈阳市人民政府直属的专门从事国际信托投资业务的地方国际金融机构。经中国人民银行和国家外汇管理局批准，沈阳市人民政府下发了关于成立沈阳国际信托投资公司的通知，于1984 年12月成立，同年1月15日正式开始营业。

公司设董事会，董事长兼总经理王桶祥，副董事长兼副总经理李宝云、王隆基。公司下设事务部、计划财务部、信托投资部、信托贷款部、租赁部、房地产部、信息咨询部和外国企业服务部，系全民所有制的独立核算单位。

主要经营范围是：接受境外的信托投资和信托存款；在境外筹措资金，发行债券和股票；办理借款、承包、投标、履约的担保；接受境外客户的委托，代拟有关合同及章程进行投资项目的可行性研究和评估，以及非现金投资的评估组织中外合资(合作)经营、补偿贸易、来料来样加工装配；办理租赁、房地产开发和证券交易业务，经营国家外汇管理局批准的各项外汇业务。

承办地方重点投资项目。沈阳国际信托投资公司作为地方国际金融机构，具有地方性、辅助性的特点，为此，在开展业务时，注意发挥这些优势，用好、用活资金，积极为振兴沈阳经济服务。

沈阳国际信托投资公司成立以来，在改革开放方针的指引下，积极开展各项国际金融业务，在为企业服务、为振兴沈阳经济服务中做出了应有的贡献。

**沈阳市信托投资公司**　沈阳市信托投资公司经中国人民银行总行批复和沈阳市人民政府下发《关于成立市信托投资公司的通知》于1985年6月成立。为全民所有制金融企业，是自主经营、独立核算、自负盈亏、照章纳税、具有法人资格的经济实体。总经理：孟铁；副总经理：全巨山、罗振忠。

公司在较短时间内，业务能力、资金实力不断提高，并发挥了独具特色的作用，主要做了如下工作：在沈阳乃至全国率先开展实物租赁，该公司不仅办理了实物租赁和融资租赁，还在此基础上对集体企业长期无偿占用国营企业设备的转租赁进行了有益探索；在国内金融业中首开证券交易市场；组建公司营业部。1985年5月经市人民银行批准，公司营业部开始参加全市的同城票据交换，加速资金周转，提高资金利用率；试行抵押贷款业务；试办了有价证券代保管业务，为债券持有者解除了保管不安全感的后顾之忧，积极吸收存款，增强资金投放能力。试行走银企联合的新路子，改革内部机构，促进公司转轨变型。将原机关型的6处1室改为经营型的8个部后，对新任职的处级干部一律实行聘任制。坚持对干部定期考核制度。

4. 保险业

截至2010年末，全市共有保险机构48家，其中，财产险省分公司19家，人身险分公司29家，县区支公司、营销服务部等分支机构278个，机构网点遍布城乡，保险从业人员近2万人，形成保险公司与保险中介、中外资公司多种公司形式、多种专业领域公司并存发展的保险市场。①

保险服务领域不断拓宽，沈阳市成为全国科技保险试点城市，农业险、健康险等民生领域非车险业务得到快速发展。结构调整取得一定成效，标准保费持续增长，渠道结构显著改善。风险防范工作得到有效加强，完善沈阳市的监管联动机制，组建沈阳市预防和打击保险诈骗中心，保险市场秩序逐步好转。

中国人民保险公司沈阳市分公司　中国人民保险公司沈阳市分公司的前身是中国人民保险公司东北区公司沈阳分公司。1951年5月15日，为适应国民经济迅速恢复和发展的需要，中国人民保险公司东北区公司决定将所属沈阳直属营业部改组为中国人民保险公司沈阳分公司，直属东北区公司领导。同年6月1日，将原东北区公司直属的沈阳郊区4个营业所（苏家屯、新城子、深井子、沙岭子营业所）划归沈阳分公司领导， 沈阳分公司成立后，办公地址迁到和平区博爱街24号。第一任经理田真（女），副经理张仲班、田卡臣，成立当时共有职工97人。

1957年10月1日，经辽宁省分公司决定，撤销沈阳市公司机构。1980年2月21日，中国人民银行辽宁省分行批准中国人民保险公司辽宁省、沈阳市分公司成立，于1980年5月重新恢复，任命王超为经理，王崇义、徐士瑞为副经理，并于同年6月15日正式办理业务。在市区铁西、大东、和平、沈河、皇姑5个区的人民银行区办事处内分别建立保险科，对外直接办理各项保险业务，行政受所在区银行办事处领导，业务受沈阳市分公司领导并纳入统一核算。

中国人寿保险公司沈阳市分公司　中保人寿保险有限公司沈阳分公司在沈设立了379个代理、代办网点，开辟了人寿、健康、意外伤害等从出生到死亡的系列人身保险保障体系。2009年末，已拥有27家分支机构、80余家乡镇农村服务部、100多家单位兼业代理公司经办团体保险业务，400多家分布在商业银行、邮局、信用社的小受网点，服务网络遍布全城。同时，“95519”客户服

① 沈阳市人民政府地方志办公室编：《沈阳市志2011》，沈阳：沈阳出版社，2011年版，第491页。

务电话全天24小时为客户提供咨询、查询、报案、挂失、投诉、回访业务。[①]

中国人民财产保险股份有限公司沈阳市分公司　中国人民财产保险股份有限公司沈阳市分公司是人保财险设立在沈阳市的分支机构，是沈阳市成立最早、规模最大、网点最多、实力最雄厚的财产保险公司。公司有员工1000余人，公司本部下设10部、3个中心，在全市各行政区、郊、县下设24家分支机构，专兼业代理网点200多个。2010年，公司承担各类风险总额6200多亿元，实现保费收入14.5亿元，处理各类保险案件20余万件，支付赔款8亿多元。[②]

此外，沈阳市社会保险总公司开展了养老、医疗、公伤和女工生育等项保险业务。平安保险公司、太平洋保险公司和泰康保险公司也分别开展了多项国际国内的保险业务。中国平安保险公司，强化“竞争、激励、淘汰”三大机制，积极推进“最好的机制在平安”的战略目标。强调人才、服务、管理及商品，即追求短期效益占领份额，以求建立长期的竞争优势。

太平洋安泰人寿保险公司，是中国人民银行于1991年4月4日批准设立的一家股份制综合性保险公司，其前身为交通银行保险部，注册地为北京，总公司在上海。

泰康人寿保险公司，是1996年8月22日经中国人民银行总行批准成立的全国性、专业化的股份制人寿保险企业，注册资本6亿元，股东单位为16家国有大中型企业，公司坚持“专业化、规范化、国际化”的发展战略，以学习先进的管理产品、培养优秀的人才、不求最大、但求最好的方针，注重资产动作质量，以求管理的科学性。

**5. 证券业**

2010年，辽宁省证监部门积极推动辖内证券机构经纪业务转型，强化证券公司合规管理和分类监管，促进证券机构稳健经营。证券网点建设全面推进，网点布局逐步优化，新的竞争格局初步形成。

截至2010年末，沈阳地区有证券公司2家、证券分公司4家、证券投资咨询公司1家、证券营业部74家、基金分公司3家、外资代表处1家。[③]沈阳市继续强化辖区内各金融市场的日常监管工作，重点加强债券市场异常交易监测，规范

① 沈阳市人民政府地方志办公室编：《沈阳市志2011》，沈阳：沈阳出版社，2011年版，第434页。

② 沈阳市人民政府地方志办公室编：《沈阳市志2011》，沈阳：沈阳出版社，2011年版，第497页。

③ 沈阳市人民政府地方志办公室编：《沈阳市志2011》，沈阳：沈阳出版社，2011年版，第490页。

交易行为，防范交易风险。

**中天证券有限责任公司** 中天证券有限责任公司公司位于沈阳市和平区光荣街23号甲。是经辽宁省政府批准，由原辽宁东方证券公司、辽宁省信托投资公司、辽宁省国际信托投资公司、辽宁省华盛信托投资股份有限公司的证券类资产重组设立的综合类证券公司，于2004年7月经证监会核准成立，2004年8月工商注册登记。公司初始注册资本5亿元人民币，其中，辽宁省国有资产监督管理委员会（以下简称辽宁省国资委或省国资委）出资4.4亿元，占88%；辽宁省投资集团有限公司（以下简称辽宁省投资集团或省投资集团）出资0.6亿元，占12%。2009年7月21日，证监会下发《关于核准中天证券有限责任公司变更注册资本的批复》（证监许可［2009］661号），核准公司注册资本变更为9.38亿元。变更后，辽宁省国资委出资6.87亿元，占73.25%；省投资集团出资2.51亿元，占26.75%。

公司总部设在沈阳，公司有子公司与分公司各一家，分别为银建期货经纪有限责任公司和中天证券有限责任公司上海分公司，公司下属证券营业部23家，其中辽宁地区17家（沈阳12家，辽阳、葫芦岛、锦州、盘锦、朝阳各1家），辽宁省外6家（上海3家、天津2家、深圳1家）。直接为20余万客户服务，客户总资产100多亿元。公司现有员工近400人。公司以一流的人才队伍、丰富的专业经验、稳健的经营作风，为客户提供专业化服务。

诚浩证券有限责任公司 诚浩证券有限责任公司，是经中国证券监督管理委员会批准设立的从事证券经纪、证券自营、证券投资咨询业务的有限责任公司，是中国证券业协会，中国国债协会，上海、深圳证券交易所的会员单位。公司下设9家证券交易营业部，注册资本金20074.70万元。公司注册地址在沈阳市沈河区热闹路51号。

公司前身为沈阳市国库券流通服务公司，成立于1988年4月21日，同年11月26日更名为沈阳财政证券公司。1992年11月6日，中国人民银行以银复1992［478］号文件下发《关于沈阳财政证券公司重新登记的批复》，并颁发《经营金融业务许可证》，注册资本金1000万元。1995年4月18日，公司更换企业法人营业执照，注册资本金增至6000万元。2001年9月19日，中国证监会以证监机构字［2001］184号《关于辽宁省财政国债中介机构转制问题的批复》文件，同意沈阳财政证券公司转制为经纪类公司。2002年12月9日，中国证监会以证监机构字［2002］374号《关于同意沈阳诚浩证券经纪有限责任公司筹建方案的批复》文件，同意沈阳财政证券公司上报的筹建沈阳诚浩证券经纪有限责任公司方案。2003年8月18日，中国证监会以证监机构字［2003］163号《关于同意沈阳诚浩证券经纪有限责任公司开业的批复》文件，同意公司领取《经营证券业务许可证》，2003年9月18日，公司在沈阳市工商行政管理局注册登记。

**6. 其他金融企业及研究所**

**沈阳造币厂** 是国家造币厂之一，直属中国人民银行领导，担负国家金属辅币的生产任务。全厂占地面积139905平方米，建筑面积60967平方米，1986年末有职工21735人。①

沈阳造币厂历史悠久，其前身是筹建于1897 年（光绪二十三年）的奉天机器制造局。1948年11月2日沈阳解放后，东北银行接收了沈阳造币厂，定名为"东北银行工业处"，主要任务是印制钞票和印刷营业品。其印制钞票有东北银行地方流通券和人民币。1949年印制的东北地方流通券有壹千元、伍千元；甲种壹万元、伍万元4个券种，人民币有甲种百元、乙种百元、甲种伍百元、壹千元4个券种。1950年又印制东北地方流通券甲种和乙种拾万元券，人民币伍百元券。1950年末停印东北银行地方流通券后，专印人民币。

东北银行工业处于1950年7月3日改厂名为东北银行造币厂，1951年8月改为中国人民银行东北区行造币厂，1953年7月5日改为沈阳人民造币厂，属中国人民银行印制管理局领导，1955年1月改为国营六一五厂，又称沈阳造币厂。

1978年，中国人民银行为了适应国际、国内市场，促进国际间的文化交流，决定铸造发行纪念币（章）。沈阳造币厂生产的纪念币（章）在国际市场上占有重要地位，远销欧美的瑞士、联邦德国、英国、美国，亚洲的日本、新加坡等国家和中国香港地区。对促进世界各国文化交流，展现中华民族美术、工艺水平起到了重要的作用。

**中国工商银行沈阳市分行计算机技术研究所** 中国工商银行沈阳市分行计算技术研究所（简称计算技术研究所）是研究、开发、引进金融办公自动化机具和设备的科研和生产单位。其前身是中国人民银行沈阳市分行工具厂，1979年改为计算技术研究所，1985年人、工两行分设后，划为中国工商银行沈阳市分行附属企业，现址沈阳市大东区大东路105号。

计算技术研究所下设三个开发部。第一开发部队以研制办公机具为主，拥有先进的仪器、仪表和微机开发系统。第二开发部批量生产电动点钞机定型

---

① 中国人民银行沈阳市分行编：《沈阳金融志》，沈阳：沈阳市金融学会出版社，1992年版，第158页。

产品，拥有较先进的点钞机生产线、点钞机吸尘器生产线。第三开发部在沈阳市南湖科学园区，名为银通自动化技术开发公司，经销本厂产品和代销国内外银行办公自动化机具、设备，开展业务咨询，计算技术研究所在全国主要大城市（北京、上海、天津、成都、南京、长沙、郑州、石家庄、济南、沈阳、烟台、福州、杭州、扬州、大同、哈尔滨、西宁、西安、深圳、乌鲁木齐）设有维修服务站，为用户提供优质服务。

计算技术研究所在生产经营上，坚持以自主开发、联合攻关、委托加工、自销代销结合，扩大出口方式，生产、经营迅速发展。

# 第十章
# 科教文卫事业

第一节　科学研究与技术进步

第二节　教育发展与教育机构

第三节　文化与新闻出版事业

第四节　卫生与体育事业

沈阳解放后，沈阳科教文化事业得到恢复。新成立的一些高校、中小学校通过整顿教学内容、教学思想，使其由旧社会教育方式转变为社会主义政权服务的办学方向。与此同时，科研机构、文化团体、新闻出版卫生事业也得到恢复发展。

## 第一节 科学研究与技术进步

沈阳解放后，人民政府在致力于恢复发展生产的同时，也在不断发展壮大科研队伍，从而使科学研究产生丰硕的成果，科学技术也不断发展进步。

### 一、人文社会科学研究

**1. 机构**

**哲学** 在沈阳，哲学作为一门学科进行系统教学和研究，始于20世纪50年代初。到90年代初，沈阳市哲学教学及研究机构已由50年代初的13个，增加到25个，哲学研究队伍已由50年代的几十人扩大到400人。哲学学科也以由教学为主，发展到教学与研究并重。马克思主义哲学的教学研究是从50年代初期开始的，主要集中于东北局党校、东北工学院、东北财经学院马列主义教研室、中共沈阳市委学习室和中共沈阳市委党校。当时从事马克思主义哲学教学与研究的人数不过几十人。1958年，沈阳成立了哲学学会，集纳了50名哲学工作者，使这里的马克思主义哲学教学研究形成一股合力。到60年代中期形成了在普及的基础上促进研究的发展道路。在普及方面，从1958年开始，沈阳同全国一样掀起了工农群众学习哲学的热潮。1960年，辽宁大学哲学系哲学史教研室中国哲学史组成立，这标志着中国哲学史作为一门学科在沈阳确立。1980年1月，在沈阳成立了辽宁省中国哲学史学会，[①]中国哲学史的教研队伍也由20多人发展到50多人，而且形成了老中青梯队式结构。为提高哲学会教学、研究工作者的业务水平，1980年1月至6月，辽宁省哲学史教研室联合举办了为期半年的中国哲学史培训班，对中国哲学史专业人员进行培训。1976年后，特别是中

① 胡治洪：《中国哲学史学会的构建及其意义》，《武汉大学学报》2012年第3期，第64—69页。

共十一届三中全会以后，沈阳地区外国哲学史的教研工作因为大氛围的变化而获得了较好的发展机遇。1978年、1979年先后召开第一次全国外国哲学史年会和全国现代外围哲学史年会，并建立中华全国外国哲学史学会、中国现代外国哲学史学会、全国综合大学外国哲学史教学研究会。在此影响下，辽宁省外国哲学学会于1978年在沈阳市成立；东北外国哲学学会于1979年成立；[①]1980年成立了全国日本哲学学会。到90年代初，全市共有专兼职的外国哲学史教研人员40余人，其中教授2名、副教授9名、讲师20名。

**逻辑学** 1958年，辽宁大学成立逻辑教学组，后又扩建为逻辑教研室，有10余名教研人员。在此期间，辽宁大学、沈阳师范学院等院校分别派出人员去国家重点院校专攻逻辑专业，为沈阳市及辽宁省提高逻辑教学质量，开展学术研究奠定了基础。1978年12月18日，在沈阳召开了辽宁省逻辑研讨会，交流了辽宁省逻辑学教学研究情况。辽宁大学、沈阳师范学院、沈阳农学院等院校派人参加了会议，并就此成立了辽宁省逻辑学会，出版了《逻辑通讯》。到90年代初，沈阳已经形成由辽宁大学、沈阳师范学院、沈阳农学院、中共辽宁省委党校、中共沈阳市委党校、辽宁省逻辑学会、东北语言逻辑学会、东北地区及辽宁省党校系统逻辑学会、沈阳逻辑学会等有关逻辑学机构和群众性学术团体。拥有逻辑学教学科研人员百余人。

**法学** 1948年沈阳解放后，在迅速恢复国民经济的同时，人民政府开始着手对旧大学进行调整改造，创办了新的大学政法学科。至1956年，在法学教学中，通过对法律系的调整，摒弃了旧的法学体系，开展了马克思主义的法学教育。

**统计学** 1953年3月，沈阳市人民政府成立统计局，各区也相继成立统计科，到1957年末，市统计局共有157人，全市专职统计人员已达4014人，兼职人员1896人。1976年，“文化大革命”结束，沈阳市统计学研究得以恢复与发展。在沈阳社会科学技术协会和沈阳市统计局的支持下，沈阳市统计学会于1980年5月24日成立，参加成立大会的有各方面代表250人。到1985年，沈阳市形成了省、市、区三级统计管理机构和省、市统计学会构成的统计学研究体系。到1988年底全市统计分会已达到25个，11个区县全部成立统计学会。

**审计学** 在沈阳，审计学的研究作为社会科学的一个分支独立存在是在1978年末以后，它主要是随着审计工作的开展而逐步发展确立的。当时从事审

---

① 陶银骠：《东北外国哲学研究会成立》，《国内哲学动态》1980年第3期，第25页。

计学研究的主要是沈阳市财政局的有关人员及一些高等院校的专家学者。1983年11月4日，沈阳市审计局正式成立。随着审计工作的迅速开展，审计理论落后于审计实践的矛盾突出出来，市审计局领导把审计理论研究纳入了重要议程，并责成办公室监管审计的科学研究。1984年8月，沈阳市审计局成立综合处，审计科学研究改变了原来由办公室监管的局面，而由综合处设专人管理，使审计科学的研究与发展由原来散在的阶段转向了有组织的阶段。1986年5月13日，沈阳市审计学会成立，标志着审计学专业理论队伍的形成，从此，审计科学研究无论从深度还是从广度上都进入了一个新的发展阶段。1986年末，沈阳市共有专兼职审计学科研人员336人。逐步建立了研究制度和规范，使审计学的研究由自由发展阶段转向了有组织的制度化、规范化。

**经济学** 1949年12月，中共辽宁省委党校开始了政治经济学课程。1951年10月，中共中央东北局党校高级部成立教研室，下设联共（布）党史、中共党史和政治经济学教研组。1954年7月，中共沈阳市委党校为加强教研室建设，也成立了政治经济学教研组。一些综合性大学、财经类院校，如东北财政专门学校、商业专门学校、合作银行专门学校等都设有经济学科。辽宁大学自1958年9月建校起就设有经济系，是当时的8个系之一。1990年9月，沈阳市经济学会召开大会，选举李国安为理事长。

**教育学** 1948年12月、1949年7月，沈阳市教育局分别于寒暑假举办一个半月的教师研究班，开展教育理论和教学方法的研讨。1951年，东北教育部幼教科、沈阳市妇联、教育局共同组织成立了沈阳市幼儿教育研究会，学习借鉴苏联的幼儿教育理论，开展幼儿教育理论研究。[①]70年代后期，一些学术团体、研究机构相继建立。1978年，沈阳市教育学院重新恢复教育理论研究室，沈阳师范学院、辽宁省教育学院也都恢复了教育学教研室。1979年，成立了沈阳市教育学会、辽宁省教育学会，并创办《普教研究》，1982年，辽宁省高教教育学会成立，1983年成立了沈阳市历史上第一个教育学研究所，同年辽宁省职工教育研究会、沈阳成人教育研究会也相继成立，这些学术团体和机构的建立，将教育学理论专家和有较高水平的教育工作者组织在一起，从沈阳市的教育实际出发，跟踪国际和国内的先进教育理论，开展教育学的研究和普及工作。1984年，沈阳市教育局组建了教育科学研究所。到1989年，教育学研究机构与研究队伍不断扩大。教育研究室已拥有从幼儿教育到高中教育专业研究的

① 孙爱乐：《当代幼儿教》，福州：福建人民出版社，1991年版，第161页。

人才。教育科研所拥有心理、德育、管理、卫生、情报、资料等5个研究室。沈阳市教育学会已拥有15个县区级教育分会和整体改革、管理、体育、卫生、美育等28个专业研究会。

**文学** 1949年新中国成立后，随着高等院校中文系和中国作家协会沈阳分会的建立，随着许多文学刊物的出版，沈阳地区的文学研究迅速发展起来。1950年10月，辽宁省第一个文学研究机构辽宁文学研究所在沈阳成立。[①]1980年2月，又成立了辽宁社会科学院文学研究室、文艺理论研究室。高等院校的文学研究也更加活跃。

**历史学** 1953年5月，东北教育学院开设历史专修科，9月，改称沈阳师范学院后，把专修科扩大为历史系。50年代初，沈阳还建有沈阳教师进修学院，设历史科，承担对中学教师的教学与指导工作。当时的故宫博物院、东北博物馆、东北档案馆等也都是新中国成立后比较早的史学研究机构。1956年，沈阳市的史学机构增加到9个，其中包括1958年由沈阳师范学院历史系组成的辽宁大学历史系、由沈阳教师进修学院历史科、沈阳速成师专历史科合并重新组成的沈阳师范学院历史系，新建立的沈阳师专历史科，辽宁省教师进修学院历史科，由东北档案馆改称的辽宁档案馆，1956年由东北博物馆改称的辽宁省博物馆，[②]1960年建立的辽宁历史研究所，1961年设立的辽宁省文物总店。1962年初，成立沈阳历史学会，以辽宁大学历史系为中心，汇集了沈阳地区各史学机构中从事历史教学研究与实际工作的专业人员，还吸收了部分中学教师参加，形成了实力较强的史学教学与研究队伍。中共十一届三中全会以后，沈阳的史学教学、研究机构增加到39个，其中教学机构7个、研究机构32个，在教学机构中，辽宁大学历史系是教研实力很强的一个单位。1978年，开始对国内招收研究生，对国外招收留学生，是当时中国承担对外招收历史留学生的三个单位之一。同时，还是研究生硕士学位授予点。辽大历史系的师资力量较强，在籍教职人员最多时达115人，其中教授12人、副教授近30人，是全国高校历史系中拥有高级职称人数较多的系科之一。

**考古学** 1954年4月，由文化和城建部门联合组织了文物工作组。1962年，在沈阳故宫博物馆设立沈阳市文物工作组，以后改为考古部。1986年1月改为沈阳市文物考古工作队，专门从事文物保护和考古发掘工作。[③]

---

① 古远清：《文艺新学科手册》，武汉：华中理工大学出版社，1988年版，第26页。
② 黎先耀，罗哲文：《中国博物馆》，四川：四川美术出版社，2010年版，第32页。
③ 中国考古学会编：《考古学年鉴》，北京：文物出版社，1988年版，第297页。

沈阳社会科学界联合会　原名沈阳市社会科学联合会，简称社科联，是隶属于中共沈阳市委系列的群众性学术团体，是在社会团体整顿过程中，经过沈阳市社会团体管理办公室重新登记，签发《沈阳市社会团体法人登记证》的，具有合法社会地位的群众性学术团体。沈阳市社科联作为市一级群众团体组织，积极带领全市广大社会科学工作者，围绕市委、市政府的中心工作，深入开展理论研究、学术交流、科普宣传、咨询服务活动，为两个文明建设，为经济发展和社会进步服务。沈阳市社科联组建于1983年3月14日，办公地址在市委宣传部，当时定编5人，其中领导成员2人、中层干部1人、工作人员2人，内部编辑刊物名称为《沈阳社联通讯》。[①]社科联于1984年2月28日召开第一次代表大会。会议选举产生了社科联第一届委员会，主席由辽宁大学经济学教授宋则行兼任。社科联机关定位县团级行政编制单位，编制7人，没有内部机构，领导职数1人，中层干部2人，工作人员4人。办公地点在市科协馆。1987年，市科联编制数增至12人，内部机构仍没有设立，其中领导职数2人，正、副秘书长2人（中层干部），工作人员8人，其中包括工人1名，办公地点在沈阳军分区。1988年，社科联的内部刊物更名为《改革与建设》，此时的办公地点在沈阳工业学院招待所。1989年，社科联由市编委批准升格为局级单位，内设两个机构：办公室、学会部，编制12人。编辑部属内部虚设机构，办公地点在沈阳市中华剧场招待所。1990年社会科学联合会更名为沈阳市社会科学界联合会，编制数12人，实有人数13人，社科联主席仍由辽宁大学经济学教授宋则行兼任，设正、副秘书长各1人，副处级调研员1人，可以下工作人员7人，工人1人，办公地点在沈河旅社。

2. 成就

**哲学**　1953年，在一些大学如东北工学院、东北财经学院和党校（东北局党校、市委党校），讲授斯大林《联共（布）党史简明教程》第四章第二节中《辩证唯物主义》，同时讲授毛泽东的《矛盾论》《实践论》。1958年，沈阳哲学界聘请北京的汝信、杨一之等专家来沈讲学。1960年前后，沈阳地区的一些高等院校如辽宁大学、沈阳师范学院等相继开设了中外哲学史课程，哲学研究领域为之拓宽。1962年，辽宁大学哲学史教研室中国哲学史组主持编写出一整套中国哲学史大纲和授课讲义，这为以后编写中国哲学史教材打下了良好的

① 中国沈阳市委组织部编：《中国共产党辽宁省沈阳市组织史资料》第二卷，沈阳：辽宁人民出版社，1998年版，第315页。

基础。从70年代末到90年代初，沈阳哲学工作者紧紧围绕建设有中国特色社会主义的实践活动，从哲学的基本问题与时代的关系、从社会基本矛盾与解放生产力、从社会主义市场经济与道德建设等不同侧面、不同角度进行了广泛深入的探讨。到1993年，先后出版的和在全国、省、市等报纸杂志发表的有关马克思主义哲学方面的论文、专著达1373篇（部），其中100多篇论文和著作获市级以上奖励。

**逻辑学** 新中国成立后，沈阳地区一些高等院校，如辽宁大学、沈阳师范学院相继开设了逻辑学课程。50年代末期，配合当时教学的需要，辽宁大学逻辑学教研室的王勤、何雪琴等人曾共同编写了《形式逻辑》教材。[①]1978年5月，继辽宁大学、沈阳师范学院以后，沈阳农学院、沈阳刑事警察学院、沈阳市委党校等高等院校相继开设了逻辑学课程。同年12月18日，沈阳地区召开了第一次辽宁省逻辑学术讨论会暨辽宁省逻辑学会成立大会。会上交流了辽宁省逻辑学教学研究情况，决定出版《逻辑通讯》刊物。从70年代末到90年代初，沈阳市逻辑学专家、逻辑学教研人员在《哲学研究》《光明日报》《江汉论坛》《社会科学辑刊》等全国、省、市级报纸杂志发表有关逻辑专题论文300余篇，许多研究成果已引起全国逻辑学界的重视。

**法学** 辽宁大学法律系自1981年2月经辽宁省政府批复同意成立后，已开设各课程60余门，构成了相当完整的课程设置体系。中国刑警学院也先后开设了刑法、刑事诉讼法、法学概论、证据学、公安通论、治安管理、犯罪心理学、犯罪学、心理学、教育学、公安法规、行政诉讼法等12门课程。从1986年起，辽宁大学法律系与吉林大学法学院等24个法学教学与科研单位成立了东北高等法学教育与科研协作中心，从事东北高等法学系列教材的编写工作。与此同时，沈阳市法学界同兄弟城市法学界、法律界的学术交流活动日益频繁活跃。自1984年起，沈阳法学界与全国计划单列的13个城市每年都有学术交流活动和协作活动。一些院校还开展了校际间的交流活动，如辽宁大学法律系与吉林大学法学院等24个法学教学与科研单位成立了东北高等法学教育与科研协作中心。

**统计学** 1950年5月15日，著名经济学家王恩华主持创办了《统计工作》月刊，到1952年底共出版32期，第二卷第二期以前为内部发行，第二卷第二

---

① 辽宁省地方志办公室编：《辽宁省志·社会科学志》，沈阳：辽宁人民出版社，2000年版，第51页。

期起公开发行。1978年，党的十一届三中全会召开，沈阳市统计学术活动越发活跃。沈阳统计学界围绕党的中心任务，以统计现代化建设为学术研究的出发点，开展理论研究、论文征集、学术年会等多种形式的学术研讨活动。1980年，沈阳市统计学会在全市范围内征集论文46篇，将其中学术水平较高的24篇编辑成《统计论文选编》（第一辑），印发500册。1981年共征集统计论文87篇，其中有5篇在辽宁省统计学会成立大会上进行交流。1983年，以如何开展经济效益统计和改革现行统计方法制度为中心内容，共征集统计论文54篇。1987年4月，市统计局召开统计学术研讨会，收到统计学术论文70多篇，评选出优秀论文20篇。1988年6月，市统计学会召开第六届统计年会，收到统计学术论文47篇，评选出优秀论文16篇，同时向市社联推荐优秀论文5篇。1989年7月，市统计学会第七届学术年会暨庆祝中国统计学会成立10周年大会在沈阳召开。市统计学会、统计局、市社联、市工商学会等单位领导及会员代表200余人参加会议。收到论文62篇，表奖了1988年22篇优秀论文。1990年6月，沈阳市统计学会召开了第四次会员代表大会暨第八届年会。出席大会的有市统计学会各分会，各区县统计学的代表160多人。大会表彰了1989年度先进学术团体、优秀会员和优秀论文作者，向7个先进学术团体颁发了奖状，向61名优秀会员及35篇优秀论文作者颁发了证书和奖品。

**审计学**　1982年12月22日至25日，在沈阳召开了辽宁省会计、审计科学专题研讨会，收到论文26篇。1983年沈阳市审计局成立后，审计工作者和有关学者对诸如审计职能、作用等基本理论问题进行了深入的研究。1984年，审计科学研究主要是在两条线上开展：一是围绕财政决算审计、经济效益审计等重点课题，突出审计实务理论研讨；二是围绕审计的产生与发展继续开展审计基础理论研究。1985年，为配合沈阳市以提高经济效益和检查纠正新的不正之风为重点的审计工作的开展，审计学的研究课题更注重实务性。主要是开展经济效益审计和审计调查两个课题研究。参加这一研究的主要是省、市审计机关的人员及高等院校的专家学者，共收到论文42篇，研究的重点是在以经济建设为中心的新形势下，开展经济效益审计的必要性、可行性及经济效益审计的概念、特点、审计的内容、方式方法等。1986年5月，沈阳市审计学会成立，与此同时，举行了沈阳市第一次审计理论研究交流会，共收到有关论文18篇。1978—1986年，沈阳市的审计学工作者共发表学术论文147篇，其中在省级以上刊物发表的83篇，有21篇获辽宁省审计学会优秀论文奖。沈阳市审计学会还创办《沈阳审计》理论刊物。

**经济学**　1959年7月至1966年5月，辽宁省委党校政治经济系教研室编写了

《经典作家论社会主义经济建设的学习资料》《有关帝国主义的参考资料》，其中包括《有关旧中国劳动日和工资的一些资料》《关于资本主义制度下贫困化的一些资料》等。1957年，冯玉忠在《价值规律在集体所有制农业中的调节作用》的论文中，提出“价值规律在农业中的调节作用”的观点，被收入1958年的《我国学术界关于商品生产价值规律论文集》。1961—1962年，宋则行发表了《也谈关于扩大再生产工公式》《积累和消费的关系》《关于消费资料生产在扩大再生产中的制约作用问题》。1983年7月5日，沈阳市经济学会召开了第二届理事会第一次全体会议，此后沈阳市经济学的学术活动开始进行有组织有系统的研究阶段。从70年代末到90年代初，沈阳地区的经济学理论工作者先后在《人民日报》《光明日报》《辽宁日报》《求实》杂志等国家、省、市级报纸和刊物上发表了数以千计的论文。与此同时，还撰写和编著了百余部有关经济学方面的教学和专著，推动经济学理论研究向纵深发展。

**教育学** 1984年4月，沈阳市教育学会同辽宁省、沈阳市幼教研究会共同邀请日本山梨大学教授、日本幼年教育协会会长横地清先生来沈为幼教工作者作《关于对儿童的认识和儿童教育》的学术报告。7月，市教育学会还同辽阳市教育学会、辽阳化纤厂教育学会在辽化宾馆举办“全国最优小学教法讲习班”，由黎世法主讲。全国23个省、市、自治区400余名小学教育工作者参加学习。同年9月，沈阳市教育学会召开第二次学术交流会，对普通教育改革、中学管理体制改革、农村中学职工教育、中学课堂教学改革、师范教育改革、农村小学改革、城市小学改革以及如何发展沈阳市幼儿教育等一系列问题进行了认真的研究和探讨，交流81篇学术论文。1986年一年，举办各类学术活动就达10余次。其中影响较大的有1986年5月邀请北京师范大学心理学博士、儿童心理研究所所长林崇德作《按儿童与青少年心理发展规律教育学生，坚持在教学中发展学生的智力》的学术报告，1500人听了报告。1990年，沈阳市提出了小学升中学依家近对口直升理论，按这种理论建立小学生对口直升的中学招生制度，给中小学教育带来良性转机。

**文学** 50年代中期，结合文艺创作实际，贯彻文艺为工农兵服务的方向和“百花齐放，百家争鸣”的文艺方针，安波、师田手、蔡天心等人，以《东北文艺》《东北文学》《文学月刊》等为阵地，发表了许多文学批评文章，推动了文学创作。彭定安50年代曾担任《东北日报》文艺编辑，1978年开始文学与美学研究，并取得显著成果，已发表研究鲁迅及其创作的学术论文20余篇。80年代以来，沈阳地区文学发展的主要特点一是突出地域特色，二是开拓了研究的新领域。如文艺美学、艺术心理学、比较文学、文学史等。到1990年，沈阳地区的文学工作者出版的文学论著已统计到的有125部。发表学术论文更多，仅辽宁文学研究所先后编辑的《东北现代文学史料》《东北现代文学研究》就集纳了研究东北地区文学的论文200余篇。

**历史学** 1949年9月，中共中央东北局党校建校之初即开设中国近代史和中国党史课。1951年9月，东北教育学院在沈阳建校伊始，中国革命史就被列入培训班的必修课。1952年，中共辽宁省委党校也在对学员班的授课安排中，确定了中国近代史和世界史的内容。1953年5月，东北教育学院开设历史专修科，9月，改称沈阳师范学院后，把专修科扩大为历史系，一些学有专长的史学工作者前来任教。1977年10月，辽宁大学历史系举办了第一次全国性的大型史学讨论会。1983年9月，由中国社会科学院历史研究所、中国人民大学清史研究所与辽宁大学历史系等单位在沈阳辽宁大厦召开了第二次全国清史学术讨论会。来自全国16个省、市、自治区的120多任专家学者相聚沈阳，交流清史学术研究成果。设在辽宁大学历史系的中国世界近代史学会，分别于1984年5月和1989年8月举行两次全国性专业学术会议，来自各地的66所高等院校、5所党校以及科研机构、出版社等单位的代表参加了会议。1986年，沈阳故宫博物院在沈阳凤凰饭店举办了大型学术讨论会，全国各地有许多学者被邀参加会议。1987年9月，在辽宁大学召开具有全国规模的张学良将军讨论会。22个省市的专家学者、张学良将军的亲友及部下参加了这次大会，向代表大会提交54篇学术论文。

**考古学** 1954年4月20日至5月25日，仅一个多月的时间，考古学家和考古工作者就调查了38处古遗址、古城址、寺庙、古塔、烽火台等，采集新石器时代、辽金及明清时期文物100多件；1960年6月至1961年5月利用一年的时间，先后在市内9区、所辖9个县调查登记101处革命历史文物；1980—1982年利用两年时间进行文物古迹普查，1987年又在普查的基础上进行了复查。沈阳市政府公布的市级已上文物保护单位共38处。沈阳市因其丰富的历史遗存和许多重大的考古发现，1986年被国务院确定为第二批国家历史文化名城。1982年7月5日至8日，辽宁省考古博物馆学会与沈阳市文物管理办公室联合召开了新乐遗址研讨会。会议对新乐遗址的历史、艺术、科学价值及其与辽宁其他新石器时代文化类型的关系进行了深入的讨论，会议收到17篇论文，会后编成《新乐遗址艺术讨论文集》刊出。1986年10月，沈阳故宫博物院召开了建院60周年纪念会。1988年10月10日至12日，沈阳故宫、辽宁省博物馆、辽宁省社会科学院等联合在故宫举办了“沈阳故宫博物院62周年暨沈阳故宫博物院首届学术讨论会”。辽宁省考古研究所、辽宁省档案馆、辽宁人民出版社、新乐遗址博物馆、吉林社会科学院、东北师范大学抚顺博物馆等单位的专家学者80余人出席了会议，收到论文54篇，择优编辑成《宫苑文论——沈阳故宫博物馆首届学术讨论会文集》。

沈阳社会科学界联合会　沈阳社科联于1985年1月18日成立税务学会；同年4月，成立沈阳市民政理论研究会、沈阳市妇女运动理论研究会；6月成立沈阳市计划学会；9月成立沈阳市工人运动学会；10月成立广告学会、电影评论学会；11月成立沈阳市经济信息协会、沈阳市高等学校马列主义理论教育研究会、沈阳市社会学会。1986年2月，成立市图书馆学会、市集邮协会；3月成立沈阳市校外教育研究会；4月成立市工商行政管理学会；5月成立市检查学会、成立沈阳市城市科学研究会；7月成立投资学会；10月成立沈阳市机械工业新房研究会。

## 二、自然科学研究

### 1. 机构

1948年12月，辽宁省纺织工业规划设计院成立。1949年1月，沈阳化工试验所（即后来的沈阳化工研究院）成立。1949年10月15日，东北电业管理局中心试验所（即后来的东北电力试验研究院）成立。1949年11月，东北工业部有色金属管理局矿山选矿科（即后来的沈阳矿冶研究所）成立。同年，沈阳已拥有了一支由3600余人组成的科技队伍。此后，又有大批知识分子、专家学者，从四面八方云集沈阳。1950年8月，东北制药总厂制药工业研究所成立。1951年3月，沈阳铝镁设计研究院成立。1952年8月，沈阳市规划设计院成立。1960年9月，沈阳市农业机械科学研究所成立，1963年6月，改为沈阳地区农业机械化研究所，1964年9月，定名为辽宁省农业机械研究所，1980年改为现名即辽宁省农牧业机械研究所。1960年7月，中国科学院辽宁分院自动化研究所正式成立，1962年改名为中国科学院东北工业自动化研究所。国家机械电子工业部沈阳真空技术研究所前身是沈阳市机械工业局设计公司，1960年，定名沈阳市机械研究所，1962年，同原辽宁省机电设计院及辽宁省机械工业厅情报所合并，更名辽宁省机械研究所，1964年，改名为辽宁省真空技术研究所。化学工业部沈阳橡胶工业制品研究所于1958年建立，1962年，缩编为沈阳橡胶工业公司试验研究室，1963年，恢复为沈阳橡胶工业公司研究所，1964年5月12日，改称现名。中国科学院沈阳应用生态研究所的前身是中国科学院林业土壤研究所，成立于1954年，由东北林业研究所筹备处、东北土壤研究所筹备处、中国科学院长春综合研究所农产化学研究室土壤微生物部分合并组成，是以林业、土壤、植物、微生物与环境科学为基础的生物学、地学研究所；1987年更改为现名。

“文化大革命”期间，沈阳市的科教领域也受到了巨大的冲击。全市28个科研单位，撤销了5个，拆散了6个，合并了2个，有的单位虽然存在，但科研基地被破坏，仪器设备、图书资料丢失、损坏严重。全市损失的仪器设备有1400多台，价值近4000万元。科研人员受到排斥，科研程序被打乱，科研水平大大降低。

1978年，中国科学院金属研究所党委、沈阳化工研究院党委、沈阳橡胶工业制品研究所党委分别提升一批工程师为副总工程师、助理研究员为副研究员，提升一批技术员为工程师、研究实习员为助理研究员，共35名。这些技术人员具有长期的科研和技术工作经验，并有一定的科学研究和技术革新的成果，在科学实验中做出了重大贡献。80年代，沈阳市科研事业有了新的发展，科技实力不断壮大，科研成果逐年增加。1985年，全市各类科研机构已发展到315个，比1980年增加117个，各类专业技术人员23.8万人，比1981年增加8万人，已形成了一个由中央、省、市县、区分别领导，包括工交、农林、基建、财贸、卫生等门类比较齐全的科学研究系统。1985年，沈阳市有117个独立的科研单位，隶属于84个主管部门。至1988年，全市40个技术开发型研究所中已有35个完全实现了经济自立。90年代，科技资源配置日趋合理，区域性科技开发中心的格局初步形成。沈阳科技人才济济，科技市场率先发育，技术交易活跃，产学研工作进一步深化。包括南湖科技开发区、北陵星火技术密集区、五个国家级工程研究中心、火炬信用社、中央和省在沈科研机构及高等院校、市属科研院所、民营科技企业，以及科技进步支撑体系在内组成的科技事业新格局，使沈阳的区域性科技开发中心的形象进一步显现。高新技术产业初具规模，南湖科技开发区重点围绕电子与信息、机电一体化、生物制药、新材料、新能源等领域发展高新技术产业，成为高科技产品开发、接产基地。2005年，沈阳市依托沈阳农业大学、中科院沈阳应用生态研究所、辽宁省农业科学院组建了工厂化高效农业、农产品安全生产、动物胚胎工程和食用菌产业化等四个技术研究与服务中心，并开展了相应的重点攻关项目研究。通过技术研究与服务中心的组建充分发挥大专院校、科研院所的技术资源优势，加强科技成果的转化和集成力度，使科研单位与相关企业和农业生产基地进行深入对接。目前，在这四个技术研究与服务中心已初步建立了科技示范基地30个、科技示范企业20家。到2010年，根据国家确定的科技发展战略，结合沈阳主导产业的发展规划，强力推进13项对全市经济社会发展具有支撑和引领作用的重大科技专项，通过实施重大科技专项，掌握核心制造技术，实现关键领域自主创新的重大突破。引进科技领军人物和研发团队，在打造人才高地上取得突破。采取有力措施，加大人才引进，特别是加大研发团队引进的力度，迅速扭转沈阳重要领域、关键学科领军人物短缺的局面。重点围绕芯片制造、IC装备、激光技术、燃气轮机、数控机床等重大科技专项实施、重点产业的共性关键技术攻关和重要学科建设，面向国内和欧美、俄罗斯、日本、韩国等技术先进国家，引进科技领军人物和整建制的研发团队，为攻克关键技术，加快科技成果产业化进程提供人才支撑。

**2. 成就**

在科研机构纷纷成立的同时，也取得了一些科技成果。1949年，沈阳化工试验所结合煤焦油芳烃资源综合利用，开展以染料及中间体工业为主的科学研究，取得硫化青、硫化蓝、茶酚、苯酚等10余项成果。1952年，又与沈阳化工厂合作，首次合成“六六六”。1964年，在染料及中间体方面有酞青蓝、酞青绿、染料印花浆、高压催化加氢、氨基二甲苯、蒽醌法制过氧化氢8个品种；农药有甲基、乙基、对硫磷、农乳系列品种等，产品质量接近国际先进水平。

1966—1976年，不准搞科研，许多教师只得利用请假或业余的方式搞科研。小麦锈病课题组的吴有三教授等教师，跋涉千里，到江苏徐州农科所借用温室，终于完成了鉴定生理小种的研究，1978年荣获全国科学大奖。东北工学院在1972年恢复教学活动后，就有部分教师与国防企业或部队合作，搞军工科研项目，到1975年，该项研究被纳入国家的科研几乎中，学院每年都从冶金部军工办接受20多项科研课题，并作出了一定的成绩，受到有关部门的表扬。

沈阳仪器仪表工艺研究所，是全国仪器仪表行业工艺、元件的研究推广和指导中心，自1961年成立到1976年，这16年间，全行业取得了波纹管管坯快速拉伸新工艺、膜式侧面压力计用橡胶薄膜、小膜数齿轮冷轧工艺等6项科研成果。沈阳仪器仪表行业研制开发的新产品有4种获国家新产品奖，2种获部级奖，5种填补了国内空白。沈阳市天平仪器厂自行设计研制成功的中国第一台3吨精密天平达到国际先进水平，标志了沈阳仪器仪表行业开始进入改进设计的阶段。在有色金属工业领域，1968—1976年，科技人员在逆境中坚持技术改造，也取得了许多成果。1969年，沈阳冶炼厂研制成污化净液流程，使锌电解质量达到1号锌标准，荣获国家金牌奖；在金银生产中，设计出全国第一座用于处理阳极泥的回转窑，建成全国第一座负压转炉和第一台加工联动线。特别是60年代末期，沈阳有色金属新材料研究所研制的电子工业中有重要应用价值的砷化镓，纯度单晶的迁移率是迄今为止的世界最高水平。

1978年，沈阳市获得22项科研成果奖，包括冶金、化工、地质、机械加工、医学等各方面的项目，如等离子加热切削技术、激光平面光洁度检查仪、血压监护仪、全能绷檀机、萘加氢氧化脱氢制甲萘酚模型试验、钛合金型砂新工艺、八通超声波发射装置、六氟化硫气体检漏仪、岩石分级等。从1981到1985年，沈阳市取得科研成果2167项。1985年，仅获重大科研成果奖的项目就有342项，其中获国家奖5项、省奖75项。目前全市共有技术服务机构394个，形成了科技成果转让、技术开发、科技咨询和科技人材服务四个系统。仅前四年组织协调、签证管理的技术合同达1.1万项，使科研成果转化为生产力，促进了生产发展。1986年7月，沈阳市政府与国家机械部机械科学研究院签订了5年经济技术合作协议，先后有101家沈阳企业与机械科学研究院所属的8个科研单位进行洽谈。在一年多的时间里，沈阳市与机械科学研究院合作的82个项目中，已有45个项目基本完成，新增产值1198万元，新增利润126万元。[①]1986—1990年，沈阳市科学技术发展以提高经济效益为中心，把科研重点放在应用技术的研究开发上，紧紧围绕新兴产业和传统产业中的关键课题，大力组织科技攻关和成果应用，并取得了显著效果。5年中，全市共取得科研成果6927项。其中，达到国际水平的有1337项，还有220项科研成果获得了国家发明奖和国家技术进步奖。在这些科研成果中已有64.5%得到推广应用，创造了近30亿元的经济效益。全市技术贸易额达21亿元，比1981—1985年增长了3倍多。至1988年，全市40个技术开发型研究所中已有35个完全实现了经济自立。沈阳市属的研究所在1987年承担的研究课题共697项，比1986年增长8.7%。1986年7月，沈阳市政府与国家机械部机械科学研究院签订了5年经济技术合作协议，先后有101家沈阳企业与机械科学研究院所属的8个科研单位进行洽谈。在一年多的时间里，沈阳市与机械科学研究院合作的82个项目中，已有45个项目基本完成，新增产值1198万元，新增利润126万元。1991—1995年，累计取得重大科技成果7757项，其中有70%得到推广和应用，有53项获国家科技进步奖、12项获国家发明奖。2000年，沈阳市科技人员达到55.2万人，沈阳市平均每百人拥有科技人员8.6人，在全国中心城市中居于前列。到2009年，沈阳共有专业技术人员48万多人，科技活动人员总数6万多人。[②]

其中SCI收录论文1311篇，授权专利321项。中国科学院沈阳应用生态研究

① 王珂：《沈阳科技体制改革六年》，《瞭望》1987年第16期，第12—13页。
② 胡奇：《沈阳科技人才》，《科技与管理》2009年第5期，第48—50页。

所被中国科学院批准为国家知识创新工程试点单位，进一步凝炼了学科发展方向：围绕国家农业、林业可持续发展及生态环境建设中急需解决的重大问题和应用生态学的发展需要，在森林生态与林业生态工程、土壤生态与农业生态工程、污染生态与环境生态工程领域开展应用基础性研究工作，丰富和发展森林生态学、农田生态学和污染生态学的基础理论，为我国主要退化生态系统恢复与重建、改善生态环境、保障食物安全提供科学依据与关键技术。2004年9月9日至9月11日，中国沈阳国际农业博览会在沈阳科学宫开幕，来自21个国家和地区以及国内20个省、市、自治区的332家参展商汇聚沈阳。该届“农博会”由市政府主办，主题是“绿色·有机与高新技术”。展品分为农业机械、农用生产资料、畜牧水产、花卉和园艺等10大类。本届农博会的参观人数达13万人次，签约金额44.4亿元，成功对接项目146个，实现沈阳农业交流与合作方面新的历史性突破。2005年，沈阳市承担国家“863”科技攻关、基础研究计划项目227个，举办重大科技活动15项。取得市以上科技成果762项。其中，达到国际水平241项。达到国内水平521项。有556项科技成果得到推广和应用，各类技贸机构技术贸易成交额37.29亿元，专利申请4414件，专利授权2224件。

## 三、技术进步

### 1. 机构

1960年1月初，沈阳标准件厂全体职工开展了增产节约竞赛运动，在竞赛中大力开展以技术改造为中心的大搞机械化和自动化的生产运动。该厂共提出革新项目103项，实现了18项。其中，工具车间工人改进了热处理工艺，延长了工具的使用寿命，提高生产效率10倍以上，全年可给国家节约合金铜材54吨。该厂还检修了各种生产机床82台，实现了38台单机床自动化，创出了4条自动化生产线和6台工具加工自动化的专业设备，使生产效率平均提高了20%以上，节省了50余名劳动力。到1960年1月31日为止，全厂自动化程度已达到63.5%。1960年1月13日，通用机器厂、玻璃厂、冶金机械修造厂、沈阳机车车辆厂职工在技术革新和技术革命运动中，创造的全面提高设备能力、改革供电系统运行方式、保证安全供电和实现机械化、自动化。之后一个月期间形成了一个新的高潮，2800多名电气技术工人和工程技术人员参加了这一运动，经过5天的战斗收到了很大的效果。据不完全统计，拆除不合理的多余变压器装备180台、各种不同规格导线39160米、电缆1100米，还有高压开关板、电柱等大量电气设备和器材。同时经过“简化”“升压”“环形运动”“用电合作化”等改革之后，工厂在生产上也出现了新面貌。沈阳通用机器厂过去由于电力线路设备不合理，阻碍生产的提高，这次“升压”以后，就解决了这一问题。建兴冲剪机床厂、成发车阀厂两厂铸造车间职工推行铁模铸造成功。铁模铸造成功不仅提高了生产效率，节省了劳动力，而且提高了产品质量，不但作业面积运用率高，还节省了原材料。使用铁模铸造彻底改善了职工劳动条件，解决了技术工人力量不足的关键问题，并且由于铁模铸造，不需要制沙造型、除沙等工序，从而为铸造车间采用机械化和自动化生产提供了条件。沈河区副食品加工厂豆腐加工车间的职工，仅用三个多月的时间就使豆腐生产的主要工序全部实现了机械化和自动化，形成了一条自动化的流水作业线，从根本上改变了过去手工操作的笨重体力劳动，大大提高了生产效率，豆腐的质量有了很大提高。

自中央于1981年提出“经济建设必须依靠科学技术，科学技术必须面向经济建设”的科技工作基本方针后，沈阳市即在推进科技成果向生产力的转化方面率先进行了一些大胆尝试和有益探索，如成立科技服务公司提供有偿技术服务、举办科技成果交易会推动科技成果有偿转让等。90年代期间，建设了机器人、高档数控、计算机软件、高性能均质合金和染料研究等5个国家级研究中心和21个市级中心基地，开工建设了东北制药总厂等4个国家级企业技术中心和沈阳水泵厂等4个重大技术装备国产化基地。

**2. 成就**

沈阳市从1959年展开装卸、搬运机械化、半机械化为中心的技术革新、技术革命以后，装卸、搬运机械化、半机械化程度，到1959年末，由原来的10%提高到70%，大大提高了装卸、搬运效率，减轻了工人劳动强度，保证了安全。从1960年开始，沈阳市各行各业、各个企业的职工都响应号召，积极开展技术革新和技术革命运动，使这一运动持续深入地开展，各行各业都取得了显著成果，实现了机械化、自动化和电气化。从1960年1月到2月上旬止，全市职工提出技术革新建议达25万余件，等于1959年总和的80%以上，实现了106000千余件；创造了生产自动流水线301条，668台机床实现了单机自动化，全市由手工操作改为机械化操作的工人有13300余人，机械化、半机械化水平提高了10%以上，节省劳动力达30000余人。在风起云涌的技术改造的巨浪中，沈阳市机械、电器、冶金工业机械化、半机械化、自动化、半自动化的运动向纵深开展，并已取得显著成效。到3月上旬机械化、半机械化水平已达到62.5%，出现了242条生产自动流水线，有1200多台单机实现了自动化和半自动化。

1960年2月中旬，已有292个工厂卷入大力改革现有用电系统、进行供电、用电技术革命的运动，258个工厂基本实现了电力改革，做到了多供电、少损电，节约了大量电器器材。市服装行业职工，积极响应省、市委关于加速技术改造，实现机械化自动化的号召。全行业大干十天，近80%的服装厂实现了动力电气化。东北机器制造厂电工车间供电小组工人，大胆创新，集体研究，实现了供电自动化，不仅节省人力，保证安全，而且可以使车间停电，检电时间由过去20分钟缩短为0.3秒。

1963年到1964年3月以来，沈阳变压器厂突破生产关键就有169项，有力地推动了生产。这个厂职工在市劳动模范、厂群众技术协作委员会主任工程师王凤恩，副主任和市先进生产者的带动下，积极地参加技术协作活动，大搞技术革新。1963年，他们实现的技术革新项目有248项，解决了160多个生产关键问题。许多工厂企业在以“五好”为目标的比学赶帮竞赛中，积极地开展技术革新活动，提高了产品质量和产量。沈河低压开关厂、东北机器制造厂、市工业橡胶制品厂、沈阳电缆厂、沈阳钢厂、沈阳风动工具厂、沈阳陶瓷厂、柴油机厂发动群众，开展技术革新运动，取得了不同的成果。

1966—1976年，在制药工业领域，广大科技人员仍在逆境中坚持科研，先后研制了磺胺-5-甲氧基嘧啶、新诺明、芬那露、甲氧苄胺嘧啶、甲烯土霉素、金刚烷胺、利福平、氨苄青霉素、敌菌净、脑疟佳、黄连素、强痛定、平喘胺等新药。其中脑疟佳是中国率先首次发现并合成的抗疟新药，是国际创新产品，1978年荣获全国科学大会奖。黄连素的合成摆脱了依靠天然资源的被动局面，为大量制取此药开辟了新的途径，它的中间体还可以作为合成其他一些药物的原料或中间体，为开发儿茶酚类系列产品创造了条件。东北制药总厂在氯霉素生产中实现了对硝基乙苯的空气氧化（1969年）和右旋氨基物旋化（1973年）两项重大革新，研制投产了具有世界先进水平的磺胺嘧啶并炔醇新工艺（1974年）和维生素C两步发酵新工艺（1976年）。东北第六制药厂王振奇等对磺胺-5-甲氧基嘧啶、葛根素、新诺明、甲烯土霉素等产品的工艺革新都做出了贡献。新诺明实现了格氏—闭环反应“一勺烩”、异腈化脱羧反应“管道化”，使总收率提高10%，产量大幅度提高。沈阳灯泡厂JHN系列氦氖激光管技术一直都处于全国领先地位。1969至1970年，该厂又研制成ZQMI-100/10和ZQMI-500/16等充氢闸流管。同期，沈阳华光灯泡厂也研制成功了超高压球形氙灯；不久又在国内首创了无臭氧石英玻璃，解决了氙灯点燃过程中臭氧析出问题。同时还首次采用外引线软金属封接技术，使这一工艺达到国际先进水平。在研制氙灯的同时，该厂还在国内首先研制成功第二代新光源—高压汞灯。70年代该厂又首先研制成石英聚光卤钨灯，填补了中国电影光源的一个空白。以后又采用龙门架灯芯结构和溴化氢提纯工艺，以及该厂独创的钼薄边封接工艺，使石英聚光钨灯主要技术参数达到了国际同类产品水平，进入了国际标准行列。1974年，该厂还研制出第一只400W高压钠灯，这是继白炽灯和高压汞灯之后发展起来的第三代新光源。1985年，党中央做出科技体制改革的决定，特别是国家批准沈阳市为全国第一个科技体制改革试点城市以后，沈阳市在科技体制改革中，加快转变管理职能，加强宏观控制和协调服务，对改革科技工作的运行机制进行了一系列试验，取得了很好的效果。据对沈阳市实施的50项技术转让和技术开发项目效益抽样调查，合同成交额为320万元，实施后创产值1900多万元，实现利润608万元。成交额与实现产值、利润比为1∶6∶2。沈阳第一制药厂从技术市场引进了麦迪霉素等一批技术成果，明显增强了应变和竞争能力，经济效益连年大幅度增长，1986年新产品创利润占利润总额的93.9%，1987年技术经济效益为1982年的52倍。2000年沈阳市高新技术企业达到309家。“百亿工程”“科技大船工程”和“特别快车”计划等一系列高新技术产业化工程的实施，相继开发了机器人、全身CT扫描机、数字化彩色B超机、高档数控机床、自动化控制系统等一批名牌产品，建立了东大软件园等一批产业基地，组建了特环、北泰、和光等一批有竞争力的企业集团，形成了信息、自动化、新材料、节能与环保、生物技术与制药、现代农业六大高新技术产业体系。2002年5月20日，由中国航空工业沈阳发动机研究所自行研究设计、黎明航空发动机(集团)有限责任公司等单位承制的中国首台具有自主知识产权、性能先进的航空发动机——“昆仑”发动机，在沈阳通过国家鉴定，具备装备部队使用的条件。“昆仑”发动机的研制成功，不仅为空军提供了一种先进的新型涡轮喷气发动机，而且结束了中国以前只能仿制、改进国外航空发动机的历史，标志着中国航空发动机设计史翻开自主发展的一页。

## 第二节　教育发展与教育机构

沈阳解放后，教育事业得到了大力发展。虽然，“文化大革命”对沈阳的教育事业造成消极的影响，但“文化大革命”结束后，沈阳教育事业在国家的扶持下迈向了新的历程。

## 一、概述

### 1. “文化大革命”以前的教育

1948年11月2日沈阳解放后，人民政府接收了包括各帝国主义国家和国民党当局在沈所办学校在内的140所学校。

1949—1952年，沈阳市人民政府利用4年时间，以老解放区的教育经验为基础，贯彻执行“教育为工农服务，为发展生产服务”的方针，同时为了适应战时需要办培训班等办学体制和办学方法，实行正规化教育。对接管的各级各类学校进行改造，如废除反动的训育制度和“一个党”“一个主义”等反动教学内容，从1949年下半年开始至1951年，中共沈阳市委、共青团沈阳市委、沈阳市教育局，选派了一批干部到私立学校中，在学校中建立共产党和共青团的组织，把学校置于共产党的领导之下，并开设了马克思主义课程加强对学生进行马克思主义基本理论教育，支援解放战争，抗美援朝、保家卫国等的思想教育；贯彻向工农开门的方针，增加工农子女就学比例，使全市中小学在校生工农成分的比例分别达到60%和80%；在小学实行减免学杂费，在中学以上各类学校设立人民助学金制度；招生也适当放宽限制；借鉴苏联的教育经验，按苏联专家的指导修订教学计划和教学大纲，普及凯洛夫的《教育学》等。通过这些措施，沈阳建立起了新民主主义的教育体系。在此基础上沈阳又利用5年时间，根据政务院文教会议制订的“整顿巩固、重点发展、提高质量、稳步前进”的方针，对教育进行了调整整顿并进一步学习苏联教育经验。在加强教师的思想改造的同时，重新规划教育布局，增建了幼儿园，减少了小学；在师范教育中取消了速师、简师，整顿了初师，适当发展了中师，创办了高师；在中学教育中着重发展高中，依据可能条件适当发展初中；在高、中等专业教育方面，进行了三次院系调整。学习苏联经验对改革旧教育制度、建立新教育体系、改革学校领导管理和改革课堂教学等方面，都起到了积极作用。到1957年，沈阳市共有各级各类普通学校1038所，比1949年的1481所少443所，这主要是有计划地减少了小学，使沈阳的高等学校、中等专业学校、师范学校、普通中学、小学之间的比为3.3：8.1：41.6：292；在校生607703人，比1949年的259718人增加1.4倍，依上述分类，各类教育在校生数之间的比为7.78：9.16：1：52.8：205.1；教职工31874人，比1949年的10217人增加了21倍，平均每个教职工负担91名学生。幼儿园76所，收幼儿7678名，有教职员2572人，平均每个教职员负担近3名儿童，分别比1949年增加了26倍、83倍、

20倍，平均每个教职员负担幼儿数比1949年减少14倍。[①]这期间，中等专业教育发展的速度最快，与1949年相比，学校增加了7倍，学生增加了16.4倍，教职工增加了21.9倍。说明此期间普通教育的发展突出了中等专业教育，各级各类教育发展变化比例较协调。1958年，全国出现了“大跃进”的形势，教育领域也开展了以勤工俭学、教育与生产劳动相结合为中心的“教育革命”。这次教育大革命试图突破苏联教育经验的局限性，避免学习苏联经验过程中出现的缺点，开创适合中国国情的社会主义教育发展道路，特别是刘少奇提出的“两种教育制度，两种劳动制度”，在保证教学质量的前提下，坚持多种形式并举、“两条腿走路”的办学方针，在大学里进行教学、生产劳动、科学研究三结合，兴办半工半读学校等，促进了沈阳教育事业的发展。但是，在这次教育大革命中，沈阳市在贯彻执行“教育为无产阶级政治服务，教育与生产劳动相结合”的教育方针中，受到“左”倾错误的影响，出现了盲目发展现象。沈阳市教育行政部门提出了“一年扫除文盲，二年普及高小，五年普及中学，十年或更多点时间普及大学”的高指标；沈阳市委则提出在“一、二年内每个青壮年职工都达到高小毕业程度，二、三年普及中学，力争七年普及大学”的指标，沈阳出现了大办教育的热潮。一方面学校盲目建立，学生骤然增加。当年沈阳市各级各类正规教育学校增到1237所，此外还开办367所民办小学、269所民办中学，工矿企业、农业社，还办有508所半工（农）半读的职业中学，合计沈阳共有普通教育学校2381所，比1957年猛增1343所学校。成人教育也比1957年多增了462所职工学校。在校生数，仅普通正规学校就达672915人，比1957年增加了65212人。1959—1960年，在反右倾的思想指导下，教育仍然持续高温不下。到1960年，全市各级各类普通正规学校数达1240所，比1958年又增加3所，在校生达806150人，比1958年增加133235人。幼儿园数1894所，比1957年增加近24倍，比1958年增加699所，在园幼儿数122877人，比1957年增加15倍，比1958年增加近1倍。教职员数15165人，比1957年增加4.8倍，比1958年增加2倍。成人教育学校高达2870所，比1958年增加1846所，有103万人参加学习。1960年4月，沈阳还创办了广播电视大学，有学员1500余名。学校和学生的盲目增加，大大超越了国民经济的承受能力，无论师资、经费还是校舍和设备部远远满足不了需要，教学很难正常进行。比如教职工，虽然1960年

---

① 沈阳市人民政府地方志办公室编：《沈阳市志》第十二卷《教育、科学技术、社会科学》，沈阳：沈阳出版社，1998年版，第56页。

沈阳市普通正规学校共有教职工49462人，比1957年增加了17588人，从这个数字上看增长速度并不快。但沈阳的师范学校培养师资的能力是有限的，根本适应不了这种增长速度。因此，增长的教职工人中，大都是从别的行业抽调的，他们之中的大多数不具备教师的素质，不能胜任教师工作。有许多学校根本不具备办学条件，所以成立后不久就纷纷停办了。

另一方面，在教学中由于不适当地强调教育与生产劳动相结合，沈阳各级各类学校纷纷大办工厂和农场，并将学生投入大炼钢铁和翻土地等劳动之中，由于劳动过多，严重影响了课堂教学。据统计，沈阳普通中学在1958年下半年，学生每人参加劳动54天。与此同时，在学校开展了“拔白旗”“反右倾”等一系列政治运动。加之1960年在部分学校中进行的中学五年制、小学五年制、中学四年制、中小学九年一贯制和高中文理分科的试验，扩大了试验面，缺乏具体指导，教材、教法的改革缺乏有效配合等问题，都严重地打乱了教学秩序，违背了教学规律，使教学质量大幅度下降。

1960到1965年恰逢国家发展第二个五年计划和经济调整时期，这一时期，经济发展，科技进步，人民生活水平有了一定的提高。

这一时期，国家动员各行各业积极支援农业，农业得到了长足的发展。为使农业能够持续发展，就要培养大批优秀的农业技术专业人才。为了推动全市的农业发展，支援农业，沈阳市在1960—1965年间积极发展农业初级和中级教育。这一时期新建了许多农业学校，多层次地建立农业培训与教育机构。不仅有农业中学、农业职业学校、农业技术学校，还有临时的培训班。仅1960年，全市就有30000名左右的高小毕业生升入农业中学或其他职业中学中。到1964年10月，全市共有农业中学32所，在校学生2209人，农业中学招收高小毕业生，学制三年，农业学校，根据农忙劳动、农闲学习的原则具体安排。至1965年全市已有70所农业中学，在校生达9700人。

除上述新建的农业中学以外，全市还兴办了一些农业职业学校和农业技术学校。

1964年沈阳市新办6所农业职业学校，招收1000名初中、高中毕业生，培养农业专业人才。这些职业学校都是半农半读性质的，加上原有的一所农业职业学校，1964年全市共招生1500人（招收市区初中毕业生和年龄较大的高小毕业生1000人，招收农村初中毕业生和高小毕业生500人）。这些学校是由市农业、教育部门合办的。新办的6所，有三所是利用郊区下马工厂举办的，有两所是利用郊区中学空余的校舍举办的，有一所是利用普通中学改办的。

1963年10月，沈阳市创办了第一所农业技术学校，这所学校背靠朝阳山，山上有果树，环境优美，有学生309名，内设农学、园艺、会计三个班，这些学生大部分是郊区的初中毕业生，少数有城市户口。到1963年末，沈阳市郊区办起了农业技术学校54个，1857人参加学习。全市有2558名农民教师参加教学工作。1964年，中共中央提出“实行两种劳动制度，两种教育制度”的指示。① 为贯彻普通教育与职业教育并举的方针，沈阳市经调查研究，结合本地具体情况，在沈阳市郊试办15所农业技术学校，共招生4855人。此外，全市还不定期地开办一些农业培训班，对各类人员进行农业培训。

1960年3月，沈阳市农学院附属农业机械化学校为了适应辽宁省农业机械化事业的大发展，举办了“农业机械师资训练班”，积极为辽宁省广大农村人民公社培养中级和初级农业机械人才。参加这次培训班学习的165名学员都是来自辽宁省各市、县农村人民公社的拖拉机驾驶员和机务队长，并有很多人是先进生产者或劳动模范。这期学员，经过半年时间的系统学习，于8月初结业，回到各人民公社从事拖拉机驾驶员和机务队长人才的培训工作。

**2.“文革”对沈阳教育的影响**

1966年5月，“文化大革命”爆发，沈阳市各级各类学校首先卷入这场史无前例的动乱之中，大中学校的学生被迫停课闹革命，到社会上去“横扫一切牛鬼蛇神”。1966年10月以后，在林彪、江青一伙的煽动下，外出进行“大串连”和“造反”的学生陆续返回学校，又卷入“批判资产阶级反动路线”的狂潮，学校的大批干部和教师被污为“走资本主义道路当权派”和“反动学术权威”等，受到残酷迫害。之后，沈阳市各大中学校被造反派夺了权，教学秩序得不到最基本的保证，学校党政领导机构逐渐处于半瘫痪和瘫痪的无政府状态。同全国一样，当时沈阳的各派造反组织，严重对立，斗争激烈，频频发生大规模的血腥武斗，大中小学校陷入极度混乱之中，特别是一些大专院校成为“文攻武斗”的疆场。尽管中央在1967年三令五申要“复课闹革命”，但这样的号召未能得到实质性的响应和落实。1969年“九大”以后，“文化大革命”的“左”的错误登峰造极，沈阳的一些高等院校停办或外迁，沈阳工业学院改为工厂，辽宁大学、沈阳音乐学院、沈阳体育学院、鲁迅美术学院迁至北镇县农村，辽宁中医学院迁至辽阳，沈阳轻工学院迁至宽甸，沈阳化工学院迁至抚顺，沈阳农学院被一分为五，分别迁到铁岭、黑山、绥中、朝阳、北镇等地。从1972年起，部分高等学校陆续开始招收工农兵学员，但在工农兵“上大学，

---

① 陆有铨：《躁动的百年：20世纪的教育历程》，北京：北京大学出版社，2012年版，第209页。

管大学，用毛泽东思想改造大学”的冲击和影响下，高等学校的教育质量难以得到最基本的保证。1968年2月至8月，“解放军毛泽东思想宣传队（简称“军宣队”）、“工人毛泽东思想宣传队”（简称“工宣队”）、“贫下中农毛泽东思想宣传队”（简称“贫宣队”）陆续进入学校，推动实现各群众造反组织的“革命大联合”，建立革命委员会。各校建立革命委员会之后，纷纷提出要“复课闹革命”，但在当时极“左”思潮大肆横行的形势下，复课根本无法实现，“革命”却是越闹越凶。在“清理阶级队伍”中，许多干部、教师被扣上种种莫须有的“罪名”，遭到刑讯逼供等非人的迫害，有的致残，有的致死。在当时极“左”思潮的影响下，一大批教师被当作“资产阶级知识分子”遣往农村进行劳动改造。

1969年，在“备战疏散”的名义下，沈阳的高等院校有5所被迁到农村，有2所搬到外地。沈阳农学院被肢解，四次搬迁，一分为五。沈阳工业学院被改做工厂，学校原有的校舍、设备、仪器损失严重。仅中小学干部、教师被迫走“五七”道路，去农村插队落户的就有2284人，高等学校中大批教职员工及部分家属被下放农村。同全国一样，沈阳的各高等学校自1966年起停课7年，6年没招生。在正规学校被迁、拆、停的同时，街道在不具备办学条件下，办起了“抗大”小学。从1970年起，又在工矿企业中办起“七·二一”工人大学，在农村兴办“五七”农民大学。教育结构发生了变化，许多不具备办学条件的学校，只是挂了一块牌子，并没有开课；有些学校虽开了课，但因师资和教学设备等方面存在严重问题，根本无法达到最基本的教学水平。特别是当时片面强调实际生产在教学中的作用，实行开门办学，以实际生产代替课堂教学，严重影响了基础课的教学。将中等专业学校改办成中学和由小学升格为中学，这种突击发展普通中学的做法，破坏了中等教育结构。在极“左”思潮的蛊惑下，沈阳市各级学校的各种规章制度均被废除，各学校的教学秩序更为混乱。仅1973年，沈阳市中小学校的门窗玻璃破损达24万平方米、桌椅损坏20万套，教学工作难以正常进行，教育质量严重下降。

从1972年起，沈阳部分高等学校开始招收工农兵学员，教学秩序有所好转，但很快又因“修正主义回潮”而遭到破坏。“四人帮”在辽宁及沈阳的帮派分子极力推行朝阳农学院所谓创办“无产阶级政治大学”的“经验”，鼓吹要把大学“变成无产阶级专政的工具”。由于大批教师长期被剥夺教学的权利，加之师范教育受到破坏，造成各级教师队伍数量严重不足；又由于各学校的教学仪器、教学设备损坏损失严重，在整个“文化大革命”期间，无论是高等教育、中等教育，还是小学教育和学前教育，都变得面目皆非，混乱不堪。

从学前教育来看，“文化大革命”初期，幼教领导机构就被解体，市幼儿教育研究会被撤销，大部分幼儿园停办，保教人员被迫改行。直到“文化大革命”中后期，幼儿园才开始陆续恢复。

在小学教育上，“文化大革命”初期，沈阳市各小学纷纷建立起“红小兵”组织，他们模仿“红卫兵”走向社会去造反，学校处于瘫痪状态。1968年9月“复课闹革命”后，由于对所谓“智育第一”“师道尊严”的“大批判”不断深入，正常的教学秩序亦长期难以得到恢复。特别是在街道开办“抗大小学”，在师资和校舍等方面根本不具备最起码的条件，教学质量不可能有任何保障。

“文化大革命”的十年中，沈阳市的中学教育受到严重破坏。在经过两年多的“停课闹革命”后，1969年各校虽然复课，但根本不可能恢复正常的教学秩序。初、高中三三制变为四年联办，课程设置以“无产阶级专政下继续革命理论”为主课，文化课无科学、规范的教材，且教学课时又大量地被“批判修正主义回潮”“批林批孔”和“反击右倾翻案风”等政治运动冲击和占用。各学校教学设施损失严重，实验课无法进行。1973年后，实行所谓“开门办学”，以社会为课堂，学生要有大量的时间去参加“学工”“学农”“学军”等社会活动，严重挤占了学生的基础课学习。

“文化大革命”使沈阳的中等专业教育受到严重的冲击。在长期的社会动荡中，大多数中等专业学校停办，许多教师被迫放弃教学工作。1972年国务院发出通知，恢复中等专业教育，沈阳有几所中专学校招收工农兵学员和部分中学生，但由于学员文化程度参差不齐，教学很不正规，又以阶级斗争为主课，大量参加社会活动和各种劳动，教学质量无法保证。这一局面一直到1976年才有所改变。

**3. “文化大革命”后沈阳教育事业的发展**

1979—1980年期间，沈阳市教育事业有了新的发展。1985年，沈阳市共有各类学校2107所，在校学生82.9万人，其中高等学校22所，在校学生4.2万人，分别比1980年增长22.2%和46.4%，中等专业学校由1980年的27所增加到44所，学生由1万人增加到1.7万人，普通中小学达1888所，在校学生73.8万人。沈阳市11个县区均已达到教育部普及小学的要求，小学入学率和年巩固率分别达到99.2%和99.8%，小学毕业生及格率由1980年的40.7%上升到92%。[①]

---

① 沈阳市人民政府地方志办公室编：《沈阳市志》第十二卷《教育、科学技术、社会科学》，沈阳：沈阳出版社，1998年版，第30、74页。

随着科技体制改革的起步，沈阳市的教育体制改革也迈出前进的步伐。1984年12月，为贯彻党的十二届三中全会和省委教育工作会议精神，市委、市政府作出《关于推进教育改革，大力提高普通教育质量的决定》。沈阳市的基础教育开始实施管理体制方面的改革，进行校长负责制试点，农村实行三级办学，两级管理，城区实行市、区分级管理。1986年1月，市委、市政府提出《关于贯彻〈中共中央关于教育体制改革的决定〉的意见》，沈阳市的教育体制改革进入全面展开和深化的阶段。1988年，国家教委确定沈阳市为教育综合改革试点城市，沈阳市的教育体制改革在单项改革的基础上开始有计划、有步骤地向综合配套迈进，一个基本适应沈阳经济和社会发展的教育体系初步形成。到1997年，沈阳市的教育综合改革已经取得了显著成效。2000年沈阳市普通高等教育共招收本、专科（高职）学生5.1万人，普通高等院校和科研机构共招收研究生3062人。沈阳市共有21所普通高等学校，在校生达13.1万人，在校研究生7187人。沈阳市共有小学1468所，在校生52.5万人。拥有中等学校597所，在校生36.5万人。中等专业学校42 所，在校生3.7万；职业中学 92所，在校生5.7万人；技工学校95所，在校生1.0万人。沈阳市学龄儿童入学率达99.3%，高中阶段升学率达40.9%。多形式、多层次的职业技术教育、成人教育继续发展，全年成人高等院校共招生3.3万人。

2005年，沈阳市有普通高等院校29所。其中，高等专科职业技术院校10所，在校生28.3万人，普通高等院校和科研机构招收研究生9906人。有普通中等学校483所，在校生37.2万人；中等专业学校34所，在校生5.8万人；职业中学95所，在校生5.9万人；技工学校32所，在校生1.6万人。初中毕业生升学率79.7%。有小学学校977所，在校生39.7万人。小学学龄人口入学率99.7%，小学毕业生升学率99.8%。①

2008年沈阳市政府制定了《建设教育强市五年行动计划》（2008—2012年）。《计划》提出指导思想与奋斗目标，就是以科学发展观为统领，围绕“学有所教”，积极构建覆盖终生的教育体系、覆盖城乡的优质教育布局、面向全体学生的教育教学过程和惠及大众的教育保障制度，办好人民满意的教育，办起与经济同步走向振兴的教育。通过五年的努力，力争实现教育的综合实力与全市的综合实力同步走进全国十强行列。

为加强对教育工作的领导，沈阳市政府成立以市长为组长的工作领导小

① 沈阳市人民政府地方志办公室编：《沈阳市志》2006年卷，沈阳：辽宁民族出版社，2006年版，第294页。

组，协调各方面力量，统筹安排好各项改革举措的落实。市教育行政部门对内设机构和人员按照改革的需要进行适度调整，支撑各项改革措施的顺利推进。同时确保对教育工作的投入，严格落实教育经费“三个增长”的法定要求。根据实际情况，出台配套政策，尽快就提高教师待遇，增加班主任津贴，保证学校公用经费投入，保证新建小区的学校配套，保证小班化教育的编制需求，保证普惠制幼儿园事业编制的落实等。

在全面发展教育，加快建设教育强市的思路指导下，沈阳市的教育事业不断发展。2006年沈阳在全国率先实施义务教育均衡发展，对全市106所中小学进行综合改革，加大教师交流力度，促进了教育水平。新建农村九年一贯制学校20所，在农村中小学实施远程教育，覆盖率达100%。6所万人职业学校建设进展顺利，市装备制造工程学校已投入使用。2008年新建农村九年一贯制学校22所，超额完成三年建设百所学校任务，实现“一乡一校”，完成30所农村学校质量再提升，农村办学条件发生根本性改变。深入推进城区学校综合改革和教师交流，10个区县通过“双高普九”验收，义务教育均衡优质发展水平逐步提升。加快推进6所万人职业学校建设，改扩建70所城乡幼儿园和14所特教学校。全面免除城市义务教育阶段学生学杂费。2009年全面完成104所农村九年一贯制学校建设和质量再提升工程，完成20所普通高中标准化建设，6所万人规模职业技术学校全部投入使用；完成10所农村九年一贯制学校建设，累计已建成104所，覆盖了90%的乡镇；完成100所城乡幼儿园改建和449所学校、4506个班级的“班班通”建设，职业学校开始迈上全面提高技能型人才培养的新征程。2010年完成200所接收外来务工人员子女学校改造和145栋学校校舍维修改造，普通高中标准化建设深入推进。扎实推进城乡义务教育均衡发展，普通高中标准化建设不断推进，全民终身教育体系进一步完善。沈阳市成为国家装备制造业职业教育试验区。到2010年末，全市普通高等院校41所（含独立学院8所）。招收本、专科学生9.9万人，在校生34.9万人，本、专科毕业生8.7万人。普通高等院校和科研机构招收研究生1.4万人，在校研究生3.8万人，毕业研究生1.08万人。高等教育毛入学率50%。普通中学321所，在校生30.2万人；普通中专41所，在校生7.5万人；职业高中47所，在校生2.2万人；技工学校37所，在校生2.4万人。初中毕业生升学率99.8%，高中阶段毛入学率93%。小学415所，在校生33.8万人。小学学龄人口入学率100%。全市学前三年幼儿入园率91%。[①]

---

① 沈阳市统计局，国家统计局沈阳调查队编：《沈阳统计年鉴》2011年卷，北京：中国统计出版社，2011年版，第763页。

## 二、教育机构与布局

### 1. 幼儿园

总体情况　1949年，沈阳市共有幼儿园21所，其中中共沈阳市委员会组织部领导在沈河区热闹路政贤西里1号建立了沈阳市保育院。这是一所规模较大、设备齐全的新型公办幼儿园。为适应幼儿教育事业迅速发展，提高幼儿教育质量，1951年由东北教育部幼教科、沈阳市妇联、市文教局共同组织成立了沈阳市幼儿教育研究会。1952年，市文教局组织全市幼儿园贯彻中央人民政府教育部颁发的《幼儿园暂行规程（草案）》，依据新民主主义教育方针，即民族的、科学的、大众的文化教育教养幼儿。1957年，全市幼儿园数已增加到76所，比1949年增加2倍多，入园幼儿7678人，比1949年增加8倍多。到1963年，幼儿园达到211所，1965年又稳步发展到226所，在园幼儿24828人，幼教职工4024人。虽然在“文化大革命”中，幼教领导机构被解体，市幼儿教育研究会被撤销，大部分幼儿园遭到破坏，但在1978年中共十一届三中全会后，沈阳市的幼儿教育工作得到了全面的恢复、发展和整顿。特别是在深化改革过程中，改革幼儿园管理，改革教育内容、教育方法，采取多种方式对幼儿进行早期教育，开发幼儿智力，沈阳市的幼儿教育事业有了长足的发展。到1985年，各类幼儿园增加到1869所（含家庭托儿园所717个），比1978年的847所增加1.2倍；入园儿童达176598人（含家庭托儿园所14449人），比1978年的46467人，增加2.8倍，儿童入园率达58.9%；教职员工14159人，比1978年增加6029人。到1987年，全市共有幼儿园（含托儿所）共1684所。2000年，全市共有幼儿园1123所，在园幼儿110336人。2005年，全市共有幼儿园646所，在园幼儿109481人。2009年，全市共有幼儿园616所，在园幼儿118604人。2010年，全市共有幼儿园950所，在园幼儿140781人。①

**部分幼儿园简介**

南宁幼儿园　南宁幼儿园前身是1949年4月沈阳市基督教女青年会创办的南宁幼稚园。1951年9月沈阳市文教局接管，改名沈阳市南宁幼儿园。1957年转交和平区教育局领导。“文化大革命”初期，一度改为小学，1972年恢复幼儿园。园址在沈阳市和平区南宁北街30号，总面积2000平方米。幼儿园有一支素质较高的教师队伍，全园21名教师全部受过专业教育，特级教师范崇燕就是

---

① 沈阳市统计局，国家统计局沈阳调查队编：《沈阳统计年鉴》2011年卷，北京：中国统计出版社，2011年版，第756页。

他们的突出代表。1979年，市教育局拨款60万元，翻修园舍，1982年完成。园内设有活动室、寝室、洗漱室、更衣室、隔离室、礼堂等40多个房间。室外还设有凉亭、攀架等10多种设备，幼儿园设大、中、小班，实行寄宿。1985年在园幼儿270人。

沈阳军区司令部幼儿园　位于沈阳市和平区北四马路一段22号，占地1.3万平方米，建筑面积 6200平方米。设有室外童乐城、水上乐园、游戏宫和幼儿音体活动室、电脑学习机室、琴房，班班配齐了电视机、录音机、钢琴等设备。各幼儿班还为幼儿开设了活动区、自然角等。1985年有幼儿600名，共分18个班，其中分小、中、大、学前四个年龄段。共有教职工105人，其中教师33人，在教师队伍中有高级教师10人、一级教师11人、二级教师12人。幼儿园建于1952年，是一所比较大型的部队园所，原名志愿军幼儿园，当时园址在现太原街六段五里六号。1958年，同公安局幼儿园和炮兵幼儿园合并，改为现名。1971年幼儿园迁入现址。建园以来，幼儿园一直奉行着“服务育人”的宗旨，即为沈阳军区司令部机关服务，为部队服务；为社会主义建设培养有用人才。进入80年代，又积极开展教育改革实验。在课程结构改革中，将教育内容和教育手段合理地组织，设计了综合主题教育课程的模式，从幼儿实际水平出发，设计比较切合实际的主题活动，通过主题活动，促进幼儿身心全面和谐发展。这种课程结构改革的阶段实验，被评为沈阳市教育成果。幼儿园联合型综合游戏活动，被沈阳市评为“七五”期间优秀教育成果。

**2. 小学**

总体情况　1948年，沈阳解放后，市人民政府全面接管了103所小学（其中城区46所、郊区57所），学生43300人。经过初步整顿，将过去的国民学校和中心国民学校改称为初级小学和完全小学，于同年11月14日大部分陆续复课。到1950年，全市小学已发展到1421所，在校生达290803人。学龄儿童入学率达到66.3%。1953年，根据中央“整顿巩固，重点发展，保证质量，稳步前进”的文化工作总方针和政务院《关于整顿和改进小学教育工作的指示》精神，市文教局在调查研究的基础上，于暑期对全市小学开始整顿。1958年，小学为952所，在校生496804人。小学数量虽然比1952年减少了，但教学质量则比过去提高了。到1960年，全市小学增至975所，在校生593548人。1962年6月，根据辽宁省委教育工作会议精神，市教育局开始贯彻“整顿、巩固、充实、提高”的方针，对小学的发展规模和速度进行调整。调整后，沈阳市的小学不但没有减少，而且有很大发展，据1966年统计已发展到2174所，在校生952150人。“文化大革命”期间，沈阳市各小学纷纷建立起“红小兵”组织，走向社会，学校停课，打乱了正常秩序，各校处于瘫痪状态。学校复课后，由于实行九年一贯制，到1976年，沈阳市共有小学2103所，在校生达603301人。1979年，全市共有小学1677所，在校生535178人。1980年12月，中共中央、国务院《关于普及小学教育若干问题的决定》下发后，沈阳市各级党委、政府和教育行政部门，把关系到民族素质提高与国家兴旺发达的小学基础教育，作为奠基工程来抓。采取了切实加强领导、突出抓薄弱小学的转变、坚持“两条腿走路”方针，集资办学，改善办学条件和“共建文明学校”活动四项措施，使沈阳小学教育质量提高到一个新水平。1985年，全市有小学1585所，其中市内小学327所，农村小学1348所；在校生460858人；适龄儿童入学率达到99.5%，在校生年巩固率99.7%，小学毕业生合格率97.3%，普及率达98.9%。1986年，全市共有小学1585所。1991年，全市共有小学1386所，在校生人数达551162人，招生76844人，毕业90175人，教职工数34328人。2000年，全市共有小学1468所，在校生525360人。2005年，全市共有小学977所，在校生397401人。2009年，全市共有小学482所，在校生342708人。2010年，全市共有小学415所，在校生337765人。

部分小学简介

辽宁省实验小学　位于沈阳市皇姑区崇山西路一段四号，占地2.17万平方米，建筑面积6402平方米，其中包括2座教学楼、1座职工宿舍楼、1座小礼堂等，设有自然实验室、仪器室、图书阅览室、音乐教室、美术活动室、会议室等。1985年在校生1220人，学前班儿童200人；教职工90人，其中教师83人，教师中有特级教师1人、省级优秀教师3人、先进教育工作者1人、优秀班主任2人。学校建于1957年8月，直属辽宁省教育厅，担负着教育、教学实验和示范任务。1959—1961年曾与辽宁省实验中学合并为辽宁省实验学校。1968年再度与省实验中学合并，并改名为“沈阳蓄电池厂育红学校”，不久又和中小学分开，划归皇姑区教育局领导，改名为北陵大街小学。1978年，辽宁教育学院接管学校，改为辽宁教育学院附属小学。1979年，省教育厅把学校确定为直属小学，恢复辽宁省实验小学校名，并于同年被确定为辽宁省首批办好的重点学校。建校30年来，学校逐渐形成了“尊师爱校、团结友爱、勤奋好学、活泼向上”的校风，1984年，被辽宁省人民政府命名为“文明学校”。

沈阳市和平区朝鲜族小学　位于和平区西塔街，学校占地面积12400平方米，建筑面积1672平方米。学校始建于1920年1月，创建时校址在奉天市小西边门喇嘛庙，创办人张宇根（朝鲜人），校名为“奉天育英学校”。1920年11月，由奉天朝鲜人居留民协会接管这所小学。1921年1月，校名改为“奉天实业普通学校”。同年12月，学校迁到北市场新校舍，校名改为“奉天普通学校”。1922年11月，学校移交给奉天日本人居留民会管理。1929年，由南满铁道株式会社投资筹建新校舍。1931年11月竣工，学校迁到新校舍（和平区敦化路20号，现沈阳市朝鲜族第六中学校址）。1940年，学校由日本大使馆在满教务部管理，校名改为“奉天西塔寻常小学校”，学制六年，附设高等科。1942年，校名改为“奉天西塔在满国民学校”。1945年“九三”胜利后，校名改为“韩国西塔小学”。国民党统治时期，因沈阳地区的朝鲜族人大量流散，到1948年沈阳解放前夕，学校教职员只有6人，学生只有200余人。1948年11月，沈阳解放后，人民政府接管学校，于1949年1月命名为“沈阳特别市立朝鲜族西塔小学校”。1950年2月28日，经市教育局批准，把民办路官屯朝鲜人小学编为本校的铁西分校。1950年8月26日，根据沈阳市教育局的决定，校名定为“朝鲜民族中心校”，并设置了民族教学研究会，它成为沈阳市朝鲜族教学研究中心。1954年，学校归北市区教育局领导，校名改为“北市区西塔朝鲜族完全小学”。1955年10月，学校从和平区西塔街二段北玉温里五号迁到和平区西塔街信义里新建校舍。1960年7月，校名改为“沈阳市和平区西塔朝鲜族小学”。1963年8月，学校又迁到现址。1968—1972年间，学校属沈阳市革命印刷厂厂办学校，1973年归属和平区教育局领导。1978年，学校被定为省、市首批重点小学之一。1985年，学校设16个小学班和2个学前班，学生801人，全校教职工52人，其中教师40人，干部职工12人。在教师中，高中以上文化程度的占95%。学校汉语集中识字实验在东北三省引起重视，作了经验介绍。1972年，建立校办工厂，即沈阳市民族印刷厂，有工人46人，年产值340000元，利润71000元，补助教学经费11000元。

沈阳市皇姑区岐山路第一小学　校址在皇姑区嘉陵江街64号，占地1.4万平方米，建筑面积5175平方米，砖混结构，三层建筑，建于1962年。有教室28个，音乐室、自然实验室、图书室、卫生室各1个。学校藏书1.3万册。其前身为奉天昭盛在华小学校，建于1934年，后曾易名为奉天市朝鲜人小学校，1945年改为奉天市皇姑区北陵中心小学校。1950年改为皇姑区诚信完全小学，1959年改用现名。学校1978年被定为辽宁省首批重点小学，有教学班24个，学生1347人，教职工83人，其中教师59人，高中毕业的占95%。1979—1985年，学校先后受到区、市、省表奖149次，其中有辽宁省文明学校、沈阳市先进单位、市文明单位、市“五讲四美”为人师表先进单位、市科技活动先进集体、市少先队优秀大队等光荣称号。1981年，学校被市政府定为开放学校，先后七次接待日本友好访华团和其他国际友人来访。校办工厂建于1969年，生产拖布、塑料制品。有职工20名，1985年产值55.4万元，利润1.4万元，1983—1985年，共补助教育经费1.2万元。

3. 中学

总体情况　1948年11月2日沈阳解放后，沈阳特别市政府教育局贯彻“维持现状，逐步加以必要和可能的改良”方针，接管了原国民党政府省、市、县设在沈阳市的17所公立中学。1949年3月，按新民主主义教育方针和新型正规化的要求，将原17所公立中学调整为16所。其中设在市区内的13所（沈阳市第一至十二中学及朝鲜人民中学）；设在郊区的3所（沈阳市第十三至十五中学）。1949年暑假后，又在市郊成立第十六中学，使全市公立中学达17所。对原有的6所私立中学准予维持原状。当时全市共有中学生14446人，其中公立学校学生12306人，私立学校学生2140人。1952年，接管私立学校，改为公立中学。到1952年底，全市已有中学36所，学生增加到42842人。1953年后，沈阳贯彻政务院“整顿、巩固、重点发展，提高质量，稳步前进”的文教总方针，逐步创建社会主义新型中学。到1956年，全市中学已发展到73所，在校生98348人。1966年“文化大革命”前，沈阳市中学已达213所，学生224658人。“文化大革命”发生后，全市中学都停课，绝大多数中学生被卷入“文化大革命”的狂热之中。1969年中学复课后，沈阳中学教育被迫推行九年一贯制，初、高中不分校，同时废除了升学考试，使中学生数目猛增。到1976年，全市普通中学增加到394所，在校生达59.87万人，分别比1966年“文化大革命”前增加181所，374042人。这种做法违背了客观规律，破坏了中等教育的合理结构。1981年2月，沈阳市教育局又根据中共中央提出的“调整、改革、整顿、提高”的方针和市委教育会议精神，调整了中学的布局和规模，全市高中由1980年124所调整到116所；初中由230所调整到214所；农村戴初中帽的小学由1980年的285所减少到168所。此后，中学做进一步调整，到1985年，沈阳市有中学303所，在校生276876人，分别比1952年增267所，234034人；比1966年增加90所，52191人。在此期间，沈阳市为提高中学教育的整体办学水平，致力于办好一批重点中学和改变薄弱初中面貌的工作。1978年3月，经市革命委员会批准，重新确定沈阳市第一批重点中学20所：一中、二中、四中、五中、六中、十一中、十三中、二十中、二十七中、二十九中、三十中、三十一中、五十九中、八十三中、一二〇中、朝鲜族一中、松陵一中、新民高中、辽中茨榆坨中学。1981年由辽宁省教育厅确定的沈阳市首批重点中学7所：二中、四中、五中、二十中、一二〇中、朝鲜族一中和新民高中。1987年，全市各类高中共计2396所，毕业179205人，教职工数61717人。1991年，全市共有中学

291所，其中高中有29所，在校生数268580人，教职工28095人。2010年，全市共有中学321所，其中高中89所，在校生数302238人，高中119260人，教职工29918人。

部分中学简介

辽宁省实验中学　位于沈阳市皇姑区黄河南大街89号，占地9.6万平方米，建筑面积4.2万平方米，设有教学楼，生物、化学实验楼，物理、电化教学楼等。图书馆藏书62万册。有26个教学班，在校生1145人，教职工177人，其中教师97人，特级教师6人，担任市级以上学会理事的教师19人。辽宁省实验中学的前身是1949年5月原东北人民政府教育部创建的东北实验学校。1954年，划归辽宁省教育厅直接领导，改名辽宁省实验中学。原东北人民政府教育部部长、辽宁省人民政府副省长车向忱曾任第一任校长。1968年，改名为育红中学，1970年，改为沈阳市第一二二中学，1977年，改为辽宁教育学院附中，1978年，恢复辽宁省实验中学校名。同年，再次被确定为省重点中学。1986年，被省人民政府授予“文明学校”称号。

学校素以实验为立校之本，以“面向全体，因材施教，全面发展，培养特长”和“重政治思想、重学业质量、重休魄健美、重能力特长”为办学思想。在长期的办学实践中逐步形成了“文明、勤奋、求实、进取”的校风，“严、实、活、高、精”的教风，“勤学、扎实、多思、求精”的学风。

沈阳市育才中学　沈阳市育才学校位于沈阳市和平区南一马路100号，占地3.05万平方米，建筑面积1.57万平方米。图书馆藏书4万余册。学校有30个班，学生1400人，有教职工180人，其中教师140人，获全国省、市荣誉称号的教师6人。学校的前身是东北第一育才小学，1949年5月1日建立。1958年，增设初中部，改名为沈阳市育才学校，“文化大革命”期间，学校曾先后改名为沈阳变压器厂育红学校、沈阳一二一中学，1978年，改为沈阳市教育学院附中，1981年9月1日，恢复沈阳市育才学校校名。1978年，被定为省、市重点中学，是市教育局直接领导的一所实验学校。

**4. 高等学校**

总体情况　1948年，东北行政学院迁到沈阳南昌街，并接收了原沈阳师范专科学校。原鲁迅艺术文学院的四个文工团和一个音乐工作团在完成土地改革任务后，于1948年12月齐集沈阳，在和平区清华街创办了东北鲁迅文艺学院，并于1949年3月接收了原私立辽东学院。中国医科大学1949年春迁至沈阳，并接收了原国立沈阳医学院。原东北军区军工部工业专科学校于1949年2月迁到沈阳文官屯。原东北药科专科学校1949年春迁到沈阳铁西区应昌街，并接收国立沈阳医学院药学系改办为东北药学院。与此同时还接管了原私立辽宁医院，将其改办为公立辽宁医科大学，不久并入中国医科大学。新建了两所高等学校，即1949年3月在铁西区兴华街成立的沈阳工学院和1949年8月1日在塔湾成立的沈阳农学院。这时沈阳共有8所高等学校，教职工689人，在校生7786人。1949年3月，东北政务委员会于1949年3月设立了大学委员会。同年8月1日，中共中央东北局、东北政务委员会发布《关于整顿高等教育的决定》。经过整顿，沈阳共有5所高等学校，即沈阳工学院、沈阳农学院、中国医科大学、东北行政学院、东北军工部工业专业学校。在校生4967人，职教工3195人，其中教师891人。到1953年，沈阳共有8所高等学校，即东北工学院、沈阳农学院、中国医科大学、东北药学院、东北财经学院、沈阳师范学院、沈阳俄文专科学校、东北音乐专科学校。1954年，沈阳又增设东北体育学院。从1954—1957年，沈阳共有10所高等学校。教职工6374人，其中教师2915人。学生17147人。初步形成了理、工、农、医、财经、体育、师范、艺术、语文并举均具有的正规化高等教育体系。到1960年，沈阳地区的高等学校骤然增加到40所，教职工14420人，其中教师5060人，比1957年增加73%；学生34793人，比1957年增加1倍多。这对于开创适合中国国情的社会主义高等教育的发展道路，积累高等教育经验取得了很大的成绩。1961年，根据教育部“全国高等学校及中等学校调整工作会议”的要求，对高等学校采取保留、合并、撤销和改办中等学校的办法进行调整。到1964年，调整工作基本结束。沈阳保留了13所高等学校，即东北工学院、沈阳农学院、沈阳医学院、沈阳药学院、辽宁大学、沈阳体育学院、沈阳音乐学院、鲁迅美术学院、沈阳轻工学院、沈阳机电学院、沈阳化工学院、辽宁中医学院、沈阳师范学院。这13所学校，共有教职工9003人，其中教师4231人。共有学生20514人。1966年5月“文化大革命”开始，6月沈阳各高等学校相继停课并外迁。1977年后，外迁的学校陆续迁回沈阳。随着改革开放的深入和社会主义现代化的发展，沈阳又相继成立了9所高等学校，即1977年7月成立的辽宁建筑工程学院（1984年7月改为沈阳建筑工程学院）；1978年5月在原沈阳航空工业学校的基础上扩建的沈阳航空工业学院和同年12月在原沈阳市卫生学校的基础上扩建的沈阳医学专科学校；1979年4月由原沈阳冶金机械学校和同年由原沈阳有色金属学校改办的沈阳黄金专科学校；1981年11月由原公安部民警干部学校扩建的中国刑事警察学院；1983年1月由东北工学院沈阳分院、辽宁大学沈阳分校合并改办的沈阳大学；1984年9月成立的沈阳农业大学（市属）；1985年在原沈阳电力学校和同年成立的沈阳电力专科学校和同年成立的沈阳财经学院。为加速人才培养，扩大招生名额，

1977—1985年间，沈阳还有11所中等专业学校和厂办职工大学举办了大专班；沈阳市广播电视大学于1980年，沈阳教育学院于1985年开始招收全日制普通专科班。到1985年末，沈阳共有高等学校22所，设239个专业。共有教职工26294人，其中教师8513人，在校生41779人。从1959—1985年，沈阳高等院校共为国家培养出138038名毕业生。2010年，在校生348583人，招生98994人，毕业86767人，教职工38735人。

**部分高等学校简介**

东北大学　东北大学是1923年4月成立的，由张作霖接受奉天省教育厅厅长谢荫昌的建议而创办的。当时设文、法、理、工四科。文法科以奉天文学专门学校（以下简称“文专”）为校址，理工科以沈阳高等师范学校（以下简称“高师”）为校址。文法科设英文、俄文、政治、法律四个系，理工科设数学、物理、机械、电工、土木五个系，学制为预科两年，本科四年。7月，招收预科生300余人，9月开始上课，高师和文专学生170余人也附于校内上课。10月24日举行开学典礼，教职员50余人。1924年7月，高师及文专学生全部毕业，同时高师及文专也一并结束。1928年8月，张学良兼任校长后，加快了东北大学的建设。捐助150万元私款，在北陵校舍修建了理工楼和办公楼，汉卿南、北大楼，大礼堂，图书馆，体育馆，化学楼，纺织实验室，教授俱乐部及西村教授住宅等，1929年9月，文法两院迁至北陵校舍，结束了东北大学南北分校的历史。1928年9月，开始招收女生（50人）。由于张学良的重视和大力扶持，东北大学进入了空前发展时期，成为拥有文、法、理、工、农，教育六学院24个系7个专修科的东北最高学府。并附设有相当规模的工厂和一所教学质量极高的中学，有教师170余人，学生1976人，藏书65万余册，经费133万元（1929年），占全国大学第二位。九一八事变后，日本侵略者占领沈阳，东北大学被迫流亡北平，并于1937年与流亡北平的东北交通大学、冯庸大学合并。1937年5月，奉教育部令改为国立。后又几经迁徙，于1938年3月在四川省三台县建校。当时仅设有文理学院和法学院，下设中国文学、史地、化学、政治、经济五个系，有教职员86人，学生283人。1946年12月，东北大学从四川省三台县迁回沈阳，接收了日伪时期的奉天农业大学、奉天工业大学、私立商科学院和奉天铁道学院，设文、理、法、商、工、农学院23个系1个专修科。校长为刘树勋，有教师328人，学生2493人。全年经费为12.578亿元。1948年，国民党政府崩溃前，东北大学的师生被骗往北平。1949年3月，原东北大学的师生陆续从北平返回东北，工学院及农学院师生留在沈阳，组成沈阳工学院，1950年8月，沈阳工学院抚顺矿专和鞍山工专组合为东北工学院。1960年被列为全国64所重点大学之一，是国务院首批批准有权授予学士、硕士和博士的学位的大学。1993年3月8日复名为东北大学。1998年9月，东北大学由原冶金部属院校转为教育部直属高校。学校是国家首批“211”工程和“985”工程重点建设的高校，并现实教育部、辽宁省沈阳市重点共建。2009年，东北大学被确定为国家技术转移示范机构，2010年东北大学在校生18940人、招生数4803人、毕业生人数4896人，在学研究生1108人，教职员工1915人，专任教师1059人。

中国医科大学　中国医科大学是中国共产党和中国工农红军最早创办的高等医学教育学府。现址在沈阳市和平区北二马路92号。它的前身是中国工农红军卫生学校，1931年11月，创建于中央苏维埃区瑞金（现江西省瑞金）。1940年9月，迁到延安命名为中国医科大学；抗日战争胜利后，从延安迁到东北，在黑龙江省兴山（现鹤岗市）先后合并了东北军医大学、解放区东北大学医学院（前身是原新京医科大学）和哈尔滨医科大学。1948年迁至沈阳后，接管、合并了原国立沈阳医学院（前身是满洲医科大学）、辽宁医科大学（前身是私立盛京医科大学）。1956年曾改名为沈阳医学院。1978年3月，恢复中国医科大学校名。到1987年，学校已发展成为占地37万平方米，建筑面积28.3万平方米；设有9个教学系部，4个附属医院，8个教学基地医院，4个研究所，2个研究中心，15个独立研究室和1个中心实验室，拥有22393台（件）仪器设备，1个图书馆，1所附设大专学校，1所附设中等专业学校；共有教职工5879人，在校生4055人。1940年9月，改办成中国医科大学后，课程设置增加了解剖学、生理学、细菌学、病理学等基础课学系，设外科、内科、儿科、妇科、眼科、皮肤科等6个临床学科。经过47年的发展，到1987年，已建立7个系，相应开设了7个专业。其中医学专业是中国医科大学创建以来始终开设的专业。儿科学专业是新中国成立初期设置的，1983年列为联合国卫生组织儿童基金学会合作单位，为全国11所合作单位的副主任单位。预防医学专业、口腔学专业是沈阳解放初期开始设置的。法医学专业是1980年设置的，护理专业是1985年设置的，图书情报学专业是1985年设置的。

新中国成立后，特别是中共十一届三中全会以来，学校的办学条件不断改善。自动化程度高、功能全、用途广的高档精密仪器装备的教室、实验室和诊查、治疗室不断增加，有的已达到80年代的国际水平。在全校拥有的22393台（件）仪器设备中，单价在5万元以上的高档精密仪器有164件，价值达2281万元。还建立7个统管共用的学生实验室，装备进口高档双目显微镜200台和电视录像系统，供病理解剖学、组织胚胎学、微生物学等多学科实验课使用；在生理学、药理学等机能学科的学生实验室，装备了多导电生理记录仪；在生物化学实验室，装备紫外、荧光、电泳柱层析、超高速低温冷冻离心机等生化分析、提纯分析设备。利用世界银行贷款引进200余万元电化教育设备，扩建电教中心，连接形态学科、机能学科等15个学科、21个实验室和5个阶梯大教室。建立4个语言实验室，使电视教学联网化。在原有的80个研究实验室的基础上，又陆续建立6个校、系两级中心实验室，装备全新的仪器，其中细胞生物、胃癌、听力、神经生理、神经内分泌、免疫等研究室的仪器设备处于国内领先地位，法医学系中心实验室引进的气象—付里叶红外色谱仪使用微机控制，在组合配备方案上技术先进、经济合理，是国内法医界一流实验室，并达到了国际先进水平。学校还拥有一座面积为3443平方米的图书馆，在39.1万册藏书中，中文藏书13.8万册，外文藏书13.9万册，期刊10.5万册，单项资料0.5万册，中医古籍书5304册。其中88种730册为善本书。还收藏声像资料635种。

学校从新中国成立初期，就开始结合教学和医疗工作开展科研活动。从60年代开始设置科研机构，几经调整、发展，到1987年，已建立起了相当规模的科研机构，共有4个研究所（在所内设22个研究室）、2个研究中心，15个独立研究室和中心实验室。形成了较完整的科研体系。科研课题、项目由学校根据国家和省、市科研规划确定重点课题项目，下达到研究所和研究室。有的重点课程是申报国家“七五”攻关项目中标而确定的。从1983—1987年，共开展1960项课题研究，其中属于国家部委、省、市重大课题与自然科学基金课题245项。1982—1986年底，学校中标课题70项。1986年国家“七五”攻关项目中标13项。中标确定的项目数量在全国医药院校属于前列，并取得了可喜的科研成果。先后出版了42部医学专著和教材。其中《汉英医学词典》《人体解剖图谱》《临床血液学及细胞学图谱》《实用手术学》《实用解剖学图谱》等分别受到国家、部委和出版局的奖励。在胃癌早期诊断与地理流行病学、重症肝炎综合治疗、皮肤免疫、胃癌单抗与结肠癌单抗、皮瓣纤维外科、动脉硬化病理学、免疫核糖核酸等方面的研究以及小儿外科、法医血清学等某些领域的研究，均处于国内领先地位，并达到国际同类研究的先进水平。

医疗工作是学校的中心任务之一，由4所附属医院承担。附属第一医院，是全国18所重点医院之一，是综合性附属医院，也是教学医院，设29个临床科、20个病房、16个门诊科室、1个急诊科、12个医技科室，床位850张，门诊量日平均3400人次。附属第二、第三医院，合并在一起，设17个临床科室、10个医技科室、934个床位，门诊日平均3200人次，承担着辽宁省、沈阳市以至东北地区各地小儿重症病人的诊治、抢救、会诊任务，是全国4所新生儿抢救中心、儿童抢救中心之一。附属口腔医院，设7个医疗科室，门诊日平均500人次，有病床60张。

学校自新中国成立以来，就是开放单位，特别是中共十一届三中全会后，国际间交往迅速发展起来。接待了20多个国家和地区的320个团组、2960人次来校访问、讲学。学校派出参观、留学和进修的共有300多人次。已有7人获博士学位回校工作。还派出200多人次去日本、美国、英国、法国、希腊、菲律宾、瑞士、泰国、意大利、朝鲜、南斯拉夫等国和香港地区考察和讲学。同日本医学院校签订学术交流与技术协作协议书，建立校际联系。其中有东北大学医学部、札幌医科大学、自治医科大学、九州大学医学部、金泽医科大学、久留米大学医学部、岐阜大学医学部、京都大学医学部、小山市放射线技师会等十几个学校和学术团体。授予国外学者名誉教授或聘外籍教师到校任教。其中授予国外学者、专家名誉教授职称者30名，聘请外籍教师16人。还为伊朗、叙利亚、巴基斯坦、民主也门、阿拉伯也门、日本、尼泊尔、斯里兰卡、巴基斯坦、孟加拉、摩洛哥、埃塞俄比亚等30多个国家培养留学生136人，已有67人毕业回国。中国医科大学是原卫生部属高等医学院校，2000年改为省部共建学校。

2010年在校学生数11638人，在学研究生数1651人，教职员工1410人，专任教师813人。

**辽宁大学**　辽宁大学位于沈阳市皇姑区崇山路66号，是辽宁省属综合大学，是国家“211”工程重点建设院校。学校建于1958年9月，由原东北财经学院、沈阳师范学院、沈阳俄文专科学校合并而成。

建校初期，共设中文、历史、哲学、经济、财政、统计、外语、数学、物理、化学、生物11个系，有理论物理、金属物理、无机化学、有机化学、分析化学、动物学、植物学、数学、文学、汉语、历史、俄语、英语、工业经济、农业经济、贸易经济、政治经济学、财政经济学、财政、财务会计、国民经济计划、统计学等22个专业。有教师650余人，学生5760人。设有实验室、化验室32个，还设有历史文化室、商品、工业、农业标本陈列室、图书馆、体育馆等。经过30多年的建设，学校不断发展壮大起来。

到1987年，学校占地面积达44万平方米，建筑面积达20万平方米。设1个经济管理学院，中文、历史，哲学、法律、经济、工业管理、计划统计、金融保险、财政会计、外语、数学、物理、化学、生物、计算机等15个系，开办汉语言文学、新闻、历史、档案、哲学、法学、经济法学、政治经济学、工业经济计划统计、国际贸易、国际金融、保险、会计、审计、英语、日语、俄语、数学、计算数学、应用数学、物理学、半导体器件物理、无线电电子学、光学、无机化学、有机化学、分析化学、生物学、微生物学、环境生物学、计算机系统结构、计算机软件等33个专业。教职工2302人，其中教师1129人，教授69人，副教授287人，讲师465人。特别是几十年来，学校荟萃了一批专家、学者和学术带头人，如中文系的张震泽教授、高擎洲教授、乌丙安教授；历史系的周传儒教授、王荣堂教授、陈光崇教授；经济学院的宋则行教授、张今声教授；数学系的戴天民教授；物理系的陈水教授、官学惠教授、佟富功教授；化学系的刘祁涛教授；生物系的季达明教授等，他们在教学和科研工作中发挥了重大作用。

在校生数6753人，包括本科生、专科生、夜大生、函授生、研究生和外国留学生。特别是1981年学校被批准为授予硕士学位和1984年被授予博士学位单位后，研究生的比重不断增加。1987年在校研究生达212人。在改革开放的新形势下，不但留学生增加到61人，而且还招收了1263人计划外生。

学校办学条件不断改善，图书馆的藏书量已增加到142万册，还有中外文期刊3800余种8万多册。学校建成了具有现代化的综合性电化教学手段的电教中心，配有彩色电视摄像机、录像机、编辑机等成套闭路电视设备。学校还设有计算机中心、实验中心、数学应用中心、语言实验室、苏联电视卫星地面接收站、微型计算机站和70多个实验室，仪器设备投资总额1081万元。还设有1个出版社。学校设4个研究所，21个研究室。1978—1987年，全校共出版了322部书，公开发表的学术论文2247篇，在科研成果中有9项达国内先进水平，2项为国内首创，1项达到国际水平。为了适应社会主义现代化建设的实际需要，学校从1983年开始着手改革。在管理体制方面，曾是全国实行校长负责制的首批试点单位。在进行教学改革后，扩大了办学规模，从过去单一的本科办学层次发展到本科、专科、助教进修班、硕士研究生、博士研究生5个办学层次；从单一的计划招生，发展到计划外招生、夜大、函授、自学考试、干部专修科、助教进修班、委托代培、在职代培等多种办学形式。在教学上加强了实践性，从单纯的课堂教学向理论与实际结合的方向转变，面向社会开展教学、科研活动。开展社会调查，使课堂与社会结合，知识与实际结合。

2010年，辽宁大学在校学生数20548人，在校研究生数5587人，教职员工2326人，任教老师1435人。

# 第三节 文化与新闻出版事业

沈阳是具有2300年建城史的历史文化名城，在漫长的历史进程中，其文化发展和积累下来的丰硕成果，已成为中华民族整体文明发展的一个重要组成部分。7200年前的新乐文化，使沈阳成为新石器文化的发源地之一。在以后漫长的历史长河中，繁衍在沈阳这片热土上的各族人民互相融合，共同发展，创造出以塔湾舍利塔、故宫建筑群为代表的沈阳古文化。到了清代，沈阳地区的诗文、画艺、篆刻等文化已有一定程度的发展。新中国成立后，沈阳的文艺工作者取得了优秀的成果，文化团体、新闻出版等事业均有新发展，使沈阳的文化事业发展到一个新阶段。我国进入改革开放的历史新时期之后，沈阳随着经济建设的迅猛发展和城市面貌的巨大变化，文化艺术也取得了辉煌的成就。社会文化蓬勃发展，文化环境明显改善，文化设施不断完善，沈阳文化事业的大发展大繁荣是沈阳人民的骄傲。

## 一、文化事业恢复发展

### 1. 文艺创作

沈阳解放后，大批著名作家调到沈阳，为推动沈阳当代文学创作的发展和繁荣做出了贡献。解放初期文艺创作多以诗歌和各种演唱材料为主，在报纸副刊上发表。1948年12月20日，《工人报》（《沈阳日报》前身）创刊号上发表两首诗歌，分别为石头的《解放了》《打下北平过新年》。50年代初，东北文联主编的《东北文艺》是辽沈地区唯一的文学期刊，发表一些老作家和青年文学爱好者的大量作品，后改名为《鸭绿江》。1951年，青年作家郭墟的中篇小说《杨司令的少先队》，获全国少年文学创作一等奖，成为中国第一部荣获全国文学奖的作品。1956年，沈阳市文联创办大型文学期刊《芒种》，发行量达2万份，著名作家浩然的处女作《新媳妇》就是在《芒种》上发表的。[①]1956年以后，沈阳市涌现一批青年诗人，他们在《沈阳日报》副刊和《芒种》上发表了许多题材广泛、影响较大的诗歌。60年代初，沈阳农民诗人金玉廷在全国颇有影响，他的作品朴实生动。另外，由于沈阳有着众多的少数民族，因此民间文学不仅表达了人民的生产、生活和丰富的思想感情，又创造出丰富的民间

---

① 沈阳市人民政府地方志办公室编：《沈阳市志》第十三卷《文化新闻出版卫生体育文物》，沈阳：沈阳出版社，1990年版，第9—10页。

文化。新中国成立后，沈阳各报刊登载了一些以反映人民群众热爱共产党和人民政府为内容的民间故事和民谣。1966年“文化大革命”开始后，文学创作人员被下放到农村，甚至有艺术家、作家被迫害致死，沈阳的文化事业遭到摧残。中共十一届三中全会以后，文化艺术事业获得新生，省、市文联相继恢复工作。从1978年开始，关庚寅、金河陆续发表《不称心的姐夫》《重逢》等短篇小说，打破了沈阳文坛的沉闷局面。从1984年起，沈阳市的小说创作进入成熟阶段，创作队伍迅速扩大。1985年9月27日，沈阳市民间文艺家协会正式成立。从1978至1985年，文学创作获得大面积丰收，其中文学作品获省以上奖励的就达50余篇（部）。1988年，儿童文学《树上的小房子》获全国绿化祖国征文三等奖。1990年，诗歌《孩子和鸟崽》获全国环保诗歌征文二等奖。在1990至1991年度全国小小说评选中，程世伟的《未晋级人》获得优秀奖。1992年，刘敏的《薛天智故事会》获中国北方民间文学评奖二等奖；1993年，举办全国群众论文评比，论文《关于县区文化馆量化评估指标体系》获得三等奖；1997年，沈阳市的作者李连舜获得全国群星奖优秀论文评比铜奖；2001年，朱恩龙获第十一届全国群星奖铜奖；2003年，少儿读物《骑扁马扁人》获全国第四届蒲公英奖。

书画摄影艺术创作方面：1953年，沈阳国画研究会建立，将过去从事书法篆刻艺术创作的名家吸收为会员，使这些艺术家真正有了研究场所和用武之地。到1965年，该会除举办多次书展和书画展外，还有大量作品被推荐选送到外省市参加展览。粉碎“四人帮”后，沈阳书画研究会于1978年恢复，并开始创作活动。沈阳书法篆刻创作队伍日益壮大，老年、中青年及少年儿童三个年龄组均有较强实力，构成了沈阳在国内书法篆刻艺术领域的整体优势。1950年4月，沈阳市美术工作者协会成立。1950至1954年，市美协与市文化局、市总工会联合举办过3次美术展览会，与市文联和辽宁省文化局联合举办过1次国画展览会，累计展出作品1000余件。1953年，沈阳国画研究会建立，并将过去从事书法篆刻艺术创作的名家吸收为会员，使这些艺术家真正有了研究场所和用武之地；1949至1965年，沈阳市除在多次综合美展中展出水粉、水彩画外，还在1959年和1961年举办了“画先进颂革新美术作品展”等专门水粉画、水彩画种的美展；沈阳解放后，东北画报社培养了一批年画作者，年画出版逐年增多。从1951到1965年，仅辽宁美术出版社的沈阳作者创作的年画就有171种。总之，解放后，各画种在沈阳有了长足进步，都有在全国获奖的优秀作品，并成长起一批在全国较有影响的画家。但是，从50年代后期开始美术创作多受政治形势影响，创作题材与形势、风格等均受到很大限制。粉碎“四人帮”之后，沈阳市画坛焕发青春。从1978到1986年，共举办美展近80次，组织作品参加省美展47次，参加全国性美展32次，参加国际美展达10次。雕塑艺术在沈阳有着悠久的历史，解放后，雕塑作为一种艺术形式在沈阳得到迅速发展。1953年东北美术专科学校成立后设雕塑系，聘请各地专家及民间艺人任教。辽宁省雕塑学会于1979年在沈阳成立，到1986年共有会员53人。沈阳市城市雕塑学会于1986年成立，有会员30人。这两个学会为美化沈阳设计雕制了大量作品，为城市现代化建设做出了贡献。沈阳市的摄影艺术始于解放后东北画报社迁到沈阳，1956年，中国摄影家学会（后改称中国摄影家协会）辽宁分会在沈阳成立，该会对沈阳摄影艺术的发展起了很大的推动作用。从解放初至70年代末，省影协及其他有关部门虽曾举办过几次摄影作品展览，但规模和影响都不很大。中共十一届三中全会以后，沈阳摄影艺术迅速发展。1978年至1980年，先后有3幅作品入选全国影展。

表演艺术创作方面：1948年11月沈阳解放后，党在哈尔滨组建的东北文协平剧工作团和大批新文艺工作者进入沈阳，在党和政府的领导下，接收旧戏班，组建新剧团，积极开展新戏曲创作演出活动。为了推动戏曲改革，摸索经验，成立东北戏曲研究院，下设京、评实验剧团，对发展新戏曲，进行理论研究和实验演出。经过戏曲改革，各种传统艺术均发生了带有根本性的变化，对东北乃至全国的戏曲改革活动具有试验和示范作用，做出了重大贡献。大批文艺干部调到沈阳，先后创作和演出历史京剧《九件衣》、古典武剧《雁荡山》、评剧《小女婿》、话剧《战斗里成长》、歌舞剧《将革命进行到底》等优秀剧目，为全国的戏曲改革做出重大贡献。对传统京剧剧目，进行加工、整理、改编，取其精华，去其糟粕，使之具有新思想内容，并积极新编写历史剧。新中国成立以来，沈阳的京剧团体演出新编历史剧《九件衣》，改编传统剧目《反徐州》《陈州粜米》等上百出优秀剧目，为京剧艺术增添了新剧目。京剧经过艺术改革，扩大了剧目题材，从1958年起上演了现代戏，[①]创作、演出了《白毛女》《桥隆飙》等一批反映现代题材的剧目。东北戏曲研究院京剧实验剧团创作出京剧新艺术形式的武戏《雁荡山》，为京剧发展武戏开辟了新的道路。评剧经过艺术改革，适应了新时代人民的需要，由奉天落子发展成为现代评剧，成为全国大剧种之一。评剧改变了行当不全、男腔单调、舞台美术不讲究的缺陷，充实了行当，沈阳评剧院创造出老旦行当的唱腔，积累了一批

① 《沈阳市戏曲志》编纂委员会编：《沈阳市戏曲志》，沈阳：辽宁大学出版社，1992年版，第10—11页。

以老旦为主的剧目，为评剧发展做出了贡献。乐队增添了大提琴等西洋乐器，提高了音乐伴奏的表现能力。东北戏曲研究院评剧实验剧团（今沈阳评剧院）创编演出的《小女婿》，在剧本、导演、表演、舞美，音乐等各方面俱佳，对评剧改革起到示范作用，红极一时，流行全国。沈阳的话剧、歌舞等新艺术形式，是解放后发展起来的。1948年沈阳刚解放，党领导的革命文艺团体综合性文工团、音工团即从哈尔滨或部队调来沈阳，他们积极开展话剧、歌舞等演出活动，同时，扩大队伍，组建新团体。沈阳解放以来，杂技艺术有了显著的发展和提高。1956年，沈阳杂技团率先演出《空中飞人》大型高空节目，第二年又推出《飞车走壁》，推动了杂技艺术的发展。从1981至1983年，获得省级以上奖励的节目有15个，获奖演员达38人。沈阳杂技已在国际享有盛名，二十几次出国演出，访问了亚、非、欧、美等洲的40多个国家和地区，受到国际友人的高度赞誉，为民族杂技艺术赢得了荣誉。

1966年开始的“文化大革命”期间，文艺事业的发展受到严重挫折，多年积累的艺术资料大部散失，戏曲剧团只准演出“样板戏”，歌舞、曲艺则配合以阶级斗争为纲的极“左”思想路线的宣传，话剧演出了歌颂工人占领上层建筑、宣传错误路线为内容的《占领颂》，使文艺扭转了为人民服务的方向，在群众中造成极坏的思想政治影响。粉碎江青反革命集团，特别是党的十一届三中全会以后，党的“百花齐放，百家争鸣”的文艺方针、政策重新得到贯彻，沈阳的表演艺术事业重获新生。1979年开始，被迫解体的沈阳京剧院得以恢复，受迫害的京剧演员得到平反后重登舞台，除恢复原有优秀节目以外，又涌现出一大批新节目和改编节目。沈阳话剧界中青年艺术人才日趋成熟，担负起剧团团长、导演、主演、创作等重任。沈阳各话剧团团体共演出2万余场次，上演各类题材剧目500多个，创作剧目130多个，获得全国、全军及省、市各级奖励的优秀剧目23个。到1986年，有京剧、评剧、话剧、歌剧、音乐、舞剧、儿童剧、芭蕾舞、杂技以及曲艺、二人转、木偶13个剧（曲）种，18个表演团体（省6、市7、县区4），艺术工作者3000多人。1986至2005年，沈阳市举办了第二、三、四、五届艺术节。1987年的第二届艺术节，专业艺术表演团体共演出剧（节）目21台计83场，观众达15万人次；1991年的第三届艺术节，演出专业剧（节）目12台，业余剧（节）目近百场；1994年的第四届艺术节，是一次内容丰富、形式多样的文艺盛会，共12台剧（节）目参加演出，产生较大影响，得到省、市领导、观众和来自全国的专家、学者、文艺界同行的肯定。进入21世纪以来，沈阳的演出市场日益活跃。演出京、评剧现代戏及传统折子戏、歌舞曲艺综合晚会等剧（节）目，共演出50余场，丰富了沈阳人民的节日生活。为配合普法教育，沈阳评剧院与市政法委联合打造的评剧《和谐天使》，春节期间在八一剧场内各区演出20余场。2009年全年沈阳杂技团与欧美演出商合作，打造出适合欧美观众口味品牌晚会《孔子》《海盗》，在欧洲及南美洲进行了长达半年的巡回演出。杂技演艺集团与辽宁移动公司合作，全省巡回演出近20场。

**2. 文化团体陆续诞生**

1948年沈阳解放后，在党和人民政府的领导下，沈阳文艺事业遵循文艺为人民、为社会主义服务的方向迅速地发展起来。先后从延安等地选送文艺工作者来沈阳开展文艺工作。1949年初，为推动从外地来沈的文艺工作者和本地文艺工作者的团结，中共沈阳市委组建了沈阳市文学艺术工作者联合会筹备委员会（简称“市文联筹委会”），发动文艺工作者配合恢复生产和巩固人民政权开展文艺创作和文艺宣传，辅导职工群众的业余文艺活动。1950年4月，沈阳市召开了第一次文艺工作者代表大会（简称“市文代会”），成立了沈阳市文学艺术工作者联合会（简称“市文联”）。市文代会的召开和市文联机构的正式建立，标志着沈阳文艺队伍和文艺创作活动有了新的发展。

1950年2月，沈阳市美术工作者协会成立，同时举办了“沈阳市第一届美术展览”，这是沈阳解放后举办的第一次美术展览。1951年3月，沈阳市美术工作者协会、沈阳市文联、沈阳市总工会联办了“沈阳市第二届美术展览”。从解放初期到1965年，沈阳市共举办包括中国画在内的美展30余次，有许多画是为当时的社会环境服务的。八九十年代，随着祖国的改革开放，沈阳市美术界与国内外的交流日益增多，有大批画家在国内外举办画展或参展。沈阳画家及其作品还赴美国、日本、法国、新加坡、韩国、秘鲁、德国等几十个国家参加各类美展，为沈阳和祖国赢得了荣誉。在新世纪开端的10年间，沈阳市美术家协会共举办各种主题展览、交流展览、汇报展览、义买展览、个人展览等百余次，各种写生活动50余次，艺术惠民讲座近百场，既锻炼了美协队伍，也丰富了沈阳市民文化生活。

新中国成立之初，文艺为政治服务的宗旨，制约了书法艺术自身的发展。1980年5月，“全国第一届书法篆刻展览”在沈阳辽宁美术馆举行。随着全国范围群众性书法热潮的兴起，全国及各省书法组织纷纷成立，书法发展逐渐走向规范化、组织化。在这样的历史契机和大文化背景下，1984年9月10日，沈阳市书法家协会第一次会员代表大会召开，沈阳市书法家协会宣告成立。书协的成立，把一大批有成就、有热心的书法家和爱好者团结起来，开始井然有序地集中组织办展、交流、研究、培训、教学等活动。

1953年，沈阳市国画研究会成立，1962年改名为沈阳书画研究会，组织会员研究和交流技艺。1979年，辽宁省雕塑学会于在沈阳成立，到1986年共有会员53人。沈阳市城市雕塑学会于1986年成立，有会员30人。这两个学会为美化沈阳设计雕制了大量作品，为城市现代化建设做出了贡献。1956年，中国摄影家学会（后改称“摄影家协会”）辽宁分会在沈阳成立，该会对沈阳摄影艺术的发展起了很大的推动作用，1978至1980年，先后有3幅作品入选全国影展。1984年，沈阳市摄影家协会成立，积极组织国内外摄影艺术交流活动。从1984到1987年，沈阳市相继成立市职工影协、市农民影协、神箭影协、大众影协、市城建影协、市青年影协、市工商银行影协、沈阳大学生影协、辽宁大学影协及沈河、大东、铁西、皇姑四区影协等一大批群众性摄影组织。这些组织在市影协的支持和指导下，经常举办各类专题摄影作品展览，为繁荣沈阳的摄影艺术创作和丰富城乡人民的文化生活发挥出较大的作用。

1951年，市人民政府文教局将流散杂技艺人组织起来，成立集体所有制的杂技团。1953年改为全民所有制的国营剧团。1951年9月，成立东北戏曲研究院，下设京、评实验剧团，对发展新戏曲，进行理论研究和实验演出。1951年10月2日，成立东北人民艺术剧院。50年代初，全市除先后建立专业文艺团体外，还建有190多个业余文艺团体，形成了拥有13000多人的文艺队伍。1953年2月，沈阳市评剧团成立。1959年，辽宁评剧团和沈阳市评剧团合并成立沈阳评剧院，集中了省内外一大批著名的评剧演员。从50年代到80年代（“文化大革命”时期除外），除各区、县所属的一些集体所有制的专业剧团外，市内厂矿、企事业单位和郊区、县先后有124个业余评剧团体活跃在城乡各地，对普及和提高评剧艺术做出过一定的贡献。1962年，沈阳军区政治部杂技团曲艺队正式成立后，除为沈阳市军民上演了快板、相声、山东快书等大量优秀节目外，还曾到福建等边防地区为广大指战员做慰问演出。1981年8月，沈阳市首次举办“沈阳音乐周”。1986年4月，在北京举办的全国部分城市相声邀请赛中，沈阳曲艺团有4篇作品、9名演员参加决赛。1986年、1987年两年，军区曲艺队创作演出的10余个节目获全国、全军及地方奖励。

1980至1990年，为全市文学活动复苏、文学队伍壮大阶段。沈阳市作协作为全市写作者之家，在市委、市政府的领导下，认真贯彻党的文艺方针和政策，推动文学艺术创作和文学艺术产品发展，为经济社会发展和精神文明建设做出不懈努力，会员总数由“文化大革命”前的几十人激增到400多人。1991至2000年，为全市文学创作发展、改革试点实行阶段。作家队伍达到成熟期，大量佳作喷涌而出。2001至2010年，市作家协会组织诗歌创作笔会，抗灾救灾诗文朗诵会，积极参与市委宣传部等部门组织的活动。为沈阳市的文学创作发展贡献了力量。[①]

**3. 社会文化事业的发展**

沈阳解放后，沈阳的社会文化事业在党的领导下获得了恢复与发展，主要包括新闻出版、广播电视、公共文化场馆。

新闻出版　1948年11月3日，沈阳解放的第二天，出版了沈阳解放后的第一张报纸——《民主报》。中共沈阳市工委在1948年12月20日出版《工人报》，一年之后又改为《沈阳日报》。《工人报》连续集中地对创造新纪录宣传，不仅推动了沈阳工业的发展，而且对全国工业的发展，都起到了较大的影响。1954年新华社辽宁分社在沈阳建立。1966年“文化大革命”开始后，《沈阳晚报》被群众组织查封。“文化大革命”以前的17年，沈阳的报纸比较单一，团省委的《共青团员报》和《好孩子报》停刊后，只剩下省、市两家党报以及1954年9月1日创刊的《辽宁青年报》。十一届三中全会之后，报纸作为新闻的重要舆论工具，恢复了本来的面目。1978年后，各通讯社及全国性报刊陆续在沈阳建立新闻机构，以便迅速沟通信息，加强了各大新闻机构与沈阳的通信联络。到了80年代，沈阳日报社的知识结构发生了很大的变化。1984年12月21日，沈阳市新闻工作者协会、沈阳市新闻学会正式成立，到1986年末，编辑部有大专以上学历的已达到90多个，占从事新闻业务工作人员的70%以上，获得初中级以上职称的有60多人。到1986年末，全市各种报纸已达20余种、百10余家，出版量超过5亿份，占辽宁全省报纸总数的60%以上，比1949年辽宁全省总印数多16倍。

中华人民共和国成立以前，沈阳出版业务均由书商兼营。沈阳解放后，党领导的东北书店在沈阳得到恢复，1948年末至1949年初，东北书店在沈阳先后建立了4个门市部。1951年2月2日，在东北总分店编审部和出版部的基础上，正式成立东北人民出版社。1954年大区撤销，东北人民出版社也撤销，辽宁人民出版社成立。1959年，辽宁人民出版社挂出春风文艺出版社的副牌。从1952到1986年，沈阳市图书发行事业共获利1894万元，其中1979年以后所获利润占65.96%。1986年与1979年比，专业书店的科技书目品种由4000种发展到8850种。1987年，全市共举办书市、书展14次，发行各类图书金额280万元。全市

① 沈阳市文联编：《沈阳文联六十年》，沈阳：沈阳市文学艺术界联合会，2011年内部出版，第121页。

国营书店售书点31个；社会发行售书点317个；个体售书点209个。[①]1988年1月，沈阳出版社正式成立，填补了沈阳市属专业出版机构的空白。此时，沈阳已形成包括省、市以及大学出版社在内的完整的出版体系。沈阳出版社是改革的产物，成立之初有政治理论、经济建设、社会文化、文学艺术、科学技术、美术等6个编辑室，以及总编室、办公室等，计有编辑、编务人员60名。人员政治、业务素质较好，有副编审以上高级职称人员8人，中级职称人员15人，初级职称人员22人，除个别行政人员外，均有大专以上学历。2004年8月加入沈阳书业集团（2009年9月更名沈阳出版发行集团），2006年1月正式转为国有企业，成为全国城市出版社中率先由事业单位转为企业单位的出版社。辽宁出版集团有限公司于2000年1月经中央宣传部、国家新闻出版总署和辽宁省委、省政府批准正式成立，与原行政管理机关（辽宁省新闻出版局）彻底脱钩，成为中国出版界第一家真正实现政企分开、政事分开，并获得国有资产授权经营的出版产业集团。2000年3月29日正式挂牌运营，被中央宣传部、国家新闻出版总署列为全国出版改革试点单位，2003年6月，又被列为中央文化体制改革试点单位。

广播电视　1948年11月，东北新华广播电台由哈尔滨迁到沈阳，负责领导东北14座广播电台。1949年5月1日，东北新华广播电台改称沈阳新华广播电台，原沈阳新华广播电台改称沈阳人民广播电台，以沈阳市为主要广播对象。9月10日，沈阳新华广播电台又改称沈阳人民广播电台，仍对东北各台负有领导责任，原沈阳人民广播电台停止播音。1950年5月，又改称东北人民广播电视台。1954年8月31日，合并辽东、辽西两台部分人员成立辽宁人民广播电台，到1966年5月，已具一定规模。1976年，沈阳人民广播电台从辽宁人民广播电台分出，成立沈阳市广播事业局，实行局台合一。1983年，沈阳市广播事业局撤销，沈阳人民广播电台独立。从2009年起，沈阳人民广播电视台6套节目9个频率24小时滚动播音。至2010年，有节目套数6套，平均每日播音时间216小时。

列入全市重点工程的沈阳彩电中心于1985年9月正式开工建设，整个工程投资近亿元。沈阳电视台迁入彩电中心后，节目制作能力和播出能力大为提高，为沈阳电视事业的发展奠定了雄厚的物质基础。至1994年，沈阳电视台的新闻节目从内容到形式都跃上一个新台阶，电视台的其他节目也深受沈城百姓

---

① 沈阳市人民政府地方志办公室编《沈阳市志》第十三卷《文化新闻出版卫生体育文物》，沈阳：沈阳出版社，1990年版，第179—180页。

的欢迎，收视率不断攀升。为了适应广大听众多元化的需求，沈阳广播电台于1991年对传统的节目编排方式和播出方式进行全方位改革，率先在东北地区推出了融大众型、娱乐型、服务型和信息型为一体的主持人直播节目，得到广大听众和社会各界的广泛好评。沈阳电台还通过户外直播的方式，使广播更贴近生活、贴近群众、贴近实际。1984年12月21日，沈阳市新闻工作者协会、沈阳市新闻学会正式成立。参加“两会”的会员单位有81家。除沈阳日报社、沈阳晚报社、沈阳人民广播电台、沈阳电视台之外，有专业报9家、企业报52家、大专院校报16家，还有6个县区广播站。计有会员1000余人。

2010年起，辽宁人民广播电视台、辽宁电视台、教育台合并为辽宁广播电视台；沈阳人民广播电视台、沈阳电视台合并为沈阳广播电视台。辽宁广播电视台、沈阳广播电视台2010年电视覆盖率分别为98.59%和100%。每周播出时间辽宁广播电视台1229小时，沈阳广播电视台692小时。

公共文化场馆　沈阳解放后，剧场成为革命文化事业的一部分，由人民政府文化部门统一管理。从1951年开始，剧场内一律换上软席靠座，取消场内叫卖等影响演出效果的一些商业活动。至1965年，国家投资改建、翻建省市属的大型剧场7处，新建大型现代化剧场3处。1966年，全市共有专业剧场20处。“文化大革命”期间，多数剧场停业关闭，粉碎“四人帮”后，翻修、改建了辽宁青年剧场和沈阳大戏院，新建南湖剧场等。1986年，沈阳市有省、市属剧场11个。

沈阳解放后，东北影片经理公司等电影发行放映管理机构于1949年3月开始先后接管和改造了全市21家电影院（其中私营5家），并开始对各电影院进行全面整顿。1951年3月，沈阳首次举办“国产新片展览月”活动。1952年11月，沈阳市电影事业管理委员会接管了12家电影院，作为企业经营管理。从1953至1958年，私营电影院先后被接收或公私合营，统一于电影管理部门之下。从1956至1979年，全市大部分电影院（除东北、光陆外）先后两次下交各区文化局领导。1977至1985年，沈阳市平均放映超千场，观众过百万的中外影片计130部，上座率均在85%以上。1986年底，沈阳市电影公司直接领导的专业电影院共16家。但是进入80年代后，由于各种文化艺术迅速发展尤其是电视机的普及和闭路电视的出现，造成了电影观众减少、电影发行放映收入下降的趋势。1986年，沈阳市文化局对农村电影管理体制进行了改革，沈阳电影上座率出现回升趋势。1987年5月以后，市文化局等6个单位联合举办“第五届农村科教影片汇映月”，并举行了各种宣传活动，取得了显著的社会效益和经济效益。至2009年，沈阳市全年发行各种影片35933部，电影放映单位53512个，坐席数32999个。

解放初期，沈阳仅有东北图书馆、市人民图书馆及附属的3个分馆。此外，高等学校有图书馆7所，中专图书馆4所，科研和生产单位的科技图书馆（室）则刚刚起步，为数不多。至1965年，全市公共图书馆发展到12所，高等院校图书馆15所，中等专业学校图书馆10所，普通中学图书馆和工会图书馆已经普及。在“文化大革命”中，沈阳地区图书馆事业受到严重破坏，粉碎“四人帮”后，沈阳图书馆事业得到迅速恢复和发展。至1986年，公共图书馆发展到15所，高等院校图书馆25所，中等专业学校图书馆42所，工会图书馆（室）1583所，普通中学图书馆175所，小学图书馆（室）177所，村图书室829所，农民自办的图书室111所①。

解放以来，中共沈阳市委和市政府发布一系列关于保护文物的指示和法令，对文物遗存进行了大量的调查研究。1960—1961年第一次文物普查工作对全市的6个区和9个所辖县进行了较为全面的普查和调查，登记了101处革命遗址和历史文化古迹。1961年，沈阳故宫被国务院批准为全国第一批重点文物保护单位，1986年8月5日，改称沈阳故宫博物院。1966年前，国家共投资150余万元，对故宫和东陵、北陵的古建筑进行了维修，对在基本建设中出土的文物进行抢救。1973年，在北陵西侧、新开河北岸，发现了新乐遗址，距今已有7200年的历史，命名为新乐文化。现存清代盛京城址、沈阳故宫、福陵、昭陵、清初四塔、实胜寺、太清宫、永安桥等，基本上反映了清代沈阳城的面貌。张作霖的“大帅府”成为封建军阀割据一方的历史建筑物。大东门外的沈阳市幼儿师范学校，原为东关模范学堂，是周恩来少年时期为“中华之崛起而读书”的旧址。另有原东北博物馆，1959年改为辽宁省博物馆，是历史艺术性博物馆，藏品以历史文物和古代艺术品为主。1983年和1985年，在辽宁省政府和国家文化部的委派下，辽宁省博物馆组织了书法和绘画两个展览分别赴日本和联邦德国展出，取得了很好的效果。②截至2010年，沈阳市公共图书馆21所，总藏书务10892（千册件），书刊外借人次1722（千人次），书刊外借册次5634（千册次）。

① 傅墨，柴加林主编：《沈阳文化发展战略研讨文章选》，沈阳：中共沈阳市委宣传部，1987年内部出版，第27—30页。

② 赵玉民编著：《沈阳史迹图说增订本》，沈阳：辽宁美术出版社，2006年版，第3、21、45页。

## 二、文化市场管理与体制改革

### 1. 文化市场管理

沈阳市的文化市场是从20世纪80年代逐步形成和发展起来的。1985年开始出现第一家营业性舞厅，从此，营业性舞厅、录像放映厅、台球社、电子游戏厅、歌厅、夜总会、卡拉OK歌舞厅、录像出租点、保龄球馆、游乐场（宫）等相继大量涌现。形成多渠道、多层次、多体制兴办文化产业，不同档次的文化娱乐场所一起上的局面，文化娱乐业迅速发展。至2005年，沈阳市的文化娱乐场所已发展到7000余家，年上缴国家利税超亿元，基本形成了以书刊、音像、娱乐、演出、文物、美术品、文化艺术培训和文化旅游市场为框架的文化市场体系。

1987年5月，沈阳市政府正式批准成立文化市场管理机构——沈阳市文化市场管理办公室，各区县也相继成立了文化市场管理所（后改为文化市场管理办公室）。同时，还组建了一支400多人的文化市场兼职管理队伍，并将街道、乡镇所辖区域内的文化市场监督任务纳入全市210余个文化站的工作职责范围，形成了市区（县）、街（镇）三级管理网络，代表各级政府行使对文化市场的管理职能。1995年5月，沈阳市文化市场人才培训中心成立。至此，沈阳市在全国率先理顺文化市场管理体制。为加强对文化市场的管理，1980年和1981年，沈阳市政府两次在全国率先公布《关于加强文化市场管理的通告》，先后打击了不健康小报的泛滥、格调低下的武侠小说的泛滥、非法出版物的泛滥、淫秽书刊的蔓延及封建迷信和反动出版物抬头的歪风。从1989至1994年，全市共组织区县以上规模的集中突击整顿活动百余次。2000年以来，针对文化市场侵权盗版活动猖獗、非法出版物泛滥及电子游艺厅和网吧非法经营等问题，开展了集中整治活动。针对书刊、音像市场盗版及非法出版物泛滥的问题，加强了知识产权保护工作，在收缴非法出版物的同时，关闭了一些问题严重的电子出版物市场，淘汰了近千家不具备条件的音像经营单位和业户，扶植了一批正版音像制品专卖店和超市，举办了“正版软件推展月”活动。

沈阳市始终坚持“一手抓繁荣，一手抓管理”①的方针，在抓管理的同时，十分重视导向工作，先后举办了东北三省国际标准舞表演赛、“迎春杯”中华大家唱曲库歌曲万人演唱会、国际恐龙大博展等20余项形式多样、积极

---

① 中共十五大文件学习讲话编写组编《中共十五大文件学习讲话》，北京：中共党史出版社，1997年版，第140页。

向上的大型导向活动，还多次举办拍卖会、书市和精品书展，为书刊市场和文物美术市场注入了活力，积极引进健康优秀的经营项目，鼓励发展内容健康高雅、适合中国国情的卡拉OK厅、迪士高舞厅、保龄球馆等项目，提高文化娱乐市场的品位，加强对经营者的导向，常年举办文化经营者培训班。1995年，文化市场培训中心成立后，至2000年5年间举办文化市场各经营门类培训班104期，培训文化经营者7500人次。1989年，成立了沈阳市书刊发行业协会，1990年出版了全国第一部论述文化市场专著《文化市场指南》，1992年，成立了沈阳市娱乐行业协会和演出行业协会，1993年，成立了沈阳市音像行业协会，1996年，成立了沈阳市文物美术业协会。各协会制定了行规行约，印发各种会刊逾百期，发挥了政府管理部门与文化经营者之间的桥梁作用，在全国产生了一定影响。2000年以来，市、区县（市）两级文化市场管理办公室开展了声势浩大的“全国文化市场法制宣传日”“音像制品反盗版宣传周”活动，通过实物、宣传品、展示板等形式，宣传国家法律、法规，宣传非法出版物的危害，增强了群众保护知识产权意识及识别盗版出版物的能力。2002年9月，沈阳市文化（新闻出版）局正式将文化市场行政处罚权移交市城市管理行政执法局。2004年末，成立了独立建制的沈阳市文化市场执法总队，各区、县（市）相应成立文化市场执法中队；市文化局设立了文化市场管理处（原文化市场管理办公室撤销），将管理主体和执法主体分离，文化市场管理体制得到理顺，文化市场宏观管理进一步加强。

**2. 文化体制改革**

随着社会的不断发展和人们对文化需求的日益增长，原有的文化体制已无法适应发展商品经济的社会变革。在文化体制改革中，沈阳市坚持“一手抓精品，一手抓产业”的发展战略，逐步建立起饮食娱乐业、演出展览业、文化旅游业、文物开发业、艺术培训业、图书发行业、影视业、艺术生产经营业等各种新型文化产业。

沈阳市的文化体制改革从20世纪80年代中期开始。1985年进行了艺术表演团体体制改革，精简了机构和富余人员，与企业建立经济文化联合体。文化企业单位进行了经营机制的改革，根据不同单位的特点和任务，采取不同方式的承包经营责任制。文化事业单位实行了管理体制及人事制度、分配制度的配套改革，进行了由服务型转变为经营服务型的探索。1987年，文化馆、图书馆、博物馆开展的有偿服务和多种经营收入达220万元，补充事业经费相当于国家拨款的40%。全市影院、剧场实现多种经营利润280万元，为1986年的7倍。1990年全市文化事业单位实现以文补文纯收入478万元，比1985年增长2.2倍，补充事业经费190万元，相当于全市文化事业经费的15%。在文化部、财政部召开的全国以文补文经验交流会上，沈阳市介绍了经验，市演出公司等4个单位和个人受到表彰。

20世纪90年代以后，沈阳市的文化体制改革不断深化。1992年，确定了艺术表演团体深化改革的总体思路，调整了剧团布局，再次精简了富余人员。文化系统各单位不断深化管理体制及劳动、人事、分配制度改革。改革人事制度，逐步完善人才竞争机制，改革分配制度，实行了岗位工资制、效益工资制、年薪制等多种分配形式。文化体制的改革推动了文化产业的发展，全市文化系统每年的产业开发、多业助文创收可达800多万元，补充事业经费400多万元，极大地推动了文化事业的发展。1992年，全国文化系统“以文补文”经验交流会在沈阳举行，并听取了沈阳市培育和发展文化产业的经验介绍。[①]沈阳市文化局和沈阳故宫博物院等单位被国家文化部授予“全国以文补文先进单位”的称号。至1997年，沈阳市已拥有各类娱乐场所和文化产品经销单位6000家，基本形成了一个多元化、多层次、多渠道、多成分的综合性市场，每天进入市场购买文化商品和参加文化娱乐者达30万人次，每年文化经营单位为国家缴纳各种税费8000多万元。2003年被国务院确定为全国文化体制改革的试点城市。

**3. 文化设施建设**

在全市的社会主义精神文明建设中，市委、市政府不断加大在文化建设方面的投入。政府先后投资7000多万元新建和改造了市图书馆、市少儿图书馆、杂技团排练馆、朝鲜族文化馆等文化设施，并对部分电影院、剧场等进行整体改造和功能配套建设，丰富了城乡群众的文化生活。1988年开始，沈阳市对电影院、剧场减免税收，减免税款由市文化局统筹安排用于改善文化设施。1986到1990年末，是沈阳市文化设施建设和改造项目最高的时期，全市新建、翻建和改造文化设施45项。2000至2005年，沈阳市加大了文化设施建设的投入，共投资20762万元，新建、维修、改造文化设施124772平方米，使沈阳市文化设施得到明显改观。1986至2005年这20年来，新建了沈阳市图书馆、沈阳市朝鲜族文化艺术馆、沈阳市群众艺术馆等馆舍，沈阳京剧院、沈阳话剧团、沈阳歌舞团、沈阳杂技团等院（团）舍，沈阳市艺术学校校舍；翻建改造了10余家影剧院；挖掘、修复和建成一批文物古迹和展览馆；新建翻建了20多个区县

---

① 顾春明主编：《沈阳全面建设小康社会方略》，沈阳：沈阳出版社，2003年版，第388页。

（市）级文化馆、图书馆和文化中心；创建了22个市、区县（市）级大型文化广场和400余个基层文化广场（其中星级文化广场131个，使全市文化广场总面积达135.6万平方米）。此外，沈阳市新增了文化娱乐场所和歌厅、舞厅、录像厅、游戏厅、网吧及书刊、音像制品、美术品经营场所7000余家。沈阳市还对辽宁博物馆、辽宁大剧院、南湖剧场、彩电塔、辽宁体育馆、工业展览馆、五里河体育场、科学宫、少儿活动中心、夏宫等文化体育、历史人文景观进行新、改建工程；改造后的光陆、新东北电影城等影院达到全国一流水准；新扩建的“九·一八”历史博物馆跨入了国内技术水平和现代化设施最先进的博物馆行列；新建成的沈阳市图书馆和沈阳新华大厦成为沈阳市新的标志性的文化设施。2004年7月，沈阳故宫和福陵（东陵）、昭陵（北陵）被联合国正式纳入世界文化遗产名录，进一步提升了沈阳中心城市的文化氛围档次，把著名的文物毫无遮挡地展现在市民眼前。此外，沈阳市还成功申办了2006中国沈阳世界园艺博览会，成为国内第二个举办世园会的城市。

## 三、文化繁荣发展

文化是民族的血脉和灵魂，是国家繁荣振兴的力量源泉。当今世界，文化越来越与经济、政治相互融合，成为反映一个国家核心竞争力的重要因素。党的十七大作出的推动社会主义文化大发展大繁荣的重大战略部署，是科学发展观在文化领域的生动体现，为当前和今后一个时期文化建设指明了方向。沈阳作为国家历史文化名城，文化积淀深厚，文化资源丰富，文化环境优良。随着老工业基地振兴战略的深入推进，沈阳已进入人民群众精神文化需求迅速增长的新阶段，推动沈阳文化大发展大繁荣、建设文化强市面临着前所未有的历史机遇。

### 1. 文化生活丰富多彩

自我国的经济社会发展开始进入“第十一五”规划时期，沈阳面临一个全新的国际国内发展环境。科技、教育、文化、卫生、体育、民族、档案等各项事业全面发展，自主创新能力显著增强，精神文化生活丰富多彩。

2006年，成功举办了第六届沈阳艺术节。沈阳京剧院进入全国重点京剧院团行列，提高了全市文化事业发展水平。全市各专业艺术院团共演出1000场，演出收入突破1200万元。全市100多家民营演出团体共演出15000场。文物保护及展览工作取得积极进展，全年接待观众166万人次，门票收入4616万元，新发现青铜时代遗址等一批历史遗迹，锡伯族家庙、高台山文化遗址被国务院定为国家级重点文物保护单位。沈阳金融博物馆建成开馆，新建和改扩建364个基层文化活动场所，以广场文化为主的群众文化生活丰富多彩。文艺精品和文化品牌不断涌现，创造出精品、出人才、出效益的良好环境，城市文化形象大幅提升，优秀文化艺术人才辈出，全面问鼎精神文明建设“五个一工程”奖、文华奖、梅花奖、群星奖等国家级文化大奖。

2007年，全年推出10台精品剧目。全市各专业艺术院团共演出1265场，演出收入1530万元；100多家民营演出团体共演出2万余场。各区县（市）开展节庆文化、社区文化、田园文化、广场文化等8大系列文化活动2万余场，参与群众1800万人次。“九·一八”历史博物馆被命名为国家级爱国主义教育基地。东北大鼓、谭振山口头文学等4个项目入选国家级第一批非物质文化遗产代表作名录。成功举办第二届东北文化产业博览交易会，并成为全国四大文化产业展会之一。

2008年，开展群众文化活动6000余场，艺术精品不断涌现，成功举办世界奥林匹克文化展示会和国际旅游节。京剧《古寺圣火》获第五届中国京剧节银奖，杂技《圣火绸吊》在第32届蒙特卡罗世界杂技比赛中荣获“银小丑奖”和“国际星辰特别奖”。全年共组织各类群众文化活动6000多场，参与群众达1060万人次。群众文化活动荣获国际级奖10项、国家级奖165项、省级奖211项。老龙口白酒传统酿造工艺进入了国家级非物质文化遗产保护名录；启动第三次全国文物普查，完成了“一宫两陵”“大帅府”的大规模修缮工作。“九一八”历史博物馆在全国4000多家博物馆评比中，率先进入了83家首批一级博物馆行列。棋盘山开发区被命名为全国文化产业示范园区，沈阳杂技演艺集团被评为全国文化产业示范基地。

2009年，沈阳8部文艺作品获得13个国家级奖项，荣获“全国文化体制改革先进地区”称号。承办第九届全国“桃李杯”舞蹈大赛。杂技演艺集团被评为2009—2010年度国家文化出口重点企业和全国文化体制改革先进企业。全年开展基层文化活动2.33万次，参加群众达1500万人次。承办了全国少年儿童校园剧大赛和辽宁省首届农民艺术节等重大群文活动。

2010年，大型现代评剧《我那呼兰河》荣获“国家十大舞台艺术精品工程奖”，在第九届中国艺术节上荣获“文华大奖”。艺术惠民工程被文化部评为“2010年度国家文化创新工程项目”，市直艺术机构全年艺术惠民公益演出超过300场，受益群众超过42万人次。开展百万市民艺术共享工程，市、区两级群众文化机构组织各类演出859场，受益群众151万人次。在第九届中国艺术节暨第十五届“群星奖”评选活动中，沈阳大学生文化节等一举获得三项“群星奖”。

**2. 文化促进社会建设**

为全面贯彻落实党的十七大精神，兴起社会主义文化建设新高潮，推动沈阳文化大发展大繁荣，建设文化强市，2008年10月，中共沈阳市委、沈阳市人民政府做出《关于推动文化大发展大繁荣的决定》。大力推进和谐文化建设，全面实施文化强市战略，通过深化文化体制改革，不断满足人民群众日益增长的精神文化需求，提升沈阳文化软实力。

实现公共文化共建共享，把文化基础设施建设纳入城市建设总体规划，加快实施文化基础设施、文化信息资源共享、农村电影放映、文化遗产保护、群众文化活动等公共文化服务体系重点工程建设。广泛开展多种形式的城市文化活动。注重挖掘沈阳特色历史文化资源。以“一宫两陵”等为依托，打造历史文化品牌；以“九一八”历史博物馆、张氏帅府、金融博物馆等为依托，打造近代文化品牌；以中共满洲省委旧址、周恩来少年读书旧址、抗美援朝烈士陵园等为依托，打造励志文化品牌；以关东影视城、刘老根大舞台等为依托，打造民俗文化品牌；以劳模纪念馆、铸造博物馆、工人村生活馆等为依托，打造工业文化品牌；以世博园、棋盘山、浑河及运河水系等为依托，打造生态文化品牌。

完善文化艺术工作机制，实现文艺生产精品化。以电影、电视剧、戏剧、歌曲、广播剧、文艺类图书等艺术门类为重点，创作反映时代精神、经过群众检验、得到社会认可的佳作，催生社会效益和经济效益显著的文学艺术品牌。完善文艺作品生产机制，创新文化体制机制，全面完成文化体制改革任务。着力解决制约文化发展的深层次矛盾和问题。创新文化管理体制，理顺文化行政管理部门与所属企事业单位、中介组织的关系，做到职能分开、机构分设、财务分离，逐步实现政府由办文化为主向管文化和服务文化为主转变。

做大做强文化产业，培育新的经济增长点。将文化产业发展规划纳入全市现代服务业总体布局，以建设东北地区文化产业研发与交流中心、文化产品生产与流通中心和文化娱乐休闲与消费中心为目标，重点发展出版印刷、娱乐演出、动漫制作和文化旅游四大主导文化产业，积极培育影视传媒、创意设计、广告会展、数字内容等新兴文化产业。做好与各区、县（市）文化产业发展的衔接，构建全市统一的文化产业发展框架。大力发展文化产业园区，提高文化产业规模化、集约化、专业化水平。以文化产业集群为引擎，充分发挥沈阳经济区的辐射作用，拉动东北文化产品集散地建设。

新时期的沈阳文化事业要求全市各地区、各部门、各单位要充分认识加强文化建设的极端重要性和历史必然性，切实把文化建设作为推动沈阳全面振兴不可或缺的重要力量，进一步全面加强文化建设，积极构建与沈阳经济发展相适应、与社会进步相融合、与传统文明相承接的文化发展新格局，切实担负起推动文化大发展大繁荣、建设文化强市的光荣使命。

## 第四节 卫生与体育事业

沈阳解放后，市委和市人民政府十分重视卫生事业和人民群众的健康问题，大力新建、扩建医疗卫生机构。采取各种有效措施，迅速恢复和发展全市的卫生医疗事业。新中国成立后，沈阳的体育事业进入一个崭新的时期，体育事业获得新发展，取得了优秀的成绩。随着社会进步和经济发展，努力将沈阳打造成体育强市。

### 一、卫生事业

沈阳解放后，市委和市人民政府十分重视卫生事业。按照中共中央制定的“面向工农兵，预防为主，团结中西医，卫生工作与群众运动相结合”的方针，大力新建、扩建了许多医疗机构，普及卫生常识，并在全市企事业单位实行公费医疗和劳保医疗制度，沈阳市卫生医疗事业得到迅速发展。

#### 1. 卫生事业恢复发展

沈阳解放后，人民政府于1948年11月4日成立市卫生局，负责全市的卫生工作。在一年多的时间里，沈阳市第一、第二医院及传染病院即正式开诊。之后，人民政府接收了在沈阳的全部外国医院，将沈阳医学院附属医院（原南满医大附属医院）、盛京施医院改为中国医科大学附属第一、第二医院，将日本赤十字病院改为沈阳铁路医院，将英国爱仁医院改为市妇婴保健院。被接管的外国医院规模较大，经整顿后大都承担了繁重的医疗、教学和科研任务，很快成为全市的医疗技术中心。解放初期，全市除公、私立医院附设门诊外，没有基层医院。国家对私人从医者采取了团结教育的方针，允许并鼓励他们个体开业和坐堂行医。1949年初，沈阳市各县区均新建全民所有制的卫生事务所（不久改为卫生院）。同年11月，铁西区全部开业医师成立了全国第一个联合医院——铁西区联合医院。到1952年底，联合医院和街卫生所在全市发展到238处，全市90%以上的个体开业医实现了联合，成为全市第一批基层卫生事业机构。到1952年末，沈阳地区的医疗卫生机构已发展至1147个（其中医院37

所），病床达4405张，共有卫生技术人员7163人。[①]

在第一个五年计划时期，沈阳市除继续新建一批市级医院外，还陆续建立了各区、县的综合医院，使全市医疗卫生机构布局逐步趋于合理。同时，市卫生局还重点抓了各大中型厂矿自建医疗卫生机构的工作，各大型企业先后建立医院，中、小企业普遍设立卫生站（保健所），广大产业工人患病能得到及时治疗。同时，由于群众性爱国卫生运动的深入开展以及一些防治传染性疾病医院、防疫站等专业卫生机构的设立与不断加强，全市人民的健康水平有了极大的提高。至1965年末，以部属、省属及部队驻沈大医院为后盾，以市属8所综合医院和传染病、结核病、精神病、职业病等专科医院为主体，以工厂企业、县、区、街医院（卫生院）为基础的医疗卫生体系已经形成。全市医疗卫生机构共有1224个（其中医院124所），卫生技术人员计19944人。1966年“文化大革命”开始后，大批医疗卫生机构被“砍、并、减、撤”，大量医务人员被下放到农村插队劳动。市卫生局药政科被撤销，市药政管理工作由药检所代管，县、区药政部门被撤并。市药品检验所多数专业技术人员被赶到农村，正常药品检验工作秩序完全被打乱。至1970年，全市仅剩下638个卫生机构，为新中国成立后最低数，与此同时，卫生技术人员也大幅度减少，降至1.31万人。20世纪60年代发展的医院均被解散，个体医疗均被取销，各医院的规章制度和操作规程被破坏，医疗质量急剧下降，医疗事故不断发生。

至1981年改革开放起步时期，卫生事业发展很快。沈阳市共新建，扩建医院病房20.6万平方米，省中医研究院、市中医研究所、省人民医院等一批医疗机构已先后建成交付使用。从1984年开始，全市医疗卫生行业实行全面改革，在短短的3年中即取得了明显效果和可喜成绩。7月，市中心医院与铁西区8家厂矿医院、2所街道卫生院联合，创建了沈阳市第一个医疗协作联合体。到1987年底，全市已建立医疗协作联合体220个，向社会提供病床3119张。从1979到1987年的9年中，沈阳市用于医疗卫生事业的总投资为12666万元，比1949至1978年的投资总额2191万元增加了4.78倍。1987年末，全市共有医疗卫生机构1639个，其中医院243所，有病床31178张，有卫生技术人员47874人，其中医生16473人。1987年，沈阳市人均寿命为74.53岁，计有90岁以上老人

① 沈阳市人民政府地方志办公室编：《沈阳市志》第十三卷《文化新闻出版卫生体育文物》，沈阳：沈阳出版社，1990年版，第199页。

1510人。[①]

2. 卫生事业体制改革

我国的卫生事业长期以来实行由公有制“独家办医”的体制。为了缓解医疗卫生供需矛盾日益突出的问题，沈阳市从1984年起开始了卫生体制和管理的改革。沈阳市的卫生改革首先从打破“独家办医”的模式入手，制定和实行多种形式办医的新政策，鼓励集体、个人及各种社会力量多渠道、多层次办医，拓宽了卫生事业发展的途径。至1986年，沈阳市共兴办个体和联合诊所526家，个体和联合医院10所，共设床位1000余张，等于不用国家投资而新建了2所大型医院。

为了解决群众看病难、住院难的问题，沈阳市打破条块分割、部门所有的管理模式，创建了多种形式的医疗协作联合体。1984年7月，沈阳市中心医院联合铁西区8家企业职工医院和2家街道卫生院，创办了全国第一个医疗协作联合体。为全国的卫生改革闯出一条新路。1986年7月，国家卫生部在沈阳召开“全国医疗协作联合体经验交流会”，充分肯定并推广了沈阳市发展医疗协作联合体的做法和经验。到1987年底，全市医疗协作联合体已发展到220个，向社会开放病床3119张。同时，沈阳市还以推进卫生行政部门转变职能为切入点，对卫生事业的管理体制进行了改革。沈阳市卫生局及各县区卫生局由直接的垂直管理，转为条块结合、以块为主的间接管理。通过改革促进了全市医疗机构之间的竞争，增强了各级医院自我发展的能力。至1987年末，沈阳市看病难、住院难的矛盾已经开始缓解，全市各医院的医疗技术水平和服务态度都有了明显的提高和改善。

为了适应社会主义市场经济发展的需要，积极推进沈阳市医疗保障制度改革，于1996年10月14日成立了“沈阳市医疗保障制度改革办公室”。城镇职工基本医疗保险制度和医药卫生体制改革开始筹划。1997年，沈阳市继续推进沈阳市职工医疗保险制度改革。首先，对企业职工目前的医疗状况、存在问题以及如何建立职工医疗保险制度进行了座谈。其次，对沈阳市实行大病医疗保险进行了论证和测算。结合沈阳市的实际，建立企业职工医疗保险制度。建立企业职工大病医疗保险制度，形成完整的企业职工医疗保障体系。2000年，在大量学习调研、摸底测算的基础上，城镇职工基本医疗保险制度和医药卫生体制

---

① 沈阳市人民政府地方志办公室编：《沈阳市志》第十三卷《文化新闻出版卫生体育文物》，沈阳：沈阳出版社，1990年版，第193页。

改革开始筹划。[①]沈阳市城镇职工基本医疗保险制度和医药卫生体制改革准备工作已经完成。

2001年11月6日，市政府召开社会保障管理和服务社会化工作会议，会议要求各县区民政局设立社会保障服务管理办公室，各街道设立社会保障服务科，各社区设立社会保障服务站。2001年，城镇职工基本医疗保险制度、医疗卫生体制和药品生产流通体制改革等“三项改革”工作正式启动。2004年10月31日，市政府第31次常务会议决定沈阳市将启动新型农村合作医疗试点工作。2005年6月1日，在沈阳市范围内铺开新型农村合作医疗制。沈阳市是全国第一个全面推广新型农村合作医疗的副省级城市。2005年末，沈阳市共有卫生机构635个（不含诊所、卫生室、医务室及村级卫生组织）。其中医院196个，卫生院121个，社区卫生服务中心30个，疾病防治控制中心（防疫站）18个，妇幼卫生保健机构15个，专科疾病防治机构24个，卫生监督所13个。共有病床34033张，各类卫生技术人员45680人，其中执业医师17346人，执业助理医师1909人，注册护士16887人。并在全国副省级城市中率先推行新型农村合作医疗。[②]

**3. 完善医疗卫生体系**

发展卫生事业是人民生活质量改善的重要标志，进一步完善公共卫生体系为实现经济和社会可持续发展提供重要保障。“十一五”时期，是沈阳市卫生事业发展史上发展最快、成就最多的5年。全市卫生事业取得了长足进步，人均期望寿命由2006年的74.98岁提高到76.91岁，高于国家和辽宁省平均水平；全市法定报告甲、乙类传染病年平均发病率为201.7/10万，与“十五”时期相比下降了22.2%。城乡医疗服务体系日益健全，沈阳市先后荣获全国无偿献血先进城市、全国卫生系统抗震救灾先进集体、全国奥运反恐先进单位、全国卫生医药系统先进单位以及辽宁省新型农村合作医疗、卫生监督、中医等工作先进集体称号。

“十一五”时期，沈阳市加强公共卫生服务体系建设，有效遏制了传染病的发生与蔓延。不断完善免疫规划体系，建设了123家标准化免疫接种门诊；建立了信息预警机制，有效提高了监测预警工作的敏感性和准确性。加强疾病防控和妇幼卫生工作，沈阳市疾控试验室经国家认定列入《国家认可实验室备录》，检验结果得到50多个国家的认可；完善紧急医疗救治网络，市区建有6

① 沈文波主编：《WTO与沈阳》，沈阳：沈阳市计划委员会，2001年内部出版，第364页。

② 王克林总编辑：《沈阳统计年鉴2006》，北京，中国统计出版社，2006年版，第289页。

个急救分中心和17个急救站，急救车辆由2005年的68台增加至86台，市区内急救车到达时间在15分钟之内。不断完善医疗服务功能，基层医疗服务体系实现跨越式发展。“十一五”时期，各级政府共投入4.46亿元，新建和改扩建了6个县区级医院、9个少数民族卫生院、79个乡镇卫生院、103个社区卫生服务中心，为12个区县百余所乡镇卫生院配备了医疗设备。开展社区卫生服务规范化建设，全市100%的社区卫生服务中心、99%的社区卫生服务站达到了社区卫生服务机构规范化建设标准，居民覆盖率100%，形成了布局合理、配置完善、功能齐全、服务便捷的“15分钟社区卫生服务圈”，进一步完善了基层卫生人员培训工作体系。全市共建8个临床培训基地、14个社区实践基地、27个住院医师规范化培训基地；共选送近千人次的基层医生参加学历教育、到上级医院进修学习；先后举办各类培训和专业技术讲座1000余场，培训基层卫生人员近万人次；在城市医院选派具有中级以上职称的医务人员近8000人次到农村乡镇卫生院和城市社区卫生服务机构坐诊服务，共接诊患者近10万人次，广大群众在家门口即可享受到高水平的医疗服务。

医院建设实现历史性突破，医疗救治能力显著提高。“十一五”期间，共投资23.4亿元对14个市属医疗卫生机构进行了改造建设。其中7所重点医院完成投资14.8亿元，3所医院已投入使用，其余4所预计于2年之内陆续竣工。沈阳市精神卫生中心门诊病房楼改扩建工程主体工程已经完工，沈阳市胸科医院、市职业病院改扩建工程已启动开工准备工作。“十一五”末期，沈阳市共有市级重点科系43个，其中沈医奉天医院手外科在临床技术和科研能力上进入国内前5名；沈阳市妇婴医院辅助生殖技术和妇科腔镜治疗技术在东北领先；沈阳市七院皮肤科与武汉、杭州、天津并列行业四强；沈阳中心血站血液病研究所设立了院士工作站，率先发现的4个新人白细胞染色体等位基因，填补了国际空白。沈阳市正在成为全省乃至东北地区的医疗服务中心。

新型农村合作医疗制度不断完善，农民看病难、看病贵问题得到有效缓解。在全国率先以村为单位全面推行新农合制度。2005年，沈阳参合农民达184.7万人，占农村常住人口的88.12%，农民筹资标准为30元；到2010年，参合农民达到238.12万人，占常住农业人口的99.38%，筹资标准达到165元，最高达到190元，在全省处于领先水平。加快推进公共卫生服务均等化，全面启动6项重大公共卫生服务项目，先后为15岁以下人群补种乙肝疫苗99035针次，为近万名贫困白内障患者免费实施复明手术，为1.45万名农村妇女开展乳腺癌、宫颈癌检查，开展叶酸补服和孕中期超声筛查工作，为结核病患者提供免费检查和抗结核药物治疗，发现率和治愈率分别达到87.3%和90%以上；实施国家基本药物制度和基层医疗卫生体制综合改革，全市287个社区卫生服务中心（站）和108个乡镇卫生院配备使用国家基本药物，实现全域范围内基本药物零差率销售。

到2010年末，全市卫生机构1756个（不含村级卫生组织）。其中，医院180个、卫生院114个、社区卫生服务机构337个（其中社区卫生服务中心86个、社区卫生服务站251个）、疾病预防控制中心（防疫站）19个、妇幼卫生保健机构15个、专科疾病防治机构24个、卫生监督所14个。年末实有病床42822张，各类卫生技术人员52327人，其中执业医师19301人，执业助理医师1558人，注册护士21391人。①

## 二、体育事业

1949年新中国成立后，沈阳体育进入了一个崭新的全面发展时期，取得了前所未有的成就。

### 1. 社会主义体育奠基时期

沈阳解放的最初一段时期是创立社会主义体育基业的时期。首先，在中共沈阳市委的领导下，市人民政府本着“为人民服务，为国防和国民健康服务”的原则，确立新体育的规章、制度，建立人民体育的管理机构。其次是建立了新的体育队伍和专门培养体育人才的机构。沈阳市青少年业余体育学校、市级各项代表队和东北体育学院、沈阳体育学院等都先后成立于这一时期。再次，是发动群众普及人民体育，在机关、企事业中，建起大批群众体育组织——体育协会，组织发动职工开展各种各样的体育活动。在这个时期，政府拨出大量资金，不仅全部修复了旧社会遗留下来的体育场、游泳池，而且兴建了7处共239万平方米新体育设施。至1956年，全市拥有公共体育设施12处，占地260万平方米，超过解放前10倍有余。②

从1957年到1966年“文化大革命”前，是沈阳体育事业取得成就的时期。这除反映在职工体育得到进一步普及，因而荣获全国职工体育红旗市称号外，还突出地反映在国防体育（后称“军事体育”）得到迅速开展。航空、航模、无线电、射击、摩托车、跳伞、军犬等运动俱乐部相继成立，全市有数十万青

① 沈阳市统计局，国家统计局沈阳调查队编：《沈阳统计年鉴2011》，北京：中国统计出版社，2011年版，第766页。

② 沈阳市人民政府地方志办公室编：《沈阳市志》第十三卷《文化新闻出版卫生体育文物》，沈阳：沈阳出版社，1990年版，第317页。

少年参加了国防体育活动，其中一批优秀选手应征入伍后，成为人民军队的飞行员、驾驶员。此时期，沈阳体育训练深入发展，运动水平大幅度提高，不仅刷新了大批市、省和全国纪录，而且取得了打破3项世界纪录的突出成绩。在1963年11月10至22日于印尼雅加达举行新兴力量运动会上，中华人民共和国代表团夺得60余枚金牌，位居金牌榜第一；在1965年11月5日至12月10日于柬埔寨金边举行的第1届亚洲新兴力量运动会上，中国运动员共获得113枚金牌，59枚银牌，36枚铜牌，2人2次破2项举重世界纪录。①

这两项国际性比赛显示出新中国体育整体力量已经到达一个新台阶。这其中，沈阳的运动健儿更是有不俗的表现，有的运动员还屡破世界纪录。

**2. 体育事业新发展**

“文化大革命”时期，市体委被军事接管，体育队伍被解散，沈阳的体育事业遭到严重破坏。“文化大革命”结束以后，沈阳体育事业获得新发展。粉碎“四人帮”，特别是中共十一届三中全会以来，体育战线认真拨乱反正，调动广大体育工作者和教练员、运动员的积极性，并且大胆实行改革，促进体育社会化，使全市体育事业空前兴盛。辽宁省体育馆，沈阳人又称其为“大馆”。据《沈阳市建筑业志》中记载：辽宁省体育馆于1974年7月动工兴建，1975年10月竣工落成，由中国建筑东北设计院设计，主建单位为辽宁省第二建筑工程公司。建成后的辽宁省体育馆建筑面积2.97万平方米，占地面积为10万平方米，投资总额达958万。辽宁省体育馆是辽宁乃至东北地区最大的体育馆，也是沈阳市十大标志性建筑之一。自1977年建成首场接待朝鲜平壤杂技团来沈阳演出开始，30年来已进行万余场的大型文艺演出及各种体育比赛。对于沈阳人而言，辽宁体育馆见证了沈阳市体育事业和文化事业的发展，影响了一代沈阳人。进入80年代以来，全市兴起体育热，过去以学生和职工为主体的群众体育格局被突破，广大农民、个体劳动者和老年人、伤残人以及学龄前幼儿，都走进了体育锻炼的行列，人民健康水平大为提高。1986年全市体育人口达到200万，占全市总人口的40%。1979至1986年沈阳市运动员在国内外各种比赛中获106枚金、银、铜牌和6个团体、单项冠军。1979年后，全市有一批代表团队被评为精神文明队或获得道德风尚奖，有25个国家和地区的58个体育代表团、队（共1047人）来沈访问比赛。1987年，沈阳市除25家企业与省级队实行联办外，还有8家企业与市联办运动队或业余体育学校，促进了沈阳体育事业的发展。

---

① 沈阳编纂委员会编：《沈阳市体育志》，沈阳：沈阳出版社，1996年版，第155页。

### 3. 深化改革打造体育强市

沈阳市体育工作以科学发展观为指导，以举办2008年奥运会足球赛为契机，全面推进全民健身运动，努力提升竞技体育水平，大力发展体育产业，为促进我市发展做出了积极贡献。沈阳市体育事业发展的基本原则，是坚持把增强人民体质、提高市民身体素质作为根本任务，坚持以改革促发展，努力推进体育体制改革和运行机制的转变，为实现我市体育事业快速发展，全面振兴沈阳老工业基地做出新的贡献。

“十一五”之初，沈阳市规划了全市体育事业发展的的目标，群众体育普及程度明显提高，全市人民的体育意识和身体素质进一步增强，形成多元化的亲民、便民、利民的体育服务体系。实施全民健身计划，群众体育向纵深发展。认真落实《全民健身计划纲要》，完善全民健身服务体系，建立了市、区县（市）、街道（乡镇）、社区（村屯）四级全民健身管理和服务体系。实施“健身促和谐工程”，为96个街道办事处、887个社区、11个公园、6个广场安装健身器材1.8万余件；为1451个村屯配置了篮球架、乒乓球台。全市有条件的社区、公园、广场健身器材安装率达到100%，村屯健身器材安装率达到55%。群众体育活动丰富多彩，每年举办多次大型群体活动，较好满足了大众健身需求。2006年举办中日韩三国围棋元老赛、沈阳龙舟大奖赛、“浑河晚渡杯”沈阳万人生态慢跑、奥林匹克健身路命名仪式暨“三星电子杯”迎奥运万人长跑、“哈啤杯”万人横渡浑河等大型群众体育活动。实施奥运争光计划，竞技体育水平不断提高。2006年，参赛辽宁省第十届运动会，创造了省运会历史上第一个由一个城市包揽金牌总数、奖牌总数、团体总分三个第一的新纪录，并荣获体育道德风尚奖。[①]“十一五”期间，沈阳先后有7人次获得奥运会冠军，42人次获得世界锦标赛冠军，15人次获得世界杯冠军，2人次打破亚洲和世界纪录。在辽宁省第十届、第十一届运动会上连续夺得金牌总数、奖牌总数、团体总分三个第一，并获得体育道德风尚奖。市体校、陆校、水校被评为“国家高水平体育后备人才基地”，田径、垒球、排球、举重、柔道、射击、摔跤等项目被国家体育总局、辽宁省体育局评为“国家高水平单项体育后备人才基地”“国家体育总局青少年体育俱乐部”“辽宁省单项体育后备人才训练基地”。[②]2007年参赛辽宁省第五届

---

① 沈阳市人民政府地方志办公室编：《沈阳市志 2006》，沈阳：辽宁民族出版社，2006年版，第307页。

② 汪涛主编：《励精图治　奔向振兴　沈阳市“十一五”规划汇编》，沈阳：沈阳出版社，2006年版，第340页。

农民运动会，获得团体总分、金牌总数、奖牌总数三项第一名。全市体育人口达365万人。成功举办2007国际女子足球邀请赛和国奥四国足球锦标赛。2009年沈阳体育健儿在全运会上取得12.5枚金牌的骄人战绩。成功举办2009世界女子九球世锦赛，成为我国第一个主办世界女子九球锦标赛的城市。沈阳体育健儿在第十二届全运会上为辽宁体育代表团夺得12.5枚金牌、15枚银牌、10枚铜牌，居全省前列。2010年成功举办2010世界女子九球锦标赛，圆满完成辽宁省第十一届运动会承办任务，并获得金牌、奖牌、团体总分三项第一，创造了在省运会上连续两届夺得三个第一的历史性纪录。

下附沈阳世界冠军和奥运冠军的一览表。

**世界冠军一览表**

| 世界冠军 | 项目 | 赛会名称 | 地点 | 年份 |
|---|---|---|---|---|
| 李鹏 | 乒乓球男子团体 | 第三十三届世界乒乓球锦标赛 | 加尔格达 | 1975 |
| 韩健 | 羽毛球男子单打 | 第一届世界杯羽毛球赛 | 杭州 | 1979 |
| 韩健 | 羽毛球男子单打 | 第二届世界杯羽毛球赛 | 杭州 | 1979 |
| 王会元 | 乒乓球男子团体 | 第三十六届世界乒乓球锦标赛 | 诺维萨德市 | 1981 |
| 韩健 | 羽毛球男子团体 | 第十二届汤姆斯杯羽毛球赛 | 伦敦 | 1982 |
| 韩健 | 羽毛球男子单打 | 第三届世界杯羽毛球赛 | 吉隆坡 | 1983 |
| 韩健 | 羽毛球男子单打 | 国际羽毛球巨星大赛 | 香港 | 1983 |
| 韩健 | 羽毛球男子单打 | 第四届世界杯羽毛球赛 | 雅加达 | 1984 |
| 王会元 | 乒乓球男子团体 | 第三十八届世界乒乓球锦标赛 | 哥德堡 | 1985 |
| 韩健 | 羽毛球男子单打 | 第四届羽毛球锦标赛 | 卡尔加里 | 1985 |
| 高娥 | 射击女子多向飞碟总成绩 | 1985年世界飞碟射击锦标赛 | 蒙特卡迪尼 | 1985 |
| 韩健 | 羽毛球男子团体 | 第十四届汤姆斯杯羽毛球赛 | 雅加达 | 1986 |
| 王军 | 女子50米屏气游泳 | 第四届世界潜泳锦标赛 | 西柏林 | 1986 |
| 高娥 | 女子多向飞碟 | 第四十四届世界射击锦标赛 | 苏尔 | 1986 |
| 李玉伟 | 男子移动靶混合速团体冠军 | 第四十四届世界射击锦标赛 | 苏尔 | 1986 |
| 李玉伟 | 男子50米移动靶混合速个人、标准个人冠军 | 世界杯射击赛 | 慕尼黑 | 1987 |

续表

| 世界冠军 | 项目 | 赛会名称 | 地点 | 年份 |
| --- | --- | --- | --- | --- |
| 高娥 | 女子多向飞碟团体 | 世界飞碟射击锦标赛 | 巴伦西亚 | 1987 |
| 邢丽威 | 女子举重56公斤级抓举 | 第三届世界女子举重锦标赛 | 雅典 | 1989 |
| 邢丽威 | 女子举重56公斤级挺举 | 第三届世界女子举重锦标赛 | 雅典 | 1989 |
| 邢丽威 | 女子举重56公斤级总成绩 | 第三届世界女子举重锦标赛 | 雅典 | 1989 |
| 庄晓岩 | 女子柔道无差别级 | 第八届世界柔道锦标赛 | 巴塞罗那 | 1991 |
| 高红苗 | 女子5000米竞走 | 第四届世界青年田径锦标赛 | 摩洛哥 | 1992 |
| 吕彬 | 女子4★200米自由泳接力 | 第一届世界短池游泳锦标赛 | 西班牙 | 1993 |
| 高娥 | 射击女子飞碟多向团体 | 1993年世界飞碟射击锦标赛 | 西班牙 | 1993 |
| 高红苗 | 田径女子10公里竞走个人、团体冠军 | 第十七届世界杯竞走赛 | 北京 | 1995 |
| 高娥 | 射击女子飞碟多向75靶团体 | 第四十七届世界射击锦标赛 | 广州 | 1998 |
| 高娥 | 飞碟女子多向75靶团体、飞碟女子多向120靶团体 | 世界飞碟射击锦标赛 | 芬兰 | 1999 |
| 马琳 | 乒乓球混合双打 | 第四十五届世界乒乓球锦标赛 | 荷兰 | 1999 |
| 马琳 | 乒乓球男子单打 | 第二十一届世界杯乒乓球赛 | 扬州 | 2000 |
| 高娥 | 射击女子飞碟多向 | 飞碟射击世界杯总决赛 | 尼科西亚 | 2000 |
| 马琳 | 乒乓球男子团体 | 第四十六届世界锦标赛 | 日本 | 2001 |
| 高娥 | 射击女子飞碟多向75靶个人 | 世界杯射击总决赛 | 意大利 | 2002 |
| 高娥 | 射击女子飞碟多向75靶 | 2003年世界杯射击总决赛（飞碟） | 意大利 | 2003 |
| 张越红 | 女子排球 | 第九届世界杯女子排球赛 | 日本 | 2003 |
| 马琳 | 乒乓球男子单打、混合双打 | 第四十七届世界乒乓球锦标赛 | 法国 | 2003 |

续表

| 世界冠军 | 项目 | 赛会名称 | 地点 | 年份 |
| --- | --- | --- | --- | --- |
| 马琳 | 乒乓球男子单打、男子双打 | 世界杯赛 | 中国 | 2004 |
| 马琳 | 乒乓球男子双打 | 乒乓球世界杯团体赛 | 德国 | 2007 |
| 马琳 | 乒乓球混合双打 | 乒乓球世界锦标赛 | 克罗地亚 | 2007 |
| 王娇 | 女子摔跤72公斤级 | 女子摔跤世界杯赛 | 山西 | 2008 |

**世界冠军一览表**

| 运动员 | 项目 | 赛会名称 | 地点 | 年份 |
| --- | --- | --- | --- | --- |
| 李玉伟 | 50米移动靶标准速男子射击 | 第二十三届世界奥运会 | 洛杉矶 | 1984 |
| 庄晓岩 | 女子柔道72公斤以上级 | 第二十五届世界奥运会 | 巴塞罗那 | 1992 |
| 马琳 | 乒乓球男子双打 | 第二十八届世界奥运会 | 雅典 | 2004 |
| 张越红 | 女排 | 第二十八届世界奥运会 | 雅典 | 2004 |
| 王娇 | 自由式摔跤女子72公斤级 | 第二十九届世界奥运会 | 北京 | 2008 |
| 金紫薇 | 赛艇女子四人双桨 | 第二十九届世界奥运会 | 北京 | 2008 |
| 马琳 | 乒乓球男子单打、男子团体 | 第二十九届世界奥运会 | 北京 | 2008 |

体育产业日渐活跃，场馆建设初具规模。新建奥体中心五里河体育场、铁西区体育场和体育馆、大东区全民健身中心、市体校和陆校综合训练馆在满足竞赛需求的前提下，积极承接演唱会、商业赛事等活动，实现了经济效益和社会效益的双赢。体育健身服务业快速发展。全市健身服务企业达206家，从业人员近万人，年营业收入超亿元。体育用品生产销售业日趋繁荣，年销售额13亿元以上。体育彩票销售态势良好，2005至2010年，体彩销售额达25.68亿元，筹集公益金1.925亿元，为体育事业发展提供了有力的资金支持。加强体育法制建设，依法行政水平有新提高。积极开展普法活动，推行《行政执法责任制》，规范行政许可、行政检查、行政确认等执法程序，积极推进依法行政。加强体育市场管理，规范体育经营秩序，建立健全各项规章制度，积极推进体育工作法制化进程。

到2010年，根据全市人口发展目标，全市经常参加体育活动人数占全市总人口的55%左右。竞技体育总体实力稳中有升，继续保持在省和全国的领先地位。在第十届省运会、第六届全国城市运动会、2008年北京奥运会上，全市运动员力争取得好成绩，实现体育强市的目标。体育产业指标纳入国民经济的统计指标，整体实力明显增强。到2010年，体育彩票发行额12亿元。加强体育设施建设，在浑南新区规划新建沈阳奥林匹克体育中心，规划新建和改造体育训练场馆，在浑河沿岸新建“体育长廊”满足承办大型国际体育赛事的体育设施。2010年沈阳市体育事业发展“十二五”规划提出，未来沈阳的体育发展要紧紧抓住沈阳经济区建设、促进老工业基地全面振兴、承办第十二届全运会的历史机遇，以满足人民群众日益增长的体育健身需求为出发点，以提高市民身体健康水平和生活质量为目标，立足长远，统筹兼顾，打牢基础，改革创新，努力实现体育事业的科学发展，打造体育名城，为构建实力沈阳、活力沈阳、宜居沈阳、文明沈阳、和谐沈阳做出新贡献。

# 第十一章
# 旅游事业

第一节　沈阳市旅游业发展总体概况

第二节　沈阳市旅游业发展阶段

第三节　沈阳市旅游事业发展建设

沈阳市是我国东北地区最大的中心城市，境内多重工业，是我国老牌的重工业基地，也是闻名遐迩的国家历史文化名城。旅游资源丰富，包括人文资源、自然旅游资源、社会旅游资源、工业旅游资源等。如今的沈阳在不断的建设和发展之中，为沈阳旅游产业的发展奠定了基础，使得沈阳市旅游业发展具有很大的优势和潜力。

## 第一节　沈阳市旅游业发展总体概况

沈阳位于中国东北地区南部，沈阳市为辽宁省省会，是东北地区的经济、文化、交通和商贸中心，全国的工业重镇和历史文化名城。同时也是我国最重要重工业基地，素有“东方鲁尔”的美誉。沈阳市是全国著名的历史文化名城和首批中国优秀旅游城市，具有悠久的历史和灿烂的古代文化，保存在地上和地下的历史文物、遗址、遗迹十分丰富，是国务院公布的全国62个历史文化名城之一。旅游资源丰富多彩，有人文资源、自然旅游资源、社会旅游资源、工业旅游资源等200多处。

在介绍沈阳旅游业发展之前，我们需要对我国整体旅游业的发展做简单的了解。我国旅游业起步较晚，起点较低，改革开放前以外事接待为主，只具备产业雏形，不完全属于产业范畴。新中国成立初期，国民经济迅速恢复和发展，国际威望也与日俱增，不仅有许多外国人想来看看中国的新面貌，而且广大海外侨胞、外籍华裔也想回国探亲访友。因此，创办旅行社、开展旅行业务，很快就被提到国家对外事务的议事日程上来。

为了加强对全国旅游工作的统一领导，1964年，中共中央决定成立中国旅行游览事业管理局，并明确了发展旅游事业的方针政策是“扩大对外政治影响”“为国家吸取自由外汇”，中国旅游事业开始发展。此时我国的旅游管理机构与中国国际旅行社总社为一体。1978年之后，我国旅游业挟带其巨大的资源优势和国际市场积蓄多年的需求存量，领改革开放之先，受改革开放之惠，借改革开放之力，持续快速发展，已成为我国国民经济中的重要产业和国际旅游大舞台上异常活跃、极富生命力的新生力量。[①]因此，对于研究沈阳旅游业

① 李仲广：《新中国成立60年旅游业发展的基本脉络》，《中国市场》2012年第1期，第13—14页。

的发展必须建立在对中国旅游业发展的基础之上。

对于改革开放之前沈阳市的旅游业的发展，由于中国特殊的国情，旅游业的数据资料比较少，并没有形成完整性和系统性的数据，而且国内并没有形成旅游产业，因此对于旅游业的发展我们着重从改革开放之后进行探究。

根据中共辽宁省委、辽宁省人民政府批准的《沈阳市人民政府机构改革方案》（辽委办发36号）和《沈阳市人民政府机构改革实施意见》（沈编发［2009］40号），设立沈阳市旅游局（简称“旅游局”）。沈阳市旅游局是市政府下属的管理旅游的行政职能机构，1985年2月29日正式成立，始称沈阳市旅游总公司。1986年2月改为沈阳市旅游局。沈阳市旅游局是在城市经济体制改革的新形势下成立的，目的在于：开发沈阳市的旅游资源，建设旅游基础设施，挖掘旅游业的潜力，丰富和完善人民的精神和文化生活，尽快地改变沈阳市旅游业的落后面貌，为振兴沈阳，在全国以至全世界树立沈阳市的形象做出贡献。当时，沈阳市旅游局内部机构基本健全，已开始正常的管理和规划工作。

1986年12月，国务院正式公布沈阳为历史文化名城。1996年初，沈阳市委、市政府为进一步加大对全市旅游业的领导力度，将旅游局从外办分离出来。为贯彻落实市委九届四次会议精神和实施五大发展战略，促进旅游业的持续、健康发展，市旅游局与全市旅游从业者共同努力，取得了较大的发展。

从1985年沈阳市旅游局成立以来，旅游业的发展开始规范化，沈阳市的旅游业也得到了长足的发展，发展极为迅速，呈持续快速增长的态势，接待国内外旅游者总人数（国内旅游者总人数、海外旅游者总人数）、旅游业总收入（国内旅游收入、国外旅游收入）、旅游业就总收入占全市GDP的比例都逐年提高（除2003年受“非典”影响增长出现波动），对社会生活的许多领域都产生着深刻的影响。

**2002至2009年沈阳旅游业经济规模情况**[①]

| 年份（年） | 2002 | 2003 | 2004 | 2005 | 2006 | 2007 | 2008 | 2009 |
|---|---|---|---|---|---|---|---|---|
| 接待旅游人数（万人） | 2138.6 | 2272.7 | 2845.3 | 3532.7 | 4553.7 | 5056.6 | 5209 | 5339.6 |
| 旅游收入（亿元） | 144.2 | 144.7 | 181.3 | 226.4 | 272.7 | 327 | 410.3 | 453 |
| 人民币收入 | 132.9 | 135.5 | 169.4 | 212.2 | 254.3 | 305 | 387.4 | 428 |
| 外汇收入（万美元） | 13703 | 11102 | 14342 | 17272 | 23200 | 29213 | 33009 | 36999 |

① 沈阳市统计局：《沈阳统计年鉴》，沈阳：中国统计出版社，2009年版，第489页。

以上数据主要是以改革开放之后沈阳市的旅游业数据为主，从中我们可以看出沈阳市的旅游业发展趋势和我国旅游业的整体发展趋势是同步的，1983年至2009年，沈阳市旅游外汇总收入从364.5万外汇券上升到2009年的36999万美元，旅游收入也从1999年的75.2亿元上升到2009年的453亿元，是一个质的飞跃，说明旅游业对沈阳市的国民经济发展做出了很大的贡献，也成为沈阳市经济发展的重要支柱产业之一。从接待旅游人数来看，接待国内旅游者总人数由9827人次升为495517人次。随着旅游接待人数和经济收入的增长，沈阳旅游业在整个沈阳经济中的作用日益凸显，旅游业成为沈阳经济发展中的新的增长点，正逐渐向支柱产业迈进。

特别是近几年来，我国旅游业坚持“大力发展入境旅游，积极发展国内旅游，适度发展出境旅游”的发展方针，取得了举世瞩目的成绩，形成了“三个市场”相互驱动、相互补充的好局面，旅游大国的地位在多个领域、在国内外得到空前的巩固和提高。

## 第二节　沈阳市旅游业发展阶段

沈阳市的旅游业发展是伴随着新中国国家旅游业的发展而不断系统化的。自改革开放以来，沈阳市旅游业经历了初始阶段、起步阶段、产业阶段。其间国内旅游业发展一直处于全省领先地位，而国际旅游业相对滞后，与沈阳市的地位不相称。[①]进入新世纪以来沈阳旅游产业发展迅速，从旅游接待人次和收入的统计数据来看，沈阳旅游产业在全省14个市的排名中名列前茅，与大连市共同构成辽宁旅游产业发展的第一阵营。

### 一、新中国成立到1978年的公务接待阶段

沈阳市的旅游业在新中国成立到1978年之间跟国家的形势是同步的。当时为了适应新中国成立后很多外国人想来看看中国、很多侨胞想回国探亲访友的新形势，1949年10月17日，以接待海外华侨为主旨的厦门华侨服务社成立。这是新中国创办的第一家旅行社，此后又在泉州、深圳、汕头、拱北、广州等地

① 沈阳市政协：《抓住沈阳大发展的机遇，加快建设国际化旅游城市》，《辽宁省政协专刊》2005第10期，第30页。

成立了华侨服务社，开始形成了中国旅行社的框架体系。1954年4月15日，分别在北京、上海、西安、桂林等14个城市成立了中国国际旅行社，其中就包括中国国际旅行社沈阳分社，但是当时的旅游业并没有完整的统计数字。[①]

为了加强对全国旅游工作的统一领导，1964年，中共中央决定成立中国旅行游览事业管理局，与中国国际旅行社总社合署办公。从此，中国旅游产业开始进入正常发展轨道，为沈阳市的旅游业的发展创造了有力的环境条件。但是不久，“文化大革命”开始，旅游接待被批判是“为资产阶改服务”，使刚刚有些起色的国际旅游业从高峰跌入低谷。直到1972年中美“上海公报”和中日建交，美国和日本的游客才有所增加。旅游业有所发展，主要表现为：工会、青联、妇联、政协等团体开始组织各条战线上的劳动模范、先进工作者去风景名胜地疗养旅游；工人、干部和学生利用节假日外出探亲观光慢慢增多；全国各行各业到先进单位参观学习的次数增多、规模扩大。

## 二、沈阳市旅游业的初始发展阶段

1978—1980年，是我国旅游业的起步阶段，同时也是沈阳旅游业的起步阶段。

1978年底召开的党的十一届三中全会，实现了党的指导思想上的拨乱反正，开创了中国改革开放的新局面。1979年1月到7月，邓小平同志连续发表了《旅游业要变成综合性的行业》《旅游事业大有文章可做》《发展旅游事业，增加国家收入》《把黄山的牌子打出去》等四篇讲话，高瞻远瞩地指出：“旅游事业大有文章可做，要突出地搞，加快地搞。旅游赚钱多，来得快，没有还不起外债的问题，为什么不能大搞呢？旅游这个行业，要变成综合性的行业。”在邓小平同志的积极倡导下，发展旅游业得到了党中央、国务院的高度重视。1982年8月23日，五届人大常委会第24次会议确定中国旅行游览事业管理总局更名为中华人民共和国国家旅游局。[②]1986年4月12日，六届人大四次会议审议批准了国家的“七五”计划，旅游被列在第37章，这是旅游业第一次在国家计划中出现，是我国旅游业发展史上的一个里程碑。党中央、国务院按照小平同志指示陆续采取的这一系列重大举措，为中国旅游业走上产业化大发展的道路奠定了基础。

---

① 谢贵安，谢盛：《中国旅游史》，武汉：武汉大学出版社，2012年版，第493—497页。

② 谢贵安，谢盛：《中国旅游史》，武汉：武汉大学出版社，2012年版，第496页。

在这样的背景之下，沈阳市的旅游业也开始进入了旅游产业的初始发展阶段。“六五”期间，主要是以入境游为主的时期。“六五”期间，来沈旅游的人数有了新的突破。“六五”期间的前四年，全市接待的海外旅游人数一直在2万人以下，1985年前来旅游、参观、探访等境外旅游者30407人，比1984年增加10813人，增长55.2%，是重大的突破。1983年沈阳市共接待旅游人数14122人次，其中外国人占到9827人，旅游外汇收入364.5外汇券万元；1984年接待旅游人数19594人次，外国人占到了13893人，旅游外汇收入509.8外汇券万元。[①]充分说明在这一时期主要是入境旅游业阶段，国内旅游业还未兴起。1985年沈阳市旅游业蓬勃发展。1985年是沈阳市实行计划单列的第一年，对外交往异常活跃；同时，沈阳市发达的经济与科学技术、优越的地理位置、丰富的历史文物古迹、雄伟多变的城市风光，为越来越多的海外人士所瞩目，沈阳在国外的知名度日益提高，游客接踵而来，旅游事业出现了前所未有的好形势。

## 三、沈阳市旅游业的起步发展阶段

在国家大的旅游发展趋势之下，沈阳市的旅游业也在有利的条件之下获得了初步的发展，为“七五”之后沈阳市旅游业再创辉煌提供了良好的发展环境和基础。沈阳市旅游业的起步发展时期主要集中在“七五”和“八五”时期。

**1.“七五”计划时期（1986—1990）**

“七五”期间，沈阳市的旅游业得到了蓬勃发展。1986年，随着对外交往的不断扩大，以及对外经济贸易的日益活跃，沈阳的旅游事业在改革开放中又有了新的发展。开辟了旅游资源，改善了旅游环境。1986年12月，国务院正式公布沈阳为历史文化名城。随着改革开放的不断深入，1987年沈阳市敞开大门，热情接待众多国家的宾朋来沈阳观光旅游、探亲访友、洽谈业务、进行文化技术交流，国际旅游事业有了新的发展。随着旅游事业的稳步发展，沈阳市的旅游机构和设施也在继续加强，接待能力逐步提高，形成了“社会办旅游，大家办旅游”的格局。90年代之后，沈阳市旅游业得到了蓬勃的发展。1990年，沈阳市旅游业在面临诸多不利因素的情况下，积极进取，努力开拓，不仅走出低谷，而且得到恢复和发展。主要指标均创历史最高水平，全年旅游外汇收入为7592万元。

党的十一届三中全会以来，沈阳市的旅游事业得到了迅速发展，也带来了

---

① 沈阳市统计局：《沈阳经济统计年鉴》，北京：中国统计出版社，1985年版，第295页。

显著的社会效益，对社会生活的许多领域都发生着深刻的影响。

2.“八五”计划时期（1991—1995年）

进入80年代之后，沈阳市旅游业发展较快。十几年来，沈阳旅游业经历了从公务接待型向接待服务型，再向社会事业型并进一步向经济产业型转化的过程，取得了持续、稳定的发展，尤其“八五”期间发展速度更快。“八五”期间，累计接待海外旅游者39万人次，年平均增长19%，比“七五”期间多接待17万人次。其中，1993年接待8.3万人次，提前两年达到“八五”末期计划。[①]

对外开放的深入发展，给国际旅游业带来勃勃生机。1991年沈阳市接待国际旅游者突破5万人大关，达50080人，比1990年增长19.5%，旅游外汇收入达8821万元，增长16.7%。[②]1991年，沈阳市共接待来自世界五大洲89个国家和地区的海外游客50080人，创历史最高水平。1992年，伴随着“'92中国友好观光年”的活动，沈阳市积极采取措施，扩大国际交往，组织了多种形式的招商活动，有力促进了国际旅游业的发展，实现了接待国际游客6万人和旅游外汇收入破亿元的双项突破。1993年，沈阳市旅游业无论是在接待国际旅游人数方面、开发旅游资源、旅游基础设施建设方面还是在旅游宣传方面都取得了很大的成果：1993年，沈阳市共接待国际旅游人数83064人，比1992年增长27.5%。

1993年，沈阳市旅游基础设施建设、交通和通信设施等方面都得到了较快的进展。1993年，是沈阳市旅游业近年来发展速度最快的一年，随着市场经济的发展，国内旅游市场形势变化很大，由此带来管理工作的亟待加强。1994年是沈阳市旅游业继续稳步发展的一年，并为20世纪最后5年沈阳市旅游业的大发展打下了良好的基础。

## 四、旅游产业大发展并实现产业化的阶段

在即将进入21世纪的时期，沈阳市旅游业在20世纪获得了长足的发展，为21世纪沈阳市旅游产业大发展并实现产业化阶段积蓄力量，创造条件，使得沈阳市旅游业成为国民经济发展的支柱产业之一。[③]

---

① 沈阳市人民政府地方志办公室编：《沈阳市志》，沈阳：沈阳出版社，1996年版，第255页。

② 沈阳市统计局：《沈阳统计年报》，北京：中国统计出版社，1991年版，第384—385页。

③ 邵金萍：《新中国60年旅游产业发展的回顾与总结》，《经济纵横》，2009年第12期，第30—34页。

1.“九五”计划时期（1996—2000）

“九五”期间，沈阳市旅游业取得较快发展。1996年，全市旅游业主要经济指标继续稳步增长。接待海外旅游者10.8万人次，国内旅游方面，全市居民外出旅行约500万人次，总消费约22亿元。1997年适逢国家旅游局举办“中国旅游年”活动，沈阳旅游业进入了一个新的、较高层次的观光旅游和商务旅游、特种旅游全面发展的时期。1998年沈阳市旅游业的发展集中体现在一个“大”字上，即对旅游业有了一个大的认识，树立了大旅游的观念，推出了大的举措，取得了大成绩。对旅游业的一个大的认识，是沈阳市旅游业取得超长发展的关键。年初就确定了沈阳市旅游业支柱产业地位。1998年，沈阳市旅游业实现了超常发展，成功举办了第一届冰雪旅游节、首届旅游商品设计大赛、国际民俗风情旅游节等几大活动，在国内外树立了沈阳市旅游业的良好形象，也极大地提高了沈阳市广大人民群众的士气，人们通过发展旅游业看到了希望，树立了振兴沈阳经济的信心，使沈阳市在国内外的知名度大大提高。1998年沈阳市成为“首批中国优秀旅游城市”。同时《沈阳旅游管理规定》和《沈阳市短途管理办法》等政策的出台，使得旅游市场得以净化。[①]“九五”期间，全市累计接待海外旅游者78.1万人次，年均增长11.7%；累计旅游创汇收入4.04亿美元，年均增长20.5%；累计接待国内旅游者7169万人次，累计国内旅游收入281亿元人民币，共提供就业岗位25万个。[②]旅游业在国民经济和社会事业中的地位迅速提升，成为发展最快、最具活力的新兴产业和新的增长点之一。

2.“十五”计划时期（2001—2005）

进入21世纪以后，沈阳市的旅游业进入了一个全面的发展阶段。2001年沈阳市旅游业取得很大发展，接待海外旅游者总人数17.7万人次。国际旅游收入9912万美元；2002年，沈阳市接待国内外旅游者2138.5万人次，同比增长25.2%，旅游业总收入144.2亿元人民币，旅游业总收入相当于全市GDP的10.3%。[③]2003年“五一黄金周”期间，沈阳市旅游行业受到“非典”疫情的严重冲击，客流量明显下降，经济收入损失严重。市旅游局认真贯彻落实市

① 高同宇，王廷瑞主编：《面向新时代》，北京：中国文联出版社，2005年版，第422页。

② 沈阳市人民政府地方志办公室编：《沈阳市志》，沈阳：沈阳出版社，2000年版，第198页。

③ 中华人民共和国国家旅游局：《中国旅游统计年鉴》，北京：中国旅游出版社，2003年版，第278页。

委、市政府关于项目年的总体战略部署，在市项目办的指导帮助下，全局各部门全力为项目年做贡献。

加强领导。市旅游局对项目年的工作十分重视。

重点帮扶。根据市政府《项目年工作任务分解表》要求，市旅游局的工作任务市为对口服务单位——棋盘山旅游区服务，对口帮助、联手开展项目年工作。

牵线搭桥。在对口服务棋盘山的同时，市旅游局还与各地区、县共同策划项目、包装对外招商旅游项目，协调组织各县区、开发项目单位，确定重点旅游开发项目等。

搭建平台。在搭建招商平台工作中，开拓思路，变旅游资源为招商资源，建立国际旅行社招商引资网络。

2004年，沈阳市围绕建设旅游强市和旅游大市的目标，加快旅游产业的发展。全年接待国内外旅游者2845万人次，旅游外汇收入1.43亿美元，同比增长29.1%，旅游业总收入达到180多亿元，同比增长25%以上。2004年11月29日，市政府召开全市旅游工作会议，提出“七靠”发展旅游性的思路：一靠具有震撼力的大型节庆活动吸引游客，二靠有吸引力的常年娱乐、表演活动吸引游客，三靠大型展会和经贸活动吸引国内外客商，四靠自然风光和世界文化遗产吸引游客，五靠人工打造的名胜吸引游客，六靠底蕴深厚的工业文化吸引游客，七靠大力度宣传、包装和促销活动吸引游客，拉动旅游产业的发展。

2005年，沈阳市旅游行业围绕建设旅游强市目标，全面推动旅游业的发展。主要经济指标实现稳定增长。全市接待国内外旅游者3532.7万人次，比上年增长24.2%，全市旅游总收入227.05亿元，比上年增长25.2%。2005年，加强了沈阳经济区旅游圈的建设，同时也举办了很多活动，如2005（沈阳）中韩旅行商大会、2005中国沈阳冰雪节、2005中国沈阳国际旅游节等。

**3.“十一五”计划时期（2006—2010）**

“十一五”时期是沈阳经济社会发展的关键时期，也是沈阳旅游业乘势而上加速发展的“黄金期”。“十一五”以来，沈阳市把旅游业作为支柱产业和新的经济增长点来培育，实现了持续、快速、健康发展。旅游基础设施建设发展迅速，旅游资源产品开发取得了新进展，综合接待能力有较大提高，旅游产业体系已初步形成，旅游业在我市国民经济中的地位和作用日益增强。[①]“十一五”

---

① 汪涛主编：《励精图治　奔向振兴　沈阳市“十一五”规划汇编》，沈阳：沈阳出版社，2006年版，第344页。

期间，全市接待国内外游客为2.59亿人次，旅游总收入达到1991亿元，全面完成“十一五”规划纲要提出的各项任务，主要发展指标跻身东北地区前列。全市旅游基础设施和旅游公共设施建设稳步推进，设计旅游业的投资总额约为2340亿元。全市国家A级景区为34家，旅游星级饭店达105家，旅行社185家，重点公交旅游线路达到15条，基本形成较为完善的旅游服务体系。

为振兴沈阳老工业基地，构建和谐沈阳，促进全市旅游业持续、快速和健康发展，2006年沈阳市启动《沈阳市旅游发展总体规划》编制工作。2007年，全市旅游系统以发展大旅游、开拓大市场、构筑大产业、实现大发展的总体思路，推进旅游业健康快速发展。编制旅游发展总体规划，启动创建中国最佳旅游城市工作。形成都市中心旅游区、东部生态景区、乡村生态农业旅游产品三大旅游区。全市共接待国内外旅游者5055万人次，同比增长11%，旅游总收入327亿元，同比增长20%。

2008年，《沈阳市旅游发展规划》编制完成。沈阳市旅游发展的总体空间结构，规划布局为三个层次。2008年，沈阳经济区各市（沈阳、鞍山、抚顺、本溪、营口、辽阳、铁岭、阜新）旅游局统一思想，大胆探索，密切合作，共谋发展，旅游合作取得新成果。“2008年是奥运年，沈阳旅游业也迎来了良好的发展契机。沈阳旅游业今年将提高旅游宣传推广的针对性和有效性，举办‘沈阳旅游行业迎奥运千人誓师大会’‘旅游行业迎奥运健身跑’‘沈阳市民迎奥运奥体中心观光游’等系列活动。”[①]

年初，沈阳经济区各市旅游局研究确定2009年旅游合作的总体思路，即坚持以科学发展观为指导，以建设区域旅游目的地为目标，以调整旅游市场结构为重点，进一步做精旅游产品、做优旅游项目、做强旅游企业、做好旅游服务、做大旅游宣传，全面推进旅游产业转型升级，确保经济区旅游经济又好又快发展。1月19日，包括经济区八城市在内的全省各市旅游局签订《应对经济危机加强旅游合作互换游客协议》。2009年，全市共接待国内外旅游者5339.6万人次，比上年增长2.5%。实现旅游总收入428亿元，增长10.4%。

2010年，实现接待游客5717万人次，增长7.1%。旅游总收入达到528.3亿元，初步实现建设东北地区旅游中心城市的目标。[②]

---

① 柳秀芝：《建设东北亚旅游中心城市》，沈阳：《沈阳日报》2008年8月8日，第A01版。

② 沈阳市人民政府地方志办公室编：《沈阳市志》，沈阳：沈阳出版社，2011年版，第515页。

# 第三节 沈阳市旅游事业发展建设

## 一、沈阳市旅游资源及开发

沈阳是一座历史悠久的古城，是全国著名的历史文化名城和首批中国优秀旅游城市，旅游资源丰富多彩，众多的旅游景观为沈城人民和国内外游客提供了游览观光、娱乐休闲的广阔空间。

**1. 沈阳市旅游资源特点**

第一，旅游资源的历史性。

沈阳是一座历史文化悠久的古城，也是1986年国务院确定保护的历史文化名城之一。它是一座经过封建统治、军阀割据、日伪占领等几个不同历史时期发展起来的城市。在这漫长的历史岁月中，先人们给我们留下了大量的文物古迹。其数量众多，保存完整，而且有许多可与国内最著名的旅游城市的古代遗址、遗迹等并肩齐名，有的甚至是我们独有的，有着更高的文化历史价值。比如，沈阳新乐遗址同历史名城西安的半坡遗址一样，同属于新石器时期的原始氏族社会遗址，而新乐遗址的形成早于半坡遗址1200多年；沈阳故宫，是中国除北京故宫外，现今仅存的完整的古代宫殿建筑群，沈阳福陵（东陵）、昭陵（北陵）是著名的清初关外三陵中的两座。

第二，旅游资源的多样性。

沈阳的旅游资源不仅有诸多的历史文物，还有风景区、游乐场、宗教建筑和纪念性建筑等许多资源，呈现出多样化的发展趋势。如辉山、卧龙湖、怪坡等风景区，还有诸多遗址、遗迹和“九一八”历史博物馆等当代重大历史事件展览馆，并与周恩来、刘少奇、张学良等当代名人的业绩紧密相联。沈阳市多样性的自然人文景观为我们发展旅游业奠定了丰厚坚实的基础。

第三，资源的区位条件。

沈阳是我国东北经济、文化中心，地理位置十分优越，航空、铁路、公路四通八达；电信、电话通达全国各地和世界大多数国家。改革开放以来，辽宁区域的、全国的和国际的各种会议、活动越来越多。这些，又为我们提供了丰富的社会旅游资源。

**2. 沈阳市旅游资源类型及分区**

沈阳市的旅游资源比较丰富，有人文资源、自然旅游资源、社会旅游资源等200多处，经过几年来的开发、建设和保护，形成了一大批吸引中外游客的世界级旅游产品。

第一，文化旅游资源。

沈阳有诸多风光秀丽的自然景观。沈阳市区历史文化旅游资源丰富，是国务院颁布的历史文化名城之一。历史留给我们的这些宝贵文化遗产，有许多已经开发，“一宫两陵”(清故宫、清福陵、清昭陵)在国内外有重要影响，于2004年7月1日在28届世界遗产委员会上被列入世界遗产名录，成为世界文化遗产。沈阳历史悠久，早在7200年前，原始人类便在这里农耕渔猎，创造出沈阳的新乐文化。此外还有张氏帅府、“九一八”历史博物馆等众多文化旅游资源。①

第二，自然旅游资源。

沈阳郊区以自然旅游资源为主。随着城市旅游范围的不断扩大，市民为了放松一周以来紧张的城市生活，大多选择短距离的出行旅游，郊区观光游是大多数游客的首选之地，这里大多数为自然景观和生态旅游，是广大市民休闲娱乐的理想场所。通过便捷的高速公路网使周边著名风景区同沈阳旅游资源结为一体。

沈阳冬季有开发冰雪旅游的条件，这给沈阳形成特色的冰雪旅游市场创造了自然条件。随着旅游市场的发展和市民生活质量的提高，旅游滑雪越来越成为人们冬季健身娱乐的时尚，也成了旅游消费的热点。特别是最近两年，沈阳冰雪旅游有了一定的发展，初具规模的滑雪场有沈阳棋盘山冰雪大世界、沈阳东北亚滑雪场。

第三，工业旅游资源。

沈阳是我国重要的重工业生产基地，工业基础雄厚，制造业发达，在工业旅游资源方面拥有绝对优势。在新中国50年的工业史上，沈阳铸造了共和国第一枚国徽、第一架飞机、第一台数控机床等，为发展工业旅游提供了基础。自2004年沈阳市的沈飞航空博览园首批被评为全国工农业旅游示范点以来，到2006年年底，沈阳又添3家全国工农业旅游示范点。通过开发工农

---

① 沈阳市社会科学界联合会编：《社科“金点子”》，沈阳：沈阳市社会科学界联合会，2006年版，第95—107页。

业旅游资源，2006年，沈阳老龙口酒博物馆一家就接待5万人次，旅游收入41万元，同比增长了10%。不仅创造了经济效益，增加了收入，而且调整了经济结构，带动了就业。

第四，红色旅游资源。

2006年，沈阳红色旅游又推出了抗战之旅、缅怀之旅、励志之旅、寻根之旅、振兴之旅五大旅游项目。组织红色旅游，以沈阳、鞍山、抚顺、本溪、丹东、锦州、营口、辽阳、铁岭九市的红色旅游精品景点（区）为主体，开展市内红色旅游“一日游”和城际红色旅游“一日游”和“二日游”。[①]

沈阳市是全国著名的历史文化名城和首批中国优秀旅游城市，旅游资源十分丰富，有人文景观、自然景观以及社会旅游资源200余项。众多的旅游景观为沈城人民和国内外游客提供了游览观光、娱乐休闲的广阔空间。

与此同时，建设高效、区域化的旅游产业聚集区将成为优化产业结构、推动旅游业持续发展的有效载体。[②]沈阳市将沈阳旅游资源产品分布整合成为五大区域:都市中心旅游区、东部旅游区、南部旅游区、西部旅游区、北部旅游区。

都市中心旅游区——包括沈河、皇姑、和平、大东、于洪、铁西新区，该区域内部旅游产品集中体现沈阳的都市风貌、都市文化、都市商贸等，分布有中央金廊旅游区、西塔韩国风情旅游区、北市传统文化娱乐旅游区、故宫方城清文化旅游区、太原街现代商贸旅游区、中街购物旅游区、北站金融商贸旅游区、丁香湖休闲旅游区等。

东部旅游区——主要指规划建设的棋盘山旅游开发区，该区域内部旅游产品集中体现沈阳的都市园林、山水风光、冰雪娱乐等，分布有棋盘山、植物园、国家级森林公园、世界文化遗产福陵等。2006年，举办沈阳世界园艺博览会，棋盘山风景区成为沈阳市世界级旅游精品，成为环沈阳旅游圈中规模最大、品种最多、等级最高、吸引力最强的旅游观光区。

南部旅游区——包括东陵区、浑南新区、苏家屯区，该区域内旅游产品集中体现在沈阳会展旅游、商贸旅游、生态旅游、农业观光、主题旅游村等，分布有国际会展中心、中国女人街、二十一世纪广场、绿岛旅游度假区、白清寨风景区、陨石山风景区、满族民俗村、绿湖养生康复中心、新大地绿色家园等

---

① 王辉，苗红编：《中国旅游地理》，北京：北京大学出版社，2010年版，第111—114、121—126页。

② 王海弘，王惠莹，刘正伟，赵轩雅：《沈阳市旅游聚集区发展的政策措施及对策研究》，《第八届沈阳科学学术年会论文集》，2011年，第1页。

旅游产品。

西部旅游区——包括新民市、辽中县，该区域内旅游产品集中体现沈阳湖泊风光、休闲度假、三农特色、田园风光等，分布有仙子湖风景旅游区、团结湖水库风景区、三农博览园、雁沙湖风景区、辽滨塔古文化游览区等。

北部旅游区——包括沈北新区、法库县、康平县，该区域内旅游产品集中体现沈阳优美的自然生态环境、浓郁的民族风情，以及奇山、怪石、温泉等特色旅游资源，分布有怪坡风景区、七星山风景区、石佛寺水库旅游区、五龙山风景区、卧龙湖生态旅游区、马泉沟原始森林、大桥矿温泉、大学城、兴隆台锡伯族风情村、宝塔寺、唐僧庙、辽塔、汉墓群等遗址。

旅游区的划分能够为沈阳市旅游行业的整体完善创造有利的条件，同时划区管理，能够为中外游客提供更好的管理和服务设施等，为促进沈阳市旅游业发展添砖加瓦。

### 3. 沈阳市旅游资源的开发历程

沈阳市的旅游资源开发经历了一个从个体的旅游景点到产业化的旅游产品的过程，不断丰富的旅游资源为国内外游客和沈城居民提供了精神文化生活，从而也使沈阳市的旅游事业得到了持续、健康的发展。

1985年，沈阳市的旅游资源包括辽宁大厦、沈阳故宫博物馆。“六五”期间，主要是对沈阳故宫进行了修缮。1986年，主要是针对一批塔、寺、庙宇进行修葺，使灿烂的古代文化重现历史的风采，极大地丰富了旅游资源，而且沈阳在1986年还陆续开放了古建筑、古遗址、革命遗址等，共达到了9处，相比1985年旅游资源开始丰富起来，随着改革开放的不断深入，加上1986年沈阳市成为历史文化名城之一，沈阳市逐渐开放古建筑和历史遗迹，促进了沈阳市旅游业的繁荣。

“八五”以来，本着国家、地方、部门、集体一起上，自力更生和利用外资一起上的原则，鼓励社会各界投入旅游资源开发建设。积极组织怪坡梨花湖娱乐区、古陨石科幻游乐区等大、中型旅游项目的对外招商，在进一步完善“一宫两陵”等传统旅游产品的基础上，开辟了适应国内外旅游市场不同需要的新旅游线路，特别是中部城市群区域旅游产品，经过组合包装集中推出，初步实现由单一观光型旅游产品向观光度假型等多类别旅游产品的转变，形成以文物古迹、都市风情和商贸交流为主要特色的旅游产品系列。①

到了90年代，沈阳市旅游资源开发无论是在形式、内容上，还是在深度、

---

① 沈阳市人民政府地方志办公室编：《沈阳市志》，沈阳：沈阳出版社，1996年版，第255页。

广度上都有较大的发展。在以自然景观为主的旅游景观的开发上，市各有关部门，对沈北怪坡等新景区进行了论证，并做出了相应的规划。在人文景观的旅游资源开发上，出现了社会联合办旅游的可喜局面，把沈阳旅游资源开发向更深的层次推进了一步。到1992年，旅游景点、参观点的建设也随着人们经济生活水平的不断提高，精神生活需要的不断增长而获得新发展。传统的“一宫两陵”（故宫、北陵、东陵）焕发着新的活力。至1993年，沈阳市开发出自然、人文景观200余处，主要抓以下几个方面：抓景观建设、抓服务设施、抓旅游商品。到了1994年，沈阳市开发旅游资源的重点向观光游览资源的方面转变：首先，开发大型旅游度假区，比如辉山游览区是沈阳目前唯一具备雏形的旅游度假区。其次，开发怪坡游览区，多方引资先后兴建特色项目，丰富游览内容，增强了吸引力。第三，开发冬季旅游资源，针对沈阳市冬季时间长且旅游项目少的实际情况，市旅游局在考察后并结合沈阳实际情况，与辉山游览区联合推出了“1994辉山冰雪世界”大型群众性旅游项目活动等。另外，市旅游局还开辟了新旅游线路，如乾隆皇帝东巡线等。

随着沈阳市旅游人数的不断增长和沈阳旅游知名度的不断提高，原有的单一的旅游产品已经不能适应沈阳市快速发展的旅游事业。因此，在1996年，提出了适应当时旅游发展的旅游资源开发的新举措：第一，多方面地争取对旅游业的发展投资。第二，促进在建中高标准旅游涉外饭店项目的发展。第三，针对抽样调查中海外旅游者反映的旅游厕所问题，市旅游局采取了举措。第四，辉山风景区、怪坡风景区、北陵公园等旅游热点吸引各界投资。因此取得了较好的成绩：开辟了适应国内外旅游市场不同需求的新旅游线路，尤其是中部城市群区域旅游产品，在进一步完善“一宫两陵”等传统产品基础上，开发建设了一批新产品，初步实现了由单一观光型旅游产品向观光度假型等多类别旅游产品的转变。在这之后由于新的旅游景观不断涌现，原有的“八景、十景”已不能全面反映沈阳旅游的现状。在加快开发旅游资源产品时，以市场为导向，积极推出动态旅游精品，加快旅游大项目的开发建设。[①]之后沈阳市旅游资源的开发主要体现在一个“大”字上，开发大资源，开发大市场，把沈阳周边城市的旅游资源作为沈阳市的旅游资源开发利用，编入旅行社线路，全面对外推介。从2000年6月开始，旅游区（点）质量等级的划分与评定工作在沈阳市

---

① 沈阳年鉴编辑部：《沈阳年鉴》，北京：中国统计出版社，1997年版，第314—315页。

全面展开，全市各旅游区（点）为争创国家级旅游区（点），在旅游交通、游览、安全、卫生、邮电服务、旅游购物、综合管理、资源与环境保护八个方面做了大量工作，经国家旅游局验收，棋盘山风景区、沈阳植物园、沈阳故宫荣膺国家AAAA级旅游区（点）。

21世纪之后沈阳航空博览园基本建成；“赵四小姐楼”对外开放；中华国宝——翡翠大佛落户沈城等旅游资源的开发都使得沈阳市的旅游业得到了迅速的发展。到2003年底，沈阳市已批准的AAAA级旅游区有6处，即棋盘山风景区、植物园、故宫、怪坡风景区、“九一八”历史博物馆和绿岛旅游度假区。张氏帅府和沈飞航空博览园待批AAAA级，新乐遗址和仙子湖旅游度假区待批AAA级。AA级旅游区有9处。另外，沈阳还开发了工业旅游、农业旅游及红色旅游等特色旅游资源来丰富沈阳市的旅游资源。特别提到的是，2004年沈阳市制定了推进康、法两县旅游业开发建设方案。协助康、法两县与旅行社联手开辟沈阳—法库—康平旅游线路，借“五一”至“十一”旅游旺季的客流优势，充分展示沈阳西北地区得天独厚的旅游资源，拉动地区旅游业的快速发展。到2005年底，沈阳市开发大的市场，主要是加强沈阳经济区旅游圈的建设，重点强调的是区域旅游 体化，开始着手整合沈阳市的旅游资源，开辟大的旅游市场。这一时期主要是开发红色旅游资源，进一步整合沈阳经济圈红色旅游资源，开发出五个主题系列，推出九条红色旅游一日游精品线路。

区域旅游一体化合作取得先导优势的基础上，沈阳市旅游局又推出了了城市群旅游合作，中部城市群旅游产业的效益得到进一步提升。[①]沈阳市因此整合区域旅游资源，旅游产品集群化趋势增强，景区（点）开发建设取得了长足进展，初步形成了以沈阳为中心，辐射沈阳经济区城市群，内容丰富特色突出的景区（点）分布格局，例如，沈抚两市“一宫三陵”和本溪五女山城世界文化遗产申报成功等，同时，沈阳市旅游局积极协调其他六市旅游局，推出了不同主题、不同特色的八大系列30多条精品旅游线路。

2009年初，市旅游局组织本地区、县旅游局和旅行社提出沈阳市新的七大精品、十大特色旅游线路，积极协调其他七市旅游局和丹东市旅游局，推出不同主题、不同特色的96条精品旅游线路，组合印刷新版旅游线路宣传品。而且2009年，市政府将兴建沈阳经济区旅游集散中心列入为民兴办的二十件实

① 王运升，张涛主编：《科学发展与社会责任（B）卷》，沈阳：辽宁科学技术出版社，2007年版，第1337—1341页。

事之一，以彻底解决沈阳作为东北核心城市和辐射中心缺少旅游中转和枢纽的难题。全面推进旅游产业转型升级。沈阳经济区旅游发展一体化实现了时间和空间上对旅游产品的高度集约，集中展现各市旅游资源特色和城市形象。推出“三个沈阳”的旅游宣传概念，即沈阳经济区“大沈阳”，反映城市深厚文化底蕴的“老沈阳”，以及再次令东北二人转美誉度大增的“小沈阳”。形成以沈阳为中心，内容丰富、特色突出的景区（点）分布格局。

目前全市已经形成十八大旅游产品体系：以世界文化遗产——沈阳故宫、昭陵、福陵为代表的名胜古迹系列产品；以新乐遗址、青铜短剑大墓、叶茂台辽墓为代表的遗址系列旅游产品；以张氏帅府、“九一八”历史博物馆为代表的沈阳近代史迹系列旅游产品；以省博物馆、市博物馆为代表的博物馆系列旅游产品；以南关天主教堂、慈恩寺、太清宫为代表的宗教系列旅游产品；以科学宫、古陨石科普基地为代表的科普教育系列旅游产品；以五里河公园、罗士圈公园、沈水湾公园、市内公园、南北运河游园为代表的娱乐系列旅游产品；以兴隆大家庭室内公园、辽宁彩电塔为代表的娱乐系列旅游产品；以棋盘山、世博园、怪坡、仙子湖为代表的山水风光系列产品；以法库五龙山、财湖风景区、康平海洲万亩松林为代表的生态旅游系列产品；以沈飞航空博览园、老龙口酒博物馆为代表的工业旅游系列产品；以三农博览园、“农家小院”、万亩葡萄长廊为代表的农业旅游系列产品；以中街、太原街为代表的购物旅游系列产品；以“刘老根大舞台”、红磨坊、天幻秀宫、二人转、小品、杂技为代表的文化娱乐旅游系列产品；以满汉全席、老边饺子为代表的饮食文化旅游系列产品；以西塔朝鲜族风情街、西关伊斯兰风情节、满族民俗村、锡伯族民俗村为代表的民族民俗风情系列产品；以东北大学、辽宁大学、南北大学城为代表的休闲系列产品；以清文化国际旅游节、国际冰雪节、皇寺庙会为代表的节庆旅游系列产品。

沈阳市旅游资源开发要充分利用沈阳市丰富的特色历史文化资源和特有的自然资源及区域优势，以“两大品牌”和“三大黄金区域”为支撑，推出十大旅游精品和建设八大特色景区为呼应，以山水森林风光与悠久人文史迹相结合为特点，建设一批起点高、立意新、特色明的新景区。

两大品牌指：一是以故宫、昭陵、福陵、中国沈阳清文化旅游节等前清古迹游产品为主体，打造旅游精品。二是以“九一八” 博物馆、张氏帅府、勿忘“九一八”纪念日活动等近代史迹游产品为主体，打造国家旅游精品。

三大黄金区域包括：第一，金廊文化景观区：金色文化景观长廊北至北陵公园，南至南三环路，东至黑龙江街—敬宾街—奉天街—五爱街，西至黄河大街—三经街—三好街，总面积36.6平方公里，全长17公里。金色文化景观长廊旅游定位：一是展示沈阳现代都市发展成果的标志性景观长廊；二是为旅游者提供高档次、高水平的餐饮、住宿、娱乐、交通等旅游配套服务和设施；三是发挥中心城市辐射作用，是实现“住在沈阳，游在周边”大旅游发展战略的物质保证。第二，浑河文化景观带。浑河是沈阳市的母亲河，浑河沿线有着丰富的滩地资源和绿化资源，开发改造浑河，将其变成城市内河。结合国内外滨水区改造的成功经验，立足现实，形成一条亮丽的滨河景观带，塑造与区域中心城市地位相符的富有特色的城市形象，形成凝聚沈阳历史、文化、城市建筑等特色的第一品牌。第三，棋盘山旅游度假区。在强调科学规划和生态环境保护的前提下，加快区内各项基础设施和度假旅游功能的建设，充分发挥“清、青、幽、悠”的景观特色，实现东部青山半入城的宏愿，使之与浑河风光带相连。加开公交线路，取消入山门票，增加参与性强的文化娱乐活动。

从沈阳市旅游局成立到2010年，沈阳市在旅游资源开发方面采取了很多措施和举办了丰富多彩的活动，从而使得沈阳市的各类旅游资源得到了充分的开发，为中外游客和沈阳市民提供了丰富多彩的精神文化生活，旅游业的发展为沈阳市的GDP做出了很大的贡献，成为了沈阳市重要的支柱产业之一。

## 二、沈阳市旅游行业管理

### 1. 沈阳市旅游行政管理

旅游业要健康、持续、快速地发展，必须要有全面的领导和管理机制。

1985年，沈阳市旅游事业发展较快，是市委、市政府把发展旅游作为全面贯彻对外开放政策的一环，采取一系列措施，做了大量工作的结果。而在1985年之前，沈阳市没有专门的旅游机构，不利于旅游事业的发展。为此，1985年2月29日正式组建了沈阳市旅游总公司，1986年2月改为沈阳市旅游局。[①]1988年与市政府外事办公室合并，1995年12月从外事办公室划出，组建市旅游总公司，为政府直属事业单位，正局级建制，保留旅游局名义，经费执行自收自支。为便于行业管理，1997年3月将“沈阳市旅游总公司”变更为“沈阳市旅游局（总公司）”，为政府直属事业单位，编制增至36人。1998年3月成立“沈阳市旅游事业发展办公室”，为市政府直属的跨部门、跨行业、高层次的决策

① 沈阳市统计局：《沈阳经济统计年鉴》，北京：中国统计出版社，1986年版，第231页。

协调机构。办公室挂靠市旅游局。旅游市场监督力度进一步加大，在规范旅游市场秩序、受理投诉方面。实行了“一个转变、两个坚持、三级投诉”制度。1999年2月成立“沈阳市旅游产业工作领导小组”，市旅游事业发展办公室为领导小组的办事机构，与旅游局合署办公，办公室主任由市旅游局局长担任。

旅游局成立后，即着手制定发展沈阳旅游事业的规划，并开展了对外联络工作，先后建立了辽宁中部七城市旅游中心，并与北京、哈尔滨等五个地区的旅游部门建立了协作关系。在“六五”期间，沈阳市城市建设和发展旅游结合起来，促进了沈阳市旅游业的快速发展。

“八五”期间，为规范旅游市场，经国务院、省、市政府批准，先后颁布了几十个旅游行业法规，涉及旅游资源开发与保护、基建投资与利用外资、企业管理、市场管理、人事劳动管理、安全管理、审计监察、统计财务管理、外汇管理、星级评定、交通管理等进行了规范，建立了较为严格的管理体系，制定了全面的服务质量标准及监督管理制度。

“九五”期间，沈阳市委、市政府为进一步加大对全市旅游业的领导力度，将旅游局从外办分离出来，为贯彻落实市委九届四次会议精神和实施五大发展战略，促进旅游业的持续、健康发展，市旅游局与全市旅游从业人员共同努力实干，取得了较大的进展。根据国家旅游局、公安部、工商局《关于进一步加强旅游市场管理的监管》精神及省有关部门的统一部署，市旅游局会同公安局、工商局成立了“沈阳市旅游市场专项治理工作领导小组”，加强旅游行业管理，通过这次旅游市场专项治理，进一步规范了沈阳市的旅游市场，促进了旅游业的健康发展。

2001年，沈阳市旅游局为了适应旅游业的不断发展，又进行了机构改革，这次市旅游局由事业单位进入政府序列，成为主管全市旅游业的政府行政部门，使得旅游局能够更好地发挥全面指导旅游业发展的领导作用。进入新世纪以来，沈阳市旅游局针对旅游事业展开了全面的管理：

第一步，开展了以出境游市场为重点的旅游市场规范整治工作，经过一段时间的整顿之后，将整顿的细则细化为18条28项，对重点检查的出境游工作细化为25个具体内容。

第二步，是制定全面的发展规划。夯实沈阳市旅游业的发展基础，扩大产业覆盖面，优化旅游要素配置，提高旅游管理、经营、服务水平、实现旅游业的超常发展，按照《关于印发2002年沈阳市旅游工作任务分解表的通知》（沈政协发［2002］16号）要求，对已编制完成的《沈阳市旅游业发展“十五”计划和2010年规划》进行了修改和完善。修改后的《沈阳市旅游业发展“十五”

计划和2010年规划》提出2005年总体目标是：巩固创建全国旅游城市的成果，继续推动旅游产业的快速发展，坚持以清文化旅游为中心，做大周边游和市民休闲游市场。巩固提升老产品，培育开发新产品，打造名牌旅游新产品，构筑具有丰富文化底蕴和独具特色的旅游产品体系；建立起展示沈阳悠久历史文化和城市自然风光的"沈阳游"精品旅游线路，把沈阳建设成为北方旅游强市，进一步巩固支柱产业地位。总的看，"十五"期间全市各级政府、各个方面十分重视旅游工作，认真执行《沈阳市旅游业发展第十个五年计划》，加大了旅游资源的开发力度，加快了旅游景区景点的建设步伐，使"一宫两陵"、大帅府、怪坡等诸多传统旅游项目重放异彩，冰雪节、工业旅游、农业旅游等新型旅游产品日益丰富。与此同时，按照国家和省、市相关政策法规的规定，加强了对旅游市场的管理，极大地改善了投资和旅游环境，从而使我市旅游业取得了长足进步，呈现出良好的发展势头。

第三步，在整顿规范旅游市场工作的同时，对严重扰乱旅游市场秩序、非法和违规开办旅游业务的行为进行打击，市场秩序进一步好转。为贯彻落实国家旅游局召开的"全国恢复与振兴旅游工作座谈会"的精神和《关于在旅游业恢复与振兴中进一步规范和整顿旅游市场秩序的通知》，确保沈阳市旅游业在短时间内得到尽快恢复和振兴，市旅游局及时调整工作思路，围绕快速恢复旅游业这一中心任务，重点开展旅游市场专项整治工作。①

2006年，沈阳市旅游行政管理进一步规范加强：2006年，沈阳市旅游局和市统计局合作开发旅游统计日报系统，实现共享信息、数据，这在全国旅游统计业界是一个创举。2006年，是《辽宁省旅游条例》颁布实施的第一年，沈阳市旅游局按照有关法律规定，认真开展依法行政、依法治旅的工作。

为保证全市旅游业安全平稳，全面实现"健康、安全、秩序、质量"四统一目标，自2007年新年伊始加大旅游安全力度，开展一系列的旅游安全检查保障工作。同时，市旅游局以"整治环境、规范行为、保证安全"为主线，全年有计划地开展旅游安全、团队档案等专项检查。

2008年，市旅游局立法、执法工作取得了新进展。市旅游局开展了多项旅游执法现场检查等，规范旅游接待市场秩序。开展了市场检查活动：一是组织了两个黄金周市场检查工作，二是开展了旅游市场专项检查。

通过多年的发展，沈阳市依法行政的工作取得了较大的进展，相关的法律

---

① 沈阳市人民政府地方志办公室编：《沈阳市志》，沈阳：沈阳出版社，2003年版，第236页。

法规逐渐完善，公务人员的执法工作也规范化，旅游市场秩序恢复，沈阳市旅游局认真贯彻了国务院颁布的关于旅游业发展的相关文件精神，使得沈阳市依法行政的步伐又向前迈了一大步。

**2. 旅行社管理**

为了适应迅速发展的旅游事业的需要，使接待能力和服务质量不断提高，新的旅游机构不断增加。从1985年旅游局的成立开始，沈阳市的各类旅行社就逐年呈现递增趋势，从1986年沈阳市的各类旅行社只有7家到2010年底沈阳市旅行社数量达到了185家之多。在这期间，不仅是旅行社数量的增加，同时旅游接待服务机构和设施建设，也收到较好的效果；导游人员和素质和数量都大幅度提高。这些都是沈阳市旅游业发展取得的成就，同时也是旅游事业发展的必要条件。

从1986年开始，市旅游局就十分重视旅行社和导游人员的管理，当时沈阳国际旅游公司已经拥有英、日、俄、印尼四个语种的翻译和导游人员，同时和全国各地的旅行社建立了联网工作关系，各旅行社和公司通过挖掘自身潜力，与兄弟省、市搞横向联合，积极开展自主外联，发挥了在对外交往中的桥梁和纽带作用；还制定了旅游接待、服务、管理条例和规章20余个，对翻译、导游人员进行了全面的培训，编辑印制了《沈阳旅游概况》《沈阳》等宣传小册子，从而扩大了沈阳市的旅游知名度。

1990年底，沈阳市的旅行社分一、二级进行管理，当时已有13家，市属的包括中国青旅集团辽宁集团、辽宁海外旅游总公司、中国国际旅行社沈阳分社三家。随着沈阳市对外开放和改革的不断深入，旅游业不断发展，旅游基础设施获得相应发展。1991年也是一个转变的时期，旅游业主要是由食、住、行、游、购六要素组成，1991年，沈阳市在旅游各要素的完善配套上有了一定的发展。而且1991年，沈阳市旅游系统已经开始形成一套较严密科学的服务质量检查标准和制度，建立起专、兼职相结合的检查人员队伍。这一年，沈阳市旅行社共有19家，国内、国外服务区分比较明显，其中为国际游客服务的有13家，为国内游客服务的有6家。

1992年，旅行社管理最大的特点就是旅行社数量激增，尤其是经营国内旅游的三类社增长较快。例如：中国国际旅行社沈阳分社更名为辽宁省中国国际旅行社，并经国家旅游局批准升级为一类旅行社，国家旅游局直属的中国康辉旅行社总社在沈阳市设立了分支社——中国康辉辽宁旅行社。新开办的辽宁商贸旅游公司使二类旅行社增加到12家。这样，在沈阳市经营国际旅游业务的旅行社就达到15家。其他和旅游直接、间接相关的基础设施随着经济的发展、观念的转变、竞争的激烈、不断调整着内部设置等，逐步增强对市场的适应性。

1993年，是沈阳市旅游业近年来发展速度最快的一年，全市经营国内旅游的第三类旅行社在原28家的基础上，全年又有42个单位提出了办三类旅行社申请。随着市场经济的发展，国内旅游市场形势变化很大，由此带来管理工作的亟待加强。为保障国内旅游业的健康发展，沈阳市旅游局会同物价局确定了1993年27条国内旅游线路及旅游汽车包车收费实行最低限价。积极引导旅行社在市场经济过程中，运用企业经济杠杆，保证国内旅游市场有价开展公平竞争，从而保证了旅游质量。加强旅游市场管理，是提高旅游业总体素质和发展水平的必要保证。根据建立社会主义市场经济的要求，本着纳入轨道、规范秩序、提高素质的原则，沈阳采取了相应的旅游市场管理措施。市旅游局制定了关于《关于清理整顿旅游市场的实施办法》等条例的出台。在旅游教育和培训上，也有所发展，为了从整体上提高旅游行业从业人员的素质，提高旅游服务的质量，沈阳市旅游局对全市旅游行业职工的教育与培训工作进行了认真具体的规划和落实。旅游业是以服务劳动为主的第三产业，因此对于旅游价格也要进行规范的管理，沈阳市在调查研究的基础上，放开了全市的旅游价格。

由于受外部经济环境的制约和旅游旺季反常气候的影响，1994年，沈阳市旅游业遇到了前所未有的困难。在严峻考验面前，旅游业全体干部员工顽强拼搏，齐心奋战，努力消除客观条件带来的不利影响，积极寻找企业生存和发展之路，使沈阳市旅行社整体经济损失减少到最低限度。有些旅行社在“大灾”之年仍然获得了较好的经济效益，在此过程中，旅游管理部门充分发挥职能作用，通过坚持不懈抓治理、整顿和规范行业管理，努力为企业发展创造一个良好的外部环境，旅行社之间的竞争始终处于一个公平、有序的状态，促进了旅游业的健康发展。旅游队伍进一步壮大、人员素质进一步提高，跨行业，跨省、市的联合与协作关系进一步扩大，旅游行业综合实力得到进一步增强。这一年沈阳市通过强化治疗管理机制，全面推行标准化服务，开展服务质量检查活动，全市旅游行业的服务质量有了明显的提高。各旅行涉外饭店和一、二类旅行社以及其他旅游经营部门都结合实际，相继建立了关于服务质量监督管理、教育培训、设施设备维修保养等部门，制定了很多规章制度，使得沈阳市的旅游业蓬勃发展。

随着改革开放步伐的加快，加上旅游管理部门与企业领导职工的共同努力，克服了经济不景气等客观环境的不利影响，在改革中发展，在整顿中提高，全市旅行社的各项工作取得了新的发展。第一，综合治理取得明显效果。第二，旅游队伍素质在稳定发展中提高。第三，旅游业务的拓展提高了企业效益。

1997年，沈阳市旅游局在继续做好日常管理工作的同时，重点抓了旅行社类别转变及旅游市场规范、治理整顿和价格管理等工作，确保了沈阳旅游市场的正常运行和健康发展。第一，旅行社类别调整工作。第二，旅行社名称规范、清理整顿价格管理工作。第三，旅行社的发展。1997年，沈阳市旅游局新批准成立6家国内旅行社。1997年5月28日，沈阳市旅游协会第一次会员大会暨旅游协会成立大会，在七月宾馆隆重召开，标志着沈阳市旅游业的发展翻开了新的一页。

依法治旅是发展沈阳市旅游业的一个重要的手段。1999年，沈阳市旅行社行业管理工作在发展中提高，旅游规范化管理工作不断完善，取得较好成绩：为维护旅游市场秩序，先后出台了一系列的规章制度；根据旅游市场情况变化，研究修订了旅游线路新的指导价格；坚持旅游保险统一定点管理。

进入21世纪，沈阳市旅行社发展又进入了一个新的发展阶段。新增旅行社43家。市旅游局在旅行社管理方面始终坚持加快发展、提高产业素质和依法治旅的原则，先后印发了《沈阳市国际、国内旅行社营业场所管理暂行规定》《关于加强旅游业广告监督管理的通知》，在全行业认真贯彻落实国家旅游局《旅行社国内旅游服务质量》和《导游服务质量》等规章制度，做到了有法可依。2000年8月下旬，市旅游局会同市工商局、公安局联合下发了《沈阳市整顿旅行社市场工作方案》，在全市开展旅游市场清理整顿工作。为使沈阳市旅行社旅游服务质量管理与国际接轨，提高服务质量标准化、规范化水平，市旅游局与市质量技术监督局共同举办ISO9000和ISO14000质量体系培训班，为下一步开展质量标准体系认证工作创造条件。

旅游局主要针对的是旅行社的改制问题，当时全市旅行社改制工作取得较大进展，形成了国有企业、事业单位、集体企业和有限责任公司等多种经济类型。引进全国名牌旅行社进入沈阳旅游市场，形成新的竞争机制，对推动沈阳市旅行社加强管理、改进经营模式、提高竞争能力取得了良好效果。同时根据国家旅游局和省旅游局的要求，对全市旅行社门市部进行了全面检查和整顿，取得了良好的社会效应。而到2002年，改革旅行社企业管理体制，是2002年度沈阳市旅行社管理工作的重点工作。截至2002年12月31日，全市118家旅行社中，已有80家旅行社完成企业股份制改造工作。体制改革给旅行社的发展注入了新的生机和活力。

2003年，沈阳市在旅行社管理方面采取了以下行动：提高旅行社适应市场和抵御风险的能力基础；旅游服务质量全面提高；旅游市场开发、宣传促销成效显著；在导游人员管理和星级饭店管理方面也得到了加强。

市旅游局对旅行社的规范和指导使得沈阳市旅行社数量持续增加，旅行社的质量也得到了很大的提高，同时开展“旅行社服务质量评价”工作，引入了竞争机制，使得旅游行业逐渐规范化。截至2007年末，全市共有旅行社177家，全市旅行社实现收入188727.3万元。利润总额402.4万元[①]，这一年，沈阳市旅行社已经进入了优胜劣汰的市场调节机制，同时启用旅行社信誉档案系统和月报系统。查阅者可以非常清晰、准确、全面地了解旅行社的情况。旅游消费者可以择优选择，保证出行质量。2009年度沈阳市旅行社各项经营指标有所增长，但占少数的国际旅行社在各项经济和组接指标中依然占据着主导地位。从2010年开始，国家旅游局用旅行社调查统计取代旅行社业务年检。2010年，根据国务院新颁布的《旅行社条例》和《旅行社条例实施细则》，市旅游局对全市旅行社设立审批、变更、服务网点和分社备案等流程进行修改。截至2010年末，沈阳市共有旅行社185家。

沈阳市旅行社的管理是随着市场经济的发展和改革开放的不断深入取得了很大的发展，每年旅行社发展的侧重点是不同的，通过多年的发展，沈阳市旅行社管理逐渐规范和完善，相关的法律法规也相继出台，沈阳市旅游行业秩序达到了规范化、法律化和制度化，为沈阳市旅游事业的发展提供了有力的环境和条件。

## 三、沈阳市旅游宣传推广

沈阳市旅游业得到快速、稳定的发展，很大程度上依赖于良好而有效的市场推广，沈阳市的旅游推广分为国内市场推广和国际市场推广，针对国内、国际不同的旅游发展现状，提出了相应的推广措施和手段，促进了旅游事业的发展。

### 1. 国内旅游市场推广

沈阳市在组建了市旅游局之后，对外联络工作发展迅速，先后建立了辽宁中部七城市旅游中心，并与北京、哈尔滨等五个地区的旅游部门建立了协作关系。官方交往的同时，也进行了一些民间交往活动，形成了多形式、多层次的友好交往。此外，对外经济技术合作活动十分活跃，也促进了旅游事业的发展。在这期间，各旅行社和公司也通过挖掘自身潜力，与兄弟省、市搞横向联合，积极开展自主外联，发挥了在对外交往中的桥梁和纽带作用。

为配合“1992中国友好观光年”在沈阳的开展，沈阳市旅游局及有关旅游单位均展开了大力的对外宣传工作。“1992中国友好观光年”是国家旅游局为促进

---

① 沈阳市人民政府地方志办公室编：《沈阳市志》，沈阳：沈阳出版社，2007年版，第192页。

我国旅游业的发展而采取的一项重大行动。为配合这项行动，1992年初，中国国际旅行社沈阳分社、沈阳市中国旅行社等单位分别推出了“1992中国·沈阳旅游线路汇编”，向国内外有关单位发出了印刷精美的宣传册；国内旅游业也获得了新发展，全市旅行社组织沈阳市居民外出旅游7.5万人次，以上均创沈阳市旅游业新纪录。但到了1994年，由于受外部经济环境的制约和旅游旺季反常气候的影响，使沈阳市旅游业遇到了前所未有的困难，但沈阳市旅游业全体干部员工克服困难，针对沈阳市旅游资源较少、旅游资源相对不足、沈阳旅游业在全国知名度不高的实际，沈阳市旅游业坚持把“搞好对外宣传，加强对外联系，推进对外发展”作为旅游发展重点，参与主办大型旅游宣传活动。

“九五”期间，沈阳市坚持“国际国内市场兼顾，以国内旅游市场为基础，以国际市场为重点”的方针，组合包装旅游产品并采取多种形式有针对性地重点促销，巩固韩国、日本、独联体等主要客源市场，努力开发欧美市场，[①]扩大沈阳在海外的知名度，大力吸引海外游客。在宣传促销方式上，以“大旅游”观念为出发点，改变以往仅注重旅游资源、旅游线路宣传的做法，扩大宣传沈阳及辽宁中部八城市的整体形象。1996年采取的促销方式有：第一，建立了全市旅游信息报道网络，促进对外宣传。第二，市旅游局按照省旅游局市场促销处的有关要求，针对实际情况开展专题性促销。第三，通过“1995香港国际旅游交易会等旅游展销机会进行宣传促销和旅游产品展示。第四，开发国内旅游市场。第五，筹资出版了新版全彩色宣传折页《中国历史文化名城——沈阳》。第六，市旅游局每季度出版一期《沈阳旅游简报》。形成了以沈阳为中心、以周边地区旅游市场为起点，以南方市场为促销重点向全国展开的促销方式，同时，为进一步扩大沈阳对外知名度，树立城市形象，加强争创“中国优秀旅游城市”的工作力度，市旅游局每年都同电视台进行合作，推出旅游宣传节目。[②]

1998年，沈阳市市场促销成效也比较显著，积极参加国际大型旅游交易会。1998年“沈阳市第一届冰雪旅游节”举办，扩大了对外开放，活跃了人民群众冬季文化体育活动。1999年沈阳市同样也积极组织开展国际、国内的旅游促销。市旅游局（总公司）与北方航空公司、各区、县（市）旅游局和部分旅游经营单位开展“三位一体”的旅游宣传促销活动，组织了代表团赴新加坡、马来西亚、越南、泰国等东南亚国家进行促销活动，召开沈阳旅游推介会，组

---

① 胡长书等：《中华揽胜》，广州：中山大学出版社，1978年版，第87页。

② 沈阳年鉴编辑部：《沈阳年鉴》，北京：中国统计出版社，1997年版，第316—317页。

织辽宁中部旅游协作体赴新加坡、马来西亚联合宣传促销，效果良好。派团参加了在昆明市召开的1999年中国国内旅游交易会、在太原市召开的中国北方旅游交易会，并对沈阳市第三届冰雪旅游节进行前期宣传。通过中央电视台等各种新闻媒体，大力宣传沈阳市的旅游资源。

21世纪之后，国内旅游市场推广再上台阶。2001年，为提高沈阳旅游资源在国内外的知名度，促进沈阳市旅游业快速发展，市旅游局改变了过去只参加旅游交易会的单一促销方式，积极开展宣传促销活动。市旅游局共组织10次旅游促销团，开展了一系列的宣传促销活动。而且沈阳市还与各城市以对开旅游列车、对外包机及旅游大篷车形式开展促销活动，取得良好效果。同时举办了沈阳清文化国际旅游周活动，这是一次规模大、层次高、项目多的大型文化旅游活动。2002年，沈阳市积极开展旅游促销工作，共签订国际、国内合作协议50余项，互换游客40万人。“走出去，请进来”，2002年是开展旅游促销活动最多的一年，而且促销方式有所创新，充分发挥区域合作的优势，不断增强促销内容的针对性。而且市旅游局与新闻单位紧密合作，在宣传的广度和深度方面都是历年来最有成效的。继此之后，市旅游局继续巩固周边旅游市场，扩大国内主要客源市场，开辟西北新的客源市场，加强东北四城市区域旅游合作、辽宁中部城市间的旅游合作；加大包机、专列组织力度。旅游促销工作得到市领导的高度重视。表现在以下几个方面：一、旅游对外交往不断加深，旅游互动频繁。二、旅游促销工作经受住“非典”影响的严峻考验。三、进行城市集群赴境外联合促销的有益尝试。四、旅游商品开发。

随着计算机技术和信息技术的发展，旅游宣传的方式逐渐进入了网络化的阶段， 2003年底开始筹备建设的沈阳旅游政务网，作为政务公开和对外宣传窗口之一，2004年9月底建成并试运行，使旅游工作逐步向网络化、电子化、现代化发展。沈阳市旅游新闻宣传工作围绕全市经济工作中心，抓住“沈阳振兴，旅游打头阵”的主题，积极加强与新闻单位的合作，先后组织或参与组织中韩旅行社大会、2004年冰雪节等活动的宣传报道。在国内旅游市场的推广上，2005年依旧是努力的一年，参加了2005年中国国际旅游交易大会、迎“五一”旅游大篷车巡展活动、参加香港国际旅游博览会、加强与国内外旅游市场的交流、加强区域合作，打造区域旅游品牌，巩固市场等，都使沈阳市的旅游业得到了长足的发展。①

① 辽宁省人民政府：《关于大力发展旅游业建设旅游强省的意见》，辽政发［2001］18号。

由于2008年恰逢中国奥运年，沈阳市2008年的旅游宣传促销工作思路是：紧紧抓住奥运会足球赛事在沈阳市举办这条主线，面向国内外客源市场，大力开展“体验沈阳、感受奥运”为主题的旅游宣传促销活动，推出奥运旅游线路和产品，打造“活力之都”城市品牌形象，促进国内外客源的持续增长。成立沈阳旅游营销传媒合作体、拓展旅游宣传促销的新渠道，参加2008年中国国内旅游交易会、联手航空公司开展促销都是具体的促销方式。2009年，旅游推广促销方式又有所创新，主要体现在开展旅游宣传联动促销，组织参加四次国内大规模促销活动，同甘共苦主动出击，“走出去”开展宣传促销，进一步拓展沈阳市国内客源市场。根据国家旅游局《关于开展“全国百城旅游宣传周”活动的通知》要求，开展“全国百城旅游宣传周辽宁主会场暨沈阳人游沈阳活动”。例如，市旅游局充分借助由省旅游局搭建的促销平台，积极开展“活力之都”城市整体形象以及沈阳国际旅游节宣传等。参加旅游展会，进行沈阳旅游资源宣传。同时与海内外旅游组织、新闻媒体开展互动交流，有效宣传了沈阳市的旅游业。

在旅游宣传上，2010年，沈阳市举行了国际旅游交流日系列活动，参加2010年国内旅游交易会，由东北“4+1”联合体城市共同组织大型旅游促销团到客源市场进行联合促销。同时也举办了许多节庆活动：中国沈阳国际旅游节、2010年中国沈阳国际冰雪节，实现“东北冰雪旅游第一站”的目标。推出了“三个沈阳”的旅游宣传概念，即沈阳经济区“大沈阳”，反映城市深厚文化底蕴的“老沈阳”，以及再次令东北二人转美誉度大增的“小沈阳”。通过这些有效的推广促销方式，沈阳市旅游事业得到了长足的发展，使得沈阳市在国内外的知名度大增，促进了其发展。

**2. 国际旅游市场推广**

沈阳市1985年之后，在继续巩固和发展过去的三个友好城市关系的基础上，又先后与美国的芝加哥市、意大利的都灵市结为友好城市，[①]此后，在沈阳市国际知名度不断提高的情况下， 沈阳市接待的旅游者已经从1980年的42个国家和地区共12468人增加到75个国家和地区共31591人，[②]而且旅游的形式也由最初比较单一的观光旅游发展为集贸易、科技、体育、文化、会议于一体

① 杨颖：《辽东半岛——东北对外开放的窗口》，沈阳：辽宁大学出版社，1988年版，第150页。

② 沈阳经济统计年鉴编委会：《沈阳经济统计年鉴》，北京：中国统计出版社，1987年版，第246页。

的综合性旅游，加深了沈阳人民同世界各国人民之间多方面的相互了解。

借“1992中国友好观光年”活动的契机，沈阳市积极采取措施，扩大国际交往，组织了多种形式的招商活动，有力促进了国际旅游业的发展。3—4月间，沈阳市旅游局与沈阳市海外旅游总公司又联合设计推出了新编旅游线路。“1992中国友好观光年”的开展对沈阳市旅游业产生了极大的影响。全市接待海外人士6.5万人，大大高于“八五”计划中的每年增长18%的增长速度。1994年，沈阳市旅游局全力开展了有针对性的旅游宣传、促销活动，国内外旅游市场开发取得了良好的成果，主要是采取多种形式，有针对性地巩固韩国、日本、俄罗斯、东南亚等周边主要客源市场，积极开发欧美市场，大力吸引海外游客，积极组织开展国际旅游促销。

进入21世纪之后，沈阳市在国际旅游市场推广方面又有了较大的进步，重点开拓韩国、日本、东南亚、欧美等国家及台湾、港澳地区的客源市场。充分利用沈阳和韩国经贸往来日益频繁的大好形势，继续巩固韩国市场；进一步开拓日本市场；利用沈阳和东南亚国家良好的客源关系，开通包机的良好条件，做大亚洲市场；打造韩国清州到沈阳的旅游线路。当时，为了挽回“非典”时期造成的损失，“非典”过后，迅速启动国际旅游市场促销工作，首次尝试城市集群赴境外联合促销的有效方式。

在国际旅游市场的推广上，沈阳市旅游局始终以韩国等东南亚市场为主要客源市场，基本上每年的市场推广都会以此为主，着重加强，在此基础上，扩大市场，丰富旅游项目，吸引国外游客的到来，使沈阳市外汇收入得到了大幅度的增加，成为国民经济的支柱产业之一。

**3. 精品旅游线路**

沈阳是一个人口超过800万的重工业城市，同时也是一座旅游资源丰富、有特色的城市，无论是盛京还是奉天，沈阳无疑比其他城市多了一份厚重的历史底蕴，同时也成为东北地区重要的旅游城市。沈阳市旅游局在2006年推出了10条精品旅游线路，丰富了国内外旅游者和当地居民的精神文化生活。

第一，湖光山色，鸟语花香——森林之旅。

包括世博园（植物园）、棋盘山风景区、沈阳森林动物园、关东影视城、沈阳国家森林公园、鸟岛、华夏饮食文化博物馆、花果山神秘谷、蒲河生态廊道沈阳段、辽河·七星湿地公园、康平卧龙湖。

主要资源：

世博园（植物园）　2006年中国沈阳世界园艺博览会（简称2006沈阳世园会）在沈阳棋盘山旅游开发区召开。是全国第一批、沈阳目前唯一一家

AAAAA级景区，堪称植物王国、游艺天地、旅游观光休闲度假的佳境。沈阳世园会位于风景秀丽的沈阳棋盘山国际风景旅游开发区，占地246公顷，园内建有53个国内展园、23个国际展园和24个专类展园，是迄今世界历届园艺博览会中占地面积最大的一届。在沈阳世园会的建设中，许多设计方案、建设手法都是首次被使用。如三层夹胶玻璃建桥面、凤之翼建筑的斜塔，而百合塔则为中国最大的雕塑体建筑。本届世园会力求通过四大主题建筑：凤之翼、玫瑰园、百合塔、综合馆的建设，着重展现五个特色：世界最大的园艺博览会、森林里的世园会、北方特色的世园会、展示城市的世园会、环保生态型的世园会。世园会用地246公顷，有100个风情展园和专类园。其中的国际庭园21个，来自荷兰、意大利、日本等国家和地区的国外展园构成了国际园区，在这里可以一睹世界顶级园艺的风采。国内庭园53个，以城市作为基本参展单元，力邀直辖市、省会市、辽宁省内地级市及港澳台地区参展。专类庭园26个，不仅具有观赏价值，而且具有很高的专业和学术价值。沈阳世园会的最大特色是体现了北方大地的四季景异，春夏秋冬景色各异，一景多色给予了沈阳世园会不断变化的精彩。

进入21世纪之后，沈阳市在国际旅游市场推广方面又有了大的进步，重点开拓韩国、日本、东南亚、欧美及台湾、港澳等国家和地区的客源市场。充分利用沈阳和韩国经贸往来日益频繁的大好形势，继续巩固韩国市场；进一步开拓日本市场；利用沈阳和东南亚国家良好的客源关系，开通包机的良好条件，做大亚洲市场；打造韩国清州到沈阳的旅游线路。当时，为了挽回“非典”时期所造成的损失，“非典”过后，迅速启动国际旅游市场促销工作，首次尝试城市集群赴境外联合促销的有效方式。

在国际旅游市场的推广上，沈阳市旅游局始终以韩国等东南亚市场为主要客源市场，基本上每年的市场推广都会以此为主，着重加强，在此基础上，扩大市场，丰富旅游项目，吸引国外游客的到来，使沈阳市外汇收入得到了大幅度的增加，成为国民经济的支柱产业之一。

棋盘山风景区　在辽阔的松辽平原南端，蜿蜒南巡的长白山余脉，有一块保存完好的半原始森林和一片宁静的水域，在缺少绿色的时代，她犹如一颗绿宝石送来温馨与清爽。这儿山水合璧、四季分明、景色宜人，是沈阳最大，融自然景观、生态旅游、娱乐度假为一体的观光旅游胜地和沈阳市旅游产业的龙头，就是沈阳棋盘山旅游开发区。

国家级文化产业示范区，被评为辽宁省十五个最佳旅游景点和沈阳市十五大旅游景观，是建设中的辽宁省六大旅游聚集区之一，文化景观、森林生态、秀湖水域、动物乐园、垂钓娱乐和冬季冰雪等资源丰富，特色明显，温泉养生也在开发中。棋盘山旅游开发区占有独特的地域优势，它毗邻沈阳母城，距市区仅17公里，地处铁岭、抚顺、本溪、辽阳、鞍山等辽宁中部城市群中心，辐射人口2000多万。便利的交通四通八达，连接着沈阳大二环路、三环路、沈铁高速公路、沈抚高速公路等，构成顺畅的交通网络。

“茂林修竹”，碧水连天。棋盘山旅游开发区以自然美景闻名于世，得天独厚的旅游资源又得到良好的开发。203平方公里的规划区域有森林面积97平方公里、水域面积7平方公里。已开发的旅游景区、景点有棋盘山风景区、植物园、国家森林公园等。冬天的沈阳棋盘山，群山是天然的滑雪场，湖面就是天然的大冰场，得天独厚的自然资源条件将雪雕观赏、高山滑雪和冰雪娱乐三大主体活动融合一体，全国罕见。“到哈尔滨看冰雕，到沈阳看雪雕。”沈阳冰雪节借鉴日本札幌冰雪节的成功经验，突出雪雕观赏特色，兼容冰雪活动的广泛参与性，经过几年的打造，已经成为国内外知名的旅游品牌。

这些景区（点）各具特色，美不胜收，组合成辽宁著名的旅游黄金线。每年来此观光的游客超过300万人次，2004年“五一黄金周”接待中外游客人次在全国假日办监测的收费景区中位列第一。走进棋盘山旅游开发区，真正感受生命与自然的最佳融合。

关东影视城　位于棋盘山风景区内，是著名表演艺术家赵本山所在的本山集团与棋盘山开发区合作建造的，内有清末民初各式风格建筑177栋，集影视拍摄、旅游观光、文化教育、实体经营为一体，是国内唯一一座展现20世纪初期关东风貌的大型影视城。已有多家影视机构在此拍摄电影或连续剧。

华夏饮食文化博物馆　位于棋盘山开发区观音阁村，四个展馆陈列各种展品、收藏品3000余件，其规模、藏品数量均居世界同专题博物馆前列，也是我国首家饮食文化博览基地，系统展现了中国古代、近现代及当代的珍贵文物，向国内外公众全面展示与宣传了中华民族悠久的饮食文化。附有会议住宿、生态餐饮、娱乐服务等多项功能，可预约办理“满汉全席”。

花果山神秘谷　位于棋盘山开发区北侧，靠近国家森林公园南门，以原始生态和古朴文化相结合的旅游风景区。作为东北民俗博物馆，有全国最大的民俗、文物展览基地，仿照百年前的古镇的文化展示区——阎家大院。少数民族文化主要反映来自于大西南边陲的以原始方式生活的土著民族的民俗、民风、民情，最吸引人的莫过于神秘谷的“野人部落”。

沈阳国家森林公园　有270余种植物、160余种动物，是一座宝贵的天然绿色植物基因库和研究沈阳地区植被恢复的理想基地和资源植物园。

蒲河廊道沈阳段　全长近180公里，拥有“一河三湖多湿地、两岸六区十八景”“一河”，即景观生态河；“三湖”，即秀湖、丁香湖和珍珠湖；“多湿地”，即沿线多处生态湿地；“两岸”，即沿河两岸生态环境建设；“六区”，即秀湖风景区、蒲河新城区、都市农业示范区、珍珠湖风景区、近海新城区、河口生态涵养区；“十八景”，即18个主要的景观节点。

沈阳鸟岛　一年不同的季节里，岛上的森林、灌丛、湿地、水塘都带给人们不同的景观；岛上鸟类有四大类：走禽、游禽、涉禽、鸣禽。如：丹顶鹤、黑天鹅、白天鹅、孔雀、秃鹫、白鹭、黄喉、蓝喉、鸳鸯、鸬鹚、灰鹤、金刚类鹦鹉、白鹇、红嘴欧、斑头雁、鸵鸟等，“孔雀东南飞”表演堪称一绝。

康平卧龙湖　它不仅是辽宁省最大的平原淡水湖泊，更是我国北方沙地边缘保存最好的一个内陆型湿地。

第二，工业重镇、长子情怀——工业基地之旅。

包括中国（沈阳）工业文化博物馆（原铸造博物馆）、沈阳工人村生活馆、沈飞航空博览园、沈阳老龙口酒文化博物馆、沈阳蒸汽机车博物馆、沈阳蒙牛乳业、沈阳爱新觉罗祖家坊酒业、沈阳可口可乐有限公司、沈阳辉山乳业、沈阳华晨宝马汽车公司、沈阳伊利乳业、沈阳燕京啤酒（部分单位需要提前预约）。[①]

中国工业文化博物馆（原铸造博物馆）国家AAA级旅游景区，是在铁西区改造时，将沈阳铸造厂（始建于1939年，其前身是日本高砂制作所）核心车间以原生态保留，分为实物和生产流程展示、沈阳市和铁西工业发展回顾和现状等部分，并开发了会展服务等功能。

沈阳工人村生活馆　国家AA级旅游景区，工人村始建于1952年9月，是根据毛泽东“在提高生产的基础上改善工人的生活”的指示精神，由沈阳市投资1200万元修建的，共建成143栋起脊闷顶苏式风格建筑，是共和国最早、也是最大的工人居住聚集区。20世纪70年代，这里成为沈阳市首批向外国人开放的地区，成为当时工人阶级当家作主的鲜活物证。由原苏式建筑保留而成的“工人村生活馆”，恢复了当时的“大合社”、粮站、邮局、抗大小学、幼儿园等原貌，其中还复原了不同年代13户典型家庭的真实生活场景，生活馆里的200多幅老照片、5000多件实物，是从1000多户居民家里征集捐赠的。

---

① 代钰，田红雨，郭舒：《振兴老工业基地 发展辽宁工业遗产旅游》，《辽宁经济》2007第6期，第10页。

沈飞航空博览园　位于皇姑区陵北街1号，国家AAAA级景区和工业旅游示范点，全国首家系统介绍我国歼击机发展历程和航空科普知识的大型展馆，充分利用声、光、电等现代科技手段和参与性、娱乐型的科普活动项目，展示了航空科普知识、爱国主义教育和国防教育等方面的内容。

沈阳老龙口酒文化博物馆　国家AAA级景区和工业旅游示范点，“老龙口”是沈阳现存最早的民族工业之一，迄今已有约350年，历史上所酿造白酒多贡奉朝廷与军队，素有“大清贡酒”之称。酒博物馆采用清代古建筑形式，馆内分为“酒文化展区”和“酿酒老作坊展区”两大部分，并与厂区的酿造区、包装线、存储窖等相连，构成参观环线，并可在存储窖内现场品尝白酒。

沈阳蒸汽机车博物馆　东北最大的铁路陈列馆，以珍贵的实物和丰富的图片，向人们展示了自1891年清政府开工兴建关东铁路以来的100多年间东北地区铁路的发展变迁，成为中国铁路史的一处缩影。包括铁路装备展区、史料图片展区及运输能力展区、安全教育区等，机车及展品共800余件，包括美国、德国、日本、捷克、波兰、罗马尼亚、中国和苏联等8个国家的机车产品。

沈阳爱新觉罗祖家坊酒业　国家AAA级旅游景区，继承和发展了皇家烧锅的传统酿酒工艺，形成了以满族酿造第一坊的独特生产工艺为核心的工业旅游观光景区、爱新觉罗皇家酒文化、满族风情和皇家建筑，积累了上千件文物。

第三，勿忘国耻，牢记历史——红色之旅。

包括沈阳“九一八”历史博物馆、沈阳抗美援朝烈士陵园、东北陆军讲武堂、周恩来少年读书旧址、中共满洲省委旧址暨刘少奇故居纪念馆、沈南第一党支部。

“九一八”历史博物馆　是震惊中外的1931年九一八事变发生地。为纪念这一重大的历史事件，在这里修建了一座“残历碑”。“九一八”历史博物馆。馆内收藏的九一八事变爆发前后近1000幅珍贵历史照片文献资料及700余件历史文物，分7个部分，展示了东北人民从沦为亡国奴到走向抗战胜利的历史。沈阳“九一八”历史博物馆，始建于1991年。1997年9月，博物馆进行扩建，1999年9月18日竣工并正式向社会开放，1999年9月18日正式落成开馆。新馆总占地面积31000平方米，建筑面积12600平方米，展览面积9180平方米。博物馆共设有包括序厅在内的8个展厅、10余个大型场景。新馆采用了现代科学技术，配备有分区广播系统、中央空调系统、影视报告厅、电子阅览室、多媒体电脑系统及国际互联网系统等设施，是一座大型的现代化的爱国主义教育和国防教育基地。博物馆通过大量文物、史料及多种展示手段反映了从1931年日本帝国主义发动九一八事变后，东北人民14年遭受奴役、奋起抗争、浴血奋战的历史画卷。教育人民勿忘国耻，振兴中华。

沈阳抗美援朝烈士陵园　园内有烈士纪念碑、烈士墓群、烈士纪念馆、展示厅等设施。烈士陵园纪念碑主体高23米，是烈士陵园的标志性建筑；纪念碑后松林中安葬着特级战斗英雄黄继光、杨根思，一级战斗英雄邱少云、孙占元、杨连第及各级英雄模范的志愿军烈士123位。

周恩来少年读书旧址　原为奉天官立东关模范小学，简称东关模范学校。旧址由门房、前教学楼、礼堂、后教学楼等四栋建筑组成，坐北朝南，依次排列，前后两进院落，四周有砖砌围墙。周恩来同志于1910年秋至1913年7月，在这里度过了少年时代的高小读书生活。

东北讲武堂　是东北地区历史最久、培养干部最多的军事机构，东三省讲武堂设立于1906年。它与“云南讲武堂”“保定陆军军官学校”“黄埔军校”并列为中国四大军官学校（目前处于维修状态）。

中共满洲省委旧址　省级文物保护单位，是一座坐北有朝南、面阔六间、进深一间的硬山式青砖瓦房，其东侧四个房间是1927年月10月至1929年7月间的中共满洲省委机关所在地，还是刘少奇同志曾经工作过的地方。

第四，科技文化，城市文明——都市观光之旅。

包括沈阳科学宫、辽宁彩电塔、辽宁省博物馆、辽宁大剧院、辽宁古生物博物馆、浑河（航运）观光带、沈阳城市旅游观光巴士1号线、沈阳赛特奥莱、沈北新区尚柏奥莱（奥特莱斯）、沈阳五爱市场、沈阳市城市规划展示馆。

主要资源：

沈阳科学宫　国家AAAA级旅游景区，是沈阳市实施科教兴市战略，普及科学技术知识，提高公众科学文化素质的大型公共科学教育设施，是“迎接新世纪，建设新沈阳”的标志性建筑之一。

辽宁彩电塔　辽宁广播电视塔坐落于沈阳市沈河区青年大街南运河带状公园湖畔。塔高305.5米，钢筋混凝土结构。1984年8月8日破土动工，1989年9月建成投入使用，是集旅游观光、餐饮娱乐、广播电视发射为一体的多功能电视塔。获得建筑“鲁班奖”，是沈阳城市标志性建筑，被列为辽宁省五十佳和沈阳市十五佳旅游景点。

观光厅——位于塔楼196米处，面积800平方米，乘高速电梯40秒即可到达，内设游艺厅、旅游纪念品商场，其中可容纳200余人的空中休闲酒吧可举办生日、婚礼庆典及各种形式的娱乐活动。

旋转餐厅——位于塔高193米处，面积400平方米，可同时容纳200人就餐，是沈城最高美食府，由名厨主理的辽、川、粤菜及彩塔饺子享誉海内外，风格各异的包房典雅舒适。转台旋转一周45分钟，客人可边就餐边领略沈城无限风光。旋转餐厅承办空中婚礼宴席，宴会来宾免费登塔观光游览。

露天观光平台——位于塔楼205米处，面积900平方米，设置高倍望远镜免费供游人观看。登临平台，心旷神怡，沈城全貌尽收眼底。夜色中的电视塔，立体照明系统绚丽多彩，美不胜收。彩电塔塔楼台阶1280级，长期开展“超越自我、勇攀高峰”为主题的全民健身徒步登塔活动。

辽宁省博物馆　是我国著名的历史艺术性博物馆之一，最早于1949年成立，是新中国第一座博物馆。藏品总量达11.5万件，以辽宁地区考古出土文物和传世的历史艺术类文物为主体，藏品分为考古、书画、雕刻、陶瓷、丝绣、服饰、铜器、货币、漆器、景泰蓝、家具、古生物、少数民族文物、甲骨、碑志等17类文物，形成了规模宏大的收藏体系，其中尤以晋唐宋元书画精品、宋元明清缂丝刺绣、红山文化玉器、商周时期窖藏青铜器、辽代陶瓷、历代碑志、明清版画、古地图、清李佐贤《古泉汇》著录的历代货币等最具特色和影响。

浑河（航运）观光带　沈阳城市中心段于2007年6月22日实现通航，现在沿岸共有游览码头12个，航程全线东起王家湾橡胶坝，西至长白岛、龙王庙、“浑河晚渡”景点，经由沈水湾拦河坝、“东北第一闸”、浑河桥、富民桥、长青桥后到百岛水域，形成了5梯级连续水面景观区。即东部生态保育区（古风浑河）、文化游憩区（诗画浑河）、中央公园区（灵动浑河）、生态休闲区（人居浑河）、西部生态保育区（自然浑河）。“舟行碧波上、人在画中游。”2008年9月被水利部命名为国家水利风景区。

沈阳五爱市场　五爱市场是东北亚经济圈和环渤海经济圈最大的流转型轻工产品交易中心，也是中国最著名的批发市场之一。五爱市场是辽宁省唯一一家国家AAAA级购物旅游区。五爱小商品批发市场作为全国第二大批发市场，以品种多样、物美价廉而举世闻名。它的发展也是中国经济发展的一个缩影！如今的五爱市场已成闻名中外的摇钱树、聚宝盆。

沈阳城市旅游观光巴士1号线　双层观光巴士，车体分为上层敞篷式和全封闭式两种，单车总座位数在35—50座之间。单次乘坐车票每人次5元，下车后失效；复式乘坐车票每人次10元，当日下车后可再次乘车。

由皇姑区辽宁大厦南广场（主站）起，途经沈河区、大东区、和平区，至浑南新区奥体中心南门止，具体站点是：辽宁大厦（南广场）—清昭陵—沈阳北站—市府广场—省博物馆—太清宫—东中街—故宫抚近门—张氏帅府—凯宾斯基饭店—青年公园—彩电中心—科学宫—万豪酒店—五里河公园西—奥体中心（南门，副站）。

第五，欢乐天地，成长体验——休闲度假之旅。

沈阳方特欢乐世界　占地约60万平方米，由深圳华强集团投资20亿元精心打造，是东北地区规模最大的第四代主题娱乐公园，以科幻和互动体验为最大特色，采用国际一流的理念和技术精心打造，可与西方最先进的主题公园相媲美，被誉为“东方梦幻乐园”。

第六，清风拂面，历史画卷——世界文化遗产暨清前与古文化史迹之旅。

清文化及近代史迹之旅包括清故宫、清昭陵（北陵）、张氏帅府（含金融博物馆）、清福陵（东陵）、新乐遗址博物馆。

清沈阳故宫　清代入关前，其皇宫设在沈阳，迁都北京后，这座皇宫被称作“陪都宫殿”“留都宫殿”。后来就称之为沈阳故宫。

沈阳故宫占地6万多平方米，宫内建筑物保存完好，是我国仅存的两大宫殿建筑群之一。它的规模比占地72万平方米的北京故宫要小得多，但是，它在建筑上有自己的特色，现在是沈阳最重要的游览点。

它是清代初年的皇宫，是清代皇帝顺治的祖父努尔哈赤和顺治的父亲皇太极的宫殿。沈阳故宫始建于后金天命十年（1625），历时11年，至清崇德元年（1636）基本建成。全部建筑有90余所、300多间，是我国现存仅次于北京故宫的最完整的古代帝王宫殿建筑。它在建筑艺术上继承中国古代建筑传统，融汉、满、蒙各族艺术于一体，有很高的历史价值。

它以崇政殿为中心，从大清门到清宁宫为一条中轴线，将故宫分为东、中、西三路。中路为故宫主体，崇政殿（金銮殿）为主体的核心，是皇太极处理朝政之所，配以飞龙阁、翔凤阁、师善斋、协中斋、日华楼。后面有凤凰楼、清宁宫，还有皇帝妃嫔寝居的东、西配宫，以及颐和殿、介祉宫、敬典阁、迪光殿、保极宫等。东路建筑以大政殿为中心，辅以左右翼王亭、八旗亭。这是清王朝入关前，八旗建制的象征，是早期八旗兵制在宫殿建筑中唯一的历史古迹。

沈阳故宫的东路是很有特色的，最早称为大衙门。大政殿是一座八角重檐亭子建筑，正门有两根盘龙柱，以示庄严。大政殿是用来举行大典，如颁布诏书，宣布军队出征、迎接将士凯旋和皇帝即位等的地方。大政殿居中，两旁分列十个亭子，称为十王亭。十王亭则是左、右翼王和八旗大臣办事的地方。这种君臣合署办事于宫廷的现象，在历史上是少见的。从建筑上看，大政殿也是一个亭子，不过它的体量较大，装饰比较华丽，因此，称为宫殿。大政殿和成八字形排开的十座亭子，其建筑格局乃脱胎于少数民族的帐殿。这十一座亭子，就是十一座帐篷的化身。帐篷可以流动、迁移，而亭子就固定起来了。这也显示了少数民族文化的一个发展。

崇政殿，在中路，是皇太极日常临朝的地方，俗称“金銮殿”，居皇宫大内中路建筑的正中，是一座面阔五间、硬山前后廊式建筑，周围有石栏杆围绕，雕有麒麟、狮子和梅、葵、莲等纹饰。其山墙顶端和正脊上镶嵌着做工精美的五彩琉璃赶珠龙，两端为“虬吻”。是沈阳故宫最重要的建筑。崇政殿北有一凤凰楼，三层，是当时盛京城内最高的建筑物。

大清门是盛京皇宫的正门（俗称“午门”），它是一座面阔五间的硬山式建筑，房顶满铺黄琉璃瓦，饰以绿剪边。尤其大清门山墙的最上端，南北突出的四个墀头，三面皆用五彩琉璃镶嵌而成，纹饰为凸出的海水云龙及象征皇家富贵吉祥的各种动物，做工精细，栩栩如生。这里是文武百官候朝之所，此外亦是领赏、谢恩、校射等场所。

沈阳故宫博物院所陈列的多半是旧皇宫遗留下来的宫廷文物。如努尔哈赤用过的剑、皇太极用过的腰刀和鹿角椅等。沈阳故宫博物院陈列的艺术品也很丰富。在绘画陈列室里，有明、清两代一些大师的作品如清李鱓、金农，明文徵明书画精品，陶瓷、雕刻、漆器等工艺品也不少。

清昭陵（北陵）　清昭陵是清朝第二代开国君主太宗皇太极以及孝端文皇后博尔济吉特氏的陵墓，占地面积16万平方米，建成于顺治八年（1651），至今已有350多年的历史。是清初“关外三陵”中规模最大的，位于沈阳（盛京）古城北约10华里，因此也称“北陵”，是清代皇家陵寝和现代园林合一的游览胜地。园内古松参天，草木葱茏，湖水荡漾，楼殿威严，金瓦夺目，充分显示出皇家陵园的雄伟、壮丽和现代园林的清雅、秀美。昭陵除了葬有帝后外，还葬有关睢宫宸妃、麟趾宫贵妃、衍庆宫淑妃等一批后妃佳丽，是清初关外陵寝中最具代表性的一座帝陵，是我国现存最完整的古代帝王陵墓建筑之一。清昭陵保护区占地48万平方米，现存古建筑38座（组）。建筑群以神道为中轴线对称分布，平面布局规整，层次分明。由南向北依次为下马碑、华表柱、神桥、石碑坊、正红门、神功圣德碑亭、方城、隆恩门与隆恩楼、角楼、隆恩殿、东配殿、西配殿、明楼、宝城、宝顶。陵区庄严肃穆，灵秀清幽。皇陵建筑雄奇壮丽，亭阁峥嵘。建造在高台之上的隆恩殿、城堡式的方城、高矗的隆恩门、别具特色的方城角楼、充满神秘色彩的石像生、气势非凡的功德碑及碑亭等，均为昭陵颇具代表性的建筑，是中国古代建筑中的精美杰作。①

---

① 关林：《沈阳及周边地区旅游资源营销策略》，硕士学位论文，武汉：武汉工程大学管理学院，2013年3月，第15—16页。

昭陵有“十景”，这十景分别是“隆山积雪”“宝鼎凝晖”“山门灯火”“碑楼月光”“柞林烟雨”“浑河潮流”“草甸莺鹂”“城楼燕雀”“华表升仙”“龙头瀑布”。

清昭陵建筑群1927年对公众开放，1963年被列为辽宁省重点文物保护单位，1982年被列为全国重点文物保护单位，2004年7月在第28届世界文化遗产大会上表决通过，列入世界文化遗产目录。

张氏帅府　全国重点文物保护单位。张氏帅府又称“大帅府”或“少帅府”，是北洋政府末代国家元首张作霖及其长子、伟大爱国者张学良将军的官邸和私宅，始建于1914年，总占地3.6万平方米，总建筑面积为2.76万平方米，是迄今东北地区保存最为完好的名人故居。[①]

张氏帅府是由东院、中院、西院和院外建筑等四个部分组成的庞大建筑群，其中既有中国传统风格的四合院、水榭亭台的帅府花园，又有欧式风情的大青楼、边业银行、红楼群，以及中西合璧式的小青楼和赵四小姐楼。1991年，张氏帅府被列为我国优秀近代建筑群。

张氏帅府内大量的石雕、木雕、砖雕和壁画作品饱含浓郁的东北民俗风情，它们取材广泛、寓意深远、制作精美，个个栩栩如生，是研究中国建筑艺术与民间习俗的珍贵艺术资料。

张氏帅府作为张氏父子两代的官邸和私宅，曾是东北的政治中心，其间历经两次直奉大战、武装调停中原大战、东北易帜、杨常事件、九一八事变以及新、旧中国的巨大变迁，饱经沧桑的张氏帅府已成为东北近代历史的见证与缩影。

1988年，在各级政府的关怀下，张氏帅府被定名张学良旧居陈列馆暨辽宁省近现代史博物馆对外开放，2002年正式更名为张氏帅府博物馆暨辽宁近现代史博物馆。馆内基本陈列“千古功臣——张学良将军业绩展”“张作霖生平大事与张氏家族展”“张学思将军业绩展”，全面展示了张氏父子两代人不同的人生经历；张作霖办公室、张学良办公室、东北政务委员会办公室、老虎厅、小青楼、赵四小姐楼等一系列的复原陈列展览，再现了张氏家族当年生活及重大历史事件的场景。

10余年来，张氏帅府博物馆的各项工作取得了丰硕的成果，共举办各类型展览百余次，出版了以《张氏帅府》为代表的多部学术专著，已发展成为集东北近现代史、名人纪念性质为一体的综合性博物馆。如今，张氏帅府共累计接

---

① 叶骁军：《中国旅游资源基础》，天津：南开大学出版社，2008年版，第271页。

待海内外观众达200余万人次，已成为沈阳市爱国主义教育基地和著名的旅游景观之一，每年都将以崭新的面貌迎接海内外广大游人。

清福陵（东陵） 世界文化遗产、国家AAAA级景区，沈阳福陵位于沈阳东郊的天柱山上，俗称东陵。是清太祖努尔哈赤和孝慈高皇后叶赫纳喇氏的陵墓。建成于清顺治八年（1651），康熙、乾隆时期又有部分增建。陵寝占地19.48万平方米，南面正中有正红门，门前有华表、石狮、石坊、下马碑等。进入正红门内为一条笔直的参道，参道两侧，排列着一组石像生。有石狮、石马、石骆驼、石虎等。过108磴，是康熙二十八年（1689）增建的碑楼，内立康熙皇帝题撰的《大清福陵神功圣德碑》。碑楼后面的城堡式建筑为方城，是陵园的主体建筑部分。围墙上有角楼四座。北面是明楼，内有石碑一座。方城正中是隆恩门，方城内正中台基上坐落着隆恩殿。方城北面是宝城和月牙城，宝顶下的地宫埋葬着努尔哈赤和叶赫那拉氏的棺木及骨灰。

新乐遗址博物馆 位于皇姑区龙山路1号，国家AAA级景区，省级文物保护单位，新石器时代古文化遗址，距今已有7200多年历史，于1973年首次发掘，母系氏族公社繁荣时期的村落遗址，占地面积17.8万平方米，其布局与半坡文化相似，经测定距今已有7200年历史，已建成新乐遗址博物馆，为省级文物保护单位。现有博物馆，展出大量的新石器时代遗物，其中最为罕见的是一些煤精品，有喇叭形的小碗、圆球、耳环等。这些煤精制品的发现，显示了辽宁及沈阳地区的独特之处，而且把煤精雕刻艺术的历史提前了7000多年 。还有一件木雕艺术品尤为珍贵。其样子似鸟鹏，为古代民族的一种图腾，刀法精湛，为研究中国艺术发展史提供了一份珍贵资料。这在中国考古史上，也是绝无仅有的。

第七，生态采摘，农家风情——社会主义新农村考察之旅。

乡村生态游十大精品线路：

苏家屯杨城寨采摘、马耳山农家院一日游。

东陵区李相绿色生态园、树莓基地、朝阳山生态文化旅游区、田间休闲农庄一日游。

法库五龙山、财湖生态旅游区一日游。

于洪小韩村农业合作社、久隆阳光度假庄园、三山梅花鹿园、蒲河廊道于洪段一日游。

和平区满融农乐庄园一日游。

铁西区鹭岛湖生态休闲庄园一日游。

辽中县世外桃源庄园、养士堡果蔬经济区、冷子堡垂钓园、珍珠湖、湿地公园、蒲河廊道辽中段一日游。

新民市三农博览园、方巾牛棚菜、仙子湖旅游度假区、马家套农家院、蒲河廊道新民段一日游。

辽宁古生物博物馆、蒲河廊道沈北段、沈北新区锡伯族文化广场、沈北新区和平公园、龙地禾韵小镇、沈北新区龙地禾韵——世界最大稻田画（造型美丽的花田）、怡丰周末农场、辽河·七星湿地公园、锡伯族现代农业示范基地一日游。

沈北新区紫烟薰衣草庄园、爱琴谷、马刚乡马泉及邱家沟林果基地、中寺村农家乐、地中海印象度假酒店、怪坡及怪坡东北虎园、旅游企业（蒙牛乳业、伊利乳业、燕京啤酒）一日游。

第八，温泉养生，时尚健身——休闲度假之旅。

温泉高尔夫健康之旅包括沈阳小韩村温泉会所、新民兴隆堡温泉城、新民丽景温泉宾馆、沈北新区七星九龙湾温泉体验馆。

沈阳盛京高尔夫球场、世纪高尔夫球场、沈水湾高尔夫球场、沈阳千湖国际高尔夫俱乐部、奥体中心。

第九，多元融合，兼收并蓄——宗教文化之旅。

包括清初四塔、沈河区佛教寺庙群（慈恩寺、大佛寺、般若寺、长安寺、中清宫、蓬瀛宫、清真南寺、南关天主教堂、实胜寺、太平寺、八王寺、中华寺、沈北新区锡伯族文化广场。

清初四塔　沈阳东塔、西塔、南塔、北塔是清太宗皇太极听信喇嘛大师“建四方白塔可使国家一统”的游说，敕建的沈阳城外四塔，是清初盛京城（沈阳）重大的建筑工程。

沈河区佛教寺庙群　慈恩寺位于沈河区大南街慈恩寺巷，建于唐代，是沈阳市佛教最大的寺庙。中心庙位于沈阳故宫和中街之间，是明清沈阳古城中央坐标点的著名建筑。

太清宫　沈阳太清宫是我国五大教之一的著名宫观，它始建于清康熙二年即1663年，由道教全真龙门派第八代传人郭守真主创。现坐落于沈河区西顺城街16号，北临市府大路，西面是沈阳城墙西北角楼，南边是中街西口小西门，地理位置优越，交通四通八达，是国内外游客的好去处。太清宫是东北道教第一丛林，是东北道教活动中心，新中国成立后，太清宫被列为省级重点文物保护单位，属于全国道教重点宫观，现今是省、市两级道教协会所在地。

太清宫有八座宫殿，东侧有客堂、经堂和法物流通处等，总占地面积4300平方米，庙内青石板铺地，古建筑群庄严肃穆，十分壮观。每逢初一、十五祭祀神日，届时善男信女云集庙内，焚香、叩拜、求签、升疏、祈愿，气氛非凡，形成一道道亮丽的风景线。为道教十方常住丛林，也是东北第一丛林，是清代道教建筑，有重要的历史、艺术价值。全院坐北朝南，南宽北窄呈梯形，共有四进院落，占地面5000余平方米，建筑面积1600余平方米。太清宫现有灵官殿、关帝殿、老君殿、玉皇殿、三官殿、吕祖殿、郭祖殿、邱祖殿等八座殿堂。

蓬瀛　是东北地区唯一的一处坤道院，占地面积3700多平方米。院内有三居楼宇式殿堂，主要供奉有三清、关帝、七真，另有三间山门，供奉王灵官。

清真南寺　是一座伊斯兰教建筑群体，为东北地区现存历史较长的、最大、最有名望的伊斯兰教礼拜寺。

南关天主教堂　始建于1873年，是法国传教士方若望所建。1900年被义和团焚毁，现存建筑为1912年由南满教区法国苏悲理斯主教利用《辛丑条约》中的庚子赔款在原址上重建的。

太平寺　实胜寺西侧，俗称“锡伯族家庙”，是锡伯族人出资兴建的一座喇嘛庙。始建于清康熙四十六年（1707），初建之时只有正殿五间，经过历代的维修和扩建，才逐步形成一座规模较大的寺院。1985年成为沈阳市文物保护单位。

第十，北国风光，银装素裹——冰雪运动之旅。

主要资源包括棋盘山冰雪大世界、东北亚滑雪场、白清寨滑雪场、怪坡滑雪场（以上均在冬季营业）。[①]

沈阳市精品旅游线路除了以上10种体现沈阳地方特色的线路之外，还有城市群旅游线路包括“一环三线”“五色旅游”。

“一环三线”指的是以沈阳为中心包括鞍山、辽阳、抚顺、本溪、铁岭现代都市群旅游线为“一环”，“三线”为：沈阳至大连海滨休闲度假旅游线、沈阳至丹东山水边境风情旅游线、辽西四城市辽西走廊观光旅游线。“一环三线”精品旅游线路的推出得到省政府的肯定和旅游业界的积极响应，在境内外旅游市场的知名度和影响力逐渐扩大。沈阳旅游还包括“沈阳必体验”“沈阳特色”和“特色节日”都是不可错过的。

“沈阳必体验”　寻觅满清发迹处的深宫秘史；体验怪坡之怪；欣赏本山大叔旗下的“刘老根大舞台”；去世界上“历史最长的饺子馆”吃顿饺子；到棋盘山寻找心灵栖息的港湾；逛沈阳中街，领略“坐沈阳买天下，坐沈阳卖天

① 沈阳旅游网政务版，http://www.sytour.gov.cn/syslyj/zwb/。

下”。

沈阳当地特色可以概括为四个方面：满清盛京——清昭陵、清福陵、清初四塔、实胜寺；老牌工业基地——蒸汽机车博物馆；沈阳大秧歌；二人转——刘老根大舞台、和平影剧院。

沈阳当地特色的节目也有很多方面，主要包括：

皇寺庙会　是与北京地坛庙会、上海城隍庙会和南京夫子庙齐名的中国四大庙会之一。

中国沈阳韩国周　每年5月将有各项丰富多彩的活动促进沈阳和韩国的多层面友好交流。

沈阳国际旅游节　每年秋季在沈阳举行，沈阳国际旅游节已是国家级旅游节庆活动，同时也是交流与欢乐的盛会。

沈阳清文化国际旅游节　从1998年开始举办，现在已是集经贸、旅游、文化和学术交流为一体的盛会。

沈阳冰雪旅游节　每年的冰雪节狂欢夜都会是热烈的海洋。

这些旅游活动和精品旅游线路，都丰富了当地居民的精神文化生活，为市民营造了一个良好的文化氛围，为中外游客提供了良好的旅游环境，形成了沈阳旅游产品的体系，同时也促进了沈阳旅游业的发展，使得旅游业发展成为沈阳市的支柱产业之一。

# 后 记

应我的老师顾奎相教授之邀，我主持了《沈阳城市发展史》（现代卷）的编写工作。这是我继写作《清代陪都盛京研究》（中国社会科学出版社2007年出版）和参与写作《沈阳通史》（分卷主编）、《沈阳文化史》（分卷主编）（沈阳出版社2014年出版）之后，参与撰写的又一部沈阳地方史方面的著作。

本卷以城市存在与发展的基本要素和城市功能为核心，重点关注了具有当代意义的城市问题（如城市生态），共分为四个单元：总论、人口与社会组织、城市硬件条件、城市软件条件。分别叙述了沈阳现代城市发展的基本进程，城市人口（包括民族）与就业、行政区划、党政机构与其他社会组织，城市基本建设，城市生态，城市交通通讯，城市经济发展，商业与金融设施，科教文卫事业，旅游事业等章节。并根据沈阳中心城市的特点，特设了沈阳与辽宁中部城市群这一章。除“沈阳现代城市发展的基本进程”这一章外，其他各章按专题设章，按历史发展进程叙述，全书较好地反映了沈阳现代城市发展的面貌。

协助我完成本书的是我的2012级研究生们：马宁（第一章）、李超（第二章）、盖亭婷（第一章、第三章）、王丽丽（第四章）、李婷婷（第五章）、崔戬（第六章）、陈雪（第七章）、杨兰（第八章）、金文婷（第九章）、丁杨（第十章）、刘婉娇（第十章）、乔琳（第十一章）。此外，本书的写作参考了许多相关成果，在此一并表示衷心的谢意！由于作者能力有限，本书错漏之处在所难免，敬请指正！

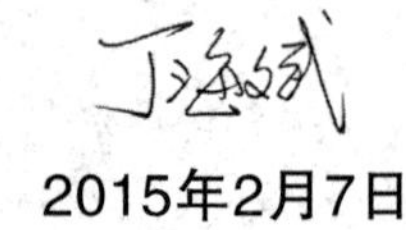

2015年2月7日